"十四五"国家重点出版物出版规划项目

2021 年度国家出版基金资助项目

国家社科基金重大项目优秀成果

国家出版基金项目
NATIONAL PUBLICATION FOUNDATION

中央苏区革命史
调查资料汇编

卷一

吴永明 / 主编

周海燕 / 编

江西人民出版社
Jiangxi People's Publishing House
全国百佳出版社

图书在版编目（CIP）数据

中央苏区革命史调查资料汇编：全 8 册 / 吴永明主编；
戴利朝等编 . — 南昌：江西人民出版社，2023.3
　　ISBN 978-7-210-13672-9

　　Ⅰ . ①中… Ⅱ . ①吴… ②戴… Ⅲ . ①中央苏区—革命史
Ⅳ . ① K269.4

中国版本图书馆 CIP 数据核字（2021）第 270694 号

中央苏区革命史调查资料汇编

ZHONGYANG SUQU GEMING SHI DIAOCHA ZILIAO HUIBIAN　　　　吴永明　主编

常 务 编 辑：梁　菁　王一木
责 任 编 辑：凌　卫　胡　飞　裴林亮　魏如祥　何龙辉
　　　　　　肖丽香　郭　锐　胡　滨　张志刚　饶　芬
书 籍 设 计：同异设计事务

江西人民出版社
Jiangxi People's Publishing House
全国百佳出版社　　出版发行

地　　　　址：江西省南昌市三经路 47 号附 1 号（330006）
网　　　　址：www.jxpph.com
电 子 信 箱：jxpph@tom.com
编辑部电话：0791-86895309
发行部电话：0791-86898801
承　印　厂：长沙超峰印刷有限公司
经　　　销：各地新华书店

开　　　本：880 毫米 × 1230 毫米　1/32
印　　　张：131.375
字　　　数：3658 千字
版　　　次：2023 年 3 月第 1 版
印　　　次：2023 年 3 月第 1 次印刷
书　　　号：ISBN 978-7-210-13672-9
定　　　价：880.00 元（全 8 册）
赣版权登字 -01-2023-205

总 序①

吴永明

改革开放 40 年来，苏区史研究成果有目共睹，这与苏区史料的收集整理取得了很大进展不无关联。同时也应看到，苏区史料的搜集整理工作亦有不足，例如搜集不够全面、考证还欠深入、整理不尽科学、使用不够充分等等。对于这些问题，学界时有讨论，但结合实例，就如何规范化收集、运用苏区史料方面作出的专门论述仍然少见。我们认为，加强苏区史料的搜集整理利用工作，不仅要在实践上下功夫，还应从理论上探讨苏区史料学的构建。近年来，随着《苏区研究》的创刊，苏区史研究受学界的关注越来越多，研究群体广涉历史学、中共党史学、社会学等学科。这些为苏区史料学的构建提供了契机。因此，本文拟结合国家社会科学基金重大项目"中央苏区民间史料收集、整理与研究"前期实施的体会，就苏区史料学的体系构建问题作一初步探讨。

---

① 原文为《苏区史料学的构建初探》，刊于《苏区研究》2018 年第 6 期，《新华文摘》2019 年第 5 期全文转载，人大复印资料《中国现代史》2019 年第 5 期全文复印。收入本书时，文字略有改动。

一、苏区史料学的界定与学科归属

对史料的重视在中国源远流长，但作为专门的学科分支，史料学则迟至 20 世纪以来才逐渐具有独立的地位。目前，大多数学者认为史料学具有专门或独立的学科地位。再进一步看，史料学分为通论式史料学和专门性史料学，前者着重从宏观上阐述搜寻、鉴别、考订和运用史料的一般性方法和规律，如荣孟源的《史料和历史科学》（人民出版社，1987）；后者则阐释某个时段、某一区域、某一领域或某一类别等具体史料的来源、收集、整理和运用等，这类著作十分常见。在史料学的一般原理上，两种史料学并无实质性差异。

苏区史料学是一门具体而专门的史料学。目前，学术界对苏区史料学并无专门的阐述，可能是由于长期以来党史学界相对忽略了对史料学的探讨，目前学界少见中共党史或革命史的史料学专著，仅有的如张注洪《中国现代革命史史料学》（中共党史资料出版社，1987）和周一平《中共党史文献学》（华东师范大学出版社，2002）。[①] 二者各有千秋，均奠定了深入探讨党史史料学的基石，也为我们探索苏区史料学提供了借鉴。从系谱学意义上说，苏区史料学的原理奠定在史料学的基础之上。在内容上，苏区史料学是对与 1927—1937 年间中国苏维埃运动尤其是全国各个苏区发展有关的史料进行收集、整理、鉴别、考订和使用的理论与方法构成的一门科学。在实践层面，苏区史料的收集、整理、鉴别和考订等工作积累有年，但还需进一步理论化和规范化。

无法回避的一个问题是，苏区史料学究竟是谁的分支？ 是中

---

① 前书作者长期从事中国现代革命史及其史料学的教研工作，此书在他多年的讲稿基础上加工整理而成，分为"革命史研究与文献资料概述""革命史史料学专题探讨"两大部分；后书从理论基础、文献收集、文献整理、文献编纂四大部分搭建了中共党史文献学的框架体系。

共党史史料学或中国革命史史料学的分支？还是中国近代史史料学或民国史史料学的分支？ 近代史史料学是一门专门性的史料学[①]，也是中国近代史的一个基础学科或一个专门的学科，抛开蔡元培的"史学基本是史料学"、傅斯年的"史学便是史料学"等强调一端的看法不论，在实践上，早在1960年，戴逸、陈恭禄分别在中国人民大学开设"中国近代史史料学"课程和在南京大学开设"中国近代史史料介绍"课程；而20世纪80年代初陈恭禄的《中国近代史资料概述》（中华书局，1982）、张宪文的《中国现代史史料学》（山东人民出版社，1985）等著作已经让中国近现代史史料学呼之欲出。客观地说，苏区是革命的产物，是中国共产党在革命进程中进行政权建设、社会改造的具体实践，因而苏区史天然地具有党史和革命史的属性。正由于此，传统看法一般将苏区史视为中共党或革命史的一部分。但近年来党史学界出现学术化或历史化的趋向，越来越多的学者认同如下观点：苏区史是中共党史和中国革命史的重要历史阶段，亦是中华民国史、中国近代史的重要组成部分。与此相适应，苏区史自然地隶属于近代史或民国史的范畴，苏区史料学也属于中国近代史史料学或民国史史料学的一个分支。

二、苏区史料学构建的初步设想

构建苏区史料学学科，要准确界定史料学的概念、地位、任务、对象，探讨和总结史料工作的理论原则和方法论，而不是仅仅停留在史料收集与利用的具体实践层面。

[①]　就史料学的学科属性问题，学术界仍有争论，分别视之为历史学的辅助学科、基础学科或一个领域。参见刘萍：《建国以来史料学的理论探讨》，《四川师范大学学报（社会科学版）》2017年第5期，第150—151页。此外，中国近代史的时段划分也有变化，以往学术界习惯将1840—1919年、1919—1949年分别称作中国近代史、中国现代史，而今将1840—1949年称作中国近代史。

（一）苏区史料的构成

苏区史料，是有关苏区历史的发展、变迁的记载、实物及其他载体。苏区史料所涵盖的时间主体是在 1927—1937 年，但从建党到大革命时期也应该纳入，因为苏维埃制度的思想与实践是一个历史的过程。苏区史料具有丰富的构成：其一，根据史料性质分类，如书籍、报刊文章、档案文件、图像、广告、戏曲、歌谣、实物等；其二，按照史料归属的组织或生产者来分类，如党政组织生产的史料、群团组织生产的史料、个人生产的史料、海外史料等；其三，按照史料内容涉及的区域进行分类，如红区、白区及灰色区域的史料等。但在研究实践中，最主要的史料有：一是原始档案，如中央和中革军委等有关部门积累的文书档案资料，但从瑞金到达陕北后留下的原始档案文献较少，才 50 余斤，数千件。[1] 还有国民党"保存"的档案，如陈诚率部在江西"围剿"多年，收集了大量的文件资料，1935 年编成《赤匪反动文件汇编》（6 册），约 110 万字。1960 年美国斯坦福大学胡佛研究所将台湾所存的大量有关江西苏区的约 1500 件历史文献整理成 21 卷缩微胶卷，即"石叟档案"。[2] 二是苏区时期创办的《红色中华》《红星》《青年实话》《战士》等报刊。三是口述及回忆文献，如原苏区的高级干部在延安时期的回忆史料及以此为基础编纂的历史文献。在中央的统一部署下，从 1943 年 9 月起召开了一系列地区工作和历史的座谈会，曾在各苏区工作的领导干部或重要当事人都回顾了革命历史，其中最主要的一个工作是对苏区时期的回忆。这批史料虽然数量有限，且主要是为了总结经验教训、参加整风学习、进行思想政

---

[1] 刘英、丁家栋、杨洁：《长征史料的挖掘、保存》，《中共党史资料》2007 年第 1 期，第 146—153 页。

[2] 孙翠玲、屈凯：《陈诚收集的江西苏区红色文献概述》，《图书馆建设》2012 年第 10 期，第 28—31 页。

治教育、清算错误路线的影响等而生，但已经成为最早一批有关苏区历史的回忆资料。且由于距离苏区的时间极近，其可靠性和真实性也具有一定的保障。1949 年后，在地方党史业务部门的组织下，多次征集了革命者的口述及回忆史料。此外，还有书信、日记、影像、证件等多种史料。

（二）史料收集的方法论

苏区史料的收集，一要眼光向下，走向历史现场。正如罗志田教授在谈到中国近代史研究状况时指出的，20 世纪中国新史学的一个主流取向就是史料的扩充，时至今日，史料扩充仍值得进一步提倡。例如，档案特别是基层档案的运用在近代史研究中就极为不足，造成史学言说中乡、镇、县层次的论述仍然非常薄弱。[①] 就苏区史料而言，同样如此。散布在基层县市档案馆、博物馆、革命纪念馆等公藏机构的文献史料和实物史料，很少有人触碰，有待全面整理。二要不断拓展史料的边界，如 20 世纪初梁启超所说的"取诸左右逢其原"[②]，关注各种类型的史料，不仅收集直接史料、有意史料、共产党史料、国内史料，还要扩展外延，相应地收集间接史料、无意史料、国民党史料、海外史料等与苏区历史相关的一切史料。例如，传统研究中不太关注影像史料。2016—2017 年间，研究者在俄罗斯档案馆找到 17 个有关中国共产党图像的卷宗，里面有 1000 多张红军时期、土地革命时期的照片。这些影像档案"极

[①] 罗志田：《史料扩充仍值得进一步提倡》，《北京日报》2018 年 9 月 3 日，第 16 版。实际上，前些年作者已经提出这个观点，参见氏著：《见之于行事：中国近代史研究的可能走向——兼及史料、理论与表述》，《历史研究》2002 年第 1 期，第 22—40 页。

[②] 梁启超：《中国历史研究法》，上海古籍出版社 2006 年版，第 60—61 页。

大地扩展了我们对红军时期的理解"①。这些档案史料的发现者,并非历史学家,而是来自艺术界、美术馆界、出版界。历史学家擅长的是文本,但是图片、影像、声音等非文字史料同样重要。三要充分利用网络和搜索引擎,并使之与相关工具书、档案馆等公藏部门相互配合,丰富的网络资源极大地便利了史料收集工作。

（三）史料整理和考订的方法论

整理、考订是史料得到科学利用的前提和基础。因为诸多史料散乱,甚至真伪难辨,相互抵牾,史料的整理和考订不可或缺。在整理方面,最重要的是对史料的分类。对此,各家见识不一。② 对于苏区史料,现行的分类方法主要有：按区域分,有中央革命根据地历史资料文库、川陕苏区文献史料集成、鄂豫皖苏区史料汇编等；按史料性质分,则有档案、文件、个人作品、歌谣戏曲、实物等类。新近也有学者按照历史文献的文体予以整理,如分为文件类、电文、请示、信件类,读本、讲话、著述类,布告、通知、标语、传单类,消息、报道类,诗词、歌曲、戏剧、曲艺类,其他类

① 李佳怿：《中国美术学院中国摄影文献研究所主任高初：中国战时摄影,"燃起一股热力"》,《文汇报》2018 年 9 月 28 日,"文汇学人"第 4 版。据该文介绍,北京大学王奇生教授等 16 位历史学家和高初等一批摄影文献研究者分享战争时期的部分档案,正在共同完成一套三卷本的新的军事图集。

② 就近代史史料而言,新近较具代表性的说法有：严昌洪编著的《中国近代史史料学》（北京大学出版社,2011）梳理了历史档案类、奏议类、书札和日记类、传记类、报刊类、方志和典制类、结集类、史事记载和笔记及野史类、口碑和实物类、丛书和史料选集类等十大类史料；曹天忠所著《中国近现代史史料学》（高等教育出版社,2016）阐述了档案,会议记录、社会调查、考察报告,游记,日记、书信、函电,文集,诗歌,回忆录和口述史料,报纸,杂志,丛书、类书、年鉴、统计资料,方志、年谱、家谱、族谱,传记、笔记、野史、小说,电子化史料和数据库史料等十一大类史料。

等多种文体。① 我们课题组立足于苏区史料分为官方史料和民间史料的基础，进一步将后者细分为基层档案类、家族契约与民间文书类、口述史料类、民间文艺史料类、实物遗存类等。从操作上来说，地方档案馆等政府部门和学术界通力合作，既有必要也很有意义。如多达 260 余万字的《川陕革命根据地历史文献资料集成》就是由西华师范大学历史文化学院联合川陕革命根据地博物馆整理、编辑而成，已经成为川陕苏区史研究的核心参考资料之一。因此，相关公共场馆应该进一步解放思想，积极贯彻《档案法》，使那些已经解密、符合公开出版条件的苏区档案资料，尽早公开出版发行，以惠及学界和社会。

对史料的考订和鉴别，具体的方法论至少有二：一是考证史料的真伪，对于一些关键性史料，其中可能存在的缺文漏字、衍文增句、篇章错位、失真等问题，需要借助传统的校勘法、考据法进行严谨的考订，确保史料最大程度的真实，从而避免对一些重大历史问题认识的偏误。其具体方法，除了文本本身的考据之外，还须采取综合比对法——将文字史料与实物史料、档案资料与口述史料、民间史料与官方史料、直接史料与间接史料、有意史料与无意史料、本国记载和外国记载、直说和隐喻等进行综合互证。二是史料内容及其生产机制的考订，从来源入手，"重返史料生成现场"，"充分斟酌、分析资料内容"，对"资料编纂的进程作全面探讨"②，系统分析史料的生产机制、来龙去脉，史料背后的政治环境、经济基础

---

① 《凡例》，西华师范大学历史文化学院、川陕革命根据地博物馆编：《川陕革命根据地历史文献资料集成》上，四川大学出版社 2012 年版，第 1 页。
② ［日］石川祯浩：《由考证学走向史料学——从中共"一大"几份资料谈起》，《中国浦东干部学院学报》2011 年第 5 期，第 93—100 页。他认为，之所以要从"考证学"走向"史料学"，主要是因为党史资料的翻译、整理、编纂等都受到意识形态的影响。

或技术呈现，从而最大限度地达致史料的真实。当然，须在实践中不断总结考订史料的方法。

（四）史料利用的方法论

在史料利用方面，除了遵循一定的规范之外，具体的方法论尤其应该注意以下几点：一则要综合运用各种史料，不应片面依赖单一的史料，像图画、影像等资料也应受到重视。二则要充分利用已有的史料汇编。如公藏部门整理、编辑或内部使用的史料集，亟待向学术界和社会开放，提高利用率。同时，要更加重视利用"文史资料"和"传记文学"。前者是指政协部门从 20 世纪 60 年代开始进行的由各地政协委员（基本上是各界名流，社会贤达，重要历史事件的参与者、亲历者或见证人）写作的回忆文章选辑，后者是台湾地区私人出版机构编辑的专门刊登口述历史和自传之类文章的期刊，性质类似于文史资料选辑。① 两类史料汇集中，一些文章回忆了苏区时期的历史和社会风貌。三则要拓展史料利用的途径，首先在学术研究层面，坚持"论从史出、史论结合"，力求史料与方法的统一，诚如翦伯赞所言："要使历史学走上科学的阶梯，必须使史料与方法合二为一。既用科学方法进行史料之收集、整理与批判，又用史料进行对科学方法之衡量与考验。使方法体化于史料之内，史料融解于方法之中。"② 其次在社会教育层面，在展览、传播与教育各渠道发挥史料作为素材或载体的最大功能。

三、新技术条件下苏区史料数据库建设的策略

在新技术条件下，传统史料学面临巨大的挑战及机遇。苏区史

---

① 谢泳：《"传记文学"和"文史资料"》，《厦门集》，知识出版社 2010 年版，第 92—96 页。

② 翦伯赞：《史料与史学》，北京出版社 2004 年版，第 86 页。

料的电子化数据库建设，应该充分借鉴先行者的成功经验。因为与其他领域相比，苏区史领域的数据库建设一直滞后。[①]1999 年，中共中央党校出版社、中央文献出版社联合出版的《中国共产党文献资料库》，一套两张光盘，资料分为新中国成立前、新中国成立后，分别汇集了 2733 件、619 件重要文献，共计 2000 多万字。这是"我国出版界首次将党的历史文件、文献系统地录制成电子出版物"[②]。但是，党史文献的电子化工作还未广泛推广和普及。

　　苏区史料数据库的建设，应契合技术发展的潮流，着力实现精细化、数据化、概念化和可视化。一是汇集史料，针对某个研究主题生成的某个时段，建立包括书籍、报刊、档案、图片乃至口述史料在内的各种类型的史料集群；二是标准化处理，针对缩微胶卷等已经初步电子化的档案史料，采取新技术进行扫描、复制并公开在网上。例如，借鉴地理信息系统（GIS）的原理，对每一份史料，都标注出版时间、出版地点、归属地、关涉主体、关键词等，建立方便、快捷的文献搜索系统，方便使用者随时随地调阅。这方面，可以借鉴的一个实例是：哈佛大学中国历代人物传记资料库（China Biographical Database），它以人物为主项，对各种来源的史料作数据性的标准化处理，已有的数据类型有人名、时间、地址、职官、入仕途径、著作、社会地位、亲属关系、社会关系、财产和事件。借此，学者可以进行地理空间、社会网络、群体统计等多方面的分析统计，并将结果可视化。

　　苏区史料数据库的建设目标，应该是一个开放、可持续发展的公共学术平台。所谓开放，就是对需要者开放，本地和外地、国内

---

① 已有学者作了探讨。参见柳丹枫：《关于原中央苏区革命根据地党史研究数据库建设的思考》，《出版发行研究》2015 年第 2 期，第 88—92 页。
② 本刊编辑部：《集权威性、文献性、收藏性、应用性于一体的〈中国共产党文献资料库〉隆重推出》，《全国新书目》2005 年第 6 期，第 6 页。

和国外学者都能够随时随地进入、浏览、查阅甚至利用；所谓可持续发展，就是学界能够借助技术手段随时添加新的史料，使史料的收集、整理、分类和利用等方法不断细化和完善，同时不断丰富史料数据库。

编辑说明

中央苏区革命历史曲折而丰富，留下的资料十分厚重。为推进中央苏区革命史的研究，并弥补已有史料整理及出版工作的不足，国家社科基金重大项目"中央苏区民间史料收集、整理与研究"课题组整理出版了《中央苏区革命史调查资料汇编》一书。

中国共产党历来重视革命史、党史和近现代史的学习、研究和教育。从学术界已有的史料汇编成果来看，20世纪50年代以来，各级各地党史、档案、文博等部门和高校、科研院所等单位，已陆续整理、编辑出版了不少有关中央苏区的历史资料。尤其是自20世纪80年代以来，史学界倡导重返历史现场，触摸史料真实，有关部门先后几次大规模地整理、出版了中央苏区的历史档案和文献资料。其中，最具代表性的是《中央革命根据地历史资料文库》(16册)、《中央革命根据地史料选编》(3册)、《红旗飘飘》、《星火燎原》及专题性的《中央苏区教育史料汇编》《中央苏区革命文化史料汇编》《江西党史资料》、内部印行的《江西革命历史文件汇集》(10册)等。这些已经整理出版或印行的史料，从性质来说，主要是党政军科层系统、部门或单位、群团组织的文件，领导人的文章、专论、回忆录，国民党方的参考资料，苏区报刊的宣传报道等资料；从资料涉及的科层来说，主要是中央、省、特委以上的文献资料，县及县以下的文献资料收录数量不多，存在较多遗漏，尤其缺乏对原中央苏区县乡居民中的革命亲历者、当事人和见证人的口述和回忆资料的系统整理和集中出版。后一种史料，性质上不属于"官方"的正式出版物，可归结为"民间"性质的史料，但由于其"生产"时间距离革命年代近，且来源广泛，具有一定的科学性，有助于研究者将其与"官方"性质的史料综合运用。

有鉴于此，《中央苏区革命史调查资料汇编》的整理编辑，侧重于"民间"史料。丛书的一至五卷，资料来源主要是江西省档案馆收藏的中央苏区革命专题调查访问史料。这批档案史料，系由"赣东南中央苏区革命史料调查工作队"收集整理，而后由江西省委党史研究室移交省档案馆保存，归属于"党史研究室"全宗。1958 年 12 月至 1959 年 1 月，为了广泛收集中央苏区的革命历史资料，编写江西省革命斗争史，由中共江西省委领导、江西省委党史研究室组织，党史工作者、江西师范学院（江西师范大学前身）历史系老师和三、四年级学生共 150 人组成的"赣东南中央苏区革命史料调查工作队"（以下简称"调查队"），前往第二次国内革命战争时期中央苏区所属江西省赣南、抚州、吉安 3 个地区的瑞金、广昌、兴国、宁都、石城、赣县、宜黄、乐安、崇仁、永丰等 10 个县进行调查访问和史料收集。这批史料具体包括：（一）县、乡、村的革命老同志和亲历者座谈会的记录和整理资料；（二）调查队对革命亲历者或有关当事人的口述访谈的记录和整理资料；（三）调查队在当地以其他方式收集和整理的资料（包括革命文物）。今日看来，这批史料具有以下三个特点：一是接近"历史现场"。调查队前往原中央苏区县、乡、村开展工作的 1958 年底 1959 年初，距离革命发生的时间不过二三十年，且受访对象或口述人基本上都是健在的革命亲历者、当事人和见证人，一辈子就基本上生活在本地，这正契合所谓调查研究的"天时地利人和"。二是全面系统。从地域覆盖范围来看，这次调查覆盖了原中央苏区所属江西境内的核心县，赣州、抚州和吉安三个地区（设区市）；从口述内容来看，举凡战争军事、政权建设、土地改革、扩红支前、阶级斗争、社会生活乃至革命的过程和细节，都有涉及，有的还十分详细。三是一定程度的专业保障。此次调查和资料收集工作，是在中共江西省委领导下，由中共江西省委党史研究室主要负责，各县党史部门工作者和高校历史专业师生共同实施的；运用了焦点团体座谈、个别深度访谈、大会宣讲、组织统计法等多种调查手法，各分队成员对收集资料相互探讨、反复核对、共同整理。这些在一定程度上避免了口述史料的随意性和非专业性，进而保障了其科学性和利用价值。迄今，历史又过去了 60 多年，由于各种因素，这批调查史料仅有零星的研究者利用或接触过，一直未见系统整理和研究利用。这无疑是一种遗憾。诚然，学术界对于调查访问或口述史料的价值，看法还存在争议。这批史料，固然也难以避免所有口述史料存在的缺憾，但由于上面所说的调查时空接近，调查对象系革命亲历者和见证人，调查者均为党史部门工作人员和历史学专业师生，其史料价值依然彰显，可以补充前述各种汇编史料的不足，使我们在研究工作中，更加充分地认识和把握历史的丰富性与复杂性，更加深入细致地去考察中央苏区史上的一些重要事件和重要现象。可以预见，这套资料的出版，将为领导干部、理论工作者和有关专业人员系统地研究和总结中国共产党在第二次国内革命战争时期的历史提供丰富翔实的历史文献资料，有助于研究者进一步认识历史的丰富性和复杂性，更加深入地考察革命史、党史和近现代史，纠正或补充历史研究的细节。

《中央苏区革命史调查资料汇编》的前五卷，按照赣州、抚州和吉安所属各县顺序依次编排。各卷对应的县份（市）编排如下：卷一是"瑞金县"，卷二是"兴国县、宁都县"，卷三是"杨殷县、博生县、长胜县、胜利县、公略县、太雷县"等原中央苏区时期设置的六个县，卷四是"永丰县"，卷五是"宜黄县、崇仁县、乐安县、南丰县、广昌县"等五个地处赣东地区的县。调查队对于每个县的调查访问史料，项目组尽可能予以精编。在编排时，每个县的档案资料均集中在一起，并按照从县到乡再到村的先后排序。所有编入本书的档案资料，均力求保持历史原貌。由于苏区时期的行政区划与20世纪50年代调查时期不尽相同，同一内容在不同县份调查访问时可能会重复出现，对于同一内容在不同篇章中表述存在矛盾的，本书均不作考订。

《中央苏区革命史调查资料汇编》的后三卷，主题和内容分别为：卷六为项目组在江西省黎川县档案馆收集的有关革命史料。这一做法，尝试改变了过去以中央、省、特委和军队组织为重点的史料收集路径，转而以县及县以下基层组织的史料收集为重点，补充整理了一批较为少见的中央苏区基层史料。从空间上看，这批史料是原闽赣省的革命史料；从内容看，主要涵盖有关政策文件、口述及回忆史料、歌谣等三大类。卷七为原中央苏区所属县区的革命史档案，其主要出自江西省档案馆的"革命史档案"全宗，主要汇编了此前未曾出版或稀见的决议、通知、指示、计划等历史文件，以及原中央苏区所属县的有关革命史回忆资料。卷八汇编了中央苏区时期的核心县兴国、石城两个村的革命史料，主要为项目组运用历史人类学的研究方法在兴国县长冈乡长溪村、石城县屏山乡塘石村收集和整理的契约、族谱、碑刻等村落革命文献。

总之，本书收集、整理、选编的资料，尽量遴选此前未曾汇编出版或稀见的革命历史资料，尤其是有关县级或县级以下的政策文件和民间调查史料。从地域来说，由于本书汇编的史料主要来自"赣东南中央苏区革命史料调查工作队"的调查、江西省档案馆和黎川县档案馆的馆藏、项目组在兴国县和石城县的实地考察，没有包括福建省原中央苏区县份的革命史料。从史料性质来说，这些具有"民间气息"的中央苏区基层史料绝大多数过去未曾公开出版或印行，对于呼应和促进近年来中共党史研究"眼光向下"的地域史研究取向将有裨益，对于现有的中央苏区史料收集不仅具有拾遗补阙的重要价值，更加有助于呈现苏区史料收集的多元性特点，推动党史研究与社会史研究的双向融合发展。必须说明的是，为便于阅读，在各卷的"本卷说明"都有本卷具体的内容简介。限于篇幅，此处不再赘述。

"史料即史学。"真实、准确、完整、系统的历史资料，是历史研究的基石。整理编辑《中央苏区革命史调查资料汇编》，是一项重大而艰巨的系统工程。由于原件中不少档案资料属于原始的手抄稿，加大了文字辨认、输入、整理、校对的难度。在这方面，虽然丛书编者已经尽己所能，力求真实、准确、完整、系统，但这一目的是否达到，读者最有发言权。项目组期待并希望，本书的出版将有助于推动中央苏区历史的学术研究和大众传播，并得到社会各界的肯定。尤其希望研究者能够从本书汇编中爬梳资料，进一步丰富和推进中央苏区史的学术研究，并充分发挥党史以史鉴今、资政育人的作用，用"党史"这本最生动、最有说服力的教科书，用党的光荣传统和优良作风，为中华民族伟大复兴贡献智慧和力量。

编者

2022 年 10 月

凡　例

一、对于标题，基本保持原始模样，只对少数影响阅读和理解之处作规范性处理，并加注说明。内文中的标题层级，按照原始文本照录。

二、对于访谈背景，如访谈时间、地点，受访人信息（人名或简介等），访问者、记录者、整理者姓名等，原始资料中有些交代齐全，但大部分只有少数一两项，有的甚至全部空缺。本书只保留受访人信息和访问者（或记录者、整理者）姓名，其中受访人信息统一放标题之下，访问者、记录者、整理者信息放文末。全书访谈资料的形成时间基本集中于 1958 年末至 1959 年初（"编辑说明"中已有交代），访问地点都是在受访人所居住的县、乡、村（标题中已有交代），故文中对这两项不再罗列。

三、书中对于收录资料中的人名、地名、时间和事件的真实性、准确性作了力所能及的考证和修订，部分并以注释的形式加以说明，但因所涉繁细，并不能完全到位。

四、确切的错别字，更正在〔　〕内；确切的漏字，填补在【　】内；确切的衍字（误增或多余之文字），用〈　〉标明。

五、残缺或模糊不清的文字以同等数量的□代替；模糊不清的人名、地名用△代替；原文中标有"×""？"等符号及加括号的文字，照录，且不另作说明。

六、原文中的繁体字、异体字、二简字，改用现行规范汉字；

量词中的"二",部分情况下改为"两"。

七、原文无标点或标点明显不规范的,按现行标点符号进行补充、修订;原文段落、格式明显不规范且影响阅读的,进行适当调整。

八、原文中的时间,涉及月、日的,如确切知道其为公历的,则改为阿拉伯数字;确切知道其为农历(旧历)的,则改为汉字数字;无法判断其为何种历法的,则原文照录。原文年月日之间的".",视情况以"年"或"月"代替。

九、数字基本统一为阿拉伯数字,部队番号统一为汉字数字。

十、对于计量单位和方式,原文照录,并不改为现在通用标准计量单位和方式,如"1公尺"并不改为"1米"。

十一、资料中的地名,存在简写、错写等情况的,在该卷中第一次出现时以脚注加以说明,之后用规范地名。

十二、由于大部分受访人文化程度有限,且访问者、记录者和整理者基本不是本地人,对方言的理解和记录存在难处,故包括人名、地名在内,很多用词并不确切,对于同一所指,同一篇文章中也多有出入,对于这类情况,本书力求局部统一,即在同一篇文章中保持一致;对于口语和方言,尽量保持其原貌而未作修改,部分确实难以理解的,以脚注方式加以解释。

十二、存疑或需要加以说明的内容,以脚注方式标明,供读者参考。

本卷说明

    本卷资料的整理，是由江西省档案馆馆藏编号为全宗号 X014-1-088、全宗号 X014-1-090 等原始档案汇编而成。

    本卷资料汇编的框架编排，坚持点面结合与以小见大原则，以乡为目录，子目录主要有两大部分：第一部分是各乡的老同志座谈会，如壬田乡、城关镇、叶坪乡、安治乡、黄柏乡、武阳乡、谢坊乡等，详细介绍瑞金苏维埃革命亲历者肖序林、谢辉潢等的访谈记录，于细微处观大历史；第二部分为各乡的人民革命斗争史料，由"赣东南中央苏区革命史料调查工作队"沙洲、叶坪、安治等调查组 1958 年 12 月整理，综合苏维埃革命亲历者的叙述，较为宏观地概述各乡革命斗争的历史场景、过程与影响，于宏大处照趋势。需要指出的是，瑞金在 1994 年撤县设市，为尊重史料原貌，本书对"瑞金县"的表述照录不改。

    苏维埃革命斗争铸就了苏区精神，是中国共产党人精神谱系的重要组成部分。1931 年 11 月 7 日中华苏维埃共和国临时中央政府在瑞金成立，这是中国共产党建立的第一个全国性的工农民主政权，是中国共产党创建人民政权的初步尝试。作为中央苏区首都的瑞金，是全国苏维埃革命的中枢，对于统领各地工农武装红色政权起着重要作用。苏维埃革命在中国共产党的领导下，开展了轰轰烈烈的土地革命，分得土地、当家作主的广大农民拥军参军，支援革命，展现出军民鱼水一家亲的动人场景。中央苏区红色政权是无数革命先烈用鲜血和生命换来的，这片红土地上谱写了丰富的可歌可泣的党史故事，透过苏维埃革命亲历者的口述与整理，从中可以窥见与印证中华苏维埃共和国时期的政权建设、民主法制建设、经济交流、军事斗争、文化建设等原貌，展现苏维埃革命时期的多维场景，这是本卷资料整理与辑集的历史价值所在。1933 年 4 月，中华苏维埃共和国临时中央政府机关由瑞金叶坪迁至沙洲坝，毛泽东率领红军在当地打井，让村民们喝上了清甜的井水。"吃水不忘挖井人"，瑞金沙洲坝的红井是中国共产党与人民群众心连心的生动写照，深挖苏区史料的"红井"，赓续红色血脉，传承红色基因，则是本卷资料整理与辑集的时代价值所在。

在本卷资料编纂过程中，编者统一规范编辑的原则与要求，如：统一将繁体字转换为简体字，尽量保留原文的原汁原味，参照《瑞金县地名志》反复核对地名，等等。虽然编者认真录入、反复辨认、精心推敲、求证名家、不断斟酌，但错误与不足仍在所难免。

本卷资料的查询、收集、整理、录入和校对工作，主要由周海燕、黄伟英、南昌航空大学马克思主义学院硕士研究生田婷和石瑾、南昌大学历史系硕士研究生赖海燕等共同完成。

编者

2022 年 10 月

目 录

一、

瑞金县壬田乡、城关镇与沙洲乡革命史民间史料综合

（一）壬田乡党史调查访问记录

1. 访问肖序林同志记录

1930 年正月十四日，有一些反革命分子就在宣传：明天有拿红旗的军队来，会"杀人""放火"，大家要跑。十五日我和肖伦才到离壬田一里地的地方【去】看，上午九时就看到红军从宁都来，看见红军和群众讲话，群众也没有走，反而跟着部队走，这样，我也就跟着部队到壬田市来了。

红军队伍一进市，宣传人员就在各处进行宣传："红军不会杀人""红军是救穷人的""红军实行土地革命""打倒洋鬼子""抗租抗债"。我就和肖伦都觉得红军好。

十六【日】晚上，在壬田东王庙开会，参加的有朱秀山、许隆兴、朱菊、钟世菊、肖序林等 20 多人。这次会议林彪也出席了〈会议〉，他要我们组织农民协会，并马上发了卅元银洋作为宣传费。

廿日，部队开往福建去了。我们在树上坝开了几次会，是很秘密的，共有 23 人，有 5 个工人，其他都是农民。其中有一次是吃血酒。买了 10 多元钱【的】纸，写宣传，秘密散发。当时，整个活动都是由朱秀山负责。活动前后【有】两个月。

杨斗文打瑞金后，朱秀山在壬田暴动，当天在街上发了红袖套，有 3 担，上写"中国工农红军第四军整编独立纵队"。暴动时，有 3 支枪，后来杨斗文来了把它【们】收了去。

1930 年恢复政权时，我当土地委员，五月分的田，当时口号是"苦（贫）农分好田，富农分坏田，地主分坏田"，以原耕为主，抽肥补瘦，发了土地证。当时，有下路人曾守逢，私卖土地证，查出来杀了。分田是以村为单位，由各级农民协会主持。

杀社会民主党，蓝光照在区上说："一下①杀了，省得看守。"〈原〉在没有杀社会民主党以前，区政府和巡视委员会（又叫政治部）共有 50 多人，到后来只剩下肖序林（文书）、刘忠秀（文书）、肖致中（秘书）3 个人。这其中有一部分是走〔跑〕了，但大部分是杀了。以后，中央派屈登高来壬田公开发展党员，组织又扩大了。

区文化部（1931 年八月）有这样几件工作：管学校教育，管婚姻登记，管宰杀耕牛。

婚姻：结婚、离婚只要双方自愿，绝对自由。婚姻有四禁：不准虐待童养媳；不准买卖婚姻；不准娶双妻；不准亲寡妇（要自由）。

学校：壬田全区 50 多个列宁小学，没有中学。柏坑列小在 1933 年【被】评为全县模范列宁小学。

当时，学校老师有不少是富农子弟，因为当【时】穷人读书好少，有些有文化的也调在别的岗位上。

老师是没有工资的，他们分了田，【农活】由耕田队包工下来。

学生读书不要学费，也不要书费，地富子弟不准入学。学校是男女都收。每个学生在礼拜八帮助红军家属做事。

1933 年归队运动。上级关于归队运动，有六条规定：1. 带枪逃跑，一律就地枪毙；2. 领导〈了〉与人逃跑者，公审枪毙；3. 组织逃跑者，经群众告发后，调查属实者，枪决；4. 开一两次小差警告，然后归队；5. 五次小差以上枪决；6.……②

俱乐部组织当时是非常活跃的，对各项中心工作和运动都起到很大作用。俱乐部主任要党员，非党员不能担任主任。俱乐部是在

---

① 一下，方言，意即"全部"。
② 原文如此。

党直接领导下进行工作的。

1932 年查田运动。主要是查阶级，一般区分是这样：

土豪——有钱、有势。

劣绅——包揽诉讼、武断乡屈。

地主——出租土地——土地剥削；放债——经济剥削，不劳动雇长工——血汗剥削。

富农——有些劳动、经济剥削。

中农——劳动、不剥削、够吃够用。

贫农——佃户，或有很少的田、欠债。

苦（雇）农——长工、苦力。

查田运动，也查田亩，主要是查阶级。查的〈当中普遍调查，〉【结果】有升有降。原来不是富农、查出来是富农，叫新富农。其他〈如〉【还有】新中农等。新地主（升到地主）家产全部没收。

2. 访谢辉潢记录整理

1930 年暴动胜利后，各地都成立农民协会，由东区革命委员会领导。

农民协会成立后，接着进行了分田，以原耕田为主，抽多补少。此外，就是捉反动【派】，当时，有一些土豪闻风全家都逃走了。

1932 年二三月第二次分乡。柏坑成立乡，是范若飞当主席，接着是李干庭，我是接李干庭的手，时间在同年的八九月。

这次分乡，壬田区有圳头、墩心、合龙、白鹭、湾子、柏坑、中沄、桥岭、凤岗、贡沄等 10 乡。

区主席洛大发，区书记杨祥焕，特派员许祥彬。

1932 年政权巩固后，地方武装积极进行训练，每天上操练枪，还站岗放哨。

妇女都参加妇女会，妇女会组织了洗衣队，有部队来，就帮助洗衣服。每个妇女每月要做一双布草鞋，慰劳红军。鞋子由妇女主任来收。还有慰劳队，向各家募集慰劳品，包括有花生、豆子、菜干、薯干等。欢送新兵上队，募款买日用品送新兵。妇女会还发动妇女（主要是青年妇女）参加俱乐部活动，唱歌、跳舞。妇女会还向妇女宣传破除封建，要剪头发、放小脚等。在婚姻方面，当时宣传"结婚离婚，坚决自由，双方自愿，绝对自由"，但军属不能离婚。

当时，妇女小脚多，因而参加生产的是少数。

成立政府后，各级农民协会，改为贫农团，1931年改的。贫农团的成员要贫雇农，中农不能参加。贫农团主持分田、查田运动，负责查阶级，平时领导耕田队搞生产。

耕田队，乡里叫乡耕田队长，村【里】叫村耕田队长。耕田队的任务，首先是要搞好军属代耕田的生产〈，实际上，军属的田生产搞好〉。耕田队帮军属生产要自己带饭吃，生产由耕田队长派工。其他，各户生产仍由各户自己搞。〈1933年才划清阶级。〉

1934年红军北上前，政府工作中就提出了两个口号："野战军出动""坚壁清野"，开始干部不十分体〔理〕解。当时号召群众把粮食搬上山，把笼〔砻〕谷的笼加以破坏，把弄饭的锅沉到塘底去，把蚊帐撕破做成很多米袋。壬田区各乡还集中了500多担谷放在柏坑上八坑一个房子里，准备退到山里后吃的。

游击队组织时，是以区、乡干部、党团员为主。当时，我们壬田区和云集区、河东区三个区成立了一个团。

柏坑第二村（有24个屋场），有200多户，600多人口，其中地主12户、65人，高利贷1户、3人，富农7户、30人，中农11户、70人，贫雇农169户、432人。全村土地1500多亩，贫雇农500多亩，地主和众上①的田占1000亩。

注：在谈话中朱开芳、谢雁书二同志曾参加。

---

① 原文如此。

3. 访骆大发同志记录整理

壬田是在 1930 年四月间暴动，最先是朱家海、朱志然在接祖排洗心园插红旗。朱家海是个读书的人，在暴动前他跑到汀州找朱总司令接好头，回来便进行暴动。朱家海暴动后，朱名惟、朱玉山便来接头，各地都暴动，打土豪、分田地，建立农民协会。

1930 年十二月二十五日，杨金山从宁都带卫队下来，打着白旗，壬田靖卫团不明真相，结果杨金山打了胜仗，活捉敌靖卫团长钟腾炜。开初向其要了 1000 元银洋，其后便把钟本人杀了。

1931 年六七月，钟家奎当区主席，蓝光照当区书。朱立新、许名初等四人在壬田区大杀"社会民主党"，朱家海、张自勋、朱起祥等领导干部被杀，我记得共杀【了】108 人。

壬田区苏主席，前后是熊立飞、张自勋、钟家奎、朱运权、骆大发、邱河铭、谢存栋、许友贤等。

1931 年春恢复政权，1931 年六月我在中土乡第二村当区〔村〕主席，到七月底止。我当主席时，正值杀"社会民主党"，当时有些干部被杀，有些干部外走，我一人在村政府守家。

1931 年八月，调区当军事委员，工作【是】带游击队打土豪。八月十三日我带队伍去沿岗打土豪，沿岗山坑地主都躲进【了】土围子，八月十五日打，没有打进，我们便把土豪李秀贤的女儿押来壬田，向其家索款 500 毫子。

1931 年十一月，【我】在区当裁判委员，当时区主席朱运权、区书杨祥犹。裁判委员主要是审判押来的犯人，轻的罚款，重的报县批准后杀掉。普通刑事案由裁判委员管理，政治案由特派员处理。当时，壬田区特派员【是】许祥彬。

1932 年正月二十一日，开区代表会，我当选为主席，区书胡荣佳。胡荣佳在 1932 年底调到县委当书记，我当主席到 1933 年六月止。当时壬田这边划有 14 个乡，即壬田、鹅冈、竹塘、横坑、桥岭、大悦、中洴、白鹭、贡洴、合龙、湾子、圳头、塅心等。

1933 年八月分区，有河东区、黄沙区、云集区。云集区主席自 1931 年起是朱开铨〈当主席〉，到 1932 年五月止，【之后】他〈就〉调长胜。河东区主席骆得福，我当劳动部长，因为我当过一年泥水工。劳动部工作主要是替工人打介绍。

1931 年六月我当村主席时，红十二军在地方筹款，当时，我在中土乡二村，向曾万群（富农）寄〔筹〕了 300 毫子；【向】谢得胜（富农）寄〔筹〕了 300 毫子；【向】李光燕（高利贷）寄〔筹〕了 200 毫子。同时，还打了一家土豪刘为曾，写款 1000 毫子。钱收上后，一齐上交区苏政府。

1931 年十月，二十六路军孙连仲部①起义，我们派人送慰劳品。银洋就有五担，在挑东西的人中，有钟家奎（反革命），他在路上乘机逃跑了（后来抓到杀了）。五军团在石城秋溪训练，后打红石寨，捉了很多土豪。五军团到九堡编队后，开【往】赣州。

1934 年八九月，红军准备北上，政府提出了"野战军出动，扩大苏区""红军三五年就会回来""开展坚壁清野""发展游击战争"等口号。在"坚壁清野"方面，就是把粮食搬上山，把谷笼、石磨、铁锅等存〔沉〕到塘底。

1934 年九月底，各乡、各区都开始组织游击队，我们这里把蚊帐撕破做成很多米袋，准备上山。当时，云集、黄沙、合龙、沿岗拼起来，组织了游击队，队长有刘海波、赖有新，后来，刘海波（九堡人）带领一些人去九堡，留下来的向罗汉岩、湖陂、日东一带活动。十月 × 日，福建国民党军队进攻，因我们人少，退下来，游击队【被】冲散了。有一部分人跑回村，被反动【派】杀了。有些人还在山上。

1935 年二月下去，我在柏坑的东坑，当了一个村代表，并秘

① 原文如此。

密和游击队取得联系。当时游击队长是钟天樽，政治委员钟民。经过我们计划，有一次，游击队捉了一家大土豪兄弟四人和两个小的。另一方面我又以代表身份出来保。游击队要罚款900元，并开上一个货单，买一些游击队需要的东西，如洋伞、雨鞋、电池、电筒等和50人的伙食。土豪家为了救人，全答应出力。游击队放了六人，以后又按这个办法搞了几次。当时，有些地主则主张把我杀了，说我"迎〔通〕匪"；有些人又说我还老实，如果没有我，保人就找不到。结果没有杀我。

有一次国民党匪团长王土金把我报〔捉〕了去，要我带路，他问我："你敢带路？"我说："我不怕带路。"他又说："有匪你不带，无匪你又带。"我便说："木椿打下土，不会动，树生了根不会走，人是活的，游击队在不在我不晓。"敌人怕上当，没有要我带路。

当时游击队有四支：钟民一支，胡荣佳一支，刘四兴一支，在福建边界有张鼎丞。国共合作时，张当了新四军副军长。

1949年七月二十九日解放瑞金城。1949年闰七月十四日，解放军到壬田。

4. 访朱开芳记录整理

每【个】村有一个列宁小学，一个小学有1—2个老师，学生是30—40【名】〈左右〉。学生全部都是贫雇农子弟，地主、富农子弟不能入学。学校有国语、算术、音乐、体育课。书是苏维埃政府编的，由文化部发给各学校，学生是不负担书费的，也无须交学费。国语、算术每个学生一本书，唱歌是临时发下来的教材。体育课就是跑步、练操。后来，还增加了两门。一门是每个学生用一根木棍，学习刺枪。还有马刀法，共有四段，每段十下。我们老师在教课之前，也集中在县上学习了。

列宁小学的学生〈从〉8—16岁，每星期有六天课，学生旷课是不行的，学生当中会开展斗争。此外，还规定一个学生旷课一天，就罚米一升，罚来的米变成钱，买一些帽子、铅笔、纸张奖给好的学生。

1933年做归队运动，黄砂碑^①列小老师刘得名是从前线下来的，平时在学校又打学生，在归队运动中，学生展开了斗争，他不愿归队，全体学生就到苏维埃要求，他不归队，全体学生【就】不上学。当时学生的斗争性是很强的。

5. 访谢雁书记录整理

民国十六年，我们瑞金有30多人在长汀的商业学校读书，我们有一个秘密组织，名叫"桃荫社"，参加的都是瑞金人，我们这个组织，每个星期组织一次讲演会，宣传孙中山的"三民主义"、民主革命的一般道理。我们这个组织的领导人是杨世煜，他是武阳人。我们是在【民国】十七年由长汀打回来的，据后来了解，在1930年暴动时，我们都参加了革命。

民国十六年，八一起义军过壬田时，我们这里有很多姓朱的和部队走了。洗心朱秀山、众塘朱玉山，就是这批人当中的一〔两〕员。朱秀山，初中毕业〔文化〕程度，人很活跃，长得很好。他到起义军后，在陈毅部下当"师爷"（文书），当【了】3〔2〕年多〈左右〉，在打郭凤鸣后，他们便回到家乡来了，回来时还带回一部分坏枪。

杨斗文在民【国】十三年时，在县城东山学校当体育老师，当时我在学校读书，我认识【了】他。

1930年四月（耘田时），朱秀山在壬田大庙插红旗，打"独立团"旗号，当时参加的就有100多人，【枪】除原有20多支（朱带

---

① 原文如此。

回来）外，一天就在土豪家搜出 20 多支，共有 40 多支。朱玉山也参加了。

朱秀山插红旗后二天〔两天后〕，杨斗文带武器从黄柏来壬田，杨斗文说朱秀山的旗帜（独立团）不对，收了朱的枪。之后，朱秀山到朱总司令那里（五月左右，扎在长汀）去，经领导派人，才得以解决。杨斗文改二十四纵队，朱秀山在二支队朱洪队长下当参谋，朱玉山在二支队当连长。

朱秀山插红旗后，壬田附近各村都派人到壬田，领了农民协会的旗子和袖章，各地就建立了农民协会，开始打土豪。

暴动队伍打县城后，县上成立革命委员会，主席邓希平。壬田叫东区革命委员会，下有四个乡，即中土乡、合龙乡、云集乡、凤岗乡。当时【的】叫法是，鹅公隘中土乡、车头隘合龙乡、檀木隘云集乡、土围隘凤岗乡。

1930 年七月，改苏维埃政府，主席邓希平，县书谢存信（黄柏人）。各区革命委员会改为区苏维埃政府，壬田区主席朱以标。壬田下属〔辖〕五乡，即鹅土、凤岗、合龙、沿岗、云集。

1930 年十月，九堡钟运标进攻，我们退回山里。匪兵来后，烧革命同志的房屋、抢家产。也是在这个时候，壬田土豪钟腾傅设立靖卫团，各乡成立分团，中沅 18 分团，湾子 17 分团。分团成立后，就"围剿"游击队，对农民加收三成租谷。17 分团团长朱名苍。

1931 年二月恢复政权，五、六月间县上李天富杀"社会民主党"，壬田区兰光照①（外地人）、钟家奎（合龙人）在区内杀"社会民主党"。被杀的有区主席□□□、区文书钟辉南、土地部朱起祥。

每个乡有赤卫军 100 多【人】。我担任连指导员，工作是教唱歌、讲政治，内容是【讲】反"围攻〔剿〕"的形势、战果。

---

① 文中又作"蓝光照"。

6. 访肖毅刚、李干庭同志记录

1929 年年初一，朱总司令部队在大柏地麻子坳和刘士毅部打仗，消灭敌人一团。是役后，经壬田去福建，事隔十多天，又从福建返回，攻打宁都，活捉国民党匪军团长谢日新并镇压，缴枪 300 多支。匪徒赖世宗被俘，后被其逃走。

打下宁都后，部队又去福建，在长汀打一仗，活捉敌师长郭凤鸣，也缴枪几百支。

红军来来往往，路经壬田，都进行了宣传，"万户欠我钱，千户共担怜。百户跟我去，每日十元钱"的口号，深受穷人欢迎，当时有不少穷人参加了红军。

瑞金县储才小学校长杨舒翘和教员钟辉南，他们在宁都省立第九中学读书时，就和兴国人鄢寰认识。1928 年间鄢来瑞金，在储才小学秘密发展党的组织，那时在东山小学任教的谢存信（教自然）、邓希平（教国文）、杨斗文（教体育）也与鄢发生了关系。

1930 年春，安治邓希平、螺石杨斗文、仰山杨运辉相继插起了红旗，领导农民进行暴动。

1930 年四月十七日夜晚以打瑞金县城，当吋二踏进兵， 路邓希平、一路杨斗文（武阳）、一路周昌仁（北方人），十七日打进，十八日休息，十九日就到壬田来打了土豪。

1930 年正月十五日，壬田河背朱多新，请朱总司令吃饭。朱秀山也参加了，此后，他就跟着部队走了。〈当〉3 个多月【后】回来【了】，是朱总司令派他来组织暴动。暴动时有 3 支枪。

1930 年四月，朱秀山暴动后，成立红军第四军暂编独立纵队。没有几天，杨斗文带武装从黄柏来壬田，说朱秀山的旗号打的不好，缴了朱秀山的枪。

四月十七日，打下县城后，各地都建立了〈工〉农民协会。四月底，福建胡子垣、马洪清进攻，在合龙市把杨斗文部队冲散了，杨斗文去安治前，有些人上山了。打〔失〕败的原因，因〔是〕警惕性不高，被敌人突然袭击。当时，杨斗文的二十四纵队只有 400多人，3 个支队，一支队陈云山、杨金山，二支队朱鸿，三支队××。每个支队有枪 10 多支，而敌人胡子垣部队有枪 200 多支，马洪清一团有枪 1000 多支。这次失败后，壬田的农民协会也散了。

五月十一日，红二十二军（陈毅部）第三纵队唐天际攻打敌人，把靖卫团赶走了，县城恢复了政权，成立了革命委员会，各区也成立了区革命委员会，各乡、村仍是农民协会。

〈1930 年 5 月，〉壬田区主席【是】谢景山、区军事部长【是】朱甫成。不久，谢景山去县【城】开会，朱甫成便召集一些人开〈个〉会，选他当了主席。不几天，朱甫成要凤岗农民协会的 2 支枪上缴，凤岗不肯，朱便逮人缴了回来。凤岗的农民协会去县城告朱，县里把朱扣起来了。可是不久，查清凤岗出面去告的人，是混进农会的地主、富农，结果捉来杀了。

1930 年七月，县、区革命委员会改为苏维埃政府，成立壬田区，下属〔辖〕八个乡，鹅土（壬田）、北乡（横坑）、大川（桥岭）、大悦、圳头、合龙、河山（大胜）、中土（柏坑）。区苏主席朱以标，支部书记谢雁书。

1930 年五月，以农民协会的〔为〕单位分田。分的方法：总田亩按人口平均分配。口号是"苦农分好田，富农分坏田，地主不分田"。分的数量不一，高轩六担，柏坑五担，大川、大悦、河山十多担，圳头五担，最少的也是五担。

1930 年八月，成立东区、南区、西区、北区、城中区，五个巡视委员会。东区在壬田，南区在武阳，西区在九堡，北区在黄柏，城中【区】在县城。〈东区巡视委员会，下属〔辖〕四个区，壬田、沿岗、云集、黄沙。〉东区巡视委员会下属〔辖〕四个区，壬田、沿岗、云集、黄沙。东区巡视委员会主任肖毅刚，北区巡视委员会主任谢存瑞。

1930 年七月，赖世宗经常在沿岗区扰乱，十六大队打不过，他们便打报告到东区。经研究后，东区便派杨斗文的二支队（扎在壬田）和东区游击队，在七月十一日逢圩的日子攻打敌人。敌人没有戒备，加上我们人多一喊，就冲进了沿岗，缴敌人十多支枪。是役后，赖世宗得悉我们枪支不多，便联络福建胡子垣和吴文生（广昌人）的队伍来攻打，赖匪声称：打下赣南，到赣州当镇守使。我们得悉后，作了全面安排，〈要打破敌人围攻计划，〉便〔先〕派十六大队和东区游击队去经过 [①] 赖匪，边打边退。赖匪看到我们枪少，追了下来，七月十六日到合龙，进入包围圈。这晚，杨斗文的一、二、三支队和东区游击队，以及附近赤卫队，把敌人全部包围，并加【以】歼灭。个别散匪逃出包围，也被附近农民用锄头打死。在这次战斗中，赖匪骑在马背上指挥，被我们射倒在地，共缴枪六七百支。

这一仗打胜后，杨斗文的二十四纵队扩大了，有枪 1000 多支，人亦更多。不久，红二十二军（陈毅）把二十四纵队调去攻打赣州。八月初，队伍就开走了。事隔不久，欧阳江匪徒便乘机攻打苏区。

1930 年八月，杨斗文部队攻打赣州去了。赣西南特委派李柏（于都人）带了一个特务连来瑞金帮助工作，来后不久，李柏说瑞金有 AB 团，他就扣人，开始集县委会会议，当叫县委书记是邓希平，在会议上研究要杀 32 个，结果第二天杀了 28 个。这是李柏变动的。在被扣 100 人中有县苏区主席谢景山。后来敌人进攻，县委迁到山崇时，有红军左军长和项英来检查，邓希平汇报为什么会失败〈的原因〉时，把上面的情况讲【给】了项英同志。怎么杀的？邓就讲了 32 人到 28 人的问题，项英在桌上划了一下，就发现"廿八"〈人〉是一个"共"字。

1930 年八月初，杨斗文部队打赣州去了。九堡靖卫团头子钟

---

① 原文如此。

运标、钟子煊等便乘机反扑，八月十三日攻打九堡，十四日攻瑞金城。这次敌人没有打进壬田来。

钟运标在瑞金只有一天，县书邓希平、县主席肖连彬等就带队把敌人打跑了。到九月，钟运标又联合欧阳江、胡子垣等匪联合进攻县城。县委退回山崇。敌人这次同时侵占了壬田，我们退回山上去了，敌人一走，我们下去，敌人一来，我们又上山。

这期间，有个卖梨的，在每【各】区卖梨，见人就介绍"八月白"（指梨），当时游击队把他捉到杀了。

九月底，新编红十二军左军长从福建带部队来瑞金，把欧阳江打跑了。后来，左军长走了，欧阳江又进攻。瑞金县委又准备请左军长来，并确定了三路攻城的计划。但是到了那天，壬田的东区游击队一早就动身，没等其他二路到，就打县城，计划暴露，敌人做了准备，进攻失败，在这次战役中，东区游击队政治委员肖跃东牺牲，余部由队长朱玉山带回山崇坚持，自此后，瑞金大部分都白了。

1930 年十月间，在欧阳江匪徒进攻下，各地武装都退回山崇，县委亦扎在这里。在山崇将各地来的武装队编成县游击团，团长陈森（院溪人），有枪 200 多支，队员 400 多人。

十月十三日，县游击团获〔护〕送左军长（权）、项英等〈余〉人（他们原带部队有枪五六百①支），经大柏地区去洛口。左军长、项英还指示游击团：要恢复东区，要以罗汉岩为根据地，和山崇打成一片，即从黄沙到仰山去山崇这一片。

十月十四日，我们游击团回来，便在罗汉岩开辟〔展〕工作，欧阳江得知后，在十月十五日发动大规模进攻。我们便退守罗汉岩。欧阳江匪徒这次进攻，还胁迫黄埠头、彭坊一带群众和他的靖卫团共 1 万多人，企图消灭我们，壬田的靖卫团团长钟腾炜也胁迫壬田一带群众参加。当时游击团弹药少，枪支不好，从上午九时

---

① 原文如此。

守起至下午四时，才开始向山崇撤退。这一仗，游击队〔团〕牺牲四人。

游击团退出罗汉岩，敌人便在壬田大肆烧杀，壬田区全白，靖卫团匪徒对革命者的房屋，全部烧掉，家产没收（匪徒提出，吃了三天苏维埃的饭，便是"土匪"），共烧毁房屋100多幢，杀干部20多名。此外，对广大人民收租逼债，实行加三成租谷的办法。人民生活又陷入困境。

游击团是陆续从罗汉岩撤退【的】，〈自十五一〉十七日才全部到齐，队伍重新编队，改编三连人，一连连长钟文季，二连连长杨清，三连连长朱玉山。团长仍为陈森。共300多人，枪200多支，并在山崇积极进行操练、上课。

1930年十月底，〈游击团在山崇整顿之后，这时，〉敌人欧阳江便向螺石、下洲进攻，声称"要血洗下洲"。为了打击敌人，游击团在接【到】报告后，便出发去下洲，在下洲打了胜仗，把欧阳江打田里去了。

1930年十一月初，欧阳江、钟运标等匪徒在下洲失败，心不甘，就搜集大批光洋和鸡、鸭、布匹、香烟等物品，共十几担，派人送去福建给马洪清，企图〈要〉【勾结】马匪一同来进攻。这时，有伪分团长杨××（武阳人）给游击队通信，他把信交给一个姓懋的带进安治，〈由〉安治又派人送来山崇。游击队〔团〕得知消息后，便在古城附近拦截"送礼队"，把东西全部缴下来，带回山崇。缴来的东西不少，每个游击队员得赏二元，布匹做了衣服，每人一件棉袄、一条灰裤。

1930年十一月，队伍开向闽西四都、濯田，帮助闽西打匪徒王月波，结果，我们打〔失〕败了，便转回山崇。十二月初，又到古城打胡子垣。我们打胜了。后来胡子垣反扑，我们又打〔失〕败了，便转回山崇，吃冬笋。十二月十一日，队伍又开向武阳雁湖，我们又打〔失〕败了，三排排长王××牺牲，我们便转向黄鳝口休息。

1930年，红军反"围攻〔剿〕"胜利，活捉张辉瓒，缴枪很多。杨金山奉命带40多人去洛口领枪，十二月二十五日杨金山带队有80多人从宁都【南】下，路经大川（桥岭），缴了靖卫分团的枪，用缴来的白旗，伪装起来，直冲壬田市，壬田靖卫团没有戒备，全部缴枪，活捉敌团长钟辉〔腾〕炜。后又经合龙，缴靖卫团枪，活捉土豪杨家权，到斧头咀捉土豪钟腾礼。一路上，接连胜利，满载而归，〔回〕到山崇。

1930年十二月底，杨金山胜利回到山崇，将队伍进行了整编，改为瑞金工农游击团，团长杨金山，下属〔辖〕6个连，共700多人，有枪300多支，枪好子弹足。

1930年年卅，杨金山带队攻打武阳黄田，打了胜仗，打死伪团长的儿子，当天返回安治过年。

1930年正月初二，接下洲谢在储报告，敌人攻打下洲，当天出发，打退敌人进攻，恢复政权。打下下洲后，到各地进攻，初三打下洲、凌田，初四打武阳，捉到三个反革命，初五返回安治，杀了两个反革命，初六在武阳开大会庆祝各地恢复政权。这时，三十五军初六打县城未克，返到石水湾。杨金山部在螺石。初八，三十五军和杨金山部联合攻打瑞金，打了胜仗，敌人杨志成（队长）溃败。【此役】缴100多【支】枪，走了六条枪，欧阳江逃九堡，有一部分人逃【至】黄埠头。

正月初九，杨金山部开往圳头，三十五军驻守瑞金。欧阳江带领全部靖卫团进攻，三十五军退。杨金山得知后，便把部队带到山崇。十一日从山崇出发，绕道山路，到壬田大川（桥岭）一带打游击，建立东北区苏维埃政府，主席钟辉南。游击队此后便在大川一带打游击，捉土豪，找经济。

1931年二月初九，罗炳辉带大队来瑞金，一师人从瑞金到九堡，一师人从大柏打瑞金，一师（三十六师）从湖陂到壬田。三十六师师长张宗逊、政委邓华。自1931年二月，全县恢复政权。壬田区主席张自勋，区书肖毅刚。壬田区下有〔辖〕凤岗、鹅土、北乡（横坑）、大川（桥岭）、中土（柏坑）、河山（大胜）、合龙、圳头等八【个】乡。

瑞金攻打山崇时，由闽西政府领导，【上级】派李天富来工作，后邓希平提名李天富，结果李当了县委书记。1931年四月，中央革命军事委员会开会，瑞金由邓希平出席，李天富此时就指出邓希平有社会民主党的嫌疑，邓希平在洛口【被】扣留。当时三十五军邓〔肖〕毅刚在县城，这时县内成立肃反委员会，扣留了大批领导干部，有县主席肖连彬、县委宣传部长谢存信、县工会【会】长杨舒翘等。

李天富派兰光照到壬田区领导工作，接着扣留区书肖毅刚、少共书记李赤夫（安治人）、区苏主席张自勋、区组织部长朱起祥、区委秘书钟辉南。此后分批扣留主要区、乡干部100多人。一般都在扣留后三四天【内】便被杀掉。

开始，蓝光照要我们开会，说是座谈会，他说："县委和军委（三十五军）开了联席会，〈说〉你们是社会民主党。"我说"不是"，他就【把我】吊起来，我还是不能承认，就大叫蓝是AB团，他不便顶起①，把我们关了起来，当晚，我们便设法逃走了。

当时，被扣留的干部知道他不对，但因为他是上级派来的，又因为只知道自己不是社会民主党，别人是不是又不敢说，故都不讲言〔话〕，没有行动起来反对。

这一段时间从1931年四月至1931年七月止。

注：肖、李二同志座谈时，还有洛大发、谢雁书、肖序林等三同志参加。

---

① 原文如此。

7. 访刘盛传、钟仁有记录整理

壬田柏坑枫田湾经济调查。

我们谈的是民【国】十六年的情况。那时枫田湾全村有 16 户，共 54 人，其中 2 户贫农、人口 12 人，14 户苦〔雇〕农 42 人。

一户贫农叫钟洪汉，家有 7 人，有田 2.5 亩，欠债 300 个毫子；贫农钟为仁，家有 5 人，有田 1.5 亩，欠债 60 毫子。14 户苦农，无有丝毫土地，平均欠债每户 500 个毫子，折银洋 430 多元。

全村有全劳动 16 个，半劳动也是 16 个，老小有 22 人。除上 2 户贫农占有田亩外，租地主田 80 亩，所有田亩全是一季稻。

债款利息每年三成息，田亩租谷每亩 2 担，当时，有一句话叫"铜钱加三谷加五"，而实际上枫田湾【有】200 亩田，因水源和土壤关系，一年一亩田只能收 3 担谷，租谷要占收入的三分之二。全村没有耕牛，每年租来耕牛 2 头，年租一个〔头〕牛要 7 担谷。此外，平均租田 6 担租谷，就得请租饭一餐，供八人吃。以最低价折算，一餐租饭，需谷一担。

全村从土地上总收入〈是〉：谷 252 担、番薯 170 担（各种什物都扣入计算，其中有 30 亩水田不能栽其他作物）、豆子 10 担。以上是指在不受灾的情况下的土地收入，遇有丰收年，地主加租 1～2 成，一箩半担谷是少不了的。全部收入折谷 322 担。

全村债息和田租支出：全村借款 460 元，平均以加二、五[①]计算，年息 115 元，折谷 57 担半；田租每亩 2 担，共 160 担，牛租 14 担，租饭 27 餐，折谷 27 担，总计 258 担半。

生产成本即生产投资，一年要种谷 4 担，肥料（石灰、头发等）每亩以 30 斤谷算，要谷 25 担，修理和购置农具（谷箩、箩带、

---

① 原文如此。

犁、耙、镰刀、禾桶、粪箕等几十件），16 户人家至少用谷 20 担，共 49 担谷。

全部土地收入 322 担，全部土地支出 307 担，剩谷 15 担。

全村 54 人，每人平均一年食粮要谷 5 担，共 270 担。除上面余谷 15 担加上种的芋头，可折谷 12 担，蕃麦可折谷 8 担，共计只有 35 担，尚差口粮 235 担，占口粮的 87%。

为了求生存，农民终年去做苦工。当时的生活出路就是帮大地主挑伏米，从壬田到长汀（距离 80 华里），一个劳力一年平均挑 50 次，每次力资一斗米，一年可获力资 5 担，16 个劳力一年可收入 80 余担米，折谷 160 担。

此外，帮人做零工，一天可得米 2 升。

其他副业，如砍柴、烧木炭、养鸡、养鸭、养猪，一年纯收入每户有谷 3 担。

做零工的钱，只够买油盐。副业收入要支付生活用品，如衣服、鞋子等〈用〉。

每年各项收入，扣除各项支出，一年还要多少欠些债。如果还有自然灾害和人的病痛，就要大量借债。

如钟留美，欠债 1200 多毫子，是全村最高的。借债原因：生产收入减少，借债还租谷；死了老婆用款 300 毫子，自己烂脚不能做事等〈原因〉。

除了上述外，各种会款也多，如桥会、龙扛会（抬死人）、仙太会、观音会、秋祭会、野墓会等等，一年一户至少要 4 个毫子。

除经济上剥削外，政治上也受压迫。如大姓压小姓，寻找借口，如失去东西等，来诈骗。地方劣绅挑拨是非，从中索取钱财。赌博也使得穷人破产，地主从中抽利。当时买卖婚姻，穷人无法娶老婆，要娶一个老婆至少要 300 毫子，没有又去借债。开个八字、找个媒人都得要钱。

以上就是穷人愈穷的情况。

8. 访问黄子文同志记录

黄子文，合龙区少共区委会宣传部长、少先队小队长。

1928 年朱德带领军队 800 多人经过这里，与壬田罗坤启打了一仗，1928 年七月打到会昌停下，1928 年以后又打壬田。当时到处写着标语"万户欠我钱，千户不管闲，百户跟我走，月月八元钱""打土豪，分田地！"穷苦的群众很多，他们不怕死，起来参加暴动打癞痢岗后，就打合龙一个大地主，叫钟天汉（十万富〔户〕），把其粮食分了，并烧掉地主〔了他〕的房子。接着就打大地主谢康柏，也把其粮食分了，烧了其房子。穷苦的群众都议论共产党蛮好，更加积极起来打土豪分田地，打合龙时在石山一路上都喊着"万户欠我钱，千户不管闲，百户跟我走，月月八元钱"。红军去安治前，群众也跟着走，红军中的宣传队便向我们宣传将来我们打回来成立政府，叫我们回去。回来后村子里便开会，讨论共产党真好，群众觉悟提高了。1929 年三月成立了农民协会，前方参加军队的杨顾春、杨雄等三兄弟，他写一封信叫我哥哥参加革命，出去就当农民协会大队长，主席【是】王道文。第二年苏维埃政府恢复时，农民协会主要是负责武装斗争，壬田最早暴动是圳头杨金山于 1929 年领导【的】暴动，接着就是合龙暴动。

圳头游击队在土围子里成立农民协会，最早的是杨英珠，1929 年三月在合龙成立五坊乡农民协会，五月就打武阳大地主李秋真，接着就造土地册，进行第一次分田（1929 年）。

1929 年三月成立农民协会以后，五〈个〉月中这地方白了，国民党要群众缴出支援山上游击队的谷子。1930 年红了以后政权恢复，活捉钟运标，我们又要反动派缴回反动派以前倒算的谷子。1930 年对地主全部没收，富农就打，如有两个〔头〕耕牛交一个

〔头〕，东西要交清，不交就斗，经济来源靠没收地、富。

政权机构方面：反帝青年会、革命互济会，参加组织的要交会费，集中起来买前方还需要的东西，要三个人介绍，思想好才能入会。有什么困难由互济会解决，区、乡、村都组织有贫农团，在稳定政权方面，贫农团起决定的作用，它有没收的权限，凡对敌斗争坚决【的】，不管中农或贫农，经介绍均可加入。这大大地孤立了地主。

1931年查田运动，查生产发展，查清革命中混进来的异己分子，这工作由工农检查部特派员来检查，不管怎作了多少工作，是剥削了别人的话，就要经控告斗争。查田运动富农分坏田。分田：如我家6人，共分8亩多土地（亩即等于担①），按人口平均，按乡、按自然村分。

扩大红军时组织耕田队，有游击耕田队为的是支援红军，组织耕田队也按区、乡、自然村来组织。

1930年三月政权巩固，红军都在苏区包围内，这年中央苏维埃在叶坪成立。

青年团以前叫中共少共，方针政策是在党的领导下的，少共的暗号叫"C.Y."。组织系统有少共中央，只有省委、少共县委，中共少共是简称，村没有支部，只有乡以上才设有。一般只有支部书记一人，宽的地方才有副书记，下设组织、宣传、儿童、青妇，干事委员不兼党的委员，工作分工合作，组织干部担任全乡组织统计，如团员的成分、思想表现、历史等。入团没有申请，发展组织是在红五月开群众大会，团内先有计划，协会根据上面给我们发展的任务。少共也是党的后备军，发展组织时，知道哪些人是最坚决地革命的，少共支部就分配任务给团员，在红五月或"八一"时的群众大会上，就用〔在〕红纸上面写着"公开征收团员"，有目的②

---

① 原文如此。

② 原文如此。

的团员就介绍某人某人，以后就填表交支部审查批准。这是在平时发展的基础上进行的，团费每人两个铜板（两毛），没有交就报组长。组织生活有小组会和支部大会，组织生活半月一次，小组会10天一次，【会议】内容：动员青年参军，扩大红军运动。1931年建团秘密通信，只有少共区委书记才有得搞。①

1930年三月全县未全红，王道文任农民协会大队长，王隆脉任村主席，三月暴动，六月时半红半白，较苦的地方是红了，最反动的地方是会昌边境和九堡、安治、壬田、王〔黄〕石、黄白。红了，当时分田、造土地册搞了几个月，〈就〉被国民党摧毁。杨金山是朱总司令的传令兵，任地方游击队长、团长，杨金山的暴动队打到武阳界，把钟运标团匪团长抓回来。国民党别动队和暴动队在镇〔圳〕头打了一仗，别动队先到，烧了很多房子，到壬田时与我们遇上，在镇〔圳〕头王叶寨上，我游击队打得敌人落花流水，重新建立壬田政府，插上红旗后，在壬田、黄埠头打，又插上红旗，接着打九堡，活捉钟运标。

1934年十月间红军北上，罗炳辉在黄石开了一个座谈会。北上后，河东、合龙、黄石、太雷是沅江地区，建立司令部，司令员朱开敷，一次司令部派去捉逃兵共500多人，到湖陂被逃到福建卢铭罗反动军的一个地主带领匪兵包围〈我们〉，司令部往南凹、灯盏凹迁，到黄石时，我们被打散了，尚有100多人，当时开了一个会，想统一思想到安治前，合龙人不同意，天亮就散了，我们把枪支、子弹埋掉就回家。当时军〔均〕田乡伪保长刘超彬（叛变过来的）。

1930年中央下令要少先队把地主的房子拆下到叶坪建造房屋。1934年十二月清乡时，合龙伪联保办事处杨尚运（大地主），向我家倒算，因我是少先队大队长。

1931年我遇见朱德周，他对我说："您不出去工作，我在宁都师范当〔做〕地下工作。"他说："我们找生活不用您去，我有游击

---

① 原文如此。

队，他说他要成立壬田区委，现在不怕了，不久就要解放，我告诉您，您不要告诉谁是区委，区委之间也是不清楚的。防止破坏，您下去发展支部，我在宁都书店（现在的地址），我家很多文件，您不能到我的学校，也不给〔让〕您的老板知道，您要文件就到钟岗牌钟光坛家去看。"三月朱德周就被抓起来，戒〔解〕到宁都，在国民党那里表示得不坚决、抗拒，解到吉安时就叛变了，结果被国民党放到瑞金当特务队长，在武阳杀了我【们】很多革命同志。

1930年四月，杨金山由沅江来，把石城赖支保清〔部〕，天天当赖大宝，来到合龙的时候，当晚杨金山从太行山，杨斗文从云集正面包围，三层包围，赖一并在合龙、沙白被我军打伤，掉下，把他的头割下。

（访问人：刘克惠、甘华新）

9. 访问钟良民同志记录

开头是成立农民协会，我这里的农民协会首先于〔是〕许隆新提议，他说："现在红军来了，我们穷人就好了，红军很好，我们要去接头，以便回来成立农民协会。"于是，起初将农民协会地址设在本田背山的庙下，于〔是〕许隆新做主席，成立以后，进行暴动，打土豪。

民国十九年（1930）五月间，杨斗文的军队来了，在壬田市大庙上开展招兵，成立了壬田支队，于〔由〕节子排[①]老然子[②]任支队长，还有朱玉山、朱秀山等都是支队里的干部，这种军队叫赤卫军。赤卫军一扩大，就取消农民协会，改建为乡。田背这一都为〔是〕"柏乡"。

---

① 原文如此，地名。
② 原文如此，人的小名。

赤卫军的组织是农民性质的，有事就兵，无事就耕田。在〈这〉暴动这一年，有欧阳江、钟运标的反动军队打来，我们的区、乡政府还迁到世都警团 [①] 那里，到 1931 年，由世都警团那暴动来出 [②]，又恢复了政府。

这时，进行第二次分田地，各乡组织土地委员，成立土地部，进行土地调查。成立模范营、少先队等组织。对于土地问题，每人多少不定，要根据各地人口多少决定，当时分田的政策：贫农分好田、富农分坏田、地主不分田。

这时，着重做好政权巩固工作，设立贫农团，下面设小组，有组长。

同时，还有慰劳队、洗衣队，分营、连、排、班。这时，群众有了土地，又不要还债，生活大有改善。

红军北上后，各区、乡都设有游击队，我在这时，是在县独立营，活动到 1935 年五月，因被敌人围困，无粮食而被敌打散了。以后回转家里，受了很大的【迫】害。

10. 访问余世健同志记录

1930 年以前于叶贺产党经过此地，给了这里很大影响，人民知道抗租抗债，再加上地主剥削厉害，因此人民更加希望红了。并知道在井冈山区有红军组织，人民就有反抗地富的要求了。1928 年毛主席从井冈山出发，年三十〈日〉在瑞金麻子坳打，到宁都、长胜，转牯村。1929 年正月十七八在文添的壬田下，住了一夜。这时群众很热情，很多人都去参加了红军，去打土豪（在壬田杀了两人，有个名叫钟世昌），这时大家就发动起来了，但毛主席在这里

[①] 原文如此。

[②] 原文如此。

只住了一两天，又开到别处（汀州）。

这时地富特别厉害，进行对贫苦农民的调查，要抓〈起来〉打土豪的人。此外，地主紧抓着钱不借贷，造成了经济周转发生困难，有的肯放，但利钱更为苛刻，贫苦农民生活更加痛苦，日夜盼望红军回来。

民国十八年五月又从汀州回来，这时就大暴动。贫苦人民组织武装暴动，有农民协会，而反动武装以钟光然为首组织了靖卫团，到处抢人民的财产，在路上拦着抢。贫雇人民十分愤恨，在五月间就成立了农民协会，与靖卫团打，并将他赶走了。

这时贫民的武装就大力与他们斗争，豪绅地主逃到石城地方去，而我们就组织赤卫队与他们抵抗。同时还有游击队，有杨金山、杨斗文、朱玉山等三队人马，这时候白军胡子活①的军队又来跟我们打，我们退了一下，以后我们的赤卫队更加扩大，还到打余坪、石城〈……〉等地，红军日益扩大，热情日益上涨。

民国十九年（1930）七、八月间②，进行反第一次"围剿"，将全县地方武装全部撤到东黄陂去打，这【次】因地方武装稀少，在九月又失去了政权。因为九堡的地主武装起来打瑞金县城，这时全县地主又继续回来重新组织武装，而我们革命同志就逃去山上藏。壬田市是由钟腾伟组织武装，迫人还债，迫租，杀革命同志，经济有租无出。

同年十二月二十三日，杨金山的队伍从宁都牯村下来，假装严傅成的反动武装，援助钟腾伟，将钟腾伟的全部武装消灭，活捉了钟腾伟，并带到安治前里边。

从此又建立起苏维埃政权，群众又欢天喜地，加上有三十五军的大队伍来了，政权日益巩固，重新分配田地了。

在五月间，有蓝光照、李天付〔富〕，混入进行"肃反"，杀了

---

① 原文如此。根据后文，疑为"胡子炎"。
② 原文如此。第一次反"围剿"时间为 1930 年 11 月至 1931 的 1 月。

很多真正的革命活动同志。因此有段时间，大家心里害怕工作，后来上级发觉了这一问题，将这混进来的敌人抓起来杀掉，大家又大胆出来工作了。

在1931年八月①，有宁都起义的军队赵博生，将石城的洪石寨打下来了。从这时候起，政权就巩固起来了。于是，在一、二月间成立了苏维埃中央政府。这时做各项工作也很顺利了，开头的时候，政府设在叶坪，两年以后，中央政府迁至沙坪坝。

那时的文化学习也很重视，设有村学、夜校，学习的材料多是宣传品，或者编成歌曲……进行学习。

在1933年十月间，中央召开全苏大会，福州十九路军进行反蒋起义，以蒋光鼐、蔡廷锴为首，组织了人民政府。同时，还派了代表在〔来〕参加全苏大会，毛主席对他组织【的】人民政府作了分析，并编写了一本小册子，说他组织第三种政府是不能长久的，是要失败的，他说，目前政府只有两种，一种是革命的——苏维埃政府，另一种是反动的——国民党政府，他组织第三种政府是不能长久的。结果，十九路军成立的政府不到两个月，就被蒋介石打败了。

对于苏区时经济情况，由于农民有了土地，政府积极领导，生产很发展，五谷丰收，除了纳土地税以外，收入都归劳动者所得，群众生产劲头很高。那时，粮食、猪肉很充足，每一担谷折价可买十多斤肉，五元一担谷，四角钱一斤的猪肉，其他一切都好，只缺一样——盐，因为敌人封锁了。

在反第三次"围剿"的时候，就提出了"坚壁清野"的口号，意思是：做任何一项都要做得坚固、埋藏东西要偏僻……

在1934年九月间，红军北上，在【此之】前的几个月，各区的军事部，就领导组织游击队，凡是机关的干部都参加，主力军先派了一部分组织先遣队，有九军团从福建过闽江，由于火线紧张，

---

① 原文如此。宁都起义时间为1931年12月14日。

没有过去，退回来了。回来后，大力组织游击队，红军准备出洞〔动〕。这时，壬田区、河东区合并为一个区，所有干部都参加游击队，没有几天，区游击队在壬田的田背被敌人打散了。

从这时起，地主阶级组织了联保办事处，来对付贫苦人民、革命干部，开初，利用花言巧语引诱人家投降、自新、自首，引回来后，明、暗谋杀。那时，田背办事处有〔以〕钟△邑、肖序先、肖序幺、肖序剑、许隆先、许隆彬等人最为恶毒。

11. 访朱家椿记录

现在壬田区，在苏区时分为河东、壬田二区，二区各有好几个乡。

当时东山乡，第二村，有200多户，其中3户地主、13户富农，70%户数自己没有土地，有的有土地，但少得很。租地主的地，每亩年交租三担（当时亩产四担左右），贷人家的一担还三箩，借钱则100文还130文。最高的一担谷一年后还180斤。

贫雇农没有牛的，要向地富租。

此外，国民党还要农民出保甲经费、兵役费等，没有钱的则抽丁。

少先队编成模范营，还要训练步踏、枪法。1934年我亲自带了100多个青年当红军，一下编散了，在广昌的叶先〔驿前〕地方打了一仗，我负了伤，到后方医院以后打残废证回家。

有个叫刘善茂的青年和我一同参【加】红军，这时他母亲看我回家了，而她儿子没有回家，找前〔上〕来要用锥子刺我，说我骗他儿〈童〉子外出不见了，我没有办法。

解放后他儿〈童〉子回来了，原来他儿子在北上抗日时没有跟上，在途中留下作田，这时才敢回家。

12. 访黄光润记录

1927 年七月间，有红的有白的，白的叫靖党，红的叫产党。朱德同志到这时，大家无不欢喜，抗租抗债，打土豪分田地，无妻的可娶到妻。壬田前先起来响引〔应〕暴动的有杨金山、朱玉山，当时还没组织政府，用"千户共相连，万户欠我钱，穷人跟我走，月月八元钱"作口号，劳苦群众纷纷参加。队伍到壬田、上新屋开钟腾唤的谷仓，挑出谷子千百担，钟世恩的谷仓也【被】开掉，其狗腿子钟世昌（小名"菩萨佬"）说："谷子抢走后，以后怎么过日子。"当时被起义者杀去。

赖世宗带领几百民团从石城打来，说要消灭瑞金的义民，大家探知了，在途中【埋】伏着。湖陂圩打一仗，马迹塘一仗把赖的头割下来，放在大桥头，过路人都打一下。当时游击队只有十多条枪，多是梭镖。

同年九堡钟运标带匪团军打来，游击队的力量还弱，退上山，匪军大肆抢掠耕牛、肥猪，妇女的衣服都抢去。

第二次朱德来时便组织政府，建立壬田的区、乡苏维埃政府，当时第一届壬田区主席是朱润前。

贫农团、儿童团（16 岁以下）、少先队（16—30 岁）、赤卫军（30—45 岁）都组织起来。

第一次分青苗（1930 年），分田的办法是"地主无田分、富农分坏田"。土改主要依靠贫雇农。

建立政权以后，乡成立党支部、少共支部，打土豪等都应先由党支部决定。

模范营以后到前方去，扩红运动时，广泛展开宣传，宣讲参【加】红军后家里不用担忧。当时流行的歌："送郎去当兵，坚决打敌人。大家都踊跃参加红军去。"

反动派来了，对革命家属大力摧残。过去当红军的连家人的面都不敢见，怕家人受到连累。反动派设有坐飞机、踩钢丝等严刑，田地给地富拿回去还补租。两两〔往往〕参加革命的你我不敢靠拢，否则加知匪不报之罪，我坐在监房里受刑罚，反动派问我打了多少土豪、杀了多少劣绅。家中什么都卖光，凑54个光洋才赎了出来。解放前夕国民党的张杨大胖，还要追杀老革命同志。

解放军来，约法八章贴出，人人高兴。

苏区时，每村一小学，男女一同上学读书。当时的钞票有好几种，五分、一角的都有。

13. 访池连辉记录

开始时，贺龙、叶挺是"产党"，跟国民党即"靖党"打，在大垅里打起，后分为三路进攻瑞金城，由罗汉岩到合【龙】一路；由茶寮崇走壬田一路；由桥岭是〔到〕横坑下【一路】。战争在壬田周围进行了，急剧地打。这时得胜，剩〔乘〕胜直打到会昌，在会昌是打不过他。队伍就往长汀这边退。大军一退到长汀去，壬田就被钟腾伟（壬田人）的民团霸占，民团非常凶恶，他们到处进行什么清理，杀我们的干部，到各个屋子去搜查，壬田市附近的东门，查出来一个群众藏起来的产党兵，被民团当场抓去杀【了】。

后来毛主席来了，在瑞金安治前组织暴动，这时后方有白军追赶过来，到了瑞金麻子圳，在古历十二月三十日，毛主席对战士们说："现在白军追来了，弟兄们，我们要不要与他打？我们有没有决心？"战士们一齐说："有决心，要跟他打。"一齐赞成。这样就在麻子圳进行了大战，打了胜仗，缴获了很多白军的枪支、弹药〈……〉等东西，就住下在大柏地过年。过了年，从大柏地打上宁都，在宁都又打胜仗，把沙益兴的军队全部消灭，缴获很多东西，这一仗是很伟大的胜利。

后来，队伍又从宁都到〈围〉瑞金安治前组织暴动，恢复政权，接着，转到长汀打下了郭发生^①的全部兵力，在这个时候，红军的队伍配备了新的服装、新的武器，每人两套衣服、两双袜子、两双绑带、12 元光洋。因此，很多人参加了红军，新参加了的红军也是同样待遇，因此，有个别人一个人报两次名，领两次奖的物资东西，从这时起，红军大大壮大（这个时候瑞金动摇不定，一红一白），瑞金有很多人报名参加红军。

在这个时候，壬田地方秘密组织了农民协会，有〔以〕刘传彬、张忠权、吴发子、朱名奎等为领导，并派专人到长汀去与大队伍接头。接到头以后，在壬田中沄的庙下，组织农民协会，进行暴动，这时力量日益增多，兵力增强，在庙下不长的时间内，将政府迁至△塘湾，在这里也只住到个把月就迁到壬田市去了，建立了大队，由朱玉山任大队长，下设中队，壬田有三个中队，兵力四百多人。

正在这个时候，白军赖世忠^②的队伍，说要消灭瑞金的红军，他就从沿岗走△△市来瑞金。而我们的民众得知这个消息，就组织暴动，在傍晚的时候，就开到合龙周围的山上去进行埋伏，待了一个晚上，有很多群众妇女深夜送饭到小山上来吃，到第二天五点左右钟的时候，就打起火来了，我们所用的武器，都是土铳、鸟铳、梭镖，将赖世忠的人马全部消灭，只有个别逃出去了。兵卒说："瑞金的梭镖好厉害，一梭梭得几十里。"这句话就是在这个时候传出来的。赖世忠的头，割下来挂在壬田大桥头上，群众看到很烦恼，经过的人都用木棍敲这个死人头。

后来，说蒋介石的兵到了吉安，因此，瑞金的所有军队，都编到杨志岗的部队上去，开去打吉安，在这一仗，红军失败，退转黄陂、小埠〔布〕地方，打【土】豪、杀猪过年，这时，瑞金被白

---

① 疑为"郭凤鸣"。

② 书中又作"赖世宗"。

军所占。

在黄陂、小埠〔布〕这段时期，进行了杀 AB 团，杀得很厉害，连不是 AB 团也说他是 AB 团。最后，连三军团的政治委员都说他是 AB 团，是社会民主党，这时，毛主席说："不好了，翻了①，不能杀了。"

正在这个时候，白军张辉瓒的军队追来了。壬东〔宁都〕黄陂红军开了大会，研究要不要跟张辉瓒打的问题，结果，大家一致赞成要跟他打，因此，就决定打仗的方式，不开枪，只准用刺刀杀，进行肉搏。结果，得了大胜仗，全部消灭张辉瓒一个师，活捉张辉瓒。

在这个时候，瑞金还是白军在这里，瑞金的革命种子播种在山上进行游击活动，瑞金的县政府设在安治前的山崇。

后来，红军三十五军，由西江来打瑞金（正月二十六日）打了胜仗，接着又退，退下石湖湾休息了一天，二十八日又打，这是〔时〕在山崇【驻】扎的瑞金县政府杨金山领导的军队配合三十五军，打败了欧阳江的军队，可是这个时候，在九堡扎的白军，配合他当地地主民团又来打三十五军。因为这时杨金山的队伍调到瑞金上来 15 里地的地方云集圩驻扎。这一仗一打，三十五军退进安治前去了，切断了杨金山与三十五军的联系。因此，杨金山的队伍弯路走观音石到转安治的山崇地方。而三十五军在二十九日的半夜撤转宁都去了。毛主席也在宁都。

而瑞金人民又组织了地方武装进行斗争，建立了政府，后来三十五军又到回瑞金做工作。

在这个时候，又进行杀 AB 团。这次，三十五军将瑞金的兵力全部编入三十五军，当时，杨金山认为队伍编在三十五军〈了〉对地方的巩固有困难，当时不太愿意，因此，三十五军认为他有 AB 团嫌疑，就扣留起他来带上〔到〕宁都〈地方〉杀掉了。

① 原文如此。

三次战争开始，国民党军队从高村圩来，我们的队伍日日夜夜走到良村，国民党军队来了，我们的军队就退开来，让它进来，它一进来，就大势〔肆〕烧杀。我们的队伍从高村撤转邮都，在这里驻扎，并组织去对他们胁击，经常采取攻一下，退一下。后来，我们的队伍从邮都退转黄陂，跟它打了一下，又退到兴国去了。驻扎在高山上，采取游击〈队习气作〉战，以后，又慢慢地退出兴国回转良村，在这次战争中，我的右手带了花。

我们三十五军在良村、邮都、兴国打，毛主席、朱总司令的军队打下了郭发生〔凤鸣〕的军队以后，就在瑞金建起来了苏区政权（中央），同时，还在壬田市大坝上开了次大会，大会号召"千户管贤^①，万户欠我钱，同志们，你们跟我去，月月十块钱（光洋）"。开了会以后，就进行开地主——腾冲啦^②的谷仓。在开仓时，地主的亲属想阻拦，利用一些怪言怪语，群众听到了就报告红军政府，红军为支持群众的斗争，当场杀了他两个人。这样，他们就不敢阻拦了，有很多群众分到了谷子，到处都开地主谷仓，杀地主的猪，打他的土豪。

后来建立壬田区，建立乡政府，进行查田运动，斗地主、斗阶级，设立区分社开展经济活动，设有调济局。在1932年分成壬、河两区，又建立了乡分社，在一个区的时候，设有儿童团、少先队、赤围〔卫〕军、模范营、俱乐部等组织活动。

后来，慢慢地扩大模范营，准备出调北上抗日，将富农、地主集中，对〔把〕反动的分子杀掉。1934年秋，红军北上抗日去了，瑞金到处建立游击队打击敌人。因为这时国民党一来，他们到处杀人放火、筑起碉堡，地主从农民手里取回土地，建立联保办事处，组织清乡委员进行清乡，剿红军游击队。

我们的游击队，在罗汉岩的新道坛与他〔进行〕抵抗，结果失

---

① 原文如此。

② 原文如此。

败了，退转福建的古城进安治的山崇。

红军北上后，池同志【在】西江地方参加了钟民的游击队。陈济棠的国民党军队开到西江与钟明的游击队打。这时，游击队退转白竹寨，进行分工，分成两路队，钟明一路转安治的山寨，朱德琚一路在观音崇。这时，朱德琚叛变革命，进行翻〔反〕水，借下山买米为题〔由〕，花〔化〕装为老百姓，身带一支短枪，五千多毫子，而朱德琚一下山来，就去攀国民党军队，转观音崇剿红军。这时，队伍里发觉到这一事情，就推选〈过〉廖芹生做游击队长，【廖芹生】领着队伍深夜从河湾子转正明寨，到了这里无粮食，进行了找粮食。这时，国民党又追来了，【我们】在这里和它打了一仗，因国民党军队多，于是丢掉东西走转黄竹岭，又跟国【民党】军队〈又〉打，打后，退到沿岗坪又打了一仗，都是失败了，这次失败后，游击队散了，死的死了，走的走了，逃的逃了……

这时，池同志和【许】福山、朱桃子等三人逃转罗汉岩交界的地方吊脚楼躲藏，三个人还研究了在什么地方还有一支枪，准备去杀恶霸杨太璠，可是三〔山〕下来了，没想到许福山把〔拖〕枪〈一人避踪〉逃走了，就这样，三个人分散了，各找〈出〉生〈之〉路。

14. 访吴星洲记录

朱总司令的红军来了，在壬田的参亭上宣传说"千户不干贤[①]，万户欠我钱，各位同志跟我去，月月十块钱"。同时，打开地主的谷仓，把谷子分给贫苦人民，大家都认识到：红军是为贫苦人民的。过后十几天时间，又是伪青伟〔靖卫〕团驻在壬田，群众遭受很大灾难，大家心里都想念红军，说红军在这里人民是很安全的，

---

① 原文如此。

到第二年五月，唐司令来了，我和细吴豆子……参加了唐司令的红军，对后防的情况就不太清楚了。

到 1930 年时，在东固打国民党的张辉瓒的军队，取得胜利以后，进行了打土豪、分田地、分果实，人民生活过得很好，大家都有田耕。

群【众】看到红军在山上打仗，就进行送开水、送饭……给红军战士吃，这时，红军打仗不休息，因为到处都有群众来请他解救群众的痛苦。

后来，整编了一下队伍，〈开去打赣州，〉改名为"苏维埃二十二军"，与杨斗文的军队一起编去打赣州，打了赣州以后，有很长一段时间来〔没〕打仗，我也回到家里来了，家里建立起政府，我〈是〉任少先队大队长，壬田区的主席是骆大发。

这时，分到了田地，扩大红军，生活改善了，支援前线，开展宣传活动。

红军北上后，党团组织经常开展活动，开会讨论破坏敌人的办法。利用头[①]写标语，放到敌人的场所中去，标语写着"穷人不要打穷人""国民党是为土豪劣绅做事的""你们看到红军都应该持枪到红军这边来""我们红军官长、士兵都一样"。

另一方面，专门研究如何保持革命力量，假使〈会〉被敌人抓到，一定不能找〔说〕出真话，〈就会杀掉，也〉宁愿自己死。以后上山打游击，在湖洋的时候，就被打散了。

15. 访刘定松记录

1927 年五月，朱总司令来，群众一心应，打土豪分田地，编赤卫军，衣袖上挂〈着〉红布。

---

① 原文如此，疑漏字。

苏区时工作主要是扩红，朱总司令号召"扩大一百万铁的红军"。

1930年春，朱玉山、杨金山领导在庙下暴动，罗仁睦这土豪【的】猪被杀去两只，刘传金、刘传坤、刘传兵组织群众（赤卫军），我当班长，过大林排打土豪，当地人民又要打，以后各地划齐了。[①]

1930年分青苗。1931年查田运动。

靖卫团打来，衣袖符号放下，武器多是刀、梭镖，钱少而劣，1929年，时红时白，国民党军来，我们赤卫队、少先队想到瑞金去打他们，他们知道了，先在店里伏着，手握杀猪刀。我们一到，他们就打我们，那次我们的损失很大。

经济工作，主要是向地富捐〔筹〕款，他们不捐就给他们坐班房，晚上受肉刑。地主的家产没收，富农的没收一部分。

16. 访郭家俊记录

1929年毛泽东与朱德的队伍由猪猪切[②]来到壬田〈察〉，宣传群众打土豪、分田地，发动群众无粮食吃的去开地主的仓。首先是在癫痢岗开钟腾焕地主的谷仓，然后就在壬田上新屋开钟世恩的仓，在当时群众都带箪 袋子来挑，当场有地主的狗腿子钟世昌、钟菩萨脑，说："你们这些人来开仓挑谷，红军走了，你们怎〔这〕么死。"当时群众听到狗腿子怎〔这〕样说，就去向我们红军反映，结果我们的红军当场把这两个狗腿子抓来枪毙了。

同时期，有洗心朱多兴办了酒席，请毛主席和朱总司令去吃酒，这时反动派又打来了，我们的毛主席和朱总司令就转移福建那边去了。

我们壬田暴动【最】早的是杨金山、朱玉山，组织群众起来

---

① 原文如此。

② 原文如此。

的，我们中沄暴动时由张宗权、刘传斌、刘传昆、刘传金组织农民协会，在中沄庙下进行活动，主要是搞打土豪、分田地。

红军北上后，钟得胜在罗汉岩、灯盏窝一带打游击〈战争〉。我们不能在家安居乐业，经常地与地主〈进行〉作斗争，然后我们与钟得胜游击队取得联系后，就又进行地下工作，帮助游击队到福建的长汀买电池、〈买〉胶鞋等日常用品，到古村、大献坪买鸡鸭、副食品等，送到狮子岩（狮子岩是我们与游击队联系的中心基地），我们的游击队会到狮子岩来挑去。有一次我们游击队〈要〉缺粮食，我们就向地主买了两仓谷子来加工成米，夜上〔里〕挑去，有时候要送到山上去〈，送到山上去〉，双方说好了用树枝为记号。在什么地点、什么时候，有时候二方面来到，见到有记号就会走。即是游击队先到，没有等到我们走的时候，就留下记号，我们见到记号就把东西挑回，有时候我们先到那里，游击队未来，我们走也是留下一个记号，游击队见到记号就不会等了。

有一次，我们会同游击队，到中沄大屋里捉恶霸地主邹景标到山上去，邹景标家搞了2300元光洋折成纸币来赎，才放他回家，这些纸币被邹景标做了暗记，用针在纸币上串了洞，我们的游击队员当时没有发觉，叫贡沄钟××等三人到壬田买东西。在那天当圩〈有〉地主邹景标到各个商店说了，如果有人买东西，纸币上有洞，就抓起来，恰好贡沄钟××来到壬田买东西，在壬田番婆子店内买东西，被它〔他〕发现了，当场把钟××等二人捉起来了，还有一个钟××就走了，当天就叫钟××把东西送到我们游击队约定地点去。因有伪区丁同去，钟××二人为了我们游击队不受损失，就故意把东西带这些区〔去〕到其他一个地点，到第二天钟××二人被区公署在合龙市枪毙了。这天晚上伪兵又去捉走了的钟××，恰巧钟××由游击队联系回来，不知反动派伪兵来捉他，在走下山时打了一个电铜①，被反动派开枪打死了。

_____

① 原文如此，疑为"电筒"。

钟××等三人是【帮】我们游击队地下工作买办东西的。

有一次游击队同我说，我们游击队到上宁都的马路上打了一架汽车，搞到了十余支短枪、光洋物件等，我们游击队的生活不会受到影响了。

伪军赖仕忠^①由石城带了 300 多人来合龙，说要打到瑞金县消灭我红军，当天晚上有杨金山、朱玉山四面发动群众起来暴动，群众用的是鸟铳、梭镖，四面吹起冲锋号，一个冲锋把赖仕忠三百多人全部缴下来了，赖仕忠就想逃走，被我们队伍一枪〈把赖仕忠〉从马背上打下来了，结果我瑞金的红军未受到危险。还有一句俗话说"瑞金梭镖好厉害，一梭能梭八十里"。

有一次，我们有目标地发动大家来支援钟得胜的游击队，〈就〉动员群众邓家久、郭家榆、郭家堂、邓家椿到中迳、狮子岩、罗汉岩去借田工作，目的是为了增我们与游击队联系的基点^②，使反动派不会发现我们送东西到山上去。

17. 访邹家璋记录

1932 年我由赤卫队转到瑞金黄埔头补充团训练两个月，编到一军团二师四团一营三连第八班任班长，由瑞金出发到南丰，在南丰境内与伪军打仗，打这一仗因我是新兵未参加打，然后我们的队伍就退到甘竹地方，与伪军又打起来了，这次我参加了战争〔斗〕，因负了伤就回到后方医院休养，伤好后出院，在新安打了一次胜仗，在 1933 年就转到福建、温方、连城一带打游击战。

我记得 1933 年九月一日晚上，在温方地方的山区，与敌军开始战斗，当时我们是一连，敌军是一个营，双方隔离很近，天

---

① 书中又作"赖世宗"。
② 原文如此。

〈气〉很黑看不见人，只听到两边的枪声打得很急〔激〕烈，这时敌军只顾打前面，后面〈只〉碉堡和帐篷都没有人守，我们的彭营长就叫我带 12 个人，弯路打敌人的后面，走到半山腰发现敌人的碉堡，我们 12 个人身上只有一排子弹、两个马尾手榴弹，到了敌人的后面，走到半山腰发现敌人的碉堡，我们十二个人就准备把〈带只〉马尾手榴弹盒子拿〔打〕开，摸索到碉堡边，见碉堡内无敌人，又摸索前进，发现第二个碉堡也无敌人，又继续摸索前进，到了一个山窝，又发现了敌人的帐篷营房，又没有敌人，我们 12 个人就随敌人做好的工事搜索前进，未走几远，就发现前面来了两个敌人，我们 12 个人就埋伏下来，等这两个敌人（即是两个排长），走进了我们埋伏的地方，我们就叫他一声"口令，站住不动"，这两个伪排长认为是自己的人，还说"你们不要开玩笑，是自己的人，去找连长去"，结果我们又叫一声"口令，站住不动，把手举起来"，我们就用枪口指住它〔他们〕，把这两敌人身上背的短枪拿下来。当时追问他们前面有多少敌人，对他们说"你们已经被包围了，叫前面的不要打枪了，你们把武器放下来，给你们的生路"，还对他们宣传"我们红军的政策是宽大的，只要你们投降，把枪支缴下来，愿当兵的就当兵，不愿意当兵的可以回家"，结果这两个伪排长认为真正是被我们红军包围了，我们对这两个敌人训了话以后，就利用一个敌排长去叫前面的不要打，把枪放下来，时间不久前面就听不到枪声，过一会儿，只见 120 来个敌人空手走来。这时候恰好我们的彭营长也到了这个地方，就叫那些敌人以班以排站好，由我们的营长对那些敌人训了话，战斗的缴到了敌人的机枪一挺，长短枪 120 余支，子弹 40 余担，灰色制服 20 余担。

18. 访阮兆焱记录

1927 年朱德由南昌八一起义来到瑞金壬田，宣传群众不要怕，我们是帮助打土豪、分田地、开地主的粮食，后组织了农民协会。

赖世忠伪军由石城打来，当时有杨金山、朱玉山发动群众用大铳、鸟子铳、梭镖，打赖世忠的队伍，赖世忠是由蓝兜来到壬田合龙，在合龙不远的地区，被我们的队伍把他一枪从马背上打下来，赖世忠的队伍【被】打得东逃西散，【我们】把数百人的武器全部缴下来了。

又一次，九堡的钟运标带了些人来打罗汉岩，过了教上坝①的桥，在长江排打了一仗，我们的游击队退到罗汉岩去了，钟运标这些家伙就放火烧民房，抢群众的东西，一连抢了十多个屋子的东西，烧了房子数十间，烧掉厅下三只〔间〕，因为那时我们没有枪，都是用梭镖。

红军北上抗日后，我因受〔生〕病，没有跟上队伍，就回到家里，不敢见那反动派的面，只得藏在家里的壁橱内，有 50 多天，然后被反动派发现了，搞了家里 40 多元光洋。

19. 访问赖仕山同志口述记录

我在 1932 年任中沄乡农会主席一个月左右，那时主要是搞打土豪、分田地、扩大红军等工作。

在那时候由乡游击队转到黄埠头补充师，由补充师编到宁都的三军团，由宁都出发到兴国、泰和，7 月间在马脑山打一仗，又到

---

① 原文如此。

布龙江打一仗，打这仗是晚上，缴到敌人一团人，然后又转到于都的老爷磐打了一仗，这时我负了伤，就转到后方医院休养，伤好出院后，就分在曲洋地方工作。

【红军主力】北上后钟得胜在罗汉岩打游击时候有 100 多人，有一次钟得胜的游击队下来买粮食，我们给他买了粮，送到狮子岩下面。

钟得胜在此打游击队有两三年之久。

20. 访罗兆汗同志记录整理

【我】1932 年出来做革命工作，在石城大余冈田、河斜乡当主席，这时成立党支部、团支部、反帝大同盟、互济会工会，这些组织进行活动：反帝大同盟是反对一切帝国主义，互济会是做、收草鞋、布鞋，互济一切困难，将这些物件收集起来送到前方去。

1929 年红军把国民党军团围困在宁都，困了他们半年左右，这时赵博生领导整个师〔军〕起义①，投到红军这边来，编为五军团，【上级】限他五天要把坪山坑田的洪石寨打下，结果不满五天，就打下来了。赵博生领着队伍转瑞金。为了纪念这次胜利，将宁都县改为博生县②，这时将农协会改为区、乡政府。

1932 年参加了乡里工作，任主席，1933 年升为区里的裁判部长。区里还有财政部、土地部、军事部，特派员、中共区委、少共区委、书记，进行打土豪、分田地、杀反革命。【我】在区里任了将近一年工作。

后又提升到石城县任裁判部长，1933 年冬进行分县，在横江成立太雷县，还骑了匹马去，这次成立太雷县，将原瑞金湖陂以上

---

① 原文如此。
② 原文如此。

的地方划给太雷县，接着转到石城县塔脚下开"全苏大会"，研究区乡进行改选和"检阅队伍"总结斗争经验。

开了这次会以后，在 1934 年组织地方机关游击队，开到广昌驿前打大刀会，这时左脚带花。组织机关游击队是党的内部工作，口号上是要消灭大刀会，实际上也是〈做好〉以便北上后留下革命种子，进行游击活动。

1934 年九月间又调转大余区政府做工作，这时大余的地富组织铲共团，打大余区政府，大余区政府被包围了，这时候脱离了组织，带到家属逃转瑞金。

21. 访问肖伦发记录

1927 年的时候，叶挺、贺龙的【部】队，打这里过。在七月间，先头部队就来了，他们一来，壬田市商店就【把】布匹〈……〉等藏起来【了】。过了两天，就把靖党打退了，退到会昌去了，从这时起，群众就知道有【共】产党的组织了。

到民国十九年，杨斗文的军队来了，给这里的人民带来了革命的传播。杨斗文走后，这里就开始组织了地方武装、农民协会、游击队进行暴动。他们人少，我们就打他，他【们】人多我们就退，这样，一红一白搞了好几个月。以后〔后来〕，〈有〉杨金山的队伍来了，这时，群众的暴动声势更浩大，开初是在壬田的田背村住，还不敢到壬田市去，因为这时只有杨金山的队伍有些枪，其他地方组织起来的都是用刀、用梭镖。

民国二十年（1931），朱德的军队来了，在叶坪建立起了苏维埃中央政府，住了两年，就迁往沙坪〔洲〕坝。

土地革命失去政权以后，这时，地富分子十分猖狂，苏区做工作的干部遭难。就以田背这个村子来说：有地富肖序幺，还有肖序先、肖序钱、【肖】序剑等人设立了联保办事处，当时的主任是许德浪、刘德桂，这些人十分凶恶，没收人家的家产，杀老革命。因此，做过红军工作的人不敢在家站身，抓到了就是要命。

民国十九年（1930）时，我们这里组织游击队进行暴动，于节子排朱家海当队长，朱玉山当副队长，同时还建立了很多组织，有反帝大同盟、拥〈护〉苏同盟、赤色互济会，每月缴几个铜片的会费。那时革命很艰苦，吃饭、睡觉……都不会很舒服，特别是当游击队更不消说。

那时支援前线方面，没有担架队跟到前线去做工作，后方就募捐、做鞋……送到前线去，慰劳前方战士。

1934年红军北上，地方上组织了游击队，先住在壬田大庙内，后就退到山区地方去，开到清吉、三河圩等地，在三河【圩】时，〈于县长——邓家保都在这里会了阵。〉邓家保县长在这里开了一个会，布置各区的游击队回转各区去进行游击活动，结果，壬田区的游击队会到壬田的田背村，只住到两三天，就被白【军】追散了。

22. 访钟腾波、蓝坤照、钟文照记录

区的财政工作主要是找豪绅地富的钱，出得起的尽量要多些，地主豪绅的叫罚款，富农的叫捐款。每天财政部收到多少款，由部的特派员缴到县上，县上再缴到中央，款主要用来支援红军，财政部要这些敌人拿出款来，要多联系裁判部和土地部，前者可施加压力，后者可获得材料。财政部有收据、存据，收据有三栏，区、县、中央各有一栏，每一本收据簿100页，少一页就要负责，康克林（碧鲁沙人）贪污一百毫，即被枪毙去。

教育专管理教育，各项都放学校，学生不收学费。

当时（1932年）壬田分为两区，即壬田区与河东区。壬田区

包括壬田乡、凤岗乡、浏龙乡①、赤口乡、竹塘乡、大悦乡，河东区包括沙坪乡、准头乡、东山乡、百坑乡、合龙乡、中渡乡。

乡里的正、副主席和文书，与区的部长一样都是带米革命的。

1932年壬田区的军事部长钟良文（以后是刘国兴），粮食部长李运通，工农检察部长杨海山，区主席丘和明，财政部支库特派员钟邓文。

红军来后，地富反革命的生活苦了，农民不再受地主的压迫剥削，生产好，有副业（养些鸡、鸭、狗、牛带到市上卖，得了辅助收入，一担谷收四五斤土地税，以后叫累进税），一元买谷一担。

土地革命前，这里一担谷还二担，还要二毛挑费（自己送去，则不要办缴运二毛运费），农民无食无穿。

红军北上抗日后，人民的生活是最苦的了。国民党放火烧山，我们跟上山的有的被抓去坐班房，有的被打。国民党三十五师对待我们松了些，在班房里坐了一夜时间，放我们到院子里曝〔暴〕晒太阳。有时吃菜也和匪军士兵们一同吃。我们释放回来后，家中的财产等早被没收了。

妇女打布鞋慰劳红军，限定时间交上，质不好的要退回，乡有妇女指导员，当时丈夫参加红军时有这〈二〉首对唱：

> 送郎去当兵，革命要认真。
>
> 豪绅地主，剥削我穷人。
>
> 劝妹转家庭，你是要留心。
>
> 我在前方，决杀敌人。②

---

① 原文如此。

② 原文如此。

23. 访许友贤同志

1930年是县、区成立革命委员会，乡成立农协，第三年（1931年）才一律改为政府。

县财政部分为税务科和会计室二部门，共有人数不过几个，兰文勋当部长。中央财政部部长邓子恢，差不多每月下来指示工作一次，税务科管商业、农业的税收，商业税主要是收屠宰税，农业税主要是土地税，地富、豪绅的缴款由会计室管理。

1933年八月在区里当内务部长，有一次参加叶坪的南部十八县的选举大会，毛主席讲了三天政治，梁柏台同志（中央内务部部长）讲了四天选举法，我学了选举法，便回区搞选举工作。此外内务部还搞优抚工作（在星期六带领区、乡干部替红属劳动半天或一天），结婚、离婚工作，管理打扫环境卫生，有时还参加修马路。

24. 访问钟秀英同志记录

1931年在壬田乡任俱乐部〈任〉主任时，主要是搞些宣传工作，演剧、唱歌，宣传赤卫队去参加红军，赤卫队参加红军时，首先要募捐（果品等），开茶谈〔话〕会慰劳赤卫队，同时一路上弹琴、唱曲、打连枪，轰轰烈烈送到红军部队。

1932年，调到乡做妇女指导员时，主要发动广大妇女做布草鞋、布鞋等，那时候的妇女思想比现在妇女思想好得多，对上级分配的做布草鞋、布鞋任务，妇女们不分日夜做好，〈按时〉按数地提前完成，送给我们的红军。

其次组织妇女慰问队，到红军家属去进行慰问，使红军家里的父母妻子能安心。

25. 访问钟德恩同志记录

我是在 1934 年参加县总社工作，当采购员，那时我搞的工作，主要是挑樟脑、线、窠到广东去卖，去的时候，不敢走大路，是由西江、骆口那边走小路去，同时身边要带路条，我们带的路条在江西与广东交界（崇石）地方，有茶亭，我们的路条藏在茶亭石缝里边（因广东那边是白军地方，所以路条不敢带去），在广东那边有时候白军会盘问，我们说是老百姓做〈生〉买卖的，到那把货卖了后就买食盐回来，到崇石茶亭又把路条带回来。

那时候市场只有合作社，私商少，要买要卖大部分都是通过合作社，合作社然后转为调整〔剂〕局。

26. 访钟文奎记录

1935 年二月游击队在桐柏山，有 3 连人，共 300 多，和地方干部在一起，总人数 1000 多，由钟民同志领导。当时一连人开到莲花山，二连人到福建的白竹寨，到㫰【竹】寨住 个月，编为十个小队，分散转太阳山会阵①，结果转来〔到〕了〈在〉大柏地，不编到队的无饭吃。

在白竹寨的兰田挑国民党二三十担谷，我们没有粮食，他们在后面追〈他〉也不能丢回去，但又不能开枪回击，因为国民党在瑞金城里有好几个师〈在那里〉，而国民党匪军因为我们没有开枪，以为我们没有子弹了，追得越起劲，我们不得不放下机枪，开他几次，他们才停止追上来。

---

① 原文如此。

还有一次，游击队 12 个炊事员，在中途看见前面国民党匪军来了，着了急，因为 12 个人只有 6 枚手榴弹，以后〔所以〕决定和他们干一干。于是伏在路旁，匪军一班人越走越近了，炊事员同志扔去了 2 个手榴弹，匪军不知游击队的实力，吓坏了，驯驯服服地被缴了枪（共有 7 支）和所有的子弹。

27. 访陈革彩记录

暴动前人民生活艰苦，大部分的时【候】，一天只有【一】餐饭吃，人民无吃，吃的是粥和茶汤（搞少量豆子和青菜充汤）。到青苗面时①，到田间去采野菜，如秋鱼菜、火烧菜、田野菜、纹谷等。

当时松山下一村住着 15 户人家，共有 10 户就是无吃，只有 2 家是中农，生活比较好，因其每户有 7 亩余土地，其余的人家全无土地和房屋，地主剥削苛刻，一般一担谷田就要租谷 80 斤，有的要一担，租田耕的农户只能得些杂粮。农民租土豪的房屋每间一般一年要三笋，或两担房租。

农民欠债要加 15 算，即借 1 元，要还 15 元，借谷 1 担还 3 笋谷，有的还要还 2 担。

1929 年五月，节子排朱多兴到县城领公事，回来后，就组织农民协会，农协会主席是朱老蓝，其余参加者有落〔骆〕大发②、李治生、李冠廷，参加农民协会的人每人各发了红袖套（瑞金领来的），吸收〔加入〕农会的人要历史清白、家庭贫农、政治可靠，有钱的和坏分子不得加入农会〈里〉，严格规定"言语不乱言，有关规定，要保持神秘，不得走漏消息"。一开始打了三个土豪，湾子塘朱名细、柏坑曾善钊，大垅里搞来的东西主要〈的〉是猪、鸡、衣服，

---

① 原文如此。

② 落大发，应为"骆大发"，后文写作"骆大发"。

能吃的东西煮好大家一同吃，衣用具等是按家庭贫苦情况和需要进行分配。在大隆里抓了一个土豪婆子，罚了她100余银毫。

1930年三月十一至十二日，赖世宗反动军队共有300余人，有100多支枪，由石城经沿江黄岗岭而来，到麻布墩遭到地方人民武装阻击。在一天傍晚〈时〉，赖军到合龙附近山脚坡驻营，当晚，杨金山、朱玉山、杨斗文等同志带领的武装队伍前往袭击，天亮时我们军队分了三路包围敌人，杨金山、朱玉山的队伍从南边进攻，杨斗文部队一路由县城从西边进来，一路由楼子坝从脚坡东面进攻，到了七点钟时，打得敌如鼠见猫似地敌〔溃〕逃，活捉匪首赖世宗（当时赖正在吸鸦片），敌人全部扑灭，我军取得伟大胜利，获来〔缴获〕100余支枪。杨金山、杨斗文的队伍调到县城去，队伍到桑新桥时，被敌军欧阳江切断，我军队伍则分散。

1930年九月柏坑乡（当时我这里属于柏坑乡）成立了党支部，党支书是李治生，组织部长陈采兰，宣传部长骆仰山；河东区区委书记杨祥游，组织部长赖先春兼宣传部长。加入党时要有三个介绍人，历史清白，家庭贫苦，政治可靠，工作积极，表现好。那时党的活动主要的是宣传和领导各项工作，使各项工作得到贯彻和执行；研究本乡每户的家属情况、政治情况，进行评土豪、劣绅、富农，宣传扩军运动，研究有对党不好的开除党籍等。

柏坑乡区经费里设立了一所列宁小学，有学生数百人以上，学校里主要成立了儿童团组织，儿童团主任是刘盛金，儿童学习除伙食自备外，全是公费。校内外儿童团和少先队都要进行军事操练，操练马刀法和枪法（枪是木【头】做的），操练有严格制度，不得缺席，否则在学校要罚米三升，重的六斗数。农村夜校缺席都是罚油（用来照明用）。农村中白天是操练，晚上学习政治、文化。

小学教完一星期抽三天上午参加生产，星期天肯定要参加劳动，多是帮助红军家属劳动、田间生产和家务劳动，并要自带伙食。

15岁以下分〔为〕儿童团，15—18岁为少先队，18—25岁为模范营，20—35岁为赤卫军。少先队带红袖会，儿童团带红巾帕。

1932年五月间，【苏维埃号召】"扩充〔大〕一百万铁的红军"，柏坑乡在这【期】间去了30余个，募捐欢送参军和慰劳军属，欢送参军很热闹，最前面是去参军的，接着是家属乐队。乐队中有一只扣好了彩的大牛用〔由〕一个化了装的青年妇女牵着。

1932年二月组织了犁牛社，每户集资10元，是为了保证犁牛等重要农具和耕畜，对缺乏耕牛和农具而又无钱的则给予贷款，到市场上去买和卖耕牛要有犁社的证明，尽量采取措施使耕牛增加，严禁损害耕牛，老牛和病牛可以经社批准宰杀，以村进行统一调度使用。无牛户可以租别人的，租税每亩8斤谷。

全区成立了区联合作社，参加者每股2元，股权自愿，入股之后可买好盐，社员买盐、布、油均是打8折，计算一年内每股能分到4~5角的红利。区社每一周结账一次，派人到白区去购买盐、布等。

以乡为单位组织了硝盐合作社，一元一股进行熬煮硝【盐】，8折计算购买，每月能分到硝盐〈为〉红利。

那时因国民党对红色区封闭严审，使苏区人民最缺乏盐【和】布，盐卖到1元4钱，布1元1尺，很多妇女为了购买布，把首饰（银器）卖出，聚集到白区去买。

合作社不准土豪坏分子加入。

赤色互济会，开始时要每户每月集资5角（只头一次），后每月2角，专救济贫苦农民和优待军队家属，补助他们购买肥料及农具等。

反帝同盟，每月缴会费5分，这些【会】费用来购买纸张，宣传社主要活动是宣传，反对帝国主义和蒋介石，每月开一次会，会上由首长讲，但群众高声地呼口号和举手。

工会：农村组织了工会，主要工人有木工、泥工、匠工、篾工、铁工、厨工等，每个工人发了工会证，同时也是工作证，每个工人分开了一定区域做。没工会证和超过区域范围是〔则〕不能做工，工人本人没田分，家属分田。

暴动后，人民生活大大地得到改善，农民分到了田，无房屋又分到了房住，土豪富农调坏屋给他们住，而他们的好屋给贫农住，在那时油、米、肉、豆干均很便宜，1元2角能买到一担谷子，猪肉1元5斤，豆干1角10块，在农忙时农民割禾做工每一日得工资一担谷。

工人工资暴动后虽然增加不多，但生活得到保障，政治地位大提高。

1934年10月红军北上抗日，十二月钟民组织的游击队在老虎坑（柏坑乡）召开了三次会，我也参加了，〈对〉会议内容是讨论如何捆捉住逃回来的土豪富农（苏区时逃出去的）。1935年四五月里我被国民党反动派抓去，没有关于游击队具体情况，不了解了。

28. 访朱位湖记录

暴动前生活很贫苦，我家〈因〉上无片瓦下无寸土。非常贫苦的家庭〈里〉，土地房屋都要向豪绅纳税。为了日子过下去，【我】强迫自己在〔向〕土豪廖忠昌租了三亩余地，每年不管收成好坏，都要给他足租800斤，租房二间，每间又要一担半谷，并要交这样与那样【的】税。每年起早熬夜地劳动，却弄得两手空空，故而过着饥寒交迫的生活，每日里吃的是粥汤野菜，更是有时二天无火烧，合家大小穿的是补丁打补丁的衣服。特别是在1929年确实难中难，偶患重病，生产无法搞，【田里】野草密生赛荒山，在这种情况之外，租要出，债要还，人要吃，生活更无法过了，真是无法可想，只有把家现养耕牛一头和一切家具拿来卖光，把这些钱付租还债外，还要欠20元银洋，在这难以生存的档儿，只有妻儿三人出外逃生求吃，在外一天两天一月一〔两〕月地不觉熬过了一个年头，到1930年才回家。在七月间，到处的贫苦人民觉悟起来了。见到墙壁上贴满着拥护共产党和打倒豪绅的标语，又见那各个屋前插着〈五星的〉红旗，我的心在开花，〈如似〉决心像钢，信心百倍投入了反封建的高潮（参加了农民协会）。

1931年三月间【我】光荣地参加了中国共产党，在党的培养教育下，思想和工作大有提高和进步，同年的四月里选上了乡代表兼没收委员，又在七月间任了湾子乡乡主席。那时的工作时忙于研究扩大红军的事，及划分阶级界限〔线〕，进行打土豪、捉劣绅，一连打了土豪朱明志、朱多良、朱凯、朱恩等，罚了其土豪光洋1000余元，搞到了稻谷200余担、食物、家具等等，把所搞来东西除部分留〈有〉本乡及农协需要之外，大部在大会上分给贫苦农民。

1930年七月间，赖世宗的反动军队从石城到合龙而来，一到本地在合龙乡脚坡下宿营，本意是侵占瑞金城，瑞金早【知】消息，本来那时的反敌斗争的决心四面云起，起义的人民空手赤拳，用石头，有【的】用木棒，有的用刀，还有的用锄头，结合杨金山、杨斗文的大军，从四面八方包围，敌军全【被】我军围住，〈那怕死的赖军，却像漏网之鱼，〉没到五个钟头把可恶的敌军全部杀光了。敌尸满地，〈毒〉血到处流，缴来的枪有100多支，这一【次】战斗我确是勇气冲天，我拿着红旗，走在队伍的最前列。这一仗是我平生开端胜利的一仗。

29. 访问刘传芳记录

1929年四月间，朱亿标到县城领公事，杨金山带回10支枪，有杨金山、朱玉山、胡子山等人领导在山石坡组织暴动，共有一连人（60~70人），朱玉山为连长，胡子山为排长，朱玉山有一匹马，首先打癞痢头、钟腾焕和黄泥排钟腾伟、钟文林等土豪。

五月间到湖洋打靖卫团，暴动队有三余人①开去，只打开河这

---

① 原文如此。

边，河对面没打开，这次只抓到两个土豪（男女各一），罚了钱便【放】回去了。六月末暴动队去沿岗，赖世宗反动军较强，打退了我们。〈在暴动后，我们也有引导他，赖军下来，〉七月初敌军进到麻布墩，当晚有〔又〕赶到合龙脚坡驻，反动军在合龙附近村庄乱抢百姓东西。宰农民猪、鸡吃，天快亮的时候敌人进攻，半早间（7 点钟）就把敌人打败了，敌人四处溃逃。敌人死亡很大。在梗内里（贡潭队的一个村庄）有〈单〉一坵田上就杀死 17 人。敌人逃到那里都会受到暴动队〈助〉打击，在长胜〈对〉岭子脑逃来的两个敌人，就被农【民】用锄头〈把他〉打死，并缴到了两支步枪。

战斗结束后的当天晚上，杨金山等人到百姓家集武器（缴到敌人的）。

随着暴动队的建立，农民协会也组织成立，暴动队是军事组织，农民协会是群众组织，两个组织都各有一面红旗，红旗是相同的，都是 3—4 尺红布做成块，上面有斧头、镰刀，并用红线系好龙须。暴动队与群众有时同时打土豪，暴动【队】打先锋，农会发动群众去搬运东西，集中在农会统一分配。暴动队在土豪家一般是拿较轻的和钱（金银），农民群众则拿土豪的家产、农具等。【胜利果实】分给贫苦农民，分时也要〔是〕有秩序地进行〈分胜利果实〉。

上级有派人来检查，有多的，而【且又是】暴动队〈又〉需要的东西，则农民协会要上缴给暴动队，尤其要问是暴动军事上的需要。打土豪得的食物无分，一般是全部煮好来集中一同吃。只有红军家属才有另外分给。

1930 年四月，组织农民协会。同年六月又组织了村政府。此年 8 月组织了乡政府（乡的下面仍是设村），当时我乡称为马荠① 乡，乡主席是陈启洪，杨家芬为文书。

---

① 马荠，应为"马齐"，后文写作"马齐"。

苏区时实行了全民军事化，有儿童团、少先队、赤卫军、模范营等军事组织，少先队每天早晨进行操练，主要〈是〉操训的是马刀、枪法、跑步、立正、稍息、向左右转、跪下、卧倒等。每月要到大队部去检阅一次，地点在壬田区，后分了区乡，在湾子塘桥检阅。

少先队每年规定专门受训练两次，即五月一次 5～6 天，十月一次是 10 天，受训时间的〔一〕方面学习军事、操练，一方面学习政治和文化。政治课主要内容是：好工农才有〔能〕当红军，每人要准备充当三年红军，保卫胜利果实，保障分得的土地。

曾在河东区湾子塘当看守长裁判部长杨远朋①，支书是钱书田，看守员三人，犯人押来时，对犯人要全身进行检查，检查到有刀、火柴、裤带，则解掉，以防止犯人自缢、越狱。犯人家属拿来的东西，不会给他吃，要我们规定给犯人吃的才会给他吃，犯人判了后，要放的要放，要杀的要杀，叛徒刑的则押送去劳动。

我曾调到中央教导团学习，教导团驻扎在兴国块背村②，学习枪法、政治，进行军事操练，首长教导我们说"第五次战役最残酷"，要我学好后，带兵去作战，是属于培养军官的学校，分去后都是当班、排以上，我学习五个月，1934 年八月十五日就参加了前线作战。

30. 访朱位恺记录

1932 年六月间，〈我〉在党的教育培养下，我的反敌意志更加〈的〉坚强〔定〕了，工作也更加〈得〉积极了，本年在河东区支部光荣地参加了共产党，这时被选为赤卫军第一排排长，在 1934

---

① 原文如此。
② 原文如此，疑为"江背村"。

年十月间，我军三个排〈竟〉想跟大队（红军）往石城至福建而去，途中得到群众很大帮助，支援了不少的东西，如：古城人民送了草鞋200余双、粮食4担（米）、果品等东西。一到小机山，见过大队白匪（一团人），我军一见立即对抗，我军从三面进攻，第一排攻正面，第二排攻左边，第三排攻右边，一攻二团的办法，把白军全部围住，进行血战，弄得白匪乱逃乱走，战后被捉到的白军30余人，打死〈的〉者有200余名，有部【分】逃走了，缴来长短共计160余支。我打死白【军】排长，缴来3支枪1个手榴弹，得到上级长官的奖品（手巾、女浴衣1件）。以后因烂脚回来了。

红军北上后，吃的苦很多。在先①〈因〉任过赤卫军排长与没收委员、代表主任等革命工作，在1934年白匪侵入了我们瑞金，那些未消灭的豪绅，在原马齐乡成立一个联保办事处，〈当〉那个时候到处大肆捉我们老革命同志，我在那时决心上山抵抗。有一天回家〈竟〉想扩大力量，找革命同志钟光春、钟大棚、朱位湖等，但途中遇敌把我捉住，抓到伪政【府】，叫我一定要找〔供〕出暗杀团〈还〉到哪里去了〈。我们的反敌军虽知道〉，我始终没说，我却说那些豪绅是参加了暗杀团，这样，这少数的豪绅们，毫不讲理地把我【抓】来受刑，把我烧蚊祭火，打地雷公，坐飞机，用针扎手指尖，弄得满身是伤，鲜血满身，〈在〉最后不省人事，死去复生，到了第四天下午被解到瑞金，坐了五个多月的班房。当我在坐班房时，有很多同情【我的】贫农，使人来保，我才回来，回来的〔后〕好久根本不能出外赶圩，免得被那些狗土豪看见，每日里只很好地躲起来，到了1935年才逃到大川（大山）砍柴卖为生（我砍，家里的人去卖）。

---

① 在先，方言，即"之前"的意思。

31. 访问唐克标记录

1934 年十月初四失掉政权【后】，为了坚持不断地与白狗子进行武装斗争，壬田区、云集区、河东区三个区域成立三个游击大队，河东区是一个，河东是以当时的区委书记胡荣佳、区主席刘海波为队长，开始出发，河东、壬田两区的队伍意〔原〕想从古城到福建，结果一走到古城，便被敌人拦阻，与敌人打了一仗，结果失败了，溃退到区（这时候国民党大队还未到达，十月初四则正式到达了），及时地转移方向，到河山下、三公排，这〔在〕此地住了两夜，与此同时，云集区的游击队也共同地跟上，接上从此地到洋地上日东新屋角，住了一夜，然后到湖洋，由于湖洋恶霸绅士李秀珍搬长汀的兵下来"围剿"，因此跟他打了一仗，由于游击队的力量薄弱，寡不敌众，结果全部游击队被打散了。

河东区游击队人数有一百多人，云集游击队人数也一百多人。

钟民领导的游击队活动情况

1935 年春，钟民、邹道隆、许祥彬带领游击队来到贡沄村找东西，开始由杨亚民先发现，以后便活动于贡沄、观音【岭】地带，来来去去共住了六七年之久，在这里活动，〈曾搞过〉为民雪恨，痛杀过伪保长唐克林、钟起民两个，唐克林是前届保长，钟起民是后届保长，钟起民接唐克林的，其过程【是】1936 年三月初八晚上，游击队把唐克林所处〔住〕的唐屋村密密包围，队伍四面埋伏，当时唐克林到外面照鳅鱼回家，然后游击队让他回家入睡房，当就寝的时候，游击队便分派几个人下来，把其余的房门都搭好，然后冲开他的门，当时该唐克林便越墙爬瓦逃跑，因为心怀〔里〕害怕，由瓦上跌下来，一跌下来就被游击队抓住，用刀子在他肚皮上杀了几刀，就杀死了，以后临走在这个村子坪上开了群众会。搞了这里以后，便接上到对门钟屋，按照同样的方法，布置好了队伍，首先进到该村时，便假叫钟起民出来带路，当钟起民带路带到屋门口的堆坪上，就把他杀死了。

唐克林、钟起民这两个既是保长又是反动富农。

忠实、英勇、意志坚强的游击队向导钟文芳、卢衍宾烈士

钟民所领导的游击队到外地进行工作活动需要带路的人，日常生活需要买盐、粮食、食肉、电池、火柴等项必需品，都是由该两人想方设法、改用计谋，使游击队能够完成一切工作任务，能够得到需要的东西，在带路方面化装扮饰砍柴人、远路客，在运粮食方面扮饰挑男售米、挑米过长汀，在买食肉方面及其他方面扮饰卖炭子，买粗糠将猪肉等东西放在箩子底下，来掩饰老百姓的眼目。

这两个人在光荣就义的时候，保全了整个游击队的安全。

事情经过是：游击队到中沄抓住了一个大恶霸邹振标，罚了邹振标1000上下元钱，该邹振标则玩弄诡计，把所罚的票子在角上刺洞，结果游击队派这两个人去壬田圩班甫子（均系恶霸地主）肉店买猪肉被发现记号，当时就【被】逮捕了。当天卢衍宾就被白狗子残杀，光荣地在壬田河坝上就义。第二天伪政府白狗子〈劣〉逼钟文芳〈要〉带路找游击队的主力，企图一网打尽，钟文芳烈士无奈只得替他带路，当时游击队全部驻扎在观音岭下花生坪，这一块地方就在白狗子所经过的大路旁边，而钟文芳丝毫没有洩〔泄〕水暴露，则带白狗子到别地，以往所居住的地点——暗山，结果没有找到，白狗子便施行残杀，又把钟文芳解回壬田杀害。这样两位烈士光荣就义，而游击队毫无损伤。

32. 访问朱明老同志记录

1932、1933、1934 年这几年大力地为"扩大一百万铁的红军"，当时的号召就是打到南昌、武汉去，宣传的标语口号就是"万户欠我们的钱，千户不干闲"，自愿来报名，每月都有 8 块钱，农民、士兵都一样，大家团结上前线，杀敌斗争，保卫苏维埃政权，扩军各区、各乡不限名额。通过大力宣传，群众的觉悟很高，大家都轰轰烈烈地自愿报名，有的没有达到年岁的也积极地要求报名，后来就规定：单丁独子不参军，三人去两【人】，二人去一人。去参军的受到群众热烈欢迎，如儿童团、妇女、俱乐部，打锣敲鼓护送去参军。而参军的无限地高兴。

1934 年十月初四日，壬田、合龙、河东、日东四个区成立为一个游击大队，以区为单位分为 4 个中队，各区长担任中队长，人数为 500 多人。我们合龙区的游击队到田背集合，〈就〉路过温屋山下，在山下住了一晚，再到河山下住了一夜，然后到阳地住了一晚。这时候，壬田、河东、合龙三个区的游击队汇合在一块，第二天就到湖洋，这时又与日东区的汇合了，成为一支很大的游击队，在这里推选朱开敷为游击大队长，在湖洋住了一晚后又开到东日赤下坝住了两夜，这时日东的土豪就逃到长汀，请白匪三十六师的来打我们的游击队，〈故〉因我们的游击队那时候缺乏武器，被他打散了。到 1935 年，钟民领导的游击队由九堡到安治，再到邓盖窝走马沄，这时群众听到了钟民游击队的来了，〈群众〉在黑夜中积极支援粮食，如贡沄的钟蓑衣保 [①] 将自己吃的米挑给游击队吃，不幸被地主发觉，〈把钟蓑衣保〉【被】抓去杀掉了。

---

① 原文如此，人的小名。

33. 访问刘克标记录

暗山是游击队常驻的地方，有小屋子一幢，游击队全体队员不可能在这所房子里住宿，只能在这里做饭吃，当然这里〈面〉也〈有〉怕敌人发现线索，也不可能在这个地方居住下来。

游击队初来到该屋子后，钟民亲自与刘克标的父亲刘德辉谈话，起初还没有则〔猜〕到刘德辉的心事，没有与他说"实在话"，以后则〔猜〕到该刘德辉是忠实人，则与他交实底，以后亲如一家。该刘德辉的爱人李尼尼更是关心游击队的生活，替游击队做三餐饭。为了避免外人到他家发现问题，便以筲箩为号：筲箩挂起来了，表示没有外人，可以下来挑饭；筲箩没有挂起来，便有外人在那里，不能下来。有一次饭筲倒了很多，恰巧碰上了伪兵前来搜查，而她急中生智，把猪饲料搞在饭上，敌人看见了，以为是猪饲料【就】没有盘问，从而也没有发现问题。以后又有一次游击队在大湾里碰到一个阳奉阴违的妇人杨衍子（这个地方是福建管辖地），表面上对游击队热情招呼，说我这里都是好人，游击队当天晚上就在这个地方住下来了，但在当晚该坏分子杨衍子便私通当地伪兵前来"围剿"。当时全队〈被〉逃脱了。第二天回到暗山，与刘德辉〈如亲人，〉谈昨晚遇难〔险〕的事情，并说一定要报仇。过了两天便趁晚上到大湾里把这个坏分子杀了，并把她家的头牲① 全部挑了出来，当天晚上在该刘德辉家里吃了一顿。

但以后，由于反动派的手段毒辣、坏分子的计害，伪合龙乡政府把刘德辉逮捕了起来，千追万逼要〈逼〉刘德辉说出游击队的下落，但由于这个人坚持没有暴露，结果放了出来。以后游击队听到

---

① 头牲，方言，"家禽"之意。

了这么回事，钟民同志亲自下来访问，并给了些钱安慰。有一次，伪兵又到该村"围剿"，游击队四面布置了，打的话也可以取胜，但游击队为了照顾刘德辉【一家】大小安全，没有打一枪，当时钟民同志还说了，假如是要打的话，伪兵可以全部消灭。

附说明：

游击队在贡沄活动时，把唐克林、钟起民两个杀了以后，伪政府便立即派军队到达该地搜山"围剿"，有几次游击队均处于紧急关头，游击队钟民躲在贡沄河背屋油檀下，碾头脚下，〈经〉反动派搜查过，幸没有被发现，以后又有一次躲在荒厕所底下，上面盖了禾草，〈经〉敌人在该厕所搜查，又没有被发现。

34. 访问太胜塅刘荣辉老同志记录

1934 年红军北上后，我们隐山，不敢在家。1935 年元月钟民、刘国兴等同志来到我村附近密林地带，我兄刘兆元、堂兄刘云山等与他们会合后，汇到我家来，我们用头牲招待，当作内亲招待。我几个兄弟每隔一天都会到壬田、合龙区买各种食料、油等，深夜送去。我兄经常参加他召开的游击队会议。我也曾参加过一次会。【他们】在会议上鼓励我们，叫我们不要害怕，我们要过甜蜜的日子，就应坚决地向土豪作斗争，不过我们在工作中要保密、慎重……

南头有个沈运林【，一】家人经常运粮食，每天做好一锅豆腐送至龙沄下去，支援游击队。有时笋袋被戳破了溜出了来，便小心地扫干净，生怕敌人发觉。

后来因国民党采取了愚民政策，伪装政策放宽，我兄被诱下山，后来国民党又采取灭口手段，我兄被抓去弄死，连尸体也未收到，说他为游击队送了东西，苏区工作也热心。

35. 访问合龙市钟家标老同志记录

在暴动前，我父亲很多病痛，常烂脚，一点事也不会做，只念了一年书就停了学，只好在家挑米到长汀去卖，搞点钱来维持生活，但因欠了土豪地主的债无法还，债务越加越重，地主又逼迫得非常厉害，那时简直无法再生活下去，心里只有一把燃烧着愤恨富豪的火。

瑞金县杨斗文进行暴动后，我村钟远祯一听到就去与杨斗文接头，红军来了我村，人民甚为高兴，立即设立了农民协会。钟远祯为主席，我是〈负责〉游击队长，组织群众打土豪分田地。当时群众的斗志非常坚决，贫苦的人民都分得了胜利的果实。过了一段时间，由石城下来了赖仕琮匪徒，驻在合龙附近几个屋子，总想攻打瑞金城做瑞金霸官。我游击队知晓后，当晚传知各机关部队和全体人民到合龙围剿赖仕琮匪徒，第二天天刚亮，就全面进行歼灭战，杀到了敌人一百余人，赖仕琮也当即杀了，逃走的只是几十个了。

红军来了，我们瑞金建立了县政府，划分了壬田区、九堡区、武阳区、城关区，后来又开设壬田、河东、云集、黄沙等几个区。

我河东区又有东山乡、中沄乡、柏坑乡、白露乡、贡沄乡、湾子乡、塅山乡、圳头乡，以乡为单位做〈好的〉各种组织工作和妇女活动工作。

红军大军来了，在瑞金叶坪设立了中央政府，各地的代表经常来此开会。中央建立了土地部，开展了土地查田运动。中央建立了工作队，分到各地去帮助搞土改查田工作。设立了列宁小学、反帝大同盟、赤色互济会。瑞金还建立了红军学校、中央列宁师范，当时我也参加了这个学校学习，读了半年，提高了我的文化水平，随后分配到圳头去任文书，不久又调〈来〉到河东区去任裁判部工作，在工作组织宣传支援前线，组织扩展百万铁的红军，编制模范班、排、连、营等，【发展】赤卫军、少先队，组织耕牛队、妇女慰劳队、运输队。

红军北上后，【我们】组织了游击队，壬田、河东、合龙的游击队攻打沿岗、山坑、洋地等，到了沿岗就和太雷县的保卫队合并了，一同去打石城山坑的反动派，当即杀了反动派头子3人，其余一起赶到福建去了。后来我们开到日东、湖洋住下，才几天土豪和流氓扮〔搬〕到长汀的反动军队来"围剿"我们，当时游击队就在湖洋被打散了，我就逃回来了。第二天就被地主杨和兴、杨和宏看见了，深夜把我抓到圳头土围，打得我半死，当晚我便撬门而逃脱，走到亲友家去躲了十多天，再邀集钟远琚、钟璧辉逃往广东、福建等省。

36. 访钟家恢同志记录

1932年时瑞金的上阳有个列宁师范学校，是党中央办的，徐特立同志当校长，男同学400多，女同学300多，有外县和外省的同学，三个月毕业，分出搞各部门的工作，林伯渠、何叔衡、瞿秋白等同志常到校内讲话或讲课。每逢寒、暑假，师生坐在一起，对老师一段时间来的教学展开批评与自我批评。

各乡有列宁小学，课程有〔除〕语文、算术等外，还有学马刀法。学校的老师，在〔除〕开始一两年中每月每人有四五元薪水外，以后都是自己带米的。

此外，农村有识字班，墙壁上贴着要识的字。

37. 访问许运深老同志记录整理

1930 年春天，我那时才 15 岁，知道瑞金有暴动游击队，初暴动时称为东区，组织起来成立瑞金东区暴动队，暴动成功后称为第四区苏维埃。

暴动前有游击队，第一大队是洗心、长胜，第二大队壬田、柏坑、横坑、莲塘，暴动队组织起来后，先打伪石城队伍扎在合龙的赖士中[①]，战斗在合龙，枪决了赖士中，成立各地农民协会，并成立壬田第四区苏维埃。

壬田区主席朱以标，后来安镫盖子（即朱仁权）。区委书记赖先春。区有正、副主席，有内务部、粮食部、军事部、裁判部、工农检察部、财政部，各部有部长。

原壬田第四区苏维埃有 10 个乡：大悦、中沄、柏坑、竹塘、高轩、刘龙，凤岗、圳头、合龙、贡沄。

当时党内有组织部、宣传部，壬田有 10 个支部，团也是 10 个，每乡 1 个。党的六大纪律：第一，服从命令；第二，严守秘密；第三，努力工作；第四，阶级斗争；第五，牺牲个人；第六，永不反党。

团的纪律与党的相同，就只有第六条一个字不同：永不反共。

最先入党的可能是圳头杨金山，壬田发展党员在〔再〕分了土地，而阶级斗争胜利以后发展的，主要是互相之间考验，入党有表填，很简单，也有不填表入党的。

那时区里的中共区委书记兼区暴动队队长，少共区委书记兼少先大队长。

1931 年进行阶级斗争，建立各级武装组织。

1932 年进行查田运动，查田的目的：一查田定产，二查阶级。

---

① 原文如此。

查田后整顿队伍，编成模范少队，为扩大红军的对象，赤卫队是模范队，也是红军的对象。

1931 年 8 月，我参加了工农红军，当时口号：欢迎模范少先队到前线去，帮助红军作战了 3 个月。任务是：一，发展游击战争；二，帮助红军作战。

38. 访问朱开辰、朱祝平老同志记录整理

1934 年红军北上后，中央留下项英为地下领导人，新编二十四师。我们这里是 1935 年钟民同志由白竹寨移到壬田罗汉岩、观音崇、下山、河夹子。

原二十四师在古陂、乱石一带被打散了，重新在龙南特委新编为新四军，北上。

红军北上后，壬田、河东、合龙三个区合编为一个游击师，朱开敷为师长。1934 年十月初四日瑞金开始"白"，合龙区二十日左右开始"白"了。

早在九月二十日即开始了游击队的组织工作。红军北上后，云、合、壬三区合编为一个游击师，师下设三个团，合龙为一团，壬田为一团，河东为一个团，合龙团长是残废军人李风山（山东人），团下面设三个营，一个营下面设三个连，谢成永任营长。合龙团初期 300 多人，到了湖洋走了 100 多人，只剩下 200 多人，三个区在湖洋汇合共有 600 多人。

1934 年十月合龙游击团想在安子前与胡荣佳汇合，行至叶坪，听见敌人枪声响，后退，经过石脚下，由山下经过，在大胜乡的河山下住了三夜。以后一部分游击队员回到松山脑牵了朱开球叛徒的牛。十月十三日在河山下杀了一个地主，十四日游击队由河山上湖洋，【驻】扎在湖洋大地主【李秀珍家】。李秀珍从长汀逃难回家，发现【家】里住了游击队，由路上回长汀搬了长汀大批反动军队，

大批白军〈600—〉700 人左右。在湖洋，游击队与反动军队打了一仗，我们被打伤一人，失败后由湖洋转大胜乡的太阳山、老猪岩，这时游击队无一支枪了。

1935 年二月国民党叫我们游击队员、共产党员、革命干部"自首自新"，同年五月国民党"清乡"。

我们和朱开敷、朱科彬、朱学廷在一起，于 1934 年冬下山。

游击队攻打合龙的三次战役。

第一次，1934 年冬下明荣佳队伍与合龙游击队汇合。

合龙伪办事处最反动，主任杨凯旋是一个恶阎王，抓人、派款、杀老革命，人民反对他，游击队决定打他。十一月□日，由邹道隆率领，化了装，伪装挑鸡，挑鸡笼的有五六人，天未亮就进了合龙圈子，挑鸡笼的一直顺大路下，游击队 30 多人，分两支，一支从田背，一支从松山脑，采取二路夹攻。国民党办事处在圩口有一个哨，挑鸡笼的行至哨边，哨兵叫"站住"，哨兵想一一查身，游击队把哨兵包围了，六人拿出短枪，不准他动，捉住了哨兵，游击队放了一声信号枪，两路游击队冲进了伪办事处，当时捉住伪兵6 人，结果放走了 3 人老实兵，带走了 3【名】坏兵。

第二次，1934 年十二月九日，游击队由钟得胜率领，有 30 多人去，打的办法是猛打猛攻，那时刚好伪办事处人员下乡了，游击队一去，什么也不见。只捉了一个大地主（小名叫白米），想在河背杀掉，老革命同志钟久标对游击队说："他是救了老革命同志的老实人，不要杀掉。"在老革命同志的要求【下】，把白米赦了。

第三次，1936 年八月十二日晚上，详细情况我们不知道。

39. 访问李乐铭老同志记录

1934 年 10 月间红军北上抗日后，本地的区、乡、村干部组成游击队，合龙区由朱开敷为游击大队长，全队共有人数 400 多人。开始在温屋山下住了一晚，再到河山下住了一晚，第二天到达湖洋，在湖洋住了三夜。这时与太雷县的游击队联合起来了，有〔是〕一支很大的队伍，拥有 800 多人。这时日东的土豪就到福建长汀县请白匪三十六师来了，因为我们的游击队缺乏武器，而被他打散了，散到四方八面都有。〈直到〉1935 年钟得胜带领的游击队，从九堡经过安治到达陈石山灯盏窝一带，前次在湖洋被白匪打散的〈也有〉一部分【游击队员】到钟得胜部队来了，这时钟得胜领导的游击队就【成了】拥有 400 多名〔人〕的队伍，为了更好地打听国民党政府的消息就留了一些坚强如钢的共产党【员】，一面在家搞生产，一面做内部工作，成立了地下党支部，由〈于〉李冠庭担任党支书，钟琼任组织委员，党员朱开敷、朱开综、李乐铭等，支部里面做了很多秘密工作，与钟得胜游击队部经常有音信联络，如游击队没有粮油等项，支部里发动党员援粮、送米、送盐、送油豆等，又如李乐铭假借炒花生过福建长汀，【以】党的名义送了熟花生 80 多斤给游击队吃。此外党员钟铁背山部【帮】助游击队员探好大土豪熊秀仰的居住情况，然后带游击队抓到了熊秀仰的儿子，后来熊秀仰拿了一笔钱赎他的儿子，而我们的游击队获得几千元，度过艰苦的生活，但是熊秀仰有意地来谋害游击队，而把赎儿子的纸票上用针赞〔钻〕了几个洞在〈纸票上的〉右角上为记号。有一天钟文昆同志帮游击队买猪肉，不料被地主熊秀仰发觉了，结果〈把〉钟文昆【被】抓去杀了。

40. 访问桥岭叶礼标老同志斗争史

民国十九年（1930）四月二十四日到壬田横坑桥树下最先暴动，【与】刘盛炳农民协会部下接头，回到桥岭成立农民协会，〈进行〉开始打土豪，同时听到瑞金县地主和土豪到长汀请伪军二十一团打瑞金农民协会，时间【是】1930 年四月二十七日，伪军到壬田市住了五六天，把农民协会解散了。

1930 年五月地主土豪又去石城请赖世忠伪军来攻打瑞金壬田合龙市，〈合龙市〉杨金山部队在合龙，这次农民协会倒组织起了，配合杨金山部队共同攻打赖世忠，这仗把赖世忠伪军全部歼灭，并〈含〉活捉赖世忠，农民协会靠杨金山部队扩大了力量，缴到了赖世忠枪支 300 多支〈弹药〉。这一次得胜。

1930 年五月成立区革命委员会、乡革命委员会，苏区叫北乡，包括横坑、寄荔、桥市、高轩等都叫北乡，主席是朱名摇（字龙山），成立农民协会后进行分田，（分青苗）每人分田六担，分田方法：地主不分田，富农分坏田，贫雇农分好田，原则是抽多补少、抽肥补瘦。

1930 年八月，瑞金土豪劣绅又到长汀去请马团长，和会昌欧阳光、九堡钟运标，配合当地的青围〔靖卫〕狗子，〈进攻〉攻打我农民协会和游击队，又把我们县、区、乡、村政权解散，伪靖团狗子在当地勒索人民，另派三成租谷，打吊捆勒索群众要钱粮等。

1930 年十一月壬田区有肖义光送左军长走，而肖义光带领队伍到罗汗岸①，而壬田伪靖团请欧阳光和九堡钟运标到壬田来攻打罗汗岸，我军因〈军〉子弹不多而失败，退到山纵〔崇〕。

1930 年十二月二十七日杨金山部队蹿过大川，缴到伪靖团分团团旗，假装伪靖团一直到壬田市，活捉钟腾炜团长，把伪靖团团长解到山纵〔崇〕去。

民国廿年一月二十日，杨金山到回壬田市建立区、乡、村政权，成立壬田大川革命政府，主席丘采田，同时组织政治保卫团，人数 20 多人，在石城大邮等地进行游击活动，打土豪，口号是"消灭青〔靖〕围〔卫〕团匪，重新分配土地"。

---

① 原文如此，疑为"罗汉岩"。下同。

1930 年五月进行肃反工作，这一段时间一喜又心寒，喜的【是】建立了政权，心寒的【是】每天都镇压和杀害做工作的干部。自己做工作心慌意乱、意志不定。特别看到革命残杀，认为他参加了社会民主党要把我们扣押起来，才知〔至〕怒狂的。后来中央派了一个女同志到县委工作，识别出李天富是反革命分子，后来才搞出来，把李天富杀掉。

最悲惨【的是】杀九个同志那次，使我最痛心。杀的都是区委干部，如邓赤夫、曾一天、邓日华、张自勋、刘传棋、朱启祥、钟光南等同志。【他们】都做稳工作，把他【们】镇压和扣压，并有肉刑和杀害等情况。

1931 年一月恢复区、乡、村政府，壬田区下设徐龙乡、横坑乡、竹塘乡、大悦乡、桥龙乡、柏坑乡、中沄乡、洗心乡、圳头乡、贡沄乡、白露乡、合龙乡、凤岗乡，有合龙区等。

这一年工作任务，扩大红军，组织贫农团、查田查阶级，当时宣传"万户欠我钱，千户共相连，穷人跟我去，每月八块钱"。另外，"有钱人走是上天，无钱人走是发颠"。

1933 年 6 月 25 日党中央召开了八县贫〈雇〉农团代表大会，在会议中讨论三个问题：一，扩大红军；二，查田查阶级；三，建设公债 300 万元任务。

41. 访问张立山老同志谈话记录整理

前苏区的扩军问题：1932 年赤卫军、少先队全部都要上前线杀敌人，口号是打到南昌、武汉去，夺取中心城市，扩大一百万红军。到 1933 年大力地搞扩军〔红〕运动，宣传标语口号是"巩固工农民主政权，实现民主专政"，所有青壮【年】都出发参加红军，做干部的以身作则，首先把自己家里的兄弟子女或亲戚等动员去，用宣传别人去参军，真是父劝子、弟劝兄、妻劝丈夫去参军。大家都轰轰烈烈地去参军，形成了总动员的局势。

干部和群众大力搞慰劳工作，放爆【竹】、送行李等热热闹闹地送他们去参军。

1934 年十一月区、乡、村的干部一起都编为游击大队，壬田区成为一个大队，人数大约 140 多人，队长谢成东，副队长张立山，政治部主任杨祥由。壬田区的游击队伍经过大柏地住了两天，后来到九堡住了几天，接着县里面的独立游击团说："反革命还没有来，你为什么公开给反革命呢？你们赶快倒回去。"结果真的倒回壬田来，经过白坑燎背住了几晚，再探好了没有国民党的军队，因此在田背住了几晚。这时壬田的土豪就去【请】辎重队的白匪来，那天夜晚就被他打散了，还有部分游击队到湖洋与太雷县的游击队汇合在一起，不幸刚好吃晚饭时，日东的土豪又在长汀请三十六师的白匪来了，故因我们缺少武器，又被白匪打散了，我们游击队过湖洋的河，被他打了很多。

42. 访问贡沄唐岸泉同志记录整理

1935 年一月□日工农红军北上后，壬、云、合三个区组成游击队，进入贡沄、太阳山、山寮下，当时有一个老革命同志杨亚民（是隐藏在贡沄）看见了游击队，据可靠传说，游击队来此之前是从瑞金铜钵山转移过来的，游击队一来没有粮食，老革命钟文球和我，各人抖①了米五斗，赠送给游击队，由杨亚民挑上山。

1935 年游击队于二月□日在贡沄河背开了一个会，游击队的主要人员有钟得胜、朱德周、邹道隆。列席会议的有：唐岸泉、唐仁家、钟文芳、卢衍彬等（会议地址是在钟文芳【家】楼上），会

---

① 抖，方言，意为"凑"。

上钟得胜同志讲了话，他说："你们不要怕，红军不久会回来。"会议着重研究党的秘密工作。其余游击队员当晚驻扎天屋背，放了哨。

游击队在贡沄山上来来去去，大概住了四五年。

游击队在此期间曾经到田背捉地主谢垂荣之子，把他杀了。1935年（？）正月游击队白天来合龙（闲日），从太阳山下来的，走乌石嘴回去，没有打火。

第二次、三次打合龙，不知道了。

据我们知道游击队多在暗山、石子排隐藏。

下山是在上温地、野猪窝，下山原因是为了北上抗日，临走时到观音山下，找了几位保长（钟腾洪）和钟腾耀劣绅谈话，开了一个会，会上钟得胜讲了话，并告保长，要保长对待群众好，如果不好，日后把他干掉。游击队转回四都，在安治前下山。

我做财政工作时间比较多，谈一谈。

那时苏区只有两种税：1.屠宰税，按斤两；2.土地累进税，以人口计算，每丁每年最多10斤，每丁每年最少几斤。其次对地主富农罚款。

区设有财政部、粮食部、消费合作社、熬盐合作社（1934年才有）。

县设有财政部、粮食部、贸易局、消费总社、银行、盐合作社、纸烟厂、拍卖处。

县财政部部长【是】邓德辉，后来【是】胡会昆。

1934年盐、布发生了很大的困难。

每1元：盐1两或8钱，布1尺，猪【肉】2.5斤，米1.2斗。

烈军属发油、盐、布供应证，有特别优待，每元：买盐2斤，油2.5斤。

其他群众有银器卖的，也更〔很〕便宜，与烈军属同享优待。

43. 访问郭家珍同志记录

我在 1931 年起就参加了革命工作，一工作就任乡贫农团主席。贫农团是贫苦人民的组织机构，它的主要工作是搞阶级斗争，斗地主、富农，进行打土豪、杀劣绅，搞得真过劲！同时，我们还在政府"扩大百万铁的红军"的号召下，进行了扩军〔红〕工作，如扩大模范营，编少先队、赤卫军，这些应征工作，一直搞到红军北上抗日。

红军北上后，乡、区都组织游击队，贫农团主任任队长，这时，游击活动是非常艰苦的，东一夜，西一夜，住在大山上，并要与敌人斗争。一次在湖洋地方，因为敌人多，我们人少，又没有什么武器，结果，被汀州来的反动派打散了，时间是 1934 年的十一月间。

游击队伍散了，怎么办呢？回家吗？脑袋要紧。不回吗？又怎么生活呢？"不要动！站住！"被反动的联保办事处捉住了，时间是在十一月二十二日的夜晚。

情况很危紧，眼看一生就完啦，几乎头部都冷了。正在这个时候，耳听得外面有人说："郭家珍由我担保出来，出些钱给你。怎么样？"联保办事处这些恶狗认为放我出来也逃不到哪里，因此，当时在他思想上就决定先取钱，后取命，就学乖了。

哈哈！过了一关，可说是在利刀尖上翻了一个筋斗。这出来是不是平安无事、万事大吉了呢？当然敌人是不会放过我们的。的确，不满 10 天又不能在家现身，而上罗汉岩山上去躲藏，独个儿住了几天，三河圩的游击队来了，有 13 个人，五支枪、两张马刀，几支梭镖，子弹不多。这时苦闷中转为喜得跳起来，以后没有粮食还到大垅里打土豪，搞了一些米和盐，还杀了一个人。

到第二年，即 1935 年二月，钟民的游击队来了罗汉岩，与他配合了，在这里活动了几年。我是担任采买，并培养了郭家俊、刘绳环做助手。到1936年三月间，进行抓邹振标大恶霸，事先做了很长时间的探索，探到了实情以后，在三月二十二日的晚上，于〔由〕钟民亲自率领40余人，30余支长枪、十余支短枪、几张马刀，下山抓邹振标，只打死了一个人（这人是邹振标的侄子），很顺利就抓到了他，带他到山上，要他出了1150元，才放他出去。

可是这家伙死心万恶，四月间放他回来〔去〕，在五月他就请到黄才悌的军队，抓我和邹家球，结果被抓去了，邹家球抓去不满10天就杀掉了，而我是带到宁都坐板〔班〕房到九月，才释放回来，释放回来还是不敢在家现身，后来到1941年，由于姓与姓之间的团结，他才不敢动手了。

44. 访问壬田乡马坳村老革命同志座谈记录

参加者：张家祥、张家林、张家寿

1931年正式建立政权，接着就成立了少先队，区里是大队，下有连、排、班，一般一个大队300多、200多人不等，主要是根据各区的人口、年岁情况而定，少先队是有年岁限制的，规定16—25岁才能编入少先队，少先队和赤卫军每天早晨都上操，受军事训练，五天进行一次村的比赛，十天进行一次乡的比赛。另外还有模范少先队，是18—24岁的身体坚强、斗争坚决的青年组成的。

少先队的主要工作是：乡里的到各连、各排去做政治宣传工作，动员少先队员或群众帮助红军家【属】砍柴、挑水等，红军家属有困难，大家募捐、挑米来帮助〈等工作〉。此外还宣传扩大红军，〈和〉做慰劳烈军属等工作。区少先队部则经常指示各乡的工作，如募捐、宣传扩红等，还检查少先队、儿童团放哨、查路条的工作，还斗土豪、调查阶级。

当时路条有两种，去远的地方利用纸开路条并加印公章，公章格式是圆的，如某区某乡苏维埃政府，在章子的中间有"检查"二〈个〉字，去不远的地方则在手臂上写上时间盖上公章，没有路条的不准通过。以后紧张的时期则戒严，若要出去有事，在路条上写明他的身长尺寸，检查时则进行量，不对的就不准通过。这个检查叫赤色检查，这是为了保卫社会治安，保卫内地严防敌人破坏，基本上每隔一里多路设一个检查站，每天都去检查，另外，上级也经常派人来检查各地的检查站是否严格执行查检，少先队、儿童团是【否】认真地来做这一项工作。好的加以表扬，做得不够的则进行批评。

当时对一些坏分子土豪等设有感化院来改造他们，对这些改造的人都做有记号，一般在头上较中间的头发剃掉成一条沟，或者剃掉两边的头发只留中间的头发，以防止他们逃走。

接着搞扩大红军的工作，在扩军之前先开活动分子会进行动员，然后再进行全面的动员。动员会是采取自动报名和介绍相结合，最初是模范营、模范少先队去参加红军，后在少先队、赤卫军中动员，去参军的条件是成分好，经过介绍，兄弟多的兄去，独子或唯一劳动力暂不去，宣传的内容是劳动群众去出征，为的是保卫祖国、家乡和土地革命的胜利果实，使我们的妻子、父母、儿女能安居乐业。

到1934年中央提出"扩大一百万铁的红军"的口号时，任务就很大，这时在少先队、赤卫军中个人与个人之间有挑战，后来排与排、连与连之间也有挑战，所以到最后整连整排的都去参加红军，就掀起了参加红军的高潮。凡是去参加红军的，政府都给每个人准备好日用品（募捐来的），如斗笠、毛巾、牙刷、牙粉等。

另外，还做归队运动，动员一些参加红军后开小差回来的红军战士回部队去，不要留恋家庭，家庭生活有困难的不要怕，政府和群众会帮助解决家中的困难，要安心上前线。

还动员妇女做布鞋慰劳红军。

1934 年 10 月红军北上后，区里组织了游击队，后来在巫〔武〕阳【被】打散了，到 12 月又参加了陈佳山①的游击队，当时太雷县和钟民领导的游击队在此开会汇合，这两个队经常在此开会讨论研究游击队的活动和群众工作。当时有个别游击队【员】由于身体不好，不能跟随游击队进行活动，就留在陈家山，要求当地群众很好的〔好好〕照顾，不得发生问题、害革命同志，否则就不客气，"你们有什么米、果、菜等东西都应供给游击队，我们会拿钱给你，你们帮助我们的地方，以后我们会报恩的"。

1935 年三月曾召开了一次会议，研究如何围攻合龙联保办事处，曾派人到合龙先去探听情况，结果联保办的人不在，跑到大坪去了，所以这次没有打成。

1935 年四月间伪联保办事处用抓游击队员家属进行严刑拷打【的方式】来引诱游击队员，结果有些人〈被〉上了当，有一次挑笋去卖，一方面是探听敌人的情况，结果被抓起来了。

在少先队中有少共的组织，参加共产青年团的条件是斗争性强，工作积极，能保守组织的秘密，经过三个团员的介绍，就可以加入，当时党、团组织都没有公开，是秘密的发展。党、团都有代号，是内部联络用的，党的代号是 C.P.，团的代号是 C.Y.。

游击队在陈家山、蓝头、贡沄等地进行活动，很多革命群众都热心支持游击队，如贡沄的钟文芳同志（已牺牲），观音岭下的卢衍宾同志，经常送米、盐、猪肉、烟等给游击队钟民同志，后来被敌人伪保长唐克林发现【并】报告国民党反动派，这两个同志不幸被捕牺牲了。不久这个人民的敌人唐克林也被我们的游击队所镇压。

---

① 陈佳山，应为"陈家山"，地名，后文写作"陈家山"。

45. 访问钟延久老同志记录

1927 年底，起义军贺龙、叶挺的部队经过这里，在这里和国民党打过一仗，就到会昌去，在会昌五里排和国民党打了一仗，当时我们听说有清党①、产党，但不知是什么，起义军接着从会昌到福建转到广东潮州。

1928 年三月，听说瑞金城里国民党的七十一团反水和六十八团相互间打起来了，七十一团的兵有些就到福建长汀去。

1929 年底，朱总司令率部队到大柏地在麻子坳打了一仗，消灭了敌人一个团，转于都到宁都打赖世宗、谢日新的靖卫团，并活捉了这两个团长，接着又从宁都到石城到瑞金。

1930 年三月或四月间，这里开始暴动，发动群众打土豪、担谷子。

4 月间成立农民协会，进行分土地，当时是分青苗，每人平均分到有四担半谷田，另外还分得有一些荒田，种红薯或菜的，地主不分田，富农有田分。

分田后不久这里又白掉了。地主、国民党民团又回来了，过去做过工作的都上山打游击。

1931 年春开始恢复政权，在叶坪成立了中华苏维埃共和国临时中央政府，成立政府后进行了查阶级，分有地主、富农、中农、贫农、雇农等，还有资本家，对高利贷、富农还进行过斗争，逃跑的富农称为反动富农，没收其所有的家产。一般的富农、地主的划分，是根据参加劳动否和土地房屋的多少、剥削的情况来划分。

---

① 原文如此，疑为"靖党"。

46. 访问合龙钢铁厂老革命同志钟远琚记录

在 1929 年以前农民的生活，是非常痛苦、悲惨的，百分之七八十农民都租土豪劣绅的土地，借地主、富农的谷来度日过活，每借地主、富农一担谷，到第二年便需还完一担半或两担谷子，租一亩地又要交租子两担，有的甚至要两担半。同时，地主富农来收时，又用加五六的大秤收，放出时便用九升的小斗，由于地富的苛刻剥削过于厉害，因此农民常常无法交纳，但地主却不顾人民的死活，便将穷人的衣被和吃用的东西全部拿去，逼迫穷人卖男卖女卖房屋来还他的债，到穷人确实无法交还时又叫狗腿子将穷人抓去坐牢或吊打，把锅头过年吃的只把①鸡也搬〔捉〕去，再把穷人的灶前门封掉，因而使穷人日无三餐、日无一宿，终年过着酸痛生活（如杨金山同志常受土豪杨远函的严重压迫与剥削），在那时土豪劣绅又组织狗腿子、二流子进行闹宗派、捣乱群【众】关系，致使大姓欺负小姓，常常进行械斗，摧残人民。

1929 年春，朱德同志带领 1000 多人由宁都到壬田住了两三晚，并〈进行〉宣传了打土豪分田地的好处，群众非常高兴，一致认为不要钱都能得到谷吃，这真是天上来了大救星。于是我们穷人便马上到癫痢岗钟腾汉大土豪家去挑谷吃。朱德同志在壬田住了两三晚〈上〉后，又带领部队到安治去了，那时杨金山同志便怀着憎恨土豪的心情跟着队伍到安治、楼子坝那边去了。在走的时候还在圳头的寺把脑土围里抓到了土豪老伴生②，诈了一部分钱后放了他。

当年十二月杨金山从安治回来，便和朱玉山、杨斗文、杨大叶

---

① 只把，方言，意为"一只"。

② 原文如此。

等〈进行〉组织和吸收可靠的群众，分别建立了几个大队。到1930年四月间便开始组织可靠群众参加农民协会，里面设主任、文书，并做好了有斧头镰刀红旗，主要任务是打土豪、分田地、烧契纸，把没收的东西分别分给贫农，打倒土豪劣绅以后，马上进行分田，这时已是五月间了。正是青苗时忙，平均每人分得青苗田五担左右，当时是按管辖地区进行分的，另外还留了一部分红军公田，这部分归红军委员负责管理，地主富农也同时分得一定土地。

1930年六月，劣绅钟槐玉曾混入我们游击大队伪装积极，企图进行反攻，夺取游击队枪支，结果被杨金山等同志发现，马上分开三处驻扎，当天晚上把他全部歼灭了，缴获了几十支枪械。

1930年八月间九堡王运标①带领的新兵团，汀州的马团长带的人马一同来攻打瑞金城，当时因敌强我弱，瑞金城便失守了，但圳头三个土围在杨金山的领导下仍然是红的。过了几天，马团长又带兵由瑞金经合龙到壬田，妄想攻打圳头土围，但杨金山毫不慌乱，支配部下潜伏在村旁四周，等马团长的兵一来便用土台炮来给他接头，就这样敌人活动了几下手，再也不敢动了，只好打退堂【鼓】往壬田溜去。第二天，敌人又想从黄金山冈那边偷渡过来，但土围里的自卫游击队早已做了准备，潜伏在河堤上。吃过早饭〈真的〉【等】敌人从黄金山冈那边沿河而来，我们游击队便英勇地向敌人开了一阵激烈的火，敌人又胆战心惊地往下罗边逃往瑞金去了。

1931年二月二十日左右，九堡和瑞金城附近一带的新兵团有一万左右，像蚂蚁似的铺在〔扑过〕来，妄想攻圳头，烧杀这个地方的房子和群众。刚好杨金山的队伍由宁都到壬田洗心园驻下不久，杨金山一听到这一消息，吃过早饭，安排好部队，分成三支队，到圳头附近丘陵地伏下准备迎战。他自己带领的一支是打正面敌人，一进入这个村子，便一齐向敌冲去，他挥动着小手枪，口里唤着："同志们！不要怕，向敌人冲呀！"我们的队伍像疾风般地

---

① 应为"钟运标"。

冲前〔上〕去了，敌【人】便慌乱地往牛切坑〈那座〉逃去，那儿逃的敌人怕我们的队伍追上，便将桥搞掉了，但新兵团的队伍仍有一大部分没有过去，后面的一部分新兵跳河逃脱，我们的队伍又追上去了，结果被我们打死的、被河水淹死的〈将〉达好几百，缴获了大批军械。杨金山的队伍就这样不断地扩大。从此游击队（杨金山）积极地在大柏、沿岗、观音岭下等边境进行游击，收取资本家的钱，到四月间我们这里又红了。

1931年八月间，我们的红军大队伍来到了，那就一同配合打田背，接着去打望江欧阳江队伍。当时敌人还藐视着说："杨金山这山老鼠多得什么事，我们一点也不怕！"等到我们的轻机枪一打，他【们】却吓坏了，几个钟头就把他【们】打败了。这次胜利后我们又转来打九堡，这下我们的政权就稳定了。

1931年十月□日，在叶坪成立了〈中国共产党〉【中华】苏维埃【共和国】临时中央政府，到处建立了贫农团、乡政府、区政府，政权健全后，马上就向土豪地主斗争，进行第二次分田，这次的田是这样分的：地主和反动富农是不分土地、农具和房屋的，而一般富农只分一半田和农具，这些都是较差的。当时我那个村子每人都平均分得了土地一亩半左右。在这次仍然留了一部分红军公田。当时分田的原则是抽多补少、抽肥补瘦。

1932年我担任乡主席时，经常的工作主要是调查债务、划阶级，根据劳力（是否有劳动）、土地的多少，我们初步决定再发政府批示，最后决定。当时是划了这么几种阶级，即土豪劣绅、富农、高利贷、反动地主、反动富农、中农、贫农、雇农、苦力、工人等各种。另外是搞"扩大【一】百万铁的红军"这一工作，首先是研究党团支部大会，在会议上号召党团员要起模范带头作用，要求每个党团员至少要带动2—3名非党团同志参加红军。在此同时发动群众慰劳军属，发动妇女做布草鞋送给他们。

1933年任河东区特派员，这一工作主要是搞政治肃反工作，专门搞镇压反坏分子，保卫国家政权，我们搞这一工作任何人也不让他知道，进行的方式是采取一个托一个地下去深入了解〈，这样的工作刚去进行〉。如果大家调查的结果都是一致，那么就逮捕归案，要枪决反革命。在 1934 年三月以前都是要经中央批准才可执刑。到 1934 年四月中央邓发局长召开了一次特派员联席会议，布置我们说："如果你们经调查情况确实，确定了特务、反动分子，你们就有直接判处死刑的权力，如果他要求上诉亦应准予。"自从这次会议后，各级就有判处反动、特务分子死刑的权力了。

1934 年十一月四日晚，河东、云集二区组织的游击队，集中到河山下，都是由干部组成的，全部带的都是窝刀子、土枪，住了两晚便开到阳地。我们听到下洲坝有太雷县的游击队和国家保卫局的驻地，第二天我们开往下洲坝与他们取得了联系，我们编入了他的队部，后来听到沿岗有一个反动分团，当即召开了会议，决定去歼灭它，黑夜就开往沿岗，敌人的哨部秘密——地被我们〈把他〉搞掉，打败了敌人。取得胜利后，太雷县那 200 多游击队就往石城开去了，我们便往日东开去。当时负责指挥部的是九堡人钟海波（政治委员），朱开敷为司令，肃反委员由各区特派员兼。大概住了三天又转到湖洋，一部分人就到观音岭下去打游击去了，绝大部分还在湖洋住下了。第二天早上，日东的土豪由长汀攀〔搬〕来了反动军一团，来围湖洋，结果游击队就在此被打散了。

47. 访廖华钊记录

1930 年四月间朱总司令回来，瑞金县则红了。1930 年十一月间，红军到福建后，欧阳江反动军打来又白了。1931 年二月，红军又来，恢复了政权，从此瑞金社会秩序安定。

6—15 岁为儿童团，16—23 岁为少先队，24—40 岁为赤卫军。少先队如现在的民兵，少先队中又组织模范少队，即相似于现在的基干民兵。模范少先队下面又分成班，区里称区队部。赤卫军里面又组织模范营，营下面是连、排、班。

1934 年四月，参加学习织布，五月调到纺织中学任教员，六月间因战争紧急而解散。七月回家后，参加了河东游击队，任班长，搜索逃亡土豪、反动官员，维持全区秩序。十月四日国民党打到瑞金县城，下午两点钟时城内男女干部，一千余人参加游击队，毛远田【任】连长，刘定怀任指导员。当晚到柏坑乡松树下住，第二天到河山下，又到回中廷，五日开到阳地，住了两三天后，又到胡陂的下洲坝住一夜，有坏人去报告国民党，游击队与沿岗义勇队打，杀去两个守哨的敌人，追上山时打死一个敌人，抓到了 13 个敌人，全部杀去。队伍又转到沿岗，十日到日东住，十二日有坏人到长汀去带兵来剿我们，十四日队伍在陈斜被敌人打散，但我们战士没受〔有〕牺牲，当时骆大发同志的枪尾被打断，仍是未受伤。到陈坑仙庵住，又经上坪、下坪、南兜到杉堂排。这时只 20 余人，当晚想到安治前去，但又无法找到游击队。当时只得把枪交给刘定怀收集起来，后来定怀的母亲被国民党受刑，惩〔搜〕出拿走了。

1934 年十月中旬，廖华钊同志从游击队回家的当天晚上，他父亲被逃亡地主豪绅杀害。当晚华钊的父亲正在安慰一个邻居时，突然间豪绅拥上来，抨击脑盖，打出很多脑汁，打得半死中然后就拉到外面去杀害了，连尸体都【被】毁灭了。豪绅把华钊同志的家产抢劫一空，母亲也抓去，受尽一切酷刑，如坐飞机、冲辣椒水、打地雷公、踩杠子等。敌人本想解她到壬田，经过接祖排背后的茶亭内加以杀害，后因有些豪绅害怕她娘家有势力，会追究，才未被杀。

廖华钊同志被迫转移居于杨梅排，给他叔父家造纸（他叔父是富农）。一天钟民同志的独立营来抓他叔父时，华钊同志一同被捉，华钊同志将自己情况告诉给游击队后，要廖参加游击队，并愿将 40 多元的苏维埃币换银圆给他，廖被一再一再阻扰而未去。

1936 年六月间廖华钊同志因没纸做，由正门寨（山区纸槽），出到黄柏来割禾，这时恰巧苏区时自由结过婚的老婆（国民党来后被抢回去）走了，张怀山污害廖，说廖带走的。廖被吊打悬树，背着手捆起来，然后倒水，晚上用禾筒盖住吹烟进去。解到县城，判了徒刑三个月。1937年回去做纸，1939年五月回家，八月十二日12点钟在田井头桥边被伪中沄工兵捉去，十三日解到中沄被许福连捆住。十五日又解到县里充兵，编入第四班，后又有公事说，以前做过红军工作逃外子一万年[①]，杀了多少人，经马县长批准留下罚了款，经特务长朱德周几次审问，以后虽回到了家，但在国民党统治时政治上毫无权利。

48. 访问朱开辰等同志记录

参加者：朱开辰、朱学廷、朱祝平、李乐明

1930年五月，由中央派屈登高同志在我乡吴坊开始发展共产党，最早的一批有六人：朱开铨、胡长峰、刘潮彬、杨绍中、温时汗、胡会昌。

1929年七月十三日，石城反动军队团长赖士中[②]（即伪军军长赖士洪的弟弟）被瑞金的土豪劣绅邀请攻打瑞金，地主恶霸答应赖士中5000光洋，一个县长让他当，当时赖士中带领一团伪兵开赴瑞金，从石城经过沿岗陈垫，十三日晚上驻扎在合龙和附近的脚陂、枫树下，赖士中实际人马700多人，一路上耀武扬威，高喊口号"打到瑞金，当县长"，并挑战〔衅〕性地说："红军土匪、白军头，不要跑、不要走，只要你与我打一仗，田地山江由你谋。"

武阳暴动队杨斗文的队伍，圳头杨金山的暴动队，壬田朱玉山的暴动队伍，和合龙第十大队暴动队配合起来，共同打他，我们

① 原文如此。
② 原文如此。

当时参加的队伍不满 1000，群众 1000 余人。十四日早一亮，暴动队有 4 人拿着 4 把大土炮，引了他们一下，然后我们步步退走、诱敌深入，敌人轻视我们无武器，节节追来，结果埋伏好的暴动队四面围攻、八方喊杀，成千上万的群众也一齐参加了。战斗从合龙打起，一直追至柏坑乡桃子窝、沙塘排，杀了敌人 80%～90%，逃的少数，缴枪 500 多支。赖士中在沙背门口豆沙坪上被我暴动队枪毙了。收兵后，从符号上才认识赖士中，结果割了他的头示众挂街，伪军说瑞金梭镖很厉害。

合龙 1927 年十月一日组织暴动，红军大队由南昌过福建到瑞金，到瑞金传播马列主义，组织武装起义，设农民协会，我们知道合龙有两个，一个是吴坊农民协会，主任杨雄，文化委员□华张，一个是石岗农民协会，主任杨世仁，文书王道文。

1930 年二月初八，圳头杨金山，壬田朱玉山，和胡子山的队伍，三部分配合攻打田背谢屋土围，围剿国民党驻合第七分团，伪团长谢光柏是大地主。打垮田背以后，成立村政府，村有村长。

1930 年二月□日合龙一带成立村政府，后来村改乡，我们属于壬田区，壬田编排在全县第四区，乡才有主席、红军委员。

1931 年分区，壬田区分为壬田、云集两个区，我们属于云集区，云集区主席朱开铨，裁判部长熊永松，财政部长胡会昌。

1932 年七月又第二次分区，壬田划分为壬田、河东，云集区划分为云集、合龙。

当时合龙区有 8 个乡：溪头、田背、金田、坪山、胜沄、谢排、禾仑、松园。

1932 年当时的建制是：区有总务处、土地、裁判、财政、军事、内务文化、工农检察、劳动等 8 个行政部门。1932 年冬天增设了粮食部。乡有贫农团、党团支部、互济会、反帝大同盟、工会。

那时区有中共区委书记、区主席、少共区委书记、妇女主任、各部部长，部长下面有文书、干事。乡有主席、副主席、党支书、团支书、文书、少先队大队长、妇女主任、贫农团主席、耕田队长。当时乡里只有乡主席、副主席，文书有半脱产干部。

当时合龙区主席朱开敷，土地部长朱学廷，工农部长朱广生，裁判部长朱明，财政部长胡会昷，少共区委书记朱序彬，少共区委书记胡长峰，军事部长谢成永，特派员朱景山。

合龙区各乡主席：溪头乡李乐铭、田背乡谢一民、金田乡刘朝彬、坪山乡钟文生、胜沄乡毛立根、谢排乡刘一昭、禾仑乡王远提、松园钟文×。

1930年四月开始杀社会民主党、AB团，我吴坊乡最先被李天富杀的是杨荣昌，接着杀谢主连、杨铁英等。当时被杀70余人，都是真革命，有阶级的人不会杀。

当时李天富问暗号"是不是13皮角子？"，如果答"是13角子"，表示真AB团，不会杀掉。当时壬田区主席钟家恢执行李天富政策最坚决。全县大批老革命同志被绑去杀，大干部绑至黄陂小布杀去。

苏维埃时文化，区乡不办完全小学，县办列宁小学、列宁中学，村村有列宁小学，每个教员每月工薪6元。壮年教育有夜校、识字班。文娱很活跃，乡有俱乐部，着重打连枪，各屋有夜校。

经济工作：苏区主要是对地主、富农罚款，第二【是】土地税，那时无苛捐杂税，工作人员无工薪，1932年十二月开始干部自己带米、盐、油去工作，工作劲头很高，干部家属有土地、有帮，帮工吃自己的饭，带米去。那时工作人员很勤劳朴素，穿便衣，戴布帽子，穿草鞋。

扩大红军整连整排全部去，党员、文书踊跃带头，党支书朱开兴带头去了，光是溪头乡去当红军80余人，那时靠自己认定任务，区向县、乡向区定任务，干部争【相】报名去。

支援前线也很热心，把谷、豆送去。钟兰英被评为支前模范。

1932年开始发行公债。1933年春开始借谷，每户至少50斤，自报自送。

49. 壬田乡鹅凤村座谈会关于地主钟文林的记录整理

参加人：张才熊、王远海、钟文松、钟腾清、张茂堂

钟文林的曾祖父是〈一个〉秀才出身，在村里可算是一位绅士，在群众中能说话，有一定的势力。到他祖父时，做过知县，在做官时，欺压人民，苛捐杂税，勒索人民，以致发财致富，买田地，做房屋，买店铺，就更一进在农村中进行残酷的剥削贫雇农民。另外由于做官有势，还收公堂的学租，是霸占去的，约有五百多担谷。

钟文林的叔父曾做过宁都县法院的法官，吃很多的冤枉钱①，更是加强了对人民的剥削，财产愈来愈多，在地方上有钱有势，经常欺压剥削劳动人民，那时他家每年能收到两千多担谷。

到钟文林时，经常雇有两个长工和一个放牛的，经常还雇短工，一般是四五人，忙的时候则雇七八个，另外还雇零工。此外还雇女佣和买有七八个婢女，做家人使用，管账用事一个，全家共有50多人吃饭。地主钟文林共有五个兄弟，各房另外还有私人积蓄，放债的如放谷子、银洋，一担谷子放出去，收回来时加五、七、八或者还两担，银洋借出去一元，一年后要还二元二，可以看出其利【息】的高，是如何〈地〉剥削劳动人民【的】。

这时已有家产、土地1000多亩，还有店铺10多个，房子36间。典租谷收到1000多担，另外学租五百多担，合起来全年可以收到租谷3000多担，加上私人放债等及雇长工种有几十亩田，收入将近有四千担谷。

---

① "冤枉钱"，方言，指贪污受贿所得、来路不正的钱。

剥削的类型有放高利贷、典租谷、地租、买羊给农民养、放生谷等，其剥削的方法有收租则用大称，每担谷要大五六斤，借出时则小称小斗，一担谷差 3～5 斤。割禾时用很低的价格，乘农民要钱用就买进谷子，到春天青黄不接农民缺乏粮食吃时，就以很高的价格出卖给农民，农民没有办法，只好忍受剥削，地主钟文林以此投机取巧，来剥削劳动人民。

凡是要向地主钟文林借谷或借钱，必须有家产作抵押，如房子、田地或耕牛等，根据房子、土地能值多少钱，再借给你多少，没有谷或钱归还时，则以房子、土地等作为还债来霸占去成为自己的。此外有的农民还了他的债，没有拿还契纸，过几年后，则又要农民还他的债，即进行两次剥削。向他借谷或钱时，还要先买酒和肉请他吃，才能借得到谷或钱。

此外本家同姓的农民家中谁有困难，或没有饭吃，也不借钱借谷租田给他种，怕同姓的本家不还他，或不好逼债。

过年过节还得向地主钟文林家送礼、果品等。

其剥削手段是：如农民朱科洪租了他的田种，缴不起租，有一天在壬田街上回春堂当面逼债叫骂，因为无法还债，就逼朱科洪在街上脱掉裤子，无法回家只好用草纸围着下身走回家，可见他是如何侮辱和欺压劳动人民。还有经常【对】欠一点租债的农民则任意吊起来打骂，甚至送去坐牢。在洗心、卜坝收租谷时，有一个农民的手臂被他打断成残废，还有到农民家里的〔把〕锅拿走，还有放掉农民田里的水来威胁农民说："放掉你禾田的水就会饿死你，我三年五年不收你租都有饭吃。"遇有天旱或水灾、粮食歉收时，地主钟文林仍要农民同样地交租，卖掉子女、妻子，也要农民交租，总之，不管农民的死活，租债却一律不能少。

50. 访问合龙幸福院老革命同志座谈会

参加人：杨家松、廖华伟、温时楷、杨世琛、杨家伸

在 1930 年以前农民的生活是非常的困苦，一般农民都没有土地，多为租种土豪、富农的土地，因此受尽了土豪、富农租债的剥削，虽然辛勤劳动，【却】终年不得温饱。农民没有吃时，只好向土豪借谷，但是借去一担谷后，还的时候则加五、七、八，甚至借一担还两担，有的农民欠了债，或者租谷还不起，被土豪逼得嫁老婆、卖子女、卖房子，〈除〉此外，土豪们为了剥削更用大秤进小斗出的办法，所以贫雇农交租债时，每担谷得多交五六斤，借的时候则少五六斤。当时租很重，一亩田要交租两担。此外还有牛租，办酒席给土豪吃，还要合口味，菜要丰富，一定要有鸡，鸭子代替都不行。有的欠债或租到年底无法交还土豪，就剥农民的衣衫，拿走过年吃的东西等，或将人抓去吊打，甚至送去坐牢。此外在一红一白时，有的农民已经向土豪缴了租，红了以后土豪跑掉了，后来又白了，土豪回来后，又要农民交第二次租或债，总之土豪想尽一切办法来剥削贫雇农。当时本地的大地主有杨世经、杨家荣等。

1929 年时朱总司令率部队经过这里，当时有宣传队宣传打土豪、杀劣绅、分田地、有吃有穿、抗租抗债、男女平等、成立苏维埃等。广大农民经过宣传后，觉悟渐有提高，当时有口号是"打土豪分田地，万富〔户〕欠我钱，千富〔户〕不牵连，百富〔户〕跟我走，月月八块钱"。有很多农民就参加了红军，于是贫雇农在 1930 年三月就组织了暴动队，队长是朱明达、朱启祥，进行打土豪。【暴动队】将谷仓打开，分谷子给贫雇农。在黄沙陂抓到土豪刘德桃，写了^①他几百块钱，打开仓，挑走了谷子，并杀了他两只猪给大家吃。接着又去打杨家德，这时暴动队已经有 100 多人，我们又从湾子塘到洗心去打土豪，由于人数增多就成立了大队，各地组织了农民协会。1930 年四月进行分田地，当时是分青苗。田地分为三等，甲、乙、丙，以村为单位平均分配，这一次分田由于有一般的土豪、富农混进了农民协会，他们从中进行搞鬼，这一次土豪、富农也分了田，而且多为好田。一个人分得约有六担多，除了分田外还烧了一些契纸。当时分田未大量，只是按照大家报的数来分。

1930 年十月，反动民团钟运标来到壬田，于是壬田区的各村、各乡又白掉了，土豪的势力又恢复了，农民协会被迫上山，有的组成游击队和民团进行斗争。钟运标的民团还在壬田区组织了民团分团，团长是谢先铭，副团长杨家阄。土豪回来后，假【装】进行了二五减租，这是在 1930 年的冬天。

1931 年二月红军的第十二军由宁都来到了瑞金，打走了民团，接着就在各区、乡建立政权，成立贫农团，就进行打土豪、分田地，这次分田地主没有分，富农分坏田，好田换给贫雇农。提出的口号是"抽多补少，抽肥补瘦"，平均分配，也是以村为单位来分，这一次也没有进行丈量，只是将过去的田亩数抄了一次和到实地去踏看了一遍就分。

这里成立了吴坊乡，乡主席第一个是温世溪，接着是朱开铨、杨世登、杨世深，当时吴坊乡有六个村，即吴坊、合龙、溪头、圳田、胜潭【等】。

后来壬田区分为两个区，即壬田区、云集区，以后又分为四个区即壬田区、河东区、合龙区、云集区。

云集区的区长是朱开铨，裁判部长是朱明，经济部长是吴会灿，军事部长谢成衍，文化部长朱云龙，土地部长朱学亭，还有劳

① 写了，方言，意指"要了、拿了"。

动部、粮食部。

合龙区的区长是朱开敷，区委书记朱寿彬，组织部长温全福，宣传部长是谢雄会，还有区妇委。

河东区委书记是胡荣佳，接着是刘廷源、温时楷，组织部长温焕章。

1930年三月二十六日石城团匪（民团）从石城到沿岗蓝头休息，接着又到白露树下休息，到合龙脚陂驻扎下来，抓群众的鸡吃，乱拿群众的东西，当时我们的游击队杨斗文、朱玉山等将队伍布置在观音石附近，赖世宗[①]的民团有400多人，300多条枪，在这天晚上我们的游击队分为三路来包围敌人，第一路杨金山，第二路朱玉山，第三路杨斗文、杨子冈、朱明达，另外还集中了各村、各乡的赤卫军、少先队也参加了这次战斗。当时赖世宗曾吹牛说："小小合龙市没有什么了不起，明天一早到瑞金城，然后再到壬田来吃午饭。"这天晚上我们先吃好了饭以准备在天亮前打民团。民团则准备在天亮时吃饭，进城去。〈就〉天亮时敌人正在吃饭，我们就包围了民团，并打了起来了，由于敌人的无准备，所以很快就灭掉了敌人，打死了很多，俘虏了不少民团，赖世宗骑在白马上被我打下来了，当时就【被】杀掉了。这次民团全部被歼灭，还缴了三百多条枪、两匹马。

自从1931年建立了巩固的政权后，中央红军还在瑞金进行了扩大红军的工作，各级政府为了扩大工农红军进行了宣传工作，并动员广大青年，符合条件的去参加红军，到前方去，并要他们安心地去参加红军，到前方要努力，家里的事不要记挂，一切都由政府来维持照顾，当时组织有耕田队，帮助红军家属耕种田地，红军家属经济有困难，大家要帮助，参加红军的一定要成分好并经过介绍。

另外还做归队运动，动员从前线开小差回来的红军，继续去当红军上前方。

———————

① 原文如此。

还进行了划阶级的工作，阶级的划分是根据他平常的收入、群众的反映进行调查，然后再划定送上级批，当时的阶级分有土豪、富农、中农、贫农、雇农、苦力、工人（木、泥、铁等）。

在各个村都设有列宁小学，另外还有识字班、夜校等。

在苏区时没有捐税，只有土地税，但很轻，每亩田约交谷3~5斤。

党、团在1933年以前还没有公开，吸收党员也不公开，入党的条件是工作积极、革命坚决、斗争坚强、对革命有认识、大公无私、家庭成分好、拥护红军等，经过三个党员的介绍，就可以入党，后来一个党员的介绍也可以。每月交党费两个铜圆，七天开一次会过组织生活，当时乡有支部，也有小组。入团的条件也差不多。

那时各级区、乡干部干工作，没有工薪，自己带粮食吃，但工作热情都很大。

1934年10月红军北上抗日【后】，区里组织了游击队和白军展开了斗争，当时区长就是游击司令，区委书记就是政委，各乡、村干部和区里的其他干革命为游击队的成员，一开始游击队在钟迳、湖洋一带活活〔动〕，不久在钟迳将合龙与河东两区的游击队合并起来，为了使力量更集中，曾想与太雷县的游击队合并起来，于是游击队又到阳梯、南坑，转到日东与太雷县的游击队会合了。

游击队在日东会合后，在这里杀了一个反动富农和地主的走狗，于是日东一个地主就跑到长汀去请了国民党三十六师来打游击队，游击队为了避免损失，就退到湖洋，正在吃中饭时，敌人追来了，就打起来了，这一仗游击队被打散了。

51. 访问肖序洪、朱科桂两位老同志记录

1928年这一年又红又白的五月，红军到了我们这里，人们〈群众〉听到红军来了，个个都是兴高采烈，每家每户都挂着红旗迎接

他们。红军到我们这里来了，立即就成立了农民协会，以农民协会代替政权。当年十月初十日不幸白匪又攻到我们这里来了。1929年三月初八日杨斗文同志的军队到我们这里来了，当年就建立了自己的区、乡、村政权。首先有一个壬田区，后来分为壬田、云集两区，即1930年分区的。到了1931年壬田区又分为壬田、云集、河东、合龙四个区，合龙区又有8个乡，即：溪头乡，乡主席李乐铭，支部书记朱科行；田背乡，乡主席温会崢，党支书谢益明；松园乡；均田乡，乡主席杨衍兵；胜沄乡，乡主席杨衍仁，党支书钟文煌；禾仓乡，乡主席王远梯，党支书王科容；谢排乡，乡主席谢益昭；坪山乡〈等8个乡〉。政权建立了，搞了很多运动，各个干部工作热情很高，后来没有一个干部计较经济和名誉地位的，各级干部没有工薪，连吃的饭都由自己带去。其【他】工作运动，1932年大搞复查阶级和土地，1933年春搞扩大红军工作，1933年冬搞归队工作，1934年春搞搜山及压〔肃〕反工作。

1929年的冬天，我们这里，开始由〔有〕个别的加入了共产党，到1930年党员的发展逐渐多了起来，这时还没有成立支部，到1931年开始成立了党的组织，各区、乡都有。这时【入党】还很秘密〈加入了党的〉，连他自己的父亲及老婆都不知道。1932年小公开，到1933年党的组织大公开，同时也大力发展党员，入党后三个月的候补期，那时候个个党员的组织性、纪律性很强，规定了七天过一次生活，到过生活时，每个党员不论下雨下雪大风暴雨都不怕，每个党员都到规定的地方过组织生活。其党费每个党员每月缴两个铜圆。每个党员都是革命很坚决，每个工作运动都是先由党内然后到党外。

1928年五月亲人红军来了，贫苦农民都分到了土地（青苗）。当年冬天白匪又来了，地主把分配的土地又拿走了。到了1929年五月间，我们的军队又〈到我们这〉回来了。当时土地分给贫苦农民，每个人平均分到了六担谷田，这时农民的生活开始有好转了，农民终年过着温饱的生活，每家每户都不愁食愁穿了，因为每个人包括小孩、老人都有六担谷田，每人每年就有七八担谷子的收入。那时，完粮很轻，每亩田只要七八斤子，所以粮食饱食还有余剩。

52. 访问邹道隆同志记录：游击队的成立及活动经过

1934 年 10 月红军北上抗日后，我被编入太雷县游击队，在横江、沿江、石城一带活动。当时党指示我们：游击队要建立根据地，要同群众联系，同当地干部联系，要掌握敌情，灵活地打击敌人。那时我们共有游击队员六七十人，全县各区、乡也有游击队，总共有一万多人。

1934 年十一月，我们在沿江巫阳打了一次败仗。这是由于当地的土豪到长汀请了反动军队一个团的人来，我们只有十多支枪，所以吃了败仗。队伍被打散后，我带了区裁判股长杨远朋及特派员钟运同到了黄柏，碰到了游击大队长钟民同志县〔和〕保卫局局长钟天锡同志。这时是 1934 年十二月二十多号。从此我们三个人就加入了钟民领导的游击队进行游击战争。不久，我到大柏地，找到了地下干部廖先章和邓海山两位同志，告诉他【们】说："钟民带〔队伍来，你要帮助解决些粮食和经费问题。"他〔廖先章〕便说："要把队伍隐藏在离我家 20 里的塞山上，以免暴露目标。"他便漏夜送来了粮食、蔬菜，因部队走了很多路，很疲劳，在这里修整了一个礼拜。此外，还和地下工作的同志商议，打探到一些有钱的土豪、地主的活动，〈我们〉把他抓来罚他的款，以解决游击队的经费困难。后来我们抓到了一个土豪钟坚，罚了他 180 元光洋。敌人发现了，派了一个团来包围，我们更退出〔到〕了 40 里以外的三河，未受到半点损失。不久又把队伍带到了无虚乡，同地下干部廖先章、邓海山商量，他【们】又接济了粮食和蔬菜，在山上修整了 15 天，他【们】搞来 10 多担粮食，还把搞到地主的牛杀了给游击队当菜吃。为了根本解决经费问题，钟民便与地下工作干部商量，决定〈进行〉打敌人的汽车。

1935年二月间钟民同志带领队伍先到龙角山埋伏好，在下午四点钟以前还有很多汽车来来去去，但还不敢打它，这是因为时间太早的缘故，到了下午四点钟左右，瑞金上宁都的最后一辆汽车来了，当车一进入射程范围内，埋伏的队伍三面向汽车射击，敌人吓得只回了一排枪就哑〈口无言〉了。这次打死了司机和连长等三四人，钟民同志命令其他未受伤的缴了枪站在路旁一一搜查（连级以上的干部），捉了两个团长，其中一个叫王士金，另外还捉到有党部的书记谢存道，都把他们杀了，这次共缴获了敌人4支盒子枪、2支白朗宁，每支盒子枪都有子弹200发，白朗宁每支有子弹40发，9个金戒指、7只手表，1600多元的伪币，此外还有很多衣服、羊毛毯、皮色、茶杯、呢大衣等，钟民指示，一切都不要，每人只许带一条毯子、一个茶杯，因为游击队要轻装，动作要迅速，不能多带东西。事情发生后不久，敌人派了9辆汽车载着伪军来收尸，并进行搜山。我们的队伍很快地转移到壬田的罗汉岩、陈石山一带。敌人则集中兵力在大柏地一带搜山，并大力清查在苏区工作过的人员，烧山、烧房子，到处危害人民，被国民党烧了一幢房子。后来反动派又跟从到了壬田。这次来了一个保安团和黄镇中的一个团，搞了三天都没有发现什么踪迹。钟民为了牵制敌人的兵力，对大家说："国民党反动派是一条牛，我们要牵他东就东，西就西。"

1935年三月间我们的游击队又第二次【打】了敌人的汽车，这是由于敌人在二月间被我们打了汽车后，便下令将公路两侧和附近的树木全部都砍掉了，并在地形险要的地方修筑了碉堡，兵车一来，他们就下车搜索前进，对我们的威胁很大，钟民同志就决定再打他一次汽车。这次我们决定在山沟附近打，选择在开阔的地方打它。地方是在隘前的地方。这里有小草蓬，附近有小河，很适宜打仗。我们去了12个人，在天亮以前走到隘前，在草蓬里埋伏好，草蓬距公路有30多公尺。我们每个同志都睡在那里，不敢乱动弹，到了上午9点多钟，敌人的汽车来了，共有3辆。第一辆车内只有司机一个人，我们放过了他。第二辆【里】发现有军队，我们决定打它，喝一声"打！"一阵猛烈地射击进攻，结果打死了14个敌人，20多个受伤，只有7个人未受伤。第三辆汽车坐有一参谋长，看到前面的车挨打，就立即逃回瑞金去了。这次敌人1枪未发，打得它车上的血都一滴滴地淌下来，司机由于一听到枪响，就立即爬到车底下躲起来了，故未受伤。这次共缴到敌人1支左轮、2支驳壳枪，有7个伪兵带枪逃跑了，打死的人中有军官也有士兵，缴到六七百元伪币、2个金戒指。

1935年四月，钟民同志又带了一班人，全是最勇敢善战的同志。从罗汉岩出发，转入大柏地羊古寨，抓到了一个姓杨的土豪，带到罗汉岩，罚了他300元银洋。接着钟民同志便把游击队带到福建边缘的荷叶子山去休整。在这里〈并〉和上下陈家山、上下温地的群众搞好了关系，在纵横一二十里的群众中展开了宣传，对群众进行了政治教育和阶级教育，对群众公买、公卖，并要群众不能走漏消息。当时我们部队有40多人，由于在这里和群众的关系搞得好，我们在这里休息了将近一个月。

1935年五月，我们的队伍又攻打了武阳的地主土豪李秀珍，他有10支步枪、1支手枪，又做伪保长。事先，我们有组织、有计划地进行了安排，由地方干部刘长秀同志伪装卖水果的到他家去，查清楚了路线、房屋内部的情况、住地。我们便去了两个班的同志〈去〉，夜晚9点钟左右，到了这个地方，先派六七个人带短枪埋伏在他住屋的附近，发现没有人站岗，便用斧头砍开了门，冲进去，发现有布草帘的房内只有他老婆。他自己则在楼上抽鸦片烟，我们在他的床〈里〉底下搜出了一支驳壳枪，他则爬墙从瓦面上逃走了，逃到老百姓家里。我们就把他老婆和小孩子带走，以后罚了他200多元银洋。这次只缴到他一支短枪，他那10多支枪〈因为〉分散在周围的流氓光棍手中。那天晚上，这些家伙正在附近赌博，听到我们来了，有的想打，有的则说："不应该打，只捉去一个土豪而已，打就要连累自己。"后来他的爱人回去告诉他说，我们的部队很好，是正规的，是有训练的，她的丈夫也就不敢去报告国民党反动派。他自己就搬到壬田去，把家里的10多支枪收回来，交给了一个老头子藏在夹墙里，后来那里的地下工作同志来游击队报了这个情况。钟民便派人去把老头抓来，告诉他要把枪交出来充实革命力量。当然，一方面也带有威胁，他就把藏在夹墙里的12支步枪全部交出来了。

1935年十一月间，我游击队开到贡潭的老石岩的地方扎下，距老革命干部钟言方家里只10多里路，请他帮助游击队买粮食，买子弹等，在这里住了一个礼拜。他告诉我们说合龙的乡公所很不好，乡长很残酷，对砍柴的人都要欺压勒索，尤其是对待苏区工作过的老革命同志，则更为残暴迫害，群众十分痛恨他，提议要求攻打乡公所，处决伪乡长。钟民答应了他的要求，便派人（一个打流浪的）去侦察，回来报告说敌人有12支枪，住在神庙里，很坚固，敌人夜晚有哨，又有炸弹六七个，住有一班人，士兵夜晚都把枪当枕头睡，乡公所门口有树栅，晚上停止交通，庙的三边是陆地，一边是河，要打只有从洼地边爬墙进去。钟民便【率部】带了12支步枪、7支短枪，由东南边搭人梯爬墙上去，下边便是敌人办公的地方，发现晚上没有人办公，只一个哨兵在打瞌睡，我们赶上去结果了他的性命。一个猛攻，攻进了门，我们只打了两排子弹，钟民喊了一声"冲！"队伍便冲进去了。这次打死了4个敌人，缴到了4支枪，伪乡长由于后门没有人把守，给他逃跑了，我们把一切反动文件全部都烧掉了。

1936年六月间打青山埠，因当时国民党在青山埠设了一个厘金卡，专门收挑担人的盐税、油税和米、豆子、花生等税，表现上说是为了保护他们"安全"度过，其实是苛捐杂税剥削人民，而【对于】我们游击队的一切活动，则就去报告国民党来"围剿"。游击队为了减轻人民的负担，为民除害，就想法打掉，当时就动员了从长汀来瑞金的三个挑药材的人，要他们做30套国民党伪军服供给游击队，这三个人都很乐意地答应了，并说我们家里都是贫苦的，对国民党都非常痛恨。这三个人回去后发动了亲戚，利用夜晚的时间做好了军装，并把军装藏在药材的下面，挑来送给游击队。一天吃过早饭后我们的游击队员穿着国民党的军服，伪装是去调防的（因为敌人在古城有一连人每一个月来调动一次），队伍直向大路开去，约8点钟到达青山埠敌人的驻扎地，一个北方同志用北方话回答了敌人的问话（因为事先有准备，如对某某连的连长是谁、姓名等都先做了了解清楚），将连的番号和连长的姓名回答对了，敌人就没有注意我们，我们的队伍休息了一会儿，就到敌人的营房中去拿枪，当地的保长问我们是从哪里来的队伍，我们回答是中国共产党，我们并没有费什么力气，一枪未发，就把31支步枪全部缴获了，并烧掉了反动的文件和碉堡。

1936年七月打武阳白竹寨，原来是想打谢坊联堡，因邹日祥、邹高原二同志是武阳人，对当地的情况熟悉，告诉我们说打联堡的收获小，后来就决定打武阳的区公所，这里驻扎有保安团的一班人，有13条湖北造和1支盒子枪。国民党因上次发现我们有国民党军服，就打电话通知各地【防备】。我们研究了这种情况后，就改变了战术进攻敌人。两位邹同志在钟民面前表示了决心，一定要完成这次任务，我们共有3连人（约有200多人），以自愿报名参加，有72人参加。在头天晚上12点钟时，由两个邹同志带领了19名游击队员先藏到邹日祥家中的楼上（因为走的家与区公所相邻），带一挺轻机关枪，当圩时（约8点钟），有一小孩放鞭炮，引起了区公所的恐慌，事后又平静下来，到了9点多钟时，游击队由楼上下来，出发进攻区公所，在相距50米远的地方敌人有一岗哨，当即将他打死一个，12名敌人全部被打死，只走掉了一个区长，抓到伪军一个班长，到河边对面用马刀杀死了。刘国兴同志在桥上打死了刘其钊地主，并推〈倒〉到河里去，为他自己的儿子报了仇（因刘其钊恶霸地主把刘国兴同志的一个儿子抛到河里淹死了）。这次战役我们只牺牲了一位梁国荣同志，敌人用枪打国荣同志时，邹道隆在楼梯上同时打死了那个敌人。这次我们得到了很大的胜利，共打死敌人 14 人。缴到敌人 13 支步枪、1 支盒子枪、40 个手榴弹，抓到了 3 个地主。临走前还召集了赶圩的群众，刘国兴同志向他们讲了话，牺牲的梁国荣同志，抬了尸体出来，并买了棺材埋葬。

从此后国民党反动派对我们游击队加紧"围剿"，并与福建的反动政府联合进行两省"会剿"。我们对敌人一贯是轻视的，钟民同志再次指出敌人是一条死牛，我们是有办法对付他们的。我们研究了情况后就决定：敌人集中力量，我们则分散力量对付；敌人分散，我们则集中力量进攻。当时是采取分散方式对付敌人。分析分散有三大好处：好活动、好隐蔽、队伍又大，人数不多，目标不易发现，粮食也容易找。①

以连为单位分三个大队：第一大队到石城、宁都，第二大队到四都凿〔凿〕田，第三大队到白竹寨（与会昌交界之地）。

敌人在武阳集中了三个团的兵力对游击队进行"围剿"，进行了好几天的搜山，【主要】是欧阳江、黄镇中和福建的反动军队。

1936 年八月初，第一大队由武阳经过九里岭到横江、沿江去时，走了两晚，后到公路休息时，召集班长开会，到晚上五点钟时，决定打车，为了分散敌人的兵力，减轻对武阳的"围剿"，使敌人难上难下无法应付，就在公路两侧隐藏起来，到十点钟时，有一辆吉普车从福建长汀到瑞金去，是福建陈专员的老婆到瑞金县来与伪县长谢益余商讨〈计划〉如何"围剿"我们游击队【的】，结果被我们游击队打死了，两个跟班的也被打死了，这是〔次〕缴获 2 支盒子枪、1 只金手镯、1 只金戒指。

敌人遭到沉重的打击后，伪陈专员则要求合作，打电话给张司令张鼎丞，并撤回驻瑞金的伪军。这次我们游击队感到好奇怪，反动派这次怎么不来"围剿"呢？

张司令派了两个同志来与我们联系，告诉我们已经是国共合

---

① 原文如此。

作。但几次都没有联系上，最后两个联络的同志，住在山区的农民家里，打听消息，由地下工作干部转告我们，才取得联系，当时我们不相信是自己的人，总以为是敌人放来的特务，侦察我们情况的。我们晚上就去捉他们，把他们住的地方包围起来。后来我们一看真是自己的人，所以就说同志们辛苦了，没关系。他们把仔细的情况告诉给我们，我们就带他们到我们游击队住的地方去。当时我们搭好了草棚，里面设置了很多东西，如风车、椿臼等，来的两个同志告诉我们说："为了一直抗日，成立了联合政府，准备用持久战对付日本帝国主义。"这两个同志并与伪县政府交涉，要求我们下山。

1936 年十一月末在县城溪子下设有新四军办事处，当时的伪县长和黄学余（黄镇中的三弟）来信，要我们连以上干部来县城开会，我们队伍没有到县城来，而是住在半山墩的地方，怕敌人有阴谋，第一、三大队是驻在武阳桃树排，第二大队是住在安治兰田。国民党发来了 200 多套棉军装。本来邹道隆同志也要去开会，钟民要邹道隆把棉衣押运到武阳去，当时有钟民、胡荣佳等 20 多个同志去开会，晚上是住在新四军办事处，当时还有两个送电线的八路军，办事处的主任是胡家洪（福建人），当晚敌人用一团兵力包围了游击队的住所。这时有的同志说要用枪，送电线的同志说不要用枪，他们这样来提是没有理由的，以后再讲，我们的 20 多个人就被捕获，送入监狱。送电线的两同志没有被捉去，随后伪谢县长传钟民和胡荣佳二同志进行责问，说要收编你们的游击队。钟民同志说："国共合作共同抗日，收编二字是不可能的。"

第二天一天亮，敌人就分两个大队来围攻游击队，敌人不知道安治我们只有一个队，而用了两连兵，而武阳只用一连兵，在武阳我们采买人员碰到敌人来，就马上回去报告，我们就做好了准备，当敌人相距 20—30 步远时，敌人说要参加我们的游击队，敌人又不敢前进，我们就把队伍转移了。我们听说敌人在兰田放了炸弹，与游击队发生了战斗，我们武阳游击队就跑步前进去支援，在兰田我们有两个战士被敌人捉去，另外还有两个女同志和伙夫全部被俘。队伍开到凿田时，张司令开了汽车和用二团人来接游击队去，只留下七个同志（其中有两个女的）做地下组织工作。组织情况是：刘国兴为支书，严炳成是组织部长，曾玉成是宣传部长兼正队长，邹道隆为副队长，刘辉山和刘国荣为委员。

国民党驻的军筑起碉堡，士兵专吃喝玩乐，对治安工作一点不管，这时游击队又走了，因出现很多土匪，人民生活不得安宁，群众要求留下的游击队进行剿匪。留下的游击队很少，只有7支枪，首长临走时一再嘱咐我们不要正面与敌人冲突，主要是做地下活动，发展党组织，但群众一再请求，我们最后还是答应了群众的要求，先研究了一下土匪的情况，是一些没有受过训练的贪生怕死的家伙。我们由一个老百姓带路，班长谢来提拿手榴弹，卧步前进，打败了土匪，把土匪抢去的人和东西（如牛、妇女等）全部放回，东西归原主，我们打死了四个土匪。群众非常高兴，对游击队真是感激不尽。群众以酒肉来慰劳我们，还补偿我们的弹药费，而游击队都一一地谢绝了，并向群众宣传说："共产党的游击队是人民的队伍，是为民除害的，这是我们的责任。"这件事发生后，国民党反动派就说我们还在打仗，并说对国共合作"不诚意"。

1938年十月在山河墟抓来一个土豪，同时还杀了黄镇中的两个特务，我们到桥岭、跪岭庵住了三四天，当地的坏分子姓潘的去报告黄镇中，敌人派了两个连来"围剿"，我们当时只有一排人（〈约〉26—27人）。当时游击队没有做很好地准备，只有一人在门口放哨，敌人来到了才知道，这次我们的伤亡各一人，打死敌人两名。

1939年一月打武阳石水乡公所，联堡主任到县里开会去了，没有抓到，只抓到一个姓刘的干事和五六个乡丁，缴到4支步枪、4只炸弹、1部电话机。

1939年二月打梗口乡公所，游击队去了一班人，7支步枪去打，队伍开到河树栋去，到茶厅上我们就包围住敌人，缴到了7支枪，有2个带枪逃走了，杀掉了7个敌人。

自此以后敌人就强迫山区的农民移居，并驻兵山区，对游击队实行封锁，欧阳江的军队也来"围剿"，游击队为了遵照党的指示（主要是进行地下活动和做政治宣传工作），尽量避免与敌人正面冲突，敌军搜山几个月，未得到游击队一点消息。瑞金与福建长汀交界处和瑞金南部的全部地点都在我们掌握之下。当地的豪绅地主都不敢出面来当保甲长，因为以前的保长常被游击队杀掉。因此游击队就发动我们的地下干部当保长，如陶阳区是刘辉山同志任保长，其他如张俊伸、骆盛才、刘跃文等都是，当时发展党的组织，是通过亲戚、朋友的互相介绍。

1941年六月，赣州黄耀亮叛变（原任秘密通讯工作），带敌人来"围剿"游击队，黄还到游击队来进行煽动，要游击队下山，说在山上很苦，下山去没有什么事，并且还勾结特务朱德周来"围剿"，接着武阳的赖子保又叛变。黄耀亮为了达到叛变和出卖革命同志的目的，对游击队采取了欺骗的手段，并派了七个人混入游击队，并且还说赣南特委调刘国兴同志去赣州学习一个月，黄为了把游击队的领导人一个个搞出去，接着不久，又说要严炳成、谢罗贤二同志去学习，谢被带到县城西郊的塔下市，就被事先埋伏的敌人抓去了。

谢罗贤同志被骗出去的第二天，黄又要邹道隆同志带十几个游击队员去武阳棘子排按刘国兴同志回来，并说赣南特委有船运送刘国兴回来，到武阳时当晚已有十二点多钟时，叛徒赖子保来说"刘国兴来了"，要我们准备迎接。我们一看上了敌人的圈套，已被特务朱德周的兵包围住了。我们去的游击队全部被捕。刘国兴同志和严炳成被敌人解到泰和去坐牢，刘国荣和邹道隆等同志则被关在瑞金县城监狱。

1942年八月一天下午，刘国荣等12位同志被放出到河里洗澡时逃走了，他们就又在岭背山组织打游击。刘国荣当书记，陈唐球当组织部长，谢罗贤当宣传部长，这时游击队亍九寸铁，活动很困难，专靠古城和陶阳区委供给粮食，敌人欧阳江、黄镇中和福建的反动军队又进行了联合"围剿"游击队。

过去我们游击队在马角寨支部的一个同志那里，保存有 2 支单响步枪，游击队就把它找出来，接着我们又进行了活动，打土豪。

1945 年，邹道隆等 7【位】同志乘钟怀玉（在福建任伪独立团参谋长）来抢劫被坐牢的弟弟钟家安（土匪），破狱而出。

瑞金县城破狱后，瑞金反动派立即通知泰和的反动当局将刘国兴同志杀害了，严炳成就叛变投降了敌人，并放严回来要严带反动军去捕捉游击队员。严炳成还到刘耀文、刘耀荣（地下干部）家里去，要他们去帮助严找到游击队来。说是日本投降了，国民党赦放政治犯，把他放出来的。严炳成伪装受到敌人严重迫害的样子，在刘国荣同志面前装着可怜相，说没有衣穿，长期坐牢又不会劳动，刘国荣同志当时还安慰了他："出来了就好，有同志们在保证不会饿死你，暂时还不能留你到游击队去。"就拿了些钱给严炳成，并要他回去。

严炳成回去后，我们分析了一下情况，县委书记被杀害了，我们是逃出来的，不是放出来的，而他是放出来的，所以有些怀疑，准备等严再回来时，就把他扣留起来。

严回去后马上就报告反动军队，并带了 12 支快慢枪到各处去搜索游击队，并出布告，谁若捉到陈唐球、刘老三（国荣）、邹道隆等同志有重赏。

严炳成知道刘国荣同志有爱人在严坑住，刘国荣经常会去，在1945 年十二月的一天晚上，刘国荣同志在严坑受害。这次是因为敌人事先带了干粮埋伏在路的两旁，守了两夜。捉到刘国荣后，叛徒严炳成亲自杀害了国荣同志，用刀砍下国荣同志的头，回去报〔领〕赏。

叛徒严炳成在解放后还改名换姓混入革命队伍，在 1957 年被我政府调查清楚，在福建镇压了。

53. 访问许泰钊同志记录

苏区时任区内务部工作是：登记户口，调查军烈属，按年会、性别分类登记，并附带调查家庭情况。

领导修建桥梁、道路。苏区时壬田到胡陂的公路全线测量好了，有的地方群众开始修路。有些地主、富农留下不〔没〕走，还有一些则派他们去修路等劳动。当时人们群众觉悟很高，阶级立场鲜明，他们都不愿意和地主、富农一起劳动。地主、富农的子弟又不会劳动。人们对地富恨透了。

管理婚姻问题：宣传自由结婚、婚姻自主、禁止买卖婚姻、禁止带童养媳。男女登记结婚时，首先要审双方家庭出身、成分和个人历史，是否双方情愿，这些方面检查后无问题，则准予结婚。革命干部和党、团员不准与地富及【其】子女结婚，离婚要完全双方自愿，有一方不愿则要进行说服和解。结婚、离婚时均得有贫农团介绍信，方可给结婚证。结婚与离婚负责办理手续的干部，如果自己不够了解情况，必须先向当地干部了解清楚，或亲自下去了解。

宣传和领导群众讲卫生，宣传讲卫生的重要性，随着季节的到来，进行宣传，注意卫生，如春天到来要特别做好疏通沟圳【的】工作，避免苍蝇、蚊子繁殖〈工作〉。特别强调帮助红军家属，做好卫生工作，并且帮助做好家务事。

吸收党员时要注意阶级出身、个人历史和表现，由老党【员】介绍，由党员会上讨论，有人提出有缺点时，则要延期通过接收入党，一般经过乡里同意的区里都会批准，3个月为候补期。对新党员要进行教育：工作要积极，不要违反政策，不要有私人情，要有所觉悟，不要官僚、腐化、贪污。党员每隔5天要开一次会，要进行检讨和批评别人，有问题提出讨论。

犁牛社：打土豪得来的牛和犁没分下去的，则由社统一管理，牛给农民家看养，每年 4 担谷，牛租给农民耕田每亩 20 斤谷。犁牛社是属于贫农团，经济由贫农团管理，牛生的仔为犁牛社和看养人各一半。

54. 访问杨翠英同志记录

苏区时任妇女指导员的工作为：

发动农村广大妇女做鞋、布草鞋。募捐豆角干、茄子、苋菜干、番薯干、花生、豆子等。发动妇女做鞋、布草鞋，形成运动，互助竞赛，做花、做字在鞋上。

组织妇女参加军事训练，放哨、站岗、做保卫工作。

发动妇女参加劳动生产，当时妇女和男人一样，为了使妇女更好地参加生产劳动和工作，发动妇女放足和剪发。广大妇女都热烈响应。

组织妇女参加前方的洗衣队。

宣传婚姻自由、独立自主、自己作主，反对父母包办，反对带童养媳，禁止媒婆活动。反对买卖婚姻。

组织妇女参加俱乐部：俱乐【部】演戏多是宣传参加红军。演"送郎当红军"：妻子高高兴兴地送丈夫参军，丈夫参军后，妻子在家如何勤劳生产，怎样把家里料理得好。也有演拉后腿的和逃兵等讽刺戏。

55. 杨金山烈士生平革命斗争历史

12 月 31 日访老同志杨远伸、杨远连、杨祥隆、杨祥历的谈话纪要

（一）出身贫寒、形态超群

杨金山烈士，学名杨祥云，小名南斗老鼠，祖父杨太夫，父亲杨家友，母亲姓钟，生平直接享受父母亲的培养教育时间很短，三四岁的时候死了父亲，十三四岁的时候死了母亲。父亲死了以后，母子就跟着叔父杨家伖吃，由杨家伖教养分配。8岁至9岁帮叔父牧牛，10岁至12岁在本村谷寮下读老书，开始读《三字经》、四言十字，后读上论、下论，13岁就在圳头小学读新学制的书。杨金山烈士祖宗三代都是赤贫，本身自己父亲遗下两亩坝土、两间破房，叔父手废，只有一间屋，有一只租来的耕牛，本身及叔父家全靠借田典租度日，生活过得相当惨苦。因此还未读到高小毕业就失学了，没有读书，〈就〉在学【校】几年也是半工半读，读书读到十五六岁以后，又在家作园①、耕地、牧牛，有时跟人做一些小肩挑。

杨金山烈士形象特征：身材稍高而瘦，黑溜溜的眼睛往外凸出，面腔两边射开，红黑色的皮肤，光着头，生活相当朴素。性情非常热烈，而且〈具有〉天真活泼、智慧多端。读书虽然是半工半读，但不会落人后，写文章、做事情都要比别人好，在年少牧牛的时候，他在牧牛岗上，做牧牛头子，领导伙伴牧童牧好牛，往往请伙伴牧童跟他看管牛，他自己则做其他的活儿，身体结实活泼。有一次弄到一只狗，尾巴上吊好一串炮〔爆〕竹，打响炮〔爆〕竹，狗拼命地跑，而他在背后追赶，还赶到了拼命奔跑的狗。

杨金山烈士在十七八岁的时候，就有一股反封建、打抱不平的热血。当他十七八岁的时候，感〈触〉到毕业生在宗族姓氏地位上占了相当的优势，而毕业生又在一般土豪劣绅、有钱有势的身上，当时全族（全是姓杨的）的毕业生在公项享受等各方面都有很大的权利，本村圳头高小毕业杨远森、杨远函、杨祥宣等可称得是本村的话事人，一手遮天，论真才实学完全是虚浮。杨金山烈士看

---

① 作园，方言，即"种菜园"之意。

到这么一种情景便相当不满，认为有钱有势的人高高在上，无钱无势的人牛马不如，特别是有一样事使他感到更为不服。就是每年一次全族聚集在北关（县城）做清明，是毕业生就可以参加，非毕业生的劳苦群众无权参加。不过在旧社会封建规定有钱可以买到毕业生做，由于这样他为了压服自己心里之不平，消失自己的怨恨，曾邀本村杨祥准、杨祥初、杨人宏、杨远香、杨远英等十五六人出钱（借的钱）分别到凤岗、塅心、松岗、培英四个小学买毕业证书，当时也就买到了。□□年全族又在北关做清明，他们这些人就凭买到了毕业生的身份，一伙儿前去参加，进得祠堂，大家都闹哄哄地准备坐下来食东西（吃酒），谁知有权有势的那些毕业生凭借自己是真正的毕业生，而认为这些人是买来的毕业生，无权享受清明待遇，公开提出驱逐言语，而这些人感到又很不满意，心想你们这样的行头，无疑问是有钱有势，真才实学你并不一定比我强。因此就在清明会上与他们碰台子，提出抗议，提出当场试考，重新决定谁是毕业生。过去有一句话："衙门八字开，无钱无势莫进来。"有钱有势的毕业生，特别是杨远森，以官府当靠山，而无钱无势的毕业生特别是杨金山烈士没有一点依靠，而杨远森便扮〔买〕通官府，当时的县警察队出面架势，逮捕出来抗议的杨金山、杨远香两名〔人〕，杨金山坐了三天班房，而杨远香坐了成〔整〕年。这样一场不平〔反抗〕被庞大的封建权威而镇压了。

（二）意想根除祸苗，岂料引火烧身

为破除宗族毕业生的封建权威，被失败了，而这些人（杨金山等）心里不仅是没有得到压服，更引起了心头之恨，于是几个人商议，使用前面一种方法，搞他不下，下决心把杨远森、杨远函这几个人杀掉，一刀两断，根除祸苗，以服人心。风声传出去了，惊动了对方的仇人，杨远森逃到县城躲避，其他的也不敢在家安身，诚惊诚恐，总怕自己的头救不住。这样有一段时期，而引起了其家属着急。杨远森的老婆出来咒骂杨金山等人，当时咒得没有气出，便服鸦片自缢，死了以后杨远森便从躲避中出来，嫁祸于人，歪曲事实，图赖杨金山烈士，说是杨金山打死她的，因此便向伪政府——县政府申诉，为虎作伥的伪政府便出来调查追究，表面上还检了尸，验尸的情况完全是自己服毒，没有发现什么伤痕，但是为虎作伥的伪政府不是为了事实而作出公正的处理，而是为了代表有权有势的土豪劣绅出力，从而穷追恶逼要追出凶手——杨金山等人。这样杨金山等人为了"老子不吃眼前亏"，便商议往外躲避，以免灾祸。

（三）灾祸临头，形势逼人，双重压迫，只得投军

杨金山烈士被这种形势所逼只得往外潜逃，首先逃到广昌，想投靠吴文森领导的农民起义队伍，但当时吴文森同志不知道对他有什么看法，没有接受他，没有办法只得倒回来，转逃到福建将乐县投靠本村邻舍①□□□，在将乐县开轿行，在这里替人扛轿，以后感到扛轿没有出路，又回到家里。正值1927年②元月朱总司令带领部队由井冈山出发来到瑞金县驻扎，他邀集本屋几个人前去报名。

朱总司令带领部队由井冈山到瑞金县，路经麻子圳与国民党守军金汉鼎打了一仗，结果金汉鼎打败了，红军全获胜利。时值老历年三十夜，红军到了县城，红军一到县城首先就解放被伪政府囚禁的劳苦人民，其中因在清明会上与有权有势抗议被非法监禁的杨远香，在这一次释放出来了，〈屈指〉仅仅是将近一年了（与杨金山共同逮捕的，杨金山三天就出来了，而杨远香在这一次才出来）。然后，便替穷人谋点利益，打开县城的商店，搬出商人的货物，号召穷人来分，将一尺一尺的布、一样一样的货物丢在街上让穷人分用，同时其他红军便分开到壬田寨驻扎了三天。值此时杨金山就好如鱼得水，心怀大开，高兴愉快地跑到自己村子里号召本村人投军，他一开始就说："救命的军队来了，报仇雪恨的机会快到了，我们应该投靠这支军队，都去当兵吧！"当时就有杨祥荣（堂

① 邻舍，方言，"邻居"之意。
② 原文如此。

兄）、杨远朋、杨远芹、杨祥进、杨远波等去壬田报名，当时是在廖队长手上报的名。报了名不久，金汉鼎重整队伍前来追赶，而红军估计力量薄弱也没有抵抗的必要，便从壬田等地撤退转移方向，并号召穷人跟随红军，一致反对国民党、土豪劣绅，当时到处张贴转移标语，提出口号是"千户百户不管闻，万户欠我钱，穷人随我去，每月 12 元钱，不少半文钱"。杨金山烈士与其他一伙人一进部队就担任侦探工作，在壬田撤退转移方向的时候，他便从安治、黄鳝口、楼子坝等地侦探，使部队能够安全地从这些地方撤退，以后探转古城，由古城探转昨田、四都，部队随同转向这些地区，到昨田、四都的时候，探到该地靖卫团没有抵御的力量，从而红军便发动进攻，打下了靖卫团，缴获了靖卫团的团旗，在这里取得了胜利，又转探长汀郭凤鸣的情况。郭凤鸣岗哨严密，而担任侦探工作的杨金山改用计策，化装扮为一个被土匪抢劫的肩商，直撞郭凤鸣的岗哨，行至长汀县城附近马柑岭的岗哨，受哨兵盘问，而他手提马灯，形态自然而装着一种遇匪抢劫的肩商色彩，一句一句地告诉哨兵："不得了，我在前面遇到了土匪，把我们挑的货物、银钱全部抢光，这一下不知道怎样过活度日，定会妻离子散。"哨兵看到这样一种情景，便当以为真，容其进城，杨金山在敌人面前获得了骗取进城，便详细地侦探敌人的力量、防线的布置、力量的薄弱地点，侦探实在后，便立即熄灭马灯火寻找路程，回到了进攻长汀的红军驻地，及时地向首长报告敌情（这时已经是侦探班长），红军掌握了这么一种情况，便立即整理队伍进攻长汀。进攻长汀时人数才 1000 上下人，枪支很少，梭镖占多数，而郭凤鸣的部队有一师人，有一万多条枪（？），由于红军方面的战士英勇、斗志昂扬，由东门进一直打进了县城，郭凤鸣全军被歼，活捉了郭凤鸣（材料还需充实），缴获到的军需物资、枪支弹药数以难记，从此……①再问打昨田、四都县是不是捉到郭凤鸣以前的事。

---

① 原文如此。

　　红军实力空前壮大、军容改观，脱下农民起义的乱什衣服，穿上新做的军衣（缴到郭凤鸣以及长汀县城商人的布匹），于是便充实力量改编队伍，在长汀住了十五六天，以后因形势不宜，又转移方向，部队转移到龙岩州驻扎（多少时间需补充），在这里建设了行政组织，办了党校，以后在战略上有必要的到广东去，路经梅县，部队进了梅县城，梅县的反动派、土豪劣绅施用诡计，红军一进城，假装欢迎，一边在店内把光洋倒在街上，让红军去抢光洋，另一边埋伏军队乘脑筋简单的红军战士抢捡光洋的时候，便四面包围，开枪射击。当时红军一般的领导人都揭穿了这么一个诡计，拼命地叫战士不用去捡，而人多混乱，没有办法制止下来。结果失败了，主力退回龙岩。在这〈一〉个时候，朱总司令便改变去广东的战略，准备在汀瑞边界发动群众暴动。1930年六月间，朱总司令命令瑞金的战斗员杨金山、杨斗文、杨景林、国民党起义人员周昌仁（北方人）到瑞金搞暴动工作，首先一开始四个人进武阳，领导武阳的劳苦人民进行暴动，在开展暴动的时候取得成绩，组织了农民协会，领导农民减租减息、清匪反霸，二月间杨金山、杨景林两人（都是圳头人）回家，与村子的群众说："现在武阳尾搞暴动工作，我们这里在三月××日武阳尾的暴动队伍会到我们这里来，大家要做些准备工作。"以后到那天认〔人〕真来了，杨斗文也来了，那时候杨金山没有枪，部下还有一挺迫击炮。队伍　来就集中在壬田街上，当时壬田街上驻有一支半伪不伪的钟怀玉的队伍，有枪十多条，当暴动队伍一来，钟怀玉企图设谋，消灭暴动队，要暴动队归属于他，经发现暴动队伍便采取"先下手"为强的措施，一声号令枪口对准钟怀玉的队伍，要他缴枪，结果缴了下来，这样一来，杨金山也就有了枪（这里的暴动情况如何）。队伍没有在壬田驻多久，就转到合龙市驻扎了，在这时候周昌云的队伍又来了，队伍实力比以前扩大，有枪支100多条。就地驻扎时，田背想缴钟怀玉的枪。

　　土豪到长汀搬到马团长的伪兵，袭击暴动队伍，进行了战斗，因为敌人的力量强于暴动队的力量，结果战斗失败，队伍撤到鲍坊，在鲍坊的时间【为】三天，第四天曾到上圳头村捕杀走狗杨远香（不是前面那个远香）、杨远来，捕杀这两个人的原因，因为杨金山的暴动队伍由武阳来壬田的时候封了大地主杨远林的谷仓，暴动队伍走了，这两个走狗就帮他开了开来，让大地主杨祥林把谷子全部挑走，并分了一部分给他，与此同时还把清明会上争毕业闹事的仇人杨远函的房屋也烧掉了，搞了这里以后，接着到合龙市打开了宝丰店，搞到了很多饼果商品。搞了这里以后，又回到鲍坊，这一下整理了一下队伍，起了一下大主意，决定打县城，进攻路线由新院下，但不幸队伍行至新院桥头，该地守军靖卫团由桥堡打枪袭击，当时火势猛烈，杨金山主要心腹人刘金山中弹牺牲，但结果始终弯〔翻〕山越岭到了县城（有无开火）①，在县城住了两天，第三天那就又回到武阳去了。在这个时候，朱总司令的部队由×××回到长汀，在长汀使人要杨斗文、杨金山、杨景林、周昌仁前去领枪，这样四个人共去长汀，杨金山因战斗立功升为支队长。周昌仁则扣留了，扣留的原因，因周昌仁打掉了一个杨金山名下的事务长杨拜亭，部下开玩笑说杨拜亭与周昌仁的老婆有奸，对事实没有调查研究就把杨拜亭枪毙了。在这里周昌仁也就没有得到下落，不知道到哪里去了。四个人去，三个人回，领到枪支四十多条，回到瑞金以后，杨金山与杨斗文便各自分开，杨斗文所属镇守瑞金，杨金山的进攻雩都②、坪头寨狗颈靖卫团，战斗结果没有达到目的，自己左手穴下还负了伤，又复回圳头村（这时候是□□年九月间），医了一个多月好了（部队是否跟随在这里），长汀的马团长又来围歼，杨金山领导队伍藏在土围内打了几炮，冲〔赶〕走了他（详细情况说明）。

---

① 原文如此。
② 雩都，今于都，后文照录。

（四）活捉钟腾伟，打败五区联防队，打死赖仕忠[①]

马团长攻打圳头土围的时候，接着反动派组织了五区联防队（是不是这时候组织的），有钟运标。接着又出来围攻队伍，住在腊厘江，联防队童〔重〕撞〔创〕圳头，把杨金山、杨景林的房屋全部烧毁（这时候是□□□年十一月间），这时候朱总司令的队伍在宁都驻，暴动队上宁都，由朱总司令给了枪支弹药，在这里住得不久，便由宁都开到长胜，长胜开到古村，在古村住了一夜，由古村一直到壬田。由古村到壬田中途大川地方有靖卫团驻地，但没有什么东西，只有一面团旗。十二月二十五日清晨，为蒙骗伪兵揭起红军旗，拖着大川拖到的靖卫团的旗进得壬田市的街上，由榕树街子进，中节街下，行至福茂昌店门口被逛街的靖卫团团兵识别，当时身带有枪，就在该店内开枪，一开枪就打伤了政治委员杨家星，暴动队开枪反击，打死了一个团兵（北方人），然后一直往靖卫团所驻的地方仙太庙冲去，靖卫团没有什么准备，直冲而进，缴到了四条件〔枪〕，放掉了钟文和（是什么样的人），但靖卫团团长钟腾伟正在家中，听到暴动队的枪声便发脚向后门潜逃，稞子高，身体肥胖走不动，在阿弥石边（离团部只两三百步脚〔远〕），就抓住了，当时抓住，当时就解走，由太平街、三石坡、黄泥塘、观音石、老盐街、黄白直至解到县政府所在地三重[②]，而在壬田街上负伤的政治委员杨家星也护送到三重。当时暴动队仍旧是拖着大川的那面靖卫团白旗，他以为是年威成的兵来了（白军），便高声大叫〈说〉"救命军来了"，这样这个大地主也随同带走了，到了三重，县政府县长邓希平出来慰问，杨家星政治委员两天时间因子弹进腹，良药缺乏牺牲了，临死之前与杨金山说："我死是死在红旗之下，心甘情愿，唯愿你们热心工作。"

1930 年老历十二月二十七日在三重编队，杨金山被编为赤卫

---

① 原文如此。
② 三重，即山崇，后同。

队任团长，元〔正〕月初三便复进罗石、武阳、石水湾，收集鼓励老革命同志，在这里有十多天，以后县城又成为白区，因此队伍又开出，这时候朱总司令还在宁都，这一下朱总司令又使人前去领枪，队伍驻扎在羊牯债①，派胡子山前去领结果，领到了一百多条枪，在羊牯寨住了十多天，并杀了一个土豪，以后又在大川住两天。五区联防队欧阳光、杨子先、年威成、钟运标大肆兴兵，原来的兵及走狗有两三千人，枪支有1000多条，提出要填平圳头村，杀绝红军，在〔这〕个消息传到杨金山的队伍，特别是圳头人头上，就怒发冲冠、摩拳擦掌："要灭我们的家，一定要与他拼过〔个〕死活。"1931年一月二十六日立即由大川下，心头之恨排除了一切，当夜走，二十七日天还未亮，就到了壬田寨洗心园，这一天五区联防队也就认真地来了，他一来分两支人马进攻，一支打正面由牛脚坑进攻，一支由壬田街上打包烧，而杨金山的也分两支人马，一支由兔子窝30公排下，另一支由黄泥塘屋背下，杨金山自己带人打正面，走到围子脑白军也开枪，而暴动队则到察子背才打枪，一打枪就打伤了他们，不久白军就溃，向原路溃退，牛脚坑有一座桥，我们把桥烧毁了，时逢涨水，暴动队全部集中，五区联防队走投无路，只得浮〔凫〕大水过河逃命。战斗交锋，敌我相近，你逃到哪里去，这时暴动队站在河岸上拼命地用枪扫射，好像串煎豆腐一样，一个个地打死在河中，结果全获胜利，庄园保全。在家住了三天，反动派又扮到长汀的马团长部队来袭击，但由于打败了五区联防队，声威大振，马团长的部队没有临阵，便望风而逃。

（五）攻打瑞金城，打死赖仕忠②

时值1931年二月初解除五区联防队骚扰圳头村以后，暴动队回到三重，这个时候县长邓希平召集部下开会提出瑞金城【没有】彻底打下来，我们始终不能安生，大家有没有决心把瑞金城打下

---

① 债，应为"寨"，后文写作"寨"。
② 原文如此。

来，大家合【异】口同声地说："只要抱着英勇牺牲的决心，瑞金城是完全可以打下来，我们有决心。"会后立即把各方面的枪支清理，整编了队伍，这样足足编成了三连，300多人全有武装，为了发动先进群众，二月二十三日开到罗石扎了两天，武阳尾扎了一天，二月二十六日在武阳吃掉早饭召开群众大会，由杨金山主持开会，讲放启发与号召群众拿出英勇奋斗的决心打倒瑞金城，穷人天下坐得稳，你们有没有决心，接着春雷般的响应声——我们完全有决心，我们完全拥护。杨金山接着说："你们既然有决心，你们拥护我们，那我们今天准备明天出发。"二十七日早上队伍群众共集中了2000多人，早上出发，在石水湾吃早饭，沿水星岭下上，临阵时，杨金山布置阵线，杨金山亲自领导圳头人100多人带了些群众打正面，其他的打左右翼（谁打右谁打左再搞明白）。打正面的连长是钟辉（腊厘江人），在葶子下开始接火，一开始接火就打死了敌人六七个，县城的部队仍旧是五区联防队的，葶子下大部分是钟运标、欧阳江的，打死了〈约〉六七个以后，敌人内部就混乱，往后撤退，于是乘胜直追，接着打右翼的鹅岭脑这一支队伍（九堡人的连长），南门岗一支汇合在云龙桥与正面配合，一直攻进城内，五区联防队便往九堡撤退。县城打下了，三重的政府也就随同移到南门岗邓屋祠，杨金山的团部扎在金塘下，这样政权基本上宣告稳定，全县各地除了九堡暂时由五区联防队盘踞外，都派代表来县接头，重建政权。三月初，沙洲坝派代表出来要求攻九堡，在县政府的研究决定下，决定打九堡，在打九堡之前充分地估计与分析了九堡的地形地势，估计了九堡地区敌人的顽强、敌人的猖狂，在战略上采取一路进攻，即向石罗岭进攻，在军事力量的配备上，全用正轨〔规〕队伍，不带群众。三月□日中午在县集中队伍，下午开到沙洲坝住了一夜，第二天便沿途而进，一过石罗岭，每到九堡满村满墩都是白旗子，敌人的军势惊人，因此杨金山便临时开了一个会，鼓励军队势〔士〕气，提出："同志们要有为革命牺牲的决心，这一下我们不打开，便不要想回到瑞金城，我们只要前进，决不能退却，胜利是可以取得的。"会后一声号令，往下直冲，但从地势上我们是占高处，而敌人处于低处居高临下，打得他自动投降缴枪，五区联防队共有六七百人，这六七百人又败退潜逃，往万田、沙心、白鹅到会昌驻守。九堡全部光复，政权建立，接上就打土豪、杀劣绅，一开始就杀了三四个。政权建立，匪军平净①，杨金山便辗转在瑞金范围有几个月。1931 年七月瑞金县的土豪便到石城扮下〔搬来〕赖仕忠的队伍，【承诺】打下了县城，县长给他当。赖仕忠的队伍由沿岗下到合龙市，扎在枫树下、脚陂、合龙市街上，杨金山的队伍恰遇在家，因此便集中队伍号召群众准备消灭他，当天晚上便埋伏队伍，架好台炮，刚刚赖仕忠的队伍吃早饭，台炮便响。当时就打得尸横遍野，碗筷往天飞，赖仕忠共有队伍七八百人，里面有些群众，枪支五百多条，还有群众带的鸟铳，我们罗汉岩以下，除了田背村以外，所有 16 岁以上的群众都动员起来，动员到几千人，结果打败了他，在沙背村屋侧，赖仕忠丢掉马，只身逃命，逃到龙嵊地区，被杨金山埋伏的队伍，一枪打了下来。赖仕忠下来的时候，认为力量雄壮，得意扬扬，认为可以当县长，扯开嗓子唱着歌："红军土匪、白军头，不要跑，不要走，只要你对我打一仗，田地江山仅你谋。"而打下了赖仕忠以后，劳动农民又唱歌："锣子打起来，叮当响，石城出了个赖仕忠，仕忠思想两个钱，谁知性命救不全。"（打赖仕忠合龙那边说是 1929 年七月十三日。）

（六）误为社会民主党，被杀兴国布龙岗

1931 年一月打下了瑞金九堡，政权稳定后，杀人魔王李天富来到了瑞金，任县委书记，而 1932 年开始肃反，杨金山队伍一开始【被肃反的】是政治委员余俊（壬田竹湖人，搬到九堡住，以后随暴动队参加革命。这个人很伶俐聪明，被杀时才 20 几岁，原来在县政府工作，接那次捉钟腾伟负伤牺牲的政治委员杨家星的手）。

---

① 原文如此。

1932年五月初六① 县政府用了十多发盒子枪扣留团部政治委员，一扣留解到廖屋祠用肉刑，穷追硬逼，踩扛子，打军棍，越说是真心革命，做共产党的工作，就越榨得紧，这样脚也榨断了，精神也没有了，在此时有一〈时〉机会与杨金山说了几句话，"革命你仍旧要热潮，他会图懒我死，我是为了共产党没有问题，久而久之会晓得，不说，你革命一定要革出头。"说了这几句话杨金山就走了，余俊也就杀了。政治委员余俊杀了以后，便动摇了杨金山部士兵，特别是与他共出来的本村人都纷纷地交还枪，自动要求回家不干，他的堂兄杨祥荣也劝说他要回家，他坚持不回家，说："真正革命会遭受到冤枉死，那是注定了，死了再过几十年仍旧是当兵。"政治委员余俊被杀不到一个月，【县委】便派兵找杨金山，找的时候杨金山在家里接到命令要他去黄柏开会，一接到命令就考虑这一下去定是有去无归，而家里人拼命地劝说他要逃走，他意志坚定死要死在红旗脚下，绝不做叛徒。因此就去，一去就有三十五军的人在那里（三十五军大部分官员是国民党派进来的），当场扣留，严刑拷打，以后东解西解，曾解到宁都、雩都、兴国等地，解了几个月，结果在兴国布龙岗② 枪毙了。临死之前据当地群众反映，高呼了两句"共产党万岁"。从此一个真心革命战士的热火被误为社会民主党而熄灭了。

56. 访问钟壁辉老同志记录整理

1928年杨金山在朱德同志手下当兵，不久就派回来〈在〉做〔搞〕地下活动了，接着钟达山又去朱德同志手下当兵。

1929年四月，壬田朱玉山、田心冈钟怀玉参加了革命暴动，

---

① 原文如此。
② 布龙岗，疑为"古龙岗"。

钟任政委，做伪工作，暴动是在春天，有杨金山等 10 余人为领导人，队伍几十人，枪 10 多支。

全区红旗插的最早是圳头，当时红旗插在土围内，成立农民协会，杨大悦为主席，杨祥镇为政委，在吴坊打了杨世珍，上风江捉钟文林，没收世坝一家油坊。

1929 年四月杨金山与安子前邓希平配合，打瑞金，去打瑞金是从圳头一直下（田心冈、圳头各一支队伍，各拿一面红旗，各走各的），田心冈去 200 多人，圳头去 400 多人，晚上出发，进到瑞金时天刚亮，街上店内资本家、反革命打枪出来，我们没有什么枪支，牺牲很大，退回来了。

1929 年□月，凤岗大地主钟文张带领伪军攻打壬田，行至圳头，杨金山与他打了一仗，钟文张被追跳下河内淹死了，伪军大败。

1929 年七月十二日，吴坊、金田大地主送情报跟上石城，许伪团长老洋五千、一个县长，攻下瑞金，伪团长赖士中^①贪钱贪地位，带领队伍下瑞金，途过沿岗、陈垫，赖伪团长队伍扎在合龙。

田心冈、圳头当晚去瑞金县苏维埃搬救兵，工农红军接到通知，马上就来了一连人马，由钟达山率领，来打前扎在田心冈土围内，该连有枪 30 支。加上杨金山 10 多支枪，联合起来，群策群力打下赖士中，赖在沙背枪决了，缴枪全部 100 多支，一部分枪归县，一部分枪归杨金山。

贫民团的工作任务：1. 介绍农民入团；2. 划阶级；3. 打土豪；4. 查田。

我经过的革命斗争情况略写一下。

于 1929 年毛主席和朱总司令在井冈山出发了，经过瑞金壬田市，到处的群众纷纷迎接我们革命领袖毛主席、朱总司令，跟着队伍进行打土豪，没收地主的家产、农具等。同时，有很多被国民党及豪绅地主压迫的革命群众和优秀青年到毛主席的部队领公事，接

---

① 原文如此。疑与"赖世宗""赖世钟"为同一人。

头建立革命政权，并组织队伍打土豪分田地等工作。1930年春建
立了党团的组织作用，进一步发挥了人民群众的革命意志，同时建
立了人民武装力量赤卫军、少先队，巩固了人民民主政权，开展了
查田运动，没收地主的土地财产，划分阶级成分。〈但是〉团的活
动方面，领导了全体青年群众，积极参加各种革命运动的斗争，参
加前线对敌斗争，并且参加各种文艺活动俱乐部、剧团等宣传工
作，做到了党的有力助手作用。1931年春划分了行政区，壬田分
为二区，即壬田、云集两区。1933年春又进行划分行政区，壬田
区分河东区、云集区与合龙区。

57. 访问钟光铉同志记录整理

1930年我邀请两个受过封建土豪压迫最深刻的贫苦农民，【在】
一个夜间，到离我地〈大若〉二十来里的地方——沙背岗，去领
公事，在途中曾遇到一个某部伪职员（大概是他回家的），当我三
【次】与他相碰时，我可怜，我们买他人头。① 我【们】几人暗中商
量，立即动手，把他抓住，在这青密林的山沟里，我三人用石头把
他打死并缴到了短枪一支，继续走到了领公事的目的地，领到公事
和袖套、红旗等。回来时立即成立了农民协会，我任农协主席，这
时候的会议很多，会议内容多研究出发及分清阶级界限，并商讨如
何进行扩【大】红军。

1932年六月初到陶珠番现沐，又到上坪张道其土豪家和贺荃
土豪家，搞到东西不少，谷100余担、银洋300余块及其衣物食品
农具等，这些东西除集体吃去以外，还送了不少送上级，支援前
方，剩下的分给贫苦农民。

1931年八月间，任了乡主席，曾集中全力到石城大油坪，攻

---

① 原文如此。

打黄瑞金（地方军官赤卫团长），这部伪军知道抗不【过】我军，一直逃走，因此没有捉到人，而东西很多，搞到了鸡鸭共 200 余只、猪 20 余【头】、衣物等，这东西一部【分】送公，一部【分】吃，一部分给贫农。

1931 年成立了反帝大同盟会，当成立之时，做了很多扩大会的工作，进行了很多宣传，因此参加的会员有 400 名，每股 2 元，并每月每人缴月费 3 个铜圆（入了党的干部每月缴铜圆五个，并有些生活条件好的可以多缴些，无铜【圆】的可以少些。）这些钱，以每月上缴，买军用武器建设等。

1931 年十月又建立了赤色救济会，这个会的主任是唐仁发，每月每人仍缴 3 个铜圆，这笔钱是用于革命斗争中需用之处，如【买】草鞋、买菜、买手巾和武器。

1931 年二月我光荣地〈参〉加入了共产党，并宣过誓，那天晚上，在上坪坑里，插起了一面鲜艳的〈五星〉红旗，在这红旗面前进行誓词时，大家举起拳头、说誓词。

誓词是：
①坚决服从党的领导、遵守纪律。
②坚决消灭帝国主义，和豪绅作生死的斗争。
③严守党内一切秘密。
④决心牺牲个人。
⑤永不反党。
⑥努力学习、克服困难。
⑦毛主席万岁。

58. 访问钟光栅同志记录整理

暴动前家【里】有四口人吃饭，有五亩余薄地，但在 1929 年因家负债多，加之受帝国主义及【土】豪们的压榨和剥削，产生家贫，于是将那几亩薄地卖得干净，从此家无【寸】土。为了解决生活，日子继续过下去，我和弟弟俩到豪绅朱医标、许祥彬、李尚祯家做长工，兄弟各个多年头，在豪绅【家】做工时，真是过着牛马不如的生活。每月里，都是起早熬夜地和他劳动，可是还不给吃饱，住牛房，经常挨打挨骂。特别有一次使我永不忘记的是，在 1927 年十一月间【的一天】下午叫我放牛，因下过雨路滑，失脚牛掉到坑里了。牛脚被跌断，那可恶的土豪许祥彬，大发雷霆地用木棒乱打了【我】一顿，确打得一为无肉①，同时这掉死的【牛】，仍是他自吃掉和卖了一部分。那可恶的还要叫我赔牛（要 30 元），我在那非常苦的日子里，曾〔怎〕能赔得起呢？只有把我家的老婆嫁了，来还清这笔账。

1930 年，群众觉悟起来了，〈对〉反帝反封【建】的高【潮】到了，而我也是〈我〉走〔起〕来来起义，积极地到瑞金杨斗文面前接了头（领了公事袖套），回来时，先插起了红旗，召集了 10 来个最苦的农民成立了农协会，我当选为农协主席，在那时专要向豪绅作斗争打了土豪杨远函，这土豪家有个名叫万石仓，这仓里谷确有千来担谷子。把这些谷子全部没收了，并弄到很多衣物，特别是这谷子起到十分大的作用，既解决农会工作人员的生活困难，还解决了许多贫农的生活，但分的原则是这样的，①②按家实际生活情况，有多有少地进行分给，同时按他思想好坏，对革命认识方面，分成多少份给。

【在】杨祥翠土豪家搞到了衣物、吃品、肉猪、牛一只，罚了他的钱——银洋 500 余元，搞来的所有食品就是集体地把他吃掉，还有留一部分【给】军属（猪肉和钱），来使家属们过更好的生活。

1931 年任了赤卫军排长，在这时的工作是很紧张的，白天除出发外，都是带领同志学习军法、枪法等，晚间也是除捉劣绅，研

---

① 原文如此。

② 原文如此。

究问题评定阶级、放哨等，有的弄得天天无睡觉。

曾有一次把所有的土豪集到一个地方集了训，以群众给他评定有没有老实，〈而〉老实的则放他回家管制生产，那些不老实的、反党反人民的，就表面说送他去劳改，而实【则】把他杀掉，我还记得共杀去 14 名土豪及反革命。

59. 访问胡长峰同志记录整理

苏区革命经过 5 年的时间，离开到现在已有 20 多年的历史。今天回忆起来，在我的脑子里还有深刻的感想。今天【在】伟大的共产党和毛主席的正确领导【下】已经建立了新中国，正在为社会主义社会建设，同时向共产主义迈进。在这时我〈应该〉把苏区革命前后〈将〉我所听到、见到及自己做过的情况叙述如下。

一、苏区农民的生活

在封建统治时期，地主阶级剥削与压迫〈更为〉猖狂，农民〈的〉生活〈过着〉困苦，会种田的没有田耕，只好向地主借租。像我的爸爸胡会枫原在坪山居住，自己没有土地耕，受着半饥半饱的生活，只好迁居到南排留稳堂耕土地，向地主借田耕，借了 10 亩田要交租谷 20 担，一年到头干活，收得的谷子除了交租外，过年米还要向地主借，过这样的生活的农民是大多数。想起痛苦的生活难以说尽。1929 年农民一听到工农红军由井冈山出发到长汀，打下郭凤鸣（反动军队军长），我工农红军缴到郭凤鸣的反动武装有几千条枪，由长汀再到我瑞金来，农民们欢天喜地地起来暴动。

二、农民暴动前后的经过

在 1929 年三月间我瑞金到处农民竖起红旗迎接工农红军到来，那时农民起来暴动，组织农民协会，在吴坊设农民协会（主席杨世祥），还组织了暴动队合龙市的第十大队，打土豪首先把吴坊杨世成的财产没【收】、田背谢光钊〈打土豪〉的财产没收，同时把土豪的谷仓封锁，当时把杨世成的谷仓有〔里〕100多担谷发给劳苦群众，群众领到后，挑的挑，驮的驮，欢天喜地说"这些谷都是我们自己劳动的"，这样引起了群众暴动的热忱。不料同时〔年〕的五月间，土豪劣绅到石城去请反动军队赖世钟伪团长带兵马400多人来，企图镇压我暴动队，在六月十三日晚反动军队驻在合龙市附近的脚陂，【暴动队】把反动军队400多人全部歼灭，赖世钟反动头子骑马逃走，不到二里被我暴动队一枪打下马来，死在沙背门口的禾塘墈上[①]。缴获反动武装400多条枪支，使我游击队暴动队更为扩大，我工农红军和游击队向外发展，在七月间土豪地主看到我暴动队力弱，反动派组织了靖卫团驻在合龙市的田背土围内，伪靖卫团长谢光柏（苏区时伏法）企图把暴动队镇压。我暴动队工农红军和游击队杨斗文于九月四日晚，就把驻在土围内的反动派围住了。那些反动派深夜冲围逃走了，暴动队就把这土围放火烧毁了。这时候，群众〈们〉更多地起来暴动，高呼"打土豪分田地"，抗租抗债，建立了苏维埃政权。

三、建立苏维埃政权

1929年十月，我全县建立了苏维埃政府，在壬田建立了区苏维埃政府，在吴坊建立了乡苏维埃政府，由吴坊乡领导下建立了六个村苏维埃政府，即溪头村、吴坊村、南排村、胜坛村、山歧村、田背村、山下村七个村。村苏维埃政府建立后进行土地登记、人口调查，以村为单位进行工作。那时候吴坊乡苏【维埃】政府的组织机构是乡主席温时汗，经济委员朱开铨，土地委员杨昭中，贫农团刘朝彬、朱开钟，赤卫军队长胡会昌，通讯员喻尧山。南排村苏维埃政府主席毛祥鸾，委员黄永洪，文书胡长锋，通讯员黄继祯。村苏维埃政府把土地登记人口调查，按人口分配土地，经过六个月的时间就把土地分配好了。1930年六月间撤消〔销〕村政府，把壬田

---

① 原文如此。疑为方言，即"河塘边"之意。

区划分两个区（即壬田区、云集区）。吴坊乡划分为合龙乡、均田乡，这时区乡划分后进行的工作是评定阶级成分，靠土地剥削的划为地主，靠高利贷剥削的划为高利贷，靠劳动剥削的划为富农，家里当过反动派的划为反动官农，这些阶级的家产全部没收。土地不多、自供自给的划为中农，依靠耕田耕种为生的划为贫农，做了一年长工以上的为雇农。那时云集区的机构和人员是：主席朱开铨，财政部胡会昌，土地部杨昭忠，裁判部钟文焜，文书钟爱群，文化部朱云龙，区少队部胡长锋。均田乡主席黄隆春，这时乡的组织机构是贫农团、赤卫军、少先队、儿童团、妇女队、赤色互济会、反帝大同盟，这些组织先由群众自动报名加入，后来普遍地加入，赤色互济会每月缴会费五分，由赤色互济会主任赖功伦收集上解县赤色互济会。贫农团的作用最大，凡没收地主富农的家产要通过贫农团大会才能进行，经过阶级斗争成分划好。在1932年云集区又划分两个区（即云集区、合龙区），一个乡划分为两个乡（即均田乡、胜坛乡）。合龙乡划分溪头乡、田背乡，这时区乡的划分是为了赤卫军组织模范排，少先队组织模范少先队，实行军事训练。这时区的组织是中共区委、少共区委、区苏政府、中共区委的人员，书记朱寿彬，副书记曾海兼组织部【长】，副组织部长温会福，宣传部正部长钟文沐，副部长谢涤茵，妇女部长黄风英，少共区委书记胡长峰，组织干事杨昭山，宣传干事黄致文。黄致文因调动黄沙区担任少共区委书记，调谢涤桂、青年妇女干事朱六发，儿童书记朱永春。区苏政府人员主席朱开敷，连选连任三次，土地部长朱鹤廷，财政部长胡会昌，内务部长宋自法，裁判部长朱明（因工作调动以谢成焱[①]），工农检察部朱广森，军事部部长谢成泳，总务处干事刘开煌、朱成清，特派员朱振山，文化部长钟久灵，工会【会】长钟文述。合龙区所管辖的有几个乡，即溪头乡、田背乡、均田乡、胜坛乡、坪山乡、松园乡、谢排乡、禾仓乡，溪头乡主席李乐铭，田

---

① 　原文如此。

背乡主席谢益明，均田乡主席刘朝彬，胜坛乡主席毛立庚，坪山乡主席胡金彪（因自动参加红军以钟文生），松园乡主席钟文钧，谢排乡主席谢益绍，禾仓乡主席王远梯，这些干部和主席很少调换，一直任到红军北上。

四、革命斗争情况

1. 党团的建立。在 1929 年吴坊乡苏政权建立后，1930 年三月以前，瑞金境内有反革命混入，借以杀 AB 团、社会民主党，使我苏维埃人员受到工作影响，虽是胆战心寒，还是坚持工作，幸有工农红军建立了中央苏区，派下干部，把这案破获，把反动派李天富真〈是〉AB 团镇压了。我苏区人员更安下心来工作。在 1930 年四月间有中央干部屈登高同志，在吴坊乡苏政府建立中国共产党和共产青年团的组织，当时有 6 个人一同参加（即温时汗、朱开铨、胡会昌、刘朝彬、杨昭忠、胡长锋）。〈在〉屈登高同志还告诉我们要严守秘密、遵守纪律、扩大组织，这样在一个月之久由 5 个共产党员开〔发〕展到 15 人，由一个共产青年团发展 9 个，才建立党团支部，后来团的发展公开了，凡逢开群众大会，团支部一张桌子，贴上自愿报名参加共产青年团报名处，这样吸收了大部分青年男女，比较积极工作的都加入了共产青年团的组织。一个乡有 500 多名青年男女，加入团的有 300 多名，占乡 70% 以上。

2. 少年先锋队的活动。吴坊乡自动加入少先队的男女共有 500 多人，大队长杨荣均，副大队长黄龙辉，政治委员胡长锋，下设 6 个中队，以中队抓紧训练，担任的任务是每天夜晚要站岗放哨，每逢大桥头、中口路设立检查站，白天由儿童团检查，晚上是少先队放哨。在 1931 年二月由少先队中提选积极的选编为模范少队 120 名，经过几个月的军事训练，行动统一了。适逢扩大红军时，大队长杨荣均同志提出全体自动参加红军，大队长亲自带动，每个模范队员都热烈响应，全线出击，这样震动了全乡人民的欢迎和优待，有猪肉、牛肉，妇女组织了慰劳队募捐花生、豆子，还组织了耕田队分派到参加红军的家里耕田、帮助，这样一个乡有 120 名模范少先队参加红军，受〔收〕到了县苏政府的奖旗。

3. 苏区儿童生活。苏区时有儿童团的组织，以9足岁至15足岁都加入儿童团，一面读书一面担任检查路线，站岗放哨。有一次，南排儿童毛根子等三人在往汀洲〔州〕大路上检查，傍晚时有个反动的侦探在这站经过，毛根子等向他要路条，那个反动侦探取出假路条企图欺骗人，结果毛根子很机智地说："我不识字，我把你的路条请人看一看。"其实毛根子去叫少先队和赤卫军来，把那个反动侦探扣留起来，送到乡苏政府，经询果是个侦探，把他枪毙了。儿童们对检查放哨的责任做得很认真，处处都是一样。如果没有路条，任何人都不许经过，发现有不对的人就报告政府，儿童们还优待红军家属，每逢星期天自动砍柴送给红军家属，每逢开庆祝会、群众大会，儿童团也自动参加，脖子上系着儿童带，手上捧着儿童棍子，经〔系〕着花花绿绿高高兴兴地去开会。

4. 文化教育事业。文化教育事业，苏区时，搞得很热烈，区文化部布置要办夜校，群众就自动办起来，凡是比较大的屋就办起夜校来，老的少的男的女的都自动参加夜校。以自然村建立了列宁小学，1931年吴坊乡统计全乡有6个〔所〕列宁小学，每校〈学生〉都有40多名学生念书。有一回，在南排村列宁小学老师讲〈一课，〉菩萨没有用的一课，讲"木菩萨怕火，泥菩萨怕水，纸菩萨怕水又怕火，有口不说，有耳不会听，有眼不会看，菩萨菩萨有什么用呢？"儿童们听了这课就行动起来，把所有的菩萨烧掉，神祖牌、土地公都废去。区文化部会合少共区委即儿童书记，每学期到区政府会考一次，优等生当时给奖。每个乡都建立俱乐部，选择十四五岁的女孩练习满身竹簧（打连筐），到处群众都唱起红军歌曲，送郎当红军。十骂反革命，凡逢扩大红军、归队运动、肃反运动俱乐部都有出演戏剧。特别在粉碎敌人第三次"围剿"的胜利和粉碎第四次"围剿"的胜利更多戏剧演出。到处有各式各样的标语，凡逢大路的旁边用石头砌字，做标语，在岗板上用豆锥子按笔画凿开做标语。

5. 土地革命人民的生活。人民分得了土地，对生产自动的积极生产。人民的生活〈有〉丰衣足食，1931 年六月均田乡贫农团主任许泽辛同志下乡检查生产，在山歧检查拿了两串禾穗到均田乡苏来，用尺量了有 1 尺 4 寸。这时农民们不但把自己的生产搞好，还参加了耕田队，帮军属、干属家里维持生产，使干部家属、军属的田都和群众一样。区乡干部不但没有工资，还在家带来〔粮〕去工作。

五、红军北上以后

苏区政府在红军北上后无法坚持，反动军队来了，在 1934 年十月三日，河东区、合龙区、黄沙区三个区联合组织了游击队，这游击队由合龙出路，一直到山下，桁山下分到一支往观音岭下，一支往陈埠日东，在山上坚持了两个多月，不料被汀州来的反动军队打散一部分，使我合龙区苏人员失散分离，各自逃生，有的还在山上坚持游击。在 1935 年元月二十日，伪联保追集〔击〕我苏区人员，关在一个房子，共有 15 人，主席朱开敷，土地部长朱鹤廷，少共区委书记胡长锋，全部都负责了主要人员，以为这次都【要】为革命牺牲，结果帮反动军队挑担，挑得肩破血流。

附注：

1941 年间我地下游击队在桁山下杀伪保长曾宪楷，其原因是朱先注参加了地下游击队与刘克机亲密联系，被曾宪楷和桃树排钟草包子【陷害】。〈与先注要好，〉朱先注的住居在桁山下相连的塘子面，朱先注以为曾宪楷【是】可靠的人，后来曾宪楷【是】狼心发起，指使钟草包子跟刘克机在晚上走路，一到罗盘形的烂罗坑内，刘克机被钟草包子一枪打死。朱先注知道刘克机被害，心酸，痛恨曾宪楷，朱先注就离开桁山下，跟到地下游击队去，朱先注听到曾宪楷做了伪保长，更加痛恨，即在 1942 年莳田时，查实曾宪楷在家莳田，钟草包子也在曾宪楷家莳田，正在晚上吃莳田酒时，我游击【队】以朱先注带路，黑夜摸到曾宪楷家，就动手把曾宪楷、曾宪楷的妻〈、有〉【和】两个亲弟、钟草包子、曾宪堂、曾金山、曾板勾全部杀死，以洗血仇，为刘克机报仇。

60. 胡长沣同志的叙述

胡长沣，苏区时曾任贫农团主任、中央检察部组长、红军连支部书记，住址是壬田张长胜大队黄泥堂。

1929 年五月朱总司令从寄【荔】到麻子圳打【了】一仗，由壬田经古城到长汀，我在长汀参加了红军。红军组成三纵队，第一纵队是林彪，第二纵队是彭德怀，第三纵队是伍中豪，每纵队分三支队（每一支队为一营），张天闻任我连的连长。

1930 年正月在长汀打败郭凤鸣，郭也被俘，缴获敌人 1000 余支枪，当时队伍装备还差，一连人只有 50～60 人有枪，其余 30 人是驮〔拖〕梭镖。

决定打上杭城时，朱总司令对我们战士讲话：打游击很久了，现在我们要打上杭，上杭城内有电灯，我们为着要生存，我们要争取在城内开全国第一次代表大会。为了要积〔尽〕快赶到，我们连走了一天一夜，共赶【了】200 多里【路】。上杭反动军是卢兴盟[①]一族人，共 2000 支武器。敌人防备很严，堡垒很坚固，当时有"钢赣州、铁上杭"之称，上杭三面是水，只有东南面是陆地，陆地这边有很多池塘，并有大量的反动地方武装在守看。朱总司令与伍中豪亲自指挥作战，对战士鼓舞很大。张天闻带着我们全连人冲古城，因电很光，敌人易发现目标，敌人子弹打得稠密，我们牺牲很多。当时，我也受伤【了】。打到天亮时，有一班浮〔凫〕水丰城墙边，用木梯爬城冲进去，结果才把反动派〔军〕打败，只逃走

---

① 疑为"卢新铭"，下同。

一个参谋长和卢兴盟自己，敌人全军溃败，缴 2000 余支枪。进城后，我在法国医院治疗，毛主席和朱总司令相隔一两天就会来看望伤员，并安慰我们说："为人民流血光荣。"并说轻伤的同志可以提早归队后，再在连卫生所治疗。

1929 年六月间打梅县，梅县相距我们驻营的地方有三百余里，我们两天赶到梅县，反动军有三四百支枪，岗上有一亭子，我和一个传令员化装【成】老百姓〈装东装〉前进。到亭内把哨兵抓住，并剥到他们的衣服来，混进县城，打败敌人，缴到几百支枪。战停后，每师开会，号召洗衣，到台上去写款，聚集款。我们士兵正在吃饭和挑银圆回来时，十九路军蔡廷锴从后面追来。我们则退城里，在撤退时，有一处挑回银洋散在街上，为了严肃军纪，严格禁止士兵去捡，当时有个违纪的被枪毙在当地。与澎湃军结合上，当时不知敌人有两师人，而知〔以为〕敌人有一团人，结果倒回去打，而失败。

队伍又转到福建到广昌，又到雩都荣坑，随即又接到公事要打赣州，首长鼓舞我们说打下赣州，去开第二次全国代表大会。赣州未打下。我请假回家。

我首先参加中央检察部工作，部长是高自立，我任检察站站长，在兴国、白鹅区、张埠区和瑞金谢坊、城关镇进行过工作。主要工作：检查坏人坏事、贪污腐化、反革命分子，查阶级和宣传抚军等，组员检查到事情报告给组长，组长再报告给队长，组长不能决定事情，一般事情是队长决定，队长决定不了的，则提供到大队长去决定。

1931 年冬下要去参军。要我回来领导模范营参军，当时，全瑞金县扩军一师，我带领一连人参军到宁都编队，队伍改为军团，我编入第三军团彭德怀部下，第一军团是林彪，第五军团董振堂，第九军团罗炳辉。

三军团打兴国良村、高兴圩，粉碎了敌人第四次"围剿"，从此开始中央区日益束^①了，当时战斗紧张，在壕沟上吃饭。

在古城高虎脑，敌人围困很久，战不败的我们，我们把山冈凿开，敌机轰炸，炸不着我们，敌人来，我们则消灭他们的进攻，后来上面命令撤退。

队伍开到长胜时，我们就知道【一】些要撤退，瑞金消息：退时还有这样一【首】歌，目前的任务，要【转】向群反攻，配合全国革命，全面是〔式〕分击，第一要反对回家与逃跑，没逃跑回家是光荣，是呱呱叫。第二要注意行军的纪律，密切工农联系，好比一家人。第三要克服生病掉队，大胆行动，积极前进杀敌人。第四要保守军事行动秘密，保证新机动、新的大胜利，最后粉碎敌人的围攻。

61. 访问罗兆汗同志记录

我〈罗兆汗记，〉现年 52 岁，苏区和现在【的】成分是贫农，在江西省瑞金县壬田乡第八队碛下生，六岁父死，跟母去合龙塘屋赖启章家中，养到十岁时，被接回，在狗石窝读书十个月，就跟〔在〕我县上石城大油区太和石居住，学作柴火，到 13 岁起读书三年，后来学医兼耕田，打过独居。

苏区我在石城参加革命工作时，取号"罗玉明"，1932 年参加石城大油区河番乡，当乡主席。1933 年在大獭区当裁判部长，1934 跨年度在石城县当裁判部长，经过革命工作斗争史材略论如下。

1929【年】我地革命起义，〈于〉贺龙、叶挺大队红军经过我地，引【发】起工人农民〈就〉明确革命是自己的出路，〈于〉杨斗文同志在瑞金领导，与杨金山、朱多深等同志在杨斗文手上接头，武装起来，组织农民协会，对革命意志坚定，使用刀子和鸟铳

---

① 原文如此。"束"，即"缩小"的意思。

〈用〉来打土豪分田地。不久被反动派赖世中①进攻，到合龙地方打了一仗，那时候是坚决赤色暴动起来，向他开火，打了胜仗，结果把赖世中的头都斩下，赶回壬田，并缴到枪支武器不计多少，后来正式成立了中华人民共和国②瑞金壬田苏维埃政府，力量日益扩大，革命稳定。在1930年冬，我游击队住石城罗田塅，该地半年来做好工作进攻大猷区，组织农民协会引起石城革命。于〔在〕廖玉成同志领导下组织起来打土豪分田地，那时候〈对〉土豪劣绅地主反动许多獵〔躲〕在坑田的洪石寨去了，后来组织赤卫军暴动两次【都】没有打开。

于〔在〕1929年的同时，红军贺龙与叶挺的人马由瑞金到雩都、兴国两县引起革命，组织成立农民协会，武装起来，组织赤卫队，每大队红军进攻雩都，【将】反动【派】赵博生四面包围，后三打三不打地围困到赵博生，一师人马无粮，经过〈年来〉1930年的十二月间该赵博生得到红军的宣传，他就领导全师人马反水过来当红军，得到许多枪支和大炮，把他编入红军五军团，由宁都经过固口固村大猷，一直开到坪山坑田攻打洪石寨。那时候赤色区也暴动起来，在五天中就把洪石寨打开了。后来红军开到瑞金县，在叶坪成立临时中央政府，中央人物【有】毛主席、项英、邓子恢、朱德、梁柏台、何叔衡（其余不记得了）。

本人革命工作史材〔材料〕：

1932年当石城大猷区河番乡主席，在十月份陈有发同志介绍下加入了共产党〈员〉，那时候乡的组织于〔有〕乡主席、党支部、团支部、妇女指导员、军事部、互济会、反帝大同盟、工会等。那时的斗争：①扩大红军；②帮助军烈家属耕田；③做布草鞋和经常募捐，干菜送慰红军；④经常开展工作，检阅，向反革命分子作无情的斗争。

---

① 原文如此。
② 原文如此。

在 1933 年调我到大猷区当裁判部长，那时候敌人猖狂【，我们】不断地捉捕〈，很多〉反革命分子、土豪、劣绅、地主、富农、流氓及其他坏分子，有 AB 团，有时捉捕很多在案，建立巡视法庭办案，有主审、陪审、文书，有特派员、原告人等，处理有罪大恶劣〔极〕的，经上【级】批准根据群众同意〔意见〕要杀的，立即执行，当场枪决，对有钱的判决罚款，加强财政收入。

经常开展肃反工作。1933 年八月份时候，得到群众报告，大川的白宜庵有反革命分子，【我们】立即行动，发动群众，共同前往白宜庵搜查反革命〈的斗争〉，白宜庵〈所〉住【的】是中央感化判出的坏分子〈点〉，那坏分子不满，后，果然他反向〈到〉中央最高〈司〉法院梁柏台、何叔衡等二院长报告，说我们查错了，他是认为有力的保障，结果在白宜庵查出有国民党的布挥张 ① 一块，【我们】立即把事实和徽章送到中央司法机关亲【签】收。经过这一斗争教训，后来中央对〔与〕我【有】很〈好〉密切【的】工作联系。

1933 年冬调我到石城参加全苏大会：①〈有关〉检阅一年来工作得和缺；②同时改造苏维埃政府人员；③那时候统计犯罪的人有八百多名，有的一两年还在禁；④后来范围缩小，于〔在〕珠坑、王三坑等地规划到横江，成立了太雷县政府，我与徐圣凤、温德滋等同志骑了马一匹，到太雷县参加成立大会；⑤ 1934 年初我负责以后，把该县的犯人解转太雷县处理一部分，其余的犯人的材料送交中央批准处理，解回原地，通过群众意见，当放即放，当杀即杀。后来对犯人的案子〈得到〉及时处理，〈不能长 20 天至一个月，结果〉那八百多【名】老犯人也得到了正确处理。

那时候反革命很多，如土豪、劣绅、地主、富农、国民党、大刀会、剿共团、靖卫团、AB 团、流氓、烟痞，〈其他〉这些组织经常乱造谣，破坏革命工作和活动，每日逮捕犯人很多，到三月间

---

① 挥张，应为"徽章"，后文写作"徽章"。

组织了机关游击，有一次开到高田大山上，消灭大刀会，活捉了两个，这是个迷信教，他使法时诈红袋，吃法水，同时也杀死他三名【教徒】。那时候我带了土手枪和梭镖打仗，当时我坐〔左〕腿上带了銃子花，以后送了两个月才好，回去工作，任到九月份，为转大猷区工作，不久被反动派【囚】经〔禁〕起来，〈打下大猷区政府，即将，〉还把我家产全部没收。我在当地无法安身，逃转瑞金。于大甘塘赖功清同志带我去广东做生意，几次回来在大垅里又无法安身，在瑞金被大猷反动流氓兵搜捕。当时我就逃了。到1935年初，设法改号罗敬业，逃到渡头陂下居住，三年【里以】帮人做工为生。到1938年回转大垅里，改号罗兆汗，起初医病，略耕田廿担，行为忠诚老实，以后教过小孩书一年半，那时给填过户口一次，到1943年因大悦坑人打死高轩钟，□□□人，我代票做了开息一场①，对此因钟家政伪保长不满，在湖陂乡朱志文伪保长面前告我做了红军工作，是共产党员，〈被〉朱志文传我到湖陂伪乡审问，我就对工作承做小不做大。在一天当中，于虾蟆听罗兆伟审他有点老亲【关系】，代表叫我出了谷钱廿担，放我回家，并有张连陶、饶得星又提高了我的警惕性。以后我又常耕牛，流避清静地方，一直到解放前。1949年因我住在山区，思前节被〔备〕受了伪政府的痛苦说不尽……对工作不大胆做，也有顾虑。1949年教夜校和【任】村文书〈时〉，到1950年垦区调我去县文教学习文化教育工作，因我得病请假，回来到1953年与钟廷伟共同打过独居，到1956年当初级社的主任，1957年当高级社的主任，一直任到现在，已担大区会计。〈于〉以上事实谈不够，具体请党史编集同志，适当修整和我教训②，此致。

---

① 原文如此。
② 原文如此。

（二）城关镇访问苏区老同志原始记录整理

1. 瑞金县苏区革命斗争情况介绍——瑞金县政协副主席杨世珠同志报告

1927 年，八一南昌起义以后，起义军经由瑞金，驻军近半月之久，播下了革命的种子，朱德同志在绵江中学建立地下党组织。起义军走后，地下党扩大教师、学生党员共六七人，以后逐渐影响到农村，黄沙邱玉椒等数【名】同志参加地下组织。1928 年端午节准备在黄沙组织百余人的暴动，其时反动军队孱弱，只有纠察队，但反动派从会昌调〈来〉自卫队来瑞金镇压。所以当时虽有些震动，暴动却未起，地下同志以绵江中学教师杨湘久同志为队长，20 余支枪从城楼逃往会昌，趁会昌空虚入城，〈未县长，〉惊动了反动派，集中力量，暴动部队被消灭，杨湘久被俘牺牲，绵江中学地下组织被破获，有的被捕，有的逃走。

1929 年三月，红军贺国忠营 130 余人从会昌打到瑞金来，赶走自卫队与伪县府，在瑞金驻两个半月，开放监狱，烧毁天主堂和衙门，到处写标语，"打土豪、分田地""穷人不打穷人"，发动群众没收地主财产，当场把粮食等物资分给群众，影响很大，群众很拥护，每天都有一两千人带队伍打土豪，一部分青年参加了红军，队伍发展到 500 多人，队伍大部分是瑞金人，最初装备设备差，只100 余支枪，其他都是梭镖。

同年十月国民党师长金汉鼎率六十八、七十一团来瑞金，贺国忠退出瑞金，革命群众退往安治、黄沙、长汀一带，六十八、七十一团之间【有】矛盾，互相打起来，七十一团退往长汀，群众得到数百余条枪。

1930年一月兰夏桥、李天富从福建到安治乡，安治乡接头人邓希平，原绵江中学地下党员，当时瑞金反动军队力量薄弱，群众发动暴动，成立农民协会，竖起红旗。三日就扩大到阳力、壬田、瑞林。壬田杨金山任队长。瑞林周昌仁任队长，武阳杨斗文任队长。瑞金城内和九堡未动，因暴动声势【浩大】，地主、恶霸与国民党逃跑，七日暴动队伍500多人、300多支枪攻入瑞金，第三天建立了革命委员会和农民协会，革命委员会主席是邓希平，发动各区、乡暴动，推翻了反动政权，分桃阳、武阳、瑞林、壬田、县城五个区，各区成立革命委员会，各乡成立了农民协会，地方武装扩大了纵队，一纵队3支枪，共3000余人，各乡集中共3000支枪，一部分用土枪、土炮，当时虽四面都是敌区，但反动派在会昌、雩都、瑞金都没有正式军队，只有自卫队、靖卫团，敌人无法对付。

1930年八月，赣南特委派人来瑞金领导革命，当时由于"立三路线"影响，把地方武装集中编为正规军参加攻打赣州，瑞金仅留下工人工会纠察队28支枪，地方革命【力量】削弱很大。

当时会昌反动靖卫团欧阳江从会昌到西江转到九堡，勾结人恶霸钟运标（瑞金民团【团】长），利用同姓宗族观念组织民团，九堡革命委员会走回县城，革命方面只三四十支枪攻打九堡（欧阳江三四百支枪），用土枪、土炮攻打，来日未克。十一月反动派转攻占瑞金，当时革命委员会率领队伍退回安治上山打游击，天天都打，各区、乡都编成游击队，敌人天天搜山，在山上活动将【近】6个月。

1930年十一月十二日红十六军罗炳辉从石城来瑞金，当时正值粉碎敌人第二次"围剿"，罗炳辉来瑞金，宁都、会昌并辟根据地，瑞金游击队配合红军很快地清剿了全部反动军队，附近数县，会昌、雩都、石城等都支援，瑞金正式成立苏维埃政府。

1931 年四月在瑞金县溪子下地主杨家宋家里召开县第一次工农兵代表大会，成立县苏维埃，邓希平当选为县苏维埃政府主席，瑞金县划为 11 个区，都建立了苏维埃，包括雩都与沙兴[①]、长汀的石城[②]，每个乡都建立了苏维埃，乡下设村，各村都建立了村苏维埃，以后开始分田（这是第二次分田，第一次分田比较粗糙，阶级划得不清，群众未发动起来，田亩未搞清）。这次群众发动起来了，阶级划较清，分得比较彻底。

1931 年 11 月，在叶坪谢家祠召开全国第一次苏维埃代表大会，成立了中央苏维埃临时政府，行政、区划重新划分，古城划回长汀、沙心划回于都。【瑞金】全县共划为 15 个行政区，180 余个乡，400 余个行政村。1933 年三月中央又重新调整行政区，因交通不便，县的范围划小，沿岗、胡陂划为太雷县，新成立了长胜县，沙心、冈面、瑞林、大柏、渡头划为长胜县（县主席朱开铨），另又成立西江县，黄安划为西江县，因此，会昌很小，瑞金的谢坊又划给会昌，瑞金初划出地区，又建立 15 个新的行政区，区划小了。红军北上后，瑞金城被敌人占领，瑞金成立了游击队司令部，在汀瑞一带，山上打了一年游击。红军北上后，留下陈毅、项英、邓子恢、梁柏台（中央内务部长）在瑞金任中央办事处，领导地方游击战争，中央办事处有 24 师，5 个独立团，1935 年五月中央办事处迁往福[③]、龙南一带，以后成立新四军。

中央办事处走后，瑞金县成立了汀瑞县委，钟民同志坚持到了1938 年，利用国共合作，在瑞金城内成立办事处，只三天被捕送南昌，以后参加新四军。钟民走后，刘国兴任县委书记。1947 年敌人收买武阳地下党支书，以特委名义，打入游击队，游击队被破

---

① 沙兴，应为"沙心"，后文写作"沙心"。

② 原文如此。"石城"疑为"古城"。

③ 原文如此。

坏，逃亡同志以后又坚持一年多，1948 年，因县委组织部长叛变，把游击队引下【山】，游击队才被敌拖垮。

瑞金县【历任县苏主席如下】。

第一次县长〔苏〕主席：邓希平（1931 年四月四日—1931 年七月，被杀）

第二次县苏主席：杨苏桥（1931 年七月—1931 年九月，被杀）

第三次县苏主席：黄心（1931 年九月—1932 年二月）

第四次县苏主席：李家葵（1932 年二月—1932 年六月）

第五次县苏主席：危辉椿（1932 年六月—1932 年十月）

第六次县苏主席：杨世珠（1932 年十月—1934 年八月）

第七次县苏主席：杨详金（1934 年八月—1935 年三月）

以后改为游击司令部，邱世珠、刘联标相继为司令员，1935 年谢西游击队全部转到河东。

邓希平因肃反被李天富杀害，李天富当时任瑞金县委书记，杀革命同志很多，借口所谓社会民主党，委以上的干部留下很少，都杀了换，换了又杀。邓希平的问题由赣东特委查清。瑞金人民很重〔敌〕视李天富，陈毅部长来瑞金，说未搞清查〔楚〕是否反革命，以后李维汉、金他英〔维映〕才查出李天富为反革命，1931 年【被】枪决了。

瑞金县第一个中共县委书记：李天富（公开后—1931 年）

瑞金县第二个中共县委书记：邓小平（1931 年八月—1932 年六月）

瑞金县第三个中共县委书记：胡荣佳（1932 年六月—1932 年十二月）

瑞金县第四个中共县委书记：赖昌祚

瑞金县第五个中共县委书记：谢美如（1933 年一月—1933 年七月）

瑞金县第六个中共县委书记：胡家彬（1933 年七月—1934 年八月）

瑞金县第七个中共县委书记：杨世珠（1934年八月—1935年六月）

瑞金县第八个中共县委书记：赖昌祚（1935年六月—1936年四月）

以后是汀瑞县委书记钟民（1936年—1938年）。

钟民【之】后，是刘国兴为汀瑞县委书记。

县工农兵代表大会【有】五次【，分别如下】。

第一次：1931年四月，瑞金沙背。

第二次：1931年七—八月，瑞金沙背、谢家祠。

第三次：1932年二月，瑞金车站房李家祠。

第四次：1932年七月，瑞金城内杨家祠。

第五次：1933年八月，凤岗乡历远村刘家祠。

【历次】党代表大会【如下】。

第一次【是】1931年十月，城内刘家祠，邓小平当选县委书记。

第二次【是】1933年（？），城内刘家祠，赖昌祚。

第三次【是】1934年六月，历远刘家祠，胡家彬。

【历次】较大战役【如下】。

1. 1930年五月福建长汀胡子炎匪攻第一区在黄沙虎头咀。

2. 1930年七月石城匪赖世宗打到合龙，全歼。

3. 1930年九月在九堡匪欧阳江。

4. 1931年一月三十五军，另有寻乌游击队700多人，配合攻瑞金城。

5. 1934年十一月在湾塘岗游击大战。

1929年在大柏【地】毛主席打过一仗。

留在瑞金的游击队，牵制敌军4个师。中央办事处走后，瑞金为河东、河西两游击司令部，河西后退到河东。

2. 访问革命纪念馆周付薰同志记录整理

1928 年 8 月，郭燕华、余瑞文从朱总司令队伍来到银坑，带回来几条枪，在土豪绅士中以借为主，共搞到 20 多条枪。我当时未直接参加队伍，做地下工作。有一次，匪赖世宗老婆由石城乘船来银坑，余瑞文在长沙，从船上活捉匪赖世宗老婆。以后，于都人兵痞刘干坤、刘义和在福建抢到两条枪来参加郭燕华队伍，刘干坤枪法很准，银洋都可以打到，但他要做队长，郭燕华被他打死，以后队伍就由刘干坤领导（刘干坤在 1930 年十二军来于都【时】被枪决）。1928 年北方人钟国平成立第九大队为队长，当时要刘干坤加入大队，刘干坤不干，要编他为队伍他就上山。当时因怕土豪联合对付我们，不敢大搞，只有向土豪借枪武装自己。1930 年正月这支队伍编入正规红军，而于北另成立游击大队，保护于北政权，甘林为队长，共 120 多支枪，曾经到过武阳活动，于北区由〔又〕成立了四个乡政府，瑞林为第四乡政府，共建立个①村政【权】。我们坝背村二月暴动，成立村政府，我当时为村政府主席。1930 年二月六日我入党，入党时要我牺牲个人地保守秘密。当时的工作是调查土地，五月把青苗分给农民，打土豪，分田地。当时村上 个恶霸陈德昌不肯交出土地，【于是】烧了【他的】地契，就把他解到区政府，四天后被枪毙，区里出了布告，我村其他土豪就有些怕了，烧掉地契把土地交给农民。

九月十六日，陈江靖卫团，黄沙、黄沙贯靖卫团分三路来攻四乡政府，乡匪王景忠、严马成等，四乡政府要刘干坤来援，刘干坤要乡政府给 200 元银洋才干，结果给了他 200 元银圆。乡政府干部（我当时在四乡政府当文书）跑到六乡政府（曲阳，后来成立的），

---

① 原文如此。

随即又成立于瑞会边区苏维埃政府，由于北区政府领导与接济，又成立了于瑞会警卫营，共3个连，300多人，100多支枪，马德明当主席（于都人），陈义春当书记，吴远游当营长，当时我在六乡政府当肃反委员，管理犯人。

1929年有一次我们去打于都黄屋乾土围，当时土豪正在打牌，楼上放了很多铜圆，我们来后地主躲在茅池里，谭万峰当时被捉住，共捉到数十人，十多支枪，缴获物资分到曲阳六乡政府。1929年靖卫团长谭万晋打到我家，烧房时发现我六岁的儿子，他唱红军歌被他捉去。以后我们的队伍到武阳，队伍从九堡到长沙，抓到一土豪，十二月才以此土豪换回我儿子，另外我们得土豪400块银圆，归了乡政府。

1930年正月张辉瓒被俘杀，张首解到于北区，用木箱装好给群众看，以后又解到各地开会。正月二十九日于北区书记马德明带队伍到瑞林，恢复四乡政府。当时我当文书兼收发，以后划归瑞金管，建立瑞林乡政府。二月打下坝三虫子，屋围被打开，土豪被抓住，以后放了，以后又打冈面圩，抓住几十个人，只在宋太富等三四个土豪中筹了款，其他都放了，以后又抓到阙福杭杀了，当时队伍躲在圩背，半夜下去抓住了。以后打到万田、沙心。当时我在乡政府。各区乡村都建立了政府，第一连长伍生峰（这人现在沙心）去打过石仓。

1930年八月划沙心区、瑞林区，我在瑞林区当文书，当时李连辉为主席，沙心区划归于都，马德明为主席，瑞林为瑞金管，共辖十多【个】乡，当时工作为打土豪（轻的放，重的杀）、筹款等。

1931年五月我调到瑞金城，在独立团当文书，曾到杨梅头打土围，没有打破。五月瑞金县委调我到兴国县开活动分子大会，得过奖品，得到三面旗子。回来后，六月开瑞金第四次工农兵代表大会，我【被】选为粮食部长。1932年二月中央委任我为中央调剂局副局长，管理粮食、盐、布、油等工作。五月因缺盐、布，财政部邓子恢部长调我到会昌县（筠门岭）做县贸易调剂局长，专搞布盐进口工作了。1933年七八月间，中央来电报要我把工作交给会计，连夜赶回瑞金，后来才知中央了解到敌人占筠门岭，要我快回，我到会昌，筠门岭工作人员也退到会昌。回到瑞金，我仍担任中央调剂局副局长。1934年第五次【反】"围剿"情况很紧，因为宁都没有粮食，调我到宁都任江西省调剂局长。九月因缺盐，主席曾山同志召开会议，要我亲身去冈口中央裁判处〈去〉。我们二人在山谷中听群众说，中央裁判处走了，敌人已占冈口。我二人折回宁都，宁都人又都出发，我回到胜利县（银坑）在县政府帮助工作。以后参加胜利县游击队打游击，红军已北上了，到1935年游击队共200多人，100多支枪，胜利县长赖文泰任队长。正月在高沙角与敌人十八师某部遭遇，打了两天一夜，第二天半夜弹绝，我埋了枪坐船跑到下坝一带，参加长沙的乡游击队打了十多天，十八师某部又围下坝，我们失败后，我过水走往家里，我藏在山上被抓住，在瑞林联保办事处坐牢，共23人，因他们当时不知我做过什么工作，他们用扁担打我，问我做什么工作，我说当当①采买，因我不在家工作，群众土豪都不知道我干什么工作，摸不到我的底，当时我老表黄花芩在曲阳运动区长〔当〕匪区长，写一封信到联保处，而当时联保处主任小时与我同学，花了32元【才被释放】，以后我不敢在家住，逃往南昌撑船，直到1943年才回来。

　　在调剂局工作时，利用商人进出口，把〔用〕纸让商人从广东换回盐、布，或二〔双〕方商人约好地方交换，交换地方多在【筠】门岭、赣县、泰和、长汀四个地方。当时出口的多是毛边纸、药材、油等，进口就是布和盐。当时米也不够，有时一天十来两米，很多干部是从家中带米来。布过来的多是白布，然后想法染灰。当时布、盐统一管理，布买来交给贸易总局（钱子光局长）。每人5钱盐、3钱油。盐不够以后挖泥煮盐，中央设有煮盐场，煮的盐有涩味，不好吃，中央调剂局只供给中央机关与红军，地方由

———————————
① 当当，口语，方言，"做"的意思。

合作社供给，中央常到地方去查，如有多则给中央。有一次，龙岩一个大商家我随他出去，邓子恢同志要我买回来的面粉要试验，先给狗吃，再给船上人吃，要我特为中央首长搞一二十袋面，给中央首长吃，中央首长每天工作到深夜，晚上要吃点面，他要亲身把试验得无问题的面送到中央。

3. 杨衍煊同志 12 月 11 日座谈会记录整理

1927 年李大钊同志被杀，革命影响到瑞金，一些进步学生得到李大钊的书刊，学校产生新老两派的斗争，绵江中学和德材学堂有新派杨勇才、杨耐齐、杨苏桥和老派刘继甫（绵江中学校长）的斗争，推翻老派，建立新派。1927 年八一南昌起义前杨勇才在广东组织木工、缝纫等工会。当时，我只十七八岁，当长工，勇才等在城里开茶花〔话〕会，我当时烧茶，听他们开会，勇才对我说："贫农要有自己的组织。"建立工会不久，土豪、劣绅打杨勇才，杨被杀。

1927 年八一起义军经过瑞金，杨苏桥随去，我当时做小生意，不见杨苏桥回来①，对我说他随共产党去了，到三河坝地方叶挺、贺龙军队被打散，我就回来了。1929 年八九月间，八一起义贺龙留鄢寰在闽西、龙岩、长汀、上杭一带活动，有些基础，后由荣坑到安治来。鄢寰是外乡人，常出生入死。当时有三支部：石水支部，安治支部，斧头嘴。黄沙一带【有】一个支部，人很分散，沙洲我一个人，只内部知道他，他以兰夏桥、邓希平出面，只参加主要会议，他也不问我们，经过考验，才告诉我们姓名，邓希平介绍我认识燕凡②同志，当时我不知道什么叫同志，问了他才告诉我们他是

---

① 原文如此。
② 原文如此。此处"燕凡"，疑为前文"鄢寰"。

领导革命。燕凡报告说："我们还是秘密组织，要向农村深入。"我不懂什么叫深入，而〔他〕告诉我要把工作深入到农村去。当时领得一个〔张〕纸的五角旗有"坚决"两字，鄢说我们要革命，打到瑞金城去，当时匪杨家奇（北伐军□店）有 4 条枪反水过来，曾设〔在〕会昌放监狱杀县长。

在 1930 年时匪军六十八团、七十一团驻在瑞金城，鄢寰利用其矛盾进行斗争：七十一团的一个排在斧头嘴反水，兰夏桥和邓希平与他们食血酒，结拜兄弟，暴动过来 7 支枪。二月间七十一团和六十八团队打起来，七十一团向安治方向退去，群众拾到 30 支枪。1930 年四月（农历）在安治石桥，群众举行起义，有枪 30 多支，百多人来到瑞金城内，在河背红子巷建立苏维埃政府，邓希平任主席。

起义前六十八团、七十一团互相争斗时，我们开会，我也不知道自己是共产党员。我很吃惊，以后他们对我解释共产党与穷人要坚决干，我才解除顾虑，当时开会发给条子，有条子才可以进去开会，约十天开会一次，要汇报工作。只有一个人与我们谈起义，那天开会有 30 多人。

成立苏维【埃】前，发生争官做的事情，杨家奇当县主席，鄢寰在常员会上说："我们是骨干分子，做什么都成，做了工作将来群众选我们。"会后开支委会研究，〈以及〉打死兵痞杨家奇，成立县苏维埃，选邓希平为主席，武阳杨斗文拉过来数十条枪（杨斗文学生出身，参加过北伐军）。壬田杨金山从公祠中偷 13 条枪来城，成立西江政府，当【时】杨德兴任赤卫队长，我当班长。

1930 年五月，集中全县 160 条枪，成立游击大队，三纵队，有 300 余人，除步枪外，全部都用马枪，只有第一大队，分为一、二、三支队，开往长汀攻打马团长，缴到 100 多条枪，当时没有经验，一天打好几仗，来了就打，以后又从地、富手中缴到一部分枪，共 300 余支枪了。

1930 年六月，朱总司令下令瑞金、于都、会昌、新昌、兴国、石城等队伍集中成立一个红军总队部，集中攻打赣州、吉安。瑞金去了 1000 多人，只留下 30 多支枪，成立惊〔警〕卫团，壬田、大柏、黄柏成立游击队。当时会昌匪欧阳江，九堡匪钟运标，300 多支枪组成五区联防维持会，夺回农民的田地，要杀农民协会干部。这时瑞金派队伍去打，六、七月间在黄安、石门打了三天，牺牲 100 多人，冲进冲出，虽然失败，但群众斗志却很坚【决】。八月十四日打九堡未克。

七月初，匪赖世宗一营人三四百支枪在合龙企图攻打瑞金，深夜打起来，除逃走十几条枪外，全部歼灭，赖世宗被俘杀。当时【我】在刘伯承办的训练班，也参加了这次战斗。

九堡的欧阳江、钟运标利用钟姓发动万余人，用梭镖、鸟铳【以】民众自卫队之名打下瑞金，直打到安治。我们的队伍就退到安治，打了几个月，1930 年八、九、十、十一月，打来打去，匪大烧大杀，双方伤亡很重，敌人有保安团接济。我们的子弹打光了，和中央的关系又截断了，坚持到 1931 年正月初五日。1935 年 1000 多人由朱坑来，准备三支队伍分三路攻打瑞金，壬田的下不来，武阳的迟到了半小时，只安治的出来了，所以没有打下，又退回安治，二月初二下午，罗炳辉的十二军由宁都、壬田到瑞金，各区、乡都成立了苏维埃政府。

一、军事组织□□是【如下】

儿童团：16 岁以下，白天放哨。

少先队：16 岁到 24 岁，从中央、县、区都有少队部，其中积极分子组成模范少队。

模范营：25 岁到 30 岁，是扩大红军的基础。

赤卫军：31 岁以上者。

少队、赤卫军一周（星期三、六）训练两次，模范营每天下操。少队以上都要做工，各队的梭镖、担架、铳、绳，都要常检阅，时为农，时为兵。

军事组织还有妇女的慰劳队、洗衣队、老年队。

二、少共就〔不〕是青年团的组织

少共国际师是勇敢青年参加的，不是青年团组织。

4. 杨松生同志口述

我 1936 年一月参加了游击队，编入第三大队，总队长钟民（德胜）。那时国共合作，部队下山在螺石住。部队叫我放哨，同志们都很关心我，班长经常来看我，交代我放哨口令叫"民族"（注：民族统一战线之意）。我就开口叫"民族"，以后同志们都叫我"民族"。大队部到武阳，有几个同志去买菜，看到国民党队伍一排排开来，我们看到风向不对头，后来又上山去了（这是国共合作不成，打了几天又上山去了）。我们住在大山里，吃的这〔是〕竹笋，晚上下山去打土豪。后接到司令部的信，开到福建白度[①]训练了两三个月，部队开到安治、陶朱过西江。当时路上开小差的很多（和我一起去的三个人，就有一个开小差）。部队就在西江开了大会，动员不要开小差，首长说："希望不要开小差，要回家的在会上说出理由来。"当时会上起来报名回家的很多，我也想起来。首长又说："这些同志都有困难，我个人不能决定，由大家来决定。"会上大家都说不能回去，有的说回去就要枪毙，首长说："这些同志既然都不能回来，也不枪毙他们，路上要帮助别人担东西。"我想我好在没有开小差。

那时口号【是】："国共合作一、二、三、四支队大汇合。"我的部队司令员粟裕、张潭[②]。后来部队到赣州，在街上的汽车玻璃反光照来，使我吓了一跳（因为我从来没见过汽车）。在赣州搭船到樟树又搭火车，坐火车我又感到很奇怪，下车后还发了一双鞋（慰

---

① 原文如此。
② 原文如此。

问品）。去了半个多月到大山里，下雨风又大，经常跌了又爬起来。行军晚上不能讲话，到了地点时，浑身是泥泞，只留眼和嘴巴。经过了半个多月队伍到皖南，4 个支队汇合在一起，训练了半个多月，等待调配。我的支队分到西南，在湖周围有国民党两个师，张、陈【是】师长。蒋介石想把我们部队一下子搞垮，我们却把〈攻〉匪两个师全部消灭。我们扩大了新兵有三、四团，后往东开，到苏浙皖，我在新四军十六旅三、四团①。1934年②五月我入党，入党后调在新三团，后又调我当蓝容玉（司令部）的警卫员，在警卫排当班长。以后又调我到教导队去学习，学习后回到司令部仍当警卫排班长。

部队到皖南，当地百姓见我们武器不好，衣服破烂，不敢接近我们。我们经常唱三项纪律八项注意的歌，而且在具体行动也表示〔现〕这样，群众看到很受感动，拥护我们。这时扩大新兵就很容易了，我们跟苏浙皖群众关系搞得很好，和他们认关系，认他们做干爸、干妹、【干】姊等。在皖南抗战了八年，和汪精卫打过仗。

日本鬼【子】也很怕死的。如一次我们一个哨兵晚上放哨，看见一大黑影，就呼"哪一个"，日本鬼子就跑了。还有一班人把日本鬼一营人消灭。有一次我们巡逻到马路上，看见黑了大炮，听见日本人睡得"呼！呼呼！"我们就商量继续侦察，知道他们有两三百人，我们就准备了手榴弹等武器，一个个被我们杀掉，缴了很多枪后受奖，成为"英雄排"。又有一次有 40 多个日本鬼骑兵，我们背着钱遇见他们，我们不怕，两个人把钞票先拿走，十几个人就分散来打他们，结果△〔却〕打在田里不能走，我们获得了卅多匹马，钱又送到了县政府……敌人勇敢是冒充威风的，日本鬼后来称我们"新四军老爷"。1945 年日本投降了。

日本投降后，我在浙西省当二支队经济副官，后跟十六旅旅部

---

① 原文如此。
② 原文如此，疑为"1944 年"。

走，我们渡过长江，过江后编到第三营，调回江北。在苏北我的腿被打伤了，后去山东嵊州半岛住了两年，在苏北群众很好。

苏北群众唱歌："新四军是一条鱼，我们好似水，鱼水不能分。"

（访问：饶胜铁、甘华新、赖端中；整理：饶胜铁）

5. 阙明辉同志（长征老革命同志）介绍的革命斗争情况

革命起源于兴国，搞起到宁都，1927 年杨幼劳来了，找过我，要我做些革命工作，以后开了一个十多人的会，隔了两天又开了一次会，提出打豪绅、分田地。瑞江村①是穷村，我们晚上专门做革命工作，组织打国民党靖卫团，拖梭镖去打雩都。1927 年组织瑞林区政府，由张文炳当区长，工会主席罗文新，接着由谢新真当区长。1927 年十月朱总司令来到瑞金，还有【罗】炳辉的军队，进行分田，我当时开始当民兵队长，北上抗日时我就跟着长征北上了。

红军北上的时候，从南丰、广昌、瑞林区的民兵全部补充教导团，补充了 12 个，学习了十多天，我的师长【是】彭德怀，后来还和国民党陈济棠的军队打。

长征开始时，我当战士，开始还在这里打了一仗，我挂了彩，在湖南、贵州我都挂了彩。长征红军过乌江的时候打了起来，对岸可以看见国民党军队，我们红军分四路走。由石壁走过，非常惊险。到云南时很艰苦，摸到青菜就吃青菜，摸到高粱就吃高粱，摸到苞谷就吃苞谷，三天【里】有天把②没有吃。每天由早上 2 点钟就开始行军，一直走到晚上 12 点钟，当时国民党【有】上万军队，

---

① 瑞江村，疑为"瑞林村"。
② 天把，方言，意即"一天"。

从我们右面进来，天天都打。横渡大渡河时，每人都背一卷铁丝或背门板，过了一团人大渡河就涨水了，大渡河一天三涨三退。我们沿河岸上转。过泸定桥时，我们也背着铁线，泸定桥只有四根铁索①，架着木板才能过去。沿途行军的时候，因当地老百姓未看见我们，老百姓都跑了，行军不能住老百姓的房子，到了老百姓家里，帮老百姓打扫得干干净净的。

红军过雪山，每天都下雪，周年不化，行军坐下休息，就爬不起来，脚软痛，不会走路，每人还背了 30 斤粮食和武器。沿途因找不到吃，有的人用手枪换馍馍吃。我们到达陕甘边区的时候，自己身上穿的衣服，已看不到布眼，完全已成了油布。到陕北【后】和张学良的军队打了一仗。

（访问人：甘华新、饶胜铁、赖端中）

6. 钟彬英同志访问记

1930 年三月在安治区陶朱乡举行暴动，最先竖立红旗，接着就成立了农民协会。15 岁以下的男女组成儿童团，16—25 岁的组成少先队，26—45 岁【的】组成赤卫军。〈赤卫军十多排、连、政治委员，〉除此外，还有妇女协会，领导者的妇女主席钟彬英一开始就当妇女主席（当时称妇女代表）。1930 年四月，开始打土豪，贫农团的主任晚上召开会议，抹〔摸〕清情况，统计土豪数目。第二天男女都拿梭镖去打土豪。

五月某日起义军攻进了瑞金城，当时欧阳江从会昌、钟永彪从九堡一起来瑞金打起义军，起义军由于枪少，就退到山上打游击去了。瑞金城从此便时红时白。1930 年十二月，我们杀 AB 团的时候，也杀了一些革命同志，因为当时有坏人破坏。

---

① 原文如此。

1931 年三、四月间罗炳辉的军队到了瑞金，恢复了革命政权，瑞金又红了。同年李天富以杀社会民主党为名，杀了兰夏桥、邓家保等许多革命同志。1931 年七、八月间阿金以中央组织部的名誉〔义〕来检查工作，随即扣留李天富，并杀掉了他。当时连〔被〕李天富〈凶〉杀【得】最惨的是安治乡，如邓家保等同志全数被杀〈劫〉。

1931 年十二月复查阶级，1932 年三、四月又重新分田。

1931 年钟同志担任宣传部长。安治乡暴动前（1930 年）她就加入了中国共产党。1931 年，陶阳区和黄沙区合并为陶朱区。后她被调到瑞金当妇女部的副部长，当时的正部长是兴国人张玉清，县委书记赖昌祚，紧接着的县委书记是谢美英（谢以后坐牢而死）。

当时坚持做服务干部的都没有文化，尤其是女同志。妇女宣传工作的内容，主要是宣传扩大红军，其口号是"保障土地，为婚姻自由，不受土豪的压迫剥削"。妇女还组织洗衣队、慰劳队、耕田队（给红军家属耕田），向群众募捐，募了很多花生、豆子，凡吃的什么都有，送给红军和伤员。当时伤员没有药，就靠群众挖草药，妇女做鞋子，慰劳红军，在妇女会上自愿〈承〉认做好多双，互相挑战。

星期天是义务劳动，妇女都自觉鼓励、动员丈夫或儿子踊跃参加红军，干部带头，当时有士兵开小差的现象，妇女宣传队就唱这样的歌：

> 开小差的士兵，无缘无故为什么回家庭，
> 原本是工农，快快归队当红军。
> 父母妻子有优待，一切田地有人耕，
> 快快归队当红军，粉碎敌人五次进攻。
> 送郎去参军，
> 送郎去当兵，阶级敌人要认清，
> 豪绅地主剥削我穷人。

以上这些歌都是妇女群众随时编创出来的。

1934 年四、五月间 ① 红军北上抗日，动员全县参加红军，50 岁以下全体动员，有肺病者不要，自愿报名。妇女也报了名【的】，组织上叫她们回来了。

红军走后，这一带成立了河东与河西游击队，钟同志为河东游击队妇女队长，并联络武阳古城游击队。

1931 年十月 ② 临时中央政府在叶坪成立，在 1933 年 ③ 在沙洲坝成立中央政府，直到 1934 年 ④ 八县贫农【团】代表大会在叶坪召开，〈大祠堂召开大会，〉钟同志是代表之一。

1934 年七、八月间成立中央政府 ⑤，召开全苏代表大会，福建送来了好多贺品（如猪、羊等）。接着就召开红军家属代表大会，由于叛徒杨学斌向国民党告密，第二天国民党飞机就来轰炸。这里说明一下，在开红军家属代表大会结束那天晚上，演剧时，因为房子是劳动队做的，房柱不坚固，楼塌压死压伤好多人。接着中央苏维埃迁移了，瑞金县政府迁到黄埠头，后又迁到新△，这时游击【队】又上山了。

1934 年十月国民党又占领瑞金，游击队在汀堡被迫下山，因为国民党在山上烧山包围。【钟同志】下山后被国民党押送办事处，被严刑拷打后由十家联保保出，保出后仍没有自由，不准走出五里以外的地方，在山【上】砍柴时碰到了汀瑞县以前的同志钟民、彭兴庞、胡荣佳、刘国兴等人的游击队，钟同志又参加了游击队，后被【分】配到陶朱做地下工作。当时区委书记刘辉山，各乡都有支部，陶朱乡支部成立松柏支部——当时支部名芁 ⑥ 多。支部开会确定日期是把信件放在树洞中，按时有人来拿。

---

① 原文如此。

② 应为 1931 年 11 月。

③ 原文如此。

④ 应为 1933 年（6 月）。

⑤ 原文如此。

⑥ 原文如此。

　　胡荣佳在山【上】被青竹蛇咬伤，肿得很大，没吃也走不了。在山上自己折野竹笋、采山菜吃，两月与地下工作同志断了联系，后钟同志上山砍柴，看到了胡荣佳，以后才经常用挑柴的竹棒一节装酒（药）米上山。1935 年〈又〉八月又重新组织了汀瑞游击队，1935 年十二月游击队发展到 100 多人，有 100 多支枪，攻打安治联保办事处，敌人很恐慌，其中有个敌人没打伤掉在塘里。

　　1936 年春，攻打蓝天保，缴枪 20 余支，打的原因，因为当时兰〔蓝〕天保名义上是保长，实际上是为红军办事的，他告诉游击队从什么地方打、怎样打，结果就打死敌人八九个，缴枪八九支。

　　1936 年十月国共合作①，在民主路洒子下成立了办事处，游击队在兰田，欧阳江把钟民、彭兴彪、胡荣佳扣留起来，接着向我们游击队进攻，幸好我游击队放哨同志在树上发现了，反打死了敌人三个，缴了两支步枪，被扣留的同志也由党营救出来了。

　　1937 年五月青黄不接的时候，山上游击队粮食非常困难。地下工作同志准备开保仓接济，当时保长刘辉山（这是我们组织为【摸清】1933 年敌人情况，有意叫他当的），是保仓委员之一，其余两个委员一个是教师（刘胜金），一个是地主，每人有锁匙一把，因此，一天晚上用刘辉山的锁匙开了保仓，取粮食约六七十担（另三天晚上去出）。取粮食时情况是这样的：地下工作同志把粮食送到河对岸，游击队同志接着挑送上山。搬运的同志也多了些。保仓中没运完的粮食约一千斤左右，搬到拿有锁匙那个地主谷仓去，同时放火烧了保仓，因为我们仿造地主谷仓的锁匙在瑞金打了锁匙，保仓的谷子与地主的谷仓的谷子都是各色各样的，因此大致相同。我们就说此地主偷了保仓谷子，结果国民党叫此地主照数赔偿。

　　1938 年联保办事处人员终于知道了我们开了仓。

　　入党誓词【是】：我们加入光荣的共产党，坚决跟着共产党，如果被敌人抓住，只牺牲个人，不能破坏组织。

---

① 原文如此。

7. 访问杨世祥同志

毛主席 1929 年到瑞金，发动农民打土豪，没收资本家的财产。从此这里的每个县的人民都大大受了感〔震〕动，知道应该起来革命才有生路。

1930 年成立人民苏维埃，农协、儿童团、少先队等就是这时候组织起来的。地主、恶霸、反革命被赶到广东去，我们在这里设立政权。1930 年成立中央〔华〕苏维埃临时中央政府，同年我加入了农协，农协里有模范少队（起初是少先队，以后才改的），乡下面是农协（1930 年后改村政府），一般的青壮年都参加赤卫军、少先队、模范少队，每天下午练兵。25 岁—50 岁参加赤卫军，16 岁—25 岁参加少先队，16 岁以下的参加儿童团，赤卫军中挑最好的组织模范少队。打土豪、捉反革命和侵入的反动派，打仗是经常的。当时我在沙洲乡下参加农协，参加模范少队，任务是打仗、守哨、查条等，还参加耕田队，乡里的模范少队百多人，每村有东南西北部，每部编成一纵队，纵队由区里军事部管。

1933 年我参加中华苏维埃国家民〔银〕行工作（管伙食），1934 年动员大家支援参军到前方去，我报了名，四月间去了，后来少先队、赤卫军、模范少队全部参军去，青壮年参军不是为了自己家属从此能享受优待，而是为了保卫家、保卫苏维埃政权，大家都踊跃响应扩红军运动，有的参加红军是个别的（因为要求较高），我首先到西江，队伍称补充师，初参加新建师，编十几个团，政委姓刘。团长留我在西江，要我到后方去，到〔了〕教导团（队）去，师参谋张〔长〕要我去红军学校，我想到前方去，结果，满足了我的要求，在师教导队受训三个月，八月间结束，大部分分配工作（1934 年八月间），师改编各县补充团，我到团部警卫排。1934 年七、八月间全部赤卫军、少先队、模范少队都参军，在苏区时蒋匪队伍打我们，我没有到前线去，团长对我说要北上，四月到于都（休息了一个多礼拜），我编【入】一军团十二师特务团。后北上，经过的路很多，国民党在后面追，到贵州、四川。1934 年十二月在贵州遵义开了遵义会议，扩大了好几千红军。1935 年二月攻遵义，国民党从贵阳出发，想来拦住我们到贵州，贵州敌人黄家烈有十三团，在遵义城，国民党周浑元两个纵队，离城五里，便筑好了工事，都被我们打垮，在四川大坝附近出发，曾半天一夜跑了三百多公里[①]。第二次攻遵义我受伤了，住在老百姓家里，部队留给我十多元光洋。

1937 年回瑞金，在沙洲耕田，敌人时刻监视我。农民生活很苦，每亩每年交租给地主两担，天灾也要交，此外，地主还要吃田东饭，杀鸡等给他们吃。要缴乡丁吃米，保藏积谷（实被保甲长食去）。我家八人吃饭，只有【一】个多月粮食，吃稀饭，有时以豆炒熟磨细泡水吃。春天时，问人借，还要人担保。

1949 年七月二十九日上午，瑞金城解放，解放后生活很好。1957 年五月我重新入党，今年五月转了政〔正〕，现任饮食部主任。

（访问人：罗道彝、饶州钱）

8. 访问赖友梅同志〈的〉记录整理

以前我全家 4 个人吃饭，国民党杀了两个，只剩下我和妻子。我是 1929 年参加革命的，当一个村的代表。1932 年当乡【苏】主席，那时就加入了共产党。乡的组织情况是这样的：乡下设五个村，一个村一个代表主任，下面有十个代表，代表就推动群众（村里还有妇女指导员、贫农团主席）。贫农团包括领导红军家属，领导打土豪，组织调查委员会查阶级，斗地主和反革命等工作。

---

① 　原文如此。

乡里有赤卫连，8—16岁参加儿童团，16—24岁是少先队，25岁以上都是赤卫军，模范营是由赤卫军选出作战勇敢、身体好的组成的。

乡是党支部，村里有支部小组长、组织干事、宣传干事、妇女干事，区就是区委会。我那个乡有党员20多个，团员30多个。

我们那时革命是很艰苦的，吃的是硝盐，打游击的时候在山上，下雨也不敢下来，梭镖经常带在身上，睡觉也不敢脱衣服，随时要准备和敌人打仗。红军北上抗日时，我的〔因〕脚痛病倒了，抬回家里，国民党一到第二天就有特务连把我捉去了，捉到说要枪毙我，布告都写好了，问我有什么交代，我说没有，要杀就杀好了，后来丰城来了一个朋友，把我保出来，后来就在城里做生意。老婆就在这个时候吓得吐血死掉了。1935年过年时国民党又说有人告我，又派去在清乡委员会坐了一个多月的牢，罚了40多个光洋才保出来。不久第三次捉去，最后出来做生意。

解放后，回来讨了一个老婆，也是过去在红军中工作的，现在生了五个儿子，一个女儿，一个在公路段当统计员，一个在瑞金高中，一个在南昌公运事业管理局当会计，真感谢党和毛主席，把我这些孩子养大了。1954年青黄不接的时候，政府有钱发给我们，这年就发了500多万元。

9. 访问杨世华同志记录整理

我是在1929年二月三日参加革命的，当时在乡里当经济委员〈会〉，参加了一年的少先队，后来就参加赤卫军了。1929年欧阳光打来了，农民协会失守，我们逃到安治打游击去了。1929年五月时，我加入了共产党，当时我们经常到乡下去监督土豪劣绅，焚烧地契。

1933年正月调到区政府当组织部长。当时经济很困难，国民党实行经济封锁，我们就想办法解决，没有盐吃，就组织合作社煮硝盐，没有布就设布厂。中央组织对外贸易局，利用本地的土特产（谷粮、豆子等）去以物换物。粮食那几年都够吃，雨水都很好，但为了准备打仗，所以也实行增产节约，干部工作号召自己带粮食去，有的带两三个月的，最多也只供给伙食，没有工薪的。

当时都是搞突击运动的，如借粮运动、扩红运动搞【得】最火。当时还【发】行公债，公债有两种，粮食的公债和人民币的公债，干部带头买，买得最多，大家都经过说服教育，自愿地去买很多。

田收土地税很轻，我家三四十担谷，每年只出一担多谷的税，做工作的人员又有耕田队、互助组帮助。土改时一般分田，我们那里每人有六担多谷田（四担谷田一亩）。地主富农分坏田，实行保卫工商业的政策。

10. 访问傅占发同志记录

1930年参加革命工作，店员工人出身，任赤卫军班长，赤卫军主要工作是放哨站岗，二、三月间邓希平、杨斗文领导暴动，进行清剿地方反革命，任过贫农团主任。

1933年四月调去任中央高级法院陪审员，当时法庭的庭长是董必武。

红军长征时，走草田、生江，我经天门岭又到回丰田，被二十四师捕获，在广东会馆坐牢。二十四师的参谋长孔荷宠。曾受过很多刑罚，如打地雷公、踩铁棍等。在牢里毒死很多人，200多人只剩下几人了。我【是】被五家联保保出来的，出来后，又没有"国民身份证"发，则三里路都不能走，不敢在城内存身，只得外度数年。

李恭焕同志介绍【内容如下】：

　　朱总司令的军队是 1930 年十二月三十日（农历）从于都来，驻队于城西北上杨祠内。王师长从赣州、于都打来，红军上黄柏，到龙角山打仗，长汀杨志行从壬田又打来。【敌人】谢益兴（正团长）、赖世琮①（副团长），从宁都阻【拦】住我们的队伍，红军退到银坑，朱总司令向士兵训话：我们要在这里决【一】死战。我们的军队分在两山的排，敌人从山谷来，在麻子坳打败了敌人，在宁都城内活捉谢益兴、赖世琮，缴获几百条枪，对俘来士兵进行宣传教育，赖〔如〕留在军队中每月给八元，要回家的也给回去。杨志行兵退到古城。谢益兴杀去，赖对我们哀求到："我没有权，什么事情都是谢决定的。"结果我们放了他回去，赖回去后，又组织反革命军队，结果我们又在合龙围困，全体匪军覆灭，赖匪首的头割下吊在瑞金城云栋桥上，我军（地方武装）取得大胜利。是【在】1929 年七月间活捉赖的。

　　1929 年二月间，敌人六十八团与七十一团在绵江河、云栋桥两对面，彼此矛盾，发生军事冲突，直接原因是六十八团从七十一团那里领不到饷。

　　1929 年二月间，革命占领由安治前发起，五月间发展到城内，五月二十二日由我（李恭焕）到安治去，领的公事，接上头的。

　　1930 年九月罗炳辉军团渡〔到〕来瑞金后，就没离开了，坚守在瑞金。

　　红军北上〈后，〉抗日长征【的出发】时间是在 1934 年间农历九月九日晚上，从于都去的。

---

① 原文如此。

11. 访问朱启海同志记录

本人参加革命工作是在 1930 年，曾经任黄柏区新庄乡（今鲍坊乡）工会主任，1931 年三月当选为村代表，于村代表会议上选任乡主席，任职一年，1932 年六月任乡仓库主任，以后又任赤卫军排长三年。

革命首先在乡村中抬〔兴〕起，瑞金城内为工人暴动，受朱德部队由南昌起义来瑞金的影响。当时九堡为反动顽固的中心点，代表人物为钟运标，当时瑞金在邓家宝领导下攻打九堡反动势力，我们也从黄柏乡攻打九堡，在肩头脑打了一仗，我们失败，反动派进行残酷地烧杀。我兄（赤卫军排长）、妻子均被反动派抓到九堡，结果兄被杀，尸首也未找回，妻子晚上回来。当时朱德部队于瑞金逗留一个时期后，又开往他处，瑞金城仍为国民党控制。后来我们的军队又从宁都石上开来，到了瑞金、沙洲坝等地，瑞金人民拥护共产党，黄柏乡也如此，杀猪、牛等进行慰劳，并采用互相带动的办法参加红军。

【我】在红军北上抗日前一年（1933 年）当乡主席，以前曾做工会支部委员几年，1933 年入党，1934 年 10 月红军北上抗日时任仓库主任。国民党反动派再度进入瑞金时，由于当时苏区政府、游击队都走了，因此无法，在家待了 50 多天，被国民党联保办事处抓去，受过地雷公等肉刑，并用"死"来威胁逼供，不招。于同月（10 月）廿六日晚上用口咬开手上的绑缚，并〈以点头为名〉用计打倒卫兵，逃入河中，越狱而逃。国民党反动派用军队围村抓我，我躲于离村一里余外的草堆中，未敢回村。当时逃至洋溪姐夫刘善储处，躲了几天，后又为反动派发觉，寻踪来捉，当晚又逃至谢照星家中住了一晚（黄柏村），第二大又到车版师父处。师父当时做了联保办事处主任，他要我"自新"，讲"自新"后即没有问题。

我于〈日〉逃出来的路上遇到一逃出来的游击队队员，他要我不要"自新"，到外面躲几年即可。我心中想铜钵山还有游击队，马上跑到该处，【但】没有找到游击队。当时有一罗姓老太婆的儿子〈也因此〉逃躲国民党反动派在外地，因此在她家帮助耕地等住了三年。【我】回来时【发现】家中东西均被国民党匪帮抢完，儿子九岁在家讨饭，回来后被拉去修了两个多月的马路，以后仍到城中做木工，不再回去。

　　按：朱启海于 1954 年恢复党籍，现年 55 岁，于饼果厂工作。

12. 周韶栋同志谈苏区革命斗争

　　周韶栋，现任凤岗乡人民公社负责人。

　　1929 年瑞金暴动时，我只有 13 岁，参加打土豪、分田地，并以李落球为主席成立农民协会。

　　1931 年瑞金进行查田运动，我们儿童团也参加斗争，学学划阶级、分田地（我到沙洲坝学习只 14 岁），还要宣传阶级路线政策、募捐慰劳、白天站岗，进行军事训练、学文化，凤岗和西郊乡比。

　　凤岗每人分两亩田，贫苦农民照顾一些（分级的，近的）。儿童团在土改中和大人一样分，根据家里缺什么分什么。

　　16 岁俺参加少年先锋队，对李德兴老师和乡主席说："我要上前线，你留我在后方，我虽分到田，不参军要谁来保卫。"1933 年元月到广昌正规军中，打仗时连长、指导员不让去，在连部里做宣传队，学了半年歌子，后来当通讯员。

　　1934 年八月在兴国高兴圩战役中受伤，送到后方医院休养。1934 年红军北上，首长对我说："小鬼，我们要分别了，要发展苏区，三五年就会回来……"

1934 年四月国民党军队来瑞金，医院分散到在老百姓家中，首长说："现在我们红军北上了，将来我们要跟上去，现在一个医师最多只十个伤员，大家不要灰心……"每个伤兵都发三年费用，谷票 2100 斤（马上称谷子），炒干的盐 20 斤（当时都吃硝盐，伤员吃不得），还有慰劳费、出院费、休养费、补助费、棉衣，发的钱有银圆、纸票，首长指示伤员要联系群众，纸票怕以后买不到东西，就赶快到市场上把需要的东西买来。伤员由各村代表负责、领导上指示，三年以后回来，交给代表的伤员一个也不能少交出来。

1935 年正月，兴国被国民党占领了，代表们商量要伤员都说是代表的儿子（代表的儿子都当红军去了），【若】国民党匪军来了，叫我们瑞金伤员不要讲话，一切事情由他们负责。国民党宣布 10 天不去登记，见人就杀，可是代表一个也没有去登记，后来国民党抓到代表拷打也不承认，后来国民党把我们伤员都抓到了，我们说是游击队伤员，暂时住在这里（假如说是红军伤员，国民党会说代表藏匿，有生命危险）。

在兴国马鞍石圩，苏区时我们在这里杀了一些地主、富农，国民党要我们这些伤员修个纪念塔，修好后把苏区时马鞍石圩裁判长谢德战同志杀头，我们还陪杀①，当时五里路以内不能通行，第一连是国民党上好刺刀的步兵，第二连是机关枪，第三连是士兵，还有地主富农家属。

国民党把我从俘虏中放出来后，1940 年又抓去当兵，于是组织新兵把当时 6 班长用 3000 元收买（多个新兵凑来的钱），结果全连部都跑了，从此回到家中生产。

（访问人／整理人：王增平）

---

① 原文如此。

13. 访问民主路溪子下刘兆山同志记录

1929 年是【兰】夏桥在安子前作秘密工作，1929 年十月十五日邓家保、刘克员、刘承乾同志介绍我入党，当时入党没有什么文字手续，只用抽烟用的火枚子捺黑表示决心。1930 年暴动，当时只两条枪，千多人，由邓家保领导。以后发动到十多支，去打瑞金城靖卫团。起初三次未打下，以后打进去了又退出来。到长汀、古城打胡子炎，打了几次才打进去，又退出来了。当时敌人有 400 支枪。

1930 年夏天贺国忠营打瑞金城，敌人未打即退。不久三十五军又打下瑞金，因团匪欧阳江、九堡团匪钟运标在竹马岗集中，下午来到瑞金，三十五军就退往安子前去了。我们打古城回到安治成立了乡政府，敌人常来打，把屋都烧光了，以后我们又到过福建桃阳洞。我当时在陶朱赤卫队当政治委员，敌人一来我们就上山，三十五军退到陶朱与我们一起，退向福建方面，〈走〉在福建与瑞金交界一带斗争。

1930 年红军罗炳辉打到瑞金来，在陶朱乡成立了桃阳区政府，县城当时成立了县政府，宋权当县主席，邓家保在政治机关工作，1931 年一月我在陶朱乡任主席，当时做做宣传工作，打土豪、剪发等。1932 年五月由斧头咀乡与陶朱乡合并为陶黄区。当时地方上有土豪刘照德、宋宗荣、张昌坤、汤日南等，汤日南势力很大，宋、张、汤【被】枪毙了，刘照德在 1933 年才【被】枪决，分田地由贫农团主席具体进行，分的财物归政府再分给农民，当时划分等级贫、雇、中农。1932 年二月我任陶黄区委组织部长，主要工作是各乡、村建立支部，建立政权。

十一月又到中央工作团，到福建去建立政权，我分到福建宁化县【任】中沙区委书记，在中沙区打土豪分田。当时闽西大刀会童子军很厉害，曾给我们不少威胁，区里有警卫营，40 多人，40 多支枪，营长陈少昭是大刀会混进来的，以后被枪毙。〈在〉陶朱〈时〉乡政府有主席和经济、军事、交通、妇女等委员，赤卫队长，秘书，还有贫农团、农民协会、革命互济会（每人都可参加，主要工作是支前，〈以物质〉主要是做布草鞋送往前线）、反帝大同盟（革命群众都可参加），区里上述组织同军事组织有儿童团、少先队、模范少先队（比较好的）、模范营（赤卫军中比较好的）、赤卫军。赤卫军 26 岁以上参加，如果不够年龄，只要个子大也行，模范营随着准备补充红军，当时只有赤卫军有 2 支枪，统一由军事部长领导。

青年团叫少共，共产党员叫中共，区方面有中共区委、少共区委。

1932 年农历十二月，我调回瑞金，在中央总务厅（沙洲坝）当保管员〈工作〉，主要工作是保管纸、油、布、被、席等物。中央各部要用物品要打条子，没有一定标准，布是一人一套料，中央首长同我们一样，没有什么特殊照顾，毛主席也是一样。记得有一次搞到套呢料给他，他不肯要，他说大家都是一样。中央首长开会时，常开得很晚，晚上有五斤麦过夜。晚上我们查夜，毛主席房里的灯深夜不息。当时总务厅长是曹宝成，后来犯了错误，换严福清担任。在总务厅对面的是办事处负责人△裕。

1934 年 10 月红军北上，我留在兆徵游击队工作，队长刘辉山，当时有兆徵县委、兆徵游击队在槽坑岭背山一带活动，只有三四十人，每人都有枪。1934 年底在陶朱成立游击司令部，司令员胡荣佳，到壬田、武阳、长汀一带活动。1935 年十月成立汀瑞县委，胡荣佳任书记。国共合作时，胡荣佳、钟民被联防办事处抓住解往南昌，以〔之〕后〈参加新四军，〉汀瑞县委由刘国兴、曾玉成负责，我与刘辉山等就做地下工作，〈由成立瑞中区委与山上有联系，〉由汀瑞县委领导，坚持到 1940 年，因同我们一同卜来做地下工作的陈书告叛变（陈曾任瑞金县委组织部长），他因与刘国兴队伍不远，打汀瑞县委书记刘国兴套下出来被捕杀害，以后刘国兴领导。①

　　1939年瑞中区委被破获，当时刘辉山上山到汀瑞县委开会去了，未被捉住，我和汤有求、陈辉成、刘守彬、刘承钧、余继逵、余绍文七人被捕，被捕原因是当时已经半公开。因瑞中区委了解到安治乡伪乡长邓天元路经那里，就去信汀瑞县委，在路上截杀了伪乡长邓天元，因为他们被杀是在我们附近地区，所以被敌人侦获，利用访问方式把我们传到，一到就被匪保安团B团团长欧阳江抓住，汤在拷问时，当场被敌人扁担打死，敌人用扁担打我打了约四个小时，〈问〉我还是不招，我想：招也是死，不招也是死。打断了两根扁担，耳朵被打聋了，用火烧我，如今伤痕还很明显。因敌人主要想抓刘辉山，对我们不太注意，想抓住刘辉山以后一起杀，时间长，敌人也就松下来。1941年一月我们请人花了1000银毫子，大人都买出来了。当时还要每人请一个保人，只能住在保人家里，什么时候传你，什么时候要到。出来后，不久我就逃走，我跑到长汀一带，离山上游击队很远，我又做地下工作，我负责松柏支部，有七八个党员，主要斗争是想法供给游击队，有一次打开谷仓，游击队得到70多担谷子。一直坚持到1946年，游击队垮了，以后没有领导了，我就没有再干，直到解放前才回家。

14. 访问杨世雄同志记录整理

　　苏区三十五军来的时候，群众热情很高，首先组织农民协会，城市成立城中乡，之下成立乡政府。首先对地主富农分田，其他果实也拿来分给贫雇农。那时大家都自动自觉地出来，革命男的用大

---

① 原文如此。

炮、梭镖，九堡、会昌的保安团经常到瑞金来，瑞金人民不怕风雨雪与保安团作战，女的在家里生产，组织宣传农民，洗衣服、烧开水、煮稀饭等慰劳红军，参军的比在家里的还好，天天都有人到他家里去问候，帮他家里挑水、慰问，我自己去的时候1934年天天都有访问家里，帮助夏收夏种。

1931年我还是少先队，当时分东西南北郊四乡，城里有〈城〉城中乡。1934年参加红军，在一军团，在安远带了花，到雩都后方医院治疗，招待很好，一天换两次药，吃得也很好，院长是一只脚的伤员。

到1935年国民党到瑞金来的时候，站不住脚，花也还没有好，黄柏区都在与国民党作战，当时参加打游击，到瑞金，有一天就跟他们干一天，我们是在九堡铜巴〔钵〕山打了半个月的游击后，寄信回家叫家里派人来信，就回家来了，在家做小贩、砍柴等事。

1932年入少共，1957年入党（苏区时没有入党，只入了团），苏区时担任少先队的班长，少先队主要是宣传和放哨，当时青年人参加红军有留恋妻子的思想，少先队就劝他们只有前方胜利，后方才能安全，后才能生活。并且经常帮他们挑水，要收夏种时先帮红军做，然后做自己的，经常去慰问，所以家属很受感动。

群众和贫雇农对革命是很拥护的，那时开大会斗地主，检举地主在某时某地造谣，有一次我们发现一个地主把一百多个银洋埋到石块下去了，就向农会报告，开斗争会斗争他。

苏区的文化方面，少先队、赤卫军都参加了识字班，主要唱歌、讲党的纪律、讲增产节约，后方生产搞得好，前方打仗才安心。

少先队只有工农（贫农、中农）才能参加，地主、富农没有分的。

15. 访问肖汉雄记录整理

肖汉雄，现年54岁，1930年参加革命，后曾加入国民党，当过伪保长，迄今未恢复党籍，现在商业局日用品批发部工作，是凤岗乡人。

朱总司令来瑞金以前，我当时在宁都第九中学当炊事员，听人讲井冈山有朱总司令的队伍为共产党。后来又说瑞金县有粤军要来。1929年回家耕田。1927年除夕，朱总司令到瑞金，当时刘美在松山小学教书，因为过去我和刘美是同学，因此在我从宁都归来后，刘美和我讲他要走了，我也不知道他为什么要走，朱总司令离瑞金到长汀去后，刘美即在后面跟去，他到长汀后【寄】给我一封信，讲已参加革命。后【来】我和兄弟挑了一担货去长汀见到了他，在他那里住了一晚，当时刘美也未讲什么，反要我回去好好工作，以后参加革命再见，并讲"要坚决打倒土豪劣绅、分田地，将来我们有希望，我们会翻身"。

我从长汀回瑞金后，当时革命初步力量还不大，人员也少，瑞金政府还未成立，一直到1929年冬才成立农民协会，没有几个月，又被国民党摧残。但没有多久，在1930年春，红军又回来，继续成立农协会，我即于1930年参加革命，当时在农协会工作的共有三人，我叫肖肃清，另外二人为刘新功（已牺牲）与刘救贫（即刘声录，现已牺牲）。开始成立农协会时，也未曾进行分工，只是领导农民群众起来分田，竖立革命的红旗。

1930年瑞金成立了苏维埃政府，邓希平为主席。我们也开始有了组织领导，我们到瑞金与邓希平接头并请示他怎样进行工作，邓指示讲，你们回去打土豪、分田地，有土豪要报告政府，捉到土豪要送解政府。

1930 年十月调到县革命互济会组织部工作，加入了共产党，介绍人为邓健、傅昌汀。1931 年由于赣南在国民党残酷统治下，很多赣南难民来到瑞金，县互济会进行救济，解决他们的食穿，并安排工作，如进行生产、开荒等，有的动员参加红军，当时共有难民几千名，互济会款项不够时，则向当地穷人募款。【我】在县互济会工作一年左右。1931 年旧历八九月中央临时政府成立于叶坪，瑞金政权更加稳定。由于我们在救济赣南难民时，不懂赣南话，请了邓子恢的舅舅张××做翻译（张为赣南人），当时邓子恢也经常到他舅舅家里去，讲我们工作做得好，由于这样，在 1932 年把我调入省互济会组织部工作，当时江西省政府设于宁都县（当时为博生县），省主席为曾山，省委书记为李富春，在省互济会工作了一年左右。1932 年中央临时政府由叶坪撤到沙洲坝，召开代表大会，省内选出我为代表去中央开会，开会后于 1932 年十一、十二月间，又调我到中央互济会组织部工作，深入到经常遭受国民党反动派破坏的红日边区进行调查救济，于中央互济会工作近一年。

1934 年 10 月红军北上抗日，我因有病留在后方医院，红军北上后，我又回到县政府，当时县长为危辉春[①]，他要我到城中乡（城关镇）去工作，刘救贫（即刘声录）为当时的区委【委员】，我到城中乡后与刘救贫一起参加了河西游击队，刘救贫为领导。当时河东游击队人数很多，包括城关镇、武阳、安冶，仅城中乡一地参加河东游击队的即有 1000 余人。1934 年红军北上后，白军从福建、会昌来进攻，于同年冬天我们游击队与白军打了较大的仗——白山与松尾山，开始时我们打胜仗，埋伏在山上，于山垇中埋上很大的地雷，我们河西游击队人很少，仅几十人，分散开来。〈分散〉敌人进攻时，四面吹响号角，使敌人不知道我们有多少力量，同时拉响地雷，又预先在附近路上插上竹钉，敌人在受地雷轰击，慌忙乱逃时，皮上插上竹钉。后来敌人得知我们力量并不强大，从会昌、

---

① 原文如此。

宁都、长汀三路来"剿"，我们采用了毛主席的战略原则在山上隐藏起来，当时会昌反动派欧阳江最残酷，在国民党统治区成立了联保办事处，我们分支队进行工作，支队属于赣南游击司令部（赣南游击司令部即于那时成立），领导人为邓小平^①、邓子恢等，在游击区之间成立了瑞金、会昌分界处的瑞会县（1935年一月成立，1935年冬即撤销）。长汀、瑞金分界处的汀瑞县（1935年一月成立，一直到1946年），河西、九堡一带成立了太雷县（详情不明），瑞会县政府设于白竹山，当时在白竹山的游击队分为侦探队、担架队、救护队……

敌人愈来愈凶暴，提出口号"窝匪、济匪与匪同罪"，但群众的革命性很坚决，我们时常在百姓家中刺探敌情，可是缺少的是武器。游击队到1935年二月，仅存20余人（河西游击队），当时政委为张俊绅（现于安治乡纸业社当主任），人数少的原因是有的分散打埋伏，有的被俘，也有的走了，游击队的粮食供应也非常困难，吃野竹子等，但群众〈们〉尽量设法接济我们。

1934年底河西游击队分头〈区〉打安治乡、新庄乡、律运乡^②，同时又派地下工作者打进敌人驻地活动，刺探情况，我们打进敌人联保办事处夺取枪支，抓联保办事处的坏蛋，当时河东游击队也打武阳，当时敌人四面受敌，非常恐慌，进行搜山，并于百姓中严格地登户口，虽这样，有的群众还是尽力帮助我们。

河东、河西游击队在1934年底，河西合并到河东，【为】河东支队，开始由刘救贫（刘声录）领导，刘牺牲后，由张俊绅领导。

1935年我又生病（吐血，全身发肿），隐藏在大屋邱姓家中，当时敌人搜得很厉害，粮食也成问题，因此与另一黄柏乡的邓××商量，两人爬了两天才回家（从安治至凤岗）。当时回家拿了一斗多米，又想回到安治，但为联保办事处发觉抓去，受到非法

---

① 此处有误，照录原文。

② 原文如此，疑为"历任乡"。

肉刑——打地雷公，悬在梁上冲，大小便也只准拉在裤子上。国民党是"刮民党"，在牢狱中时，晚间用锣鼓面喊叫："阳关有钱能买命，阴间有钱赎魂归。"我们听了知道意即要拿钱来赎命，我哥哥去【找】联保办事处主任钟文彬的舅舅，讲互济会只是做救济工作的，不管其要〔他〕事，当时答应只要12块钱给国民党的别动队（别动队可管联保办事处），后来实际上用了60余元才放出来（1935年四月）。出狱后【我】又生病，得亲朋的帮助才医治好。国民党经常拉伕，要我出差作为处罚，每次出差一起归来时，都要拿当地的条子回来报【销】，有一次出差，到宁都途中，一国民党的军官问我是不是红军，他于半途即给我条子回家报销，这说明在国民党军队中有我们的人。1937年，我又找到汀瑞县委（钟民）。

刘救贫烈士的牺牲是本家刘××偷枪害他，讲他叛变，自新悔改。

土地革命时，凤岗乡开始每人分七担地，以后为五担地，减少的原因是城市中有居民过去与〔对〕富农、地主给予下田（原地主、富农不分地）。

当时苏区的组织：

儿童团开始时为9—11岁，以后增加到15岁。

男女少先队：15—18岁。

赤卫军：24岁以上。

青年游击队：18—24岁。

贫农团。

乡村工会。

工会。

担架队。

……

少共为青年团，代号为C.C.Y.。

中共代号：C.C.P.。

候补党员代号为□□□。

16. 访问瑞金革命纪念馆馆长刘炳山同志记录整理

我父亲叫刘维宾，1929 年做地下工作，红军未来时，就三五成群，常常开会。有一次他们在山上开会，因我父亲常赌钱，这次母亲要我去看父亲是不是赌钱去了，我到山上见父亲同四个人在开会，我听父亲在说我们这里哪个有钱，哪个没钱，红军来了要搞给他。我躲在旁边听得出神，我打嘴说"哪家有钱，哪家没钱"，父亲才发现我说，说"哪个叫你来的"，父亲打了我一顿，说："你要说出去，我要你的脑袋。"当时我只十五岁，不知道什么，哭着回家去，妈妈见我哭问我，我说父亲打我，妈问父亲做什么，我说："他说哪个有钱，哪个没有钱。"父亲回来后，父母吵打起来，妈问父亲为什么打我，父亲说小孩子多嘴，别人讲话他插嘴，母亲不搭他，打我，两人打闹〔成〕一团，以后父亲【老】找我麻烦。

我 1929 年在家乡入团，当时叔父与父亲都是党员（当时我不知道），叔父对我说："细鬼 ① 你加入青年团，叫你干什么你就干什么，叫你跑东就跑东，叫你跑西就跑西，敌人抓你来你死什么也不要说。"然后由一个外乡人介绍我入团。

父亲打我那次后不久，父亲要我去参加游击队。父亲问我："你当不当兵？"我说："只要能穿好吃好就当兵。"父亲又打我，说你只晓得穿好吃好，父亲又问我当不当兵，我说死也不当兵。父亲又说要当穿不好吃不好的兵，所以我不愿去当兵，但父亲一定要我去，他亲自送我到区公所，当时父亲与母亲对打起来，母亲坚决不要我去当兵，父亲就坚决要我去当兵，父亲临走交代我说："你去后不准回家，死都要死到这里，活也要活到这里，如果你要回来，我要打断你两条腿。"我只得说我不回家了，实际上当时我不

---

① 细鬼，方言，即"小鬼"之意。

愿当兵，到部队经常想家，思想经常斗争，在环境最艰苦或遇到困难【时】就想回家，但想到离家时父亲那一席话，我怕回家后父亲打，就不敢回家去，以后我一直坚持到底，从没回过家。母亲在家要我堂哥找我回家，北上前，在兴国我堂哥找到我，说："【你】妈要你回去看看，并带来了六七块银洋来。"我对他说："我回去父亲会打我，父亲要我死活都要跟着队伍。"我告诉他说我非当上连长才会写信回去，家里只要收到我的信，我就当上了连长（当时我想当官，以为连长很了不起），我要当上连长回去，父亲就不会打了吧。我要他告诉母亲，如果我们走了，要爸妈都跑，要不给国民党杀了，如果我□国民党会杀我，母亲逃到外面去，到外面去讨饭，弟弟带不动就丢掉，我回来再莫欠账，我总有一天要回来。北上后，国共合作时，我当上营长，曾写过一封信回家，我说我在那边做买卖。同房叔叔刘木山与我在一起，买卖做得很好。要母亲告诉木山母亲他很好。母亲回了我一封信，说你做生意要更好的，国家出力，希望你最后为国家出力，似乎妈妈知道我在这边当兵。因为我说过不当连长不给家来信，这次写信母亲可能这样会意，我看母亲这一封信得到很大教育，我很高兴，我老母亲原来脑子很顽固，现在进步起来了，直到1949年南下我回家才见到母亲。父亲在北上抗日后〈父亲〉被国民党杀了，我才体会到母亲当时给我写信的意思是要我为国家出力，为父亲报仇。

我1930年参加游击队，到瑞金游击队，那时常常打败仗，打一次败一次。一次曾到〔打〕九堡钟运标，后来钟运标打到瑞金城来，我们败到安治，共五六十人，20多天后，匪团退去了。又有一次把我们赶到福建古城。第三次赖村罗屋。连长江才（从井冈山下来的老排长），我是他的通讯员，他要队伍退了，连长和我掩获〔护〕部队撤退，敌人上来了，大叫捉活的，连长一面打一面走，我紧紧跟着他，我用一支马步枪，我跑到山沟边掉下去了，挂上藤上，没摔死。我以为连长死了，当时我思想斗争很激烈。以后又跟上队伍，不久编到正规军，在红一军团随团长师长当警卫员，到正规军时，这边给我开了团员介绍信，到了一军团，问我团员做些什么，我说没有做什么，只知道敌人抓住我，我什么也不说，他们问："敌人搞死你，你说吗？"我说我死也不说。

二十六路军在宁都暴动后，组织决定【将】一百多儿童（青年团员）【调】到五军团当勤务兵，我到保卫科受了三个星期的训，主要培养我们当警卫员，讲首长死你也死，他到哪你到哪，打败仗不准跑，要救首长，要牺牲自己救住首长。当时我问："我死了怎样还救得到首长呢？"上级说："你们要在严重情况下，牺牲自己救住首长，而不能只顾自己。"还讲了，首长如果投降敌人，你可以打死他，回来报告，但要带回证据来，首长不到敌人跟前不能打，首长不叫你走，你不能走，敌人如果抓首长，你可以去充首长，当时一个星期测验一次。到五军团后，我分配给赵博生军长当警卫员，赵牺牲后，我跟董振堂（军长）当警卫员。

我1932年转党，党跟我说："根据你的出身，斗争进步。"我问什么是党，什么是团，说是党比团更重要，团是党的外围。

长征前，军部收发（河南人，二十六路军起义过来的）对我很好，要一天教给我两个字。第一天教"我们"两字，我学了一天只记住"我"字，"们"字却不认得，收发急了，打了我两个耳光，我再不学了，收发就去向告指导员，指导员来问我为什么不学文化，我说他打我，我再不学了，指导员说："学文化好，将来要当干部。"我说除非太阳从西边出来，我才能当上干部。

作战的情况，因我不太懂事，记不住了，当时只知道打仗，行军，今天打，明天休息，一下又跑，不几天又打。

作战的情况大致记忆如下。

【部队】转到一军团不久，就打长汀，到江东走广西又打长沙，当时我只知道打长沙，都不知道长沙在哪，从长沙回来后，走井冈山边过，到永丰打下吉安，打赣州未下，又回到福建，转兴国，打高兴圩，又转到黄陂，宁都小湖又转回福建建宁、泰宁，又转到打厦门、漳州，又回到宜丰、乐安打到信丰、南丰、广昌，在广昌打了三个月，又回到高兴圩，退回兴国到于都北上。

记得打赣州时，在东门挖地道，用棺材盛火药，要我们三个小孩去点，十多个人找来了棺材，他们跑，对我说等他们出来了才点火，我听这样说有些怕，我想你们跑我也跑。没等他们走多远，马上点着了，我就不要命跑，刚跑出东门口，一声雷响，我被冲到了河里。当时有五六个人没出【来】，埋在里面了。炸药炸了，只炸毁第一道城墙，第二道城墙没动，炸药响后，部队冲锋，但又退回来，我当时醒了，回【头】见队伍向西跑，我也跑，敌人反冲锋，战士们很多牺牲了，过河是有的淹死，有的被打死，我往山上跑，后来部队撤退，我才知道仗打败了。

长征时我当警卫排长，到了甘肃高台，部队失败，我当时任骑兵连长，当时军部有一个骑兵团两个步兵团，我随军政治部主任保护后方，军长带兵作战回来，军长警卫员跑回来说军长牺牲了，我一时愣住了，我心里很难过。我当时想，我从小就跟军长，失去军长就像失去了父亲，我就背起枪去找军长，小张不要我去〈就跑〉，我打了他一枪，没打到，我跑去找政治部黄主任，主任说军长牺牲了，我问尸【体】呢，他说尸【体】丢了，我更难过，我说这怎么搞的，军长丢了怎么办，我说我一定要找到他，主任说没有军长了我们还打，我说我不干了，没有军长你们去干。主任火了，说什么军长个军长，我们还要最后决战（主任是四方面军，他的名字不记得）。我说军长是为父亲，他说军长怎么是你父亲。我说我们都在党领导下，今天你主任代表党，军长死尸一定要找回来，党就是我父母，父母不在了我无所依靠，我向党宣誓：我刘炳山去找军长，就是剩下我一人也要抢回来，不找到军长不回来。主任【才】同意我去，我带骑兵连去找。那天下午六点冲出重围，直打到九点也找不到军长，这时只剩下九人，我左肩又负了重伤，任务没完成，部队又损失很大。回去无法交代，我思想斗争很激烈，我说死也要找到军长，找到丛林中，我一听有人在叹气，我听到很像军长的声音，我爬过去，听说〔到〕"他妈的"，一听我肯定是军长，军长小声说是哪个，我说【我是】小刘，军长说你怎么来了，我说我们来了，我们就抱着哭了。军长两条腿被机枪打断，我说我来找你想办法出去，军长说你也负了伤怎么走，我说我背，军长不肯，我说你不要管，来了我带你回去，我说后面有副军长、指导员（只实〔是〕当时只七人，我先派了两人去报信），我们还准备他们要来一副担架打〔抬〕军长。找回到军部来，当时因营长牺牲，要我当营长，不到一个星期军长因伤重牺牲了，我也因负伤流血过多晕过去了，病了三天三夜，等着醒来，起来一看，全高台〈元〉没动静，全是国民党军队。

我等到天黑爬出来，走到一家人家门口，一叫门，出来个七十多岁的老太太，但门马上又关了，她见我一身血，以为是鬼，我说老太太我是人不是鬼，我是红军，我想喝点水，老太太很好给了我水喝，又给了我一套衣服盖去血迹的衣服。我说："老太太，我不害你，我要走。"她说你们年轻人不好好在家出来当兵，我说我自己要出来当兵，老太太说真可怜你，这是当兵的好处，赶快好好回家吧。我说好，我回家，回家后有机会来报答你，我说我忘不了你老人家，我一定回来看你老人家，直到如今我也没有去找她老人家。我走后第□天被敌人骑兵俘住，要我跟他走，他见我是伤兵，要我跟在后面走。后一个钟头我就离开了他们。走了三四天，天天讨饭吃，一次碰到一个保长，他对我很好，他就看伤，你这小孩怎么当兵的，到我家去吃饭，吃完饭，小鬼我送你走。当时四面八方是马鸿奎的队伍，我怕他送到国民党军去，他在前走，走了一里多路，在一个小高坡上，下坡时，我摸了一块大石头打他，一石头被我打倒，我走掉了，到山里去，遇见一个红军女护士，也是流落在山里，她见到我像见到亲兄弟样，帮我换了药，在山里住了五六天，我要她一同逃出，她说部队在哪，我说部队在哪在哪，其实部队已失败，我们去找，又遇到敌人骑兵，我们路上逃到黄河边上，她饿了，要想东西吃，遇见敌人，敌骑兵一个班，把我们放在一个保长家里，有围墙，我肩住她爬围墙走了，敌人一小时后来查问，我说不知道，他们就把我捆起来，脱了我的衣服，下面剩下两条裤，我对他们说："老总，我们都是当兵的，你是怎么出来的？"他说："我是被抓来的。"我说我也是抓来的，他说你为什么当共产军，我说我被抓出来当国民党兵，被俘而叫我共产兵，大家都是抓出来的，一个兵说："副班长，我们都是被迫来的，放掉他吧！"副班长说："把绳放开。"就给我松了绑。我问他，副班长你们要打要给我个痛快，不要一枪打不死。他说可以。我问他还有多远，他说没多远了，到了一块坟〈墓〉地。当时惊吓得很大，我想动手，因我小学跟祖父学过武术，我把后面一个摔倒了就跑，我横着跑，他连打了几十枪，没打到我，走了不久，我走不动，就躺下来，他们没追来。

我又要了一个星期饭，到黄河边，找到一个老头，我说我当国民党的兵，我说我是国民党哪个部队的，他听了怕了，我说到河那边去，老头用羊皮划披① 我过河，我把身上三元银洋给了他，我说我到了家一定给你好处。过来以后，我向着太阳方向走，讨饭，老百姓骂我年轻人当兵好吃懒做，讨不到。第四天遇到一个红军老头（伙伴），他说："同志，我在四方面军当伙夫，叫魏道金。"他要我一同走，他问我到哪去，我说："你是四川人吗？〈我说〉我也是四川人，我在甘肃被打散。"他说他老头可以讨得饭到。他一路要饭，我们讨了两个半月，走到一个城市，一问是西安，我不知怎么办，怎么跑到西安来了。我在城内要了一天多饭，第二天下午遇见八路军办事处两个女同志一个男同志在街上买药买东西，我听他们说话像南方人，我紧紧跟了一点多钟，他们发现，说我，我说我走我的路，你走你的路，我一直跟他们走到办事处门口，到门口我也不走，我问他是南方人不，他说是呀，我说你是江西吧，他就说是呀你怎么知道，我说我也是江西人。他们三人回去对负责人说了以后，管理员叫我去，他问我国民党哪个部队，我说杨虎城部队，他

---

① 原文如此。

说杨虎城部城内都是，你为什么不去找，跑到这里来，我说我讨饭到处都可以讨，我说在黄河负伤，我问他是不是南方人，他说是，我说我也是南方人，你南方什么地方人，他说江西人，我说我也是江西人。后来负责人出来，我说你们不要这么厉害，国共合作大家都叫同志，我说同志我是被国民党抓出来的，我要点饭吃，我说你是南方人，是【不是】兴国人，他说你怎么知道我是兴国人，我说我家也是兴国，他说你兴国人怎么跑到国民党当兵，我说你们也是八路军吗，他留我住了一天一晚，我们大八路是哪个领导，他说他是一军团，我说我是五军团的，他说你为什么不早说，我说，你如果是国民党，你不害我，我说我是瑞金人，开始在一军团，后在五军团，五军团在甘肃失败，我逃到这里来了，他说五天【后】你到毛主席那里去，毛主席在延安。

我们五六个人同到延安见朱总，朱总说："同志，你们回来了。"我说我【开始】在一军团，宁都暴动后，到【了】五军团，我告诉他五军团在高台，局长、政委、主任和一个骑兵团、两个步兵团，被敌人击溃了。他们把我安置到医院治好伤，分配我到洪纲召城 ① 的师教导队学习三个月，在教导队我说只当过副排长，又当【过】班长，在班长队学习了出来后当排长，分到山东打某一仗【时】被连长发现，我很善指挥，他问我过去做过什么工作，我说什么没做过，只做过副排长、班长，他不相信，我只承认当过副连长，他说："教导队鉴定上只说你当过副排长，你为什么不说？"我说革命什么官不官的，后来连长向上级汇报，师长林彪找我，我一见到首长才说实话，我说我在一方面军五军团，长征前当警卫班长，长征时当警卫排长，负伤时是骑兵连长，因为我回来怕处分，部队全打光了，看到老首长才敢说。他说他也记得，以后师长下令调我到二营八连当连长，打五六仗后当副营长，又到抗大学习六年，但只学三年，一年修窑洞，一年开荒，一年整风，【之后】分

---

① 原文如此。

配到王仓①部队。鬼子投降后，调到东北，在沈阳工业局铁西工人大队当大队长，苏联装备我们一个旅，由苏联司令部指挥，修仓库，修工厂，因为怕国民党找麻烦，苏联司令部说是中国人苏联军队，苏联撤退时留下12辆卡车、20多炮给我们。我们到新□铁岭一带活动，黄克诚师在铁岭与我们联系，我俩认识，我告诉他，我们有一旅，黄师长要我们归他指挥，我说好，称为独立旅，我们有2个团，装备和12辆车，20多门大炮都给了师部。师部又调一团人来补充我们。

四平战役我负重伤，由黑河转到苏联医院医治，当时我不知道是在苏联，以为是中国医院苏联人【在】工作，在医院里一人一个房，不准说话，不能出门，东西放在桌上，吃了又放满，你一种东西两天不好〔吃〕，就不再来〔送〕了，另换一种。伤好以后，说是要我回国，我说我是中国人，难道回外国，我没想到【是】在苏联。过河后，汽车送到哈尔滨，找到黄司令员，他要我当四旅【旅】长，我说我死大军得了②，干不了，当时说话都有困难，才分我到黑龙江省委机关机要科当科长，到黑龙江在原来住院的对岸住，到江那边住，我才知道在苏联医院治病。有一次苏联护士在河这边买东西，遇到我，她很高兴，我们之间话听不懂，她用手比我好了没有，我说好了，以后在馆子里吃了饭，她买了东西，我送她到河那边，她又要送我，我不肯，我就回来的〔了〕。

17. 苏区老革命同志危恭何介绍苏区斗争的情况

1925年瑞金人民因受着地主土豪劣绅的剥削和压迫，就已经起来进行斗争。同年刘东顺老板在瑞金成立工会，当时朱先培、雷

吉山等都参加了，约一月之久，土豪劣绅利用流氓打工会，朱先培被流氓吊起来打，出了1000银子才不至于在那天晚上被杀掉。1925年成立的工会是二人自发地成立起来的，当时因为没有党的领导，所以成立不久〔便解放了〕。

1929年暴动以后，在党的领导下又成立工会，工会主席杨素桥（1929—1931年），杨素桥被李天富杀害后，张旺山接着当主席（安治由1931—1932年），兰盛金为总工会主席（缝衣工人，1932—1934年），1934年10月红军北上抗日，国民党反动派〈统治〉又恢复在瑞金的统治。

1929年五月邓家宝领导起来暴动，成立县、区、乡、村苏维埃政府，县委杨世珠，县主席危辉太（1932—1933年），我在东郊乡当乡主席（当时分东、西、南、北乡），城内有区政府，暴动时把地主的契约烧了一次。当时的口号是：打倒土豪劣绅！打倒反革命！打倒反革命！打倒国民党！建立苏维埃政府！打倒团匪兵，消灭国民党！拥护苏维埃政府！万富〔户〕欠我钱，千户不管闻，百户跟我来，月月〈有〉百〔八〕块钱，一月不关饷，倒转回家耕良田。在双新桥庙上写着"改除民众痛苦，每人分五担半谷子田"。儿童团站岗放哨，在桥头路口检查，无论哪个人下街过桥，在手前都要盖有戒指章印，不管任何人都不放路过。一次朱总司令来检查我乡放哨有没有漏洞，牵一匹马过桥，手上没有盖印章，儿童团就不准他过，拉着他在那里挨了好久，没有办法，结果拿出印子才过去了，后来儿童团得了奖励，我乡得到了表扬。过路打了路条就不盖印子，乡政府印好了路条，当时成立的县、区、乡、村政府，其机构设有工农检察部、内务部、土地部、劳动部、裁判部、军事部、民政部、经济部、青工部，还有赤卫军、劳动团、模范营、儿童团、贫农团（好的人靠得住的）。少先队每天早上下操，开大会，每人捆红带子，检查放哨。

1930年是革命斗争最艰苦、最艰巨的一年，离三十里就是反动派、靖卫团钟运标的军队，四边都是反动派，我们用梭镖、鸟枪，带好饭与敌人打仗，一次消灭钟运标匪军一个团。红军攻打九堡时打进金军（小地名），敌人在土围子里，红军四边将敌人包围住，围了八天，用水淹土围子，土倒了，把他的枪缴到手，把钟运标的头割下，用柱子挂在石桥上，挂了十几天。瑞金消灭了一个团长赖世琮[①]，（宁都、石城）他的哥哥赖世煌带兵打瑞金的工农红军。1930 年七月打九堡，没有打赢，在打九堡的头天[②]下午，队伍开到离九堡十里远的地方，天将亮（五时）到九堡沙里洞，就打起来。我们冲到禾平，分四路进攻，当时因为我们枪支太少，子弹缺乏，敌人数多，我们部队退走，敌人跟着追到瑞金 30 里，九堡团匪打进瑞金的时候，把我带有袖章的工作同志 20 多人，在石桥下杀了。敌人到了瑞金，把军队派到家家户户去吃饭，有的家要负责 5 个，有的家负责 9 个匪军的饭。后来，罗炳辉的部队由壬田打到瑞金时，我苏维埃政府才稳定，直到 1934 年红军北上抗日。

1931 年到 1932 年，国民党特务李天富混到我苏维埃中央来，藉[③]来搞肃反，把我工作同志，县、区、乡苏维埃主席及主要革命的人都抓去吊打、烧、受刑，开了不知不〔多〕少会，审问我革命同志，问我同志是否参加了社会民主党，讲不出又打，我同志都没有参加过，讲不出。当时至少有四五十人，今天挑几个，明天挑几个，到南门去枪杀。1931 年 × 月金维映来，一次在李天富住处用钥匙开了李天富的箱子，发现李天富事先拟好杀革命同志的把本〔柄〕，然后金维映才把李天富扣留起来。李天富杀害了许多我革命同志，不但〈将〉把邓希平同志杀了，连〈将〉邓希平十岁的小孩都杀了。

1932 年十月苏区沙洲坝建筑大礼堂，瑞金工人和福建工人互

---

① 原文如此。
② 头天，方言，意即"前一天"。
③ 藉，意即"借机"。

相挑战做起来的，看谁做得好、做得快，有奖励。

1934 年 10 月红军北上以后，国民党第十师从长汀进入瑞金，瑞金成立了联保办事处。国民党把我抓回去，我 1934 年 4 月参加前方部队二十二师，10 月北上，我跟着到了湖南，因病掉队了，回来时有国民党保长把我们全部家产没收，这家土豪说我没收了他的家产，那个土豪说我没收了他的家产，还说我杀掉了哪家地主，把我抓到联保办事处，瑞金革命的同志都被抓到联保办事处，其中一部分跑掉，一部分被杀掉。当时瑞金成立汀瑞游击队，分河东、河西游击队，河东游击队在安治，河西游击队在九堡，在那里成立汀瑞县委，晚上向联保办事处进攻，把联保办事处的人都杀掉，〈抓来旗子也拿来，〉刘国兴领导游击队，项英当主席，胡荣佳当游击大队长，都在河东，以后河西游击队都撤回河东，河西游击队由钟民领导（他是河西九堡人，在那边比较熟悉），河西游击队叫汀瑞会游击队。

1935 年欧阳江驻下〔在〕瑞金，利用封建把头刘克榜、谢益泉去五大区三区、武阳区骗革命老同志来瑞金，都说到瑞金受训，保证不会杀掉的，不保证不会杀，他们都不会来的，结果来的都被杀了。三区老同志来了 300【人】，夜晚拖到现在造纸厂的地方杀了二百多，一部抓到麻子坳七八十个枪毙，被杀的都是两乡的人，有的出钱请人代自己的名字来的也被杀了，因为他们得了钱所以都被杀。1935 年三月（或四月）在河背成立临时办事处（河背溪子下），当时刘国兴受骗被杀，陈唐球接。一次我军失利，陈唐球把一部分坏枪交给国民党，把好枪埋了起来，因为他的问题提了很久。我们红军在冈面山区里成立了兵工厂，造枪和子弹，我在 1934 年在那里做房子做了十几天。

1929 年我瑞金暴动的枪的来源，是由 1926 年（或 1927 年）国民党第六十六团和第六十八团，因为发饷，第六十八团领到饷不给六十六团，两团冲突互相打起来，打了一天到晚，老百姓捡到很多枪和子弹。1929 年苏维埃政府成立时，老百姓就把枪拿出来，拿出多少给多少钱，集中到村政府。

补充一点：

东郊乡一妇女生产队长，帮助红军耕田，有一家贫农住在乡政府旁边，叫杨尚台帮红军耕田，他不愿（富农），说："我有病，把我杀【了】都不去。"当时这个妇女队长听到立即就报告乡政府，当夜就把杨尚台抓来杀掉，他老婆、叔叔杨远红逃跑到国民党【那边去了】。1949 年看到我军队驻在他家，他就不回家，土改时他不敢回，夜晚回，几次抓【都抓】不到。杨远红后来改名杨尚红，解放后派其公粮 50 担不交逃跑的，后来杨远红抓到后，拉到法院审判辨别知道他已改名【为】杨尚红，过两天就枪毙了。他的哥哥杨尚波逃跑死了，杨之红 [①] 还有一个仔，1949 年逃跑了。

18. 长征干部汤连山访问记录

汤连山，叶坪乡人，现年 53 岁。
其他老干部：温财标、宋文芝（均为长征干部）

1927 年 8 月间朱总司令等率起义部队曾经过这里，当时我们都在家种田，也不知道什么革命事情，但由于受到国民党反动派的反动宣传，很多人都逃走了，但看到当时的红军纪律很好，心有点怀疑又怕。1929 年十二月二十九日在黄柏龙角山与国民党打了一仗，消灭了反动军队一个师，当时是因为国民党军队总是跟着〔在〕红军后面转。我们就在龙角山埋伏了军队，打败了敌人，并拖〔抓〕到敌人的师长，后来到宁都，初五那天攻下宁都，打掉了敌人一个师，并得到很多的战利品，接着又到福建汀州（长汀），又与国民党郭凤鸣打了一仗，并消灭了一个师。

---

① 原文如此。

1929 年以前瑞金已有地下党组织，当时有的地方已经红了，接着瑞金城也红了，成立了〈有〉工会，乡下有农民协会，主要是斗争地主土豪，还成立了苏维埃。1930 年反动地主曾利用迷信，组织了民团，后来罗炳辉的十二军来到瑞金，消灭了民团，在瑞金了很久，并且还巩固了地方苏维埃政权。1931 年因为时红时白，人民受到一些损失，自十二军来到瑞金就变了，还组织了地【方】武装，曾去打九堡，因为我们的武器不久只有三十几条枪，其他的几百人都是梭镖等，这次没有攻下九堡，十二军来才打下，九堡的地主、富农、土豪很多，也很反动。

红军后来扩军是有一个标语：千户不牵连，万户欠我钱，贫人跟我走，月月八块钱。

红军扩军时很多人都参加红军，尤其是贫雇农，有一家兄弟八人都一起参加了红军，不久有一个因不合格退回来了，这兄弟八人都先后牺牲了。

1930 年全县各地在邓家保、兰下桥[①] 等的领导下举行了暴动，进行了第一次的分田，因为是农民自己搞的，有【些】许人打了埋仗，即【少】报了土地，在 1931 年各就又进行了第二次的查田运动，并调换了干部，但仍不够彻底。在 1930 年搞分田时，因为打了地主后能分得很多的东西，所以很多的人都参加了这一运动。

1933 年又进〈很〉行一次查田运动，还同时进行查阶级，这次搞得较前两次彻底，最初每人分到七担谷田（约两亩），以后分到〈为〉九担谷田（两亩多）。

当时的组织有乡政府、区政府、贫农团、联合工会、反帝大同盟等。

少先队是团的组织，16—24 岁的参加。

赤卫队是 24—45 岁，但从其中挑选积极分子编模范营，年龄是 24—29 岁。

---

① 兰下桥，应为"兰夏桥"，后文写作"兰夏桥"。

注：

汤连山是在 1934 年八月参加红军的，九月即北上抗日，红军的部别为第一军团、第一师、第三团。他供给访问线索：云石山、高围脑姓陈的广东人，他对党在瑞金建立的情况知道很多。

（访问者：刘克惠、周坦、汪煜荪）

19. 沙洲乡老同志座谈会记录

杨副局长：〈召开座谈会代表、各大队老同志，〉会议的内容是座谈沙洲乡老苏区史料核对，省委党史调查队已经初步综合出沙洲乡的革命史料，各老同志都谈了自己了解的情况，由于【是】凭记忆，有些出入，大家注意听，以后提出意见，有出入的确定下来，有补充的补充。

杨兴华：15 号来，共 9 天，在乡党委领导下，在老同志热情参加我们这一工作下，有了头绪，共访问了 59 位同志，每个同志都写了一份材料，另收了 20 多首诗歌，抄了几十条标语，文物只有条子、铜板，综合材料已出来，有 2 万字左右，核对只是这份材料，另外几个主要问题，要大家来对。杨局长对我们帮助很大。

综合史料分八条：（1）革命的酝酿与开始；（2）革命政权的建立，消灭靖卫团，政权的巩固；（3）党、团组织建立与发展情况，群众运动；（4）土地革命；（5）地方武装组织人民参加红军与支前运动；（6）经济建设情况；（7）文化建设；（8）红军北上后人们游击战争与反动派来后迫害人民情况。

1.1930 年三、四、五月情况

（1）1929 年马子咀战役后，沙洲参加红军 500 多人，因马子咀得来的武器武装，有很多人晚上跑去当红军。

（2）马子圳匪刘士义（团长）六十八团一团被围歼，用毛瑟枪打大子弹，1929年毛朱来瑞金时，一支在邓何口，一支在邓何口△△，金平新在那部队做饭〈金汉鼎（师长）来由赣州方面追杀，朱总司令来饭做好〉。军队很公平，买菜、物都用银洋。

（3）贺国忠对沙洲的影响：到过沙洲，从干岭那边来沙洲。先有人枪〔抢〕，以后为了避免强〔抢〕才到县领公事。清水也是先领公事，再成立农民协会。沙洲暴动是民国十九年（1930），七堡、沙洲到县一带，都是民国十九年，七堡较好，三四月—四五月，沙洲到县领公事。

沙洲农民协会主任，最先是杨世南（大食鬼不好，不久被搞掉），成立十几天，分过毫子，后就是杨世南大食鬼弟弟庙金子为文书，杨荣亮赤卫军排长，杨世南村主席，以后选杨荣亮【为】少先队长，以后〔后来〕江石庆被推翻，庙金子叛变，主席在路【上】碰他两个人打掉塘，群众来后，庙金子跑掉了，以后就搞起来（领公事在苏桥那里领的），才开始分青苗，还没划阶级，只提出打土豪，欠债文契、土豪文契、借据用火烧掉。

官山杨善元【任】农民协会主席兼文书，赖运与做杨家宫（村主席）的文书。

2. 革命政权的建立与巩固

1930年九月国民党成立五区联防。

杨南鸥、钟运标（组织民团）。大甫赖世新副、杨世合正，十三分团。

沙洲官山，八分团。

胡道棒团长，副杨世准，六分团。

樟树枧头脑，钟光庭、欧阳汝礼，二十四分团。

八月十四日打入瑞金，三十五军先来，十二军才来，三十五军由福建龙岩来，打瑞金败到胡岭背退到安治去。打九堡四次，钟运标在宁都暴动才当团长，打枧头脑两次，（钟运标）七堡打过两次大仗，多为赤卫军。

先在安治到武阳，石九湾暴动，靖卫团在清水抢牛。

政权组织：村政府伙夫兼通讯员。

四五日有村政府，八月十四日瑞金白了，1931年杨金山在安治活动，以后打九堡退到经沙洲到安治。

罗炳辉来以后，成立村政府（1931年三—四月），由村政府选出各村代表，选出乡政府，有东南西北郊，以后才有乡政府（三—四月），成立下霄区政府是1931年五、六月间，樟树先划在黄柏区，1931年在区当文化部长。

区里有总务处，乡里没有特派员，区里有特派员。

大埠乡原属乐安区管，开始没有大埠，以后叫大埠，划入黄岗，纠阳①划出。

3. 党、团组织建立与发展，群众运动

沙洲乡建团是1931年；建党时，1931年春夏建党，交团费2个铜板。

连指导员，营教导员，团以上政委。

首先赖世煌。

肖芝〔兰〕林接贺一（北上时）。

团乡支部。

区少共区委。

革命互济与反帝大同盟同时建立，革命互济会费4个铜板，反帝大同盟会费2个铜板，村里有妇女代表。

分青苗不划阶级，第一次没丈量土地。第二次以村分（以行政村），没量田，只是看一下。地主不另分田，富农分坏田。

查田。

一暴动就有少先队、赤卫军、儿童团。

进出口没有税，当时鼓动大家对外贸易。

土地税：累进税。区、乡、村有合作社。

---

① 原文如此，疑为"律阳"。

4. 北上后游击队

区司令员：廖功绍兼一中队队长；副司令员钟万秀兼二中队队长；三中队队长赖平。一区大队有三中队，一中队有三个排。

除区营游击队外，乡没有游击队。

1935年四、五月间游击队被打散。

全区只三条枪。

游击队活动路线：杨世华、赖平最清楚。

20. 凤岗乡李福庆老同志谈革命斗争

一、第二次国内革命战争时期瑞金人民的斗争

1928—1929年朱总司令来到了瑞金播下了革命种子，从此瑞金县人民开始了革命斗争活动。1930年1—2月，安治前首先开始暴动，组织了地下党，宋群、邓家保为首组织了游击队、自卫军，在绵江河以南开始暴动，朱总司令的主力军在赣北地区四面散开对付敌人。

1930年3月，凤岗乡成立了农民协会，游击队杨斗文同志率领游击队在武阳区活动，杨金山率领游击队在安治活动，打击和九堡区土豪钟运标勾结、自西江而入的伪保安团匪首欧阳江的对革命镇压罪行，并在绵江河两岸插起红旗，开展打土豪、分田地的斗争。

同年3月，红十二军罗炳辉同志率领军队来瑞金，恢复了瑞金苏维埃政府。此时，我编进了少先队，当时还有儿童团（3—16岁加入儿童【才】，16—23岁为少先队，20—55岁编为赤卫军）。1931年9月开始组织了模范师，毛主席、朱总司令都来到了瑞金叶坪，我参加了当时在此举行的庆祝苏维埃的胜利大会（十月举行的）。1932年7月间，党中央驻沙洲坝①，瑞金县城成立了红军学校，

---

① 原文如此。

3 个月毕业出去担任红军的干部。

1930 年 5 月已实行分青苗，每人 2 亩，地主则分下田。1931 年 5 月查田，查田时，地主不分田，集中住在祠堂里，监督劳动，富农分下田。

少先队活动：少先队在当时负担站岗、放哨的任务，赤卫军是戴红军手套，少先队是【戴】红带，天天要学习军事。

儿童团，他们也担任了放哨的任务，1930 年 7、8 月中某日，朱总司令戴一顶斗笠路过他们的岗哨，不给路票，被扣押起来（是来放哨的）。这种认真放哨的态度，受到了朱总司令的表扬。

1931 年开始动员组织百万铁的红军，在 7、8 月间，少先队组织也进行动员参军，当时组织了模范师、模范营、新编补充师后，改编成了一、三、五、七、九军团，三十五军改编为九军团——罗炳辉军长的队伍。我在 1932 年参加了第一军团，11 月就上战场，去打过会昌、广昌及闽西等地。

二、长征

1934 年 10 月 15 日晚，在汉清斗、铜乐湾开了一个同乐晚会，朱总司令、彭德怀同志也参加。朱总司令在会上说："同志们！我们的队伍是百战百胜的，现在我们应该要打运动战，因为敌人有飞机、大炮，我们是土枪。我们要打敌人的屁股，以便消灭他们。"

10 月 16 日，红军开始北上抗日——长征开始了。当时我们谁也不知道是长征，只是跟着队伍跑，我是编在第一野战军，司令员朱德，副司令员刘伯承。后来我为林彪司令员警卫连中的通讯连长。

长征的经过【如下】。

1934 年 10 月 16 日晚过于都河，当晚到了鹅峰山宝，并进行打土豪，找贫苦人调查该地情况（贫富情况），把调查情况报告政治部，朱瑞为军团政治部主任，聂荣臻为政委，罗荣桓为保安局长，林彪为第二军团司令，沿途是打土豪的东西来解决军饷（但须经过政治部批准），但沿途反动派组织铲共团来阻止和打击我们北上。

10月17日到了信丰、安远。

10月18日至20日打广东新田谷陂的国民党陈济棠队伍，消灭其第二路第一〈个〉师，俘虏官长〔兵〕一百多，排级以上的都杀了，聂荣臻同志说："若不杀他们，就会增加国民党的力量，士兵愿意可转为红军，不愿者可以回去。"

10月25日至湖南打布黄山，28日过湘江，国民党李宗仁、白崇禧、何健军阀与我们打。

10月28—29日过陶州、林雾。

11月1—2日进入广西打大第岭、大埠头，是和广西军阀以及何健追军进行斗争的，战斗到廿几号，我军又转到湖南边界来。

12月1—2日到了贵州剑河县，此地苗族人很多。

12月11日到了贵州四宾①县。

12月30日到余清县，此地离丽江只60里，我们已准备好了快乐地过个阳历年，可是敌军周浑元军队（陆军总指挥）、吴奇伟军，二支军来追，我们便丢下东西未吃，在乌江河与其一战。贵州省伪省长王家烈率军阻击，我军退，我第一军团第二师第四团毛建华同志率军冲锋，用竹排渡过乌江河，我们的部队便在1935年1月2日渡过了此河。

过了乌江后，到了煤炭县（离乌江120里）。

1935年1月5日，在离遵义县城五里远之鲤鱼坝扎下（北上长征初期）。七军团方志敏部队为先遣队，受害后一军团、三军团为前锋队，八军团在陶州被打败了，五、九军团为后卫，四军团在井冈山出发，途中，朱总司令在中间，毛主席和〔及〕其爱人（小足）和一个女儿在过雪山草地时，是和第一军团走的。

1935年2月，开遵义会确定毛主席为党中央的领导。在此地组织了农协游击队、儿童团（沿途均帮助当地成立这些组织）。

---

① 原文如此。应为"施秉县"。

为了了解红军长征的经过，我还是唱一首长征歌来说明吧：

十月里来秋风凉，中央红军眼睛望，胜利渡过于河，古陂新田打胜仗。

十一月里来过湘江，广西军阀大恐慌，二道封锁都冲破，红军前进谁敢挡。

十二月来到湖南，云里雾里一齐占，三道封锁都冲破，吓得何键狗腿寒。

正月里来梅花香，打进贵州过乌江，连占川北十四县，红军闻名天下扬。

二月里来贵阳〔州〕省，两次占领遵义城，打垮王家烈八个团，消灭周、吴二个人。（周浑元伪军长，吴奇伟伪军长）

三月里来△察西（云南靠贵州处），部队改编好整齐。发展川南游击队，扩大红军两千几。

四月里来打云南、黄平、马街一齐占，巧妙渡过金沙江，浩浩荡荡在心中。

五月里来泸定桥（铁索桥），刘文辉（四川军阀）打得哇哇叫。

大渡河、天全（地区名）从容过，十八英雄青名飘。

六月里天气来天气热，夹金山乱下雪，一、四两个方面军（四方面军事张国焘领导），猛〔懋〕公〔功〕（地名）取得大会合。

七月里来川西北，黑水（蛮荒地方）灵化（日前）青稞麦，艰苦奋斗为那个，为了苏维埃新中国。

八月个继续向前进，草地行军不怕冷，草地从来无人过，无见百姓是红军。

九月个赤化岷州城，陕甘支队东北进，猎〔腊〕子口（靠甘肃边境）渭河都突破。打了步兵打骑兵（卢大昌、胡宗南的步兵，马鸿逵的骑兵，即回族的骑兵之一）。

二万五千到陕北，南北红军大会合，粉碎敌人新的"围剿"，红旗插满全中国。

（注：以孟姜女哭城墙的调子唱。）

到了陕北开了同乐晚会，12月25日到陕北和刘志丹、高岗军会合。刘伯承同志作了二万五千里长征的总结报告，他说："同志们，我们经过了十二个月的长征，走了二万五千里路⋯⋯"大家听到长征途中的千辛万苦都流泪了。

当时第一军团政治部编有《中央红军胜利总反攻歌》，词如下：

中央红军胜利反攻，出发自江西，十二月长征，打沙背、汾河水，战胜百战，优匪军，冲破了重围，打遍了天下十一省，进行了二万五千里，打下五百余仗，都打垮了敌人，计算起来，溃敌四百一十团，英勇地百战的英雄，有前不退，到陕北苏区会合二十五军团（刘志丹、高岗）粉碎了敌人新的"围剿"，胜利属于我们。

21. 熊永松同志谈苏区斗争

熊永松，1931年入党，1931—1933年任云集区裁判部部长，以后到中央〈任〉劳动感化院任领导工作。1934年红军北上后，和组织脱离联系，1957年入党，现任新矿矿长。

1930年，暴动后成立农民协会，以后成立苏维埃政府。

区设有财政、土地、总务部和工会、互济会等，还有特派员、裁判部，一区只两三万人口，区党有中共党书记、少共书记、宣传委员、组织委员，有20多个工作人员。

乡有正副书记、文书、收发、工作组（管理经济、土地），10多个工作人员。

区、乡有工农代表苏维埃代表大会。

县主席以下是总务处（秘书），再下是财政、土地、裁判部、检察部、国民保卫局、国民经济部、妇女主任。

党和苏维埃政府当时颁布了《镇压反革命条例》，裁判部在当时执行政策，工作很紧，判决都要经过中央批准。斗争非常尖锐。

1930年冬—1931年三月土改，充分发动群众，吃用的从地主、劣绅、土豪那里没收分给贫雇工农，经济（如金银）上缴政府。工农分好田，土改后增产，每人分五亩多田地，只交100斤土地税，青年妇女也参加生产。

1932年土地复查，是查土地、查阶级、查反革命，和纠正过左的现象。

（访问人：王增平、饶胜铁）

22. 再访杨世珠（记录整理之一）

县苏维埃代表大会有五次，主要之决议是以战争为主，结合五个时期做〔的〕主要问题。

第一次是在1931年四、五月间，地点是在河背地主杨世宗家中，不知道有多少人参加，主要决议是土改和政权建设问题。设县革命军事委员会，区乡农民协会为县、区、乡苏维埃政府。选邓希平为县主席。1931年五月，邓被李天富所杀，可能是由执行委员会决定，由肖连彬当主席，当时的县委书记是李天富。

第二次于1931年十一月在广东会馆（现在纱布公司）开会。因为五—六月间开展肃反，李天富杀了许多革命者。十一月扣留了李天富，开大会公审。王正当选为县主席，书记是邓小平。王正能力不行，不久执行委员会决定由危辉椿当主席。

第三次于1932年三月在李家祠开会，有100多个代表，主要问题是战争和扩军，发行战争公债。危辉【椿】被选为主席。书记是邓小平。

第四次于1932年五月在杨家祠开会。讨论：1. 扩军；2. 发展生产，组织耕田互助队、耕牛合作社；3. 支援战争之借谷运动。书记是胡荣佳。选杨世珠当主席。在这以前，武阳开春耕生产会议，危辉椿不去，毛主席就撤销他的职务，叫杨世珠当，这次选举又把杨世珠选上了。

第五次于 1933 年十一——十二月间，在凤岗乡苗埔李家祠开会，有 200 多个代表参加，中央有高自立、梁柏台、胡海、徐特立、何叔衡等人参加。决议有：扩大百万铁的红军；发【行】经济建设公债 30 万元；开展借谷运动；组织合作社，准备攻破敌人之封锁，拥护第二次全苏大会；选代表出席，主席是杨世珠，书记是谢美如。

选举与现在差不多，25 个区代表产生 1 个县代表，50 个县代表产生 1 个全苏代表，30 个乡代表产生 1 个区代表。部队例外，它直接选人到中央去开会。

县党代大会有两次：

第一次于 1932 年三——四月，在东门外东方庙开，有五六十个代表，选胡荣佳为县委书记。决议：战争和发展组织问题，发展春耕生产。会后党才公开，每个乡都有党支部。

第二次于 1933 年五月在城里的杨家祠开会，有 100 多代表参加，代表 20000 多党员。那时，着重扩大瑞金师（9700 多人）、少共国际师、工人师，三师共 25000 人，三个月之任务一个月就完成了 27000 余名。

100 或 80 个党员选一个代表。选赖昌祚为县委书记。

县党委有宣传委员、组织委员会、妇女委员会、监察委员会、青工委员会。

县、区、乡苏维埃政府之组织机构【如下】。

1930 年三月，县是革命委员会，主席邓家宝。下设大队，队长是兰夏桥，下有 24 纵队，队长是杨斗文，一纵队分三个中队，一中队长杨金山，二中队长周昌仁，三中队长杨世金（他死后由杨远楼、杨家义等接任）。此外财政委员会，主任是刘卫宣，土地没收分配委员会，主任是杨荣才。工会主席是杨苏桥。

1930年三月区、乡是农民协会。区农民协会有财政委员会（里面有干事）、土地没收委员会、工会，有主席。乡农民协会有主席，有财政委员、土地没收委员、工会委员。

各区游击大队由县24纵队领导，计4000多人，2000多支枪，许多梭镖。

1930年有11个区：城市（主席刘承功）、云集、壬田、黄柏、陶阳、武阳、踏江、黄安、九堡、沙心、古城。

1931年四五月才成立县苏维埃政府，有15个区：城市、沿江、隘前、瑞林、兴巷、黄沙、下肖、云集、壬田、黄柏、陶阳、武阳、踏江、黄安、九堡，沙心和古城划出去了，城市区主席是危辉椿。

县苏维埃政府有九个部：土地部部长张宪来，裁判部部长潘立中，财政部部长罗振华，内务部长周运昌，工农监察部长兰文勋，国民经济部长周钟元，妇女指导员罗子才，总务局长王国初，国家政治保卫局局长钟天禧（区有特派员）。

区苏维埃政府有军事部、土地部、国民经济部、劳动部、内务部、裁判部、粮食部、财政部、工农监察部，此外，有妇女指导委员会、总务处、主席。

乡苏维埃政府有军事干事、财政干事、赤卫大队长、少先队长、儿童团、乡主席、文书、贫农团主席、雇农工会、乡妇女指导委员。

村苏维埃政府有主席、文书、赤卫军分队长（脱产干部），其他贫农团、雇农工会、少先队、儿童团都是兼【任】。

县有15~20【个】脱产之通讯〔信〕兵。

1932年第一次全苏大会后，乡有三个脱产干部，即乡主席、文书、经济干事。村政府取消了，改为村代表大会，有主任，不脱产。

关于行政区划之变换：

1932年划小了行政区，成立了几个县：太雷县（沿江、胡陂）、长胜县（宁都）、西江县（会昌、瑞金交界）。

1932年瑞金有15个区：云集区、合龙区、壬田区、河东区、桃黄区、武阳区、沙洲区、下肖区、九堡区、下宋区、官长区、黄柏区、隘前区、城市区、渡头区。城市区主席是杨相珍。

区、乡的组织机构没有变动。

1931年四五月苏维埃政府成立之前，城市区分为东南西北农民协会。苏维埃政府成立后，改为东南西北郊。

东郊——彭坊、黄埠头、沙子岗、白汀坝、车子街。

南郊——黄家圳、南门岗、瑞前岭下、黄岗、日瑞、黄山背、瑶前。

西郊——谢坊、下塘、沙洲坝、胡岭背、东坑、松山下。

北郊——上刘梅、龙登下、上田廖、江下、汗△背，赖底杜下。

此外，城市区有城中乡。

注：有些地名是译音。

（访问人：曾名兰、赖端中、刘美英）

23. 再访杨世珠（记录整理之二）

反帝拥苏大同盟、革命互济会都是【在】1932年下半年成立的。反帝拥苏大同盟县有主任，区反帝拥苏大同盟也设有一个主任。县是单独之机构，区下设单独之机构。县主任是刘承功。反帝拥苏大同盟宣传为什么反对帝国主义，为什么要拥护苏联，发动人民签名反对帝国主义。同样，革命互济会，县有主任，区有主任，县主任是肖涵勖。革命互济会主要是募捐、救济灾民和难民。

1931年恢复政权后，县设有红色近[①]卫营，设有24纵队30红色警卫营，有两三百人，营长是××，分为三连。同时15个~20

---

① 近，应为"警"，后文写作"警"。

个的通讯兵也没有了。第一次全苏大会后，红色警卫营也没有了，主要是靠赤卫队、少先队。赤卫队区有模范营，计三四百人，乡有模范连，有 50～60 个人，由县军事部领导。区有模范少队，乡有模范少队小组。同时，瑞金有一个中央卫戍司令部，领导模范、模范少队，比县军事部大。

1931 年冬，县城里面设有民警局，专管县的人口，维持秩序，它属于县内务部管，局长是钟勤山。

少共县委，于县苏维埃成立后才有，少共县委书记邹娄兰、朱卫沐（叛）、兰永录。

在苏区时，得到模范最多的区是武阳。

1. 春耕运动模范

那时，除了战争就是搞生产，厉行节约，支援战争。口号"三犁四耙，每亩肥料一百担，亩产五百斤"。

（附：苏区时修了两个大水库——壬田的石江水库，武阳的水堰，这是由县主办兴修的；此外，各区乡都自己兴修水库。那时雨水好，要雨有雨，要晴有晴，收成好。）

为什么武阳会成为春耕生产模范？因为武阳互助队好，全区人力可以调动，虽然参军的多，但劳动力不缺，并且可以调动全县各区去支援。同时，武阳所有的妇女都参加劳动（革命前，妇女不参加劳动），会犁田，可以说，武阳的潜力是挖掘得很不差。第三，每亩积肥一百担超额完成，草皮铲得多。第四，田的四周没什么草。第五，禾苗长得特别好。

各县派了 300 多个代表去参观，代表们在武阳邹家祠开了大会。在会上作了生产总结。会后，代表们去参观。大家都说："武阳的生产的确是好！"

参观后，武阳区开了群【众】大会，毛主席在会上当众奖旗。

毛主席去参观时，从武阳到石水 15 里之内，都站满了欢迎的群众，计 20000 余人。在区里时，妇女们送了 300 多双布草鞋给毛主席。布草鞋都做得很漂亮。

毛主席在群众大会上讲话时，群众都欢呼，十分热闹。开了大会以后，毛主席就找了五六个有经验【的】老农来谈生产经验，并且在一夜的时间里写了一本很厚的书，叫作《春耕运动大纲》。

2. 武阳的干部先提出带三个月的米，以后其他各区之干部就响应，武阳起了先锋带头作用。

3. 在修飞机场时，武阳以 10 天之时间完成了一个月之任务，得到了模范。

4. 在整个的扩军运动中，武阳下肖是最好的，特点：①超额完成任务；②新兵的思想好；③优待军属工作好。

5. 扩大瑞金师时最好的是九堡，它以 10 天的时间超额 200，完成了 500 人之任务。同时，送兵是最早的。

6. 查田运动是壬田最好，查田以前壬田封建势力大，有坏分子混入革命队伍，查田以后，这些坏偏向都纠正了。

7. 借谷运动模范是武阳。从中央来说，借谷运动是瑞金第一。

8. 购买公债的模范是云集和黄柏，他们乡快。

苏区时，瑞金与中央之关系【如下】：

中央开主席团会，瑞金县主席要参加。中央主席团会议，每月要讨论一次瑞金县之工作。同时，当中央及各部讨论其他有关瑞金县各部之工作时，瑞金县各部部长要出席。

毛主席到瑞金县苏维埃政府来参加，县执行会议和主席团会议，有时，毛主席找县里的负责同志进行个别谈话。

此外，中央派邓子恢来领导瑞金县，党中央组织部的同志也常来领导瑞金工作，如李维汉、金维映、徐长生。

中央各部直接领导瑞金县各部之工作，有什么运动都派人来，扩红时是邓小平来，春耕是梁柏台、高自立来，徐特立也经常来。

乡有列宁学校，村有列宁村小、识字班、夜校，冬天较闲，识字班白天都上课，农忙时，晚间上课，识字牌好，井边、路口等地都有。革命前瑞金文化程度低，绵江中学只有 100 多【名】学生，各小学也只有 100 多人，同时妇女不识字。革命后，识字的妇女就很多了。每个行政村都有俱乐部，冬天经常演戏，俱乐部有宣传队。

查田运动开始于 1933 年五—六月，结束在十月。

查田运动开始前，于 1933 年三—四月间，在沙洲坝开了一个八县贫农团会议，八县是：瑞金、会昌、宁都、兴国、石城、长汀、宁化、于都。查田前发生打干部、放青苗等坏事，说明阶级没有划好。查田运动时中央有标准，阶级也划得较清楚。同时，查田以前，开办了查田训练班，学习划阶级，学一个星期。查田之重点是壬田。

查田之意义：1. 彻底消灭了封建势力；2. 土地分配得不合理之地方，已重新分配；3. 向地主抽款 30000 元；4. 人民发动起来；5. 提高了觉悟，扩大百万铁的红军顺利进行。

两次分田之原则是：抽多补少，抽肥补瘦，以原耕为主，富农分坏田，地主不分田。由于阶级划得不准，有的地主成为富农和中农，分到了田，同时，有瞒田之现象，有事故发生，故要查田。

（访问人：曾名兰、赖端中、刘美英）

24. 访问杨衍炬老同志记录整理

1928 年四月瑞金城形成了"新派"与"老派"之间的斗争，"新派"以杨苏桥、杨荣才、杨耐哉为领导，在△财学堂、象湖学堂等地发展秘密组织，与绵江中学刘维甫（校长）为首的"老派"进行斗争。三月间杨荣才等领导工会、学生进行游行示威，有一次在灵珑桥下的真君角坝聚集四五百人开会，搭了台，杨苏桥、杨荣才、杨耐哉在会上讲了话，借开体育运动会进行集会宣传，号召反对日本帝国主义，禁止日货进入中国，反对英帝国主义运入鸦片放毒。

1928 年四月里组织起来了工会，长工另组织成苦力工会，苦力工会长是刘丁字眼，当时工会向工人宣传贫苦的原因：工人农民整年整月地辛勤劳动而无衣无食，而有些人从来不劳动，而生活富裕。这是因剥削缘故，工人没有权，"老派"是剥削我们。号召工人向雇主加工资，不加工资的话，则不要去做工，没有饭吃，可以发动大家，募捐救济。

1928 年八月间反动派李文彬（旅长）杀害杨荣才同志，敌人用铁丝串着荣才同志的舌牵着走，这时荣才同志大声唤"中国共产党万岁！"。

25.叛徒周宗源口述

周宗源，县苏维埃原国民经济部长。

县苏维埃国民经济部机构【如下】。

县国民经济部是由中央苏维埃主席领导下进行的。县苏维埃的组织机构设有合作指导委员会，组织股、调查统计股、文书股、生产股、经济指导委员会，它与上述机构是平行的。

1. 合作指导委员会——指导合作社的发展（即经济指导委员会）。合作社、消费合作社，在国民党实行经济封锁的时候，它以土布、木头、怀参〔山〕、烟叶、豆子、毛边纸出口，与白区商人换取洋油、盐布。

2. 组织股——管理行政事务。

3. 调查统计股——调查生产情况，统计生产收入。

4. 生产股——发动群众积极生产和积肥等。

5. 文书股——专管收发工作。

县国民经济部部长名单【如下】。

1. 正部长：谢金平（1930 年—1931 年春），副部长不知道。

2. 周宗源（叛徒）1931 年春—1933 年春。

3. 林江柱 1933 年春—北上。

经济来源：1. 发展工农业生产；2. 组织对外贸易；3. 发行公债。只有中央才有银行，县没有银行，银行主要是发行纸币、借贷等。

对外贸易机构：中央有对外贸易局，它与县合作指导委员会的关系，指导合作社如何发展区、乡合作社，由群众集股1元以上，有购买证（社员证），购买东西可买到廉价物品。

国民经济部与中央的关系：中央主席团每逢礼拜六夜晚召开一次各部干部会，各部向中央作工作报告，研究生产和扩大红军的情况、用什么方法组织突击运动，会议内容由各时期的中心工作决定，县把干部派到区，会同区干部到乡去，根据区、乡任务进行宣传。

县国民经济部与其他各部的关系：每部每月所需的盐、布多少配到各乡，就必须先了解情况，由主席团发出突击口号，如教育部有个别特殊的工作要与国民经济部取得联系。

发行公债：由中央把金额任务分配到县，县分到区，县国民经济部配合区、乡干部宣传，开群众大会，动员使其自愿利用竞赛挑战奖励的方式，公债额每人平均一块多钱以上，以所有的人为单位。推行公债时提出的口号：大家踊跃购买公债！打破敌人封锁！冲破敌人的围剿！

苏区时有两种税收：1. 土地税（累进税），抽百分比的，每担约收5—8斤，年成好坏有增减；2. 营业税（商业，包括杀猪、买酒的，按奖金及收入的多少而定）。

经济措施：1. 扩大红色区域；2. 苏区农业；3. 商业，农村增加收成，还要生产出口货。

当时苏区的工业：织布、打篾子、樟脑、制硝、煮硝盐。

对私商则让私人商人发展组织工商业联合会，和工商业有困难，可向国家银行贷款订合同，商品价格由评价委员会规定。

中央合作社：领导各县合作事业的发展，设有营业部。

1933年8月，中央合作总社召开合作代表大会，内容：1. 发展合作社；2. 解决人民生活困难。

中央铁工厂：炼钢铁、打钢条、做马刀刺刀，有100多工人。

厂址：县城北关杨家祠。

厂长：周宗源〈：江西有个兵工厂〉。

1930年冬，我由黄柏调到瑞金各区，在那里受训的训练班学习军事、怎样起来革命、当时的国际形势（帝国主义瓜分中国，国民党反动派如何地压迫掠夺人民，中国共产党领导中国人民一定能驱除帝国主义、推翻国民党）、如何实行土地革命等内容。学习完毕后便调到沙心进行扩大红军、领导少先队。我曾扮演过送郎去当兵。沙心割归雩都，我调回到〈回〉瑞金当行员、巡视员（1931年搞了四五个月之久），以后即1931年在瑞金游击支队，队长刘启明，政委赖树煌。在石城药前打大刀会（土匪们组织利用法术、说吃了水了打不进，进行抢劫活动，以前靖卫团曾经打过它，后来则被靖卫团利用了）。石城打开以后，1931年冬回师福建清流县，建立了清流苏维埃县政府，清流不远田原的地方曾进行很多活动，在田原圩，大刀会在那里统治着，圩长就是大刀会的土匪头子，一次我们三个同志，我扮女的，其他两位同志扮男的，身上带上短枪，挑着担，后面红军队伍跟着来，我们三个人先过渡，渡船上有很多有钱的人，听到后面枪声响，有钱的人便跑到船上，有钱的人叫掌渡拼命地撑，船到了河中央时，我们就掏出手枪，要撑船的把船撑回转去，不要走了，那次得到很多钱，一个地主婆有金戒指、首饰、金链全金，有的地主婆把金簪放在衣边里面被检查出。我们放那地主婆媳妇出来吃饭时，她看到我们便笑起来（意思是笑我们打扮女人）。把田原圩的大刀会打下，缴了枪以后，便建立[①]。一个月以后过年的时候，靖卫团和大刀会卢兴铭、卢兴邦（福建有名的团匪，几千人的直属部）【又把】清流县〈又被〉占领了。在宁化县瑞金游击支队〈便〉编入正式军，我们工作团编到红军正规学校后，编到靖卫团第三军团，红军学校的人上来打时，我已被调到渡头。

---

① 原文如此。

未编入正规军时，我从沙心调回瑞金少共，县委派我去漳州搬胜〔战〕利品，漳州是 1931 年春被打下的，当时缴到〈有〉飞机、汽车等。我便从那时起见到过飞机、电影、汽车。回来时，又带少先队到会昌的中村乌阿白打五区联防，带去的都是模范少队，从这次来我才被分配到少共游击支队，调回瑞金后，1932 年就被分配到渡头。当时中共书记是罗甫仁，少共书记刘永祁，组织部长曾家伟，宣传部长王于荣，在那里搞扩大红军。瑞金的游击支队叫模范连，由罗甫仁为连长，徐贤女为中共区委书记。几个月以后，瑞金又划出长胜、太雷、西江三县，渡头割到长胜。1933 年我被调到官仓，任少共区委书记，组织部长王子荣，宣传部长杨甫兴，中共区委徐贤女在这地方进行扩大红军工作，在这里曾经公审枪毙大流氓王建潘，这家伙缴过红军的枪和私宰耕牛。

1934 年冬我由官仓调到黄沙，任少共区委书记，中共区委华干忠工作两个月后，1934 年四月调到中央党校学习文化，内容：军事、学习在白色区怎样工作，由曾经在北方白区地下工作的同志担任教育。九月中共派我到雩都沙官前去动员民夫，动员了很多民夫，那里地方喜吃生牛心，用辣椒拌在一起，要我们吃生的，动员了夫子上来的就分到区军团北上。

26. 访问杨世珠同志记录整理

1934 年八月前，中央召开军官会议，周恩来同志作了报告，他说要保卫苏区，首先要守住广昌、筠门岭，后来这两地失守，中央决定长征，北上前做了很多准备，各县扩军，八月月后主要是扩大地方武装，和做坚壁清野工作。八月—九月间县成立了独立营，营长是曾仁山，参谋长是资国钦，分四连，还有一个机枪连，红军北上时开到福建长汀接七军团与九军团的任务，让七、九军团长征。

红军长征后，中央留下了办事处，项英任办事处主任，副主任是梁柏台，还有陈毅、邓子恢等都留下了，办事处领导一个二十四师，二十四师设三、七、九三团，共 4000 余人，每团有 800 余人。瑞金县也成立了游击司令部，司令员是杨世柳，副司令是邱世桂，政委是杨世珠，区也有游击队，乡到北上后才有脱产游击队，主要是模范营、模范少队参加。

当时地区的划分主要是河东、河西两大区，河西称苏区作战区，由瑞金县兼管领导，包括于都的官田、沙心、木佳、良坑，瑞金的禾安、九堡、下宋、官昌、黄柏、艾前、渡头、瑞林，宁都的割亭圳、黄石坑、碛方。总的领导是直属于中央办事处，河西是属福建军区领导的，河东游击队是 7000 ~ 8000 人，当时中央的布置是游击队组织群【众】，牵制敌人，保护主力红军长征。

十月初三敌人第十师首先由长汀来，十九【日】由石城来，三十八师由宁都来围攻，首先是围攻河西、铜钵山，我们曾配合二十四师在瑞林、九堡、官土圳打了一天一晚，打得很激烈，敌人伤亡几百人，我们也牺牲了六七十人，这次主要是二十四师指示我们要死守，防止敌人进攻瑞林（从宁都来的敌人），二十四师守在渡头。

1935 年一月敌人想打会昌，在河背湾塘江，游击队配合消灭了一团敌人，活捉了团长，胜利的消息用无线电告诉正在遵义的主力红军，其时党正在举行遵义会议。

河西游击队于 1935 年四月围铜钵山，准备突过敌人封锁线到河东去，结果到了禾安，因游击队人多，目标大，被敌人发现，打起来了，只有国家政治保卫局过去了，其余的退回铜钵山。研究决定改变策略，分散目标突过封锁线，于是分四路，一是【经】九堡、官昌过，一是经禾安、西江过，一是经高围转武阳，一是经下宋、武阳、石水突过，设在白竹寨集中。结果禾安的穿过了，但牺牲大，走下宋一路流转到福建毛四坪，遇福建军区的独立营，他们要我们不要去武阳，后钟民还是去了。我留在福建十多天后，钟民、胡荣佳、刘国兴等都由瑞金来福建，在毛四坪会合，这是 1935

年五月的事。在这开了会，由此中央办事处转回来的瑞金县委书记赖昌祚同志主持，我们商议目标缩小，要求整编成九个分队，因为当时人多，粮食供应困难，每人发了十两盐，用一个竹筒装着挂在腰间，平时不能吃，吃还要听下命令，后来就吃山上的竹笋。分成九队后，由各队自己领导活动，当时刘国兴、杨世柳、邱世桂等转回武阳，钟天喜、资国钦、周德州（后叛【变】）等转回壬田沿江，钟民、杨世珠等留在毛四坪。

到了 1934 年，才又集中成立一支队，钟民任队长，下分三大队，由钟民、刘国兴、胡荣佳各任一大队【队】长。

（访问者：陈如玉、尹能跃）

27. 访检察院院长钟爱群老同志记录

1930 年参加工作，初在农协会。

1931 年【在】村政府任秘书，六月在洋洒乡政府任秘书，十月调到云集区政府任秘书，当时云集区主席谢万洋，本年底改组。

1932 年六月我们云集区政府总务处长，这时正主席朱开铨。这时各部的组织机构也建立了。如：区有区委书记、组织部长、宣传部长、少共区委、少共书记、组织部、宣传部、少年先锋队、区妇联、区主席、劳动部、国民经济部、土地部、裁判部、工农检察部、粮食部、工会等。区工会专管各乡的基层，如工人的福利事业、工人调动……

1933 年开展查田、查阶级运动，这时还编了一个歌儿：公元1933 年，劳苦工农来查田，查田就是查阶级，贫苦农民万万年。这年冬任裁判部长。

1934 年调到最高法院工作，院长董必武，副院长何叔衡同志，何叔衡同志多做具体工作，审查案件，处理案件……

红军北上后，我又调回县，任县里的裁判部长。这时县政府也迁到黄埠头去了，不久又迁到腊梨脚①下，此时敌人又迫又近，到十月初四迁移九堡，并在九堡留下了临时办事处，内务部在松山下，中央高级法院在东坑。红军整团、整营、整连出动后，只留下少部分军队，中央留下了部分首长，如项英、邓子恢、梁柏台等，这时梁柏台同志【任】裁判部长。此时组织了游击司令部（县的），有独立连、独立营。我任独立营的文书，游击根据【地】是九堡铜钵山、瑞林、万田、沙心、江面，中央办事处迁至于都的堪田。这时期日渐紧张，上级宣布老弱病者退回堪田、麻地疗养，去治疗，治好病后又编成了一个营，到会昌、安远、马安岭、牛岭打游击。在此情况下，我们对中央已经失去联系。这时我们处在敌强我弱的状态中。（1934年十二月底的情况）

　　1935年初敌人更加疯狂起来，二月在西江打了一仗，我们损失很大。敌人想把我们全部消灭，因此就实行了"三光"政策，在这紧急关头〈之中〉，我们决定冲过敌人的封锁线，从黄安出发到龙角，想到白竹寨，但被敌人拦阻，大部分被敌人冲散，此时只剩下百余人。为了有组织【地】继续坚持战斗，又把这部分人组织起来，钟民任队长，我任文书，钟民领队往太阳山去，但没有通过，只好退回山崇。这时我〈发〉生了病，不能跟队伍前进了，组织上把我送到后方养病。为了不被敌人发现，撤逃〔至〕新塘王光保家里（王光保是现在黄县长的丈夫），光保同志很关心我，听到敌人来时就领我上山呆〔躲〕藏。病好后又撤回家，幸遇钟延杨同志打到一张"一"人的路条，他把这"一"上面加了一横逃到福建、广东的新会、梅县等地，又到寻乌竹子任落〔定〕居耕田，以至国共合作才回瑞金。回后也【不】敢待在家里，常出外做挑肩担商。

　　法院机构：中央有最高法院，法院长董必武（兼红军大学校长），副院长何叔衡，下面有干部十多人，下有刑庭、民庭。中央裁判部部长梁柏台，管理行政、干部、监狱、感化院。法院、裁判

────────────

① 原文如此，疑为"癫痫脚"。

部都属中央管辖，但各【部】门工作不同，法院有审判权，裁判部的工作如上所述。壬田水晶圈① 感化院感化长是熊永松。东坡劳动感化院，在福建。县、区也有裁判部。区的有权管死刑、徒刑。被审判者不服可能〔以〕到中央上诉。区的由部长审判。

1931年瑞金县的裁判长是潘立中（寻乌人），是随三十五军来的。1933年是刘衍民。1933—1934年是熊永松，那时我当副的。以后一个接一个，朱先灯、丘② 士贵、杨祥金（兼瑞金县苏维埃政府主席），直到北上。

审判：实行陪审制度。陪审的与审判员有同等的权力，优点是吸收人民参加审判，让人民体会到当家作主的意义；另外民意便于往法庭反映，且法庭又便于执行民意。

会议庭、审判委员会：主要是发挥集体制度，共同讨论，防止偏差，会议庭是在部长领导下进行工作的。

公开审判（除一些秘密的以外）：作用是教育群众，扩大法制宣传，加强法治教育。

审级制度：不服县、区审判者可向县上诉，同样不服县审判者，可向中央上诉，期限是3天到5天，原则上是三级二刑制。这体现现行法律间的作用。

国家公诉机关：工农检察部不出席法庭，主要是保卫机关，没有决议权。这是发动群众，向敌人专政的一个好办法。

每个运动到来时，群众都很积极起来揭发控告敌人，使运动迅速开展了起来，在各个运动中比较突出的，如1933年的查田、查阶级，有大罪的，有民愤的，群众把他抓到政府来处理，有些罪大恶极的，开公审大会，就地枪毙，使群众满意。1934年春的归队运动，当时红军中开小差的很多，要动员是动员不了的，中央下个命令：开小差五次的法办，情节恶劣的还要枪毙。当时裁判部的工

---

① 原文如此。
② 原文如此。

作很是艰巨的。中央这个令下以后，大家都归队去了。1933年—1934年，发行公债，为了不受敌人破坏，裁判部也和其他各部一样，行动了起来，保卫党的中心工作。第三是给逃跑的地主、豪绅、反革命以制裁，警告其拿〔他〕的要好好守法。第五①是根据党的方针政策、命令，以事实为根据，以政策为准绳。

当时的法制主要有土地法、婚姻法、军事法。1934年第二次全苏大会上颁布了宪法、婚姻法，主要是保护红军兵士在家里的妻子安心劳动，不能随便回家。

杀AB团问题。

在1930年到1931年上半年，闽西来【了】个李天富当县委书记，把真正革命的同志，加上"AB团"罪名杀了不少，后来，中央派金维映来，查出李天富是反革命分子，把他杀了，人们（特别是参加工作的）恐惧的情绪才消除〈去〉。

行政区的划分【如下】。

1931年分壬田区、园江区、云集区、黄柏区、九堡区、瑞林区、下肖区、城关区、武阳区、谢坊区。

1932年划分：云集（合龙）、壬田区（河东区）、黄柏区（大柏区）、九堡区（官仓）、瑞林、沙心区、万田区、武阳（下洲区）、谢坊（达箕、新箕）。

【历任】苏区县政府首长【如下】。

县主席：1930年【是】邓希平，1931年【是】肖连兵、谢在枝、王振、李崇奎、危辉春②、杨世珠、杨祥金。

副主席：周宗沅、丘世桂，另还有一个姓兰的。

县委书记：邓希平、兰夏桥、李天富、邓小平、陈濂、胡荣加、赖昌祚、杨世珠。

少共书记：朱未沐（叛徒）。

工会主席：杨兰桥、刘明镜、钟桂先。

县府地址：1930 年在河背谢玉明房；1931 年在南门岗福昌栈，1931 年冬在广东会馆（现在的花纱布公司）；1932—1933 年春起在北关小学（现在的胜小），1933 年冬在杨家忠大地主房后，不久又迁劣任村 [①]；1934 年迁黄埔头，8 月间迁腊梨脚下，10 月间迁至九堡。

（整理：邓光滨）

28. 访吴顺民同志记录

赤区时，中央到县、区、乡均有国民经济这部门的机构，县里有国民经济部，有部长、调动员、生产指导员、合作指导员、调查员、文书和巡视（一般〈上〉各职皆是一人的），直接受县苏维埃主席团领导。在区里，国民经济部仅有部长、统计、文书三人，由区主席团领导。这是组织机构与领导形式。

国家经济方面，1931—1934 年国家发行三次建设公债，推行办法是由中央到基层。首先由乡到区到县到中央定购好额数，接着大力向群众宣传，家喻户晓后，才由代表定购回来向群众推销。这二次公债发行中，都没有强迫命令现象，且超额完成了数字。发行好的有锦旗奖励。这是第一种国家经济。

第二种国家之经济是累进税——公粮。累进是按照实际材料征购 5%（当时不叫征，就叫累进税），按田亩计算，和现在征收公粮一样很轻。红军和国家机关主要是依靠这一税收维持的。征收前，先召集县、区、乡干部开会，然后向群众宣传，使群众知道累进税的标准。群众自动送到该区的仓里去，完成得很好。仓有保管员、检查员。

---

① 原文如此。

第三种国家经济是 1933 年的借粮运动，因国民党的"围剿"，要有物质做基础。做法：首先注意敌人的破坏与奸商的抢购，并向群众说明借的额数多少，瑞金当时提出 2000 万斤，短短时间中超额完成了。群众大量种植菜蔬，而腾出粮借给国家。

第三方面是合作事业方面：手工业、纸业、木材等合作事业。

a. 手工业方面。首先发动群众熬樟脑，补救因国民党的封锁而出现的物质缺乏，樟油代煤油，樟脑大量向白区出口，换回布、盐等用品，省得输出光洋。

b. 纸业合作社。过去的纸业操纵在地主、资本家手中，这时，他们多逃走了，苏维埃政府把它接受过来，派工人生产，产量很大，不仅满足了当地的需要，且有大量的输到白区换物品。

c. 木材合作社。木材是本县的特产品之一，原来木材业也是掌【握】在资本家手中，这些人有钱有势（没有势力，木材会被人偷去），可以经营这行业获厚利。苏维埃政府把它没收过来，木材主要是经水运【运】到赣州去，一部分【为】苏区的用物，一部分换光洋。

这些合作社为苏维埃创造了不少经济，冲破了敌人的经济封锁。另外还有下面几种合作社。

1. 缝衣、理发、铁器、泥木工人合作社。这些工人和其他的工人一样，受资本家的剥削压迫，这时他们摆脱剥削压迫了，觉悟很高，真正起了先锋作用。他们生产热情很旺，依靠他们克服了很多困难，工人由工会、会计领导生产。工人有工资。

2. 消费合作社。机构有县总社、区分社、乡分社，总社有理事等 7—9 人，里面有管业务的，有文书、〈有〉监事等。分社、支社机构与总社相同，总社由中央国民经济部领导。区分社、乡支社由县的相似机构领导。消费合作社资金全由群众解决，一元一股，参加的有社员〈社〉证，依此证买东西可以廉价一些，此外年终还有按其所需的用物，和股份的多少分红依此。这种合作社的组织是防止奸商操纵市场，抬高物价，另外是支持战争。每年 10% ~ 20%

的利润分给社员，10%～20%搞〔用〕于生产。群众很欢迎这种组织，几乎每家每户都参加。

3. 信用合作社。以信用借贷代替了高利贷剥削。资金的来源，一是群众拿出的，另一部分是把〔用〕地主富农被斗争果实的一部分。参加者也有社员证，有困难的贷给。机构有理事、会计员（管业务的），还有些监事（一般由当地的党委书记任）。

4. 硝盐厂：主要为了冲破敌人的封锁，解决内部困难，以肥泥、小便缸底为原料，熬出后可代食盐，硝盐厂有厂长、会计，硝盐除供民食外，还可解决战斗中鸟枪用药的困难，硝盐厂的理事、会计、监事之与信贷的【相】同。

对农业方面：农〈业〉民大量参加红军，但不影响农业的劳动力。中央和地方都很重视农业生产，因人力、财力关系，没有筑大型的水利，只是【以】修补为主。中央一手抓生产，一手抓军政，此外还号召积肥开荒。过去由于封建剥削，土地荒芜了不少，政府发动群众大量开荒（在大柏等地，人力不够，用迁移劳动力办法解决）。如互助组（以一定地区为范围编的耕田队）中分派一部分劳动力，自带伙食用物去，到外地区，由当地的区、乡政府领导。但主要是为红属劳动。此外机关干部是星期六一定要参加义务劳动，1933年夏收夏种，毛主席亲自到武阳石水开生产会议。苏区几年都丰收。

此外，有厉行节约、反贪污运动，从内到外，从机关到企业。县财政部统计唐达仁贪污了1000元，被枪毙（1000元以上者枪决，以下徒刑），其家产还被没收，来弥补国家的损失。这运动以后，国家的财政收入大大增加。节约的风气也大大增长，干部每天吃两餐，每餐六两米，衣服自带，自〈报〉带伙食。机关用纸除机密文件外，其他都是用废纸。有时把野外人家扫墓挂坟头的纸收来用。各机关干部纷纷种菜蔬。

（三）沙洲乡人民革命斗争史料

一、革命的酝酿和开始

1927 年八一起义后，离南昌，经临川、宜黄、广昌、宁都、石城到瑞金，在壬田区败钱大钧部，再战攻克瑞金。

1929 年 1 月 14 日，红四军由井冈山出发，去赣南打游击，2 月中旬，毛主席、朱总司令领导红四军在瑞金麻子坳和刘士毅部激战大胜，当时，红军有人到沙洲乡进行宣传，说："同志们，我们去当兵，过去是好男人不当兵，好铁不打钉，但是我们是红军，和国民党反动派不同，我们是好男要当兵。""万户欠我钱，千户不管闲，百户跟我走，月月八块钱。""我们要打土豪与分地。""穷人不打穷人。""士兵不打士兵，红军阶级的军队，是工农的军队，我们要夺取资产阶级的政权。"……当时沙洲有人跟去当红军。（七大队林昌伟口述）

3 月贺小中率领的红军 500 余人来到瑞金，一度赶走伪县府。

8、9 月间，闽西来的鄢寰在瑞金安治一带，联系兰夏桥、邓家宝等准备暴动，当时金汉鼎队伍驻瑞金，压迫人民，金部下有第六十五团和七十一团，七十一团反水，两团打起来，七十一团中有一个班，班长周昌运跑出来了。在此以前，九堡人钟牛肉面、钟茅牙子、钟拉甲屎①等，已在九堡铜钵山准备暴动，他们没有枪，只有梭镖。牛肉面、周昌运等一起暴动，抢到 10 支枪。1930 年 3 月，

---

① 原文如此，皆为人的小名。

周昌运和牛肉面等一起暴动，暴动是从九堡到七堡到沙洲到瑞金，同武阳杨斗文、安治兰夏桥在瑞金会师。当牛肉面等经七堡到瑞金去时，有杨树岑、詹凤山参加暴动队，任排长，还有詹俊友、詹俊斌、詹玉山以及其他许多人参加。樟树共有三四十人参加。暴动的人数有一百七八十人，由周昌运任队长，暴动攻下瑞金后，接着成立县苏维埃政府，以后，各乡成立农民协会，分田地，抗租抗债，七堡乡先到县里接公事，成立乡苏维埃政府。七堡乡政府设在厅子下。（七大队叛变革命者詹卫英口述）

清水一带是在 1930 年五月四日（农历）暴动，暴动队长是杨世佺和钟万桃，当时没有枪，共有三四十人，队部扎在何屋村的□□□坝，当时大家都说：组织起来，国民党就不敢抢东西，否则就会来抢。暴动是为了自卫，还没有明确打土豪、分田地的任务，起初也没有什么暴动的行为。六月成立农民协会，仍是杨世佺、钟万桃领导，农协扎在大塘面。农协成立后，立即分青苗，分后，造田契，造好就送县里，请县苏维埃批准，这时才和邓家宝、兰夏桥等联系上。（三大队杨世佺口述）

1930 年五月（农历）沙洲坝到县里领公事，回来进行暴动，成立农民协会，打土豪。最初是大食鬼①任农协主席，他不好，不久被人民推翻，由世南做农协主席……接着成立苏维埃政府。安治暴动队打进县城后，五月官山也派人到县领公事，县里派官山人杨善之（原在瑞金中学，去年学生，家里是有 12 人，杀 AB 团时被捕杀，现在是烈士），回村组织农协会，杨善之任农协主任。农协还有杨家钧、杨世英（保管粮食、伙食），当时有很多人参加，也进行了分田，但不彻底，以后有〔由〕此人完全操纵了农协。捐税都是大家当面派，你说我 60 元，我说你 100 元。以后杨善之（从县里调来一个排）先在山背村下召开农民协会，那时有 140 人开会，有学校里来的两三人参加，他们口说要到九堡去，路过此地，

---

① 原文如此，为人的小名。

开会人到齐后，一排人从四面包围，捉起大多数农协人来，放了杨家宣、杨世球二人（当时有杨家宣、杨世球是民团团长之说），接着成立村政府，杨家宣（贫农）任主席。（城关镇杨世英口述）

其他像枧头脑、胡岭背等村都在大致相同的时间内起来暴动到县里去领公事，组织农协，打土豪、分田地。

二、革命政权的建立、消灭"靖卫团"、革命政权的巩固

1930 年的 8 月，红军第二十四纵队被调去打赣州，县里革命武装力量单薄，钟运标乘机勾结会昌欧阳江组成五区联防，向苏维埃政权进攻，杨金山领导的革命武装反攻，在九堡、七堡一带打了很多仗，乡乡都有很多人参加杨金山的队伍，人数达几万人，大多数持枪标〔梭镖〕、鸟枪。当时反动派组织靖卫团，总团长钟运标、杨南鸣，各乡建立靖卫分团。沙洲地主杨荣新是第八分团的团长，他强迫农民每担田多收 30 斤谷，上千人 [①] 到农民家里吃饭不给钱。兰玉一带为第六分团，分团长胡道棒，副团长杨世准。七堡一带是二十四分团，分团长钟光廷，副分团长是欧阳汝礼。大埠一带是第十三分团，分团长杨世台，副赖世新。（老同志座谈会供）

革命者在家站不住足〔脚〕，纷纷到闽西去。当时有"团结起来到闽西去"的口号。革命者天天在安治前商议打九堡反动武装问题，约在 10—12 月间，杨金山又领导较正规的武装力量两三百人，过邦坑山去九堡打钟运标。（叛徒詹伪英述）

1931 年元月 5 日，杨子光率红三十五军来到瑞金，2 月罗炳辉率红十二军来到瑞金，分三路围攻县城，失败。退到安子前一带。把欧阳江赶回会昌去，任新捉到钟运标杀了，并把头带回县里。于是各级苏维埃政权重新建立起来。从此，工农政权逐渐巩固。

早在 1930 年春就建立了县革命政权，当时，沙洲各村人民纷纷去县里领公事，公事领到后，各村便先后组织农民协会，进行打

---

① 原文如此。

土豪、分田地。当时还没有区、乡、村政府的组织，所以，农民协会可以说是最早的组织机构。此后，革命政权曾一度丧失。

1931年红十二军收复瑞金城，重建政权，成立县苏维埃政权，政权赢得稳定，3、4月间，农民协会改组成村政府，村政府内设主席1人，文书1人，伙夫兼通讯员1人。

在村政府的基础上，开始建立乡政府，乡设正、副主席，文书各1人，此外还有设委员、裁判委员、经济委员、土地委员、军事委员、妇女指导员。乡设有贫农团，权力很大。

1931年5、6月间，成立下肖区，沙洲属下肖区管辖，当时，分为七堡、樟树、杉山、大埠（最初在黄柏，后划入下肖）、官山、沙洲、玉兰、清水、黄岗、律阳（大埠划进后，黄岗、律阳划入城市区）等乡。最初区政府设在下肖，1933年中央从叶坪搬来，区政府就搬到黄竹坝下，后因县站要，又搬到大乡子口，教导队要，又搬到老茶厅，中央工农检察部要，又搬到胡岭背，在胡岭背的时间较长，以后又搬到官山咀。

区设正、副主席，下设土地部、劳动部、国民经济部、粮食部、教育部、内务部、财政部、裁判部、军事部、工农检察部。各部均设部长一人，有些部有副部长，除各部外，另设一总务处。

【历任】下肖区区主席【如下】。

（1）肖老三，1931春开始，做了三个多月。

（2）杨世英，做了两个多月后，杨到要求与刘瑞芳交换服务，刘当时为副主席兼财政部长，以后换给杨世英做，刘为主席。

（3）刘瑞芳。

（4）杨世达。

（5）廖光来。

（6）欧阳斌（1932.5—1933.3）

（7）杨碧清（1933.3—1934.7）

（8）廖攻绍（1934.7—北上）

当时村有村代表，乡有乡代表，区有全区工农兵代表大会。下肖区工农代表大会，共召开过三次。

第一次：1931 年春。

第二次：1932 年 5 月。

第三次：1933 年冬。

区有主席团，由区正副主席、各部部长、党委书记及党委各部部长组成，为全区工农兵代表大会休〈息〉会期间最高的权力机关。

村、乡、区行政区域的变更情况【如下】。

沙洲、官山原设村，1931 年分开划为官山乡、沙洲乡，1932年又合并为沙洲乡，下设官山、沙洲两个行政村。

兰玉乡下设清水、南坝、胡岭背、桥坑、瘦坝五个行政村，1932 年以后清水划出为清水乡。

樟树、七堡原设村，1931 年分开，各划为乡。

1933 年律阳又一度划出下肖区，同年不久又划为下肖区。

1933 年黄岗划入下肖区。（杨世英口述）

1931 年 8 月七堡、樟树由黄柏划入下肖区。（唐伍英口述）

中央政府成立前，大埠乡属黄安区，中央政府成立后，属下肖区。（吴荣材口述）

三、党团组织的建立和发展、群众运动

约在 1931 年春、春夏之交，沙洲乡开始建党，当时建党是秘密进行的，入党后，才知道党内有些什么人。党的番〔代〕号是"C.P."，党员籍此联系，各乡工作，像打土豪，与〔于〕事先要在党内研究，党内的事只有党员才知道。（刘两修、詹光奎等述）

党员每月交党费四枚铜板。（吴荣材口述）

党的组织系统在当时从中央到区都是委员会，设书记、组织部、宣传部、中央设妇女部、县设妇女委员、区设妇女部、乡设支部，有妇女指导员，这是地方党的组织。（刘瑞芳、杨荣煌述）

在革命队伍中，连设党支部、指挥员，营设蒙汉教导员，团以上设政委、政治部，游击队在当时组织与军队同。（老同志座谈

会供）

当时区、乡、游击队党的领导者【如下】。

下肖区委书记：

赖世达、刘救贫、曾琼、杨家忠、陈棠浦、贺益、肖兰春。（老同志座谈会供）

兰玉乡支书：

胡道春、胡道季、胡长才。（胡会洲述）

大埠乡支书：

肖洪卫（胡会洲述）、廖光浩。（吴荣材述）

樟树乡支书：

林金彬、杨家桃、钟桂山、吴启芳。（钟光胡述）

沙洲乡支书：

杨衍耀、杨会晶。（杨会晶述）

下肖区游击队政委杨荣煌，政治部主任杨世华。（杨荣煌述）

共产青年团组织与活动情况【如下】。

共产青年团简称少共，番〔代〕号"C.Y."，少共受中央领导，同时少共又领导少年先锋队，乡设团支部，区以上设团委会。沙洲乡约于1931年春夏建团，入团要有介绍人，填表要保持秘密，团员每月交团费两个铜板，团员在各项工作中要起模范带头作用，要查阶级、反映地主及造谣破坏情况，宣传动员参加红军，做动员归队工作。

团员要受军事训练，每周到乡里汇报一次，每半月到区汇报一次。

少共宣传委员，兼儿童团的大队长，同时还要了解列宁学校的情况。（以上唐克芹述）

团区委书记：欧阳克运。（钟光湖述）

清水乡团支书：曾立樟。（曾立樟述）

群众团体及其活动情况【如卜】：

苏区时期，在党的领导下，有各种群众团体，它们都是推动革命事业向前发展的重要力量，如【下】。

革命互济会（沙洲乡约在 1931 年建立），简称"互济会"。这是群众性的救济机构，所以它的职〔任〕务是：每月交〔收〕会费四个铜板，募捐救济有困难的红军家属，救济外来的灾民，招待病伤与掉队的红军战士，组织慰劳前方的战士，宣传与动员妇女给红军做布草鞋等工作。（吴荣材述）

它的组织系统是：中央与总会。县互济会下设主任，宣传部、监察部、巡视员等 6 人，巡视员巡视各区的组织发展情况与经济情况。苏区的大埠乡主任是吴荣材。会员每月交铜板 4 枚，除地富外都能参加。（吴荣材述）

反帝大同盟（沙洲约在 1931 年建立）：实为反帝拥苏大同盟，盟员每月交盟费 2 枚铜板，组织系统在 1933 年前从中央至乡都是由互济会兼管，以后就分开，没有设部门，区、乡各由一人兼任，除地富外，都能参加。（据说初期是很秘密的，只有好的贫雇农才能参加。）（吴荣材述）

农民协会（详见第二节）。

贫农团（乡苏维埃建立后，才有贫农团）。

这是由革命坚决【的】贫雇中农骨干分子组成的，主要是主持划分阶级，打土豪、分田地。贫农团设主任，设收【发】员、保管员。沙洲贫农团主席杨衍序（赖远香），樟树乡为刘忠休。（唐克芹、刘甫修述）

它与农协的关系一般，没有明确规定，在实际工作中，农协的工作要请示贫农团，所以贫农团实成为农协的核心组织。

妇女指导员（建立乡苏维埃以后才有）。

妇女指导【员】是妇女工作干部，在中央党内有妇女部，区则称妇女委员，区、乡称妇女指导员，一般区、乡属行政组织（县不知是属党内还是行政组织）。（杨相煌）

妇女指导员的任务是：组织耕田队、洗衣队，帮助红军家属洗衣服、挑水、舂谷、砍柴、耕田等。同时发动妇女给红军战士做草鞋、布鞋，有些没有布，就撕下自己的衣服来给战士们做鞋，同时也组织募捐，买牙刷、毛巾等用品，慰劳前方的红军战士，买油、盐给困难的红军家属。在各项运动中，妇女都是一支积极的力量，在打土豪、分田地中，妇女最坚决，一边打土豪，一边宣传，有的妇女自己的亲人是反革命，她能站稳立场，大胆检举，在扩军运动中，妇女积极动员自己的丈夫参军，并日夜宣传动员，唱《送郎去参军》等歌曲。同时，在后方还要组织妇女做好安全工作，动员逃亡战士归队。此外组织妇女营，进行军事训练，打游击时为游击队通风报信，运送粮食，遇到国民党军追击游击队时，妇女就在路上钉上很多钉子，使国民【党】匪军不能前进。有时，也组织妇女参军，如沙洲乡刘春娣同志就上过山打过游击。（刘春娣、钟和秀述）

村政府设妇女代表【如下】：

钟和秀：党员，苏区时，乡妇女指导员；

曾立樟：苏区时，模范少队班长，乡团支书；

胡会洲：党员，苏区时农协主席，雇农工会主席。

詹光煌：党员，苏区时，区代表、乡代表。

李应林：苏区时，土地部长；

刘春娣：苏区时，区妇女指导员；

唐克芹：苏区时，少共区委；

刘再珍：苏区时，妇女指导员；

杨会晶：苏区时，乡党支书；

杨荣煌：党员，苏区时，县少共书记，游击队政委，县军事部科长等职；

吴荣材：苏区时，乡互济会主任，县互济会的巡视员。

四、土地革命——二次分田和查田运动

土地革命前，本地区阶级的比例是：地主占总人口数的百分之零点几，富农占 15% ~ 20%，中农占 30% ~ 40%，贫农占 45% ~ 50%，雇农占百分零点几。

土地的占有情况：地主占 15%～20%，富农占 10%，中农占 20%，贫农占 0.8%，公田占 50%～60%，公田祠堂的，管理多为〈地位〉地主豪绅，有句俗话说：有钱的好管公堂，有老婆的人好嫖婆娘。他们把公堂的钱多用在有钱人的身上，自己吞吃公堂的钱。

革命前雇农贫农的生活情况：劳动力强的雇农，能做多种活，一年工钱的〔是〕银洋 30 多元，约 2.4～2.5 元一月；不会犁耙的，一年工钱是 20 多元，约 1～2 元一月。吃地主的饭，有些长【工】家境好，家里劳动力多，生活比较过得来；有些没有家，没有父母、老婆，一年工钱自己零用，生活也较过得来；有些子女多的最苦。雇农生活不一定比贫农苦，因为一般雇农子女较多。贫农借债多，高利贷早年加三，以后加五，心恶的加八，革命前几年多数为借一担，收割时还两担。

1930 年暴动以后，沙洲乡所属各区都展开了打土豪、分田地、抗租抗债的斗争，没收土豪的财产，烧毁田契借据。5 月以村为单位，按人口平分田（分青苗）。当时没有划阶级，也没有正式地分田指示，分田是在农协领导下进行的。分青苗前，自报亩数，到田里去站着，没有丈量（李元坤、唐克烽述）。豪绅和反动富农不分田（杨世英、李应林述），地主、富农分田、分青苗，土地分给谁就为谁有，分后造田契，每家一股（杨世佺述），地主富农分下田（朱盛福、刘远洪等述）。分田以原耕为主，每家报据每人应得的亩数，如果家里的田多了，就要拿出来，好田、歹田都要拿，不能专拿歹田出来，不足的补足。

分田由于以村为单位，按人口平均分配，所以田多人少的村每人分得的田多，田少人多的村，每人分的田少。因此，沙洲乡各村分田多寡不一，多的每人达 10 担多，如秀坝村（刘连洪述）；少的每人 3 担多（樟树乡李秀娣述），一般是分 6 担左右（李应林、杨会昌、赖远裕等述）。

当时对豪绅地主罚款，不拿出来的扣押、用刑，如有家产值5000 元的要拿出两三千元来（刘远洪述），富农要捐款（刘远洪、杨碧清述）。

1930 年八月（农历）团匪钟远标、欧阳江由九堡进攻县城，各乡反动地主，在靖卫团总钟远标、杨南欧等领导下，组织分团，沙洲坝地主杨荣新组织第八分团，占领沙洲坝，把农民分得的田夺去，当时把农民原有的土地都抢去，压迫农民一担谷田交 30 斤租谷，还要农民供他部下的匪兵吃饭。（杨会昌、赖远裕述）

1931 年二月（农历）红十二军收复瑞金，团匪钟远标等退往九堡，三月（农历）沙洲乡（原下肖区各乡）开始第二次分田。这次分田【比】第一次分彻底，分田划分阶级，当时阶级划分有：

土豪：代代有钱有势（李应林述），收入有 600 担谷，放几千元债，靠剥削，自己不劳动（刘远洪述）。

劣绅：勾结贪官污吏，压迫平民，做状子从中取利的人。

地主：专靠收租谷或请长工者，若本人没有田地和管公堂，自己不劳动，靠公堂收租取利者。（赖远裕述）

富农：自己参加劳动，又有土地出租或高利贷或雇工剥削。剥削收入比自己劳动收入少的为富农，剥削收入比自己劳动收入多的为地主。（李应林、杨世英述）

高利贷者：专门搞生谷、放债、高利贷剥削者为高利贷者，也〈是〉算地主。（李应材、杨世英述）

富裕中农：自己劳动，稍有剥削，自己够吃够用，还有剩余。（赖远裕、杨世英述）

中农：自己劳动，没有剥削，自己够吃。（杨世英、赖远裕述）

佃中农：租地种，自己够吃，或田中收入不够，而其他劳动收入够吃的。（杨世英述）

贫农：分上、中、下，上等贫农是每年粮食稍微少些者；中等贫农是每年缺两三【个】月粮；下等贫农是有些收成，不够自己吃，割禾刀一放就要借贷者。（赖远裕述）

雇农：做长工出卖劳动力者。（刘远洪述）

工人：做手艺，有工具，出卖劳动力者。

流氓：算命、地理先生、赌鬼、开烟馆、媒婆者。

第二次分田也是以原耕为主，按土质好坏把田分为上、中、下三等，好坏搭配（李应林述），以乡为单位（杨世英、梁志也同），一说以行政村为单位（多数老同志说，座谈会也同）。豪绅地主不分田（刘远洪、李应林等述，座谈会上老同志说地主不分田），后来叫地主去开荒，或没有人要的坏田给地主；富农分坏田，富农劳动者照常分，不劳者分半数（李应林述，县志作分三分之一）。中农及富裕中农，有田多的要拿出来均分，拿出来的田，要一半好田、一半坏田；中农贫农田不够的，要补足，补进的田要好坏搭匀。（杨世英述）

在区、县、中农及外地工作的干部，在原来自己的家里分田，常年在外雇工的人工也是一样，家在哪里，分田在哪里。

红军战士在外，在原来自己的家里分田，其本人和家属分好田。（杨世英述）

流氓分田分得半数。（李应林述。刘远洪说流氓逃亡者不分，在家者分。县志说不分）

地主、土豪、劣绅的家产都没收，逃跑的富农叫反动富农，家产没收，不逃跑的富农收一半。（李应林述）

地主豪绅的钱【和】首饰归政府上交，衣服用具等分给贫雇中农，多分给贫雇农，只有很少数的中农才有分。

小商贩、小工业者，分田要看他的阶级成分，家里耕田的就有田分，家里没有人耕田则不分田。（杨世英述）

每乡、区有红军公田，公田是分田时留下的一部分田，由耕田队代耕，以备参加红军之家在白区，尚未分者退伍之用。（刘远洪说是每村有红军公田，杨世英与县志作乡有）

分牛和农具要看哪家缺少，有几家没有牛的分共一条或几条，大家共有，余下的为公牛。

山分给村上，收益在本村均分。

第二次分田，每人分得的田数和第一次差不多。

1933 年 6 月中央召开了南部八县贫农团代表大会，举行查田运动，查田主要是查田、查阶级。

凡剥削超过自己总收入 15%，划为地主，超过 10% 为富农。（杨世英述）

任过反动派职务的富农，为反动富农；反动富农没收其财产，地主的财产也全部没收，富农不没收财产，只没收其多余的土地，取消其所放的债。

查田运动查出之田，三分之一作红军公田，其余三分之一〔二〕均分。下肖区查田运动是在区主席欧阳斌手中开始，当时七堡有些人拉拢一些人诬告了另一些人是地主，十多人签名盖章，告到乡里，又告到区里，区里信以为真，肯定为地主，报到土地部，土地委员会批准，后来被划为地主的人不服，上诉，告到中央，中央工农检察部派人下来调查，查出有八家不是地主，而是中农、富农，是控告的人有意陷害人，中央根据这情况说欧阳斌官僚主义，玩忽职守，〈被〉撤职，判处徒刑三个月。（以上杨碧清述）

查田时发动群众开会，查出了田够划地主的就划地主，并没收他的财产，如查出够不上地主、富农的降下来。

原划中农、贫农的如查出是地主、富【农】，他如在外当干部或红军，就要写信，通知他回家，因为地主、富【农】是不能当兵和做干部的（刘远洪述），由原划地主、富农降为贫农时，要〈为〉归还以前没收的财产和损〔罚〕款。（刘远洪述）

1934 年 7 ~ 8 月间起进行了一次经济运动，主要是调查地主、富农是否有私藏，派人挖他的窖。（杨碧清述）

附注：刘远洪　苏区下肖区土地部长 [①]

　　　　李应林　苏区下肖区土地部长

　　　　杨世英　苏区下肖区主席

　　　　杨碧清　苏区下肖区主席

---

① 原文如此。

杨家宣　苏区下肖区经济委员

赖远裕　苏区下肖区文化部长

五、苏区地方组织、人民踊跃地参加红军和支前运动

暴动后，建立农民协会时，各地都建立了赤卫军、少先队、儿童团等军事组织。8—14 岁参加儿童团；15—24 岁参加少先队；25—45 岁都参加赤卫军。赤卫军中身体、政治条件好的参加模范营；少先队中身体、政治条件好的参加模范少先队。（综合整理）1932 年以后，才有模范营和模范少先队。（一大队杨衍球述）

少先队、儿童团均为少共（共产青年团）领导。

儿童团白天放哨、报信、监视坏人等工作，夜里这些工作就由少先队、赤卫军【队】员担。少先队、赤卫军还要担任打仗的任务。少先队员如三天不参加活动，就要罚一顶帽子。

1932 年以后，每年都【开展】扩大红军的运动。1934 年 5 月，中央提出了扩大百万红军的号召后，参军的人更踊跃。参军的宣传工作做得非常好。宣传参加红军的好处，一切红军家属都可以得到充分的照顾，各村组织耕田队，帮助红军家属耕田、栽禾、割禾、打柴、挑水、洗衣；红军家属经济上有困难，大家募捐帮助解决；食盐供应困难，大家动手蒸盐，首先供给红军和红军家属。起初，模范营、模范少先队整营、整队地参加红军，后来大家觉悟了，互相挑战竞赛，所有的赤卫军、少先队都整批整批地参加红军。

六、经济建设

1931 年 2 月红十二军收复瑞金，重建政权，成立县苏维埃政府，政权遂得稳定，开始进行各项建设，建立各项财政制度。

工商业方面。

（一）工业与币制。在七堡一带设有织布厂、被服厂（有 100多架缝纫机），兵工厂与草鞋厂。（钟光湖、钟光沅口述）此外还有造币厂、银行（以上都属中央）。造币厂设在七堡，制造一分、五

分的铜币和银圆，苏维埃银圆含银量与老银圆一样，苏出〔区〕银圆不打苏维埃的字，外形与老银圆一样，一般苏银洋与老银洋不易辨别，苏维埃银洋能在苏区、白区通行，苏造铜圆有打"中华苏维埃"字样，只在苏区流通，纸币也只在苏区流通，苏维埃纸币有苏维埃票（中央国家银行、工农银行两种）、工农红军票（红军票由红军先用出，然后在市面上流通），苏维埃票有孙中山的水银像。老银圆与老铜圆在市面通行。苏维埃纸币、银币、币值相值同，一元苏币等于一元老银洋，苏铜币一分、五分值银洋一分、五分，老铜币 16 一个的要 120 个等于一元①。硬币材料主要靠首饰，由打土豪得来的，另发动群众卖金银首饰。（杨远洪、杨世英口述）

铜锡材料是制造枪炮弹的原料，由消费合作社收购。（杨家宣口述）

（二）贸易。由于敌人的封锁，一般日用品价格很贵，布 1 尺价 1 元，盐则 4 两价 1 元，有时是 8 钱 1 元。（杨家宣、杨家和口述）当时解决的办法：1. 熬硝盐，各村都设有蒸盐组；2. 到白区输运，一般由商人承担，但也有政府工作人员，合作社人员伪装商人到白区进行这一工作；（杨世英、刘远洪口述）3. 动员群众多种棉花，从白区买棉籽进行耕作。1933 年各区都种了几百亩棉田。（刘远洪口述）

由于苏区生产的发展，除盐、布等日用品外，物价比较便宜，谷 1 担价值 1 元，肉 1 斤价为 2 角，其他如油、豆子等价格都很低。（刘远洪口述）

县、区、乡、村都有合作社。合作社有信用、犁牛、熬盐四〔三〕种形式。参加合作社的更要购买股票，熬盐合作社每股 1 元，信用合作社每股 2 元，社员根据自己的经济情况可自由决定入股多少，加入信用社的社员可向社贷款修理农具，加入消费合作社的社员，可优先买到东西，除军烈属优待外，一般社员买东西时价格并

---

① 原文如此。

没有便宜。（杨家宣、刘远洪口述）

下肖区1934年2～3月成立合作社，公家也拿出一部分钱办社，合作社除有一般物资供应外，还搞对外贸易，主要出口是棉线、烟叶、糖，进口主要是布、盐。（杨世英口述）

红区内部的商品交流多半是货换货，也有以钱币作媒介的。（刘汝溪口述）

对于贸易，当时进口多为布、盐等手工业品，出口大都为鸡、鸭、纸、猪、烟等，到白区进行贸易时需要路条才能进行。（刘汝溪口述）

为了发展对外贸易，保证盐、布的来源，政府常给银洋给小商贩做本到白区去办货，但须有人担保。（杨世英口述）

总的贸易为中央贸易部。县设贸易部，区、乡不设，因区、乡没有很大的贸易，但区、乡在县在边界或能通过小商贩，就可以对外贸易，下肖区主要通过三个小商贩对白区贸易。（杨世英口述）

财政收入方面。

1. 靠新打开地方的生产物资。

2. 土豪的钱，金、银首饰。

3. 土地税。

4. 公田与一部分红军公田收入。（杨世英口述）

5. 国家发行公债。为了发展生产与支前，由国家发行公债，群众自愿购买。（杨家宣口述）

土地税【方面】。

总的政策是"取消苛捐杂税，实行统一的累进税"。当时只有土地税一种，别无他税，工商业、小商贩不纳税。红军全家免纳税，工人本人的田免税，其家属不免，可见苏区的土地税很轻。（杨世英口述）

亩收税额总的原则是累进，根据土地的多寡而定，3担田以下的不纳，7担以上的田，每亩纳4～5斤，10担田以上的则要多纳。土地税由村政府征收，上面要时则调出。（刘远洪、杨跃南口述）

对小工商业的政策【方面】。

工商业、小商贩不纳税。为了物资交流与保证物资供应支前，国家还经常协助他们，在资本上帮助他们，（杨世英口述）向他们宣传不要提高物价，如果国家、合作社具备的物资则不进行限制，没有的物资由国家定价，不准私商任意抬高物价。当时在苏区的工商业都很赚钱。（刘远洪口述）小商贩、工商业者家在乡下，有田分。（杨红英口述）

干部待遇【方面】。

村干部不脱产，在家吃。乡干部只有主席、文书二人半脱产，每月有伙食费3元。其他干部不脱产，没有伙食费。区以上机关，每人每月伙食费6元，上级发粮票，每人一天12两，一天吃两餐，每餐6两，每人每月有1元的伙食尾子，作为抽烟零用。

曾进行二次粮食节约运动，1933年红五月一次，1934年春一次，办法是自己有家在苏区的同志，由家带粮，每次运动一个月。（杨世英口述）

干部与红军经费、口粮靠税收，由财政部发给，布、盐靠新〈村〉打下地区缴获与收购。

衣服：家在苏区的不发，外来干部根据实际情况发给，县以上等干部每人每年1套棉衣、2套单衣、1床被。

行政经费【方面】。

行政经费开支很节省，区只有办公费每月3~4元，用于买纸、笔墨、洋油，乡每月只有1~2元，村没有。

苏区经济由财政部掌握，以区为单位。1931年下肖区经济部长是唐绍球，下设经济委员，乡设经济委员。（杨家宣、杨家伺口述）

生产情况【方面】。

以搞好生产为主，训练多在冬天或农闲时期，各项运动与各组织团体的活动以不妨碍生产的〔为〕原则。

对于耕牛，国家规定"保护"，杀牛要苏区裁判部批准。

春耕收割时，各乡政府要开会动员，星期六各级干部在农忙时参加劳动，平时较少。

妇女在农忙时下田劳动，12岁以上的儿童根据体力不同做轻活，年岁较大的在农忙时，也下田劳动。

苏区时期，每年收获都很好，没有发生过较大的灾害。

七、文化建设

1931年3月，党中央派徐特立同志在瑞金天后宫创办了师资训练班，参加受训的有200多人，大部分是各地调来的小学老师，学习时间是一个月，学习内容有政治、理化、算术等常识，另外还学习体操、劳作、游戏等，200多人在一起上大课，由徐特立同志负责讲授，学习结束后，分配到各地去创办列宁小学。另外还派了9个人为巡视员，分到瑞金的9个区的乡村去创办列宁小学，要求在15天以内完成这一任务，巡视员还在区里负责招聘教师，应聘做教师均得通过考试，合格的出榜公示名单，这一任务完成后，上级就决定抽调6个人去做别的工作，留下3人仍做巡视工作，一个负责3个区，巡视各乡村列宁小学的教师是否称职，工作情况如何，巡视前〈否〉不通知乡政府，直接到小学去检查。这一工作也是限期15天内完成。

苏区时规定满六岁的儿童均得入学，不交学费，学生□分班级，分一、二、三等年级，教师是没有工资的，自己带饭吃，若教师家里缺乏劳动力，由教师所在村的耕田队负责耕种。

列宁学校，每天上、下午都上课，下午有检查课，由学生自己检查各人今天早晨帮助家里多少事，如挑水、砍柴、烧火、养猪、放牛等。

1931年9月在官圳口创办列宁模范小学，有学生30多人，分两个年级。列宁模范小学的创办，是为了提高各乡、村列宁小学的教师的业务水平，各校教师经常来到列宁小学搞观摩教学，进行评比，指出优缺点，徐特立同志作总结。列宁模范小学的教学设备均有规定，如：教室的光线不能过强和过弱，桌凳的高【度】要符合学生的身材。学校的课堂纪律也很严格，要求课堂内肃静，坐得要端正等。总的要求是上课要有军事化的精神，下课儿童化（要求教师下课后和学生打成一片），课程有国文、算术、图画、游戏、唱歌、手工、劳作（学种菜、锄草及打扫卫生等）。上课时规定低年级不超过 30 ~ 40 分钟，高年级不超过 40 ~ 50 分钟。

教材内容：教材是由老师自己编制，从日常生活中经常用到的事情着手，并且内容找到实际的例子来作证明，讲课要求从实际出发，要简单概要，明了易懂，上下连干〔贯〕，形式和内容相一致，运用启发式的教学方法，使学生能引起巧思问题，能创造发明，引起学习兴趣，教学时要求有直观教具，课前课后均有复习。还有作文课。每星期下午还有测验课，检查学生的学习成绩。

小学里还组织宣传队经常出外宣传，内容多为配合中心工作进行，如宣传扩军、归队运动、破除迷信、男女平等、自由结婚等。小学生还学习军事、查路条、放哨等工作。

1931 年 10 月创办了列宁师范，校址设在瑞金城北门刘家祠，课程有国文、算术、历史、地理、政治、理化、图画、唱歌、生理、体操、游戏、劳作，当时有学生 400 多人，都是各苏维埃保送来的，所以程度不一致，有高中、初中、高小等。分编做 12 班上课，政治课由徐特立同志担任，上、下午都上课，每天均有讨论（复习）、文娱活动时间。

学校的经济公家出，教师没有工资，只有饭吃，教师和学生经常进行劳动，如开荒种菜、做木工等。学校里的党课组织俱乐部、反帝大同盟，学校里除了有总务外，教务是由徐特立同志兼任，无其他的职员。1932 年列宁师范迁到洋溪，以后的学习期限有一、二、三个月等。

1932 年，中央于洋溪创办苏维埃大学，有学生 500 多人，都是各县送来的各种干部，【文化】程度也很不一致，苏维埃大学是直接出中央教育部领导。当时教育部设在洋溪的一块草地上的草棚内，草棚是苏维埃大学的学生用几天的时间盖起来的，后来失火烧掉了。

最初苏维埃大学设有军事、政治、教育、农业、通讯等部。学习的课程有文化、算术、理化、历史、地理、图画、唱歌等。

后来苏维埃大学的人数增多，就分成许多学校，有马克思主义大学、中央党校、中央红军大学、中央农业学校（设在瑞金东门外东山崇）、中央教育干部学校（师范在内）、无线电学校，还有中央工农戏社，各个学校内有俱乐部。

中央农业学校是半天读书半天劳动，有学生200多人，是苏维埃大学分配来的，徐特立同志在农业学校花了不少时间，经常到各地区调查农作物的生长情况，进行研究，提出田地因时制宜种植东西。徐特立同志还编写了《植棉常识》一书。另外轧棉技术经过研究后，也有了很大的改进，对森林、草木、早稻、晚稻、花生及畜牧均有一定的研究。

中央教育干部学校的学生，要求经过学习后〈要求〉能担任教育方面的干部，如校长等。

女子大学，学习宣传方法，还有军事课、生产劳动课。

马克思主义大学（中央党校）培养学生与领导前方、后方的革命政治工作，党校学生还经常做归队运动工作，帮助红军家属劳动，另外自己还种菜，学校里课程有军事课、政治课、文化课、算术课，要求学生懂得过去、现在、将来的形势，能分析问题，联系当前工作进行政治工作。

无线电台学校，主要学习无线电通讯〔信〕技术，要求能在几分钟内，用无线电台和几千里以外取得联系。

在苏区进行了扫盲识字运动，时间在办马列小学不久，扫盲识字是由小学生来担任，哪一家有小学生就负责全家的扫盲。这一屋有小学生就负责这一屋的扫盲，是分屋、分村包干进行，每天12时到1时是扫盲识字时间，将字贴在墙上或写在人民经常休息的地方。每次扫盲都由教师先规定，每星期天教师到各家去检查，是否教了，教错了没有。晚上还有青年知识班，当时印有工农课本，还学习算术、珠算等。

各个村都有俱乐部，也有乐器，经常到沙洲坝中央大礼堂来比赛，当时歌子很多，次次欢送参加红军的都唱歌。

八、红军北上后的人民游击队和反动派对革命人民的迫害

1934 年 10 月，红军北上抗日，各级建立游击队，县游击队有一个独立营，约 200 人，营长危辉春①，营下有三连，第一连连长刘瑞芳。（叛徒詹卫英述）各区建立游击队，下肖区游击队廖功绍，副队长钟万寿，政治委员杨荣湘（即杨荣煊），政治部主任杨世华。队下有三个中队，第一中队长廖功绍兼【任】，第二中队长钟万寿兼【任】，第三中队长是赖平。中队下有三排，共约 100 人，只有3 条枪，乡设立独立的游击队。（老同志座谈会供）

游击队的主要任务是牵制敌人，并继续打土豪。国民党来后，豪绅地主兴风作浪，对红军家属进行报复，游击队晚上就去打击报复〈者〉。

下肖区游击队是在很艰苦的情况下进行斗争的。枪少，大家都持梭镖、鸟铳打仗，被国民党军队围住，食物供应十分困难。有时一星期未烧火煮饭，有时一天只吃一餐稀粥，没有盐吃，白天不敢行动，在最黑暗的夜里走路，为避免走错，互相用绳子牵着走。

游击队的纪律严格，如在九堡临走时一个开小差回来的红军战士抢群众的布，就开全体大会就把他当场杀了。

关于游击队的进军路线，说法十分混乱，待访问杨世华同志后再整理。

下肖区游击队坚持斗争将近一年，到 1935 年 5 月就〔被〕打散了。

---

① 原文如此。

二、

瑞金县叶坪乡
民间史料综合与
人民革命斗争史料

（一）叶坪乡老同志座谈记录整理

1. 访问谢成彬记录

谢成彬，原耕田队长、赤卫军连长、乡政府支书。

（一）政权建设方面

1931—1934 年中央保卫局（设在庙背），局内有局长（邓发）、特派员和秘书长（姓许）、大队部（大队长兼中队长姓吴）、指导员。他们做肃反工作，处理上面交下来的伪官、土豪地主、反革命分子、犯法纪分子。抓来的反革命都在夜晚用马刀杀决。特派员常到长汀、宁都、九堡等地的一些茶馆饭店侦察，局长也时常外出调查工作，秘书长专做记录、井〔整〕材料。当时山脚下设有两只〔间〕【房】间、两只〔栋〕楼做监牢。

1931—1934 年，少共中央局和保卫局同一间大屋。当时不是王稼祥就是胡耀邦领导。里面设有少先队大队部、儿童团书记。少先队天天拖木马刀到叶坪塔脚下下操。作战时，少先队、赤卫军编初模范队打前锋，不愿去的也要抽签。少先队编入补充师各个连排去。赤卫军年老的编入运输队去。那时 18—24 岁是少先队，25—45 岁【是】赤卫军，8—17 岁是儿童团。

庙背设有列宁学校，洋溪有一个。那时学校都有挂列宁像。

（二）武装斗争方面

1929 年毛主席从井冈山来，兰夏桥、邓家保到安治前接头。

叶坪由洗衫塘的谢成庭、叶坪村的谢成波、洗衫塘的谢成吉去接头，接了头就组织暴动，开始接红旗时，半贫不富的也参加。陶朱、黄沙、安治是联〔连〕在一起的。那时瑞金分东南西北区，安治（南）、叶坪（东）、九堡（西）、沙洲坝（北），分博生（宁都）、太雷（石城）、胜利（兴国）、西江（瑞金、会昌）、龙江①（沿江、平山）等县，胜利县抓张辉瓒，博生县孙连仲投降（编入五军团），接着打下太雷红石寨。安治前暴动，打进二子坝，转龙下、水口，打长汀缴②郭凤鸣一个师，后打你宁都，剿谢益昆一团人，又打兴国，打沙院，打赣州、漳州。

（三）土地革命方面

划阶级召集贫农团会议，斗③材料，那时地主不分田，富农分坏田，我们有的劳动力不足的借部分给地主富农种，收他们的租。

那时指出"打倒土豪地主、团结中农、依靠贫雇农"。地主罚款，富农捐款，1929年五月分一次青苗，按人口不分大小，一个人八担谷田。分了一年，1929年十月国民党归，又收租谷。1930年正月红军又打回来，重新又分一次青苗。

2. 访问谢桂山同志记录整理

谢桂山，男，60多岁，苏区时乡主席、游击队长。

土地革命：在民国十九年（1930）叶坪乡已有农协会组织，那时领导者为：刘旧坡（会长），领导进行分青苗，那时叶坪是时红时白。农协会也解散了。

---

① 中央苏区未设龙江县，设有龙冈县，但管辖区不是"沿江、平山"。
② 缴，应为"剿"，后文写作"剿"。
③ 斗，方言，意为"整理"。

军事建设：1931 年十月，〈来到〉叶坪农协会组织恢复，耕田队也成立了，地方武装也建立了，把 30 岁以上的人组织编成赤卫队及游击队（又叫支队部），当时游击队长杨斗文充任。

叶坪扩军时的一些情况：在中央与毛主席提出"扩大红军一百万"的口号后，叶坪广大群众都很喜欢，热烈踊跃参军，大伙儿你叫我，我叫你，参军去，那时叶坪村就有几十个青年人互相邀请参军。

斗争地主恶霸、分土地：在斗地主前我们贫雇农开会，各自说出欠地主多少债，算算地主家底、剥削账，摸清底后，开会讨论，便再与贫农团联系，由贫农团通知赤卫军，包围地主的住房，把地主捉起来，不许搬走东西，把地主全部财产没收，分给贫雇农，分配时不是按平均分配，而是按哪个贫就多分。那时农民斗争情绪很高。在分田问题上：地主不分田，富农分坏田，中、贫、雇农平均分田，但有甲、乙、丙等三等田，甲田每人一亩八分，乙田每人一亩，丙田每人二亩三分。王二篮为土地部长。还有富农要规定他捐钱。那时赤卫军经常就在没收地主财产中来，但在一般情况下是自带伙食及鞋等。

党的情况：自毛主席来后才有了党的活动，成立了支部，共有 10 个党员，党支部开会是秘密进行，在野外召开，初 10 天开一次会，15 天开一个会[①]。那时因扩军，参加人多，党支书就经常调换，我记得〈有〉钟文明当过党支书。

文化方面：在那时（□□□）即苏区时各乡、村均有识字班（夜晚进行），那时男女青年很高兴地参加。有文明戏，那时有 30 多人参加（演员），并常出外演出，那时钟文慰为主任。在扩大红军时送军也〈进行〉演出〈过〉。

妇女那时有组长、洗衣队长、指导员，做鞋给红军。那时男女

---

① 原文如此。

婚姻自由。做鞋给红军，也展开了竞赛，【看】哪个做得好，做得多。

在开第一次全苏大会时，很热闹。当时的口号是："打到南昌去，打到武汉去，打到北平去，红旗插遍全中国。"

那时一连只有三支枪，每支枪发五颗子弹。曾经捉了张辉瓒，并缴到了30多支枪。在黄埠头也缴到了20多支枪。

粉碎敌人的经济封锁，那时敌人封锁，我们棉布与食盐很困难，为了解决这个困难，就用壁土来煮硝盐，那时各乡有合作社。

在1933年，毛主席要走之前，我们那时并不知道他要到沙洲去，叫我和另一个农会主任来说话，毛主席说："你们俩主任在此，蒋匪领【导】的是资产阶级的走狗，我们红军是贫苦农民的石脚，地主恶霸你不（杀）动他就杀你们的脑壳。"又说："对敌人不能要〔妥〕协，不能包庇。""我们不能贪污。"毛主席临别的教导我是记得最牢的。

毛主席很关心群【众】生产，往往在早晨、下午来看生产。

在1933年毛主席到沙洲去后，敌军国民党第十八军，由福建来，到叶坪后到处抢掠，把猪、鸡、鸡蛋及睡的【床】布也抢去了，非常之野蛮。那时我也走了，只有我的老婆因病在家。国民党来后的第二年（1935年），地方土豪劣绅与国民党军队，便把叶坪人民建筑纪念红军的纪念塔、公界亭等，全部破坏了。

3. 谢成秀同志谈话内容

谢成秀，原乡代表、区裁判、游击队员。

（一）有关苏维埃政权建设方面

1930年叶坪开始成立农民协会，这个组织是由平村地主富农分子到安治那边接头建立起来的。以后不久，参加者为贫农、雇

农、手工业工人、长工、保姆等；开始打土豪、分田地、划阶级、
"地主不分田、富农分坏田"，没收地主财产。贫农团主席、委员都
是群众选出来的，均是斗争最坚决的人，且多为雇农，或为贫农。
当时担任贫农团主席的有朱先福、刘永作、张才奕、谢益俊、钟文
明等，担任乡主席的有刘日信、钟达久、钟腾传、朱先淇、张步权、
谢桂山、危辉柱等。50 个人选 1【个】代表，代表要全民负责，宣
传方针政策，把任务交给群众，比如公债、借粮、扩大红军。从中
央到区政府都分别设有土地、财政、经济、内务、文化、军事、裁
判、检察等部。每个区政府有五六十人，乡里主要是打土豪、分田
地，没有上面各部的设立。军事部有 4 个人，裁判部与检察工作结
合，判处地主、富农、反革命分子等事。裁判部有时工作上会出现
一点偏差的。造成这种情况的原因是多方面的，1931 年 11 月召开全
苏工农兵第一次代表大会，制订土地法、宪法等。

（二）党的建设方面

当时入党要在 25 岁以上，要有 3 个党员介绍，没有预备期，
党费也没有限制，3、5、10 分均可，在当时还是很秘密的，开会
入党都要到外面去，不能在家里，党、团都有番〔代〕【号】,C.P. 是
党，C.Y. 是团。1931 年 10 月召开全区第一次党代表大会。

（三）扩军方面

老表有一特征——怕当兵，后经多种形式的宣传，文化高的
人宣传工作做得较好，文化低的人则容易产生强迫命令；当时的宣
传工作做得很好，干部带头，有些乡主席群众要他去当红军，他要
去，往往到补充师才因他身体不好而送返地方工作，实际上是领导
上需要他回地方工作。当时的情况，由于干部带头，往往有全连的
少先队〈参〉加入红军，有的乡就有一百多人参军。

（四）经济方面

红军军费，主要是靠打土豪、打地主、打富农，以及罚款而
来，同时也同群众借款，发放公债。有一次，红军在漳州、长汀那

边打土豪，打地主得到 100 多担金子，花边 ^① 无数。1933 年间，向各个苏区借粮 60 万担。到 1953 年十月才退清给人民，我自己也退了 20 担，每担以 5.03 元计算。中央发放了公债好多次，约〔有〕3—4 次，瑞金人民很踊跃地购买。当时一般工作干部、乡里的干部比区里好。

（五）文化教育方面

当时各乡、村都设有列宁小学，夜晚则有男女识字班，中央设有红军大学、马克思学校、列宁学校，红军大学的学生都是部队和机关的干部，马克思学校、列宁学校师范均设在洋溪，红军大学则设在城里。

（六）毛主席等的工作、学习方面

1931 年老历八月十三日上午，毛主席同朱总司令从宁都石城来到叶坪。他说要在此住 3—5【天】就走。他找到一个房子，朱总司令则拿一块眠〔门〕板当作床睡下。后来，他又说"这里地方很好"，便住下来了。他在叶坪期间，很关心群众的生活、生产情况，白天还办公，深入〈到〉群众中去了解红军、干部的工作情况，听取群众的反映，另【一】方面则了解群众的生活生产情况，也亲自参加生产，帮助农民车水。他亲自领导群众到【距】叶坪 4—5 里的地方测量与修叶坪塅〔陂〕，后因国民党飞机来轰炸，中央派毛主席又北上了，因而没有修好。解放后，中央派谢觉哉来了解人民要求，群众当即要求修水库，毛主席也就批下来了。1953 年便修好了，可灌田约 3000 亩。毛主席往往在夜间工作到两点钟才休息，下午他到群众中去也是手里拿着一本书。朱总司令则很喜欢同小孩子玩，周恩来、刘少奇、王△△则很少出来，他们主要是搞内务工作。当时中央来专门派〈有一个〉王观澜同志来帮助指导叶坪的工作，使得叶坪被评为苏区模范。

1933 年间，杨岳彬（红军大学副校长）与孔荷宠叛变，把中

---

① 花边，方言，指银圆。

央所在地绘成地图，说一边河一边山，中央政府在中间。国民党便派飞机来轰炸，炸在庙宇中间，中央所在地未被炸中。毛主席知道内部有叛徒，便决定搬到沙洲坝去，后来两个叛徒逃到反动派方面去了。杨岳彬叛徒以后还乘飞机到沙洲坝来，散发传单，说："不要受共产党欺骗！"

4. 访问赖士伸同志记录整理

赖士伸，叶坪乡干部，男，55 岁，苏区任过贫农团主任，后任秧田乡主席。

1. 武装暴动概况。当时暴动是不一致的。先是安治，后仰山。由〈于〉先起〈的〉地区的干部到本县的各地去〈进行〉做地下工作，发动群众进〔行〕动起来打土豪，分田地，抗租抗债〈等好处的宣传动员〉，等群众思想觉悟起来了，而且有一定数量的人都参加到这方面来了，特别是抓住了各地的骨干，规定时间到先进区领公事红旗，暴动起来。如某地骨干力量少，或干部不能放肆大胆发动群众起来组织政府进行打土豪，这时就有先进地区的干部做〔到〕某地去帮助，做好地下工作。发动串联所有能吸收到我们这边的力量，就这样一个串联一个，力量大起来了，群众到处在酝酿闹革命。这时就可以帮助他村建立组织，选好代表，组织起来打土豪了，接着也就可以进行分田地。

2. 党的组织工作发展。最先做地下工作的人了解了某地某个干部的工作、思想和历史、政治等情况，经过长久考验，在山上野外多次开会，布置工作，保密〔证〕一切合乎党的要求，革命坚决，无产阶级立场稳，这时才叫您[1] 参加党员会议（但他本人不知是党

---

[1] 原文如此。

员会议），这样又经过多次会议，布置的工作能按时完成，在工作
上很出色，这样就算入了党，但是一时介绍人也不会告诉入党人，
以后在日常生活中和长久工作中才慢慢地露出来。这时才自己知道
自己加入了组织，开始缴三个铜片一月的党费。当时也没有什么宣
誓等仪式。当时的一切工作都要由党支部大家研究好，如打哪家的
地主、绑谁、发动哪些人等等，党支部决定了就发动贫农团、农民
协会进行工作。自由〔从〕入了组织【就】不能暴露出来了，党的
一切工作都不能暴露，甚至自己的爱人、大人都不能露出党的一
字。以后党员不断多起来了，我们的力量强了，政权也稳固了，党
的组织的发展也多起来了，甚至每个干部都要求入党，加入组织，
这时在大会上可以露出我们是党员，入了党要进行宣誓〈了〉。最
后阶段入了党【的】到各个单位【去】，如区、区委问您组织，能
讲初"C.P.""C.Y."等反〔番〕号，区委就知道你是党员或团员，
这时对方就对你信任了，一切问题也可以交谈了。

3. 北上以后游击情况。在 1934 年 10 月县、区游击队以区为单
位就组织起来了。区为师〔司〕令部，区委是指导员。在 1933 年
冬，各村的赤卫干队和少先队就每两天或天天下午进行训练，到
1934 年 10 月，各村的赤卫干队和少先队带作〔上〕所有武器到区
【政】府集合，并各人自带三天的米。到区后，就分成三大队分散
行动，统一领导。到了一个地点就依靠一个地点的干部，群众供给
粮食等。各地碰着了敌人就打，全县一直坚持到 1935 年六月间。

5. 访问钟文泮同志记录整理

钟文泮，男，50 多岁，苏区【时】任过叶坪乡文书。

毛主席对群众小孩的关心，群众对〈地主〉【毛主席】的爱戴
毛主席特别爱戴〔喜欢〕小朋友，常常有小糖果拿给小孩吃，

看见一位小朋友在冷天穿的衣服少，就把自己的棉袄拿给他穿。如我陂坞里① 钟蔚懔就得了毛主席亲自拿给他的一件棉袄，到现在这棉衣还在。而他自己经常穿的是棉布，多是青的中山装，脚穿的是布鞋，吃的也不比群众好。毛主席的警卫战士对群众也很和谐，群众的一针一线一草一木爱护得比自己的眼睛还好。我村群众曾办了一餐席，请毛主席共餐。而毛主席也请了当地群众一餐。群众为了便【利】毛主席工作的好，要有一个安静的环境，群众就【是】碓米也拿到很远的地方去。毛主席对生产很关心，如在休息的时间中常参加田里的生产劳动，收割、车水、插秧等。找农民谈谈生产，如在某年某日的一个深夜，找张才储同志谈生产，研究某种作物，需怎样播【种】和管理条件才能得到丰收。在工作方面，对慰劳军属，一定要做得周到、满意。对扩军一定要做好宣传动员工作，对生产一定积极大胆、及时……毛主席在群众中，看到或了解到某人是贫苦人，特别是做长工的农民、衣服穿得很烂的农民，谈话就多起来了，对那些商人、生活较好的人，谈话就很少。他经常鼓励干部说要吃苦，要记住井冈山烂冬瓜和臭薯丝等。

朱总司令生产也是如此：下乡穿草鞋，穿的破衣服，头上戴的是粗笠蓑。常常出外不骑马。当时的情况是这样的：官长士兵都一样，没有人压迫人。

全苏大会的一些场面

第一次全苏大会一共开了一星期的时【间】，地点在叶坪礼堂，参加的人有八个县的代表，和当地群众等几万人。每个县的代表团赠了绸子做的横联，上面有的写着："拥护中国共产党""拥护全苏大会""拥护苏维埃政府"……

晚上开提灯晚会，当地群众每人提一盏灯，马灯、四角、六角、飞机灯……各种各样，正〔整〕个叶坪照亮似白天，群众来来

---

① 原文如此，"陂坞"是地名。

去去，先到的以乡为单位，在中央〈乡〉政府过一转，大家呼口号，拿红旗拿灯，拉胡子，敲锣打鼓，整个叶坪响声震地，锣鼓呼声震天，热闹得很。首长在主席台上观看。每天晚上各俱乐部在台上演剧。

经常坚持斗争

当时革命时期，真是做到武装时刻不离身，晚上睡觉草鞋不离脚，随时有事随时出动。红军北上后，大家进行坚壁清野工作。把所吃的、用得的东西全部藏起来，如锅头丢下水、风车柄拔掉等，使白军无处下落，没法生活下去。

6. 访问钟文波同志整理记录

钟文波，叶坪乡叶坪大队大陂坞人，男，50多岁。

毛主席的故事：毛主席在本村共休养了三个多月的时间，毛主席在这里对我们的干部和群众是非常关心的。如毛主席常告诉我们干部："在工作时和在一切日常生活中，对群【众】都应该和气、耐心，说服、宣传群众。干部首先要吃苦，不怕一切困难，打破家庭顾虑，打破房界、姓界。宣传群众踊跃参军，打败敌人的一切进攻。我们工农掌握了政权，当了家做了主，我们要积极参军，保卫祖国和苏维埃。"【他】和〔还〕告诉我们说："要多开会、多宣传和参加劳动"。毛主席在这里休养，虽身体不够健康，但每晚工作到十多点钟，有时还亲自参加劳动，在出外玩时也常带书本，进行学习等。

7. 访问刘连发同志记录整理

刘连发，女，40岁，首先是乡代表，后【任】乡妇女指导员，并在俱乐部工作。

妇女干部先是很少的，因为女的在过去封建统治的压迫剥削下，不自由、不平等太深了，所以思想一时不能很快地明确起来，所以参加工作的是很少的，后来经过宣传动员，提出老根〔庚〕①过去受苦的原因和解放后妇女对〔都〕有自由平等了，不受封建的束缚。所以很多女的参加了工作，打土豪、分田地也轰轰烈烈的，和男人一样。所以对革命力量输送了新的血液。

其工作情况如下。在斗争方面，女的组织起来宣传"扩大一百万铁的红军"，妇女到参加红军的家属去宣传、动员，帮助他们打水、砍柴、扫地、洗衣服，来鼓动他们。在平时如发现开小差的就进行说服，摸清底细，解决他的思想【问题】，解决他家的困难，动员他回队伍。如他思想不通，不回【队】伍，就组织演剧、编歌，来动员、宣传教育他及〈教育〉群众。如我九堡李世宾开小差回来，多次宣传教育不回队伍，就演他的戏、唱他的歌：开小差李世宾，无缘无故回家庭，要是工农兵，不得怕牺牲，快快归队，快快归队当红军，父母妻子有优待，一切田地有人耕，快快归队当红军，我们大家最欢迎，粉碎敌人，大举要进攻。

在扩大【百万】铁的红军时（在送军前），我们组织妇女，摸〔募〕捐了很多水果、花生、豆子、甘薯干等各种好吃的东西，送到他家里，大家赠布和利用打土豪时得到的破衣服、破布做好草鞋，在欢送时送给参军的同志，并组织女性欢送，从村送到乡，由

---

① 老根，应为"老庚"，方言，意为"同龄人"。

乡送区、送县。以后也经常到军属家帮助、访问，解决多种思想和困难。

在打土豪方面，〈在〉演戏、行动同时展开。如在演戏中自编西〔戏〕，农民受地主剥削，生活极端贫苦，共产党来了，农民翻了身，地主被打倒，地主的土地、家产全分掉。在行动中妇女也和男子一样，拿着红旗打土豪、分东西。深入群众摸过〔清〕地主的东西藏处、地主分子的藏处，若发现了，就立即告诉政府，进行找查。打、捆地主、土豪，妇女也参加，特别女人有一套软和的办法，群众对女性又比较信任，所以地主的行动、藏的东西等很秘密的事情都能了解到。

在教育群众方面：妇女组织突击队，找地主的东西，要地主、土豪罚处，动员妇女把自己的金器拿出来献给国家（少的），多的国家给一份报酬。对那些说怪话的人，不服从组织的人，总之不太好的人进行宣传教育，若长久不改，进行带〔戴〕高帽子。

俱乐【部】的组织机构：俱乐部中有主任（乡主席和贫农团主席兼），五一七的人参加，男的十多个人，有宣传部，有队长一个，文化部、技术委员编制歌舞，利用晚上学习。如果女性不来罚草鞋，男的不来【罚】做工（两天）。

8. 访问叶坪乡中石村张才储（步权）老同志记录

张才储，68岁。谈话记录分题整理。

一、党的建设

本地在1929年便有党的组织，领导者不知是谁，没有公开。本人在1931年入党，由钟文明（黄家山人）介绍。【入党】有候补期，期限不一定，要看这位党员对革命是否坚决，工作能力是否强，然后才能转正。党员一定要成分好，都是贫雇农和工人。中农也不吸收。叶坪一地党员不过几个人，全云集区也不过百把人①。

党开会是秘密的，要有人放哨，当时党的纪律是"铁口铁笔"，要说到就做到，非常坚决，例如要扩大一百万铁的红军，少一个也不行，有〈的〉任务一定要做到。

他们对于番号 C.P. 与 C.Y. 也不说，直到现在去问他还是不说的，因为要严格遵守保密的缘故。据说到了解放区【后】瑞金县搞老同志训练班时，还不暴露党的秘密。

党的活动当时主要的是搞肃反工作，对付造谣分子，打土豪、分田地，组织赤卫军、少先队的〔和〕儿童团等。李天富杀 AB 团、社会民主党，误杀了许多忠实同志。

二、苏维埃政权

1931 年当上了叶坪乡主席。1933 年当上了区苏维埃政府主席。区有区委书记、组织部、宣传部，自己不大清楚。区政府则有主席团、主席、土地部、工农检察部、文化部（教育部）、粮食部、军事部、反帝大同盟、妇联等组织。云集区直属中央。

1934 年做区合作社主任，红军北上，因病躲到黄沙种了 7—8 年田，以后才回到中石村。

三、土地革命

1930 年成立村政府以后，才产生贫农团（先后问题曾反复核问），以后村政府改为村农民协会。

贫农团工作专门研究打土豪、分田地及多种果实。地富都分田，不过分坏田、分坏屋。地主分反动地主、恶霸地主、忠实地主；富农分反动富农、高利贷富农、忠实富农。专门放债而无土地剥削者为高利贷。劣绅是包揽词讼、鱼肉乡里的人，土豪是更凶恶的有势力的人。

打土豪、分田地、划阶级，事先要经过工农检察部提出材料、主席团的决议，才能划为地主、富农，这是很严格的。

————————

① 百把人，方言，意指一百人左右。

四、武装斗争 ①

五、群众运动

当时组织有赤卫军（年25—45岁）、少先队（年16—24岁）、儿童团（年8—16岁），都是群众性组织，全民皆兵，男女参加，只有地富除外。各有自己的红旗。开会时都插上自己的红旗。赤卫军、少先队只有梭镖、大刀，没有枪。都有号兵。中央刘教练常专教操，打马刀花，现在张茂红同志还能打得很好。由于枪支不够，常利用马刀与敌作战。

六、毛主席关心生产

1932年冬夜，毛主席【带】着四名卫士提马灯来我家敲门找我，喊"张步权"，开门一看，两位携枪，两位带马刀，把我唬了一跳，一看是毛主席拿名片来请我去叶坪开会，说的是生产问题，在座的有4—5个人，有的是洋溪人。他告诉我们，哪种东西（作物）需要哪些肥分，才能长大到几大②。非常关心生产，要我们说生产经验，很快便把我们说的生产经验印了出来，发给各地参照。

毛主席看到叶坪缺水，叫土地部长王观澜，找工程师实地测量叶坪陂，想把叶坪水利修好，当时水位相差很大，没有办法解决。解放以后就好了，现在毛主席已经把我们这里水利修好。有了人民政府真好。我们说政府还是依靠群众才能办好。他说："群众要有政府领导才好。"

毛主席和朱总司令都非常关心我们的生产，常参加劳动。有一次毛主席对我们说："叶坪的土地连脚都没不了。"意思说本地田土很薄，贫瘠不肥，要改良土壤才好。

七、老苏区遗迹

中石"厅下"，正是过去的老苏区的邮政总局，大门上有"中

---

① 原文如此，无内容。

② 几大，方言，即"多大"的意思。

华苏维埃共和国邮政总局",未挂现在的木牌。两旁还有标语两幅:"欢迎白军弟兄打土豪分田地""拥护苏联"。

9. 谢存彬同志访问记(庙背村)

一、政权建设

1. 农民协会的成立

1929 年毛主席到此后,我们成立了农民协会。1930 年苏维埃政权正式建立,群众向地主阶级斗争非常热烈。农民协会中有主席、委员。最初我是农协会的委员,后任耕田队的队长。1931 年任赤卫军连长。1932 年任支部书记。

2. 赤卫队、少先队、妇女组织

赤卫队:其职务是保卫地方,每周到叶坪【让】朱总司令检阅一次,每天上午和下午练操,其武器主要是梭镖。一个乡来一个大队。赤卫军在最初并不脱离生活,连长每天到乡去领口领〔令〕,以便晚上放哨用。

少先队:其职务主要是检查路条,起作用很大,队员也很负责。他们的武器主要是木马刀,每天下午练操。

妇女组织:洗衣队、慰劳队、耕田队。

二、党的建设

1931 年党组织开始在我们这里建立,是秘密的。当时约有党员 30 多个。

三、扩军运动

当时以扩大红军为主,群众热烈参加红军。赤卫军和少先队是扩大红军的主力军。

四、土地革命

土地政策:"打倒地主、土豪",一般的不侵犯富农,但他们必须捐款。土豪、地主不分田,富农分坏田,贫雇农分好田,参加贫农团的农民都是很苦的。其中一个条件，必须是历史清楚，没有土地，各方的表现均好，对革命有认识的人。

标语：万户欠我钱，千户不管闲，百户跟我走，月月八块钱。

五、革命领袖与群众的关系

毛主席到叶坪后，直接领导群众，并与群众打成一片，国家政治保卫局设在此村，朱总司令每天都到保卫局来，他与邓发局长、与群众的关系也都很密切。毛主席生活朴素，穿的是中山装。

六、国民党对苏区人民的压迫

国民党说我们是"土匪"，要"打红军土豪"。

10. 访问新院大队钟德福记录整理

钟德福，现年52岁，男性，前苏区党员，任过游击队鸟枪排排长、俱乐部书记、赤卫连连长、俱乐部主任，福建军区建宁县肃反委员会工作，补充师中央教导团政治部俱乐部主任，后担任游击队队长。长征后留落在家。

一、区域的划分

前苏时，江西省委在博生县。我们这里〈是〉属第八行政区，所辖县有：于都、兴国、会昌、西江、瑞金、胜利、石城、博生、广昌、寻邬。

新院是云集区，该区所属乡有：新院乡（第八乡、联合溪①）、洋溪乡、下罗乡、叶坪乡、云集乡、黄屋乡、沙背乡、横岭乡、岗背乡。

二、党的建设情况

当时的区委会有书记、组织部、宣传部。

我是1930年入党，是秘密入党，入党〈的〉六个月【后】就

---

① 原文如此。

任新院乡支部书记。那时，什么事情都要党员研究作出决定。

三、苏维埃政权的情况

1929 年间开始成立农协会，那时有些封建头子参加。先到汀州罗炳辉处领公事，成立农民协会就打土豪、分田地。1930 年成立苏维埃政府，成立乡政府，又成立了区政府。最初无区，合龙是一个区，以后划分为两个区。

新院在 1930 年在腰布林成立农民协会，接着成立村政府。1931 年成立乡政府，并且和合溪乡并乡。当时是刘善龙当乡长，乡主席是刘日波。

区政府有主席，还有内务部⋯⋯

四、土地改革情况

1930 年（或 1931 年）毛主席来了，领导我们农民在云集区烧契纸。

1933 年红五月开始查田运动，中央土地部部长是王观澜。查田是根据土地额田亩情况。查田后就划阶级。当时有的划错了，有的中农划成地主，贫农划成富农。后来土地部明确了这个那个，进行了纠正（当时新院每人是两亩左右）。

五、武装斗争情况

1929 年成立了游击队，我是鸟枪排排长。游击队没事在〔就〕耕田，日夜站岗放哨，一有公事到来，就要出发。

扩大红军是一开始就要做，经常的。1933 年扩军时就提出"扩大一百万铁的红军，打到南昌、武汉去"，以后提出"整团、整营、整连、整排加入红军"。有一个补充师，接受新战士，师长姓毕，政委姓石。当时村里没有什么人了。

六、群众运动情况

那时提过：女子放脚、剪发，实行自由结婚。

七、苏区经济情况

前苏区盐和布很缺。一斤盐一元光洋，后来有的私商买一元钱八钱盐，群众吃不起盐就买硝盐吃。当时政府办了合作社，组织硝盐厂、硝盐合作社、粉干合作社、樟脑合作社。

11. 访问新院大队钟枝畦记录整理

钟枝畦，男，45岁，前苏时只有十多岁，1930年参加少先队，现在非党员。

一、关于武装斗争的情况

当时少先队员要经常下操，操枪法，操马刀花。全乡集中三天操一次。村是每天都要下操。

我六月到区少先队去了，担任区少先队的宣传委员。召开了扩大红军的宣传会议之后，我回到自己乡里来宣传。我自己带头报名，接着参加红军的有13个人。

我参加红军后训练了一个月，编入队伍，去打乐安、宜黄，还打到南城。后来还撤回到黄陂、小布，住了一个多月，天天开会研究情况，准备进攻。我因有病，送到医院，介绍回家，在裁判部担任看守。

整团、整营、整连参加红军时，我又参军了，到生江住了一个多月，就开到石城打衙前，后来又因病送医院。

二、关于土地改革的情况

土改时，新院每人分两亩（1931年），那时富农分坏田，地主不分田。

12. 访问新院大队钟正洋记录整理

钟正洋，男，现年54岁，前苏区时任云集区工农检查部委员，现在是叶坪人民公社干部，党员。

一、党的组织情况

有区委会，有中共、少共、宣传、组织。云集区委书记是钟学球（已故），后是杨家辉。

二、苏维埃政权情况

云集区苏维埃主席是刘志波，有收发处、财政部——管理经济的；土地部——负责划分【阶】级、查田、分土地；裁判部——审判工作；工农检察部——了解群众中的意见；教育部——负责俱乐部和文化教育；工会。

三、武装斗争的情况

1934年老历十月初四日国民党进到瑞金城，云集区和壬田区合并为一个游击队，领导人郭兴兵。到过九堡、铜钵山、密村、官长、山河这一带。

四、国民党反动派残酷的迫害

红军长征后，我跟随到九堡打了游击。后来，游击失散，我不能回家，在广东、福建等地漂流〔泊〕了六七年。

国民党反动派回来后，将我家的家产全部没收了。连墙壁上的图钉也取了去。我老婆带着一个两岁的小孩无处安身。

有一次，我老婆穿了【我】留下来的背衫，洗净晒出，反动人员看见了，以为我回来了，就在桥头埋伏，准备抓我，并且把我老婆赶出房子，大肆搜查，还到新院大祠堂进行搜查。

13. 访问黄桂香同志记录整理

黄桂香，在壬田工作过。

青年团情况：18岁到21岁的青年，是贫苦工农，历史好，政治好，工作积极，立场坚定，才可以加入。对于秘密的工作，大人也不能说清，也不能和地主、富农等坏分子说话，共在一块。而儿童团是 16 ~ 18 岁的加入〈，他是负担宣传工作〉。

斗争情况：壬田游击队首先在田背和土豪、地主打了一仗，我军队有 2000 多人，后来转到渡光面打了一仗。因在山上长久，力量、经济没来源而散了。首先是到一个地方就依靠此地的粮食，并且每人自带四斤炒米吃，在情况较好时，如有经济每人就发给一（二）① 元，买些米或其他零用。在当时，大家的斗志很高，革命很热心。不分自己的亲房，若是土豪劣绅就要打掉，没有财产。

国民党对革命同志的手段：红军北上后，那些逃亡的地主和土豪劣绅就到处抓革命同志，被抓的同志，立即受重刑，如木棍打、竹子打、锥子锥、鐝子鐝——把革命同志打得一身皮破肉露、血水淋淋，当时有的当场即死，有活着而残废了的。地主婆、地主的小鬼子也经常打骂我革命干部，说什么"土匪"等恶臭话。

妇女对革命的支援：妇女经常进行宣传党的各项政策、方针，打通有些农民（落后）思想，发现某家不愿去参加，就串联很多女人到他家去宣传、动员，一直到工作成功为止。妇女还经常做布草鞋送给红军，组织洗衣队帮助军属洗衣、扫地等。这样使得军人、军人家属都很满意、高兴。

14. 访问刘群英记录整理

刘群英，女，49 岁，苏区曾参加乡妇女指导员。

1930 年暴动由刘维珠（大坊人）【领导，】共有一百多人，其中有很多妇女，计三（四）十人。当时打游击到罗汉岩——古城，在此城登山——到容坑，在这个时候是时红时白时期，在当时，因革命力量薄弱，在外不能回瑞金，在山上住了四个多月，在次年二

---

① 原文如此。

月队伍才回来。游击队在山上生活很困难，衣服穿得少又烂。回来后我在县委做宣传工作，以后在黄柏区做干部，当主席，在松山任妇女教练官。当北上后，上级叫我做围式坚壁清野的工作和地下工作，当时曾连材（夏罗大队人）等人共同搞地下工作。曾连材因出外送信而被捕死去。而我在1934年被联保办事处抓去受刑，用木棍、竹子打得一身破烂，土豪们用盐水淋伤处，在当时决定要杀掉，但由于地主之间的矛盾，结果未杀。我的手也因受刑而半残废了。以后经常被地主、土豪分子叫我革命干部"土匪"等，我丈夫也是如此而重伤致死。对于地下工作的问题和坚壁清野，是把所有的吃的东西藏起来，打碎，搞破等，如舂谷的东西拿去一部分，贵重的东西埋在地下。地下工作就是一面宣传群众坚持革命，保护老革命，尽量把活捉的革命同志保出来，尽量把革命同志掩护好，帮助革命出力。以后毛主席一定会回来的，会报答你们的恩，你们的日子就好过了。另外革命同志要开会或到别的地方做工作，就用暗号，如开会就在竹马岗的规定地点，用石子在泥土中刻一个"会"字，大家就知道。

红军北上后，许多老同志被国民党抓去受刑，用木棍、竹子、扁担等打，并用绳捆起，手脚不着地，不打时用铁链锁起，手脚不动。而我们同志一言不泄出革命的事情，说："我宣传了革命成功，宣传了革命的好处！解放妇女翻了身……""我没有入党，大家都没入。"……敌人看我同志很坚强，就打，很多革命同志宁死不屈，光荣地牺牲。

土地革命：首先〈把〉在干部中研究，查实某家的债务、土田等，布置人，发动群众，第二天带动群众，拿着红旗，先把地主家包围起来，把地主、土豪捉起来集【中】在一个地点，〈虽〉分片抬东西。把所有地主、土豪的东西集在一块，再开群众大会，根据某家的情况，"缺少什么，困难怎样"，进行分配。

15. 访问杨祥浴同志记录整理

杨祥浴，叶坪乡田坞大队营头咀人，男，60多岁，田坞乡党支部书记。

党的组织情况：年龄要在25岁以上，要有坚强的革命心，成分好，政治可靠，对党有认识，忠诚老实，工作积极，可以入党，但要有人（三个人）介绍。当时的一切工作都要所有党【员】进行研究，作出决定，做法〔出〕【决定】后才能【在】群众中开展宣传、动员，发动骨干进行。当时党员开会是很秘密的，党员的身份谁也不知道，甚至自己的大人也不知道自己的儿子是党员。但以后党员慢慢多起来了，才公开地号【召】开大会，党员在大会上演讲。

当时革命的情况：邓希平、兰夏桥同志先在安治成立游击队，各村的领导人去安治接头，回来成立农民协会，集中武器，组织赤卫队、少先队，这时有个别村不愿去接头，接了头的就去打没接头的人。组织群众进行分田地，打土豪，并成立村、乡、区政府。在各项工作中党团员可以在工作未开展时，进行研究，发表意见。干部和所有比较积极的人在革命开始时向群众开展抗租抗债，【向】群众宣传说毛主席来了我们劳苦群众大翻身、抗租债分田地是应该的。所以群众都大势地闹革命，打土豪、分田地、参军等。

16. 访问朱德银同志记录整理

朱德银，男，40多岁，在苏区时担任中央红色医院的炊事员，红军北上抗日【后】便随军而去，到解放后回来。

中央红色医院，旧址设在叶坪乡田坞大队杨江下的民房里（1931年十一月设），区里能住院400多名伤病员。有三分之一为铁病床，有三分之二为木病床。外科病床200多张，内科也有200多张。内有一个药房，有四个人负责。有医官十三（四）个；管理科长有两个，姓陈的一个，上士共两人，看护员有40个左右，有看护长、炊事员，也有班长，共七八人，有挑夫七八人，公务人员八九人，担架排40多人，洗衣队等。服务人员很热情工作。

这个医院，伤病员疗养很好，每天吃的是：每人有豆酱吃，病较重的有牛奶吃，也有肉汤吃。在这个医院里，养有20多条〔头〕奶牛和29条〔头〕猪及100多只鸡。伤病员们喝的水是经过过滤的，每天外科伤员换药一次，内科看病两次。吃好，睡也好，医也好！

党政、群众对医院、伤病员很关心。我们的领袖毛主席、朱德司令常常写信来慰问伤病员。政府也组织慰问团来慰问。广大群众也很关心伤病员，平常以及过年、过节都组织慰问团、队来慰问，有送猪肉、鸡肉、鸡蛋、豆子、花生以及鞋、面等，很热闹【地】打锣打鼓来慰问，也有组织群众性的演出，等等。

此红色医院，在杨江下是在1931年十一月，设立到1934年七月，因北上抗日便把伤病员送到各省去治疗。

17. 访问朱先美老革命同志记录整理

朱先美，男，60多岁，苏区时任耕田队长，县粮食局会计。

政权建设：我们村是首先成立农民协会，然后成立村政府，后改为乡政府到各区成立区政府，县成立县政府，由下面【至】上面成立起来。成立起村政府后，便分田地、打土豪。

在1931年，三十五军进行"肃反"，那时李天富有意乱杀了许多革命的真正好的同志，他借杀 AB 团来杀好的同志。后来中央派了干部来，便发现他是反革命，因此便把他勾〔扣〕留起来。

建军：朱总司令的军队由麻子坳来，于 1930 年二月到瑞金来，那时军队向我们说"千户同我并肩，万户欠我钱。贫农跟我走，月月八元钱"。许多人在那时就积极参加红军去。

扩大红军，得到群众热烈的拥护与支持。在 1933 年时中央提出了"扩大一百万铁【的】红军"时，我村——朱坊，就有 32 个人参加了红军，群众为了欢送参军，便杀了一条〔头〕猪、一条〔头〕牛，群众趁〔聚〕餐，妇女做鞋。大家吹〔敲〕锣打鼓地欢送，有的呼口号："参军最光荣！""打倒国民党！""打倒蒋介石！""拥护中国共产党！""共产党万岁！""中华苏维埃共和国万岁！"

国民党的"围剿"：在 1935 年，国民党的军队——义勇军及靖卫团，〈进行〉"围剿"松柏山上的我们，一共围了三个多月，越围越小了，因此在九月十二日【我们】决定冲出敌人的重围——封锁线，向白竹寨〈来〉突围。但那时因沿途有许多堡垒，机枪弹药很密，因此我们便在黄安被欧阳江队伍包围了，以后我就被国民党军打散，捉去了，用来当挑夫，到了赣州逃回来。那时我们队伍里，国家政治保卫局局长是钟天希，师政委是杨世珠；县主席是周宗元，裁判是杨尚珍；独立营长是张仁山，党政委是朱离木。

在 1931 年春进行分青苗，按人口分，把地主、富农的好青苗分给贫雇农。在 1931 年冬分土地，每人有三担多。土地税，每亩贫雇农收 50 斤，地富每亩收 150 斤。我们为了帮助红军家属，鼓励参军，那时组织了耕田队，队员们自己带饭去帮助军烈属种田，不要工钱的。

那时妇女也有洗衣队、做鞋【队】等。

18. 访问朱继伴老同志记录整理

朱继伴，男，50多岁，贫农团主席、特派员，工农检察部工作。

打土豪：1929年松山朱盛堂和朱继原〈进行〉宣传群众，说如不打倒地主、富农，他的东西是不愿拿出来的，而我们贫苦农民生活是过不好的。所以群众觉悟就日日高涨，并帮助干部查地主、富农的土【地】、债等，先把流氓、坏分子打倒，后把大地主打倒。把地主的东西没收，分给贫农，没有〔收〕地主的钱一部分分给较贫苦的农民，其余的给干部开会做路费用。

斗争情况：特派员的工作是经常打听地主、富、坏、流氓的一切行动，晚上到地、富、坏、流家的周围听听行动或语言，若发现坏的语言或行动，干部立即研究、行动，把这坏人捆起、训话、处分等。毛主席未来前，我在合龙周围有胡荣佳、钟德胜、钟天极和杨金山等人，组织了游击队，在本队有朱盛蔚等三人，参加了游击队。

在年暑天①，在合龙打败了赖世忠的300多兵的队伍。赖世忠的兵都是地富、流氓组织起来。

暴动队是一个乡一个，经常进行开会宣传，暴动队先把所有武器（如刀子）集起来，无事在家耕田，有时进行军事训练，若听到了号令或别的地方武器响，大家就到乡政府集合，出发行动，所以暴动队经常和地主、富农的兵打仗，并有时到不愿红的村子打仗。

组织机构：最先是有游击队、暴动队，并有赤卫队——确立了

---

① 暑天，即"夏天"。

农民协会（1930 年），协会中有贫农团，中农不能参加。接着村政府的成立，顺次了乡、区、县政府的成立。

党的建设：当时入党是非常秘密的，任何别人不知道（如自己大人），条件是工作积极，对革命有认识、有决心，历史成分都好，并要有三个人介绍才可以。政府的各项工作如扩军、派夫、捐款等先由党支部研究进行。党员开会也很秘密，多在晚上和偏僻的地方开会，〈要召〉会用信套装好条子或通知，召集党员会议。

土地革命：1930 年二月，最先是分青苗，把地主的好的青苗分给生活更困难的、人多的贫苦农民，地主一点不留。富农的好青苗，农民可以换，并没收一部分。

经济方面：在苏区，干部的生活很苦，干部常常吃两餐，常常吃豆角、稀【饭】，很少回家，衣服都穿得很破烂，分地富的东西要先讲群众，后讲自己，一切享受都是先群众后己。

干部、地主、农民生活：地主吃的是肉、鱼、蛋，农民吃的是糠菜。地主穿的是绸缎，农民是破烂不堪的衣服。农民因受地主的剥削压迫而卖妻卖子、卖屋卖土，搞得有些农民整年逃荒做乞丐，如洋江下的朱发坚的母亲就是一个。农民挑谷到地主家，甚【至】开水都不给一口喝，农民向他要茶，说有冷水自己去打喝。所以农民对地主特别恼恨，在打地主时，大胆积极【地】把地主、富农的债报出来（如洋溪刘日华、刘日曾地主），大家都争取做一个积极分子，并压迫地主把所有的〈一切〉东西交出来，贫苦农民多分一点东西。

当时每个村子都有列宁小学，但念得好的人〈数〉不多，书本也很浅的。例如书中有这么一句话："一个小朋友问：乡政府到哪里去？一个老年人回答说：从大路去。"

19. 访问朱景铭同志的记录和整理

朱景铭，男，40多岁，是苏区区特派员。

革命斗争开始。1928年有刘维珠（太坊人）和犁胸子（小名，开铃背人），带领几百人从鲍坊经洋江下去打大田（因大田当时地富多、流氓多，认为自己的势力大，别人不能动他，他可以不要红的），结果，大田被冲破，并烧了几间房子。后来其他各村看到这种情况：不红就不战！农民就不能翻身，而且〈本〉当地的大地主的财产都会被别个①村子（红了的）拿去分掉。这样一下，洋江下在朱继原和朱庆连的带领下到别个地方领公事，插了红旗。但朱继原、朱庆连是大地主，结果被群众推倒，掌握了政权。"打了继原的地主"，继原也就在1930年自杀了，朱庆连就被人们送去管化〔花〕果。这时，农民协会〈也就〉成立，最先是朱德园任主席，后有朱亚山，朱德卫任主席。接着村政府成立，朱光荣任主席了。后村的组织就缩小，乡政府就成立。这时各村每50人选一个代表，乡主席由刘维德任了，杨海波、刘永昌等人任过乡主席。以后分了乡（原新庄，分了田坞乡、太坊乡等共三个），其范围如下〈表〉。

新庄：田坞乡、新庄乡、太坊乡。

田坞乡：营头村、洋江下村、贯下村、中湾子村、田坞村。

新庄乡：甘天村、尖头窝村、马溪村、下坊村、草皮头村、鲍坊村。

太坊乡：太坊村、沙子塘村、庙背村。

（时间在1932年）

① 别个，方言，即"别的"。下同。

田坞乡主席【是】朱光荣，朱景铭【任】文书。1932 年因光荣调区，就李国谓任主席，以后有李干惠、李克爱直至红军北上。

在打土豪时，干部深入到群众中，摸清地主的借放，群众到贫农团反映情况，根据这些材料，决定某家是地主、富农……把地主的东西全部没收，分给贫苦农民，富农的也没有〔收〕一部分，后要地富罚款，以后对地主经常进行监督并分工包干。

军事拥军。1933 年扩大一百万铁的红军时，群众热烈拥护，那些模范营、团、连、排，除老弱、有病的人外，大家全部出动。工作方法是，先是一个介绍一个，后是到各家各户去宣传动员，说明参加红军的意义。群众对这些参军的同志很欢迎，杀猪、杀牛、打鱼、做草鞋慰劳他们，敲锣打鼓欢送他们。妇女组织洗衣队，帮助他家洗衣服。在家的劳动力帮助他家劳动生产，并带饭去吃。

农民协会。农民协会中，有正、副主任各一人。肃反委员会三个人，有政治、交通各一人，保管一个。贫农团以自然村组织一个。团中有没收委员，委员会中有正副主任、文书、检察委员。村里有主任、秘书、交通三个人。在没有分乡前〈时〉，乡里有经济部、儿童团主任、反帝大同盟主任、革命互济会主任、乡主席（正副两人），秘书一人，裁判一人，以后分乡这些干部就不是脱产了。

土地革命。第 次在 1930 年春，分青苗。这时，每坵进行估产，把总产量按人口分配，地主不分，富农分坏的。以后农民（贫苦农）可以随时调换【地】富的土地。第二次是在 1931 年，进行了查田定产，土地分成三等，进行搭配。这分是以自然村进行分，所以各村多少不同，并发了土地证。

当时的口号是：依靠贫农，团结中农，孤立富农，消灭地主。

文艺活动。各村设有俱乐部，每天晚上进行活动、唱歌，演的剧是自编的，小型的，都是关于反映现实的，如反映地主放债给农民、地主收租、压迫剥削农民等戏剧。在歌方面最盛的是《送郎去参军》、劝妹转家庭【的】《十骂反革命》等歌曲，【用】来急【激】

发群众反国民党、爱共产党的热情。

领袖。毛主席、朱总司令的生活非常朴素，他俩常穿的都是棉布的中山装，朱总司令下乡是穿草鞋。

20. 访问李于会同志的记录整理

李于会，男，50多岁，苏区时任村代表、乡文书、乡主席、游击队【队员】。

武装斗争：在1929年前，杨金山、杨斗文成立游击队，开始时有一百多人，初在合龙打了仗，并和黄埔头打了火。因黄埔头不愿红，这时群众看到了这种情况后，便起来组织农民协会，后改为村政府及乡政府及区政府，并成立了贫农团、赤卫队、少先队，选举村、乡代表，接着就是打土豪、分田地。当时打土豪前要进行划阶级：〈当时〉有剥削、有很多田、有放很多高利贷的是地主；不劳而吃、有大债、大势力的是豪绅；有十多亩地，有剥削的是富农。这些先经过贫农团来研究。

在红军北上后，于1935年二月成立了游击队。经常和敌人作斗争，领导人是区里的区委刘家材同志，共有一百多人，内有连【长】、班长。那时先在山河打了一仗，后转到渡头，到赣县，到九堡，便和县里的独立营联合和国民党的队伍打了一仗。便转到黄柏地区，和黄柏义勇队作战一次，以后到壬田的莲花山和壬田的义勇队及当地地主、富农、流氓组织的军队作战一次，后因力量不强而散了。

当时游击队的生活情况是：靠红的地方人民及干部支援而得到吃的，初时与县的游击队有联系，在经济上得到了支援，因断了联系，生活比较困难，那时枪很少，多数是马刀、马枪、土炮，最初只有十多条枪。

田坞红军卫生所情况：在卫生所里，看护员有十多个，有文书一人，有所长一人，医官一人，伙夫有三个，经常有 60 多个伤病员。群众对伤员很关心，慰问送甘薯、青菜、蛋、薯片、花生等。

21. 叶坪乡洋溪村刘善峥老同志记录

刘善峥，【现】年 64 岁。

一、党的组织和发展

1932 年入党，1934 年当乡支书，有党员 18 名，党对外秘密，支部公开。

1934 年八月一日率领 48 个同志北上抗日，当军事委员，在部队中当班长。

二、苏维埃政权

1932 年修建红塔，为修建红塔公司的管理员，搞建筑材料。

三、土地改革

1931 年十二月参加新贫农团，因为老贫农团没有划为〔分〕阶级，中央土地部长王观澜也帮助我们划分阶级，受云集区区长朱开铨领导。乡主席朱先容。新、老贫农团分别上【午】、下午开会，以打破旧贫农团中的顾虑思想。在查田运动中划八家地主，两家富农。清查标准是计算土地多少，放债多少，人口多少，劳动多少。有劳动力的为富农，无劳动力的为地主。划分地主后，封房子，分土地，地主不分田，撤销原分土地，罚地主做苦工（指 1932 年三~四月李〔里〕）。每人分得土地约一亩多，富农分坏田，住隘① 房。

---

① 原文如此。

四、武装斗争

1934年八月一日率领同志48人北上抗日，当军事委员，在部队中当班长。中途得了脚病掉队回家，1935年不敢出头露面，1936年一出头便遭地主恶霸的刀砍，受过多次伤，不敢归家，家产没收，直到解放后、土改后才回来。

22. 叶坪乡洋溪村刘玉明（善春）老同志记录

刘玉明，【现】年54岁，贫佃农出身，现为党员。

一、党的组织和发展（略）①
二、苏维埃政权（略）②
三、土地革命（略）③
四、武装斗争

1932年担任本乡赤卫军排长。赤卫军与现在民兵一样，全民皆兵，只有地富、反革命分子不得当兵。凡是25~45岁农民都为赤卫军。编制多与正式军队一样，平时在家，出发时便是正式部队。赤卫军工作为站岗、放哨、下操练枪。我管一排三班，每班18~19人。

1934年10月参加长征，在三军五师十三团，军长彭德怀，团长彭雪枫，开初在营部机枪排当战士，后当上士，再当事务长。七七事变后出发到河北。1938年参加晋察冀边区地方部队，当一分区司令部（司令聂荣臻）直属分区出纳股长。后因身体不好，1947年转入地方工作，在唐县工作。1950年转业回乡。

---

① 原文如此。
② 原文如此。
③ 原文如此。

23. 访问叶坪乡洋溪村刘善积记录

刘积善，前苏区儿童团大队长，现年 41 岁。

一①、群众运动

（1）儿童团

1932 年 4 月 1 日儿童节，检阅全苏区的儿童，到会时有几千人，赣东北各地派了 40 多人参加。中央首长、毛主席还当面对我们讲过话。

儿童团起初有团长，为刘有兰，没有做多久。刘善积为大队长。

儿童团直接归刘少奇同志指导。

儿童团的工作【是】做宣传、劝善、慰劳，白日守岗、站哨、查路条，搞归队运动，安慰红军家属，破除迷信，打菩萨，发选民证，保卫会场，等等。

儿童节检阅后，就由中央教育部领导办了一个工农剧团，由徐特立、冯观潮负责宣传工作，专门演戏、唱歌。当时徐特立的女儿阿英教她们唱歌、跳舞。其他很多同志的名字不记得了。

儿童团的成员只要活泼、觉悟高，七八岁即可【参】加剧社，由老带新的办法发展团员。

儿童团团员纪律很好，上级有条子来就齐出活动、演戏、唱歌。吹唱集合，迟到五分钟的就要挨罚。不会演唱的也会挨罚。

儿童团执行任务很严格，每日常放哨、查路条，不认人。有一次，大概在 1934 年春天，毛主席从瑞金县回到叶坪，没有路条，儿童团把他带到区政府，大家一看是毛主席，毛主席不仅不责怪他们，还说儿童团觉悟很高。

---

① 原文序号为"五"，编者修改为"一"。

儿童团鼓动群众做草鞋送给战士，常唱这样的歌：

朝织鞋，暮织鞋，织鞋不为上街穿，

送与前方战士们，冲锋杀敌多轻快！

鼓励〔舞〕士气的歌，有《工农兵联合歌》：

工农兵联合起来向前进，万众一心；

工农兵联合起来向前进，杀尽敌人；

我们团结，我们前进，我们奋斗，我们牺牲，

杀尽那国际帝国主义的大凶人，

最后胜利一定归于我工人、农民兵！

还有《扩大红军歌》，如下：

赤卫军和少年先锋队呀！真正动员起来呀！

武装保卫苏维埃，武装上前线去呀！

粉碎敌人进攻，勇敢冲锋向前杀敌。

为着保卫土地革命利益，

整连、整营、整团、整师，全体加入红军去！

儿童团宣传所到地点，苏区各处都去，如宁都、石城等县都去过。经常得到奖品、奖旗和戏装衣服等。

儿童团是也有识字班，刘俊堂教过我们，但是没有时间学习。

儿童团在 1933 年到太雷县搞宣传，当地反动大刀会很多，都是地主恶霸，淮肚〔土〕区文化部长是富农阶级，在我们到的前三天还杀了一部分中央游击队，把地主犯人都放走了。因为全民参军，富农阶级不愿干，鼓动群众捣乱，事后马排长送我们回来。

1934 年我到工农剧社学习过两个月。八月间又到壬田搞儿童团训练班。回来时各机关都已转移了，我还挑了一担教育部的报刊文件，路中受到检查，把歌谱、公章都丢了。说是年龄小，不知道是些什么文件，才脱了身。可是国民党反动派回来后，一直污蔑我们，叫我们作"小土匪"，并且还把我捉去挑担，皮都挑破了。

24. 访问朱盛全记录

朱盛全，男，46岁，洋溪大队窑下村住。

关于军事建设和武装斗争及群众运动等一些情况。

团队情况：朱盛全16岁做叶坪乡儿童团团长，18岁任叶坪乡少年先锋队队长。而入儿童团的年龄是12岁至16岁，其具体的工作是操练、宣传，而宣传又作〔着〕重于破除迷信（即：搞掉菩萨，斗掉神祖牌，不信神，不信鬼）。入少先队的年龄是16岁到24岁。少先队的具体工作是：操练、站岗、放哨、协助农民协会打土豪、生产劳动，后转为正规军，又续领120名队员，曾到过本县凤岗等地，对敌进行斗争。在石城、菊阳等地任过排长之职，后因病回家。回家后伪保安团曾想要抓他，朱盛全渡河逃出。接着又正式成立了办事处，而终于在同年十二月被伪办事处抓住了。经受严刑，直到口吐鲜血，原因是要供出当时的共产党员和共产主义青年团员，但死都没讲出，到最后只讲了自己是青年团员，并没讲出番号（当时共产主义青年团的番号是"C.Y."）。只许在内公布，在外一律保持〔守〕秘密。至于入团的条件是：工作积极，斗争坚决，成分好。入团手续是：先吸收参加团的生活，经介绍人介绍，入团后有一定的候补期，在候补期间工作表现积极，斗争坚决，被团员群众公认为能转就转入正式团员。

25. 访问刘善宝记录

刘善宝，男，现年47岁，榨油工人出身，住洋溪村。

关于苏维埃政权建设的情况：

1930年春瑞金县下设有城中、东郊、南郊、西郊、北郊等5个乡，同时还设有壬田、黄柏、九堡、武阳、桃园、瑞林等6个区〈等〉苏维埃政权机关。到1930年冬重新划分，原壬田区就成了壬田、河东、云集等3个区。原黄柏区就成了黄柏、隘前等2个区。原九堡区便成了九堡、下宋等2个区。原武阳区又成了武阳、下洲2个区。原桃园区又成了桃园、深梗2个区。原瑞林区就成了瑞林、沙心2个区。共5个乡、13个区的苏维埃政权机关。而云集区的范围是：叶坪、洋溪、岗背、松山、黄屋、新院、朱坊等7个乡苏维埃政府。〈又〉叶坪乡的范围是：叶坪、庙背、细山塘、黄家山等4个村农民协会，到1931年又划成叶坪、庙背、细山塘、黄家山、洋溪、腰埠〔布〕等6个村农民协会。

26. 刘善保同志访问记

刘善保，现年46岁，曾任过□□□。

一、政权建设前的一般概况

1. 工会组织

于1927年参加工会，当时工会主席是李洪魁。工会组织中以劳动部的最重要，调动工人的工作必须经过劳动部。其中参加成员以雇农工人、手艺工人为主，没有参加工会的没有工作做。工会成立后就向资方作倒算和增加工资的斗争。当时的斗争一般是这样的：组织上作出增加工资等等规定，工人们在斗争时就说这是组织的规定，不增加工资我们不干。结束斗争都取得了胜利。油坊工人由原来四角增加为六角（即增加50%），当时若发现是工人不为工人作斗争，就要受到工会劳动部的处罚。这种工会组织存在一年左右，就被国民党政府禁止了。

2. 武装斗争

1929 年冬天①，毛主席和朱总司令带了万把人②从井冈山经过马子沟〔麻子坳〕，在马子沟〔麻子坳〕与国民党肖志平〔刘士毅〕的队伍打了一仗，我们取得了胜利，俘虏国民党的队伍一千多人。接着又到宁都抓了敌匪首赖世琮③、谢日新。第二年又从宁都到长汀消灭了郭凤鸣的队伍，当场打伤了郭，并开了公审大会。

二、政权建设

1930 年苏维埃瑞金县主席是邓希平。当时区有区苏维埃政府，乡有乡苏维埃政府，农村有农民协会。少先队中成分好的、斗争坚决的、工作积极的队员才能加入农会。当时有 80% 的少先队都没有加入农会，因为少先队是一个群众性的组织，除了地主、富农的子女以外的适龄儿童都可以加入。参加了农会的就参加划分阶级、打土豪、分土地。事先贫农团开秘密会，大家商讨某人的土地多少、放债多少、财产多少等等，然后呈报区主席团，区主席批准下来后，我们大家就商议什么时候绑地主、封门，把这些事情做好后，再向群众公布。

新贫农团与老贫农团【共存】，这是洋溪的特点。当时老贫农团说划不出阶级（指地富），其中有几个少先队员说了很多事实，证明划得出。区苏维埃知道后就大力支持，结束后这批青年人就秘密地组织了个新贫农团，秘密地开会，查出某人放债、土地多少，呈报区主席团，是一个晚上就批下来了十多家地主、富农。事后老贫农团的农民说查出来就好，新贫农团的农民说：你们保守、顽固，所以就查不来。新贫农团的主席是朱先顺。

三、党团组织、少先队组织

党县委：书记、组织部长、宣传部长、妇联。

---

① 时间有误，照录原文。
② 万把人，方言，意指一万人左右。
③ 原文如此。

团县委：书记、组织部长、宣传部长、青妇部长、少先队长。

少先队：总队长、训练处长、参谋长。

在扩军运动中，区委动员团员带头参军，然后带动全队队员参军，当时全团全队都报了名，经上面批准，批"不准"的就不能去。一个乡有十多个团员。入团是这样的，队员先参加团的生活，经介绍【后】才能入团。团员对党的生活也很了解，因为团的生活是由党支部决定，并派党员参加团的生活。团也派团员参加党的生活。

少先队的任务，查路条、放哨、训练，一礼拜抽一下午训练一次。训练处分配全识字的队员教不识字的队员，每天晚上都要识几个字。群众中也有识字班，专门有教师教，这样的教师，就不担任帮红军家属耕田的工作。

四、个人工作片段

1933年除夕【出席】瑞金县第五次工农兵代表大会，后又出席全省的第三次工农兵代表大会。1933年冬出席第二次全苏大会（河洲）。同年腊月到福建沙县——新苏区担任少先队的工作。1934年红军北上时，我们队伍参加当地的游击队，当时生活艰苦，国民党跟在后面，我们没有住过房子，当地参军的人就开了小差。我们人数越来越少，甚至枪也没人背。最后我们冲出来时，还有30多个人。1935年回了瑞金，辗转好久，还被地主毒打了一次，好多群众都在场，很同情，但只敢说"好了""不打了"，不敢说别的，当时家产全部【被】没收。

27. 朱有始子访问记

一、个人经历片段

1930年任前苏区妇女代表，后又做妇女指导员。当时只有十七八岁（现年46岁），其工作就是发动妇女做草布鞋，召开会议。

二、群众运动

苏区时，妇女与男子一样也组织了耕田队。给红军家属耕田。此外还宣传募捐：上午和下午都下操，手中还拿着梭镖。当时妇女在俱乐部中很积极，演戏、唱歌、跳舞等等。开会时大家都到。

28. 曾瑞运同志访问记

一、个人经历片段

苏区暴动前，即 1930 年以前，是雇农工人。1931 年入党，当时支部有 18 个同志，任云集区工会主任。1933 年在西江（？）①县（瑞昌交界处的一个新县），任农业工会组织部长，1934 年在粤赣省（省会会昌），任省工会主任。1934 年八月因病回家。国民党事后称我为"土匪"。

二、工会组织的建立

1. 工会建立前的斗争

1929 年在此地就有小型的暴动，工人有木匠党、理发党。农民也有暴动，如有刘如珠、杨世纪等打地主、分财产，后又跑到山上去了。

2. 工会组织

工会分店员手艺工会、雇农工会、苦力运输工会，三者的总合就称为职工联合会。工会在乡是支部委员会，村是工会小组。工人做工作由乡支部介绍。工会工作很多，如扩大红军、发行（？）②公债、划分阶级、负责归队、带好粮食等等，与其他工作都有联系。节约粮食是这样的，每户约节约粮食 1~2 石，每村都规定有一定的节约数目。如解决粮食困难，当时提倡多种蔬菜。做任何工作，

---

① 原文如此。

② 原文如此。

都是工人先带头，开任何会都要宣传扩大红军。开会我先讲话。

三、政权建设

1931 年开第一次全苏代表大会，民兵群众都有组织地到叶坪开会，好几万人，会上打洋鼓、吹洋号，好热闹，大家还呼喊毛主席万岁、万万岁。

附：1929 年四月暴动，组织刘蔚珠、杨世纪、刘劣狗子他们接头插红旗，打土豪，吊地主，烧线香。后来地主还家，暴动者都上了山。

29. 谢美清同志访问记

一、参加革命工作简介

20 岁（现年 46 岁）时【我】参加打土豪、分土地，当时我当乡妇女代表。21 岁【我】在云集区妇联做宣传工作。曾与钟民、赖昌祚一起到省（宁都）开会，回来后因身体不好，在村做党的宣传员。1934 年参加游击队，因怀孕而回家，回来后遭受过国民党联保办事处的毒打，说我是"土匪婆子"。被保出来后就一直搞农业生产，辛勤劳动，培养儿子读书。解放后儿子才住〔读〕中学，享受助学金，这完全是毛主席的优待。现【在】儿子已在航校毕业，并参加了工作。爱人杨旭槐，1932 年任云集区劳动部长，1934 年进红军大学学习四个月，调中央劳动部，同年参军，现今没有消息。我是烈属。

二、妇女工作

安置开小差的归队，宣传妇女参加劳动，宣传全民皆兵，还组织洗衣队、慰劳队。妇女一礼拜操练一次，当时还有乡指导员、村指导员、乡代表。

30. 叶坪乡冈〔岗〕背村黄隆邦老同志

黄隆邦,现年五十二三岁。

一、党的组织和发展
略[1]。
二、苏维埃政权的建设
村设村政府,再设乡政府。毛主席来后各种事业都组织好了,在洋溪设造币厂,白区用银洋,苏区用纸洋、小毫。
三、土地革命
黄隆邦在 1932 年开始被选为村代表,才参加革命工作。首先是召集贫雇农,组织好贫农团开好会议,向地主富农进行斗争,打土豪、分田地,一切均以贫农团为主。分田时,贫雇农分好田,中农和贫雇农一样分好田,富农分坏田,后来地主也分坏田,原先是不分给地主田的。
四、军事建设和武装斗争
贫农团成立以后,村代表的工作进行各种组织,赤卫军、少先队、儿童团,宣传动员,扩大红军,号召贫雇农参加革命战争,当时中农参军都不要。因为红军脱离生产,家属有困难,便搞代耕队和优属工作,赤卫军自己带饭包,使家属打消顾虑。

红军北上后,国民党进攻苏区,我参加了到福建去的仰华部队(罗子才部下),在部队里搞食盐公司,在福建打游击近一年。当时红军北上抗日,我们夜间打仗,口号是:"夜间军出动。"我们的部队追大队不上,国民党第九师从福州开来,兵力比我们多,拼命追我们,我们的队伍逐渐减少,与大队失【去】了联系。翌年五月便

---

① 原文如此。

被围在山上。人数曾有 700 多，但是弹药用罄，结果被敌人解到福建仙游县住了一个多月，骗我们说填好表便送回家，把我再骗到漳州，由于卫生条件太坏，途中死亡很多，只剩四五百人。九月间再送到九江感化院。翌年又送到汉口去筑堤修路，当时聚集有 1000 多人，八月再送回瑞金，用军队押送。到瑞金县后，再加调查，凡被调查出来的，又要送到云集受刑。伪团长欧阳江，在一夜之间便把他们全部杀害了。我们之中对党保守秘密，没有人承认是党员的。

31. 访问黄步阶老革命同志记录整理

黄步阶，男，57 岁。

1929 年毛主席在十二月三十晚①，由于都到瑞金，经大柏，便消灭了追兵国民党刘士毅匪军一营人。那时毛主席队伍在大柏过了年，又由壬田转到古城，再转打福建、长汀，在长汀又消减了郭凤鸣军队。那时我就回家了。1930 年回家后，便成立了农民协会，大家就选我当主任，领导大家焚毁契字、契纸，后来政权失了一下，后不多久又恢复了，便成立村政府，我又做主席，便进行分田地、打土豪。

分土地，前后共三次。以村政府为单位进行分田，按人口来分田，地主不分田，富农分坏田，中、贫雇农均分田。每人分到土地五担（1 亩 25）。

分了土地便成立有：暴动队、少先队、儿童团。暴动队七天要操【练】一次，少先队四天操【练】一次，各村还有模范排、连、营。在双星桥以上成立了三个大队。在又红又白时进行打游击，在

① 时间有误，照录原文。

平时打土豪。少先队起骨干作用，有事兵，无事农。〈在〉18—25岁者为少先队，18—14岁者为儿童队，〈在〉25岁以上者为暴动队，除地富及一般有病农民外，其他都参加了。

扩军时时有，曾有两次。在 1934 年 4 月那次是在宁都等地参加作战，在 1934 年 10 月前扩军为了北上抗日，大量扩军。

在 1933 年毛主席到黄埠头开过会，当时有朱开权参加并有各县代表参加，我村的群众也去参加了。

毛主席在叶坪开会时说："大家要□□□主力作，大家要参加前方去，你去他也去，我也要去，个个也要去。"

32. 访问黄家春老同志记录整理

黄家春，男，50 岁左右，苏区时参加游击队打游击。

贫农团是以村为单位，只有贫农能参加，中农只能参加农协，不能参加贫农团，对中农是团结，那时实行没〔收〕地主的财产及要富农捐钱，把这些钱及财产平均分给贫雇农。分田地是：地主不分田，富农分坏田，中农、雇农均分田。那时中农有的动摇的，"有走漏消息及造谣"分子，"地土豪绅朱四会反攻"，"而贫雇农是坚决的"，分了再说，分了多少得多少。[①]

在田地等物时，干部大公无私，工作积极，分东西是先别〔人〕后己。那时，贫农团有正、副主任，我村黄步阶是最先做主任的。

我本人参加北上，在迎〔宁〕化福建军事司令部，打游击，打了一年，便在福建仙游县被敌围，共〈约〉500 多人〈，便〉被捉，在仙游坐了两个月的班房，后到漳洲又坐班房两个月，又到厦门，

---

① 原文如此。

便下船，到上海、南京、九江，在九江被国民党官兵用拳头打伤身上，后释放，我便回家。回家时许多老同志已被国民党、地主豪绅大肆杀了，我家也一无所有了。但那时地主常常来派我们去当挑夫、派款来压迫我们。

毛主席在井冈山革命时，群众都知道，那时大家都盼望着毛主席快点来，打土豪劣绅。当毛主席来到时，大家一起起来暴动，打土豪，便成立了村、乡、区等政府，建立了地方武装暴动队。

33. 访问岗背大队黄隆任记录整理

黄隆任，男，现年52岁。前苏【时】担任岗背乡主席、新院乡主席。瑞金一开始革命斗争就参加了部队工作。

一、关于区、乡划分问题

当时岗背、新院归云集区。岗背是第八乡，新院第九乡，还有叶坪乡、平山乡、禾长乡（即下罗）、合龙乡、洋溪乡、沙背乡、横岭乡、合溪乡（后与新院合）。

二、关于党的组织问题

我当乡主席一个月就入了党。当时入党有三个人介绍，支部研究好对象，审查历史，有一点社会关系都不行。还要看你平日的表现，然后就填表。

查田、查阶级时，阶级由党支部研究好，交贫农团去没收地主的财产。

三、关于武器〔装〕斗争的问题

三十五军（红军）大队到瑞金来了，我就参加了当时的担架队，开到九堡。当时九堡就在打土豪、分东西、挑谷、杀猪。三十五军开到兴国我也去了。罗炳辉、黄公略、彭德怀三四个军团在兴国高兴圩、黄精、白野一带打了一仗，消灭敌人1000多人，缴枪几千支，这是第三次战争的时候。

当时后方有儿童团、少先队、赤卫军、模范连（一个乡一个排，一个区一个连）。赤卫军要下操，发生了情况，火铳一响就集合去打。少先队是习练的，也要下操，还要演剧。

四、关于苏维埃问题

我在岗背时，乡苏维埃设有主席、秘书、副主席三人。当时在分田后，还在各村组织了合作社，买棉布等商品的合作社，还有生产合作社，如熬樟脑的和硝盐的合作社，还有粉干合作社。

五、关于土地改革的情况

土改时开始了评田地、划阶级，确定谁是地主、富农。当时是以屋分田，岗背一个人可以分5亩左右，黄埠头一人分2亩左右，新院分5～6亩。分到的田农民自己耕，交土地税。

当时划阶级要支部会上先研究后，贫农团【再】去没收地主的东西。地主的田全部没收，赶出去，房子换掉。富农的剥削厉害的，也要没收，不厉害的就不没收。富农分坏田。

当时群众分了田，打了土豪，有田有东西分，有谷分，非常高兴，各项工作都很热烈。但是也有的人惊怕受害〈的〉。

分了田以后农村组织合作社，【如】棉布商品的，熬樟脑和硝盐的，还有粉干合作社。

六、苏区前农民受压迫、剥削的情况

前苏区我们农民很积极，听说毛主席领导我们贫苦农民分田地、分东西，大家就很热情去参加。我们贫苦农民就是因为受封建地主剥削压迫后没有法子过日子，才起来革命的。我们贫苦农民没有田，租地主的田耕，一亩田要二百斤租谷（最好的早成亩收四百斤，一亩三百斤左右）。有的农民也有一点子田地，但是，遇有事情，要借地主的钱，就要押田契。借了债，地主利息高，少的是一元还一元三，中等的是一元还一元五，重的是一元还二元，还不起，地主就把田拿去了，耕自己的田，年年要交租谷给他。租了地主的田耕，农民辛苦一年，收割时，地主背称来要租谷，没法交了租谷，自己得〔没〕谷子，又要向地主借谷，借一担谷，要还一担半。这样一来，自己年年耕田，又要交租谷，又要交利谷。结果，剥削得我们农民一年比一年苦。

过去我们贫苦农民什么权也没有，就是那些土豪劣绅话事①。

贫苦农民也没有文化，饭都没有吃，哪有钱让孩子读书，一个中学生都要蛮好的人家才供得起。

34. 访问岗背大队钟为荣记录

钟为荣，男，现年50岁左右，苏区时任云集区委组织部长，后任云集区苏维埃政府教育部长。现在是叶坪人民公社书店营业员，非党员。

一、云集区各乡的划分

云集区原是一个区，后划分为两个区，即合龙区、云集区。后云集区设在洋溪。

云集区包括几个乡：叶坪乡、岗背乡、新院乡（后分为新院、合溪两个乡）、朱坊乡、洋溪乡、沙背乡、横岭乡、平山乡、合龙乡、下罗乡。

二、叶坪地区苏区革命斗争的一般概况

1930年中国工农红军由福建到安治，在安治组织了农协。安治的干部到了县城，叶坪地区和其他各地的农民就〈到〉去接头，开始插了红旗，挂牌子，组织暴动队，并且打土豪，分青苗。接着又在地方上组织游击队，打靖卫团。这时，工农红军在宁都、永丰那一带，我们这一带地方就是搞土改。

---

① 话事，方言，意为"说了算"。

1930 年十一月时，苏维埃政权失去了。因为那时红军在前方作战，后方只有赤卫军、游击队，力量比较单薄。而国民党伪军欧阳江、钟运标（新兵团长）利用五保联防进攻瑞金，因此，县政权移到安治乡兰田、山崇等山中去了。

1931 年元月，我罗炳辉的军队由石城到壬田到瑞金，赶走了欧阳江等国民党匪军，瑞金我们的政权又恢复了。靖卫团和土豪劣绅纷纷逃跑，有的【逃】到会昌等地。

1931 年四、五月间，是李天富杀 AB 团，杀害我一些革命同志。

1931 年三、四月间，毛主席到叶坪，11 月间开全苏代表大会，成立临时政府。这时就开始发展党的工作。

1932 年开始建立学校，如县城办列宁师范，洋溪办列宁小学。

1933 年，洋溪办了一个教育训练班和列宁师范。

1933 年八、九月间，各地开展了一次选举运动。

1934 年红五月，一次扩大红军运动，八月又一次扩军运动。

1934 年农历十月初三夜，我退出瑞金，初四国民党伪匪军进瑞金城。

长征后，瑞金四周组织了游击队。到 1935 年，钟德胜、刘国琛继续坚持打游击，国共合作后改编为新四军。但陈潭秋[①]一部分打游击坚持到 1946 年才被伪国民党动员下山。

三、关于党的组织建设

1931 年八九月时，毛主席来到叶坪，11 月召开全苏代表大会，成立中央临时政府。这时就开始了发展党员。

1933 年三、四月间，查田、查阶级各个运动中，首先要召开党团员活动分子会议，进行研究。

苏区时区委会有区委书记、组织部长、宣传部长、少先部、儿童书记、妇女部长。少共也是如此。1934 年还有部员。各个乡有党支部，有书记、宣传委员、组织委员。

---

① 存疑，陈潭秋于 1935 年离开了中央苏区。

四、关于苏维埃政权

1930年，红军由福建到安治，成立了农协。最后这一带接了头后，组织了暴动队。1930年十一月时，国民党欧阳江、钟运标五保联防进攻瑞金，政权失去了。县政权转移到安治乡兰田、山崇等山中。1931年元月，我罗炳辉部到了瑞金，县政权和其他地方政权又恢复了。

1931年四、五月间，李天富、谢在全借名杀AB团和社会民主党，利用狗咬狗的手段杀害了不少我们自己的革命同志。后来赣东北金维映同志来瑞金检查肃反工作，发现李、谢箱中的反动文件，才知道他二人是奸细。在县干部大会上拘留李、谢，并杀。

1931年八、九月，毛主席到叶坪，11月开全苏代表大会，成立中央临时政府。

1932年开始建立学校。最先是徐特立同志在瑞金城天后宫（现瑞金桥头二中）设了一个列宁师范，办了一期，学四个月，有一百多学生。毕业后分到小学教书。后来，洋溪有一个列宁小学，还有马克思共产主义大学。1932年开始普及教育，在各地办夜【校、】识字班。识字班以村为单位，以民教民。列宁小学〈是好孩子，〉除读书外，还要做社会工作。1933年乡在洋溪办了一个教育训练班。中央教育部在洋溪又办了一个列宁师范，负责人是张贞、罗星衍、冯观潮。冯观潮还在县城（现二中）办了一个工农剧社。

1933年八、九月间，各地召开了一次选举运动，发选民证，有证才能入会场选举。党团内先研究好提出候选人名单。当时，连六岁以上的少先队员都有选举权。地主、富农和二流子没有选举权。

当时，区有苏维埃政府，下设各部。区有主席团，有裁判部、土地部、财经部、教育部、工农检察部、革命救济会、反帝大同盟。教育部管理俱乐部、列宁小学、识字班、教育商店。革命救济会，负责慰问，收慰问品，如草鞋、布鞋、赤菜等果品。

当时各个村都有俱乐部，凡是开会或运动先有筹委会，俱乐部负责到群众中去宣传，大闹起来，化装演剧，集合宣传，搞归队运动和扩军运动就是如此。当时教、剧完全是自编、自唱、自想，有时工农剧社有发，完全适合农民听、农民唱。

五、关于土地改革

1930年红军到安治，安治建农协，我们接上头，插了红旗，挂了牌，组织了暴动队，开始打土豪、分青苗。

1933年三、四月间，开始查田、查阶级运动。查田是查清每户的田亩、债务、劳动力、人口的情况。根据查田情况，划分阶级，并且组织贫农团并划队。这时中央有自己【的】工作团到各地指导工作，先找到最苦最贫的人，如雇工、长工，从他们口中了解各户的田亩情况。查好田，划好阶级，重新打土豪、分田地，拘留土豪、罚款。当时，不出名的地主也划出来了。那时是富农分坏田，地主不分田。

六、武装斗争情况

1930年和安治乡成立的农协接头后，各地组织暴动队，打土豪、分青苗，并组织了游击队，打靖卫团。这时工农红军在宁都、永丰一带。

1930年十一月间，红军在前方，后方只有赤卫军、游击队。这时国民党欧阳江、钟运标（新兵团长）五保联防进攻瑞金，克。

1931年元月，我罗炳辉部由石城到壬田再到瑞金。

当时，到处都有赤卫队、少先队，经常开会。除赤卫军、少先队外，还有模范营、模范团。当时要经常上操，五天或六天上一次，规定时间，不用通知。

1934年红五月时，扩大红军运动，提出"扩大一百万铁的红军，创造十万铁的干部"。区到县领下扩军任务，区乡自己定数字，通过妇女代表会、青壮年会议、党团会议来定出数字，而后确定对象，开展宣传，耕田队帮对象代耕。去的时候开欢送大会，开茶话会，做好草鞋等慰问品，组织歌舞欢送。1934年扩军是整田、整营、整连加入红军，有歌谣。1934年五月扩军一批，八月又一批。当时没有什么青壮年在家。

1934 年老历十月初三夜，我退出瑞金。初四国民党军队进到瑞金城。

长征后，中央留下项英、毛泽覃、瞿秋白等，组织临时中央政府办事处。瑞金组织游击队上山。城市、武阳、安治在南片山。云集、黄柏、大柏，县政府在河西（九堡）纲坝山①。云〔壬〕田、合龙、黄沙在黄竹岭、阳岗这一带。游击队以区成立司令部。司令是赖远兴，政委刘九平。下面还设有游击队。游击队到 1935 年冬，敌人搜山严密，有很多队员下山了。而钟德胜、胡荣家、刘国琛继续坚持下去。刘国琛被打死，陈塘秋②接任。这部分游击队在国共合作后改编为新四军。陈塘秋一部分仍在山上打游击。到 1946 年被伪政府动员下山。

七、苏区前后瑞金人民的经济文化状况

苏区前瑞金人民文化很低，一个村子只有个把子读书人。苏区时苏区人民生活很好，收成也不错，只是盐比较困难。苏区时，教育事业非常发达，虽然是战争时期，事事不离扩军，但是还是提出战争不能脱离教育。

35. 访问石园大队老革命同志材料

毛能汉，老苏区时期用名毛凤飞，石背村人，老苏区时期担任桃黄区苏维埃政府收发处长，又担任过湖陂、壬田、梅江等邮政支局局长。

一、政权建设

在中央总局之下，乡设有大柏、湖陂、壬田、甘长、石门、凌

---

① 纲坝山，疑为"铜钵山"。
② 原文如此。

天、花桥等邮政支局。每个支局有十多人工作，主要是传递信件、文件、前方的特别快信，担任工作的人员，都要是胆大勇敢、身强力壮的人，白天夜里都要送信，特别是送往前方的信件，当时各处都有反革命作对，拦路杀人，很是危险。

当时区苏维埃政府有秘书处、收发处、总务处、裁判部、土地部、宣传部、文化部、财政部、军事部、特派员（公安员）、俱乐部、工会等机构。

当时中央总邮局长是赖绍尧，后是王胜材，再后是汪奇岚。

村办有村小学，儿童团学习，夜间有的村设有识字班。

1929 年三月暴动，组织贫农团，成立苏维埃政府，乡苏维埃设有支部书记、工会主席、贫农团主任、苏维埃主席、文书等人。暴动【时】打土豪、分田地是由贫农团领导。

工作人员只有伙食，没有钱，伙食是 9 分钱一天，只有一个银行，开初都是用银洋，后来改用纸币，对外仍用银圆。

36. 访问毛能芹同志记录

毛能芹，石背村人，苏区时任少先队长。

一、政权建设

属于中央级的印刷厂有 3 个：1. 中央革命军事委员会印刷所；2. 少共中央青年〈十分〉印刷所；3. 中央印刷厂。

中央革命军事委员会印刷所分有各部，石印部、铅印部、胶制部、排字部、装订部。铅印部主要是印《红军时报》、步兵操典和课本，因为是属军事委【员】会的，所以印的东西多半是前方的。石印部主要印宣言、标语、布告、钞票、公债等，每天工作为 3 班，每班设有领班，每部又设有股长一人，该印刷所所长是位年轻同志（吉安人），工会【会】长伍肇瑞同志（宁都东古人），党委书记王炳志同志，北方人，该所共有一百多人。

当时区苏维埃主席是华观中同志。

二、土地革命

1929 年三月暴动，冬天分土地，大暴动前做了许多秘密工作，后到福建长汀接头领公事，插上红旗，成立苏维埃，进行打土豪、分田地。1933 年复查阶级一次。1929 年大暴动后，分过青苗一次，后失利，村苏维埃退出。到 1930 年又打回来，又分了一次青苗，1930 年的分土地就算分稳了，直到北上抗日。

三、武装斗争

1931 年打游击在阳江一带，与反动头子李秀珍打了仗，李秀珍到福建长汀搬来郭凤鸣、胡子炎、刘月波、马团长来打我们，【我们】寡不敌众，被冲散败走。当时每个区都有一个游击队，每个游击队约有 120 多人，步枪 10 多支，大部【分】是用梭镖、马刀。

四、群众运动

妇女们也组织起来参加各种工作，区苏维埃有妇女部，村有妇女小组，担任宣传，打草鞋、洗衣、送开水、演戏、唱歌、募捐、剪辫子、解小足等工作。

37. 访问毛能铭同志记录

毛能铭，石背村人，杨黄乡工会【会】长，游击队特派员。

一、政权建设

1929 年在石城平山彭德怀那里接头领公事，成立筹备委员会，1930 年二月彭德怀到瑞金后，我们只有梭镖和刀子，没有枪支，筹委会散。

工会分设各部：手工业工人部、苦力工人部、职业工人部、雇农工人部,各部设主任,区以上的工会才提如此,每个工会会员每月缴 2 个铜板工会费,黄沙区工会【会】长是赖正良同志。

二、武装斗争

1933 年黄沙区游击队,在红桥、田中、青夏、湖陂、湖洋、阳江打过游击。(?)①1934 年反动头子李秀珍到长汀搬来胡子炎、郭凤鸣、刘月波、马团长等匪军来打我们,【我们】失败冲散归家。红军北上抗日后,家产全部被地主拿走,又被团匪抓去坐班房打屁股,后又到联保办事处去登记"自新",还要 4 个人担保,保证不外出,没有保人的就要被杀头,例如我村毛能宫(村苏维埃主席),因没有人敢保,就被反动派杀了,红军北上后,他没有敢归家,是躲在亲戚家里被抓去杀了的。

三、党的建设

在桃园圳足下有个鸦片馆,杨道辉、邓家宝二同志在烟馆谈共产党的好处和打土豪、分田地的事,后与福建发生了秘密联系,用一种药水(不知名)写密信与福建联系,去长汀接头领公事暴动。发展党员是个别秘密谈话,试探口气和心意,发现忠实可靠的人,就去串联找为对象,经 3 人介绍,支部通过就成为正式党员。当时党的活动是十分秘密的,连自己的老婆也不告诉,开支部会时只是在门上打响一声或拍一掌,表示通知开会,开会是【在】山沟里、田岸上、河边,或其他没有人去的地方。C.P. 是党的代号,C.Y. 是团的代号,党费每月 5 铜板。少先队 16—24 岁,打土豪打仗时少先队和赤卫军一道,少先队打先锋头阵。

---

① 原文如此。

38. 访问对象尹道仁记录

尹道仁，儿童团团长、少先队班长。

（一）政权建设

当时设有红军织布学校（在彭坊新屋下）、红军学校（洋溪有一个），各村有村小、识字班、农业试验场（全县只一个，在彭坊）、红军医院（在上龙尾），区里也有印刷所。

开始黄沙一个区，陶朱一个区，黄沙区长邱钰宾，陶朱区长刘辉山，两区合并后叫陶黄区，区长王治权，后是华观中、王天右当区长。

（二）武装斗争

1928 年安治前暴动，黄沙就暴动、封仓。暴动前，先到城里刻章、剪红布，做手套、红旗。1932—1933 年区游击队打黄埠头、古城、圳头（古城打胡子炎、刘月波、马团长），圳头打土围（用土筑成的围子，都是土豪集中住的），当时游击队的师爷（指导员）是尹家森。接着打高岭的地主、土豪，因人少，被打散在坑尾（时为 1934 年），北上抗日后，山上都钉上竹钉。

那时候乡政府天天都话① "扩大百万铁的红军"。当时武装少，子弹壳二角钱一个买来番〔翻〕造，打倒三个人才能开枪。

（三）土地革命方面

当时的田分甲、乙、丙三类。开初插标分青苗一次，后来漏到〔掉〕的、多余的土地，又分了一次。那时期划阶级：欠债的多是农民，做长工的多是雇农，土地少，靠借款剥削的是富农，土地多、专剥削的是地主。

---

① 话，方言，意即"宣传"。

（四）群众运动方面

儿童团主要是打菩萨、破迷信、做宣传，〈很小〉也有拖稳旗子打土豪分田地【的】。少先队，守犯人、放哨、下操，有月亮【的】夜晚也下操，维持地方治安。那时候过路的都要有路条或手印。

妇女大部分宣传、洗衣、剪辫子、放脚、烧茶、募捐。

39. 访问杨四沐记录

杨四沐，前苏叫杨四炳，任过代表会班长。

（一）政权建设方面

乡未成立以前，仰山排四马地有个代表会（邱德标当主席）。

一个村有个总代表，有个贫农团主任。贫农团主任主要负责划阶级、分田地、分配地主财产。总代表什么都要做。

苏区时打土豪吃得好，平时吃穿都是自己的，时常开会上山要带饭包。

封仓时，对那些没吃的立即发票分给他。打土豪打到许多花边。那时间苏区内都用钞票（自造的），花边用在外面买盐。当时的盐一块钱只能买到八钱。

多是吃硝盐。1933年福建龙岩用棺材运盐，后面搞人装哭，抬死老〔佬〕一样混过敌人封锁线运到长汀山中才打开运进来。那时的洋火三角半一盒，青布三角半都难买到。

（二）武装斗争方面

1928年朱军长（朱德）经过黄沙区时，烧山下土豪张鹤鸣物资。1933年朱军长在东固缴〔组成〕五军团后，壬田猪肉三[①]、陈

---

① 原文如此。疑为人的小名。

遇均、杨子光、杨斗文就暴动。福建胡子炎、马团长不敢再来。接着杨斗文打长汀，回后攻赣，后又打会昌，攻九堡。

（三）群众运动方面

前苏区除了地主、土豪、坏分子，全部都参加打游击或打土豪、分田地。只要铜锣一响，男女老少都动起来，四十岁上下的也参加担架队、运输队，妇女组织洗衣队，做看护，在山上等游击队过，给游击队倒茶慰劳，替军烈属挑水种地。

40. 访问王璋俊记录

五璋俊，乡少先队长、村支书、三十四师一〇一团班长、乡游击队长。

（一）政权建设方面

陶黄区主席是黄治权，书记是华观中，宣传部长杨荣昌。

洋坊乡政府主席有黄加生、陈祖兰、杨荣昌、钟文标、张吉信当过。

洋云村刘绳礼、王文材当过贫农团主任。

打仗紧张时，一块钱才买到三升米，经常吃没有盐的菜。

（二）武装斗争方面

北上头三年五月份天天搞扩军，一个乡带 300 多人，只抽上 70 多个参加。当时参军五角钱一名，吃大猪，有俱乐部欢送。我前五军团三十四师一〇一团（团长是郭永辉，我是班长）。北上前三年，先打头陂、中师①，打半桥【一】个多月后打叶田，因挂彩归家组织游击队（任队长）把守大隘（福建与江西交界），当时钟文标（伪联保主任）、钟尉辉（保长）在洋方村作恶。

---

① 原文如此。

陶黄区游击队长是刘辉山，他们天天组织暴动，夜晚睡觉
【连】草鞋都不脱。

当时还有反动的大刀会从叶田、广昌装白狗来摸哨，后在广
昌、半桥、中师被红军消灭。

（三）土地革命方面

开始地主、富农也分田，分不好的。分田是按人口分，开始地
主、富农混入农协会，有的当文书，认阶级时才把他们清除。

（四）群众运动方面

地主也要替军属帮工，妇女队、少先队经常慰劳军烈属。

41. 访问钟华记录

钟华，赤卫军大队长。

（一）政权建设方面

农协会以后改为乡政府，代表会以后改为区政府。

各村设有代表。

雇农工人、木匠、铁匠，给地主带小孩的妇女，可以入工会。

16 岁以上，身体好的，以十个人一小组编入耕田队，帮军烈
属耕田。

耕田队也是游击队，既要生产又要打仗，衣吃是自己的，开会
要自带饭包。

（二）武装斗争方面

当时陶黄区的游击队天天和郭凤鸣、胡子炎、刘月波、马团长
打仗。

在长汀三天就打了四仗（就是队长，上面由姓陈的作〔当〕
领导）。

有仗打仗，没有仗打就耕田。

（三）土地革命方面

分田地由各村代表召集群众会讨论，那时四担谷一亩。

分甲、乙、丙三类田，地主不分田，给他住烂房子，穿烂衣裳，富农分坏田。

当时有滕全、邓名土豪混入农协会，还有文标、文召两父子，认阶级时才打丢。

打土豪得的东西都标上飞^①，干部不敢先拿，先开群众会讨论。得的东西先发给雇农。

42. 访问钟文煜记录

钟文煜，儿童团长、俱乐部演员。

（一）政权建设方面

九堡上田有兵工厂造枪炮，〈厂〉由身体强的打枪筒，体力稍差一点的磨刺刀、擦刺刀。

（二）武装斗争

1933 年陶黄区参军很踊跃，上面交 100 多个任务，就去了 200 多个。

当时干部还积极带头参军（如村主席王加生等）。

（三）群众运动方面

儿童团一天有半天做，白天放哨、查路条，晚上学文化、唱歌。

儿童团书记还要领导俱乐部，宣传扩大红军，到处演戏。

什么时代就演什么戏，如："夫妻送子当兵""母亲送子当兵""妻送郎当兵"，儿童团天天打着宣传旗子。

俱乐部还动员群众募捐（如捐豆干等食物），做布、草鞋。

---

① 原文如此。

大力宣传扩军，说毛主席分给我们土地，我们不去参军，反动派回来会拿回土地。

当时黄沙区儿童团团长是毛能方（石背人）。

43. 访问宋玉兰记录

宋玉兰，女，乡妇女指导员、乡代表、俱乐部演员。

群众运动方面：

领导妇女募捐、宣传，动员男子参军，慰劳红军家属，带锄头、饭包去帮工（替红军家属种田）、剪辫子、放脚，日夜开会，一工〔天〕都开三四次会。

俱乐部到处串马灯（到中央政府、沙洲坝各地）演戏，家里管制都也去。

乡指导员还有华有娣子、谢桂香、杨娇娣当过。

妇女参加打土豪、分田地，没收地主财产。

妇女也集中拖梭镖到瑞金关镇口打土豪，并到古城打胡子炎。

国民党归来，妇女被抓去烧蚊条火感化，说当过土匪，得罪了人。

有钱罚钱，无钱托〔只〕好男子去当兵。（如娣子爱人钟仁山被抓去当兵，还被罚款）。

44. 访杨娇娣记录

杨娇娣，女，乡妇女指导员。

群众运动方面：

开始区里（黄沙区）的妇女工作由刘凤娣领导（上龙尾人）。

城思〔市〕区队长是罗志才，后来她们到县政府，苏区时到过这里三四次。

苏区时，因为很艰苦，受刺激，蛮多妇女都会抽烟。

当时坳山原谢背子（伪团长，当地土豪）很厉害，妇女被他抓回来吃了很多亏，要下跪，烧蚊香。

45. 访问毛本珍同志记录

毛本珍，石背村人，乡少先队长、红军炮兵连排长。

一、武装斗争

1930 年参军编入一军团二十四师炮兵连当排长，在九堡禾风、古城一带打了很多仗，在古城是与胡子炎打，在定州与郭凤鸣打，又打了九堡。营长是朱金发，师长是姓杨的。后与广东军阀打，失利败走。

二、政权建设

1929 年暴动，打土豪分田地，各村都插上红旗，开初是富农还有田分，地主没有田分，富农分的最差的田。到 1930 年，又把富农的田撤掉了，再分给贫苦农民，富农也没有，给他们住破屋，穿烂衣服。

46. 访问尹道蓝同志记录

（一）党的建设情况

我处党的组织起源情况，首先是由杨疏（杨道辉）带头的。杨疏是本地人，在龙岩念书时就加入了党的组织。回来后，他便

【在】村里的小学教书，宣传共产主义。当时我也在校读书，是他的学生。他与蓝下柏、杨子光等人经常有联系。他经常对我们宣传要建设共产【主义】，读书不要钱，打倒资本家、地主以后，穷人就翻身。当时在黄沙首先加入组织的是毛仁和、毛家煌、卢金牛、钟天楼，他们都还在；已逝的有杨家兰、杨家祖、毛道华、允光书、允得胜、杨祥白等同志。当时的这个组织是团。

当时发展了四个组织。安子、赤沙二地由邓希平同志领导；黄沙是丘德标同志领导；仰山排是杨疏领导。第一次开会在老虎岩，夜晚开，同志间互相以石头碰声作记号，很秘密。在老虎岩开了两次以后，则转到肖屋开。开会以后，便集中了30多支鸟枪，六七十把梭镖，集中在肖屋。一共开了四次会。

（二）武装斗争情况

1929年老历四月四日的辰时（早上），暴动开始，在肖屋竖起了第一面红旗，人数有30个左右。竖旗时，高呼：共产主义万岁！杨疏带头呼口号，他做我们的队长。接着便开始了打土豪、分田地。首先打的地主〈的〉是毛立宝。暴动后，杨疏把队伍带到黄沙去开仓，把谷分给了贫苦农民。队伍在黄沙住了两夜，队伍又开回虎头咀打杨章、钟田里，到这时队伍已扩大到40—50人。后来队伍又与杨斗文（武阳）、邱昌文的会合，共同去打福建的胡子炎、卢兴邦、黄日波①。打败了他〔们〕，攻占了古城，队伍继续攻打长汀，长汀又攻占了。毛主席便把我们的队伍编为二十四纵队，杨斗文任队长，杨子光是政委，副队长是杨疏同志。后来，队伍跑到太雷县的便田，把赖世宗部打败，消灭他100多人。回到黄沙时就组织农民协会，时【间】在1929年五月初，仰山排的主席是杨世先。开初分田是分青苗，每人分12担，男女老少都有分。

贫农团是在分青苗后建立起来的。当时还抽了一些田给贫农团做办公费，中农也可参加。到了八月间，二十四纵队便准备去打赣

---

① 疑与前文"刘月波"为同一人。

州，九月初出发，人数有 1000 多人，全县仅留下 30 多条枪。

暴动以前的秘密组织，主要任务是研究谁是有钱人，谁是地主、土豪，在暴动后打他；其次是准备武装暴动工作。暴动一开始，贴出了标语："万户欠我钱，千户不管闲，百户跟我走，月月八块钱。"贫农在这个口号下，都【发】动起来，从四月四日到七、八月间，仅仅三个月，全县就分好了田地。

（三）政权组织情况

1929 年，老历四月四日暴动后，随即成立农民协会；五月初成立乡农民协会，乡代表产生区政府，区代表选出县政府。当时叫黄沙区，区长是毛仁和同志。当时黄沙区包括黄沙、仰山、竹坊、杨坊、洋田五个乡。

（四）文化教育情况

当时的小学叫列宁小学，小学教师要教学生唱歌、跳舞，带学生去同军烈属担水、挑柴、拔草、送茶水，自己带饭去做，每周要三次。

47. 访问邓淑英记录

邓淑英，邓希平妹妹，年 39【岁】，住黄柏坑尾张屋，贫农。

邓希平的生平概况：

邓希平是我的大哥。父邓昌和，农民；母邱氏，也是农民。希平小时在塘背小学念书，后到瑞金绵江中学、汀州高中念过书，长汀读书时就已参加了党。他教导过我："要读到书来，有文化才能做事情，以后是自己挑选爱人的了，不用嫁，不用钱的了。"当时他的革命同志兰夏桥等经常来我家里，住过不知几多①。暴动后，他

---

① 不知几多，方言，意即"很多"。

当县长，父亲就在其时逝世，有几百人来吊丧，都说是县长的爸爸死了，在袖子上作了号。

在邓希平遇害以前李天福〔富〕说我母亲的家是社会民主党的"富农"，把我母亲拉生子里岗用枪打死，被杀时只有54岁。二哥邓家凭不久也被杀死了，他是一向在家耕田的，被杀时年仅27岁。母亲、二哥被杀时，我仅12岁，东躲西避才躲过。后来大姐淑清把我接去，住在她家里。第二年，13岁的时候，姐夫介绍我同张××结婚，丈夫比我大一岁，说我同他很合适。

希平在汀州念书后，回来塘背小学教书，并进行革命工作，准备暴动，后作县长，被李天福〔富〕杀死时，年仅34岁。希平、家凭均没有生下子女。

48. 访问毛连山同志记录

1928年革命前黄沙人民的生活情况：

闹革命暴动之前，黄沙的工人生活水平异常低下，做工的人数虽然不多，但工资很少。木匠工人技术最多的也仅日工资2毛钱，技术差一点的只有0.12元、0.15元。工人向〔给〕地主做工，受地主剥削很重，但自己过日子，又不得不做。此外，还有竹篾工人、泥水工人、榨油工人、造纸工人、裁缝工人、理发工人、木炭工人，做地主长工的很多，保姆工人比较少；挑担的苦力工人很多，多到会昌、赣州、吉安、瑞金城、汀州等地挑担。从瑞金出脚挑100斤（老秤）担子到汀州仅25毛子，这是挑布匹的；而挑药材、烤烟的仅有18毛子。苦力工人挑担子还要有担保人才能挑到，每挑一担，担保人要得2毛子，叫"酒钱"。担瓷器的只有22毛子，但损坏、打破了要赔偿。担玻璃的只有32毛子，损坏、打破了也要赔偿。汀州转回瑞金的有水烟丝，每担130—150斤（老秤），白纸每担有130斤（老秤），才12毛子。挑烟的有

120 斤，一担才 12 毛子。铁每担有 64 斤，才 8 毛子。

农民的情况也很艰难，一般都要出卖劳动力，做一年长工才 30 毛子，后来加了 10 毛子才 40 毛子。当时做长工，地主仅出单鞋，衣服都要自己做。长工都要耕田、种作件件会的能手，而最高的待遇才 100 毛子，但布鞋、黄烟都要自己负担。

当时农民种地主的田，每年每亩的地租要 4 石之多，土地差的也要 1.5 石、2 石。农民在青黄不接的五月间借地主一石后，到六、七月间要还 5 斗利息，最重的有还一石利息的，有的且要包送到地主家里。有的地主在收田租时，用 1 斤是 20 两的大秤，加二都不止。有的地主来收租时要好酒好菜，预先来条子通知：鸭子不吃要吃鸡子、鸡卵，菜籽油不吃要吃茶油。地主有两把秤，入的是 20 两 1 斤，出的是 12 两 1 斤的。在土地革命时，整个黄沙乡十五六户地主，就只有一户〈才〉出入都共一把秤。

借地主的谷，当年不能完〔还〕，第二年就要利上加利。这样搞了几年，就欠债几十担，弄得卖儿子、嫁媳妇，卖了的钱分文得不到又给地主断走了。当时向地主借钱借谷，有的还要房屋、田地去作押，但横蠢的地主则说："怕什么？借给他，我不怕他少的。"

当时农民向高利贷者、地主借钱，借 10 毛子，一年要还 3 毛子钱，叫加三的利息。到后来则时时转变，有的三个月一到，过了一年，则借 3 毛的变成了 30 毛。

当时的农民，大半年吃粥，从三月到六、七月间青黄不接的时候，则番薯也没有吃，晚上连粥汤也没有喝。衣服穿得非常破烂，要三四年才有一套单衣服做，破了也没有线缝，用布条子打结子。很多农民在下雪天也赤足工作，没有鞋子穿。

49. 访问黄沙大队胡金山同志记录

一、个人身份

1929 年老历五月，红旗在老檐街插起以后，我就上前线，在红军总司令部机枪连任连长之职。

二、党的建设

1931 年来坑村成立了党的支部，本支部书记毛祥英，组织委员胡金山，我任宣传委员，支部党员共有十【一】人，毛祥英、胡金山、胡人山、毛永和、毛连山、毛祥通、胡长福、胡长文、杨科礼、钟桂林、华步兴。本部经常开会研究当地的敌情、调查地主豪绅的放债情况和支援游击队、打土豪等事。当时过组织生活非常秘密，不能在屋内讨论，也不能出条通知，只能在他袖上一撩或在他背上一拍，这样对方就知开会。

三、武装斗争

1929 年老历五月间，老檐街红旗插起后，我就上前线去了。十月间到石城县参加红军大队总司令部机枪连、特委〔务〕连当士兵，打倒〔到〕瑞金时升为班长之职，经过一个月的战斗又升为排长。由于自己作战勇敢，不怕死，后又升为机枪连连长。此时正好打乌江县，结果〈就在〉腿上负了重伤，总司令部叫我下火线，到医院去。治好后，腿不能长行（拐了），院里就写介绍信给我，要我在家搞地方工作。此时我领了残废证、介绍信、50 元残废钱，1933 年八月二十三日到了〈回〉家里。1934 年老历十月初四，国民党的反动军队就来了，我不敢在家，只好到南边山东躲西藏，经过一年多的时间才与胡荣加、毛人和、毛连山的游击队联络，此后和毛连山等同志经常下山运粮、运子弹、送信，使南边山的游击队和太雷县的游击取得联系。送的子弹是在老百姓家拾来的零星子弹，用一个或几个铜板买，我们不能公开买，只许暗买，遇人问我买此物做什么，我就骗他要里面的硝打鸟。送时把子弹藏在身上，手提鸟铳装【成】猎人而行，到时手提帽子一挥，或拿树枝一挥对方就知道是自己人。此暗号经常变换，怕敌识破。送子弹的人全是支部党员。当时的经济主要是捕捉富豪。记得 1936 年八月十一日在腊梨江捉到地主钟腾洪，捕后送到游击【队】（胡荣加），罚了他二千左右银洋。在捕后钟腾洪家几天不知他的去向，我们游击【队】就大写标语："钟腾洪被红军所捕，若不早日送钱，我们就要杀掉他。"当人看到标【语】就转他家，他家一听立急〔即〕求人说好。我们顺此时机，就派内部人去与他联系，此人经几天工夫说已找【到】线索，钟腾洪家钱备好后，送往游击队，然后把钟放回。我们内人〔线〕任〔壬〕田骆大发同志，后被反动派知〔识〕破，骆同志终被敌所害——双目失明。

杀死联保办【事】处的主任钟文林。1936 年元〔正〕月初四，我支部全体党员，为了为民除害，在本日晚知道钟文林会回家去，我们就在路边埋藏，等他路过，手持梭镖，一涌〔拥〕而上，顿时钟文林就停止〈的〉呼吸。次日大众闻知，都非常高兴，个个赞扬着说："还有英雄勇【敢】杀。"杀死这个家伙后，〈我们〉为了避开敌人视线，我们都分头走去。这次事件发生，当地富豪恐敌〔慌〕起来。趁敌慌恐之时，在十一月二日又和游击大队打合龙市联保办事处两次，杀死沙姓的一名户集〔籍〕干事。

50. 黄沙大队毛立桃同志讲述

一、本人身份：参加红军任过班长、排长、党员。

二、党的建设：民国十九年（1930）华德曾同志介绍我入共产党。我介绍了十人入党，如刘金洪、毛祥震。

三、武装斗争：

民国十八年（1929）老历三月左右，杨道飞（杨苏）领导我，此后我又领导了十多人参加斗争。当时闽西杨子江在我们附近，因而我们就到他部队去，未参加大队之前，我们十多人在仰山排肖屋暴动，树立了第一面红旗。这一年与七十一团、六十八团打了一仗，得到了七支枪，杨道飞同志看到我打仗勇敢，就要我当排长。可是没有〈达到〉多久，敌人的大队就来了，因此我们就往安治去。安治暴动我们力量很弱，欧阳江兵很多，我们没法，就走到朱军长那里，当时朱军长说了我一套，要我队分散去做宣传工作。我在大队挑选了几十支好的枪就往回走。可是回的途中敌人就在拦阻，因敌人不多，我们迎头就打，敌人大败。我们把敌人的衣帽穿上身，路途哨兵遇到却向我们行礼，当他行礼【时我们】迎头打去，哨【兵】也倒，我们又继续向前。

在杨子光的领导下，打冈面、渡头、汀州〈、冈面〉的敌人，欧阳江向我们进攻。那时我们提出决战的口号：打得赢就在九堡过年，打不赢就在九堡肥田。此战已胜。后又到古城打胡子炎、兰玉田、马营〔团〕长军队。有一次我带着 15 人进入汀州扰敌，弄得敌人不知去向，以为我们是大队伍，不敢迎击。我们到后当地人民杀猪慰劳，不多久大军已过汀州。我因在录水带花就无法再行，回到家任邮局工作，工作不到七个月就生了病，病后红军是北上之时，我只好东躲西藏，由于我在地方工作做得少，敌人也就追得没有那么严，经一年多才回家耕田。

51. 访问胡长泽同志记录

胡长泽，现年 54 岁，贫农，原苏区邮局工作人员。

（一）有关个人工作方面

民国十八年（1929），我由胡春山同志介绍入党，不久，担任党支部书记。民国十九年（1930），参加供销合作社工作。1930 年初到中央总邮局（地址设在叶坪）任管理员。1931 年又调到湘赣省印刷局工作一月多，后又调到资溪县任邮政工人工会主席。同年十月二日因作战带花，住院医治，伤好后又调到中央局工作，邓子恢局长看我身体不好，介绍我到卫生院检查，确定为荣军。每年有30 元的残废钱。1932 年回家，红军北上后，又转地下工作，做些宣传活动。1934 年老历十月四日国民党打回瑞金城。

（二）有关苏区的邮政工作情况

当时的邮政工作，天天通行，工作很紧张。平信天天通行，特别快信则贴三角邮花，寅夜都要开差。特别快信要限点钟①送到，不能停留片刻。一般每人只准他寄一般平信，而且要挂号。也可以寄包裹、寄东西，但要挂号。当时邮普通快信为 0.15 元，平信仅0.03 元。特快的信，是调队伍的、上级命令等，要 0.3 元。寄包裹、寄东西要称，若干钱一斤。当时也可汇钱，但不是用汇票汇兑，而是把钱装入信封内，要挂号，详细登记汇款人、收款人的地址，丢失了邮局要负责赔偿，汇一元收 3 分钱的汇费。不论什么信都要由国家保卫局的工作人员检查，每封信都要打开来看过。与白区通邮，商家才能。当时中央邮政局长姓王，大家叫他王局长，局里有200 多【名】干部（包括邮差员）。当时邮差送信，没有车，连马路也没有，好远的地方，夜晚才敢提灯，偏僻的地方，连灯也不敢提，怕被敌人、特务、坏人谋害。有一次给〔被〕坏人杀死了五个同志。

当时在邮局工作，没有工资，只有饭吃。邮差送信到该地，吃该地政府机关、团体的饭，大概每月有 1~3 对单鞋，有时也能发到一双慰劳的布鞋，一年发一套单衣服、一床单被，是用三幅布（一幅仅一尺）做成的，灰色，没有棉被，也没有雨衣。大凡下雨，落霜下日也要走路，邮差员往往愿身体受淋，不敢让邮件淋湿。1932 年开始，才有邮箩，每担有 100 斤左右。开初邮送的仅

---

① 点钟，方言，意即"时间"。

是包裹、信件、东西，1930 年以后才有很多书籍、报告、文件、快报等。邮政人员没有很多的学习，但要经常开会、上课，上课是讲报、讲本本的道理。当时送的信件、包裹、东西、钱、命令等邮件，都要在送达目的地时打收条，自己盖印，表示负责。寄件人要登记地址、时间、姓名，收件人也要同样登记清楚。军人寄信不要邮花，送到他家里也要打收条。一般商家只准寄平信，不能寄特快信。商家寄平信 3 分钱，但要收他的挂号信 1 毛钱。

当时邮政局工会叫"邮务工会"，会员每人每月交 2 分钱会费，会员经常开会。一是有好几个分局，分局设有小组，一个分局有十多个人，县邮局有四五十个人，均包括邮差在〈邮〉内。

当时邮政局工作人员要成分好，都是贫雇农、工人出身的，中农不能送信，而且要由乡政府保送介绍。邮政局工作人员，每月要填表，汇报工作情况。

52. 访问唐仁山同志记录

唐仁山，现年 58 岁，贫农，原苏区乡工会主席、陶黄区经济部副部长。

（一）有关本人的工作情况

1929 年入党，接着任党小组长。暴动时任过暴动队长，不久加入贫农团，任过贫农团小组长，1930 年又任过乡工会主任，又在中央发行委员会工作过。

（二）有关党的建设方面

我是 1929 年入党的，介绍人是温恩汗，他是本地人。当时入党是秘密的，一点都不能公开，他看到我们【是】穷苦出身的人，便来串联我，介绍我入党时也告诉我：要忠实地参加革命，要勇敢奋斗，不能叛党，不能出卖同志，万一被敌人捕住，也要保守秘密，不能吐露半点真情，宁可牺牲自己。后来我又介绍了18个人入党，壮大了党的力量。

（三）有关政权建设即当地革命方面

暴动以后，组织贫农团，我参加了，任小组长。贫农团的主要任务是研究讨论决定打土豪、斗地主、分田地的事，开初连富农也要斗打。当时地主不分田，富农分坏田，得来的胜利品要全部交到乡政府，再由乡政府统一分配给贫苦农民。当时的贫农团，要真正受苦的人才能加入，要负债的贫苦农民才能加入。做长工的人则加入雇农工会，手工业工人则加入手工业工会。贫农团的职责，主要是宣传，决定谁应加入什么工会，调查研究谁的历史，调查研究谁是土豪，谁是地主，谁人有钱，监督地富、土豪不能疏散东西。贫农团要经常开会，中农贫苦的虽可加入，但不能担任主席团组长等职。

（四）有关工会工作的情况

1930年我任乡工会主任，有长条圆印，主要工作是领导工人做工，介绍失业工人做工，帮助他们找工作做，他要到外面做多久就打证明给他，当时我亲自介绍了手工业、织带子的、造币工人30多个去就业做工。

当时的工会，有主任1人，组织1人，宣传1人，10个工人设1个小组，工人每人每月要交三四个铜板的工会会费，会费收集后，要上交区、县、总工会。会员都有会员证，胸前且有一个红绸布的徽章。会员都有同今天劳动手册一样的会费登记证。有困难的会员和有疾病没能力治的会员，工会要帮助救济他。这种开支的经费来源，主要是工会的公积金和募捐，政府没有款拨来。

（五）苏区政府国民经济部的工作情况

我在工会主任职内做了一年多，又调到区政府国民经济部任副部长，当时区内的工农业生产各种收入，都要经过经济部的手，当时没有什么税收，发动农民大生产，也要经济部门的干部宣传、动员、带头。当时区政府的工作人员有30多个，经济部的人员也要经常下乡，各项工作都大家搞。

在区政府经济部做了几个月，又调到县总工会任宣传部长，专门向工人宣传打土豪、分田地的重大意义，宣传工人要联络农民，要团结农民，要在革命中带头起作用，要宣传动员工人参加红军，要宣传发展党团员，发展会员，要宣传工人带头革命。

53. 访问周先顺（周花发）同志记录

周先顺，苏区党员，乡农协会主席，现年50岁，贫农。

（一）有关个人在苏区的工作情况

1930年开始在俱乐部工作，搞演剧、唱歌，宣传打土豪、斗地主、分田地，扩大红军的工作。1930年入党，介绍人是江祥文、江福才二同志。1933年当选为乡主席。1934年又在陶黄区做了五六个月的宣传员，红军北上后，曾加入太雷游击队搞了几个月。

（二）有关政权建设方面的情况

当时做乡主席的工作，主要是搞严查、发动群众重新分田，继续打土豪，发动农民交粮食税，当时每亩交税8斤〈后〉，是很轻的。同时，中心任务是宣传扩大百万红军运动，发动青壮年参军。直接领导耕田队工作。当时黄沙乡以河为界，分为第一村、第二村，叫黄沙第一村（窑下）、黄沙第二村（太坪）。黄沙乡政府设在围下岗（现在的大队部）。当时历任乡主席的顺序是毛仁和、胡看山（已逝）、温恩汗、杨向平、华观中、周先顺、黄寅田（已逝），一共7人。乡里有党支部、团支部的设立，乡政府的工作，一切都在党的领导下进行，什么工作都要先在党支部大会上提出讨论决定后才能执行。1934年——二月间，黄沙乡与陶朱乡合并，称为陶黄区。当时乡里只有乡主席和文书两个职干部，另外一个通讯员，则在政府规定两个薪项（即伙食费）项下三人作平分。

（三）有关群众运动的情况

当时的耕田队组织得很好，在乡政府的直接领导下，贫雇中农都要加入，耕田队同红军军烈属耕种，缺乏劳动力的区乡干部家属，也要帮助他耕作。耕田队要自己带饭带耕具。

贫、雇、中农上圩、下县也要有路条，没有路条〈子〉则要盖手印，才得放行。没收了地主的东西，要集中到乡政府，由乡政府统一安排，先开会研究决定，然后召开全乡的群众大会进行分发，先发给贫苦的军烈属，再发给贫苦的农民。

54. 黄沙大队钟桂山同志讲述

钟桂山，45 岁，贫农，苏区团员。

1929 年在三十五军当兵，此时我坚决要去，去后立即编队。我编入第四军。在永丰县东皇陂时，总司令下令："落伍的可以请长假……"此时我正是患病（脚气病），到时我把请假条拿胡赣中，我在区里当过少先队的参谋长，搞了一年左右。脚好后我又参军，经五次战争后，我就编入第一军团第三司令部任通讯排的班长。红军北上抗日后，我在湖南被国民党"围剿"，此时被敌人一县解【往】一县。有一天敌人下了毒药，每人两颗，骗我们吃了此药身体会健康。当时我也看透敌人暗的害①，我就把药丸藏在舌头底下，看敌人走后就吐掉。因此毒害之后就放我们回家，有的战友中途毒死，有【的】到家后死。而我未死，却在路上又遇到敌人，又把我捉住，说是逃跑，送我到赣州监狱，不久又往会昌起解。此时弄得体弱路中晕倒，掉下河去，但敌仍不放过，又把我捞上继续起解，走到武阳时实在不能行，就【像】死了一样。敌人以【为】我会

---

① 暗的害，方言，意即"阴谋"。

死，也就不再理了。幸亏未死，【被】当地群众用热水姜汤等【弄】
活，此后回家。病好以后，【由】胡金山介绍加入共产党。此地成
了支部，支部书记毛祥英。毛仁和〈统治〉领导我们进行游击，那
时我还是过单身生活，我也更不怕生死，经常和游击队联系，和钟
民等同志讨论求款^①方法。此【时】刚好钟腾洪来收租，我们把钟
腾洪捉到罚了他一批款。1937年地主与国民党勾结一起，被地主
告密把我抓去判了一年徒刑，满期后又把〔让〕我充当伪兵，不到
一年我就逃跑回来了。

55. 黄沙大队毛连山同志讲述毛祥英同志的牺牲过程

一、毛祥英同志光荣牺牲过程

毛祥英同志从小聪明伶俐，念书非常用心。瑞金东关小学毕业
后，就在处坑小学任教员，到1931年十二月间上级调【他】到列
宁小学任校长。

他在东关小学念书时，由华清思同志介绍他参加了青年团。小
学毕业【时】正是1929年村里革命暴动，祥英看到打土豪他非常
高兴，也很积极地干。当时他就加入了贫农团，任贫农团文书之
职。1931年来坑村成立了党支部，他就任党支书。此地也就成了游
击队的活动地区，汀瑞游击队在这里来往。经过不久，国民党对来
坑村监视很严，常派特务邓定才装砍柴人来探索〔打探〕。1936年
元月间，毛祥英等十余〈人〉游击队员正在饭后研究问题，不料半
夜被敌人围住，毛祥英打开门看外【面】情况，敌人就开枪射击，
祥英同志在这枪林弹雨中不幸牺牲。子弹在他的背后进，服〔腹〕
中出来，未死前对着同志说："你们要保秘密，有些文件还在我哥
哥那里。"他哥哥是毛永和。危我山同志也受重伤，经【过】一个

① 当地方言，"求款"与"筹款"同意。

多月也牺牲了。毛祥英同志的死，大家非常悲痛。

解放后，政府为纪念毛祥英和照顾被难家属，就拨了贰百多元钱给毛祥英家里的人做房子。刘辉山县长和范洛飞区长指示他家，一定要把房子做在毛祥英同志被敌人枪弹击中的地方。毛祥英牺牲不久之后，他的哥哥毛永和又被敌人捕捉，在狱中将近十年时间，他家借了贰百多元钱才把他赎回来。

二、胡荣加的游击路线

根据地：安治乡陶园坑、陈坑、火星岽、跌死庙、紫背山。

活动地：陶朱、来坑、陈石山、南坑、油罗窝、灯盏窝（瑞金地区）、观音庙、坐莲、陈家山、莲花山、进门寨（太雷县）、河沥子（福建）。

56. 卢金华、钟蔚章、毛人和（黄沙大队）老同志详谈老苏区的革命斗争

一、土地革命前的人民受剥削简况

地主、劣豪对穷人是进行着穷凶极恶的剥削压迫的，当时穷人借了地主一担谷，到年要还一担半，还说这是凭良心放债。有的地主，一担谷竟收一担利，即100%的利谷。

地主劣豪放银洋债的利息更是可恶，一块光洋一个月五毛利或一块利，到月不还，利上加利。

二、党的活动与组织建设

发展组织情况：未暴动以前，在秘密工作时，党的一切活动都是秘密地搞串联关系，当时发展党员也是一个发展一个地串联地进行，真正贫雇农入党的只要一个正式党员作〈了〉介绍，知识分子入党要三个正式党员作介绍。

在暴动前，仰山有党员六人，黄沙有党员四人。

在暴动前，各个党员分头了解和联系贫雇农，说清楚哪些是土

豪，哪些是地主。

1928 年二月中央派兰夏桥、杨子光同志来到安治一带做秘密工作，毛人和是杨子光同志在 1930 年介绍入党的。

邱自强、邱自松、张以希、杨道晖、邓家保在 1927 年就开始去学习革命工作。

1932 年搞整顿与发展组织，此年发展了许多党团员，各地都普遍发展了，在老苏区革命斗争时期，以这一年进的党团组织发展得最高、最普遍。

1933 年上半年（红五月）的"扩大【一】百万铁的红军"运动中，党员、团员起了带头作用，首先在党团组织内先在支部会上说好党团员要带动别人，分片包干去说服动员别人参军。当时党团员、少先队员绝大多数都报名参军了。

三、政权建设

1929 年四月，分别在安治、陶朱、黄沙、斧头咀成【立】了农民协会。

1929 年冬，将陶朱、安治、黄沙、斧头咀四个农协改成联合组织黄沙区代表会，区代表负责的是邱洪标。代表会内分财经委员、军事委员、文教委员、妇女委员。各村有村代表、贫农团，设主任、文书、没收委员各一人。

1929 年四月成立县人民革命委员会，主席邓家保。

1930 年春成立县苏维埃，宋群为主席。后来团匪欧阳江、钟运标和伪军五分团、十一分团（团匪赖辉来）、三分团（团匪杨佳桐）打进安治、黄沙、瑞金，我军邓军长在 1931 年一月五日打进瑞金，因为每个士兵只三颗子弹，只留宿一晚，就被敌军打散了。从此〔此后〕，苏维埃政府一度失去。

1931 年二月，十二军罗炳辉军队打来瑞金，赶跑了钟运标团匪，才又重新建瑞金县苏维埃政府，并建立了区、乡、村各级苏维埃政权。

1931 年重新成立了县苏维埃以后，将全县划分成 15 个区，即新赣〔迳〕区、踏赣〔迳〕区、武阳区、黄安区、九堡区、沙心区、瑞林区、渡头区、壬田区、黄柏区、沿岗区、云集区、陶黄区（1931 年陶朱与黄沙合并）、下霄区、城市区。

1931 年瑞金县委书记、反革命分子李天富，借杀 AB 团、社会民主党，在八九月间把杨子光、邓家保也杀掉了，杀得县苏维埃政府只留下邓世芬、陈严狗子 ① 和一个女同志，还有谢择权（当时县苏维埃主席，是和李天富同时来的社会民主党分子）、范玉柱（原来是搞共产党的工作，后被李天富迫去搞社会民主党的工作）。

肃反：中央知道李天富的事情以后，便派邓小平、金维映、刘年聪三个同志来破案。首先召开县代表大会，每村选三个代表到乡，乡、区里产生代表（各县按各乡人口决定），到县里参加代表大会，但层层对代表要审查清楚，共选了 500 余名代表参加县代表大会，会场在绵江中学，共开了 7 天，选举了 27 名代表重新组成了县苏维埃，此时县委书记是邓小平，县苏维埃主席王金，副主席李崇魁。在代表大会闭幕时，刘年聪说："各位代表，你们能不能说得出会场上有社会党分子？"当时代表们因不了解，就没有作声。刘年聪同志便叫社党分子自己出来坦白声明。李天富便立即起来说，"我自己是社党，是闽西社党特派转瑞金作为社党的工作，杀革命干部"，并承认了自己的家门〔业〕很大，财产多，剥削多少，自己八岁开始读书等。声明后，自己承认"杀了革命干部三千多"。社党分子谢择权也声明家庭状况、个人历史，承认杀了革命干部四百多人。范玉柱起来说，"我原是搞共产党的工作的，有一次，李天富叫去开会，当时看到此会又是共产党的会，以后就又去了，李天富威胁说，不去就要杀头，因而被迫参加了当时李天富的社党工作。"

县代表大会闭幕以后，县总工会会长刘鸣金对代表们说："代表们开会辛苦了七天，多留下一天开个茶话会。"

---

① 人的小名。

大会闭幕的第二天下午6时，反革命分子李天富在城南面【被】枪决了，枪决前，刘年聪问代表们怎样杀李天富，代表们愤恨地回答："先把肉割下来，然后枪决他。"终于把李天富、谢择权都于当日下午6时枪决了，范玉柱因为是被迫搞社党工作的，故未枪决。

1932年大力开展了支前工作，前方需要什么，后方便供给什么，并且发行了第一次公债。

1933年以扩军、优军为主要中心工作，并进行了肃反工作以及大力开展反贪污腐化的群众运动。

1934年以归队和集拢地主、富农分子为中心任务。即动员开小差的红军归队，组织运输队、担架队。另外把地主、富农分子集拢起来，能挑担，较好一点的就去作挑夫，为红军抬担架、搞运输，对那些顽固的地富分子则予以杀掉，或劳改（有些逃跑了）。

成立政权，中央财经部（部长毛泽民）规定县、区、乡干部每人每天一角伙食费，并且各自筹备，自下而上，多者上缴，不得多用，否则以贪污论罪，少的无法筹集者，上级按规定补助。各级干部只有饭吃，没有工薪和衣物供给。1933年粮食供应，每个干部每天12两。1934年县、区、乡各级干部自带米去工作。

1933年这里又开展了打土豪，所得财产，层层上抽，当时因为中央政府在叶坪，故我县是直接缴到中央财经部。省政府当时是在宁都。

1931年以后文娱活动搞得最好，各区、乡、村都有俱乐部，演文明戏。

1931年三月，党中央和临时中央政府在叶坪时，洋溪成立了干部学校、造币工厂。

各级组织机构：县、区政府设立工农检察部，特派员、文化部、土地部、内务部、军事部、裁判部、财经部、土地部、革命经济部、粮食部、工会、反帝大同盟、中央委员会、少共委员会。县有儿童局，区设儿童团，县区少先队。少先队18—24岁，赤卫军

25—50 岁。少共：优秀的少先队员加入。

四、土改

农民协会成立后不久，贫农团也成立了，在农协已成立后，就开始打土豪、封仓、罚款，贫雇农无吃的，经贫农团主任批准就分给。贫农团成立后，就进行了分青苗，办法是：1. 加入贫农团的多分五分田，一般的人分两亩~三亩。2. 以村为单位按人口分。此时已划分阶级，地、富分子分下田（远的、差的），并斗争了地主、富农，没收了他们的财产，清洗他们在我们政权机关工作，并叫他们给红军家属耕田——时于〔为〕1930 年。

1932 年二月起，复查土改：找各村积极分子，搞清问题，有没有放债的剥削分子漏了网，纠正划错了的阶级，换过分错了的田地。

1933 年又领导群众打土豪、分财产，但必须将其财产层层上抽。

五、武装斗争和武装建设

1928 年二月，中央派兰夏桥来安治一带进行革命活动，当时杨子光同志亦是积极活动分子，并进行着秘密的发展组织，毛人和是杨子光同志介绍入党的。

1929 年四月初，首先分别在黄沙、斧头咀、安治、陶朱暴动。1927 年此地区已有秘密的革命活动。但在此四处暴动前刻，最先是把革命红旗插在仰山肖屋村，立即去打土豪杨家樟，封仓，叫没吃的贫雇农去分粮，当时罚得的款为公用。

然后在暴动之初，只是梭镖，没有真枪的，就在此刻，伪六十八团和伪七十一团开火，有 7 个逃兵，带 7 支枪来反水了，据说是杨子光同志在里面做了工作的。反水过来的有一个连长、一个排长、一个事务长。

暴动以后，各地成立了农民协会。此时，朱玉山、杨斗文集中各地缴来的枪支，组成游击队，合编为二十四纵队。杨子光为队长。留下陈玉君（尚标）领导区游击队，他是指导员，队长是毛辉隆、钟达山。当时各区都留下有区游击队，〈作〉为保卫区苏维埃。

1929 年八月二十四纵队攻打赣州，共有 300 余支枪，未攻下，队伍便在宁都编在毛主席的队伍中。

1930 年伪军五分团、十一分团（赖辉来【为】团长）、三分团（杨佳桐为团长）和欧阳江、钟运标侵入瑞金城，使我政权一度失去。我军邓军长打过来，因为每人只有三颗子弹，只留宿一夜，就被伪军打散了。

1931 年二月十二军罗炳辉军长率军打来瑞金，赶跑了欧阳江、钟运标匪军，恢复了县苏维埃。

1931 年，赤卫军成立了区模范营、乡模范队、县模范师，其组织情况为正规红军。

1931 年赤卫军和汀州伪马团匪、古城胡子炎团匪、汀州罗团匪、杨志成团匪，经常打仗（黄沙、仰心一带）。

1931 年冬打高岭，捉到几个土豪，得到一些财产。

1932 年武装斗争主要是为了扩大红色区域。

1933 年二月开始进行"红五月"扩军运动。扩大和创造百万铁的红军，党团员起了带头作用。从上至下，从下至上分工动员，自愿报名。瑞金县是超额完成了任务。我区、乡均超额完成了任务，当时党团员、少先队〈是〉绝大多数参了军。

1934 年开展了归队运动。

北上抗日后的武装斗争，见卢金花、毛人和的申请书上。

六、群众运动

1931—1934 年的群众拥军优属工作搞得轰轰烈烈，对参军者都给予献花、演文明戏欢送、募捐款【与】东西去慰劳。当时募得许多东西，如花生、红薯、卷烟，以及过年吃的东西等，当时组织了洗衣队、慰劳队、耕田队去优待和慰劳红军战士及其家属，耕田队都是自己带饭为红军家属耕田做工。

57. 仰山大队上斧头咀曾德法讲述

一、武装斗争

1928 年钟腾英、杨道飞在斧头咀进行组织。1929 年老历四月间暴动。那时我们一支枪都没有，后来古城胡子炎队伍有七人拿着七支枪【来】投我们红军。不久胡子炎的大队来【捉】逃跑的人，我们就在斧头咀打了一仗，杨水子被敌人抓走。最早暴动在安治、太雷、九堡、武阳后发展到瑞金县城，成立县政府，建立政治保卫队。

1930 年杨子江被兰夏桥所杀，兰夏桥是闽西派来的特务分子，把我们的共产党员和积极的革命人士【杀害】。

1934 年红军北上后，留下邹道隆等三个人和三支枪，那时生活十分困难，加上山区路程不熟悉，老百姓又还不【知】我们的实际情况。但是我们在山上打游击，此地的土匪却不敢来，商人看到路上日渐好走，便为我在汀州代做了些军衣。

1937 年国共合作。1938 年编入新四军，那时国民党对我们仍不放过，经常向我们攻打。记得有一次（1937 年），谭司令要我们的干部从福建〈的〉来瑞金开会，这时王才体的匪军把我们的钟民同志等领导扣留，晚上就开大队伍来攻打我们，他以为我们干部扣留了，没有人领导，这支队伍就可全吞。这仗一打我们的队伍并没有败，反而打了一个胜仗。由于我们的队伍没有被吞，因此我们的领导他也就不敢杀，以后放回来了。

二、国民党妄想借刀杀人

我们新四军军长叶挺、副军长项英。这支队伍是由八省游击队编成的，经济由国民党供给，调动也由国民党。在经济上限至 13 万 5000 元（包括一切的开支），队伍不准我们发展。在〔受〕这经济限制时，每人每月只有十来个钢板。我们为了解决经济问题，就偷偷地打土豪（名义上是打汉关）。国民党看见上海日本兵多，就下令把新四军【调】到上海去打日本，企图想借日本的刀杀绝共产党的军队。我们军队一到上海，群众就看〈到〉出我们是好人，买卖非常公平，又常常帮老乡做事，在这时候，群众对我们很热爱，我们在老乡家遇上日本鬼子，老乡就说我们是他的兄弟、儿子或客人，使鬼子摸不清楚，我们在当地的群【众】支持下还是安全度日。

国民党看到这样没法消灭我们，就又亲自动手，经常找我们生活上【的】岔子，向我们打火。那时的处境十分困难，要打日本，要打国民党及汪精卫，我们为了安全，晚上派出突击小组、战斗准备班。

58. 仰山大队斧头咀刘芳清讲述

一、武装斗争

1928年上半年杨大哥、曾大哥、胡大哥〈就〉来到斧头咀搞秘密工作。首先来了解这里情况，慢慢地宣传打土豪分田地的事。1929年接到邓希平红旗，原有两面，一面在安治，一面拿到斧头咀。这面红旗插在杨家章的私厅门首，接着就打杨家章〈的〉地主，把他的财产没收，把杨家章也捕来了。此时，他们与邓希平联系，问他是否要把他解进安治，他告诉我们不要解进去，把他杀掉就成了，我们依照指示就【把】杨家章杀了。事后我们又写钟腾禄、钟腾礼的款，此时这两个家伙看见我们没有武器，便骂我们土产①。正在此时，有七个拿着六支枪打了败仗的兵〈，他〉想投红军，但他们又怕下山，于是我们〈却〉派了人去与他们交谈，七人同意了，并在黄沙老檐街吃了血酒〈作为〉与我们结拜为友。我们

---

① 原文如此。

获得了六支枪后，钟腾禄、钟腾礼等富豪也害怕起来，把上次写的款乖乖送来。我们顺这优势，又继续开展打土豪的工作，把腊梨岗钟腾洪的仓库打了，大家踊跃入仓担谷。

1930年赖士宗的军队从石城向瑞金进攻，我们听到就到合龙市，由王炳侯指挥打一仗，把赖士宗从马背上打下，并缴到一门机关枪。

1930年我们这里开展分青苗运动，地主不分给田，富农分了些坏田，我们贫苦农每人分了十担谷田，而长工都【分】好地。这时起，我们这里组织了雇农工会、反帝大同盟、互救会、贫农团，这些组织，地、富及富裕中农都不能参加。

二、真伪AB团的识穿

李天富、兰夏桥反动分子伪装革命潜入革命队伍，把共产党进步人士都说是AB团，那时不知杀了多少【人】，这时〔事〕反映到中央，当时中央派了一个女的，表面装作与兰夏桥结婚，当兰夏桥出外开会，这女同志便开锁看他的文件。此时才知道李天富、兰夏桥才是真正的AB团分子。结果把真正的AB团分子李天富枪毙了，兰夏桥走了。

59. 郭宏祥同志介绍关于苏区革命爆发前后斗争情况

在1928年，闽西政府在安治乡邓希平家指导和组织力量，邓希平、杨苏（道辉）做秘密工作，吸收忠诚民众和贫苦农开会。这时曾大哥、胡大哥、杨大哥在陶屋崇下开秘密会，后到老虎岩研究了几次，接着转到肖屋（仰山肖屋）。1929年四月初三日晚，集中力量把鸟铳和梭镖放在一起，准备起义。到四月初四日早晨开始插旗，插起旗半天内就到黄沙封仓，打毛立宏的土豪，把毛师子杀去。从黄沙出来，又到秧田堪打杨家章的土豪，写款不缴，后来把〔接纳了〕反水的七十一团的伪军领导下来七个人六枪，以后势力壮大了。随后组织农民协会、代表会，发展游击战争。
1929 年十月欧阳光〔江〕、胡子炎、杨志成组织〈【革】命〉反动
派钟运标集中地方群众来镇压。这时农民协会政权【被】冲垮了。
1930 年三月，毛主席、朱德来缴郭凤鸣的枪，以后革命势力更加
壮大，并编入军队（二十四纵队），集中力量攻赣州。1931 年毛主
席到回瑞金来，于 11 月〈1 日〉成立了中华苏维埃临时中央政府
（建立在叶坪），重新健全区、乡、县组织机构：中央政府和县设内
务部、检查部、司法部、土地部、财政部、教育部、军事部、国家
政治保卫局、最高法庭。

1932 年土改组织贫农团，调查成分，进行打土豪、分田地，
贫农分好田，地富分坏的。建立武装组织，有中共、少共、赤卫
军、少先队、儿童团、妇女会，开始搞俱乐部，到处唱歌、跳舞、
演戏。1933 年开始扩大百万铁的红军，18 周岁到 45 岁都一起参加
红军去，儿童和妇女宣传欢送，党团员〈起〉带动报名参加，非常
热烈勇敢。本年冬，赤卫军亦动员去参加红军了，这时敌人正在实
行四次、五次"围剿"，我在后方，这时我任县军事部长，一直维
持到北上抗日为主。

60. 红金大队黄隆炷、钟起洪、赖士银老革命同志座谈革命斗争

一、党团建设和活动

党团组织在神秘活动时，称团为 C.Y.，党为 C.P.〈，非同志即
非党团员的人而言〉。

入党誓词："服从铁的纪律，党员严守秘密，党员要军事化，
先苦后甜，愿意牺牲个人。"

50 岁以下、20 岁以上的加入赤卫军，20 岁以上〔下〕参加少
先队，儿童团要担负放哨、拦路、查敌人的任务。

二、政权建设

1. 苏维埃的建立

兰夏桥、邓希平在 1928 年冬秘密成立革命政府，1930 年建立苏维埃，从县至区、乡都是苏维埃政权。1930 年九月苏维埃政权失。1931 年二月，罗炳辉赶跑了在瑞金的匪首钟运标，苏维埃政权重建。

当时区、乡干部都是自己带饭包去参加工作，每个星期六要去为军属家生产劳动。

乡苏维埃的组织成员分宣传、文书和主席，共三人。

农协会，1929 年三—四月各地群众暴动以后，全县各地先后〈立即〉组织了农协会，当时参加农协会的有钱的人也可以，而且掌握农协会的多般〔半〕是那些口会说的光棍，以及有些文化的人。

贫农团：1931 年苏维埃政权恢复后，取消了农协会，成立了贫农团，只有贫雇农才能参加，贫农团领导打土豪、分田地。

2. 文化教育

1932 年，我们乡里（竹坊乡）的文娱活动开展得非常好，如唱歌、跳舞、演戏，打连枪等活动均有参军的，还有俱乐部演戏欢送。1932 年冬天，各区、乡参加了中央举办的文娱〔艺〕汇〔会〕演，竹坊乡得到〔了〕奖。

当时各地兴办了许多列宁学堂，办法是：以民教民，识字多的教识字少的。

3. 财经方面

当时财政下设税务局，由各级财经部担任此项工作。

苏区时，中央发行过两次建设公债，以此款来购买飞机、大炮。

三、武装斗争和武装建设

第二次国内革命战争时期，武装部队只有少数人拿枪，多数人是用鸟枪、土炮、梭镖和敌人作战。

1929 年谢应学最先在安治乡发动群众起来暴动。钟成英、钟成祥、钟文才等也接着在斧头咀领导群众暴动。

从 1929 年起，竹坊经常处于游击战争之中，1932 年打高岭一处，缴得敌军 200 余支枪，抓到了四个劣豪，罚到几万元光洋。

1934 年十月反动派谭队长来到瑞金，利用管化来代替过去对革命同志专杀的手段。

1933 年响应各级政府开展扩大百万铁的红军，我乡立即召开全乡群众大会，自动报名参加，当时很热烈。18 岁以上、45 岁以下的都参加。

四、土地改革

1929 年五月分青苗，以人口平均分配，以原耕为主，地主也有分。

1930 年贫苦农民抗了租债，一切捐款都要地富出，对坏的地富分子斗争了，并且进行了打土豪、分田地。

1931 年又进行了查田土改、划阶级。

五、群众运动

1.1933 年大张旗鼓地开展了群众性的反贪污运动，凡贪污 100 元以上者处以死刑。

2. 大力开展宣传动员归队的运动。

歌云：

　　开小差的士兵，无缘无故回家庭，
　　快快回队，快快回队去当红军。
　　父母妻子有优待，一切田地有人耕，
　　快快回队，快快回队当红军。
　　开小差，就是〈嗳〉贪生怕死。

附：

1. 凡当兵开了三次小差者要劳改。

2. 在扩军运动中，区苏维埃各委员分片包干去进行宣传动员，不用抓。对参军者募捐慰劳，并给参军的戴光荣花。

61. 访问尹振华记录整理

尹振华，红金大队人，现年47岁，男，前苏区任过村少先队长、乡少先队长、区少先队长、区少共区委组织部长、书记，并在县少队部工作过，现在是农具修配厂厂长，党员。

一、区域的划分情况

原来黄砂〔沙〕区、桃杨区（即安治）共为一个区。黄沙区所属〔辖〕乡：竹坊乡（红金）、秧田乡、杨坊乡、黄沙乡、仰山乡（或黄梅乡）。

二、革命斗争发生和发展情况

1929年三月初五日，杨子江（杨大哥）、钟腾祥（开鸦片烟馆）在烟馆商谈组织暴动，参加红军打土豪。以后，串联到了杨道辉、尹家生、杨水子等越来越多的人，就到邓希平那里接头。接上头就在仰山乡肖屋竖红旗，并去打土豪杨家章。打倒这个土豪之后，就到处贴标语，曰："万户欠我钱，千户不管闻，穷人跟我走，每月八元钱。"到处宣传动员，接着又成立了村工农代表会。周围的群众受压迫、受剥削，不过，看到有这样搞，都起来了，纷纷到杨子江组织的代表会家里去接头，插起了红旗。

当时福建有军阀，在山冈上放了岗哨，经过我们宣传，动员了五个士兵（带四条枪）反水过来了，并发誓参加工农武装，这时我们就有了武装，开始组织了农民协会，群众组织了赤卫军、少先队，插红旗，戴红袖章，到处发动群众，打土豪。

1929年七、八月间，福建敌人郭凤鸣进到瑞金，我们因为力量弱小，政权就失去了，退回到安子前。1930年春，闽西政府的军队罗炳辉军部到回了瑞金，联合地方群众，打垮了郭凤鸣的军队。这时我们的力量更大了，就重新组织了政权。接着就是打张辉钻〔瓒〕。

建立了政权之后，1930年五、六月间第二次分田，分青苗、划阶级，打了很多土豪。当时富农分坏田，地主没田分。这时我在乡当少先队长。少先队配合赤卫军站岗、放哨、检查路条。当时划阶级、算命的、看地理的划为二流子。

分青苗、划阶级之后，就开始扩大红军。开大会进行宣传动员，确定参军第二天就有耕田队去代耕。

1933年第二次分田，主要是查田、查阶级、打土豪。

这个时期主要是扩大红军，慰劳红军，组织洗衣队，发动妇女做鞋，组织俱乐部演剧，欢送新兵要开茶话会。

三、长征以后的情况

红军北上长征以后，南片山有汀瑞县委领导的游击队，大青那边有游击队指挥部。那时游击队白天住在山林中，晚上出击。有时派人下山挑米，但要晚上出来。有时是群众送米到指定的地点，我们游击队去接。

抗日战争国共合作时，我们有很多游击队。当时在瑞金河背齐子下设有一个汀瑞联防办事处，游击队在山上。联防办事处领导人是钟德胜、胡荣加、严××。后来国民党伪政府的黄才提把钟、胡二人拘留起来了，有人上山给游击队报信，结果游击队就走了，没有受到损失，开到福建去了，改编为新四军。钟、胡被解走了。

1935年这段时期，游击队在黄沙等地还留下了地下组织。有卢全华、尹家悦、尹道贵、尹道蓝、尹振华、黄白泉、卢祥款、曾××等十多人。主要是在仰山、黄沙这一带做地下。夜晚贴标语、送信、送米给游击队。当时谢罗贤、刘国琛等三人为游击队领导人，还负责指导我们地下的工作。

长征后第三年，1937年，我们这些地下工作者，有一次了解到癞痢岗的一个土豪钟腾鸣到黄沙的〔去〕收租谷，我们就在黄沙晚上把他抓住了，送上山上游击队。

1938年四月，我们这些人研究写贴标语。黄沙人写的贴到仰山，仰山人写的贴到黄沙，避免人认出笔迹来。一个晚上统一行动，标语贴得到处都是，弄得国民党不知所措，弄不清有多少人。

1938 年七月间，山上游击队在山里没款，我们就要土豪给钱我们。有一次游击队和地下工作者配合游击队捉到尹传洋，罚了他 1300 元光洋，解决了游击队的经济。

我们做地下工作的暗号：初来是敲石头子，后来敲钢板，以后就吹口哨。

那时送米、送菜上山给游击队是经常的。

62. 杨世煊、刘善柱、邓经辉三位老同志介绍苏区革命斗争

一、政权建设

苏区时，黄沙区包括竹坊乡、仰山乡、黄沙乡、松山乡共四个乡。

1931 年团匪欧阳江摧残了我政权。

1931 年八月间，三十五军由福建来此，赶跑了团匪欧阳江（三十五军军长刘诗立），瑞金恢复了苏维埃政权，从此开始各区、乡都成立苏维埃，还有村苏维埃、贫农团。村苏维埃是贫农团话事。

1934 年 10 月红军北上抗日，白军过来，无恶不作，杀人放火，县、区、乡均遣散，县苏维埃也迁。安治乡迁在菩萨岩，设立汀瑞县委会，领导打游击。

文化教育【方面】。

查田以后，文娱宣传活动开展得很好，文化教育也搞起来了。村村有俱乐部、列宁小学，学堂里面教新歌，教识字，是县苏维埃编制的新课本。俱乐部经常开展宣传当兵、扩大红军、打仗的事情。

在沙洲坝成立了红军工农大学，是学习政治和军事的学校，白军来了被拆毁了。

二、土改

暴动以后，捉到土豪尹家祥，端竖红旗，成立村政府，打土豪，分青苗——地富也分，以耕者为主。山林、池塘也是见人分。

1931 年上半年，划阶级，打土豪，以村为单位，见人分田，以耕者为主，地富也有分，但只能分下田。池塘按人分，山林以人口多少划分村界，村里则以人口多少区分劈松柴。

1932 年查田，把田查定上、中、下三等进行分配。

三、武装斗争及武装建设

1929 年冬，邓家保领导群众在安治暴动。

1930 年五月召集县人民代表在秧田村开大会，是邓家保要钟文灵召开此会的。钟文灵在大会向群众说："大家团结起来打土豪分田地。""穷人不打穷人，官长不打士兵，大家组织起来，打土豪，分田地，遵守三大纪律八项注意。打土豪的东西要归公，不准搜俘虏的腰包，讲话和气，买卖公平。"

1930 年十月，团匪欧阳江把我政权摧残，1931 年——二月间，我三十五军由福建来到瑞金，打跑了团匪欧阳江，重新建立苏维埃。

1931 年冬，成立游击队，黄沙区打福建古城的胡子炎匪徒（十月）。

1932 年正月去打高岭，区、乡、村各级领导为游击队的领导。竹坊乡在当时成立了一个游击连，连长尹佳庄，共 150 余人，打高岭时缴敌枪支 30 余，连同枪支等武器在内，共 200 余件。

瑞金县苏维埃开展了一个模范连营军运动，1931 年各乡成立了模范连（100 余人），1932 年各区成立模范营（300 余人）。1933 年全县成立了模范师，分驻壬田区、西江区训练。营部以上设政治委员，连设政治指导员，各连营人数多少，以乡区参加人数多少来决定。

1933 年四月，中央发展扩大百万铁的红军运动，当时主要是在这些苏区扩军的，即会昌、瑞金、上杭、武平、长汀、龙岩、石城、于都、兴国、宁都、建宁、广昌。

瑞金县扩军运动中，竹坊乡少先队、赤卫军全部参加了，宣传动员工作做得很好，组织了耕田队去慰劳优待红军和其家属。耕田队常自带饭包去为红军家属做事。竹坊乡耕田队、儿童团等宣传队还到仰心乡、武阳区宣传，在田间帮群众做工，宣传动员他们去当红军。当时竹坊乡是扩军运动中的模范乡。

在和敌人作战时，我们组织了儿童团、少先队、妇女宣传队拿着梭镖、鸟枪到前线叫白军："荷枪过来当红军，穷人不打红军，不要当豪绅地主走狗，荷枪过来有田分。"

红军北上抗日以后，各区乡政府均组织了自己的游击队，打得过敌人就打，打不过就走。白军一捉到老同志就打【地】雷公、烧香火，真正是"土匪"的就杀掉，其家里的房子也要烧掉，还要杀尽全家。安治乡迁在菩萨岩，组成了汀瑞县委，领导着汀瑞县游击队，当时的苏区干部、红军带花留下的均参加，胡荣佳、钟德胜、刘国兴为领导。

红军北上抗日后，竹坊乡游击队在竹坊乡附近打游击，夜晚扰白军，白天碰到了白军少的时候就打，多的【时候】就走。竹坊乡游击队坚持很久（离解放 1949 年七月二十九日约七八年时才解散），后来是由于武阳区兼苏维埃主席、党员、沙洲湾半田人赖家保叛变了，他率人冒为〔充〕红军新四军来送枪接防，骗我游击队出来放下枪迎接，因而使我游击队员空手被俘，从此游击队就不存在了，时约 1941 年。

反动派来到我们这里，杀人很多，有一个晚上，用汽车装了二百余同志，去龙角心杀了，平时总是见用绳子三个人一束牵去杀掉，儿童团的用梭镖、马刀杀得叫妈呀妈。

63. 赖辉淳老同志介绍苏区时的革命斗争

一、工会建设及其活动（属群众运动）

1931年县成立了总工会，1932年区里也成立了工会，长工、手工业工人、担贩、店员工人、雇农、烧炭工人均可参加，乡有工会支部，村有工会小组，我当时担任了区工会主席。加入工会的，每月交两个铜圆会费，上缴到县总工会。当时的活动是动员参军，青工带头。宣传工人阶级要领导农民——不论生产或战斗。

二、政权方面

1. 苏维埃组织。设有总务处（好像文书工作，中央当时设总务厅）、财经部、粮食部、土地部、内务部、裁判部、特派员（国家政治保卫局派来的，他与裁判密切联系着）、中共、少共、儿童局、互济会（搞慰劳红军和红军家属等工作）、反帝大同盟、工农检察部、妇女部、工会、教育部，后来又增设劳动部、战争动员部。

2. 区苏维埃成立主席团，区委书记领导主席团，主席团是执行机构，各部长以上干部参加区主席团，主席团是讨论与议论各项工作的，讨论议决了各项工作任务以后，便分头负责深入各村贯彻执行任务，在工作中，坚持〈着〉说服教育。

3. 北上抗日后的县委组织与区域

共分成三个县委，其区划如下：

汀瑞县：安治前—长汀一带，即瑞金的东南一带。

太雷县：沿岗、湖陂、黄沙、黄柏等（与石城隔界一带—瑞金县东北一带）。

瑞金县：桐背山至九堡区一带——瑞金西南部。

六〔三〕、武装斗争

黄沙区首先在斧头咀暴动，时于1930年春，是尹家生、甘群、钟维新、刘祥清为领导。

竖红旗打土豪，要先取得批示公文。

红军北上抗日后，工会跟着区政府到太雷县去，在太雷县委领导下打游击，后因失联系，又无经费，从而便自动解散了工会组织了。

64. 刘善祥同志介绍苏区革命斗争

一、党团建设与活动

这里在 1930 年四月，一暴动就组织起少先队、赤卫军、儿童团，我参加了赤卫军。

少先队是打〔戴〕红领巾，赤卫军是戴红手套，上【面】写明某区某乡赤卫军。儿童团佩带红符号，写明儿童团和姓名。

二、政权建设

1.1930 年四月暴动以后乡的区域变更

这一带地方均属黄沙区，这里在暴动后乡名为秧田，1931 年改为竹坊乡。当时叶坪乡、竹坊乡包括地区如下：

叶坪乡——壁塸①、小垅、庙背、上黄家山、下黄家山。

竹坊乡——塘背、仙下、汗头、杨田堪、陈坊垅、红沙岭下、漏水井、宋屋场、斧头咀、高山公、竹头背。

黄沙区政府是在斧头咀。

2. 肃反

我担任区裁判长时，专【管】肃反工作，对反革命分子、地富分子进行打击，凡讲了坏话的地富分子就特别注意他们，以防其破坏革命政权。

后来，我由区苏维埃特派员刘善福介绍〈我〉去国家保卫队工作，到过九堡通保山捉逃亡的反革命地富，三个人跑了两个，打死一个。

---

① 原文如此。

三、土改

1930年五、六月间，实行分青苗，地主富农分更远、更下的田。

四、武装斗争和建设

胡子炎匪军常来斧头咀打我黄沙区苏维埃，驻汀洲〔州〕的马团匪亦常来斧头咀攻打我区苏维埃。此时，我赤卫军、少先队对敌人斗争坚决勇敢，敌人一来，立即集合（时刻准备着和来匪作战）。游击队员拿真枪，拿土炮的叫大炮队。非游击队的农民便拿起梭镖、马刀去打来敌。捉到马团匪中的一个罗连长押往县城。

红军北上抗日，国民党来了，乡主席以上干部均要坐管化牢，叫我们扫地、扫街，说我们是"土匪"，做了坏事。

补遗：

1. 竹坊乡是竹头背先竖红旗——1930年四—五月。当时尚未有区政权，只有村政府，是刘曹琨、刘海勋、刘鼎君领导竖红旗的。从此轰轰烈烈地开展打土豪、分田地。

2. 村政府只有贫雇农才能参加，只要求能为贫雇农做事的，对革命有认识的，没有文化的可以。

3. 1930年组织了贫农团，我也参加了。要真正的贫苦的人才能参加。

4. 互济会是反对帝国主义。村里也有这个组织，贫雇农才能参加。

65. 黄沙大队毛连山同志讲述

一、武装斗争

1929年二月份杨子江到我家里，当时我还小（16～17岁），他来的目的是找大哥——毛人和。他来时带一张柴刀，头戴破礼帽，他是湖南衡州人。一到就问："你们有没有开水讨点给我吃？"后又问我家有多少人，我家乔饭吃时他还不走，我父就叫他吃饭，饭后又继续坐在我【家】，不一会胡生才也来了（胡生才和杨子江同友〔学〕）。胡生才是本地人，因此我父亲就留下他们两个睡下，夜深时，他就详细地问起我家的生活情况，次日又跟我们下地，在田里做事，此时就稍稍〔悄悄〕问："你们村有没有富豪？"接着又说湖南、井冈山有共产党，我们组织起来打土豪分田地。这时我心想：田分给我有什么用？他见我们不会〔回〕音〔应〕，〈他〉就详细给我们解释，分了地不给租、抗租，没收地主财产，杀土豪。这一解释我稍懂得道理，第三天我就邀了一些和我一样贫穷的人，其中有一个是有些文化——杨苏。因为杨苏有些文化，又听到安治也在闹革命，因此他就走到安治与邓希平接洽好，回来之后他就领导起〈来〉我们来了。

老历五月二十日，有一个越军团与石城赖士坊打了一仗，结果赖士坊得胜，越军团败了。当时败者就有七人拿着七支枪开了小差，准备投入红军，但又不敢下山，杨苏知道这事【后】就和杨家泉去接头，把枪买来，人也同时下山，这七人为了安全（当时还不知道我们军队的实情），就要我们吃雄鸡血酒。此时我们在黄沙、老檐街借了五升米，买了一只雄鸡以结拜兄弟。我们有了人，还有了武器，对敌人斗争更有〈坚〉决心。

老历五月二十二日就此行动，在腊梨脚下开地主钟滕洪的谷仓。有的担了三四担，大家都十分高兴。我们借这机会就成立代表会，并选举邱德标为代表。经过两三个月就转成农协会，农协主席【是】杨苏？[①]

1929年就开始大暴动，到处插红旗，到处有农协，全县打土豪，分田地。

四、五月时福建胡子炎、马营长、卢兴明、卢兴邦、郭凤鸣他们驻扎在古城、长汀一带，经常向我们攻击。

1929年老历二月初一日，毛主席的军队就来了，先到安治打

---

① 原文如此，是问号。

下郭凤鸣，全师歼灭，此时卢兴明、卢兴邦等反动军队大大弱下来了。在汀州住了三天，又往宁都而去，在大柏地又和刘士毅的兵打了一仗，刘匪全歼。继续往宁都而行，在宁都与沙益伸的军队打了仗，沙益伸军队又败。后又转于都、兴国，在塘江又与胡会汗的打一仗……

（因他有事未说完，下转杨同志整理）

66. 访问谢益淮记录

谢益淮，男，年59岁，剃头工人出身，住叶坪村。

一、关于毛主席的故事

毛委员在1931年八月十七日由宁都到瑞金叶坪来的，他刚到时就问这房是谁的，而益淮却回答说：“是我的，是打土豪分得来的。”而毛委员就开口说借房，〈由〉益淮答应后，〈就又写上〉给毛委员借了一床床板，总司令朱德的【床板】因为借不来了，就脱了一块门板，又因没凳，因此朱总司令就手拿两个大箩，以箩代凳的加上门板开起铺盖来了。同来的还有古柏秘书、杨副官。当毛委员发现厅子里的神座〈讲台〉时〈却〉问起我这东西是谁的，通知乡干部叫他们搬回去，〈指神座里的神祖牌，〉结果神祖牌很快就被他们搬走了〈，只剩下一小部分，却烧掉了〉。1931年在叶坪召开了工、农、兵第一次全苏大会，成立了临时中央政府，毛委员叫益淮派了工人修建了房子。这时各地的工农兵群众、团体、部队都来给毛委员送慰问品，这时因为政权成立又为了要迎接他们，一方面又为了要防止坏人说出毛委员等中央首领〔长〕所实住的房子，因此中央便挂起五面大红旗表示迎接他们，同时这五面大旗里都写着中央第一方面军的旗帜，插上了大红旗的地【方】，都有两个战士持着两支枪在那守卫，而真正住下〔着〕中央首领〔长〕、毛委员等的叶坪村，守卫的兵士就有六个人、六支枪了。毛主席因为工作很忙，很少下楼，而谢益淮住的正是毛主席住的房子楼下，所以毛主席常【叫】益淮到〈毛主席的住〉房里谈话，问："益淮，我在楼上住对你妨碍很大。今天开会布置了些什么工作？"等益淮讲出了乡里所布置的工作，和说到没有什么妨碍我们都是一家人时，毛主席表现【出】十分愉快的心情，说："好哇，到床上来坐。"并拿给益淮香烟、开水。

毛主席八月来叶坪，而十月却遭受天旱，叶坪群众日夜不停地车水抗旱，毛主席看见这一情形，所以在百忙的工作中也下楼深入群众，深入田间生产。有一次毛委员在帮助车水抗旱时车闸断了，打得毛委员脚皮已破，鲜血直流时，益淮便用冷水浇在毛委员受伤的地方，毛委员还说不要，这样一点点莫什么①。后来毛委员因脚受伤，就用手来继续车水，以手代脚的车水。这种精神真使人佩服。

毛主席中央政府迁沙洲坝的原因是：敌机轰炸我守押的同志和被押犯人时同时放下反动标语，益淮拾到不少，毛委员就问起益淮标语内容是什么时，益淮便说："我不知道，我〈认〉不识【字】。"这时毛委员却说拿来我认，念给你听。他念着，解【释】着说："一边河来一边山，叶坪中央政府在中间。"当他讲完时，毛委员又说："益淮呀，这是我们内部的人讲出去的，我们在这儿久住不下去了，要迁房到沙洲坝去了，不然敌机会常来轰炸的。"毛委员临走时还说："我们迁往沙洲坝（1933年四月），现在要扩大一百万铁的红军、十万铁的干部，你要好好工作，争取做一个铁的干部，认真做好扩军工作，东西要好好保藏好，我们还要在沙洲坝召开第二次全苏大会，望你也参加。"毛主席、中央政府迁往沙洲坝后，益淮参加了第二次工、农、兵全苏大会和军烈属代表大会。毛主席又对着益淮说你们一定要做好工作。到1934年，毛主席、中央政府就跟着北上抗日同时出发去了，而地方的县、区、乡就各走一方，

---

① 莫什么，方言，意即"没事"。

爸趴爸路子趴子路①，各人趴饭救肚饥去了。

二、关于军事建设和武装斗争

1931 年朱总司令一来，就经常深入到乡，调查了解儿童团、少先队、赤卫军的军事建设情况。当总司令看见儿童团都拿着棍子时，朱总司令却问：“你们拿着棍子，下操干什么？”儿童〈却〉回答说：“我们下操是为了学会军事操着的知识和技术，长大以后好当红军，拿棍是因为没有枪，先练习下，将来你们发给我们枪时，我们拿起枪来才好打死敌人。”1932 年朱总司令和罗炳辉一起去打漳州，漳州就打开了，搞了好多好多的药品、食物、衣物回叶坪来，并及时地叫叶坪的贫苦雇【农】人民群众站成长长的队，把这些搞回来的东西一一的分给我们劳苦群众。

三、关于土地革命

毛委员常叫谢益淮（原名益彬），并嘱咐守卫士兵不要对益彬叫口令，因为益彬同志年轻又常常要到区、乡开会，怕〔恐〕他会怕，只叫他哪一个就算了。这样一来方便了毛委员和谢益淮的经常联系，因此毛委员常问益淮同志土豪是怎样打的，田是怎样分的。益淮告诉毛委员说：“地主不分给他田，因为地主还有不少地下宝藏搞不出来，因此他还有吃的。富农呢，只分给他坏田差屋，而每个贫苦人民分到土地两亩左右。”毛委员又问：“够不够吃呢？”益淮说到够吃时，毛主席非常欢喜，赞扬搞得好、干得对。至于土豪的打法，是利用踩杠子、灌冷水、打地雷公等刑罚，要他们把地下宝藏交出来直到光、尽为止。而叶坪村苏区现〈都是〉只有一家地主，是谢深兰，他买的田很多到〔在〕福建古城等地，可收租谷八百多担，收租非常苛刻，放债非常凶恶，他放出的谷子利就加六或加七，放出的债利息就加七加八。收租谷时田东饭办得不够他的意时，不但大打大骂，称谷时还要用拉助〔住〕秤砣、绳子称恶秤，每百斤都要多称不少。其打法是先进行对他们的债务调查，收

---

① 原义如此，方言，意即“各走一方”。

集他的田单地契纸进行清算，交区苏维埃政府主席团审查，批准进行公布其阶级并把他押起来。

当时地主恶霸除收租苛刻，放债恶毒以外，在又红又白时还残酷地杀害我革命同志，其中最凶恶的是钟文连、钟文焕、谢泽洲等，吃人都不要放姜、盐（指最恶毒）。解放后这些恶霸地主才被我人民政府镇压。

67. 访问张文通老革命同志

一、党的发展

当时党的发展是秘密进行的，一人入党，三人介绍，入党时要发誓。打土豪前支部大会先讨论，确定谁是土豪，在斗争的过程中党员经常开会。生产忙的时候还是参加生产，中央和区的同志下来后都很关心生产，尤其是毛主席曾经找过张才苏专门谈生产问题。有必要时中央和区都抽出一定的时间下乡，一面生产一面工作。

二、政权建设

最初加入贫农团的都是贫雇农，中农以上的不能加入。紧接着贫农团的成立，就成立了乡政府和区政府。一开始打土豪地主就实行查田。最初贫农团划阶级有划错的记录，有中央工作团来帮助每一区、乡复查，纠正了以前错的地方。通过这次划阶级，地主不分田，富农分坏田。开初是把地主、富农的田都分掉。

三、军事训练——红军学校

红军学校成立约在 1931 年冬或 1932 年初。当时有八九百人，党团员而又是连长以上的干部才能进入此学校。6 个月毕业，毕业后就上前方，如果特别需要时可以提前毕业。这里的学生主要是学习军事技术，在生活上要加强锻炼，每个学生每礼拜要吞三两沙①，

————————

① 原文如此。

以备粮食困难时度饥。

四、毛主席与群众

毛主席在叶坪穿的是哗机〔卡其〕或线布的中山装，其鞋多半是布的。办公后常到田间帮助沏〔车〕水，问红薯和农作物一亩地能产多少，并曾多次找张才苏、张才运等农民同志，专门谈生产问题。

毛主席【是】喜欢穿乱〔烂〕衣衫的人，见了总要握手、谈话。开会时常问大家疲劳了没有。

五、苏区时的人民生活点滴

五次"围剿"时，苏区的盐和布特别缺乏。当时大家都是吃硝盐。干部参加开会都是自己带饭包，没有薪【水】发。干部如果没时间耕田，在村中有耕田队帮助。耕田队主要帮助红军家属，政府对红军家属特别优待。

68. 张木高老同志访问记

一、党的建设

在 1931 年有十个党员，李崇连当支书，到 1932 年发展几十个。那时壬田九坑乡为模范乡，以乡为单位建立支部。区有区委，乡有支部，那时什么工作党支部都要过问。

毛主席的教导——"要走群众路线，不能强迫命令，用宣传鼓励教育群众，团结群众"。又说"工作要热情、要联系群众""要与群众劳动，在劳动中进行宣传"。此外在长征时又教导我们"不要忘记以前苦日子"，说，"同志们要记住黄金洞的臭薯丝，井冈山的烂冬瓜"。指导我们工作要把国民党坏处和红军好处进行对比宣传，并且要把红军家属生活安排好，让他们安心，积极参加红军去。

二、政权建设

从杨斗文处领了公事，1930 年便组织了贫农团，只许贫雇农加入，不要中农加入。

我 1931 年参加了革命，毛主席来叶坪建立了中央政府，把群众组织了起来，斗争地主、富农，没收地主财产分给群众。

三、武装建设

在 1931 年七、八月间组织赤卫军、儿童团、少先队，白天为少先队放哨，晚上赤卫军放哨。白天生产，但每天早晨要操练。有连、排、班长，他们〈的任务〉配合红军作战，发现有敌人便去与红军配合，送运东西、担架、粮食等军用品。

1939 年，敌人闭锁，生活很困难，盐、棉布特别困难，一块钱只能买到 8 两盐。干部县级以下，自带饭去工作，每天吃两餐，每餐三四两米（红军吃三餐）。

红军特别照顾。那时设有红军委员会，它领导耕田队及照顾红军家属等工作。红军有红军公田，每个村都余〔留〕下 3 至 5 人的土地作为红军公田，即为机动田。一有红军因其他事由【从】部队回乡，便把红军公田分给他，以解决生活问题。平常红军公田由耕田队来进行耕作。

1932 年第三次"围剿"时，在东固、富田活捉了张辉瓒，他〈们〉本为一个师长，领导两个兵团来"围剿"我们。在那时我们方面进行了紧急动员，少先队、赤卫军都参加了，送子弹、担担架、搬运〈队〉等工作。那时妇女也参加了支前工作，做草鞋，慰问红军，补衣，参加耕田队、慰问队等。

69. 刘麟三访问记录

刘麟三，曾任过苏区工会组织部长、工会检查部长等职务，但红军北上抗日后叛变了革命，当了两三年的伪保长，现任洋溪大队食堂保管员。

一、政权建设与土地革命

1929 年贺国中的军队从瑞金过，老雷与周肖先（木工）和贺国中取得联系。1929 年四月，洋溪〈得〉的刘铭、刘喜根与安治接头，回来组织暴动，成立农民协会，接着就成立乡苏维埃政府。1930 年冬，在村苏维埃成立后就成立贫农团。最初成立农民协会时进行过一次分青苗，后乡政府成立，其中成立了土地委员会，又进行一次分土地，贫农团成立后也进行了一次分配土地。

二、军事组织

1930 年冬开始建设赤卫军，接着就组织了少先队。最初赤卫军由军事委员领导。至于游击队在第二次"围剿"时才有这个名称。当时有这样的口号："发展游击队，垄断敌人后方。"游击队的原始组织称为义勇军。

（二）叶坪乡人民革命斗争史料

第一时期：农民暴动和苏维埃政权的建立（1927 年—1931 年八月）

一、革命前夕劳动人民的政治经济生活状况

革命前夕的叶坪人民，处处受着豪绅地主们的穷凶极恶的压迫和剥削，〈使〉劳动人民过着暗无天日、牛马不如的悲惨生活，当时黄沙的工人生活水平是异常低下的，工资很少，在政治上更谈不上什么地位，终年劳碌，受尽压迫剥削。当时的工人包括木匠、泥水匠、竹筏工、榨油工、造纸工、裁缝工、理发工、木炭工、长工、保姆、肩挑工等十余种。以木匠工人为例：技术高的每日得工资 2 毛，技术低的 1.5 毛或 1.2 毛。肩挑的苦力工数目最多，常到瑞金、赣州、吉安、会昌、汀州等地挑担，从瑞金出发，挑 100 斤布走到汀州，只有工资 2.5 元。挑药材、烤烟等粗货的只有 1.8 元。挑玻璃的只有 3.2 元。挑瓷器的只有 2.2 元。挑这些容易打破的东西损坏了要照价赔偿，而且，苦力工挑担货物需要有担保人，担保人要每担货物得款 2 毛，叫"酒钱"，没有担保人是挑不到货物的。从汀州城转来瑞金城的货物有水烟丝，每担 130～150 斤，白纸有 170 斤，每担只 1.2 元，食盐每担 120 斤只 1.2 元，生铁每担 64 斤只 8 毛。

至于农民的政治经济生活状况：如同工人们的命运一样，为地主做一年长工，一般的尽〔只〕能得 3 元，后经【过】斗争加了 1 元，总共才不过 4 元，地主仅供吃的和草鞋，黄烟、衣服均要自己负担。当时长工最高的工资也不过是 10 元，农民种地主的田，田租 4 担，较差的地，亩租也要 1.5～2 担，当时叶坪地主谢深兰的田到了福建古城那边，每年光收租谷 800 余担。在青黄不接之际，借地主一担谷，夏收后还利要五斗，地主们还恬不知耻地说："这是凭良心放债，有的要 100% 的利谷。"有些还要亲自将租、债谷送到地主家里，他们还采取"大秤入小斗出"的可恶办法，收租放债时，20 两为 1 斤加 4 秤，而借出时则是 12 两 1 斤的小秤，更令人难以容忍的是，有些地主在收租之前，先叫狗腿子去送通知："鸭子不吃要吃鸡，菜籽油不吃要吃茶油或花生油。"借地主的谷当年不能还完的，第二年就要利上加利，如果向地主土豪借钱的话，年息 30%，叫加三利息，到后来则随时变换，有的三个月一环〔换〕，有的一个月一换，一个月一换，甚至一块要 5 毛至 1 块利，到时未还完则利上加利。农民常悲惨地叹息："禾镰挂上壁，锅中没米下。"当时十户人家，有吃的只不过户把子，由于土豪地主的凶恶盘剥，使得当时劳动人民卖妻子，家破人亡，但卖来的钱，还未到手又被地主们夺去了。当时向土豪地主借钱借谷，一般来说，都要拿房屋、土地抵押，故地主们说："怕什么！借给他！"

当时这一带村只有两三人上学，都是土豪、地主家中的子弟，劳动人民的子弟连吃穿都没有，只好作睁眼瞎子。劳动人民就在上述的状况下度日，他们日益觉悟到要摆脱这种悲惨命运，唯一的办法就只有团结起来革命，因而他们很快地接受了革命思想，在党的英明领导下，立即展开了向土豪劣绅、地主们进行着英勇顽强的革命斗争，并且取得了胜利。

二、党组织的产生发展及其活动情况

1928 年，仰山、黄沙一带就开始有党的活动，当时，中央派有兰夏桥、杨子光来到安治、黄沙一带宣传革命道理，组织革命活动。仰山有杨大哥到那里发展党员，策划暴动，发展了黄加祥、钟廷英、钟振高、钟文材、钟腾英、黄莲述、钟腾柳、郭昭怡、杨道晖、杨荣春、杨家兰、杨家著、杨家椿、杨祥渝为党员，并派杨道晖等人去学习革命道理和革命工作。黄沙 1929 年在来坑建立了党支部，支书是毛祥英，组织委员胡金山，宣传委员胡桂山，有党员10 多人（计有：毛祥英、胡金山、胡桂山、胡人山、毛永和、毛连山、王祥、胡长福、胡长文、杨衍礼、钟桂林、华步兴）。

发展党员在当时是十分秘密的，以个别串联用试探口气去寻找对象，召集会议。入党要经过 3 个人介绍，支部会通过。党员必须是成分好（如贫雇农）、历史清白、忠诚可靠的人。入党时还要发誓，誓词："服从党的纪律，严守党的秘密，党员要军事化，先苦后甜，愿意牺牲个人。"党员每月还要缴纳会费 2 个铜钱。

党的活动也是十分秘密的，党外群众当时都不晓得哪一个是党员，要召开党员会时，作暗示通知（如打门、拍掌），开会地点都在外面山沟、田边、河岸上，那时党的番号是 C.P.，团的番号是 C.Y.。

三、农民暴动和武装建设

叶坪一带地区是老苏区革命发源最早地点之一，这一带地方很早就有革命同志来活动。1928 年旧历二月初，有湖南衡州杨子光，从闽西经安治来到黄沙，当时他穿着褴褛衣服，头戴破礼帽，手拿破砍柴刀走进毛人和家讨水讨烟，事后，杨的朋友胡生才（当地人）也来了，他们对毛人和的父亲说："湖南、井冈山等地有共产党打土豪、斗地主、分田地，我们穷人家要团结起来这样做。"毛人和等被杨子光宣传通了思想，他们便串联邀集了一些贫苦农民，其中有一个是较有文化的杨苏（杨道晖）。不久，他们听到安治也在搞革命准备，〈他们〉便拟定去安治和邓家保（邓希平）接头，准备革命爆发。

1929 年农历三月初五，杨大哥（子光）、钟腾祥在烟罐商讨暴动，以后串联到严家生、严振华、杨水生等越来越多的人，就到邓希平那里接头。1929 年旧历四月四日，首先在仰山排肖屋村竖红旗，打土豪杨家樟，以后成立了农协会，到处贴标语："万户欠我钱，千户不管闲，穷人跟我走，月月八块钱。"到处宣传动员，接着又去写钟腾禄、钟腾礼等富豪的款，因为是农民组织起来的暴动队，没有枪支，这两个富豪骂我们是"土产"（无用之物），正在此时，国民党驻瑞金部队七十一团和六十八团内讧之溃军七十一人〔团〕带 6 支枪逃到黄沙，在山顶上休息，有一个下山来问："有无共产党？有人买枪否？"我们叫杨苏、杨家泉上山去同他们联系，争取了他们，他们在黄沙檐街和我们吃了血酒，誓为结拜生死战友。我们有了武器，钟腾禄、钟腾礼便害怕起来，乖乖地把写的款送来给我们（六十八团和七十一团内讧，是由于七十一团领了六十八团的饷不还，反水过来的有连长、排长、事务长各一人，王炳候也是反水过来的）。接着在旧历五月二十二日，打钟腾洪土豪，开了癫痫岗公堂的谷仓，每个贫苦农民分了 3～6 担谷。1929 年 5 月，黄沙、老檐街在毛立桃领导下插红旗暴动，月底成立了农民协会，仰山农民在杨世贤领导下也插红旗暴动。不久，斧头咀、黄背、东坑、田心、果子园等地农民都起来暴动打土豪，也成立农协会。从此起，各地农民便轰轰烈烈起来暴动。叶坪村农民于 1930 年春，在刘月波领导下也暴动，并成立了农协会，洋溪村在刘善根、刘铭领导下，也在此时插红旗、打土豪，成立农协会，大田村农民在刘蔚珠、杨世纪等领导下，也举行了暴动，成立了农民协会，但这些地方有投机富农分子，如叶坪村谢深皆投机去安治邓家保接头，领红旗回来暴动，因而让他们混入到农协会中去了。在这革命形势影响下，连地主最多的石园村的农民也英勇顽强地在 1930 年 3 月插红旗暴动了。到 1930 年 7 月，这一带地方已经是"满地红旗了"。（凡举行暴动的，均要先到安治邓希平那里接头领红旗和批准，领了红旗、盖了邓希平章的人，就不能把他当地主打）这种令人掩耳莫及的迅雷般的农民暴动，眨眼间，推翻了我们这里的反动派统治，吓得周围反动派魂不附体，并作垂死挣扎。古城团匪胡子炎企图来推翻我们苏维埃政权，常来攻打黄沙区政府，在 1929 年冬天，我区暴动队配合游击队，全部打垮了胡子炎团匪，缴了枪支很多。1930 年 4 月，汀州马团匪又来斧头咀打黄沙区，我们的暴动队和游击队又打败了他，并捉到伪罗连长送往县苏维埃。这时，杨斗文、杨玉山、刘蔚珠等游【击】队领导人来和我区游击队领导人杨苏同志接头，将游击队合编为工农红军二十四纵队（各区留下了区游击队保卫区苏维埃），旋即向赣州进军及粉碎敌人对我们的"围剿"。

土豪恶霸钟运录，在1930年下半年乘隙勾结会昌欧阳江，率匪军侵入我瑞金，由于那时红军在前方作战，后方只有赤卫队、游击队，力量比较薄弱，因而使我苏维埃政权一度迁徙安治山中工作，反动派来到我们这里对人民非常残酷，说我们这里的人是"红心白皮，石头都是红的，地皮都要刮掉，人种都要换过"，时常杀我革命同志，烧我们革命同志的房屋。这时，我们便进行地下活动，每天都想方设法，把生活用品和军用品送给山中的游击队。在这个时期，我三十五军项邓军长率军打进瑞金城，由于弹药很缺，每个士兵只有3~5颗子弹，故只留宿一夜就被反动派打散了。

1931年2月，我十二军罗炳辉师长率军打进瑞金，赶走了匪军欧阳江、钟运标，恢复了苏维埃政权，从而我区苏维埃政权也恢复了。为了巩固我们的政权，开始把苏区人民紧密地组织起来了，并组织了较健全的地方武装——赤卫队、游击队、少先队、儿童团。〈从〉16—25岁的男丁均编入少先队，25岁以上的编为游击队或赤卫队，我们这一带的游击队长是杨斗文，还组织儿童团，儿童团是拿棍子的，天天学习军事。我们地方武装集中武器，无事则分散耕田，有事则集中战斗，歼灭敌人。

四、苏维埃政权的建立

1929年4月起，叶坪乡人民在党的领导下，各地相继地举行了革命暴动，首先暴动的是在仰山排肖屋村。到1930年7月，叶坪公社地区已"满地红"了。

各村一举行武装暴动，就成立了农民协会，并选出村代表，农民协会中有正副主席、肃反委员、政治委员、交通委员、保管委员。当时参加农协会的有钱的人也可以，而且在农协会中，多为会说话的光棍和有些文化的人所操纵。

安治、黄沙、陶朱、斧头咀在1929年4月也举行了暴动，组织了农协会。不久，这四个地方联合组织成了黄沙区代表会，邱德标为主席，内分财经委员、军事委员、文教委员、妇女委员，地点设在仰山排、斧头咀。

1930年上半年，各地组织了贫农团，并撤销了农协会。贫农团只有贫雇农才参加，里面设有没收委员会，会内有正副主任、检察员，领导农民打土豪、分田地。贫农团主席是村苏维埃主任和总代表。

随着县苏维埃也在1930年建立起来了，我区也建立了区苏维埃，其内设有秘书处、收发处、总务处、裁判处、土地部、宣传部、文化部、财政部、军事部、俱乐部、工会等。那时叶坪乡〔是〕属云集区，仰山、黄沙一带属黄沙区。当时叶坪乡包括壁×、沙坳、庙背、上黄家山、下黄家山。竹坊乡（原秧田乡）包括塘背、仙下、汉头、杨田堪、陈坊垅、红沙岭下、漏水井、宋屋场、斧头咀、高山公、竹头背。黄沙区当时包括竹坊乡、仰山乡、黄沙乡、杉山乡。

1930年7月，欧阳江、钟运标侵入瑞金，苏维埃政权一度迁徙安治山中工作，在这段时期，叶坪公社人民处于又红又白的状态，有时白天白晚上红，有时上午白下午红。当时我苏维埃政府均迁徙山上进行活动。

1931年2月，红十二军罗炳辉师〔军〕长率军来瑞金赶跑了团匪欧阳江、钟运标，恢复了我苏维埃政权，从此，便正规地建立了区、乡、村各级苏维埃政权。

在苏维埃政权机关工作的干部都是自己带饭包工作，同时每个星期六要去为红军家属工作。

五、分土地、划阶级

1930年5月，进行分一次青苗，接着1931年分田地，那时候，打土豪、分田地专由贫农团组织领导。首先研究查实各户的债务、土地、家产，布置人发动群众，带领群众拿着红旗，先把地主家包围，把地主抓起来，然后将地主家里的东西集中在一块，召开群众会，按各户情况分配。分田时，按人口平均分配，每人分八担谷田不等。当时规定地主不分田，富农分坏田（因当时提出了"大户提名，豪户不分"，有很多地主也分了田）。没收地主财产时，财产上标上飞（票），干部不得先拿，先让最贫苦的（如雇农）先拿，池塘、山林当时是按人口多少进行划分。

1931 年进行划阶级，划阶级根据"欠债多的一般是贫农，做长工的一般是雇户，放债剥削的【是】富农，田多不劳动的是地主。地主划分有反动地主、恶霸地主、忠实地主。富农分反动富农、高利贷富农、忠实富农"，劣绅是包揽讼词、鱼肉乡民的人，土豪是凶恶有势力的人。当时的口号是"依靠贫农、团结中农、孤立富农、消灭地主"。

六、群众的组织活动

工会组织的建立及其活动情况【如下】。

1927 年，本乡开始建立工会，工会的组织，设有手工业部、苦力工人部、雇农工人部、职业工人部，当时的领导有李洪魁同志，工会建立后便发动会员向雇农老板和富农作要求增加工资的斗争，对雇主说："不增加工资就不干。"当时还有劳动部负责调配工人。1930 年后，区里有店员手艺工会、苦力运输工会、雇农工会、联合女子职工联合会，乡里有工会支部委员会，村里有工会小组。任何工作强调工人带头，工会成员大都是手工业者和雇农工人，要经支部介绍方可入会。工会还要配合搞其他工作，扩大红军也要参加搞。

各村的群众对打土豪、分田地、参军、宣传扩军、支援前方，非常积极踊跃。

不管男女老少，都参加打土豪、分田地，能参军的就参军，年老妇弱不能参军的，做后勤工作，如年上四五十岁的参加担架队、运输队。妇女组织了慰劳队、洗衣队。发展各种宣传活动，动员男子参军，替红军烈属帮工，给红军慰劳（如搞募捐豆干等食品，做鞋），搞剪发、放足、演戏唱歌等等。妇女除了做这些之外，有时也集中起来拿梭镖跟赤卫队到前方去打土豪，如石园村的妇女曾到过福建打胡子炎，打瑞金官圳口。村里都设立了俱乐部，俱乐部常常到各村去演戏宣传，当时演的戏有《夫妻送郎当兵》《贤妹转家庭》等。中央临时政府成立和全苏大会召开时，各村俱乐部都到叶坪、沙洲坝等地去串马灯，搞得一片热闹。

第二时期：红色政权的巩固和发展（1931.11—1934.10）

一、红一方面军来到瑞金，工农兵代表大会的召开和中央工农民主政府的成立，区乡苏维埃的政权的巩固和发展

1931年古历八月十七日，毛泽东同志和朱德总司令领导的红一方面军由宁都到叶坪。同年11月5日中国共产党苏区第一次代表大会在叶坪召开。11月7日又在叶坪举行了全国工农兵代表大会，大会那天早晨，举行了庄严的检阅红军典礼，晚上七时举行了数万人的提灯庆祝晚会，叶坪农民以万分兴奋和愉快的心情参加了庆祝晚会。这次大会开了14天，于11月24日闭幕，大会期间，毛泽东同志代表中央苏区中央局作了"政治问题的报告"，并通过苏维埃宪法、劳动法、土地法、红军问题、经济政策、工农检察问题、少数民族问题、救济被难群众、为革命烈士立牌纪念和改瑞金为瑞京等决议。会议选举了63人为中央工农民主政府执行委员，毛泽东同志为主席，朱德为红军总司令。从此，中央工农民主政府在叶坪正式宣告成立。而叶坪地区的苏维埃革命斗争工作在毛泽东同志和中央政府的亲自领导和指示下，顺利地开展起来了。

从中央民主政府在叶坪成立以后，叶坪这一带的红色苏维埃政权就处于稳定巩固和发展的时期。当时，由村政府、贫农团农民协会逐渐发展起来的红色苏维埃政府在2个区和13乡普遍成立。当时，叶坪这一带属于云集区，第一任区苏维埃主席是朱开铨同志，云集区是中央政府的直属区，一切工作都在中央的直接领导和指导下进行。云集区所属乡有叶坪、洋溪、新院（联合溪）、松山、横岭、沙背、黄屋、下罗、平山。当时仰山地区是属黄沙。在1934年黄沙和桃阳区二区合并而成黄沙区，所属乡有竹坊、红金乡、仰山乡、秧田乡、黄沙乡、杨坊乡（杨梅）。曾任黄沙区苏维埃主席

的同志毛人和、黄干有、邓希平、毕贯中、邱玉兵等。当时区、乡苏维埃组织各个部门，在区苏维埃内有主席团，并有主席一人，下设土地部、文化教育部、工农检察部、内务部、军事部、粮食部、财经部、裁判部、劳动部、革命互济会、反帝大同盟、特派员等。一个区总在五六十人，乡苏维埃有主席、文书和贫农团主任。在武装暴动和土地斗争中出现的农民积极分子，担任区、乡苏维埃的工作。当时的干部抱着纯粹地为革命为群众的工作态度，冒着生命的危险，不顾生活的艰苦，兢兢业业地做工作。当时，区、乡的干部每人每天只有二角钱伙食，还要区、乡自己筹备，少补多缴，不能贪污挪用。除了伙食以外，并没有薪水。后来在 1933 年经济困难的时期，每人每天只有 12 两米，每餐只有三四两。到 1934 年第五次反"围剿"的时候，干部连伙食也没有了供给，要自己带米去做工作，开会要自己带饭吃。有的老革命同志说，"我当时就用烂了五六个饭包"，干部就是在这样艰苦困难的环境下为群众做工作。

这个时候，区、乡苏维埃的活动经常，叶坪地区开展了各项中心工作运动。1932 年教育普及运动，使叶坪地区的文化教育有了很大的发展。当时各乡、各村都设有列宁小学，方法是以民教民。同时还以村为单位设立了识字班，男女青年都非常踊跃地参加，由于叶坪是中央政府的所在地，中央开办的马克思学校和列宁师范，都设在洋溪，瑞金教育训练班设在赤坑，这对叶坪地区的教育事业有很大的影响和推动的作用。就在教育大普及这一年，叶坪的文化艺术活动也很活跃。在中央工农剧社的影响下，每个乡村都建立了俱乐部，俱乐部有主任（乡主席或乡贫农团主任），有宣传部、文化部、技术委员、编制歌舞的。俱乐部是白天生产，晚上活动，一个俱乐部〈约〉有 30 多【名】的演员，他们根据各个时期党提据〔出〕的政治任务，自编各项节目，在本乡和外乡经常演出，做到了为中心工作服务，推动各项工作任务的胜利进行。

1932 年区、乡苏维埃领导了各乡村的查田运动，同时在各地大力开展了支前的工作，发行第一次公债，叶坪人民非常踊跃地购买，干部自己没有工薪，但带头购买，有的干部卖了谷去买公债。

1933年这里召开了一次选举运动，选举各级代表，除地富外均是选民，选民要发选民证，有证才可入场进【行】选举。这一年，除选举和查田之外，还有查田、查阶级运动中，加强管制地富的工作，还在干部中进行了反贪污反腐化运动。

1933年到1934年，国民党反动派对我红色革命根据地开始了严密的经济封锁。因此苏维埃政府开始了各项经济工作。当时在各乡村成立了各种合作社，如有硝盐合作社、生产合作社、（布匹等）樟脑合作社等。那时盐、布非常缺乏，特别是盐，一元光洋只有八钱，但政府领导农民用土壁煮硝盐，克服了这个阶段较大的困难，使人民生活安定下来。

1934年苏维埃的中心工作是归队运动和集拢地主、富农组织运输队、担架队。1934年10月红军北上长征抗日以后，这里的区乡政权失去了，干部上山打游击，农民又在国民党反动派和封建地主的统治压迫之下。

二、党团组织的发展和巩固及其活动

1931年11月5日，中国共产党第一次代表大会在叶坪召开。在这以前党的组织的发展和活动还是处于极秘紧〔密〕的状况，人数也不多。

1932年起，开始了整顿和发展党的工作，这个时期，党的组织发展很普遍，党员的数量也有很大的增加，叶坪在1931年只有党员十几人，而在1932年就发展到30多人，建立和健全了党的组织。其他各乡党员的数量也有较大的增加，党员必须在〔是〕25岁以上的革命坚决、工作积极的贫雇农和工人。中农一般不能参加，入党要有3个党员介绍，没有候补期，也不需要宣誓。党员要向党缴纳党费，2个红军铜板。这个时候很多革命干部要求加入中国共产党。

当时党的组织比较健全和巩固，各乡有支部，支书一人。区有区委会，有区书记一人，宣传部长、组织部长、少年先锋队、川

童书记、妇女部长。这个时期党支部的活动还是比较秘密，有番号
C.P.，支部会议初来每 16 天开一次，后来是 15 天开一次，会议不
是在室内开，是在野外开，党内有纪律，强调保守秘密，称之谓
〔为〕"金口铁笔"，党员和各支部要坚决执行上级党的决议，党的
组织在各乡是领导地位，一切重大问题都要事先经过支部研究和讨
论。打土豪要经过支部研究讨论，确立对象，斗争中，支部也经常
开会，指导斗争的发展。

这个时期，各地有少共团的组织。团也不公开，番号 C.Y.，团
的组织也有大大的发展。区有少共区委，有书记、宣传部、组织
部、少先队、儿童团。乡有少共团支部，团员要在 18 岁以上，必
须具备的条件是：工作积极，斗争坚决，成分贫农，入团要有 3 个
介绍人，没有候补期。

三、查田运动的开始，土地改革的深入和胜利

1931 年以前，农民暴动后，就已经开始了分青苗、打土豪，
1931 年就已经把土地分配到了农民。但是由于那个时候打土豪不够
彻底，有漏网土豪，分田不合理，有多有少，而且还有土地隐瞒现
象，阶级有些划错了。因此，从 1932 年 2 月起开始了一次查田运动，
包括查田、查阶级和彻底打土豪，到 1933 年这一运动才胜利结束。

在这次查田运动中，响亮地提出了"打倒土豪、地主土豪"的
口号，土地政策是"打倒地主土豪，团结中农，依靠贫雇农"，当
时地主不分田，因为地主有些底财挖不出来，所以还有生活来源，
而且有的地主逃跑去外，有的被赶跑了。富农当时是分坏田、矮屋，
对富农的财产一般不侵犯（个别的也要打），但是富农不要捐款。

这次查田运动中，贫农团是运动中的领导骨干。运动中首先查
清地主的田亩、放债人口、劳动情况，召开贫雇农会议，谈自己租
了地主多少，欠了地主多少债，查清情况，有了材料，由党支部进
行研究，讨论确定划阶级，地主、富农交土地部和区主席团批准决
定。地主、土豪、贫农团通知赤卫军包围他们的住宅，没收全部财
产，把他们赶走。最后由政府统一分田、分房屋，当时贫雇中农平

分土地，有甲、乙、丙三等田，甲等分一亩，一、二等分两亩，三等分两亩三分。地主没有分田，富农分坏田。在这个时期遭受封建地主长期压迫的农民群众，在党的领导下，积极参加了运动，斗争情绪很高。分田之后，农民的生产积极性大为提高，这一年的收成比任何一年都多。这时期苏维埃政府也特别注意农业生产的发展。区、乡干部除了开会和工作时间外，还经常在白天参加农业生产劳动，毛主席在叶坪帮助农民车水抗旱，并且在了解叶坪干旱的情况后，亲自组织叶坪村修水陂和打铜车，并派土地部王观澜同志带领群众测量，毛主席同时还在叶坪邀请张才储其他老农深夜座谈农业生产的经验，了解农作物的耕种方法，事后并亲自写出小册子，印发各地指示农业生产。

这次查田运动，最初也出现了一些缺点，主要是划阶级的界线〔限〕不清，有把中农划为地主，贫农划为富农的偏向，后来经过了纠正和复查。

当时查田运动，中央派了土地部长王观澜同志亲自指导叶坪工作，做得很好，评为苏区模范乡。

四、地方武装的巩固和发展

扩大百万铁的红军运动的开展，支援边区的保卫战。

在 1931 年建立起来的地方武装组织赤卫军、少先队、儿童团，到 1932 年有了很大的巩固和发展。这个时候，各区、乡 8—15 岁的儿童要参加儿童团，16 岁到 24 岁的参加少先队，25 岁以上的参加赤卫军。真是全民皆兵。这些都是红色政权的地方保卫武装，也是红军的来源。平时他们都加强训练，儿童团无枪，用木棍操练军事技术，有次朱总司令问他们操练干什么，这个儿童说："现在没有枪，用木棍操练，以后有枪发【去】打国民党反动派。"少先队和赤卫队是地方保卫武装组织，一个乡一个赤卫大队，没有枪支，用的是梭镖、大刀，少先队每天都要操练，任务是查路条，赤卫队里每日上、下午操练，还经常到叶坪由朱总司令检阅，连长到乡领口令，以便站岗、放哨。1933 年时，赤卫队以乡成立赤卫连，区成立赤卫营，县成立赤卫师。在战时，少先队和赤卫军要编入补充师，老的编入运输队。

农民是红军的来源，从 1932 年起，经常开展扩军运动。1933年红五月，中央号召"扩大一百万铁的红军"，因此，这一年扩军运动的规模很大，群众非常踊跃【地】参军。竹坊乡的少先队和赤卫队全部参加了红军，【被】评为扩军运动的模范乡。石园扩军任务原是 100 名，后超额完成 200 名，叶坪和其他各乡到处都是你劝我，我劝你，参军热烈气氛，在扩军运动初期，也有部分老表有顾虑，怕当兵。但是当时的扩军运动的宣传规模既大且深，俱乐部、妇女组织全部都动员起来了做宣传动员工作，组织串联，互相慰问，而且干部还带【领】参加，同时，在确立对象之后，马上就有耕田队去代耕，这就大大感动了父老，鼓舞了群众参军的热情，出现了不少父送子、妻送夫参军的动人场面。到 1931 年 8 月扩军运动之后，农村中的青壮年就更少了。

这个时期，在红色根据地〈方〉的边沿地区还有不少保卫战，我们乡的少先队、赤卫军和妇女、儿童组织也【上】前线支援。1932 年打李秀玲，1932 年冬打高岭，我黄沙、仰山等地的少先队、儿童、妇女、宣传队，手持梭镖、鸟铳上前线，对白军做政治宣传工作，高呼："拿枪过来，当红军，穷人不打红军，不要当豪绅地主走狗，拿枪过来有田分。"动员白军反水。

五、妇女运动的高潮，耕田队的活动，工会组织的情况

这个时期妇女运动掀起了高潮，区、乡都有专门的妇女组织和妇女干部，有妇女组长、妇女指导员，还有妇女洗衣组。当时提倡妇女平等自由，主张自由结婚，使妇女从封建制度的枷锁下解放出来，因此妇女积极起来参加各项运动，很多妇女要求参加工作，打土豪斗争中妇女也和男人一样积极坚决。妇女在扩军、优军工作中起特别大的作用，在扩军运动中，妇女串联起来，到扩军对象家中进行说服动员，并组织起来做鞋子，送给参军的人，叶坪就曾掀起一个做鞋竞赛，看谁做得多，做得好。欢送时，妇女还捐送花生、

豆子、番薯等很多小菜送给应征青年和家属。在优军运动中，妇女经常组织慰问队、洗衣组，帮助红军洗衣服，并且组织妇女做布草鞋送给红军。这个时期，妇女参加社会活动的也很经常，他们上识字班，参加俱乐部演出。

这个时期在政府的领导下，耕田队的组织到处都有，贫雇中农都要参加，耕田队经常帮助红军军烈属代耕，缺乏劳动力的干部家属也去代耕，参加耕田队的是自己带饭、带农具，红军的红军公田也是由耕田队耕种。

这个时期工会组织也有了发展，乡有工会小组，区也有工会。工会在这时的活动是动员参军，青年工人要带头，并且还在群众中宣传两人阶级的领导作用。在工会组织内还曾经发起一个节约粮食运动，每户节约 1 ~ 2 石，以种蔬菜补充。

这个时期还有反帝大同盟、革命互济会等许多组织，活动也很经常。

第三时期：地下斗争和游击战争（1934.10—1940.3）

一、红军北上后，地下组织的建立及其活动情况

1934 年 10 月，中国共产党为了挽救民族危机，毅然北上抗日，开始了史无前例的二万五千里长征，当时中央还留下了办事处，由毛泽覃、项英、邓子恢等统一领导根据地的工作。1934 年的老历十月初三，我军主动退出瑞金城，不屈不挠的瑞金人民，从此开展了艰苦的游击战争，顽强地抗击着凶恶的敌人，严重地打击了敌人，牵制了敌人的兵力，掩护了工农红军的北上，在斗争中创造了许多可歌可泣的光辉事迹。

从国民党匪军进入瑞金城开始，瑞金人民就在党的地下组织领导下，进行了艰苦的斗争，随时都在伺机打击敌人。1935 年 4 月在中央办事处刘××同志的亲自指导下，在黄沙、山崇、陈坑的马古子家里成立了党的地下支部，拥有党员毛人和等 14 人，毛人和同志为支部书记，胡仁山同志担任组织委员，胡金山同志担任宣

传委员，毛祥英同志为支部文书。1935 年 7 月，又在仰山谢长狗子家里成立了党的地下组织，有刘辉山、胡荣佳、刘国兴等同志，组织协商成立〈打〉汀瑞县委游击队，胡荣佳同志任支部书记。之后不久，地下党又在秧田、洋坊、竹坊、仰山发展了党的组织成员，分别在上述各地成立了支部，同时设立了党的总支，推选卢金山同志为党总支〈部〉书记，尹道兰为组织委员，尹振华为宣传委员，卢其瑞为总支文书，共拥有党员 24 位同志。当时党的地下支部，曾护送中央鄂、陈二位首长到太雷县地区领导游击斗争工作。在地下党的领导下，叶坪乡人民为游击队送粮，购买枪弹、军用品，通风报信，使游击队有【足够】的武装力量来打击敌人。1938 年 4 月，黄沙、仰山人民互贴标语，混〔滋〕扰敌人，协助游击队检查土豪，攻打联保办事处，帮助游击队解决经费。1939 年地下支部还领导群众搞了一次有力的反封建斗争。此外，地下支部还领导人民群众进行反派丁、抗租、抗粮的斗争。总之，在国民党反动统治下的十多【个】春秋里，党的地下组织领导叶坪人民进行了许多艰苦的斗争，狠狠地打击了敌人，鼓舞了全乡人民革命胜利的信心和决心。

二、在党领导下的游击斗争

在敌人占领了瑞金的同时，各区、乡都组织了游击队，抗击敌人，叶坪乡的青壮年男女很多参加了游击队，人民群众都把家具、衣服、粮食搬到山上藏起来，不让匪军抢去，把贵重的东西埋在地下，把锅头丢到池塘里，把风车柄拔掉，实在拿不起来的东西，则把它打烂，用这种"坚壁清野"的办法来抗击凶恶成性的国民党匪军。

参加游击战争的同志，后来加入了汀瑞县委领导下的南面山胡荣佳游击队，进行着艰苦的游击斗争。他们领导与指导了党的地下组织，同群众取得了密切的联系，得到了人民群众的大力支持和帮助，群众通过地下支部把粮食、蔬菜、食盐送到山里，代游击队购买枪弹、军用品、生活必需品，使游击队有足够的武装力量用以打击敌人。黄沙支部的地下党员胡桂山同志等就曾到群众中收买子弹，以三分、五分、一角、八分一颗买来，伪装猎人，把子弹藏在篓子底下和捆在身上送给游击队。有时 30、20 颗，有时 100、80 颗，源源不断地供应游击队，碰到有人问买了子弹做什么，桂山同志就以用桶里面的硝药打野兽骗过去了。就是以这样神不知鬼莫测的办法，不知干了多少次，使游击队有充分的子弹用以消灭敌人。

游击队的存在是敌人的"眼中钉"，以为早晚非连根拔除不可，使敌人的一举一动都要提心吊胆，然而在叶坪人民群众中却是一盏明灯，是人民群众的莫大希望，在敌人搜山"围剿"的时候，人民群众在地下党支部的领导下往往冒着生命危险，为游击队通风报信，协助游击队把紧要的山岔路口，用锋利的竹钉钉住，阻止敌人进来。

最使我们高兴敌人伤心的，是游击队的队伍，神出鬼没，早东晚西，白天隐藏在山里，晚上又回去活动，有时化整为零，有时化零为整，使敌人摸不清〔着〕头脑，始终处在被动挨打的地位，同时利用"敌进我退，敌宿我扰""声东击西、调虎离山"的战术，抓住敌人的弱点，灵活地打击敌人，使敌人无可奈何于我们。

1938 年 7 月，游击队在地下党支部和人民群众的帮助下，捉到了地主土豪尹材洋，逼使他罚款 13000 元光银。1939 年八月十二日（老历），晚上游击队又领导地下支部的同志，把癫痫岗下的恶霸地主钟腾洪逮捕了，逼使他出了 1600 元光洋，解决了游击队的经费。1940 年的老历六月初四，游击队又领导了地下的十多位同志，把作恶多端的伪联保处主任钟文林杀掉了，为人民群众除大害。所有这些游击队和人民群众的巨大胜利，使得反动派惊魂失魄，不知所措。恶霸地主钟腾洪被罚款后，使得许多农村地主晚上跑到瑞金城里住宿，白天才敢回到家里来。杀死了伪联保主任钟文林之后，使得靠山的联保办事机构撤销了。

匪军的搜山"围剿"失败后，便利用卑鄙的手段，收买了二流子邓空发伪装砍柴者，到山区来侦察游击队的行踪。1940 年老历一月初四万匪特曹队长突然领队包围了黄沙、毛屋，当时游击队的地下党支部书记毛祥英同志不幸中弹牺牲，危我山同志也因中弹受伤，未逾月死去。解放后，党为了照顾烈属与纪念光荣牺牲的革命同志，特拨了 200 多元，在毛祥英同志殉难的地址建造了一幢崭新的房子。

三、国民党反动派的残暴统治以及老革命同志的惨遭迫害

敌人进入瑞金后，一方面派出大批兵力分路"进剿"我游击队，一方面又大肆捕杀我地下革命党员、干部、革命群众，用惨无人道的十八般酷刑拷打革命同志，被活活打死或打成残废者很多。反动地【主】也进行"反攻""倒算"，骂我革命同志是"土匪"，甚至参加过少先队、儿童俱乐部的人也被咒骂为"小土匪"，被抓去坐牢、受刑，同时对参加革命同志的家产全部没收、抢光。谢美清同志因怀孕下山，生孩子不到 40 天，就被反动派抓去脱衣服严刑毒打，血流至膝，打得死去活来。新院的钟运洋同志，在九堡打游击时，因队伍冲散了，但不敢回家，逃到福建去漂流了六七年，反动派将其家产全部都没收了，连墙上的钉子也拔去了，弄得他的爱人带着一个 2 岁的婴孩无处安身，有一次，他爱人把留在家里的背心穿上，反动派就以为钟运洋同志回来了，派人到房子里、祠堂里大肆搜查。许多革命妇女和革命干部的爱人，也同样受到国民党反动【派】的残害，被捕去烧蚊条、坐牢、受"感化"，有钱的就罚钱，没有钱的就把她的丈夫抓去当兵，如娣子爱人就是这样被抓去当兵的。总之，〈在〉国民党反动派的烧杀抢掠、严刑拷打的残暴事例是说不完的、写不尽的，寅夜思之，令人谈虎色变。"日头一出又落山，工农红军上山，北山人民的幸福，南山人民苦难当"的民歌，既是瑞金人民苦难日子的反映，又是叶坪乡人民苦难日子的写照。然而，经过党和毛主席亲自教导过的叶坪乡人民的革命赤心，是国民党反动派任何手段，也不能夺去的，老革命同志在暗无天日的反动统治下，用艰苦斗争的血和汗写出了叶坪乡人民光辉的历史，如今的叶坪，又是百花争艳、万紫千红的红世界了。

省委苏区革命史料调查队叶坪公社工作组
1958 年 12 月

三、

瑞金县安治乡
民间史料综合与
人民革命斗争史料

（一）安治乡老同志座谈记录整理

1. 访问邓世宏同志记录整理

一、革命的起源和邓希平的身世

邓希平最初是得到兰夏桥的帮助，兰是城里同兴德纸行的少老板，兰夏桥爸爸是纸行的老板，兰夏桥起初是到先下洲屋，在学校里教书的，后来有新书老书之争。后来一边教新书，一边教老书，这时兰夏桥、邓家宝就开始组织活动，刘中恩、谢云鹤、邓希平、赖世璜都会经常来来往往。（赖世璜是国民党的一个军长，不受指挥的，可能是北伐军，刘中恩在他部下当过兵）刘中恩后来白天到教书的地方去玩，晚上就住在那里，兰夏桥也经常会来，先是住在谢云鹤家里，后来住在希平家里。这时杨斗文（官塘人）、谢哉书（下洲坝人）暴动前也会经常来来往往（娘山穷下的钟腾显也会来）。他们几个人一商量，就有两三天，是在邓屋的学堂里商量的。当时教老书的几个，如刘启英、刘振挑，和教新书的争小孩，说读老书有用，可以写文章，读新书要下操，没有用，家长都不愿意。结果两个学堂争了两年，后来老书学堂人就逐渐减少了。

朱军长经过瑞金以后，兰夏桥才到希平家里来的，是朱军长来过一次以后才暴动的。首先是在谢云鹤家，第二次朱军长来时，赖世明去报告捉了刘中恩、谢云鹤，杀了以后第二年就暴动。那时邓希平和朱军长（在福建）有联系，刘中恩都向我们作过个别宣传，说富的为什么发财，穷的为什么到年头都无衣无食，后就讲到一担还三箩，苦的苦到死，富的富到死。当时我们想是有道理。

邓希平小的时候〈在暴动以前，〉受了很多苦。有一次邓希平弟弟结婚向厨子借碗，散席时〈碗就〉失掉了很多碗，邓希平就到街上去买碗赔偿，同时希平还到城里去告诉姓杨的（沙洲坝人，是土豪），说希平伯伯收养了他家的一个女孩，三岁时就死了。后来姓杨的就在街上，把希平拿来拖街，拖得皮开肉腚〔绽〕，回来医了一个多月。这是最大的一次侮辱，回来时，他就说我们姓小，受人侮辱，以后都很少出门去了。

另一件事是：姓邓的（赤沙田）后屋有许多大树（后龙树），姓杨的杨家弟就硬要砍，并且说是过去出了钱的，不赔钱就硬要砍后龙树。当时没有办法就赔了100多块钱。邓希平就说我们在这里住不得了，人家什么都做得出来。当时邓希平只敢向姓杨的头子说一说（姓杨的头子有杨南欧、杨衍兵、杨瑞卿、杨世洪等），而姓杨的也只是说以后我碰到这个人一定训他一顿而已。

第三件事是：当时赖世璜收到的兵在县里没有编队的，后来说是逃跑了。其实是姓杨的搞的鬼，兵痞杨会珠就先到这里来，作为是逃在邓屋的逃兵。后来就派了100多个兵〈作为〉来抓逃兵，把老李、刘中恩、刘中焕都围起来了。邓希平和另外一个人就是派去办吃的给他们了，围起来以后吊了许多人，闹了一夜，捆到安治前来吊打，姓杨的说兵不交出来就要交枪，十多条枪，一条枪100多元，当时没有办法就赔了很多钱。当时附近的老百姓都吓得要死，都上山上躲避去了。后来邓希平出去办吃的就没有回来了，刘中恩是开枪的时候逃出去的。这件事以后，邓希平到城里请绅士吃了两次酒，都没有伸到冤。

经过这几件事，邓希平心里很愤恨了，总想找一条出路来。

二、李天富的来历

听说李天富是同朱军长下山的。下山后就在闽西龙岩到傅柏翠家里，傅柏翠家里枪支、钱都有，傅柏翠就听他的话，当时就在地方上搞。后来朱军长到别处去了，听到会白时，傅柏翠又喊来反^①，就假借闽西派来的。李天富来到瑞金大杀共产党员，在安治就杀了几百人。李天富来到〔后〕住在希平和谢云鹤家里。

三、朱军长第一次经过这里的一件事

朱军长第一次经过瑞金时，有廿多个士兵跟不到队了，跑到安治前来。当时有个曾连长和廿多个兵，有廿多支枪和一支驳壳，交给了邓希平等人。后来他们又回来了，把枪又拿回去了。当时保安团的团长是杨世昌，刚刚接任的，很听希平的话。（希平当时是刚刚毕业回来，在地方上很有威望）

四、革命的起源

希平回来办新书学堂（醒群小学），和老书学堂斗了一年多。新书胜了，后来老书就没有了，教新书的就搬到教老书的地方去了。

毕业后回来教书两三年，地方上很有声望，大家都说他读书好，当时他要钱都可以搞得到，公堂上的也肯，组织活动的时候名义上是家宝出头，实际上是杨斗文、谢栽〔哉〕书，当过兵的较懂。

杨斗文是在赖世璜部下当过兵的，赖世璜是被李烈钧搞掉的不听指挥的部队，刘中恩、谢胡丰、钟腾显都在那里当过兵。当时他们逃兵的时候，带了100多人回来，有100多支枪，就是以后暴动时用的。

五、暴动时的情况

1930年三月五日下午吃了中饭，当时杨家弟在安治前打牌（赌博），晚上吃了晚饭，希平就对杨家弟说："不要打牌了，今晚我们就要暴动，你的枪要拿出来，过去你是错了，今晚先请你讲话，只要你把枪拿出来，大家都听你的话。"（当时还用赖的办法劝他，如果要多少钱都可以，要什么官也可以）暴动时刚刚请他到上面去讲话，就开两枪打死了他。随即就有人吹军号，当时有40多条枪，缴到杨家弟4条长枪、一条短枪。当时站队的有五六个人。那天我

---

① 原文如此。

和其他三个人是到会昌的路上去找枪的，因为当时说朱军长有枪送来支援我们，那天没有找到枪，到吃饭的时候才回来。我们走到谢坊（离这里40多里）才倒回来参加暴动的。解决了杨家弟以后，就吹军号，把红旗拖到希平的厅下^①门口。人在厅里面，希平就向大家说："今晚我们要出发，大家要仔细一点，张鹤鸣、赖世明怎样害我们，今晚就要抓到他们来，替谢云鹤、刘中恩报仇！"【他】又说张鹤鸣是准备好了的，县里也知道我们暴动了。他还说，"张鹤鸣只有土炮，我们有枪，怕什么！"叫大家要注意前后左右，怕土炮会打出来〈以免〉伤到人，天亮的时候正面的就冲进去，两边的就去包围，要捉活的，不要开枪打死了。其余的人就见人不动，贫苦的人的东西不能动，只搞张鹤鸣一人一家的东西。后来张鹤鸣逃走了，但里面打了几下土炮来，我们冲进去就搞到猪、鸡，搞到吃了早饭就回来。冲的时候叫口号：贫苦人对〔和〕穷人不要慌，我们只要张鹤鸣一个人，你们不要开枪，要开枪我们的枪很多！回来以后就扎在彭口村子里，集体伙食，把附近的土豪刘中焕和大塘面的刘德富的谷子都挑出来分给大家，后来又把塘背兰屋桥下的公堂庙屋祠堂的谷子都挑出来分，没有谷子的穷人就打条子，叫人带去挑，一家挑两三担，这样挑谷搞了个把月。

后来又到城里杨永茂、杨家宗、杨家有等土豪那里去挑谷子。

政。暴动第二年成立二十四纵队时，才成立乡区苏维埃，杨苏桥、杨显元、杨金山都出来了。杨显元是当裁判部长，杨苏桥是工会会长，杨金山是带队伍的，没有文化，谢哉书做文书，刘炳心也是办公的。钟胜显就到处去看病，宋群当主席，邓希平是支部书记。

---

① 厅下，方言，"大厅、客厅"的意思。

2. 访问杨桂声（女）记录整理

一、革命起源

1930 年三月间邓希平、兰夏桥等组织暴动，白天不知道，晚上开秘密会后，当晚就插红旗，插在安治前桥上（红旗上面有斧头、镰刀），以后就把各屋有钱人家的谷子封掉，封了十多家，穷人就到那里去挑谷子。暴动开始时有二三十个人，只有几支烂枪，大多数拖梭镖。晚上暴动时杀了一个姓杨的（是县里抓来的，沙洲坝人）。

没有暴动前，（民国十六年）谢永鹤、刘中恩、邓希平、谢胡丰等就和朱总司令〈会〉接到了头（朱总司令在秋收前后经过这里）。

二、苏维埃组织情况和活动情况

1930 年三月就组织了乡部苏维埃，暴动时只有一个安治乡，以后就设立兰田、陶朱、药别①、安治前四个乡，割禾时（六月）又成立区苏维埃，设在安治前，乡苏维埃设在兰屋。1931 年正月初九配合三十五军打下瑞金城，当天下午九堡的土匪又来这里抓了许多人去杀，到 1932 年二月这里又红了，当时全城有 15 个区（陶阳、九堡、壬田等）。

前后的乡苏维埃主席有宋群、高德广、刘振毓、刘家宜、高平等。

区苏维埃主席有高平、姓曾的（兰田人）、刘辉山等。

苏维埃在这里有五年，反动派来烧过五次，是老欧子的军队带来烧的。当时是分青苗，每个人分七担多（约二亩），按人口分，没有划分阶级，第二年，肃反停止后组织了贫农团，又分田，把好坏田搭配（地主分坏田）。

---

① 原文如此。

三、党的情况

每乡有一个党支部。我入党的时候是两个人介绍的，一个是支部书记钟先航，填表时问了很多事情：妈妈家里的情况，家里和亲戚的情况，有没有牺牲个人的决心，有没有保守秘密的决心。当时和我入党的有十多个人，是在崇上宣誓的，党费每个月四五个铜板。在我没有入党前，就有人对我说我对革命有了认识，问我有没有牺牲个人的决心，向我宣传革命的道理。

四、工、农、青、妇的工作（少先队、儿童团的工作）

我在县委当妇女部长时，专门下去做扩大红军的工作，宣传妇女做布鞋、草鞋，发动妇女募捐慰劳红军。当时工作是晚上，一到就开会分工，我和区委妇女部长搞几个乡，当时妇女白天搞生产，晚上做鞋，同时叫妇女募捐、扩大一百万铁的红军，将募捐来的钱买手巾、茶缸，整排整排送到县里去。县委会扎在凤岗乡。

当时我是这样宣传的：过去共产党没有来的时候，大家无吃无穿，现在有了共产党，大家有吃有穿，要保障分田的胜利，就要到前方去。向工人宣传八小时工作制，打倒工头老板的剥削。

儿童团的人都到学校学习。儿童团做搞卫生和扩大红军的宣传工作。有的人家家里很脏的，就由儿童团书记常去耻笑他们。有的不愿当红军的，就有儿童团的人跟在他背后唱歌宣传，一直到他参军为止。少先队站岗放哨、查路条（注：这个范围的人都有路条，地主富农没有），没有路条的就抓起来。

五、经济生活情况

暴动时在城里还可以买得到东西，后来就封闭了，就组织合作社，熬壁上的硝盐，入了股金的每天可以买到一小包盐，天天有卖，布也是入了股的人才买得到，一个人可以剪4尺（地主富农不能入股）。

六、游击队的活动

红军北上以后，我上了山，到1934年十、十一、十二月在药别做工作，动员把梭镖集中起来打游击，反动派在安治前【驻】

扎，有联保办事处。我们专门晚上来扰乱反动派，抓了五六个人杀了，有周其谭、刘家宜（是乡长，后来叛变了，开群众大会斗争后杀的）、刘家福、姓高的、周振清等。

十二月还在兰田长布打了一仗。

3. 访问廖昌彬记录整理

邓家宝、杨在昌是暴动时的头子（以前的情况我不知道），红的时候我在三十五军当兵，回来当赤卫军的排长，后调县军事部学习了几个月，又调回来当赤卫排的排长（当时是扩大百万铁【的】红军的时候）。

但是编了两个部队，一个赤卫军，一个游击队。游击队出去，一排有时多个人（有三个班），我们三十五军从于都、兴国来，打下了瑞金，驻扎了三个月又到转于都、兴国去，当时一下子白旗插上，一下子红旗插上，年月我就忘记了。

我当时是分到去保卫瑞金县城的，无战事就回家搞农业生产，一遇有战事就自己带米去。我们驻扎在南门岗一带，在瑞金县打过三四次，都是和九堡人打。

4. 访问顾国林记录整理

顾国林，希平大队"三五"春耕场场长，已复党。

军。1930 年三月五日暴动，这个春耕场的名字，就是纪念这个暴动日的。

邓希平的父亲是在暴动前一年死的。

暴动时只有三四根枪。

我开初当乡代表，后当了乡委员。1931 年在乡当文书。1932年调桃阳区当工农检察委员。1933 年五月红军归队运动，我带人上了前线。红军北上时，我在长征路上负伤回来。

我乡文书兼乡主席是钟志信。

开始成立桃黄区，与桃阳、黄沙合并，区苏扎在斧头咀，后又分开，这里就叫桃阳区。

1930 年三月暴动，五、六月就开始分田。

政。桃阳区，当时有安治、陶朱、兰田、箸别（黄鳝）、靠岭、黄（王）白等六个乡。当时的区苏主席林光柱，支书曾荣昌，县书是胡荣佳。

我负伤回来，当时烧了很多房子，但大家都很坚决，还是要共产党（意即跟到 [1] 共产党）。

5. 访问蓝胜辉、蓝胜海记录整理

一、革命的起源

党。民国十六七年的时候，邓家宝、刘中恩、钟腾贤就到各屋去宣传，打土豪、分田地、抗租抗债，欠了债的不要还，挑谷不要钱，自由婚姻，说共产党好。当时我们兰屋只有五六个较穷的人知道，那时还到塘背、赤沙田、田坑一带去做秘密宣传。当时在醒群小学教书的有邓家宝、谢永鹤。当时醒群小学贴的标语是："打倒土豪劣绅！""打倒帝国主义！""打倒不做事的游民！"

军。在安治前桥上插红旗三天以后的一个天蒙蒙亮的早晨，就集合打县城。到吃早饭以后就到了县城，瑞金县长早就跑了。我们就扎在南门岗、谢家祠，扎了十多天。当时暴动时正式游击队有100 多人，有 12 支枪。从会昌朱军长那里领来的 8 条枪，自己有

---

[1] 跟到，方言，意思是"跟着"。

4 条枪，其余三四百是群众提梭镖的，合起来大概有五六百人。我们在谢家祠住了两三天之后，杨斗文也带了两三百人来。

政。从前清光绪皇帝直到国民党时期这里叫桃阳隘，分 12 甲，每甲有一个地保，有事就投地保，有落下甲（包括今兰屋、平玉、赤沙田、桥下）、塔毕甲、黄先甲、药别甲、田坑甲、两坑甲、黄坑甲、陶朱甲、陈坑甲、山崇甲、兰田甲。暴动时 12 甲都来了人。

二、苏维埃成立后的情况

政。暴动以后就在老兰屋成立乡苏维埃，主席谢永桥（当了一年），宋群接，后又钟循才接。

土。成立乡苏维埃以后，就分青田〔苗〕，每人大约可分 8 担到 10 担谷田。第二次分田是肃反后，1933 年查田、查阶级。当时贫农团主任高平（高得坚）。

兰世海在苏区时历任少先队队长、乡团支书、陶黄区队长、少共乡书记。

三、少共的组织系统

中共少共局、少共省委、少共县委、少共区委、少共乡支部（支部设宣传干事、组织干事、妇女干事）。各村有分支部书记，分支部下有小组长，23 岁以下是团员又是积极分子的可以兼党，到 24 岁是团员又是积极分子的可以转党。当时号召团员在生产、战斗上都要起模范带头作用，肃反以后党团员都公开了。

6. 访问顾宗训同志记录整理

一、革命起源和武装斗争的情况

军①。民国十九年（1930）三月初四夜在邓家宝开会，各屋都有人去。随即就集合在安治前，打死了杨家弟以后，就打山下张屋的土豪，把缴来的东西分给穷人。当时有十多条枪，枪是先下、赤沙田来的，刘中恩、谢永鹤也去当过兵的地方拖了枪回来。后来在这里打了一个多月的土豪，就去打瑞金城。当时每个屋场都要插红旗。一天亮就要插起来，有人来检查。后来和杨斗文秘密约好打瑞金城。因为他们来迟了，所以没有打成。第二次在割禾苗子，又打了一次。第三次是在八月廿以后打的，我们天天叫兰夏桥有队伍来，国民党的探子探得兰夏桥没有来，就来烧屋，烧了五次，由安治前烧到陶朱。我们就到山上去躲，由竹园顶祭、南头陂、斧头咀来了几千人，大小都来了。当时斧头咀来的人说："你们不要怕，我们也是被他们赶来的。"原来是红的，后来白了的地方，所以他们放火也没有那么凶。

军②。暴动一年多，我就参加游击队。后来编入红色警卫营，回来当乡赤卫军委员，后来又入模范营，红军北上抗日时模范营就开到前方去抗日。我是第九军团罗炳辉部下的，走到福建定州，离福州30多里的地方，瑞金打电报叫我们回来。当时我们和国民党的军队面对山上来叫，叫他们"联合起来打倒日本帝国主义！中国人不打中国人！"。在那里负伤回到家里，以后国民党发黄徽章给我们，领发黄徽章时，要勒索一笔钱，少的一元，多的几十元。国民党当时的乡长刘炳才说我们这里死红，连屋脚都红了，说安治乡人种都要换过。

二、保卫瑞金城的斗争

1931 年我们游击队经常守在县里的，当时苏维埃政府经常搬动，最初是在安治前，后来搬到城里。城里又有九堡山岗的红军来打。他们一打我们就躲避一下，一走又回去工作。他们不敢扎在县城里的。第二年正月十几的时候，我们罗炳辉领导的九军团在黄埠头桥上将白狗子和地方土豪的军队用机关枪扫了一顿，以后又在那里扎了一个多月。从此以后，瑞金城就较安全了。当时缴到八九十条枪。

7. 访问邓世宫记录整理

后杨淑英也来了。

一、邓希平事迹和家世

邓希平家里很苦，最初只有一间屋，吃不到三餐饭，吃稀粥，有时晚上就没有东西吃。当时邓屋是小姓，又受人欺骗〔压〕。公堂上就缴他读书，读出头来免受人家的欺负。【他】是在赣州中学读书的。春天〈就要将〉棉被押了来，回家搞到钱以后再去。

邓希平父亲邓昌河（邓昌河有三兄弟：昌庚、昌琦），是肩挑劳动为主，是挑漕里的毛边纸到城里去的（挑一担工钱是一角七），附带还租了一点田来耕。母亲做酒和做豆腐干卖，另外还有一个姐姐、两个妹妹，一个家里名下的童养媳。家里弟弟叫邓家蓬，小时候被稀粥烫坏了手，拿镰刀都用左手拿。

邓家宝人很聪明，会读书，平时很少说话，所以公堂上出钱缴他【读书】。

民国十一二年的时候，从赣州中学（初中）毕业回来，在醒群小学教书，教了两年。民国十三、十四年的时候杨斗文经常来家宝家里。很多书友经常来来往往，谈些什么我们就不晓得。民国十八年（1929）捉刘中恩的时候，在城里没有捉住邓家宝，民国十八年六月以后就见不到家宝的面了。他逃到他舅舅家里去了（舅舅在兰田，名叫邱作顺）。

兰夏桥是闽西上杭人，很瘦，背有点驼。他从福建闽西来的，是住在兰田邱作顺家里。邓希平是在舅舅邱作顺家里认识兰夏桥的。有时兰夏桥来了，邱作顺就回来，叫邓希平去兰田。

鄢寰是【民国】十五六年才来的，住在家宝家里，是朱军长经过这里以后才有的。到兰夏桥来了以后就不见鄢寰了，鄢寰人不高不矮，很胖，满面胡子。

民国□年肃反时，家宝【和他的】弟弟和母亲都被杀了。姐姐也捉去吊了。后来从埋了的地方挖起认出是邓希平的尸首（同时枪毙的有三人），是城里一个叫非田华（女）的赐一副棺材埋的，现在不知道埋在哪里。

姐姐现住在竹山下（她的儿子叫陈发子），妹妹一个在黄埠头，黄埠头的妹妹知道家宝的家事，归叶坪乡管，另一个妹妹在黄白。

8. 访问胡继未（刘忠恩①的妻子）记录整理

一、革命起源

刘忠恩家里生活是很苦的，他的父亲是种田，母亲是个长工，现在只剩下一个儿子，叫刘元元，一个女儿，叫刘景云。

刘忠恩自幼读书，在开志学堂高小毕业，后来因为家中无钱，准备去宁都读书也没有去成。在读书期间，他和邓家保、谢云鹤、杨斗文、杨金山、钟腾贺、曾赵生等人结拜过兄弟。

忠恩【民国】十四年（1925）出去当兵，在福建兰玉田部下，后来当到了营附〔副〕。除他外，还有杨斗文（连长）、谢云鹤（排长）、钟腾贤也是当兵的，他学了医。到民国十五年（1926）春，因意见不合以及家里生活困难（因为在读书时把田卖掉），这样就在【民国】十五年春从福建回到家里来了。

忠恩去当兵的这伙人，是一同回来的。同时，还带回了一部分枪，埋在我们家的屋后，数字我不知道。

忠恩他们回来后，就和家保、斗文、金山、云鹤、腾贤他们在一起。不久，他们就进了兰田，大约在【民国】十五年四月间。

兰夏桥是闽西派来的，他落在兰田邱作顺家里。邱作顺也参加

---

① 刘忠恩，疑与前文"刘中恩"为同一人。后同。

党的组织。邱作顺是邓希平的舅舅，因而他们之间经常来往。兰夏桥一到兰田来，邱作顺就来赤沙田通知希平，希平就进兰田。后来这种联系，刘忠恩、谢云鹤、杨斗文他们也加入了。这其中有些什么样活动，我不知道。

杨金山，壬田人，又叫蛮大，30岁上下，不长不矮，身体胖胖的，脸上常带笑。记得他被捉时，还在我肩口拍拍："同志，好安心工作。"

【民国】十八年（1929）间，刘忠恩他们搞秘密工作，被一个在纸棚做纸的工人知道，后来他走漏消息，被靖卫团团长赖世铭知道，赖就向县里报告，来屋搜查几次，结果刘忠恩在城【里】被捕，当晚谢云鹤在家口〔里〕被捕。

民国十八年六月，刘忠恩在城被【里】国民党杀害了。同时牺牲的还有谢云鹤（被捕的第九天牺牲）。

邓希平是和刘忠恩同进城，刘忠恩走前边，在前面被捕，邓希平即逃回来，连夜逃走了。钟腾贤也被捕，但不久就放回来了。

刘忠恩和谢云鹤是书友，同【时】又是亲戚，谢的女儿给忠恩的儿子做妻子。

鄢寰，又名鄢一〔日〕新，我是在暴动时看到他的。

9. 访问刘起坤记录整理

一、革命的起源

民国十九年三月初五在安治前桥上插红旗暴动，当时集合的枪支是公堂里的，约有4支。杨家弟有2支长枪、1支短枪，他是一个二流子，以前回到古城去打枪。因为他不愿革命，所以当晚就议定首先要解决他，把他的枪缴下来。打死了杨家弟以后，就到黄沙筑钟屋打土豪，抓到一个姓钟的土豪，搞到1000多个光洋，缴到一些土炮、土枪，参加的人有200多，是邓希平、谢胡丰带队的，缴到的东西都分给较穷的群众。后来各地的人就来这里接头，有周昌仁、杨斗文、杨金山，我们又去帮助他们缴了各地土豪的枪来。

安治前暴动后十多天，就在兰屋成立了乡苏维埃，在安治前成立区苏维埃。后来又在邓家宝家里暴动，规模更大，有廿多条枪，没收了竹园顶背人的木排。

二、关于五次烧房子的事

民国十九年八月烧房屋，是钟运标、杨家同（当时靖卫团团长）来烧的。来了五次，前后有一个月，有几千人，从安治前阳光背到挑旦杭〔坑〕廿多里都烧光了。后来我们这里老的和妇女就搭茅棚。第二年春天连谷种都很困难。1930 年正月，三十五军军长邓日光搞到几十条耕牛分给群众，保证春耕生产。男的就组织游击队，最后这次来的人最多。我们都逃到山上去，当时抓了很多人去，抓到的人要强迫吃死尸的肉，捡石灰来吃。

三、武装斗争

烧了房屋以后，就没有什么事了。毛主席就说瑞金是模范县。活捉张辉瓒，是四军团和三军团去打的。当时藩〔番〕号为一、三、五、七、九。"扩大一百万铁的红军"，到兴国黄陂缴下来几个师。后来宁都又围了三个月，围到一团人，缴下他们的枪，后来就经常攻福建、广东军，1932 年打了这些地方：建宁、泰宁、永安、沙县、清流、上杭、白沙、南洋、曲县、土坑、赖坑。打沙县时缴到一万多支枪，当时我们这里有一个兵工厂，设在九堡土头江面。1933 年解放漳州，有缴到一万多支枪。我在三十五军带了花，在福建战斗 40 余天，国民党上面用飞机，下面用碉堡，中央就下令我们撤退，地方留下主要干部组织游击队，我们就开始抗日了。

四、与赖士中 [①] 作战的情况

1932 年五月我们驻扎在合龙士〔圩〕，田新光这个土豪的部队就去叫张鹤鸣来，他们合起来包围游击队，因为天气下雨，我们的

---

① 原文如此。

哨兵没有看到他们来了，所以没有准备，牺牲了80多人。

第二次在壬田打，是地方上的贫雇农先来报告消息的。当时卫戌司令部的师长是邓家宝，中共负责人是杨斗文兼【任】，说赖士中今晚会来，我们就把队伍散开了，反动派以为我们还在里面住，一齐走进去。结果我们四周围拢来，赖士中一个都没有逃掉。赖士中的头在县城大桥上挂了20多天。缴到300多支枪，这时并地方的就有1000多支枪了。各游击队都有100多支枪了，自此以后势力就大起来了。

五、1932—1933年武装斗争的简况

解决了赖士中后，就去打沙汀、古城、士都、九堡（钟运标）、白鹅、沙心、万田、西江、壬田、黄伯陈查①、日东、沿江，我们是由司令部分工包干去打的，打得最大的地方是陈刘②一仗，打迎化、建宁、沙县、永安时也比较激烈，有的地方打了一个多星期。有一次我们九天都没有吃饭，只是每个人身上带炒米和炒盐，加冷水吃。在福建打了40多天以后，我们就从温方北上抗日去了。我负了伤就回到瑞金独立营当连长。

六、游击队的情况

瑞金被国民党占去以后，我们这里就分了河东、河西打游击，河东汀瑞县委胡荣佳，队长是周老三，河西是钟德信为大队长。支部书记鄢日祥。当时国民党联保办事处组织义勇队（后转为联保），捉到我们参加过红军的就要带黄徽章，视为"改过自新"，还要没收家产，被打得半死不活，有的打了几天以后就死的也不少。

七、1936年以后的情况

我是1936年六月到家的。国民党统治时期，要抓兵，要揍〔凑〕保仓，卖兵役，搞乡丁的食米，要造产，又要鹅，要鸡、鸭。老百姓心里想着共产党回来才好。

---

① 原文如此。
② 原文如此。

游击队打联保办事处是经常的，白天打听好情况，找好当地可靠的老乡带路，晚上就做狗爬得去打。背上放马刀，身上带弹药，先用马刀解决哨兵，然后进联保办事处去捉活的（顽固的当场就杀），捉回去以后进行教育，好的就放他回来做宣传工作，不好的就杀掉。我们放回来的是为了以后和联保办事处打仗时，他们向天放枪，士兵不打士兵，对我们有利。

白了以后我们这里还有地下支部，按照日期在山上开会，开会主要讨论欧阳江来"清剿"我们的对策，汀瑞县委叫我们要做优秀党员。听到消息要到汀瑞县委那里去报告，不管白天黑夜，落日〔雨〕天晴都要去。粮食都是我们秘密送去的。当时第三保的一个仓库里的谷子，我们全部挑出来，换回谷壳去，然后放一把火烧掉仓库，国民党来调查时就说是失火烧掉的。因为有谷壳灰作证。当时刘辉山是第三保的保长，晚上运谷，白天就当保长。我们这个地下支部的负责人是谢罗旋、温朝期，我当时是管汀瑞县委的粮食的，刘辉山和我经常会到汀瑞县委去报告现在的情况。在路上做有记号，遇到有什么情况时，汀瑞县委的办公处就要经常转移，那时那里有80多个人。当时负责的人有周老三、曾玉成、谢罗旋、鄢道龙、陈塘球等。

八、成立苏维埃以后的情况（工、农、青、妇的工作情况）

【民国】十九年成立苏维埃以后就分青苗，每人有8—10担，当时这里有十多家地主，十多家富农。地富是分坏田，白天为红军家属作田，晚上作自己的田，要向地富写款。顽固的地富，当地苏维埃裁办〔判〕部可以裁判他。首先是由贫农团组织监察流氓地痞、吃大烟的、坏人〈的〉，贫农团议决报告工农检察部，调整后再报告裁判部，就可以判决了。要枪决的就可以当地枪决。

优待红军家属，以后雇农工会就取消了，以前雇农工会是管请长工、肩挑之事的，要先问雇农工会，由它派谁去，不久以后就没有这个组织了。

赤卫军晚上放哨，少先队白天放哨，有坏人少先队去抓。儿童团主要念书，遇到人家讨亲，要用旧的一套时，儿童团就去笑他们，遇到丧事用迷信太浪费。儿童团也会去做宣传工作，叫他们不要迷信浪费钱财。

钟运标是九堡靖卫团团长，有四五十个人，我们后来用炮洞〔轰〕倒了他们的土围子（即碉堡）。

壬田的土豪很多，消灭赖士中以后，又消灭马营长的300多人，他们是从福建来的。

红色警卫营：是由杨金山、杨斗文、周昌仁三个大队改编成的。

卫戍司令部：主要是管打路条、清查投敌叛变的，凡查到假的路条就由这里来办。

国家政治保卫局：是站岗放哨的，捉到坏人就交到这里去，它是由各队调来比较可靠的人组织而成的，专门镇压坏人。

当时的情况是由暴动队、赤卫军（少先队、儿童团、妇女会）【组成】，后来三个大队编为红色警卫营，后又编为二十四纵队，攻打赣州，未成。

10. 访问谢云宾记录整理

一、革命起源和发展组织的情况

民国十七（1928）年三月，兰夏桥到这里来做地下秘密工作（从福建古城来），首先是住在兰田邱作顺家里。邱作顺是挑纸到古城去卖的纸客子，由别人介绍认识了兰夏桥的。兰夏桥来邓希平家里，邓希平又会叫谢云鹤去。当时我哥哥谢云鹤就有文化，经常晚上他们谈天谈到深夜。谢云鹤、谢云鹏、谢云宾是三兄弟。到五月的时候，兰【夏桥】和云鹤就会到处走了。五月五日端午节时兰夏桥在我家过节，我哥哥经常对我说他是卖鸦片的。到十月我们大家吃饭时，哥哥云鹤就叫我饭后去请到欧阳高、危敬生（是同屋场最穷的两个人），一同到楼上去谈天。兰夏桥首先问我家里多少人吃饭，田是租来的还是自己的。我就说是租来的。他说租来的要不要租谷，我说要。他就说交了租谷自己不是没有吃了吗，我说是。他就说有没有办法，你不想办法过好一点吗？我说是，无办法想呀。他就说，"我有办法借债不要还，不要交租谷。"他就拿开包布，很多红本子，告诉我加入共产党就有出路。当时就填党证，【我】改名谢适中，他告诉我一个人串联三个，三个人串联九个，自己可以去发展党员，越穷越好，挑担的、雇农是第一号的，就在【民国】十七年我们这里就发展了一百多个人，都是填了表的。

　　【民国】十八年六月十一日谢永鹤被抓，在这以前，城里的土豪说我们这里很多"土匪"（污蔑之语），景焕廷的部队就开了一连人来，从【民国】十八年四、五两个多月的时间都在这里放哨，后来就撤了哨，空了十多天没有来放哨。城里也没有消息说会来这里。在六月十一日晚上谢云鹤和谢云鹏两兄弟都在安治前河边钓鱼。正在从路上回来时，邓希平看见了，就叫邓世贵（是土豪，鸦片烟鬼）赶快去告诉他们今晚要走开。结果这个鸦片烟鬼没有来叫。等到回来刚睡一觉，听见狗叫，谢云鹏就起床往屋后的山上跑，但在半山腰上被捉到了。当时同时捉到的有十多个人，一个个点名字，没有名字的就放掉了。当时是赖世民派人来抓的，是同屋场的谢云挑在东山学堂读书时去报告的。赖世民问谢云挑，谢永鹤家住在哪里，谢云挑就说我们是同一屋场的人，以后就叫肖老总和杨德标和谢云挑交朋友，结拜兄弟，肖老总和杨德标头一天来谢云挑家里，第二天晚上就来了捉人，所以是谢云挑去报信的，谢云挑家里是有钱的。与谢云鹤抓去的同一天的白天，刘中恩在瑞金城大桥上也被抓去了。邓家宝逃跑了，没有被抓到。谢云鹤、刘中恩是在六月十八日被害的。

　　他们牺牲后，就由邓希平执行了。兰夏桥从寻乌在【民国】十九年二月廿八日就写来一封信在〔到〕我家，是写给邓希平和谢云宾的，叫我们要做好 60 个红手套和 2 面红旗准备好。当时我们就去借线剪布，在我家做的。信上还说初二夜晚兰夏桥就带 20 多条枪来，（寻乌先暴动）叫我们去接。初二夜晚兰夏桥到了这里。初三夜晚就在邓家宝家里开秘密会，参加的有杨世昌、刘兴金、邓希朋、谢云鹏、邓云数、谢崇贤、谢云肃、邱易高、危敬生、谢云宾等人。这次开会主要是说解决杨家弟的问题和到张屋去打土豪的事。开完秘密会后就暴动。当时有200多人参加，有9条长枪，兰夏桥带来18条长枪后〔和〕6支短枪，合起来大概有30多条枪。

安治前这次暴动打死杨家弟，开枪的是谢云鹏和邓家如。杨家弟是靖卫团的，沙洲坝杨屋人，经常到福建一带去打枪，过去在国民党当过靖卫团的连长，带着他老婆住在岗上，住了七八年。暴动那天，希平叫我们去叫他来安治前有话说，他当时就把枪交给谢云数、八斗子、邓家如，结果这些人都是我们的。所以当晚就在安治前枪毙了他。当时就整好队伍到张鹤鸣家里去打。（他是靖卫团的书记，是杀过谢云鹏的）他本人跑掉了，一直到天亮就打开了他的土围子，烧了土围子，牵了牛和杀了猪回来大家吃。

我们这里【民国】十九年二月二十八【日】就写了公事到杨斗文、周昌仁、邓家如的家里，叫他们准备好。三月初九攻瑞金城。二月三十夜晚杨斗文、周昌仁、邓家如就来到这里。三月初九我们先到瑞金城，周昌仁、李生保（是瑞金城郊的）、杨金山等将土豪的枪缴来，也都带了队伍来，那时共有1000多支枪了。当时就编三个支队。

我们在瑞金城住了几天。三月十二、十三日就回来，是一部分一部分回来的。回来就成立苏维埃，烧田契、文契，到处打土豪，打黄埠头的打了很久，开到武阳打石屋、彭屋一带，在高围头打土豪，集中100多支枪，我们有损失，后来就回来打九堡，后调我在县里做了一个多月，又调到黄埠头做探子。

邓希平的母亲是我的姑姑。

谢云鹤在宁都高小毕业后在赣州师范读书，家宝在瑞金东山学堂高小毕业以后，也在赣州读书。刘中恩、谢云鹤、杨斗文、杨金山、钟腾显都在兰玉田那里当过兵（兰玉田是粤军），他们都当了一年兵（当时兰玉田是支队司令，即师长）。刘中恩是当营长，钟腾显是当副连长，杨金山、杨斗文都是当连长，钟腾显会做医生。

邱作顺是挑纸去古城的，会行地理，是读书人。

二、红军北上抗日以后的地下游击队的活动情况

北上抗日以后，刘国兴、胡荣佳、钟民就编为三个大队，钟民河东，刘国兴河西。当时我们是做地下工作的，白天替国民党做事，晚上就运粮食、油盐、衣服、手电筒、手巾到汀瑞县委那里去。当时我们想了许多办法，规定一个党员30斤谷，后来我们就开第三保的保仓，保仓委员是富农，他睡的地方和仓库距离很远。我们就乘夜晚去把谷仓和〔的〕谷都挑出来。挑到刘辉山家里，做成米送到汀瑞县委去。然后挑回谷壳去，放一把火烧掉了。后来县里来查就有谷壳灰，后来要富农赔这十多担谷子。我当乡长时（民国二十九年），当时安治六个保中有五个保是共产党员当保长的，只第一保（安治前）不是，因为那里是联保办事处的所在地。第二保是刘奇山当保长兼地下支部书记，第三保（陶朱）保长刘辉山兼地下支部书记，还有陈非平。第四保赖远金、赖玉昆（兰田）为保长和地下支书，第五保林光柱为支部书记。（第六保忘记了）我们做地下工作直到解放。

三、关于李天富的情况

李天富在民国十七年三月初二晚上与兰夏桥一起来到这里来的，是闽西派来的特派员。后来，兰夏桥到于都、兴国去了，只剩李天富一人在这里。李天富是胡伯吹派来的，胡伯吹是闽西的百万家财的大地主。当时财产都公开了，后来陈济棠勾结胡伯吹。胡伯吹以30万银子勾结李天富，收买他，公文还是写的李天富是特派员（粤闽赣的）。李天富来杀了许多人，邓希平被拘留后，就派了一个女的特派员，查清李天富是专门杀共产党的，抓希平时是假借他去寻乌开会，在路上（大柏地）拘留的。我们这里还以为他去开会了。后来才知道被李天富捉走了。

11. 访问邓俊英等同志记录

座谈内容：历任的革命起源和发展

出席人员：邓俊英，党员，配料厂厂长；邓良浴，党员，乡人民代表；张顺彬，党员，大队保管员。

一、革命起源

党①八一起义军第二次路过瑞金时，走我们附近过，沿路插了很多标语："打土豪、分田地""万户欠我钱，千户不管闻，百户跟我走，月月八元钱"。我们村有很多人去看，大家也非常兴奋。给人民群众留下了很深的影响。

历任村【民国】十八年二月，当时有贫苦农民刘金标、杨家标、刘世仪三人经常去福建长汀四都一带做小生意，受闽西革命影响，这期间与安治赤沙田邓家宝认识，开始了革命活动。他们经常活动还是在山内安治一带，有时也潜回村内，晚上做些宣传工作。

邓家宝在安治领导群众暴动和攻打县城的胜利，给〈历任〉群众影响很大，刘金标、杨家标、刘世仪等革命同志，四月后和邓家宝取得联系，带回来100农民协会的红旗和1个农民协会的章子，并经过进一步准备后，在四月初七日在历任庙门口插上了红旗，当时就有贫苦农民李兴发、李春章、李春陶等20多人参加。

军①插红旗后，为了扩大影响，他们做了四桩事：1. 成立武装，当时全部是梭镖、鸟铳，并起了伙食；2. 以借伙食钱为名，向本村大户人家筹款，如杨衍庆、李春泽等大户，每户都是几十块；3. 瑞金城大户车行老板朱开兴从赣州办了一船货（日用、布匹、杂货等）过茶亭角地方，刘金彪带领武装十多个人，封了船，把押货人带上岸，筹款1000多毫子，始把船和人放走；4. 在下肖林打了一家大土豪——杨九香，带四十几只木箱，内中全是衣服，在历任召开群众大会，把衣服分给贫苦群众。

上面的几件事，都是在插起红旗后，四月份做的。自此，群众大为振奋，贫苦农民全村都参加了农民协会，并在五月进行选举，正式成立农民协会，选举主席李存何。

二、苏维埃时期

县政。1930年五月各地相继起义，如凤岗、南山岗、湖岭背、石水湾、武阳、谢坊。历任在这附近一片红的。这期间，县苏维埃成立，邓家宝当选为县苏主席。

政。历任农协会成立第一桩事（当时没有村苏维埃），就是全部抽回田契、债契、屋契、借条等，集中烧毁，宣布作新〔废〕。当时村内有钱的大户只有三户，因没有武装，也不敢反抗，怕被杀。

第二件事，成立组织，16—23岁成立少先队，24—30岁成立赤卫军，少先队有红布领带，赤卫军有红布袖章。

土。1930年六月间，历任不分阶级，按人口计算，每人三亩半分了青苗。分给谁，就由谁割禾。分的方法，以原耕为主，抽多补少，好坏搭配。

历任当时有1720人口，合计有4300多亩（原来的田亩比现在的田亩小，大约是8~10之比），全村有3户地主，10户富农，20多户中农，其他贫雇农317户，合计是350户。

分田时组织了贫农团，是以村为单位成立的。分田的工作是由贫农团主持的。贫农团有主任1人，委员6人。在贫农团下面有组长。少先队和赤卫军也协助工作。

政。1930年六月成立了南郊苏维埃乡政府，主席为邱昌德。历任村属南郊苏维埃乡政府管辖。

军①分田以后，组织了少先队、赤卫军，共有500多人，赤卫军队长是李存陶。

武装成立以后，和其他地方武装一起，出发打土过九堡、朱湾，敌人是欧阳江。

八月十四日，九堡钟运标和欧阳江联合进攻苏区，有枪，也带了群众（拿梭镖）共有一万多人。当时南郊政府由圆岗立即迁移到山崇。历任反动派李春泽组织靖卫团，李春泽自任团长，副团长杨家芳。村口插了国民党的党旗。

白军来了以后，又要交租，不过按原的减少了 30%，要交的70%，民团收 25%，地主收 45%。

军② 1931 年正月初三，红军三十五军自吉安打到瑞金，三十五军警经任〔历〕任去安治，初五从安治转回来，又打到瑞金。这时县苏维埃迁往历任村。初七欧阳江又反攻，李春泽靖卫团又回到历任村来。

军② 1931 年二月，杨金山带游击队 300 多人，从兴国跑来，把欧阳江赶回九堡。接着，杨金山带我们历任赤卫军又去打九堡。欧阳江退回西江，又打到西江，欧阳江退回会昌。

第二次进行了分田，还是分青苗。分的原因，因白军回来过一次。

白军过来，首先，没收革命干部的家产；第二，残杀、吊打革命干部，干部不在就打家属；第三，自由婚姻的双方要罚款。

1931 年二月杨金山打回来后，政权一直到红军北上。

进行军事训练：少先队、模范少队、赤卫军、模范营，天天下操。

支援前方：组织担架上前方，到过福建的建宁、漳州、沙县，江西到过广昌、南丰。运粮队，运粮上前方。

政。妇女在后方，除了搞生产外，还搞募捐活动，晚上就做鞋工，以及晒干菜送到前方。

扩红运动：1931 年第一次上前方 18 人。1932 年第二次上前方60 多人。1933 年第三次，〈全部〉少先队、模范少队、赤卫军、模范营全部上前方。1933 年十二月第四次，归队运动，共 60 多人。

1932 年二月间，历任村由南郊划出，改为历任乡，属下肖区苏维埃营。乡主席张顺彬，直到 1933 年四月止。1933 年四月后，向主席胡长慰，直到北上。

军③ 1934 年十月初十日，国民党三十六师、十师，进驻瑞金。

我们在敌人来以前，即九月十二、【十】三日就开始编游击队，当时乡按一个区一个连，一个乡一个排，我们历任乡编为一个排，共 37 人，属城关区军事部指挥，连长是刘元萍，排长邓良浴。乡苏维埃也搬进安治山里去了。

土。查田运动和分阶级情况：查田运动的目的，主要是查阶级，查富农的黑田、黑账。当时是这样，如果查出来了就升级，富农升地主。分的标准大概是这样：

地主：家庭人口不多，劳动雇工，有田几十亩，放高利贷。

富农：土地比地主少一些，20 多亩，自己劳动一部分，放债，但利息不太高。

中农：有农具，几亩田，自己作，不借贷或稍有剥削。

贫农：田少或没有，欠债，农具少，没有耕牛。

除了查阶级，田亩按甲、乙、丙三等调整。

政。文化教育：历任乡有三个村小，三个老师，学生每校约 30 多人。

读书不要钱，书也是公家发的。老师有伙食吃，没有工薪。

老年人上识字班，不识字的人也要上。

文化方面；有俱乐部的活动，唱歌活动人人要参加，演戏、跳舞只是演员搞。

政。生产：耕田队，男人多，女的帮助做男活，烧水、挑水、洗衣，以及帮助红军家属，他是吃自己的饭。

当时，一亩田打谷 300～400 斤，一般 300 多斤。除了耕田队，区没有其他生产组织，因为当时主要劳力都上了前线。

政。财经：二亩半田要土地税 40 多斤谷。乡里办了合作社，但布匹和盐缺乏，其他东西村有卖。合作社是集股兴办的，人多多出几股，人少少出几股。

12. 访问刘金山同志记录整理

革命前安治乡人民受剥削、受压迫最痛苦，没有饭吃，没有衣穿。1927 年八一起义后，朱总司令经过红林区到上杭时，唱的红军歌："万富〔户〕欠我钱，千户不管闲，百户跟我走，月月八块钱。"谢云学等听了这歌后，号召人民打土豪分田地。

1929 年五月谢云学、邓希平、兰夏桥、刘忠恩等做秘密工作，在岭崇开会，研究如何打土豪分田地，兰夏桥还带了百多个毫子作为资金。九月组织了 50 多人到乡里，十二月又开了一次会。

1930 年正月发动了暴动，做了一面农协会的旗子。二月把红旗插在背坪岗上，号召与地主恶霸坚持斗争到底。三月四日我们集中力量打林星区土豪汤日兰。三月十二日到红林打土豪骆立有，担了其百多担谷子，杀了一头猪。后红林各地到陶朱成立农民协会，刘辉山为主席，全乡暴动后整顿队伍，赤卫军、少先队等全体出发。四月二日去打瑞金，队伍到南门江住了两晚，杨经山部队也进到了安治前，四月十二日杨经山、杨斗文部队打下了瑞金，敌欧阳江退到九堡。我们成立办事处，邓家宝为县主席，我们还去打瑞金、沙洲的地主恶霸。随后武阳也暴动了。打黄安、石门、肩头脑【等地】，群众都发动起来了。

1930 年五月打古城伪军胡子炎（去打前在古城还做了内部工作），缴了青靖卫军团五支枪。七月由古城转分三路，配合武阳去攻打九堡，一下子我们就冲到了石罗岭崇，九堡也暴动起来了，我们在九堡吃了一顿。接着陈森总暴动，成立县政府，邓希平做县主席。苏维埃后又被敌人拆散，钟运标、欧阳江打安治前。九月十日第一次烧安治前，县、乡、区苏维埃都迁到陶朱。十五日敌人又烧掉邓希平家几个屋，十八日烧清山下。后县、乡、区政府迁到山崇（挖壕沟、筑工事），天天开会计划恢复苏维埃。

1931年正月四日县政府迁到陶朱，八日又转迁到安治前。九日邓毅江部队去打△△，因子弹缺乏退到安治前，十二日罗炳辉攻打瑞金，缴了欧阳江等80多条枪。各地苏维埃都成立起来。五月，经过20多天在丁碑土围活捉钟运标，欧阳江逃走广东。八月，毛泽东等转到叶坪准备成立临时中央政府。十月开会，成立中央政府。土地革命分田地。

1932年二月赤卫军改为模范营、模范少先队，我当了陶朱区军事部长。整连整排扩大红军，第三次时我到中央司令部当管理员。1933年中央司令部编成革命军事委员会，叶剑英为司令〈长〉，十一月我的爱人在古城生孩子，我请假回家去。1934年在家里做坚壁清野的工作，我是模范营政治委员。五月我【因】病回家。10月红军北上抗日。

1934年红军北上抗日后，成立汀瑞游击队。刘辉山为县委书记，宋仁做组织书记，陈在常是宣传书记。成立三个大队，钟民、刘日兴、胡荣佳为汀瑞政委，曾玉成为组织部长。这是扩大有几百人。刘日兴在武阳，曾玉成在壬田，胡荣佳在陶朱、安治。

1934—1935年打游击，我们只好晚上送粮接济游击队。刘辉山等在竹山开保仓，把几百担谷挑出去接济游击队。（挑完后把这保仓烧掉）游击队还化装割禾客去打刘立军〈的故事〉。

1946年张司令（鼎臣）来电（国共合作），游击队下山，胡荣佳等成立国共合作办事处。后钟德帅〔胜〕、胡荣佳被敌人扣留。

1947年欧阳江"进剿"安治，许多劳苦群众被杀，在竹马岗一晚〈被〉杀了四五百人，1949年解放，才见天日。

解放后好处：1949年解放后，毛主席很关心我们，一批批发耕牛，做房子给老根据地人民，就安治前来说，1949年发了八亿多人民币，很关心老革命同志的军烈属。现在个个有饭吃，得毛主席的福。

毛主席很关心我们老同志，我们以实际行动来报答毛主席的关怀。今年我们十几个老同志搞了"老革命试验卫星田"，结果放射

了卫星，比以前增产四五倍。今后仍继续搞。

13. 访问罗书发同志记录整理

罗书发，苏区时当过区特派员，现【在】是党员。

暴动前生活很苦，受地主、豪绅压迫剥削，高利贷加 4～5 的利钱，使得人民没有饭食，没有衣穿。暴动后生活较好转了，解放后生活又比以前更好，无房子的有了住，无衣的有了穿，无米的有了食。

我参加暴动过，当时是打土豪、分田地，没收地主、富农财产，后来我去打瑞金、大城、土围等地。

我在苏区时当过区上的特派员，做了三年的工作，主要工作是监视地主、富农、反革命。地主富农不老实、破坏、捣乱。如有一次有一个姓曾的富农，偷逃跑到大塘面，我们就发动大塘面的赤卫军把这富农捉回到区里，由分局处理，因这富农经常破坏、捣乱，造谣说："白特来，日子会过得更好。"他抗租债，以后我们就把他枪毙了。

我当特派员时还到过福建，路回到荣坑住夜。第二日荣坑那里几个同志就反水了，他们还通知我要在第二天上午来开会，好在我没有回去开会，不然的话就毒倒。

游击战争时很艰巨〔苦〕，跟我一起的同志杀散了，杀到没有办法，我回家去，回家住时白军要来捉我。第一次捉我没有捉到，我从后门走了，敌人开了两枪，一枪打在我背旁过，险些打到了。第二次又来捉我，把我捉到办事处。当时办事处主任叫兰英宏，本来想把我枪毙的。后张富件等几十个老百姓来担保我，才没有被杀掉。

我回家后还当过部长 20 多天，那时当部长是刘日兴、刘辉山叫我来当的，叫我通信。我曾送过两三次信，放在观音圳茶亭的地方，信放在砖头下。

国民党捉壮丁，我曾被捉去，但后来又放出了我。

14. 访问蓝发宗同志记录整理

1929年陶朱就有内部组织，由兰夏桥、邓希平、刘克廷、刘民来、刘坤来、谢云鹤、刘忠恩、刘辉仙等同志开夜间会。1930年三月插红旗于大地堆，提出"打土豪分田地""抗租抗债、自由结婚""打掉前苛捐杂税""穷人翻身有土地权"。1930年三月插红旗后攻打瑞金城，攻下成立办事处，有管财务、管理委员会等组织，后为苏维埃政权。

1930年一月敌人钟运标、胡子炎、欧阳江到我们村里烧抢了三次，说我们这里是红军窝。1931年瑞金政府转到兰崇下来，我们放哨，敌人来了就上山，又说我们陶洋〔阳〕娶〔区〕人是红了杀不怕。

1931年正月红军三十五军邓义江军长从闪江①到安治住了一夜，召开了群众大会，第二日就去打瑞金，敌人退到九堡，中午又来进攻。我们的杨经山把敌人打败。后来我们又退到安治前到黄沙转到观音石住。1931年二月罗炳辉队伍在宁都下到瑞金，瑞金城解放，我们大家都上街去。

1931年肃反，李天富是特务、社会民主党，混进来做县委书记，杀了AB团28位同志（这次29个中还留一个，只杀28个，"廿八"是"共"字，意思是杀共产党）。陶阳区受了很大的残害，被杀了几百人都是共产党员。结果1931年冬下中央调了阿金来，查出李天富是反革命分子。

———————————

① 存疑，瑞金地名志中无此地名。

1931 年宣传"扩大【一】百万铁【的】红军",以后几年经常有扩大了红军。1934 年红军北上。

红军的组织有模范营、模范少先队、工人师（前方队伍之一）、赤卫队、少先队、儿童团。

一般群众的组织有：反帝大同盟，革命互济会，拥护红军委员会，贫农团，劳动介绍所，总工会（有竹业、理发、木业、纸业、苦力、挑担的工会，还有雇农工会），慰劳队，运输队，破坏队。

当时国民党封锁，经济很困难，盐、布很缺乏，各地就组织煮硝盐合作社，向富农捐〔募〕款。礼拜六运动，大家都帮助红军家属工作。

苏区文化：当时有初、高级学堂，识字班，中小学读的是打土豪等内容的书。

附：蓝发宗同志经历

1930 年参加暴动队，三月打瑞金，四月打古城的敌匪胡子炎队伍，七月在陶朱教书，九月入党。

1931 年在红军客栈招待同志工作，八月任陶朱乡区苏维埃主席。

1932 年二月改选党支书，六月在乡政府做文书。

1933 年任陶阳区区委【委员】。

1934 年因病回家（后脱离革命工作）。

去年恢复党【籍】。

（访问人：饶帅铁、谢盛珍、刘老师）

15. 访问陶朱刘镇辉老革命同志记录整理

我【在】苏区任乡里的中共支部书记，现在【是】副排长、共产党员。

陶朱暴动前，城乡资本家、地主、恶霸欺侮我们苏区最大，说我们是"吃豆腐不用醋——最软"，"要吃生猪肉进陶朱区"。

陶朱这个地方自己没有土地，只有点把子①皮田、荒土、坑田、坝土，多系②城关下塘、胡岭、彭坊、金田等地方的山冈或公项③的土地。那时我们这里生活很苦，剥削顶〔挺〕重。每亩要交租240斤（六成）。每亩每年收入320斤，并要供租饭，租饭不能随便，请司禄，12碗菜，否则，连桌面都会被地主鬼子扳掉。

我举一个老革命刘友辉同志的生活对比吧。

他家五人，两个半劳动，自己土地全无，种下塘地主的土地6.5亩，1929年早稻收入1600斤，晚稻收入（包括晚禾、豆子、番薯在内）780斤，合计全年全家收入2380斤，无养猪，卖点把柴，稍有收入，能够买盐。当年，应交租（每亩平均240斤）1600斤，供租饭8元折谷264斤（包括买荤、米、酒在内），牛税130斤（每亩20斤），水利谷26斤（每亩4斤），共付谷1756斤。

全年总收入与总支出相抵外，仍存624斤，按五人平均计算，每人只有124.5斤，不够3个月吃，剩下10个月只好靠挑柴卖木，或借生谷吃度日了。俗话说"禾镰挂上壁，就会没米吃"，真正在割禾边〔时〕，六、七月有3餐饭吃，八月开始吃2稀1干，还要借谷，否则只好挨饿。每年吃猪婆乳（野菜）、苋菜羹、荬子粥、

---

① 点把子，方言，意即"一点点"。下文"点把"同。
② 系，方言，与"是"同义。下同。
③ 原文如此。

番薯渣，冬天晚上饿。油、肉根本谈不上，锅头生锈，饭罂〔甑〕生霉。

他的弟弟刘友山，冬天 3 件单衣，没有帽子、鞋子、裤子，打洞胯①。

他全家穿豆角衫，"千块布子半斤线"，出不得门，用布拧成绳捆腰，手帕也没有，袄子也无。

烂钵当火笼，稻草、蓑衣当被盖，杆把、柴块当枕头，篾骨、松光当夜灯，烂布当洗布，竹兜当石盆。

只有一间房屋，都典给下塘，厨房连睡房。

其他群众的痛苦也与他的情况相类似，起码有 60%～70% 是这样。当时我们陶朱共有 94 户人（大暴动前），经济情况是这样：上无片瓦，下无寸土的 43 户，如老屋家 10 家，也是无产者。在 94 户中不缺粮食的自给户 6 户（其中富农 2 户，中农 4 户），缺 3 个月口粮的 33 户，缺 4 个月口粮的 13 户，缺 5 个月口粮的 31 户（真正是过了春节就无吃），缺 10 个月的 2 户，缺 1 个月口粮的 9 户。

我陶朱 94 户中到现在死亡 42 户，人 168 个，大部分系被刮民党②烧、杀、抢迫死了，弄得家破人亡。

1930 年在苏区分田，每人分进 2 亩。

刘友辉家那时分进土地 10 亩，房屋 2 间，抗租 1600 斤，抗债生谷 90 多担，零星债务一齐废除了。

1930 年他家收入大大增加，头道③收入 2800 斤，二道收入 600 斤，合计全家收入 3400 斤，名下又养猪 1 头，他自己出外工作，吃公家。因此按 4 人计算每人分得粮食 850 斤，另有妇女砍柴换盐吃，分进木梓山 1 块，打油 21 斤，足够全家吃一年。

同时他家和其他革命群众一样分进：棉袄 2 床，袄子 5 件，衣

---

① 打洞胯，方言，意指"光膀子"。

② 对国民党的别称。

③ 头道，方言，意指夏收。下文的"二道"指秋收。

衫多件，农具全套，所以吃饱穿暖，住得舒服。他这个例子可以作为代表。

陶朱是 1930 年四月查田，五月分田（分青苗），1931 年开始发行公债，我们那时上下级、官兵待遇一律平等，从乡级以上至中央，每人每天 2 角，除伙食外多余的分伙食尾子，用来吃烟、零用等。

官兵上下不分大小，高低一律穿草鞋。

苏维埃时期的经济活动机【构如下】：

乡设贫农店（即客栈），招待来往革命同志，有烟、酒、豆干卖，区设财政部、银行、消费分社、革命救济会（乡也有），每个会员缴一只铜板为会费，贫雇农遭了天灾人祸，由救济会募捐，救济他们。

县设财政部、贸易局、粮食局、调剂局、消费总社、银行、革命救济会。

那时机关、学校、军队的经济来源有两个：1. 土地税；2. 向地主富农罚款。

16. 访问希平队赖忠成老同志记录整理

我，乳名赖连娣，兰夏桥同志替我安的名"赖忠成"。

民国十七年（1928）三月，兰夏桥到我家中来领导革命，我爱人谢仁鹤问我有什么菜，【说】有一个朋友在我家吃饭，我问他是谁，他说"是长汀朋友"。晚上谢云鹤对我说："孙中山的主张这下就实现，现今有人领导。"

民国十七年三月□日兰夏桥、谢仁鹤、刘忠恩、邓希平四人在我家里学堂楼上开秘密会。

这个革命宣传付出后，被国民党知道了，瑞金靖卫团赖士民、李文彬带着三个连的队伍"围剿"，一个连去沙窝捉杨世昌，一个连去兰田捉邱作顺，一个连去先下捉我爱人谢仁鹤。

起初，秘密会每月开两次，以后每月开三次，在先下我家楼上开，我有嫩小孩，有时参加开会，有时不参加开会。

民国十八年（1929）六月十日邓希平、刘忠恩出县城，伪军李文彬队伍派便衣特务队捉希平、忠恩。当时刘忠恩藏在运丰昌，邓希平藏在赖元太店内，幸被群众知道通了水，藏起来了，晚上刘忠恩准备回家，被特务逮捕了，邓希平逃走，避哨口，从斧头咀走。

十日晚上邓希平从县城逃回家，托杨世桂（坏人）寄口信通知谢仁鹤逃避，伪军李文彬队伍马上到先下，从四面包围，谢仁鹤被捕，我和叔叔、嫂子藏在厕所内，我祖父谢在昌叫我不要怕，出来。发现谢仁鹤被捕，我气死了，跪在连长面前，饶求连长释放，连长读逮捕名单给我听，一听，全张名单都是革命同志，我心中清楚，伪连长说："在这里不能放，要捉到县城去。"当天把谢仁鹤捆到伪县府，在李家祠坐牢。我第二天与他会了面，他叫我赶快请人担保，我到处找保，找不上，谁人也不愿意保我们。好在门生龚声梯、刘起廷在前〔出面〕，六月十七日晚上找了保，保人赖士樑、曾继泉，那时伪"剿共"团胡团长保状送至团部。地主、恶霸李文彬等请胡团长吃酒，地主、恶霸要求胡团长把刘忠恩、谢仁鹤一齐杀，〈杀〉革草除根以绝后患，传说当时反动派只决定杀刘忠恩一人。

十八日早上枪毙了谢仁鹤、刘忠恩，谢扣在团部，刘扣在师部。枪决那天，刘、谢二人以为是审问，反动派枪决刘忠恩、谢仁鹤二人于双清桥蓉村荑下。我哭声震地，当时〔场〕昏迷，不省人事，几乎死了，结果家里接我回去，怕我在轿碰死跌坏，捆在轿内，几个月我点粒不吃，我寻死路，有一天投陂下淹死，幸被本屋妇女发现，过路人温邱发佬捞起【我】，才救生，以后家人轮流守围我几个月，我儿子谢罗贤那年刚刚15岁，他劝我："母亲，不要难过了，哭也没什么用，日后报仇。"祖父谢在昌交10多个毫子给我做点小生意。

民国十九年红了，兰夏桥从寻乌写信来我家，叫谢仁鹤^①准备好红旗、红袖等待暴动。我把兰夏桥的来信转交给邓家宝，我们马上每人自动踊跃拿出钱来到县城买红布。第二天晚上我和大嫂、娣补等人忙起来了，连夜赶制，终于红旗、红袖做起来了。一边做，我回忆起牺牲的爱人，眼泪汪汪，嫂妯们劝我开心。

把旗送给共产党员、我爱人的战友邓家宝。三月大暴动，我儿子谢罗贤手拿大红旗，打先锋，安治前红了。第一次打山下，去捉军阀张守明，烧了地主的屋。1930年三月二十九日，兰夏桥同志三路人马一齐攻瑞金，一个支队杨斗文，一个支队安治希平，一个支队九堡茅芽子，同天进攻瑞金城。五月我由邓家宝介绍参加中国共产党。

苏维埃一开始，我儿子继承父志，16岁就参加了革命，在县苏维埃工作，先后到过九堡、万田、沙心一带，一直工作到红军北上抗日。红军北上后，我儿子跟着独立营战斗在铜钵山附近，独立营被打散，失去了联系，与另一个战士回家，日伏夜行。途中被伪军搜山队火烧在山中包围，突火而逃，结果被搜山队捉住，盘问了许久，佯装老百姓，得放后，继续回家，行至伪军碉堡，又被抓去，好在县城谢武贤设计越狱回家。

回家后，我儿在家作田，屋中地主、恶霸见我儿回来，喊打喊杀，被迫自身〔新〕。我儿20岁开始生子，媳妇原嫁地主刘家，欺骗说这个小孩子是刘家怀孕的，声言要抢回去，结果我坚持斗争，诉讼于伪区公所，判得结果，小孩归我家，出乳钱18元。

1946年^②国共合作，党员、游击队领导人曾玉琴、胡荣佳、钟民，从游击队根据地兰田写信来，叫罗贤去兰田会见，那时国民党伪装送军衣、军饷给游击队，罗贤随同送军衣的伪兵一同进兰田，一到兰田，国民党黄才梯早已派队伍把兰田包围了，企图消灭游击

---

① 存疑，上段材料说他被枪毙了。
② 原文如此。

队，双方打了火，迫游击队过闽西，我儿跟游击队一道去闽西，当新四军了。第二天转安徽，住下四年多，因得肺病，党和军队派我儿回家做地下工作，在家住下一个多月。他叔子谢仁彬当上伪安治乡长，乡长无文化，再三要求我儿去任乡文书，本来不愿去，看叔子的面上，结果去了。过了一个时期，县府准备逮捕谢罗贤，伪各县府粮食科缺人，让他提拔。乡长知道底细，心中明了，打电通知谢罗贤，表示应付伪县府、伪乡长，通知谢罗贤逃走了。待县府派兵去安治抓人时，落空，从此我儿罗贤回了游击队。在游击队，叛徒赖之保，四月调游击队领导人刘国兴上井冈【山】，途中暗害，七月调严炳成上前线，七月二十日调我儿谢罗贤上上级，事先派特务埋伏在塔下寺，我儿行至塔下寺被特务用布袋背走了，捕进了特务队。我【儿】媳妇也在同年八月一日被伪军剿下了山，两夫妻同在特务队坐牢，久而久之，乘敌人不防备，从〈选〉碉堡地方伪装下河洗澡，12个游击队【员】在谢罗贤的带动下一齐逃跑了。于是我儿、媳重回山上当游击队，结果儿、媳二人在山上牺牲了，过了几年我才知道消息。

我补充几点：兰夏桥【是】福建人，闽西特派员，身材中等，脸庞射〔瘦〕，赤色人，眼睛正常，头梳大西装，穿黄色中山装，初次来我家穿草鞋，第二次穿鞋子，知识分子干部。

1928年从兰田邱作顺介绍到我家来，来时他一个人问路来的，第一次是三月一日来的，在学堂楼上开过一次秘密会。第二次是在三月二十日，也是他一人独自来，研究扩大问题：一个介绍三人，规定亲找亲，朋邀朋，邻串邻。这次邓家宝、刘忠恩、杨在昌、胡继夫等也参加了。第三次是四月初来，研究党的工作的会议日期，规定每月开会两次。第四次是五月开会。以后每月按新规定开会，每月三次了，兰夏桥月月从兰田出来，扩大到党的马列主义者五六十人。

17. 访问谢平英同志记录整理

我是刘辉山县长的爱人，暴动时我才 19 岁，16 岁与刘县长结婚，17 岁生小孩。1930 年我参加了青年团，在乡里做宣传工作，曾任宣传员。

1931 年我爱人刘辉山任桃王区主席，我参加了乡贫农团、妇女【会】、革命救济会〈为成员〉，在瑞金打土豪、杀劣绅，在古城消灭胡子炎。

1932 年〈参加〉当妇女指导员，经常上县开会，夫妻二人坚持革命，在扩大红军中评上了模范。

1933 年我生小孩（刘承振）在家休养。

1934 年任〔做〕宣传工作，做坚壁清野，红军北上后，我背着小孩上山打游击，全家四人都在山上，扎在槽碓坑，我经常下山回家探听消息，搬粮食，发动群众断路折桥，斩断敌人联络与行动。敌人在路上遭到我们设的竹钉路的害，个个叫死连天。

敌人对游击区"围剿"十分疯狂，山中无粮食了，病人又多起来，维持不下去。那时我儿子只 2 岁，敌人从四面八方打来，槽碓坑住不了，胡荣佳动员我带小孩和母亲回家去，我不愿回去，一定要坚持在山上。胡荣佳再三劝我，实在无法推脱，我与刘辉山只好共同回家，共同从事地下工作了。

1935 年至 1936 年在家做家务、作田，继续从事地下工作。

1937 年国民党没收了我家一切家产。

1938 年被国民党反动军队欧阳江捉去了，带着儿子坐牢，受了千难万苦，苦水诉不完。

其余事情，因我无文化，记不到了。

18. 访问顾国桃老同志整理

顾国桃，1930年当班长，1931年当陶朱乡主席，以后在安治当经济员，十二月在黄沙区〈当〉区委组织部。1932年又当陶朱乡主席，六月间开始党训练，毕业在城市区政府当区委，十一月间在统计局工作，以后回家生产和负责游击队工作。

1930年三月兰夏桥领导暴动，组织赤卫军打土豪，四月打瑞金，五月打古城，后来打任击〔任田〕圩〈的劲头〉，六月失败，区政府和县政府退进山崇。1931年正月七日邓义岗领导赤卫军全体出发，攻打瑞金，住了一夜，又〔有〕敌人又从沙九霸来了，与他作战，火药有限，赤卫军和邓义岗退进安子前，敌人烧民房几次。同年二月间，罗炳辉的队伍又来打瑞金，群众思想较为安定，才开始播种，进行生产，五、六月间进行肃反工作，李天富杀了1000多人，七、八月间自身自守[①]，经过邓小平调查后，李天富和刘志平是反革命，当时扣留被杀，人民又更安定了。开始扩大一百万铁的红军及建立区、乡政府，没收富农、地主的财产发给群众。经过几次的战争胜利，其中第三次战争胜利在瑞金竹马岗开会，由朱德讲话："同志们，我们战争几次都取得了胜利，过后我们还要取得更多和更大的胜利，大家要有信心和决心。"为了响应扩大铁的红军，很多青年参加红军，农村组织耕田队，每星期六帮助军烈属劳动和家务劳动，还组织了雇农斗争，把富农、地主的田地、谷子、衣服没收，分给雇农。1933年敌人封锁厉害，当时发生两大困难（盐、布），盐：1元即买1两或5钱，优待军属家里1元可买6两，往往撑船的把盐用竹岗〔杠〕放在船底下，运到别地去卖，所以各

---

① 原文如此。

乡组织熬火盐、硝盐合作社商店，更好的盐运到前方军队吃，较差的留给自己吃。布卖到 1 元 2 角 1 尺。

1934 年北上抗日，农村并合乡、县、区，1931 年陶朱乡并合安治乡，区并合陶黄区，后来，1932 年又分开为陶阳区和黄沙区与陶朱乡，合并的原因【是为了】更好地工作，分开的原因【是】地方宽难以领导等。

横〔焚〕烧书籍、字纸和坚壁清野，支持游击战争，【到】敌人少的地方去攻打，游击队住在陶阳坑、山崇、兰田、弯背等，隔天出来撒粮食和破坏区公所。

1946 年国共合作，宣传游击队下山，组织了办事处，敌人想把游击队消灭，借口这个名义，所以胡荣佳被扣留，敌人队伍迫查了山，经过这次以后又重新组织游击队，当时无法可想，朱桂山的父亲去接头（白军），被游击队知道【后】杀了。后来邓天淦当乡长，害了很多人，假装开会的名义偏〔骗〕人当兵，开会时敌人包围抓去当兵，以后也被游击队杀了。

19. 访问龚兴佐同志

1930 年三月邓希平领导暴动，攻打山下张屋张学铭，组织了二十四纵队插红旗，设立了乡为 1 区，3 区为 1 县（如陶朱、安治、兰田为 1 区），总称为陶阳区，开始攻打瑞金，成立县委会。仰山、石水也起来暴动，成立了县政府，打土豪，分田地，自由结婚〈，将近一年被欧阳光和钟运标占领，瑞金县政府退进安治前〉。1931 年正月邓义岗攻打瑞金，次日下午又失去瑞金，同年二月罗炳辉又攻打瑞金，已经稳定，县政府移出瑞金，继续打土豪，分田地，自由结婚，每人平均分田 8.5 担，接着攻打，没有攻下，回来组织游击队和宣传（宣传方式有文字宣传、口头宣传、河流宣传等，宣传内容【有】打土豪、分田地、自由结婚），组织游击队和罗炳辉合作，攻打九堡活捉钟运标，攻下后，后来开始肃反，由李天富当县委书记，杀了 1000 多人，弄得庄稼无人收割，经过调查李天富是反革命，把他杀了，群众比较安定，扩大一百万铁的红军。

20. 访问陈友发老革命同志

竹山下解放前的生活非常痛苦，全村共有 25 户，有吃的只有 3 户，其中有 1 户富农，2 户中农是只够吃 1 年的，够吃半年的有 10 多户，有四五户到了春天就是借生谷吃，市场都是挑柴、挑石灰，往往都是三更半夜才回家，所以就要起来革命。

特别穷苦如陈友发，穷得三餐锅里无米煮，晚上无个老鼠粮，到了四、五月间三餐都是吃粥，一天找来一天吃，要六七年才能做一套衣服，搞得衫打格头裤打舞，吃油和肉根本是谈不上，所以在 1929 年暴动，在邓希平家开会。1930 年二月九日暴动队打瑞金，首先是放囚人，同时活捉杨南欧，当时只有枪 10 多支，有 20 多人，由邓希平〈为〉领导，提出了抗租抗债、打土豪、分田地、自由结婚等口号，还有宣传队几十个。五月成立县军事委员会，邓希平做主席。1930 年三月二十八日攻下军阀张学铭。暴动队和杨斗文第四纵队合作，攻打赖世宗的队伍，缴到枪支 200 多支。七月十八日在瑞金开大会，有几万人参加这个会，十九日攻赣【州】，当时有这么一首民谣："上咚咚来闹咚咚，石城出里赖世宗，走到瑞金打一仗，杀掉脑瘟不见踪。"1930 年八月国民党反攻瑞金，经过几天的战斗，由李天富当瑞【金县】委书记，杀了 1000 多人，后来赣东特委邓小平下来调查，证实李天富是叛变革命，把他扣留，十二月暴动者在壬田活捉钟腾伟，伐〔罚〕了钱一万伍毫子，后再判他死刑。

21. 访问汤有忠记录整理

汤有忠，苏区游击队班排长

1927 年二月就听到有靖党、产党，靖党是地主、土豪、劣绅组织的，当时在安子萧组织共产党的有邓家宝、谢云鹤、刘忠恩等，同年五月就拆散了。因为当时地主、土豪、劣绅的武装力量比较强大，他们要消灭我们，说要消掉反产[①]，怕我们组织团结起来力量太大，起来暴动。1930 年三月二十三日，兰夏桥从福建来，到邓家宝家里（当时邓家宝在赣州读书），谢云鹤联系组织暴动团，利用河流（把宣传标语、口号等写在竹片上放在河流里）、口头和文字（写标语口号）等宣传方式组织暴动队，成立农民协会（于兰田、襄白），接着就组织赤卫军，"万户欠我钱，千户不管闲，百户跟我走，月月八元钱""打土豪分田地""斩劣绅一个不留情"。1930 年五月攻打瑞金，1930 年 9 月（阳历）29 日被团匪钟运标、欧阳江摧残。1930 年 8 月（阳历）烧杀了八次，烧杀掠夺得最厉害。

1931 年正月初七就出发打瑞金，初八初九到了瑞金，初九失败，到转陶阳区又组织打靖卫团。1931 年三月罗炳辉的部队从福建来，当时县、区、乡又组织赤卫队、少先队，1933 年李天富一次杀害了我很多革命同志。1934 年 10 月红军北上以后，又组织游击队上山。在游击期间，我在屋里[②]当通讯员，扮成打柴的打信送到观音庙，下山以后就负责其他工作。

---

① 原文如此。
② 屋里，方言，意即"家里"。

22. 访问李玉青记录整理

李玉青，苏区、乡苏维埃妇女代表。

1930 年我在苏区区劳动部工作，在暴动时当妇女代表，当时区设妇女主席，乡也设妇女主席。妇女中组织有耕田队、慰劳队、补鞋队。红军打游击的时候，妇女帮助游击队洗衣服。国民党来"清剿"时就组织妇女装竹钉子，游击队没有粮食就借着做生意、砍柴将粮食一步一步地运到〔给〕游击队，青年妇女还负责轮流站岗、放哨。

在扩大红军运动中，凡年龄在 19 岁以上的青年、妇女都向他们宣传，宣传参加红军的好处：毛主席、共产党对我们无产阶级农民有利的，分田地，自由结婚，讨妇女不用钱，双方自愿，抗租抗债，有田有老婆，双方满意就结婚，在苏区妇女是绝对自由的，青年参加红军以后，他们家里分到田地要有人耕，我们妇女便组织耕田队去帮助，红军家属家里需要做哪些，需要多少人就组织多少人帮助做哪些，妇女和男人一同去帮助。

当红军的要分好田，使其安于参军，只有贫苦的农民和无产阶级才能当红军，地主、富农不能当红军。

我在区劳动部的时候，天天下乡工作，上面分配下的任务布置到乡，如到乡下组织检查慰劳红军工作，耕田队，宣传扩大红军，宣传当红军，慰劳红军。

陶阳区：共有六乡，有陶朱乡、兰田乡、黄柏乡、玉白乡、大洞乡、安治乡。

23. 访问赵淑清记录整理

赵淑清，乡代表。

一、妇女活动情况

我是〈负责〉箬别乡代表，当时是组织妇女宣传队，具体任务是：1.宣传贫苦农民起来打土豪劣绅。2.扩大红军，组织洗衣大队，具体任务是与军属家洗衣及军队里洗衣。组织慰劳队，专门向群众抖①果子，发动妇女做鞋子，送〈到〉给参军同志并组织挑水、作〔砍〕柴、耕田队，来到军属家去做，使他很喜欢参军。以上工作我们做得又快又好，且及时完成任务，特别有些伤兵，性情强，我们都很耐心安慰和访问他，使他安心休养。

二、游击队战争情况及我运输情况

游击队主要成员，胡荣佳、钟德胜、刘国深〔兴〕等，在我处游击，〈在〉国民党伪军、保安团福建伪军胡子然〔炎〕某部经常"清剿"，我们游击队坚持到1946年，才批〔被〕赖支保特务谋害。

但〔在〕我们游击这十余年之中，我主要工作担任运输支援工作，主要是敌人经常来"清剿"游击队，我们不好当面地支援，采取是□□。

1.杀牛给游击队吃，报到是被柴狗搞死的，使国民党不会怀疑。

2.胡荣佳在蒙懂坑被蛇咬到，后背回在我处，搭好窑与他住，每日吃食化装割烧送给他吃②。及锹把折搞开装好米送给他③。

---

① 抖，方言，意即"凑"。
② 原文如此。
③ 原文如此。

3. 因为游击队不少，吃米量也不小，虽他〔然〕节约，但支持不来，因此我们想出办法，①造纸；②打柴。工人很多，敌人不能估计我的用米，搞了大批米才支援下来，但又要防止不会被敌人知道，争取从坑空里从水路挑去。

4. 上述不能解决，我【便】假装做小生意，到城去购日用品、布、菜，别人问我你这些东西搞来做什么，我说我处很多工人，同时有家店叫我你要买东西就到我处来买，他又搞得很好。指要付款结合什么东西都搞得适当。

5. 在保、甲长大部我们游击队放下去的时候，有些救命团会到这边搞些小物件^①，我们甚〔趁〕这机会，把保仓谷子全部挑去游击队，报到救命团搞去了，无论国民党队伍对我们怎样恶劣，【我们】总是想出办法，〈给以〉支援游击队。

24. 访问李占春记录整理

李占春，红林场长。

一、苏区

1. 1929 年三月间游击队暴动开始地点：新岗排，武器有梭镖、大小鸟枪，当时领导游击队的有：丘维权为当时乡主席，秘书刘仰文，党支书刘启洲，团支书丘汗山，赤卫军队长丘世其，少先队队长丘汗山，儿童团团长罗宠桂组织活动、告探，打枪瞄准、射击。

2. 首先进行秘密工作的是 1928 年领导刘维权，【他】为乡主席，罗福堂、张维山、张俊伸接头，是从新港利营坑，地点在新岗排，活动是组织发动群众，发展党，打土豪分田地，当时宣传政策的口号是：万户欠我钱，千户不管闲，百户跟我去，月月八元钱！打土

---

① 不通，原文如此。

豪分田地，斩劣绅，一个不留情，消灭白军反动派！拥护中华苏维埃万岁！红军万岁！

3.在战场上的宣传口号：白军弟兄们驮枪过来当红军，士兵不打士兵，穷人不打穷人，驮枪过来当红军。白军弟兄们，枪要向天打，驮一支枪即三元钱，您愿意在此当兵，不愿意当兵的给钱回家，不搜俘虏腰包，欢迎你们投降。

二、革命歌曲

1.《粉碎国民党》

共产党领导真正强，工农群众，拥护正真当，红军打仗真不错，粉碎了国民党的乌龟壳，我们真快乐，我们真快乐，亲爱的英勇的红军哥，我们胜利有把握，向前杀莫错过，把红旗插满全中国。

2.《苏区暴动歌》

我们大家来暴动，消灭恶地主农村大革命，杀土豪劣绅一个不留情，建设苏维埃工农来专政，实行共制人类共大同，无产阶级劳苦工农大家要实行。

3.《十骂反革命》

骂反革命、国民党、土豪劣绅并流氓，屠喂杀呀，屠杀工农真可恨呀。

4.标语

打倒土豪劣绅！

打倒蒋介石！

打土豪分田地！

打倒帝国主义！

三、苏区初次暴动战争

第一次是在1929年五月间，暴动战争从安治打到瑞金，打古城以后，打九堡、瑞金全部赤化了，消灭了杨子成领导的伪军，并缴获了大批武器。

25. 访问赵发辉记录

赵发辉，苏区游击队班长。

一、苏区游击队的生活

没有米，挖竹笋吃，下雨、下雪搞得一身很湿。当时我一个手残废了都还要在敌人那里搞到东西来，当游击时吃过蔗杆、麦子、野果子等等。

二、土地斗争

在这以前地主、土豪、劣绅敲诈，一担要还三箩，有的加七八，典租有利好利算利了 [①]。

土地斗争时，实行过两次分田，一次将所有田把所有人按好坏、按人口分两次，青苗分了一次，一次按青苗好坏一分，这次分田分得比较合理，分青苗更看得好坏出。

地主、富农做生意的，我们就没收他们的。

三、扩大红军运动

用口头说服他，宣传时告诉他们去当兵，以后不要挂念，红军家属需要做的都有人给他做，不要挂念，要安于当兵，以前帮助红军家属做活有饭吃的，后来变为没有饭吃，自己带饭，带工兵去帮助红军工作。

---

① 原文如此。

26. 访问张俊坤记录整理（一）

张俊坤，苏区少先队队长、通讯员。

时间可忘记了，只是还记住〔得〕，最初我是参加了少先队，接着当兵，以后当通讯员，送信到兰田游击队，被义勇队抓去，敌人把我送到安治办事处，游击队把我抢救出来，并将该办事处敌人消灭。此后我便参加游击队了，不久回到家里。

甲、革命在这一带闹起来的原因

（一）革命前这里人们生活。贫富悬殊很大，土豪、劣绅、地富对人民进行残酷的剥削，农民没有食，贷人家100斤谷子，明年利息最少50斤，100斤是常事，所以共150斤~200斤。而农民的稻又遭受野蛮的残害，收成很差。因此农民放下镰刀便没有谷子了，又要向高利贷者借贷了。这样革命的火把在这里燃烧起来的时候，各个山沟都起来了。大男小女都参加，"连石头都红起来了"。

（二）当时，这里的一些革命首要分子，先和福建的闽西政府领导人接头，以后派兰下桥①同志来指导。那时候有邓希平、刘宗恩②等12个党员组成中坚力量，领导群众起来斗争，力量发展到武阳力量组织差不多了便暴动。

乙、主要的三次游击斗争

半埂排打一次，敌人是三十六师。顶背一次，是打国民党的联保办事处，晚上里面的敌人〈到〉赌钱闹【事】，我们冲〈出〉进去，他们甚【为】慌乱。第三次是打兰田的国民党办事处，敌人

---

① 原文如此。疑与前文"兰夏桥"为同一人。
② 原文如此。疑与前文"刘忠恩"为同一人。

的围墙很高，骄傲起来，游击队樵竹篙入进，把它解决。

丙、苏区人民的组织生活

当时有赤卫军、少先队、劳动团，都是乡政府组织的。陶阳区管下〔辖〕有安治、若〔箬〕别、大田、兰背等六个乡，区长是高平，区里有劳动、教育、裁判、宣传等部，还设特派员，少共支部、区乡都有指导员。妇女有她们的组织。少先队、儿童团、赤卫队放哨、查路条，儿童团主要读书，由学校组织，贫农团由立场坚决、历史好的贫雇农组成。学校在乡里，妇女也学文化，娱乐种类很多，有演戏、玩杠子、跳、打秋千等。

丁、国民党反动派对游击队和苏区人民的残害暴行

李天富杀邓希平及其部下所有的团、党员，剩下 20 个人。另外，国民党为了断绝人民对游击队的支援，把山区的小村子的居民赶到一处居住。【为了】便于监视，剩下的房子烧去不少。但人民还是要支援游击队的。国民党捉到游击队员便吊打，迫【其】"自新"（买黄徽章）、坐班房等。

27. 访问张俊坤同志记录整理（二）

1930 年二月我参加了革命，同年五月入党，我有四兄弟，十岁就死去了父亲。没有田地，13 岁替地主牧牛，在地主范光跃家里做长工。以后又到恶霸地主刘兰水家里做长工。每天有饭食，钱很少，用过的钱算厘〔利〕钱，过年家里向地主借谷一担还三箩，还不出就吊打，利上加利。我有老婆。

1930 年二月在地主家里做工的时候，邓家宝、邹生连、刘辉山就和我说："没老婆蛮苦的啊！受苦受压迫，不想想办法？毛主席、朱德会过来，您不参加红军？"我想了想我们的红军成立暴动，我们无产阶级要革命，他们叫我写个名字，晚上吃饭时叫我守门，他们几个人开会。我〈要〉到陶朱邀了两个人，宣传，屋里三

个人①。夜晚来了信要帮陶朱，到何树开会，公开，从福建那边来了一个名叫兰夏桥，来做宣传，成立旗号，接着就把地主的粮食仓子封掉，成立农民协会，组织赤卫军，选我当中队长。每天下操训练军事，在安治前成立区政府，和瑞金（当时白匪在那里）就继续交通，打土豪用短大铳，向地主、富农下款。1930 年五月打瑞金时，没收地主、富农家产，划分阶级，打瑞金时，我（队长）撑着大旗，腰部插上短火【铳】走在前面。瑞金打开以后，成立了地方政府，接着就攻打古城，当时有 1000 多人，我仍然举着红旗走在最前面，攻打时候晚上我爬到敌人的炮楼上，我用短火铳把伪军放哨的干掉。

1930 年九月，团匪欧阳江、钟运标，五六万人②，把我们包围，当时我们只有 100 多人，缴了敌 300 多支枪，我们冲出去了。

1930 年正月，我们和团匪胡子炎在古城打了仗，我们 1000 多人，敌人共有 10000 多人，我们冲进去缴了敌人 60 多条枪，也一下子冲出去了。

扩大红军时组织赤卫军，我全家人都参军，我三兄弟都受到奖，仙子③我还有一个老弟未回来。1932 年在苏维埃当土地部中的委员和裁判部代理部长，在土地部工作时，因为得病而浮肿回到乡里，〈在〉病到 1934 年八月才好。1934 年曾担任党支部书记，我当代理裁判部长的时候，天天要杀十多个人。当时见我年轻，审判时会面红，在这【种】情况下，调我到土地部工作。

1934 年 10 月红军北上，成立游击队，我在游击队当政治委员，一直坚持到 1946 年。我的家产被国民党反动派没收过五次，全家搬到山上。1946 年下山时，我长期使用的一支手枪〈都〉未〈还来〉交。1934 年国民党团匪来的时候，报名当保长时，我的短枪不带

---

① 原文如此。
② 原文如此。
③ 原文如此，疑为地名。

在身上，直到 1949 年我心爱的手枪才交出来。在 1934 年如果报名当保长，把枪交出来就不能再上山当游击队了。

1940 年我在游击队，一次回家，出来做探子，被别人发觉有人典山^①，当时正下着雨，国民党保长就来包围。当时国民党匪军看到我时，我就把身上的手枪顺手〈一掉〉【丢】到旁边草根〔丛〕里。匪军把我的手搜了一下，问我是不是张俊坤，我说我不是张俊坤。后来在我身上搜出一个印章，匪军用眼一瞪："你就是张俊坤。"当即就把我捆起来，后来国民党缴〔召〕集群众开了一个公审大会，把我拉出来，当即我想逃，走了几步，团匪军就喝叫一声："站住！我要杀你。"公审时当到群众面前，问我："你是不是共产党员？"我回答说："不是！"国民党又把我打了身，群众出来保也保不住〈倒〉，我知道国民党很贪钱，就出了 300 光洋才属〔赎〕了身。以后又从事我们的革命工作。

28. 访问邱达辉同志记录整理

邱达辉，区苏维埃土地部长，已恢复党籍。在访问期间因其有病，在座谈当中只谈了一部分。

这里从 1929 年开始暴动，当时工农联合起来，拖梭镖、拿刀子起来与土豪劣绅斗争、分田。开始成立一个师，以后成立一个大队。枪是从打安治前缴来的，杨斗文、杨琼山领导，1930 年在安治前成立陶阳区苏维埃政府。1931 年攻打瑞金，结果瑞金打开了，以后瑞金更加强大了。毛主席和朱总司令来到这里以后汇合起来，革命日见高涨。

---

① 原文如此。

我参加游击队暴动以后，1932 年我被调到陶阳区委土地部〈长，〉和劳动部工作。1929 年实行第一次土地革命，头次分田是以原耕为原则，抽肥补瘦，抽多补少，富农、地主没收，在苏维埃政府成立后一边分田一边打土豪劣绅，富农分坏田。1933 年二次分田，地主有田分，我们每人平均分十担〈零〉，县、区苏维埃注有土地册，首先查明每个地方多少田，然后综合订出土地册，统计地主、富农、工人、农民的数目。

在劳动部工作时，劳动部要发展工农的生产，区、乡苏维埃所需要的工人由劳动部介绍去，私人不能请到工人，工人的工资、定额经过区、乡苏维埃定，劳动部专管工业。

动员扩大红军，搞生产，区干部下乡动员扩大红军。以后就动员归队，专做动员工作，扩大红军时开群众大会，自愿报名，很多人参加，一开会就轰轰烈烈地报名归队运动，当兵以后 40 岁以上宣传动员归队。

苏区县一级干部衣服是自己的，有吃烟、零用，没有薪水，就只有伙食费，区、乡干部有自己带被服，大家做得蛮有劲，干部头戴的都是单帽子。

我当劳动部长一直当到红军北上抗日。

在游击战争时，我在游击队里当过班长，以后当过副队长，国共合作我们在家里。

29. 张升本同志介绍革命斗争

1929 年三月间，由赖衍佳（大队长）、张光元（中队长）等同志领导山崇暴动。

暴动前，农民生活贫困，田都是租给下堂姓赖的，每亩收租两担，农民只能收点红薯、芋头等杂粮，三四家才有一头牛，在农忙时无牛用【就】人拉。农民以杂粮、红薯渣、野菜（猪婆奶）为生。农民常到瑞金县城籴花红米吃，和红薯渣。在青黄不接时，问地主借一担谷子，要还三箩，甚至到两担。

为了优待军属，组织耕田队。帮军属耕田，自己带饭吃，做得比自己的还好，耕田队还帮鳏孤病和缺劳动力的干属耕田。还帮军烈属做家务事，砍柴、挑水。

红军北上后，国民党对山崇人民进行蹂躏。尤其迫害革命干部，使革命干部不能回家，田地荒芜。国民党还强迫群众放哨，不愿做的吊打，还放火烧山，为了剿游击队，人民生活非常贫苦。

曾任村主席、乡主席、土地委员、粮食科长、耕田队长等职务，并加入过共产党。

30. 刘福娣、李贤胜两同志谈革命斗争

1931 年二月，福娣参加革命，因为 9 岁做童养媳，一个人织洋袜子维持一家 5 口人的生活，丈夫为反革命。瑞金暴动后，反革命丈夫强迫她走，她坚决拒绝，参加革命。

1931 年四月，在瑞金北郊乡政府成立，任〈为〉女指导员，积极进行宣传工作。这时胡子炎反动军队打入瑞金，他的反动丈夫也跟着来了，企图捕杀李福娣同志，结果她手拿一面宣传旗，随政府退到院坑，后在桥岭打退敌人的进攻。

群。1931 年四月十五日，瑞金北郊乡政府成立七个村，组织洗衣队、慰劳队，宣传共产党扩大红军的好处。做布草鞋，同年六月间杀死她的丈夫杨金华（任青少年裁判部长），九月间与李贤胜同志结婚（李贤胜爱人被国民党杀害）。后任山崇与兰田乡代表，从事宣传扩大红军、慰劳红军、做布草鞋、做鞋，发动妇女进行各项竞赛，在鞋子上绣花，鼓励战士。

政。1932 年九月李贤胜同志五兄弟参军，响应扩军号召，李福娣同志带头送陪参军，在他的带动下，全连 120 多人全部参军。

1934年九月二十八日李贤胜受伤，福娣同志前去探望。同年瑞金敌人进攻，于是同县城镇主席谢幺才参加游击队，任妇女游击队〈团〉的班长。队伍退到高崇【打】败敌军，后队伍退到高岭、于庄，【部】队重新组织，分10人一组，福娣同志回家工作。1934年十二月，借别人黄徽章（国民党的），回到瑞金城娘家。国民党反动军队在她娘家搜查的时候，她就躲在柜子里。

1935年三月，李贤胜受伤回到石门，途中乞食，后福娣同志前往石门把【他】接回。四月间与胡荣佳取得联系，第一次【是】四人到她家，六月胡荣佳第二次到福娣家，要她想办法买电油、国民党反动军队帽花、洋火、黄军衣。九月胡荣佳派人来接去了。由她县城父亲帮忙买的，藏在袖中带出岗哨。

这段时间游击队生活艰苦，用脸盆弄饭，后国民党缴去，用茶缸弄饭。1936年正月刘为游击队到县城收买子弹，想方设法经常供给游击队驳壳枪、长枪子弹。四月间胡荣佳被毒蛇咬伤，在刘家里休养。当时国民党三十六军住在她的上屋，非常危险。不管敌人怎样监视，她还是想方设法深夜起来为游击队弄饭，在危机的时候把胡荣佳背走。

1936年六月，胡来刘家拿子弹、电油，结果敌军搜查，福娣同志把胡藏在帐子后面，使胡脱险。

1936年七月，打黄先口保时，游击队几天没吃饭，福娣同志做得斗米饭送去，队员吃饱饭，马上就打下黄先口保，缴枪12支，取得很大胜利。

1937年八月福娣同志被黄镇中军队抓去。她仍设法使游击队知道。首先叫刘桂员通知游击队，后她知道刘桂员不可能把信送到，在被敌人扣她去古城途中，她高声骂国民党士兵，使游击队知道，好做准备。

福娣同志和10多个抓到古城关在匪首胡子炎家中牢里。当夜受审2次，她不但自己不供，而且向被捕同志宣传，要做好革命牺牲的决心。她始终没有供出任何革命消息。当时反动派企图勒索钱财，【在】刘同志领导下，使国民党什么东西都没有得到，并使被捕的人都同年释放。

1938年十二月，国共合作，新四军办事处设在溪子下，同月国民党瑞金伪县长围攻办事处，胡荣佳、钟民等领导同志被捕。

1940年游击队【在】曾玉成同志领导下，进行了很多斗争，欧阳江来"围剿"，福娣同志全家被迫到瑞金，受反动派监视。同年曾玉成同志在陶阳洞战役中牺牲。

革命发源地：1928年四月，朱德从长汀到后，从陶朱到荣坑，在陶朱留下一部分革命经费，当时被赖山得到，于是在山崇选派工人中，以"官爷会"的组织形式，进行革命活动。1929年三月初五，山崇、陶朱首先暴动，随后安治、兰田先后响应。

1935年九月胡荣佳同志要李贤胜当桃阳区委书记，结果李贤胜同志介绍刘辉山为区委书记。李贤胜为山崇支书，兰永禄、宋英为区委副书记。

李贤胜造纸工人出身，在游击战争中，他造纸、经商接济游击队。在红军中当过班长、排长、队支部书记，任乡代表，和汀瑞县委山崇支部书记。

刘福娣同志从小做童养媳，到贤胜家中以造纸为生，苏区时任乡妇女指导员、乡代表。1931年加入青年团。

31. 陈玉莲同志谈革命斗争

家在兴国离县城10里的乡下，土地革命时，全家参加革命。首先是钟华贤在1932年正月六日领导暴动，当时每个队员有红袖套，当晚在山上召开秘密会，宣传共产党的政策。2天后，国民党靖卫团打来，捉住钟华贤同志，加以杀害。地点在长店下。

1933年红军攻下吉安，玉莲同志参加慰劳队，留在后方医院，做各项工作。当时伤员生活很好，医院有6所，每所有四五百人，

【按】轻重、伤病分间。王道同志给伤员同志每天上 5 次药，上 2 次医务知识课，晚上为伤员看护。

两月后调往前线三军团任看护长，跟队伍奔走，由东固到莲塘。

第五次"围剿"时，爱人牺牲，自己腿受伤，还坚持工作，在休养中安排其他同志工作。

1932 年四月间加入青年团，1933 年正月加入共产党（介绍人陈振照）。伤好后，又得重病，领导一再劝告，才到后方休养（医院），吐了很多血，病好后又进行工作。

红军北上后，分到黄龙区、公干乡看护留下的伤员（在群众家），玉莲同志住在乡政府，每天为伤员上药，并对伤员同志说"你们不要悲观，革命高潮来后，你们还可以到军队中去"。当地坏分子组织"大刀会""剿共团"迫害伤员同志，把为伤员同志留下的用费拿去（重伤员 30 元，轻伤 25—20【元】，都是光洋，并把伤员捆起来）。当时一般工作都只是 4 到 5 元，玉莲同志因受伤共有 7 元（3 元医疗费）。

玉莲同志把重伤员带到福建去（21 个），在福建猪子崇、雷屋墩给敌人打散了，结果汀瑞县委把玉莲同 5 个伤员接去了。在游击队中仍又【从事】医务工作。当时药品缺乏，几年内只看到 9 寸纱布、1 瓶消毒水、1 瓶硫钠，全用草药，给受伤的用臭七跟弄火蒸敷上，快结口的用秋鱼草根、红根子苗，用这种药治好刘贵生等 5 人。

国共合作后，玉莲同志被调到瑞金县新四军办事处做伙夫，并在内部同志中做党的工作，向他们宣传共产党一定会胜利。

1938 年十一月十二日晚 11 点钟，玉莲同志和胡荣佳等同志 40 余人被捕。释放后，还送饭给胡荣佳吃。后经李贤胜同志介绍，和他哥哥李贤礼结婚（瑞金山崇）。

在游击队中，生活十分艰苦，用萤火虫放到电盏当火光走路，只班长以上才能用手电。

队伍被敌人打散，用做鸟叫等信号才能取得联系。

游击队伤员住在山上茅棚中，又经常移动，玉莲同志守在那里，不管怎样困难，伤员不会挨饿。

32. 曾纪梅同志谈革命斗争

初福建荣坑暴动，后兰田邱屋邱作顺等同志接头，荣坑暴动队曾来兰田打曾纪荣、曾纪岗两个富农，〈于是〉兰田人民怕本地富农全部被别处打掉，于是在 1929 年三月五日举行暴动，两天后到山崇打曾纪芝（富农），15 天后山崇、陶朱、安治相继暴动。

后跟着暴动队，参加朱总司令的军队，任过班长。1930 年十一月又【在】曾高龙介绍【下】加入共产党，参加过古城、瑞金战役，欧阳江、黄镇中匪军打来后，赤卫队解散，纪梅回家生产。

在游击战争中，特别是城里汀瑞县委后，为游击队买进电油、电筒、茶缸。欧阳江、邹邓富说她和游击队有联系，曾一槽纸被反动派没收。曾玉成牺牲后，在他身上找到一本折子，反动〔映〕军队要领，【以及】曾纪梅和曾玉成买卖货物的记载。100 多反动军队来捉曾纪梅，后在古城脱险，以后两个反动军队到古城捉，没有捉到。

33. 邓厌波同志关于革命斗争的介绍

1928 年红军（朱德同志部队），过长汀到龙岩、漳州，从漳州回到长汀。同年四月初九，加入青年团，第二年加入共产党（邓桂木为介绍人），曾担任工会主席。

1931 年参军上前线，在红军有 10 多块【钱】一个月，用不了的都买公债，所有一切生活用品都是公家发。因为有病就从部队请假回来了。

暴动后，人民生活很好，每亩田只需还 10 个〔担〕谷子土地税，造纸工人每天能得 5 个半毫子，每天工作 8 小时，开会也有工薪。工人选出负责人经营，同样和工人分钱。工作得闲的时候工人帮助农耕田，造纸工人组织工会，以每个人收入多少【来】缴会费。

工人中有党团组织和农民编在一个支部，打成一片。

暴动前工人帮老板做工，每天 10 多个小时，只能得到 4.5 个毫子，有时就 3 个毫子，没生活〔产〕就没有钱，生活艰苦。

34. 曾荣昌同志谈革命斗争

暴动前人们生活穷困，土地很少，都是租地主的，每亩租谷两担，缺耕牛，有时用人拉，青黄不接缺粮到山【挖】猪婆头、樵兜、芋蔗菜等野菜充饥。

这里接近福建，经常有土匪来这里抢，特别是年边的时候严重。

1928 年十一月十二月间古城彭德城等两人到邱屋邱作顺家进行革命活动，长埠有曾纪生联系革命活动。

1929 年三月六、七日，兰田邱屋暴动，到麦山下打土豪区广耀、刘民祥。接着陶朱、安治先后暴动。

暴动时成立农会，邱作顺为主席，到 1929 年五月分青苗时改成乡苏维埃，赖振生为主席，五月间在安治成立区政府，随后成立瑞金县政府，希平为主席。

暴动队到瑞金以后，以杨斗文为首成立支队。

1927 年冬—1930 年五月，为乡工会文书。1929 年六月为乡交通站站长。1930 年七月朱炳南介绍加入共产党。1930 年十一月调到革头寨江西党校学习两星期，后到瑞金县委学习两星期，随后调到陶黄为区委书记。当时以扩大红军为中心工作，还进行查田、归队等运动（1931 年五月，为扩军运动月）。陶阳区一个月内去 400 多人，受到县首长的表扬，热烈地到仔犁岗来迎接他们。全县扩军

8000 多人。

虽然有人参军，但不影响劳动力，发动妇女参加劳动，组织耕田队，帮助军烈属，妇女参军很少，只有上前担任看护、洗衣等工作，单黄陶区有 60 人。

文化教育大大发展。各乡设有列宁小学，免费上学，每村组织识字班，多在晚上学习。机关里学习文化，每星期出报，每人都要投稿（作歌、批评、检讨）。当时革命干部没有薪【水】发，自己带米（曾荣昌 1933 年调到沙州下桥区任区委书记，带了 3 个月米去）。干部在星期天还要下乡生产。

1933 年中央局查田检阅，召开区书记会。

1933 年十二月回家（因病）。1934 年四月病好到陶阳区任财政部长。主要工作是查田、复查阶级和田地、收集埋藏的钱财。又因病回家，后没有参加革命工作。

暴动后人民生活大有好转，米肉便宜（米三角一斗）。只有盐很困难。工人在暴动后组织工会，每天劳动 8 小时，每月有 1 块多工资，生活大有改善，学徒不但不要钱，而且还有半个人的工资。工人热烈地募捐、购买公债。工人还要进行学习文化、政治和军事操练。

当时组织互济会，个别有困难的，由互济会调查写报告呈中央批准，给以救济。还组织反帝大同盟，参加这两个组织，每月缴会费是一个铜板，要一个介绍人，富农地主不得加入，品质不好的也不能参加。（经教育后有好转的能参加。）

35. 曾昭隆同志介绍革命斗争

曾昭隆，1931 年八月—1934 年六月为乡苏维埃主席，兰田暴动他都参加了。1934 年七月调桃阳区担任国民经济部副部长。现养猪，肥料场场长。（党员）

1929 年以前兰崇人民生活贫困，农民大都没有田地，耕的田地都是姓赖、刘、胡、曾等公堂里的（大都是瑞金县城的），农民有 10 担田的为最多（都是下田，4 担田为一亩），10 家中只有 6 家有耕牛，有的也是三四家共一条。没有牛的租别人牛要租税，水牛耕田一担谷 6 斤，黄牛则 4 斤。农民做零工，一天只有 2 毫子（打米一升半），砍伐木头每天有三四毫。

工人生活更苦（造纸工人），小脚每天 4 毫（小脚驮材、烧火，技术差的），大脚 7～8 毫（技术较高，掌握造纸技术）。

在政治上国民党反动派统治较弱，没有保长等伪机关交通后，只有些"长年斯文"等封建坝〔霸〕头。

早在 1927—1928 年，这里农民和纸业工人与瑞金城邱子利（招牌）、红纸行（伙夫）、豺狗仔有来往（应为豺狗仔常来这里收买纸张），这里工人也常到街，在店里落脚。兰夏桥经豺狗仔介绍到店里和这里工人来往认识了。因此在 1929 年十月从闽西到兰田邱屋邱作顺家住宿两夜，进行革命活动，发展邱作顺、邱士元、邱作为三个为党员，后邱作顺发展外甥邓希平，到各地进行秘密革命活动。

1930 年三月二十一日暴动前开了三次会。

① 1930 年一月二十四日 60 多人参加，首先是登记家庭情况、宣誓吃血酒，提出口号："打倒蒋介石！""打倒帝国主义！""杀劣绅，打土豪分田地！"

② 1930 年二月九日讨论哪些人参加农会而不会走漏消息，入农会要一个介绍人，有红袖套，当时农民协会邱作民为主任，邱作顺为文书。

③ 1930 年三月二十一日，举行暴动，兰夏桥为领导，事前他向大家指示，暴动分两路进行：一路捉陶朱刘明德小老婆；二路捉抗拒入农会的梅子坝李红发。

接着陶朱、安治、黄白相继暴动，编成暴动队（兰田队），邱作顺是主要负责人，共有 300 多人，武器以梭镖为主，只有邱作利有一只左轮，当时闽西革命委员会派 6 个人带 3 支步枪来搜。

暴动队主要操练（一天3次），有时也上政治课，主要讲如何发展革命势力。

1930年四月，暴动队1400人（配合瑞金四纵队），邓希平为领导，打败胡子炎，攻下古城，住了几天暴动队调回搞农业生产，成立古城农民协会，留200多【人】守古城。

1930年五月初，集合暴动队1600多人在长汀配合朱德第四军在五节脑打败郭凤鸣残部300名〔人〕，在长汀住两晚，兰田暴动队12人支援参加第四军，其余回家作田。

1930年五月间配合四军打瑞金。（共1400【人】暴动队，四纵队有80余条枪，安治、陶朱、兰田只有9条枪）

1931年正月，配合十二军（军长瑞金邱新），打回瑞金，后到福建。

1931年以后，农民协会改成苏维埃，主席曾昭隆，文书曾光润，党支书曾纪隆，组织部曾展发，宣传部王桂英，团支书曾庆德，组织部曾进瑶，宣传部王锦辉。

互济会，会长曾传顺，贫农团曾纪长，反帝大同盟主任曾传顺兼，妇女主席王桂英兼，洗衣队、维持队（后耕田队）、慰劳队、担架队。

1932年二月间掀起整排参军热潮。

1930年五月分青苗（第一次分田），分工人、农民、富农之等级。

1931年四月第二次分田，仍分三等级。工农会平均分配，富农分坏田。

1933年掀起归队运动，没有度假的一律归队，假期满的也归队，结果16个归队，担架队，洗衣队（1932年二月组成），1933年十月间开始，担架队日日夜【夜】（每天需50人），由四都到瑞金。

1932年正月，兰夏桥同李天富来兰田，了解积极【的】干部。

1932年三月，兰夏桥来兰田扣留邱士亮（党员）、曾庆生、曾纪松、曾纪林三个农民，并加以杀害（诬衊〔陷〕是AB团）。

1932年四月李天富来兰田扣留15人，杀害14人，全部党团员，其中有乡主席（吴明荣）、赤卫大队长（曾庆日）、少先队长（曾庆盛），说他们有相片在瑞金，是AB团，凡承认的就放，不承认的就杀。

1932年三、四月间，组织肃反委员会，李天富为主任，刘子文为文书，李天富爱人（傅科招）为宣传部长，杀、放干部完全由他们三人决定，同年四、五月间杀兰田10多个干部，前后共杀40多个。

李天富和兰夏桥是兄弟，李天富杀了兰夏桥，跑到长汀投敌，敌人不相信他，结果〔把他〕杀了。①

36. 李贤杨同志谈革命斗争

1930年三月暴动，由邱屋开始，以邱作顺为首，当时有山崇、长埠、塘圻等地人参加，首先打梅子坝李红发，后到麦山下打土豪。

1931年三月瑞金安稳下来，成立警卫团，李贤杨当传令兵，1931年由赖海山介绍入党。

1931年李天富对革命同志屠杀，单陶阳区杀了1000多人，他讲："陶阳石头都红了，人种要换过。"李天富诬衅〔陷〕贤杨是AB团，发到福建、长汀、连城做苦工三个月，后回家生产，负责职业社当组长。

1934年红军北上抗日后，留下部分游击队，分三大队。第一大队岭背、兰田，以胡荣佳为首。第二大队在沙拉子，钟民为首。第三大队至武阳，刘国兴为首。成立汀瑞县委后，刘辉山为区委。国共合作时，大部游击队编为新四军，留下少量游击队进行斗争。1946年刘国荣牺牲后，严炳成叛变投降欧阳江，游击队解散。

---

① 原文如此。

（二）安治乡人民革命斗争史料

前　言

这是一份资料性的史料采编。

安治人民在共产党领导下的革命斗争的历史是极其丰富的。

1927 年，八一起义军由赣入闽，路经安治，这里的劳苦工农群众和受革命影响的、进步的知识分子，自此，无产阶级的革命思想和行动，就在他们中间产生了深刻的影响。同年，在党的秘密组织的领导下，安治成为瑞金革命活动最早的地区之一。1930年在党直接领导下安治的暴动和夺取瑞金县城胜利，是人民向反动派发射的第一颗炮弹，震动全县。在为保卫年轻的苏维埃政权的斗争中和近四年的苏维埃政权建设时期，安治人民都有过很大的贡献。在头尾十三年的游击战争时期，安治人民在党的领导下，在艰苦的环境中，前赴后继，英勇牺牲，和反动派展开了最残酷的斗争，给敌人以严重的打击。这是瑞金人民革命史中最光辉的一页。

为了编写中央苏区革命史和瑞金人民革命史，自 12 月 15 日至 23 日，我们调查组的同志和县、场的同志一道，在安治的地方（包括历任村）对革命史进行了一次较全面的调查。这次工作，是在省委调查队和中共瑞金县委、绵江垦殖场党委领导下进行的。由于调查期间不长，调查力量和我们水平的限制，又无成文材料可资参考，这一采编材料只凭张俊坤等 58 位同志的回忆和座谈的记录整理而成的。因而说这份资料，无任〔论〕从史料的系统性和问题的完整性，距离历史史实不远①。采编出来只作为编写地方革命史提供片段的材料和历史线索。不够和错误之处，尚待有关同志补充和调查、核实。

一、暴动前的安治

安治乡位于瑞金的东南隅，离城 11 华里，在竹园岭背山麓下，地形与四川相似，北与本县城关镇接壤，西连武阳石水，南与福建省四都区楼子坝交界，东接福建长汀县古城区严坑。

境内山岭重叠，山高入云，深坑大菜，又陡又险，丛林密布，芫茅遍生，村庄分散，屋子凌乱稀少，似繁星堕地，面积辽阔，方圆 100 华里（直 50 华里，横约 20 华里），气候正常温暖。

安治交通极为不便，没有公路，从城进去只有一条古老的羊肠小道，本地人赶集和县城附近砍柴樵夫来往于此道，那时人们贩运土特品只好靠肩挑背驮。

境内有小河两条，一条曰陶朱河，从福建境麻布岭出水，经过三星牛牯汶；一条曰黄鳝口河，发源福建楼子坝。二支在枫杵坪合江，汇成安治河，流入绵江，全河长达 56 里，河身狭窄终年水浅，只能行驶竹筏和水排。

土地革命前，名为桃阳隘，隘下分设 12 甲：营下、塔毕、黄先口、箬别、四坑、西坑、黄白、陶朱、陈坑、山崇、兰田。每个甲有地保，隘内人口 4000 余，平均每华里若〔约〕40 人。

安治人民以农、林为生，出产粮食、木材、纸、淮山。很早以来就有几个纸槽，深山里有着大批的造纸工人和挑纸客人。全隘土地 5912 亩，其中 76% 的系县域附近：彭坊、上杨、下塘、金田等地的大土豪、大公顷〔堂〕的，被宾兴桥局、杨家茂、杨家犹、钟天怀、钟大啦②、杨会卫等几个大土豪掌握了，其次是当地土豪与公

---

① 原文如此。
② 原文如此。

顷〔堂〕霸占着，如：刘忠汗一家70余亩，赤沙田一个万户公顷①就占田257亩。农民自己的土地寥寥无几，全靠租田【与】种土豪的田来维持生活。

这儿的土地贫瘠，里〔历〕来广种薄收，头尾二道不外400斤。

安治乡人民是忠厚老实的，用当时土豪讽刺的话来说："安治人吃豆腐不用醋——最软。"他们一向勤劳俭朴，长年累月辛勤在田中山上忘我地劳动着，引起了外地土豪劣绅的心烧眼红、仇视，互相争夺抢劫，特别是钟、刘、杨三大姓的大土豪大劣绅对他们的敲诈勒索、剥削、侮辱，十分恶劣、苛刻、无耻。"没有钱，就进安子前。"安治形成了地主阶级、封建势力宰割掠夺的集中点，加上自己上无片瓦，下无立锥，农民面前摆着两把刀，租子重，利钱高。土豪不顾农民死活，每年不论年成好坏、丰歉，起码要交六七八成②甚至十足。吃生谷的普遍的更是倒霉。就算低一点的，也是借一担还三箩，有的对加，挑一担还两担。赤沙田农民邓世安欠土豪胡会银生谷两担，不过五年光景，上利十五担。许多农民欠债满身、日愁三餐、夜愁一宿，过着"吃冷水伴猪婆菜"，穿"千块布子半斤线"的豆角衫，农民只好把"钵子当火笼，蓑衣、稻草当被盖，柴块当枕头，篾骨松光当油灯，烂布当洗巾，竹蔸当面盆"。陶朱甲有94户，够吃够用户6家（其中富农2户，中农4户），缺10【个】月口粮的2户，缺5个月口粮的31户，缺4个月口粮的13户，缺3个月口粮的33户。陶朱老屋家一个屋场10家人全无土地房屋。广大农民受着这种残酷的压迫与沉重的剥削，弄得卖儿鬻女、离妻嫁媳或出典出卖自己心爱的一点土地房产，以资还债糊口。像这样的苦日子，怎么能过下去呢？

---

① 原文如此。
② 原文如此。

二、革命起源和武装暴动

（一）在进步思想影响下的知识分子的出路

在这种普遍痛苦的情况下，知识分子也想找寻出路，在进步思想影响下的知识分子逐渐清醒。正值此时，安治乡的知识分子如邓希平、谢云鹤等在赣州师范毕业（1923年），回来便在赤沙田创办醒群小学，教新书，这时就受到地方封建势力的阻压。与此同时，在赤沙田的萃英堂教老书的刘启英、刘振挑的蒙馆，就竭力反对教新书，并叫家长不要把子弟送到新书学堂读书。于是便展开了教新书与教老书的激烈斗争。邓希平、谢云鹤和他们的同学刘忠恩、钟腾显、杨斗文等，团结起来想方设法，积极深入地多方面向学生家长宣传读新书的好处和谈读老书的害处，经过一番斗争，终于获得了胜利。教老书的萃英堂解散了。

后来，谢云鹤、刘忠恩、杨斗文、钟腾显、杨金山等都在粤军兰玉田部下当兵去了，虽然人在兵营中，心却想着另谋生计，当兵一年以后，便拖枪潜逃回家（将枪埋在刘忠恩家的后屋），与邓希平等计议待机起事。

（二）在党领导和影响下积极宣传和组织活动

1927年"四一二"事变以后，蒋介石叛变了革命，大肆屠杀共产党员，实行血腥残暴的独裁统治。在这种情况下，我们党在周恩来、朱德同志领导下，于南昌举行八一武装起义。在起义军经过瑞金安治时，就播下了革命种子。沿途写了许多标语，如"打土豪分田地""万户欠我钱，千户不管闲，百户跟我走，月月八块钱"等口号，都给当地群众留下了深刻的影响。

闽西政府派兰夏桥等同志来瑞金，做地下工作，兰夏桥首先在瑞金城邱正利红纸行里，经当时在店内做炊事员的弟弟豺狗子的介绍，认识了许多经常来往的挑纸工人，其中邱作顺首先和兰夏桥取得了密切联系，不久便发展邱作顺、邱士高、邱作为为共产党员，后经过邱作顺的介绍，兰夏桥认识了邓希平（邱作顺是邓希平的舅舅），并由希平的介绍认识了谢云鹤、刘忠恩、钟腾显等人。1928年初，邓希平等入党，同年3月1日兰夏桥从闽西来到邓希平家里，在谢云鹤的楼上开了第一次秘密会议。3月20日兰又来研究扩大组织的问题，规定一个人介绍三个，用"亲找亲，朋邀朋，邻串邻"的办法扩大组织，并规定绝对保密，发展对象越穷越好，挑担的工人和雇农是第一号的发展对象。4月初，兰又来研究党的工作，规定每月开会两次，当时已经发展党员五六十人。

与发展党组织的同时，不断深入进行宣传工作。当时邓希平、谢云鹤、刘忠恩等经常到各屋结合农民切身生活进行宣传，说明穷人为什么穷富人为什么富的道理，指出一担还三箩的苛重剥削使富的更富，穷的更穷。说明穷人要翻身只有起来打土豪、分田地才有出路。竭力鼓动农民抗租抗债。于是群众觉悟越来越高，党的地下组织也发展得越来越大。这时已经有了少数枪支，处于张弓待发之际。

县府闻知安治革命势力越来越大，大为震惊，但因摸不清底细，一时也无计可施，甚至反动官员也不敢轻易到安治乡来。到1929年6月间有谢仁挑等人告密自卫团团长赖世铭，赖匪随即派三连人分头来捉，一个连去沙窝捉杨世昌，一个连去兰田捉邱作顺，一个连到先下捉谢云鹤，于是云鹤于6月11日晚在屋后的半山腰间被捕。与此同一天，刘忠恩也在瑞金城的大桥上被捕（邓希平发觉后，当即逃脱幸免）。同年6月十18日，谢、刘两同志不幸死于刽子手的屠刀之下。

反动派的屠杀，并没有吓倒革命的安治人民。他们继续在共产党员邓希平等同志的领导下，为求自由、求解放、为替死难同志报仇，更奋发团结地继续斗争。他们酝酿着更大规模的反抗。

（三）武装暴动！向封建土豪开火！

1934年3、4月间，暴动队伍如雨后春笋，迅猛异常，磅礴于整个安治乡，其势之大竟席卷了整个瑞金，瑞金的反动政权处于风雨飘摇、一推即倒之中。

　　1930 年 3 月初，安治各地都策划暴动，今兰田、林星、红林、安治前都先后经过了酝酿准备的紧张阶段。2 月 28 日，兰夏桥从寻乌写给谢云鹤、邓希平的信中说：要立即准备好 60 个红袖套和两面红旗，并说 2 月 30 日① 他那里有 20 支枪调来支援，要派人去接，3 月 4 日晚，兰夏桥来到邓希平家里，当即召开了秘密会议，商议暴动计划。参加者有邓希平、谢崇贤、杨世昌、刘兴金等人，会议决定在安治前首先举旗，先缴下流氓杨家弟的枪，然后攻打土豪张学铭。

　　3 月 1 日傍晚，暴动队的群众 200 多人，情绪激昂，浩浩荡荡向安治前集合，虽然只有枪廿余支，绝大部分都拖梭镖、握鸟铳，但个个都精神饱满、斗志昂扬，当红旗飘扬在安治前的时候，一片欢腾。当即枪毙了流氓杨家弟，夺其四支长枪、一把手枪，吹起军号，又向邓希平家的厅堂门口集合，邓希平登台向暴动群众讲话，在他说明了暴动的意义之后，便号召立即打倒土豪张学铭，为死难的谢云鹤、刘忠恩报仇！当暴动队伍开到张学铭家门前的时候，张早已有了准备，土围子里摆了不少土炮，暴动队便喊口号：活捉土豪张学铭！穷人不打穷人！待到黎明时分，正面的队伍冲进去，两边保卫，攻垮了有土炮守卫的土围子，张学铭早已逃走，暴动队便没收了他的家产，并将缴来的食物、粮食分给大家。

　　接着便在老兰屋成立了农民协会，并将暴动队伍驻扎在仙下，经常出去打土豪，把附近地主土豪的谷子都挑出分给无谷可食的贫苦农民，例如开土豪刘中焕的仓，挑大塘面刘德富的谷子，而且还把兰屋桥下公堂庙产的谷子挑出来分。暴动取得了彻底的胜利，人们欢欣鼓舞地欢度自己盼望已久的幸福日子，保卫着自己的胜利果实，并酝酿着更大规模的斗争。

　　紧接安治前的暴动之后，许多地方都掀起了武装暴动。如陶朱大地堆插红旗的暴动人民也达数百，而且大打土豪、大分粮食给贫

---

① 原文如此。

苦群众，取得很大的胜利。其中尤以 3 月 21 日兰崇邱屋的武装暴动更为突出，在暴动前就有充分的准备，有严密的组织和计划。从暴动的酝酿阶段来说，邱屋的暴动要比安治早。早在暴动前就开了三次会议：1930 年 1 月 24 日首先有 60 多人开大会，吃血酒宣誓。提出"打土豪、杀劣绅、分田地"的口号。3 月 19 日暴动群众又集会讨论了组织和参加农民协会的问题，规定不准泄露消息。规定入农会，一定要一人做介绍，每人发红袖套，并选出邱作民为主任，邱作勤为支书。3 月 21 日正式插旗暴动。暴动群众在共产党员兰夏桥、邱作顺同志的领导下取得了完全的胜利。第一路捉到土豪刘明德的小老婆，第二路捉到破坏农会的梅子坝坏分子李红发。接着还进行了打土豪、分粮食的斗争。

此外，历任村的农民刘世仪等 4 月初也和邓希平取得联系，带回一面农民协会的红旗和一个农民协会的章子，经过初步准备后，便在 4 月 7 日在历任庙门口插上红旗，参加的贫苦农民有李兴发、李春章、李春陶等廿多人。

这些暴动都由于有党的领导，充分发动了群众，群众斗争积极性十分高涨，所以都获得了胜利，胜利了的暴动群众，正在积极准备更大规模的武装斗争。

三、第一个苏维埃政权的建立和自卫战争

（一）夺取县城和各地苏维埃政权的建立

在如春雷震天、迅猛异常的各地暴动获得巨大胜利的基础上，经过事先精密的筹划，安治邓希平、武阳杨斗文与九堡周昌仁联系，约定 1930 年 3 月 29 日攻打瑞金伪县府。当暴动分三路进发，九堡虽然没赶到，但其他三路已进占了瑞金城，城内的伪县长和地主豪绅着了慌，狼狈地逃走。暴动群众打下了县城，立即烧毁反动文件，开监狱放出了许多被诬害、被摧残的群众，夺取瑞金全城获得了圆满的胜利。

1930 年 3 月 29 日这一天，是瑞金人民难忘的一天，红旗飘扬

在瑞金城，瑞金城第一次被解放，城内宣传标语到处都是，写着：
"打土豪、分田地！""欢迎白军官兵投诚！"

城里、城外到处都有宣传队，宣传着："抗租抗债分田地，自由结婚废封建。打掉苛捐和什税，穷人翻身有自由。"

打下了瑞金城，推翻了反动政权，不久革命军与委员会成立，各区建立了区苏维埃政权。陶阳区苏维埃主席由宋群任主席。

成立了苏维埃后，继续进行打土豪、分田地，5月就开始分青苗，陶朱人民每人分到了八担半（约二亩零二），地方武装继续扩大。

（二）自卫战争

1930年5月出发去打古城的伪军胡子炎，在打古城前，还先在古城内做过工作，结果缴到了靖卫团五支枪。7月转分三路，配合武阳武装去打九堡，因九堡是地主恶霸之巢窝，暴动队打瑞金城时，城内地主恶霸狼狈地逃往九堡，九堡本来地主较多，因此城内外地主恶霸狼狈为奸，勾结在一起到九堡，在九堡成立"瑞金民团"，钟运标自命为团长。革命人民为了继续向地主豪绅斗争，1930年7月去打九堡的欧阳江敌军，打九堡的宣传部队还做了许多宣传工作，宣传："穷人如何受压迫，要起来反对国民党，要反对国民党首先要把欧阳江赶。"因此九堡的人民也带了几条枪暴动起来，由于敌人力量大，九堡附近筑了许多沟道，我们攻了三次九堡未攻下，九堡暴动也失败了。

1930年11月九堡反革命进占了瑞金城，县苏维埃转移到瑞金安治前，继续组织武装和敌人斗争。但是由于我们的武装调走了几百人，准备去攻打赣州，而敌人以钟运标为首几个分团流氓地主反革命共有100多人进占了安治乡。敌人进占了安治乡后，用尽了最毒辣、最无耻的手段，杀害我革命同志和革命的群众，抢劫我农具耕牛，烧毁我房屋，仅9月10日—10月13日共烧了五次安治乡。

第一次烧：1930年9月10日烧安治前。

第二次烧：1930年9月18日烧清山下。

第三次烧：1930 年 9 月 19 日烧陶朱。

第五次烧：1930 年 10 月 13 日烧安治。[①]

据统计，被烧去的房屋：

林星社 283 间，希平社 525 间，共 808 间。

被烧去的内厅：

林星社 31 间，希平社 15 间，共 46 间。

被烧去的房屋和内厅共 854 间，被杀害的干部和群众有千余人，被烧去的农具、耕牛、衣棉是很多的，只从希平的统计来看【如下】。

耕牛：被烧去和抢去有 346 只〔头〕。

粮食：被烧去和抢去有 4556 担。

农具：被烧去和抢去有 2872 件。

衣棉：被烧去和抢去有 4180 件。

房屋：被烧去和抢去有 525 间。

内厅：被烧去和抢去有 31 只〔间〕。

敌人所到之处，无不焚之屋，无不伐之杆，无不杀之鸡犬，无遗留之壮丁。

欧匪阳江、钟匪运标是安治人民的死敌。反动派的滔天罪行，更激起了人民极大的愤怒，人民不惜任何牺牲和敌人坚决斗争到底，直到最后胜利。

事实如此，任凭敌人如何利用最毒辣、最卑鄙的手段，县苏维埃政府一直仍然存在。

1930 年 9 月 18 日县苏维埃由瑞金迁到陶朱。

1930 年 12 月 1 日县苏维埃由陶朱迁到山崇。

1931 年正月四日县苏维埃由山崇迁安治前。

1931 年二月县苏维埃由安治前迁回瑞金城。苏维埃政府一直领导着人民与敌人进行斗争和组织人民继续生产，人民一面生产一

---

① 缺第四次烧，原文如此。

面放哨，当敌人来了的时候，就上山反击敌人。在山崇时，县苏维埃组织人民挖战壕、筑工事，日夜开会，计划如何恢复瑞金城，革命人民都表示坚决不怕死，一定要打回瑞金城去。

终于在1930年正月红军三十五军军长邓义江部队从西江到安治，安治人民又重见天日，邓义江到安治的第二天就去攻打瑞金，因弹药缺乏未克。1931年2月罗炳辉师长打下了瑞金城，瑞金红旗重飘扬。

四、在保卫和建设苏维埃政权时期的斗争

（一）政权建设

1931年罗炳辉十二军来瑞金，全县人民积极配合罗部英勇作战，在攻下县城的时候缴匪欧阳江80多条枪。1931年正月十九日，在黄埔桥头把白军消灭了很多，从此赶走和消灭了瑞金一切反动武装，到1932年5月会昌、于都、瑞金等县都成为红色区域。红色根据地的扩大，反动武装的消灭，使瑞金苏维埃政权得到巩固。瑞金人民在共产党和苏维埃政府的领导下，为保卫和建设苏维埃政权，进行着英勇顽强的斗争。

革命形势稳定以后，各地把暴动时成立的农民协会改为苏维埃政权；初成立乡苏维埃，如兰田乡成立了完整的政权组织：主席曾昭隆、文书曾广润、党支书曾纪隆、组织部曾发苓、宣传部王桂英、团支书曾广德、团组织部曾进瑶、团宣传部王绵辉。

1931年成立桃阳区苏维埃，主席林光苲、党支部曾荣昌。有兰田、大塘、黄白、薯白、安治、陶朱六个乡。后为了便于领导和进行工作，1931年12月陶阳区改成陶黄区，有兰田、陶朱、薯白、黄鳝口、高△、黄白等14个乡。当时区乡有妇女主席，她们和男人一样参加各种工作。

当时战争很多，防卫敌人的进攻和打击消灭敌人，成为日常最重要的任务。在桃阳区各地实现全民皆兵，一切为战争服务，成立各种军事组织。

16 岁以下的儿童组织儿童团，他们白天放哨，宣传讲卫生、学文化和军事知识。16—23 岁组织少先队。24 岁以上的组织赤卫军，他们中优秀的组成模范少队和模范营，白天黑夜放哨，经常操练，随时准备消灭敌人。

还组织洗衣队、慰劳队、宣传队、补衣队、耕田队、运输队、破坏队等军事组织。

（二）反革命分子李天富乘肃反机会对革命同志的杀害

为了巩固苏维埃政权、肃清打进苏维埃政权中的一切反革命分子，党提出肃反运动，但是混进革命队伍和抓着权力的反革命分子李天富乘此机会屠杀许多忠于革命的共产党员和革命干部。李天富说："陶朱区连石头都红了，人种要换。"从 1931 年 4 月—1931 年 7 月短短的几个月中，屠杀陶黄区革命干部 200 多人。如 1931 年 4 月李在兰田一次屠杀 14 人，其中有乡主席曾明荣、赤卫大队长曾广日、少先队长曾广盛。诬陷他们是 AB 团，说有相片没有带来。用严刑拷问，结果大部分共产党员、青年团员、革命干部被杀害。

许多同志虽然遭到反革命分子李天富的杀害，敌人虽然对苏区进攻和种种破坏，但陶黄区人民在共产党和毛主席的英明领导下，坚决粉碎了敌人的阴谋破坏，积极响应苏维埃政府的号召，在保卫和建设苏维埃政权的斗争中，作出光辉的贡献。

（三）安治人民响应扩军号召

陶阳区人民积极响应扩军号召，在 1931 年 5 月扩军运动中，陶阳区参军的有 400 多人，受到县首长的表扬，在扩军运动中，出现许多人的事迹，很多妻子送郎、母亲送儿子，兄弟争着参军。

当时流传着"送郎去参军，努力杀敌人，消灭敌人，我们又安心"的革命歌曲。

1932 年 9 月李贤胜兄弟三人参军（山崇人），评为模范。特别是贤胜爱人刘福娣同志，做好布草鞋，背上包袱，把爱人送到区苏维埃政府，并鼓励贤胜同志努力杀敌人，"打倒了反动派，回来做恩爱夫妻"。在他们的带动下，全连 120 人全部参加工农红军。

当时历任村在各次扩军运动中，取得很大成绩。1931 年第一次上前线的有 18 人，1932 年第二次上前线的有 60 多人，1933 年第三次上前线的有全部少先队、模范少先队、模范营、赤卫军。

特别是安治前迅速完成扩军任务得到一等奖旗。

各地儿童团在扩军运动中很积极，看到有人不愿参军的，他们就跟在后面宣传唱歌，直到参军为止。

广大青年妇女，也积极响应扩军号召，陶黄区有 60 个上前线做护士工作和为红军战士洗衣服，青年妇女还发动群众采野果子，慰劳红军，为战士做布草鞋、补衣服，安治前的妇女还热情地慰劳病伤员，有的为行动不便的伤员脱裤子解小便，前线没有衣服，她们就做衣服，前线没有被子，她们就把自己的被子拿出来；各地还组织担架队、运输队支援前方，历任村担架队到福建建宁、漳州、沙县和江西广昌、南丰。1932 年以后，兰田日日夜夜都有 50 人参加担架工作。后方还组织耕田队，自己带饭去为军烈属耕田和做家务事。当时后方人民和前线战士，视如亲骨，如同一家。

（四）土地改革后人们生活的改善

1931 年 5 月间进行土改，安治乡各地基本上分工人、农民、富农三个等级进行分田，工农分好田，富农分下田，地主不分田。

1932 年 6 月进行查田，抽肥补瘦，抽多补少。

农民除分到田地，还分到农具、耕田，由当地政府调用（因为不够）。废除了一切苛捐杂税，当时每亩田能产 300～400 斤谷子，而每亩只要交 10 斤土地税。米肉都很便宜，人民生活大大改善了，山林树木也分给贫雇农。

当时在乡里设有贫农店，即客店，招待来往的革命同志，有烟酒、豆干卖，区设财政部，有银行、消费分社，合作社是集股兴办的，人多多出几股，人少少出几股，乡也有。陶黄区消费社经营很大，经常有人到中央财政部换银圆，到白区贩货，卖盐、油、布、日用品、农具，代购代销。

1933 年敌人实行封锁，苏区盐、布很缺乏，盐一元只能买一两或五钱，红军家属能得到优待，一元能买六两。布一元二角一尺。但共产党、苏维埃政府领导人民熬硝盐，组织硝盐合作社商店，往往撑船的把盐放到竹筒里然后放到船底下从白区运到苏区，人民把好盐运到前线士兵吃，同种种困难作斗争。

当时我们的经济来源是土地税、打土豪罚款。

苏区人民成立总工会，下面有竹业、纸业到理发、木业、苦力、雇农等工会。工人在工会领导下进行生产，不再受老板的剥削。每天工作 8 小时，开会也有工资，当时造纸工人每天生产 5 刀纸，有 5 个半毫子工资，一月有一元多工薪，学徒不但不要钱，而且有半个人的工资。

苏区人民不论男女老少都要参加生产，生活很艰苦朴素。干部没有工薪，只有伙食费，到后来自己带伙食去办公。星期天干部参加生产，工人下班后，有时也帮助农民耕田，1931 年以后政府发行公债，人民踊跃购买，特别是工人起模范带头作用。

（五）文教事业的发展和各种群众组织

苏区文教事业很发展，各乡设有列宁小学，儿童团免费受教育，青年人、老年人参加识字班，一般在夜晚进行学习。各村设有俱乐部，进行唱歌、演戏等活动。机关干部也要学习文化，每星期出墙报，大家批评、表扬都写成稿件，到处是一片欢乐的新气象（地主、富农不能享受）。

各地有反帝大同盟，反帝大同盟宣传反帝斗争，到每一个运动时发展成员。参加者要一个介绍人，每月一个铜板为会费（地主、坏分子不能参加）。

互济会调查军队烈属等，有困难的给以补助。

还有妇女革命救济会、拥护红军委员会等组织。

在苏维埃政权存在的五年中，敌人先后五次到这里，欧阳江军队曾先后五次烧毁这里人民的房屋。在安治桥上写着"陶朱府，大田县，安治子，金銮殿，被我一把火，勾上孤老院"的反动标语。

但在共产党和苏维埃政府的领导下，粉碎了敌人的进攻。

当时坏分子到处造谣说："白转来，日子过得更好。"敌人造谣破坏同样遭到人民的镇压。

红军北上后，安治乡人民，仍然积极参加和支援游击队，打击敌人，为苏维埃政权最后的胜利而斗争。

五、红军北上后在安治乡的游击斗争

1934 年 10 月 15 日，红军在党的领导和苏区人民的支援下，粉碎了国民党反动派的五次围攻后，鉴于日本帝国主义对中国的猖狂进攻，亡国亡族迫在眉睫，于是举行了举世罕有的二万五千里长征，坚决北上抗日，解救民族的危急。

（一）瑞金人民起来对反动派的斗争

党中央和红军离开了瑞金等革命根据地后，紧接着就是国民党反动派重新占据了红色的瑞金，恐怖的统治又重新笼罩了整个瑞金县，反动派一回来，就在群众家里抢粮、杀猪、烫牛羊、打鸡鸭、抓夫拉丁……被农民打倒的土豪劣绅也大举地向人民进行反攻倒算，并且成立伪联保办事处、义勇队等，企图窒息人民的继续斗争。革命同志与红军家属的家产被没收，干部被抓去，有钱的要罚钱，没有钱的就杀去，用毒药毒死。

但是由共产党和毛主席亲手培育起来的瑞金人民没有被敌人的残暴统治和惨无人道的酷刑所屈服吓倒，相反地继承了光荣的革命传统，高举红旗与反动派进行英勇地斗争。他们趁反动派还没有到来之前，就在坚壁清野，把粮食等东西搬到山上去。他们不愿意给敌人效劳，上山组织游击队，准备与反动派展开艰巨的斗争。

当时参加游击队的多是地方干部，有男的，有女的，组织办法是：除成立独立营，还按区组织区游击队，按乡组成乡游击队（即按当时区、乡苏维埃为单位），统一由苏维埃政府领导。

县苏维埃设在铜钵山上，游击队里有大队长、政治指导员、排长、班长、参谋长、裁判长、司令员，主要任务是打国民党联保办事处。

以后为了更好地〈进行〉对敌人展开斗争，依照党中央办事处的指示，以绵江河为界，把整个瑞金游击队分为河东、河西二支，1935 年 7 月间国民党福建、广东、江西的力量对我们北上以后存下来的游击队进行"会剿"，敌人非常猖獗，瑞金游击队为了发挥战斗上更大的能动性，分为三部分，由钟民、胡荣佳、刘国兴三同志分别带领，分三个地区进行活动，由汀瑞县委统一率领革命，胡荣佳同志在安治陶朱领导活动。

（二）安治人民对游击队的热烈支援

这一带地方到处是崇山峻岭，溪窄路小，林林深邃，成为游击队活动的妙地，然而更重要的是这些地区人民一贯继承了对敌人作英勇斗争的顽强精神、对革命全无二心的支援热情。1930 年许多革命志士，在安治桥上首先插上了红旗，接着浩浩荡荡的革命队伍，越过竹园岭背去攻打瑞金城，在游击战争时期，这里人民对游击队的支援也作出了惊人的贡献。游击队能坚持下来和敌人展开长期的斗争，其重要因素之一，就是有当地人民的全心全意地帮助，安治人民不管白狗子烧房子杀人和一切迫害严刑拷打，只要他们活着一天他们便千方百计支持游击队一天。

1935 年安治陶朱组织了瑞中区委（书记刘辉山、组织部长朱英、宣传部长陈辉城，下面有支部六个），在瑞中区委领导下，群众支援游击队更普遍和更热烈了。

不管反动派怎样封锁，人民依靠自己的组织，为游击队传送敌人活动的情报，将电池、牙膏、牙刷、毛巾等日用品和粮，甚至子弹、药品等秘密送到山上去，有游击队为了假冒国民党士兵而潜入敌人营里、队里去打击敌人。群众就想方设法搞到国民党军的帽徽、黄制服，冒着生命危险送到游击队去。1935 年敌人向游击队进行大规模的"清剿"。当时游击队子弹非常缺乏，胡荣佳发动地下工作人员刘辉山等号召群众为游击队收集子弹，结果人们以作打野猪、弹药治肚子痛为名，四处向白狗子和群众（在战乱中抢获的）买取子弹，不到十天就收到 300 多发，送到游击队去，解决了好久以来缺乏子弹的困难。棉衣也一样，如 1936 年一提出号召，很快地给游击队完成了卅余套，因此在群众中涌现了不少支援游击队的积极分子，其中最有名的和最典型的有赵淑清、刘福娣等同志，他（她）们被敌人打得不会走路和扣押了好几次，还是要给游击队出力。

游击队有了群众的热心帮助，减少了许多不容易解决的困难，逃出了无数险境，继续与敌人斗争。如有一次胡荣佳同志给毒蛇咬伤了，腿肿得很厉害，不会走路，吃野笋度日，后来刘福娣同志知道了，把他接到家里去休养一段时间，由于国民党封锁得非常严紧，不能送药品上山给胡同志治疗，钟炳英同志就假装上山挑柴，在竹杠中段削了个洞，结果把胡荣佳同志医治好。1937 年 5 月，这是青黄不接的时候，山上游击队的粮食很是困难，本来，游击队的粮食全是借口给了纸工（这里有 40 多个纸槽，纸工很多）需要为名而取得的，现在国民党为了加紧对游击队粮食的封锁，把纸槽也封闭了，所以粮食运不上山，当时地下工作同志刘辉山等，就发动了一批可靠的群众，偷偷把陶朱的保仓打开，用几天晚上的时间，把仓里七十多担谷子搬出砻好送到山上去，辉山同志当时担任保长。因为国民党的保长屡次给游击队杀掉，委派不下来。当时游击队就乘此机会，经过布置，通过民选方式，派出区的地下工作同志。因为又是保仓的三个委员之一，由于他的巧妙伪装，结果没有被敌人识破。

1936 年国共合作，国民党乘机扑灭游击队，首先在瑞金城国共合作办事处，抓去了游击队两【位】领导人钟民和胡荣佳同志（后经党营救出来）。接着又派大批匪军全面进攻搜山，企图一网打尽所有的游击队。这时，在游击队方面，大部分同志进行整编，走上了抗日前线，游击队只留下邹道隆、曾玉成等少数同志坚持。他们在敌人全面进攻搜山的情况下，继续了一个时期的艰苦游击生活，后来由于严炳成的叛变，游击队受到一些损失，又加上内部一些原因，剩下的少数游击队便于 1946 年下山了。

（三）1934—1946 年在安治乡的几次主要出击

1934 年三救张俊坤。

陶阳区裁判部长曾广成请假回家，在兰田叛变，当时游击队还不知道，因而派年纪很小的通讯员张俊坤同志送去一信，要他赶快回来。谁知曾不觉悟，反而把张俊坤同志扣押起来，成立联保办事处，来和游击队对抗，游击队在得知上述消息后，决定要救自己同志，并消灭叛徒。

为了乘敌不备，游击队在作出决定后，便迅速集中队伍出发，将成立不久的兰田联保办事处层层包围，但打到里面没有看见叛徒，张俊坤同志也不在，只有几个匪兵。经了解，原来叛徒曾广成押送张俊坤同志到安治前联保办事处去了。游击队缴了匪兵的枪，烧了联保办事处，转向安治前进发了。

安治前联保办事处匪徒们，以〈有〉城内国民党二十四师作后盾，非常骄横，针对这一情况，游击队便派了个会讲北方话的同志，充当二十四师送信的，乘敌人不备，消灭了门口的哨兵，然后大队的游击队一举冲进去，打得敌人呱呱叫，弄不清是哪里来的。但游击队搜遍了整个房子，也没有找到张俊坤同志，叛徒也不知哪去了，就退了回来。而事后了解，张俊坤同志当时在另一个房子关着，游击队没有搜查到。

第三次，安治联保办事处匪徒要张俊坤同志带路，上山找游击队，游击队便在槽碓坑打了一次伏击，张俊坤同志终于被救出来了。

1934 年 12 月活捉历任联保主任。

历任的联保办事处主任杨××，他常常打杀被抓去的革命同志，还敲诈钱财，对待一般群众也非常残酷，游击队知道后，决定除掉他，同时还了解到杨匪虽然没有掌握军队，但国民党有许多兵驻扎在他的住所附近，护卫着他，因此，游击队的行动就得谨慎。

一天晚上，游击队廿多同志，身带短刀、绳子，沿着通往杨匪住所的唯一小路走去，〈附〉布【置】好了岗哨后，由几个人走进杨匪的房子，绕岗缝窥见杨匪正在与几个豪绅〈在〉赌博，游击队几个人用肩【膀】同时有力把门推开，闯了进去，

把他们的口塞着，再缚紧，然后把杨匪一人拖出门外，四个人抬了好远才放下来，由他们自己走。

杨匪被拖走了好久，附近住着的国民党匪军才知道，砰砰地放枪了，但不敢追上来，把杨匪押到黄鳝口审讯后，杀去〔掉〕了。

1936年计杀匪保长曾昭波、曾广辉。

兰崇伪保长曾昭波，非常残暴，为了消灭曾匪，游击队布置地下工作同志打进他的义勇队里，以监视曾匪的行动。一天曾匪到古城去赶集，游击队知道后，在他回来时，〈用〉半路伏兵，把曾匪及他的卫兵三人打死，缴枪三支。继曾匪之后，又来了保长叫曾广辉，他说自己不同于曾昭波，并增买了枪，补充了力量，游击队获悉后，便策划打杀曾匪〈的计划〉。一晚，攻打队伍出发，到了目的地后，游击队打出〔进〕义勇队里的丘复高同志就用手电闪了三下，游击队便冲出去，敌人的枪的退子钩先被丘复高同志卸下，不能打，结果缴了敌人所有的枪，杀去所有的人。

先下手为强（1939年9月）。

开陶朱保仓，支援游击队这一回事，很久以来都没有走漏，但安治乡伪乡长邓天元却知道了，这就每时每刻在威胁到地下工作人员和一些帮助运粮群众的安全。另外，他还常与欧阳匪帮勾结，企图消灭游击队，这祸根必须坚决剿除。

一天，邓天元到陶朱来，游击队地下工作人员装着很热情地招待他，问道："邓乡长，久未到这里，这次来了应多住几天。""不，不能，我有工作，今天就要回去了。"

地下工作人员把这个消息通知游击队，游击队十多位同志，在曾玉情同志率领下，在陶朱将军湾伏着。不久，邓天元和伪乡干事杨衍燊及乡丁一人来到将军湾，伏在山上的游击队朝邓一开枪，邓急往河里跳，给游击队埋伏在坝上的人一枪打死在地上，伪乡干杨

衍燊被活捉，带到山上审问后也杀了。那个乡丁，经过教育后放回家生产。

这一枪总共缴了三支枪。

"割禾客"扁担打死刘立元（1940 年）。

邓天元被杀后，继任乡长的是刘立元，他仇恨游击队，欺迫百姓不亚于邓天元。他常带着白狗子挨户团专门打游击队，在村子里又百般敲诈，农民出田工作要他批条子，不给他批就要罚五个光洋，有时，还不分青红皂白，送进监里关起来。

安治地区游击队，领导人曾玉成，根据刘立元的罪恶，申请上级批准后，和七八个同志扮装"割禾客"的样子，到刘立元家门前来，刘的母亲听到这批"割禾客"要求雇佣的吵闹着，便破口大骂，曾玉成等同志为了引出刘立元，也大声骂他一顿。这时，在房子里擦枪的刘立元气冲冲地走出来，要打这些"割禾客"，"割禾客"们乘刘立元没有准备，夺了他手上的枪，用扁担把他打死了。

14 个和 120 多个（1941 年）。

地下工作人员刘辉山、宋英二【位】同志，被欧阳江匪军所迫，给他们领路到山上打游击队。刘、宋两同志同意了，但他首先把这消息告知游击队，叫他们在途中等着，游击队真的在所指定的地点分兵布守着。

宋英同志在最前头，辉山同志在后面，就这样领着欧阳江匪部一连人向岭背山走去，但敌人还没有全部进入圈套，其警犬便发觉游击队同志了，狗汪汪地叫。曾玉成领导的 14 位同志，再不能等下去了，手榴弹和枪同时向敌人开火，游击队一开枪敌人便举枪打倒宋英同志，辉山同志乘敌人在慌乱中从后门逃跑，有廿多个未进圈套的敌人追也追不上。

敌人几十多【个】，被游击队打得抱头鼠窜，但他们慌乱地向山上打枪，把游击队【员】打伤了一个。

曾玉成同志发现敌人的副连长在〔往〕山下逃跑，便急忙跳下山来，拿出绳套子，套着这副连长的颈项，用力把他扔在背上，以为不能活捉回去把他勒死也就算了。没想到这家伙举起他那支没有缴下的手枪，在玉成同志身上开了一枪，玉成同志受了重伤，但他未合上眼睛前，也给这家伙一枪，把他结束了，英勇的玉成同志，被同志们背了一里路便与世长辞了。

这次仗打得很漂亮，敌人100多【人】，游击队仅14个同志，打得他们叫天，死七八人，伤20多人，但游击队也蒙受了重大损失，那就是牺牲了曾玉成、宋英两【位】同志和伤了一位同志。

四、

瑞金县武阳乡
民间史料综合与
人民革命斗争史料

（一）武阳乡老同志座谈会记录整理

1. 访问招待所陈世球记录整理

陈世球，现年 55 岁，苏区时党员，1931 年在武阳区松山乡成立农民协会时任支部书记；1932 年临时中央政府成立时任武阳区军事部长；1934 年干部调动，调到瑞金县城内中央粮秣厂当管理员，专门从事部队供应工作；1934 年 7 月帮助一、二、三军团于兴国之〔的〕供应工作，9 月，粮秣厂解散，干部多回自己家乡，遂回武阳工作，参加游击队，坚持到 1946 年。

武阳革命爆发于 1929 年九月，起因：革命种子主要是闽西鄢寰带来的，鄢寰在 1929 年八月到过大塘面。这里开始时主要的领导人为杨斗文、杨士清、陈谋金。三人与鄢寰有联系。红军在麻子圳一战对这里革命也有一定影响。

杨斗文等开始宣传革命时，并未直接提出要起来革命，而是找一些年轻的贫雇农谈话，讲："不久你们的烂衫子脱掉，将来你们有希望……"搞到 1929 年十一月时问我们怕不怕有钱的人，有没有办法反对他们，打倒他们。又讲只有打倒有钱的人，我们才有办法。十二月时又跟我们讲明年元月初国民党六十八团、六十七团要经过这里。果然在 1930 年元月国民党六十八团来，他要我们去夺枪，并讲杀人要不见血。我们当时认为这是做不到的事，因为杀人一定有血，结果他告诉我们用勒死的办法。在风雨亭我们四五个人夺到了国民党掉队的三个士兵的枪。当天下午杨斗文还买了鸡、肉等请我们吃酒，枪还是归我们保管，我们当时感到莫名其妙，他要我们不要怕，慢慢地有钱的人都会被我们打倒。元月底二月初，六十八团、六十七团开走，他们又告诉我们，还有兵要来，要我们再去搞枪。在岗背旱塘子那里有很多小松树，我们躲在其中，结果又被我们搞死了两个尖兵，又夺到两支枪，这样一共搞到了四根枪，加上其他的人夺到的约有几十条枪，他们又告诉我们，枪要好好地保管，不要借给有钱的人。

1930年三月他们开始讲革命的道理，讲打土豪、分田地。我们听了很高兴，又讲没有钱也能有老婆，大家听了更高兴。第一次是在武阳排子脑讲革命的好处：欠债不要还，没有屋子的有屋子……当时我们还不知道怎样革命，他们又讲打土豪是将土豪抓起来罚款，分田地是将地主、富农的田分给大家，欠债不要还是将借契烧掉等等。三月中旬又在底下坝开会，要我们组织起来，服从领导。三月二十日以后在阳岗脑20多个人带了枪去开会，分作两部分力量，一部分是做秘密工作，另一部分去打土豪，专门讲暴动，怎么发动群众，贫雇农是我们革命方面的人。又点着香火跪着祭水，不准违背革命，如违背则要枪毙。那天晚上吃了晚饭后专门说此事，我们都很穷，大家都愿坚持革命，即使牺牲个人，也不能牵累别人。又问我们大家有没有决心，大家都讲有，就这样组成了暴动队。杨斗文为大队长，但不出面，由陈贻材代理。二十九日晚上要我们带了武装去老店市，分配了工作，晚上三四点钟出发，插了红旗，有镰刀、斧头、五星、"暴动队"字样，出发时与我们讲你们这些没有衣衫穿的队伍要出发了，到地主、土豪家中可将新衣穿上，钱则要集中。先打新中乡的大地主陈章泽，首先包围了他的住屋，趁黎明时陈章泽起来拉屎时将其抓起，没收其家产，将新衣穿在身上，东西挑进山去，杨斗文在大塘面、天门洞、竹子圳等我们。我当时未穿新衣，只拿了一把白扇。杨斗文问我为什么不穿新衣，我讲不要，他讲我很傻，当时是四月天气，中午很热，在过猴子洞时杨斗文问我拿扇子扇，我讲，老斗文你讲我傻，现在可有用处了。后来在大塘面又打了一大土豪刘德富，杨斗文拿了一身新衣服给我穿，又在地下挖到了 1000 多元花边。

武阳首先暴动的是 3 个乡——松山乡（陈姓）、武阳乡（邹姓）、螺石乡（杨姓）。当时武阳马其塘、刘国培又暴动起来，他的队伍开进黄竹圻坑，由于封建狭隘的地方观念陈贻材要与他们开火，杨斗文制止，讲要联合起来，增加力量。

五月朱总司令的队伍从瑞金经安富到会昌去，路经武阳。当时我们驻在莲花滩，有 20 多支枪，也跟着开到会昌，朱总司令请我们吃了饭，又给了 10 条枪，势力大增。当时兰夏桥也从安治到会昌，一两天后我们又开回武阳，到谢坊又缴了郭士何的 2 支步枪与 2 支盒子枪，并将郭抓起。当时谢坊还未暴动，由于封建地域观念，很多当地群众拿了梭镖，妄想抢回郭士何，我们架起了迫击炮（也是朱总司令送的），他们不敢来了。

五月时，九堡周昌仁与安治兰夏桥的暴动队都开到了武阳，我们编成一、二、三 3 个大队，〈约〉200 人左右，有 180 条枪。一枪未打开入了瑞金城，在瑞金罚了杨××的款，缴了一架留声机，于城内驻了一两天，又缴了国民党杨衍鸥的 6 支步枪、2 支盒子枪。以后我们又开向壬田，在经过鲍坊时国民党靖卫团钟××看到我们势力大，带了国民党的旗帜来迎接我们，夜晚缴了他们 20 多支枪，并枪毙了钟××，扎〔驻〕了一天，烧掉了大菩萨，进行政治宣传，讲革命的好处。以后又开到合龙乡打土豪，第二天国民党从长汀开来 2 个营将我们包围，我们都未当过兵，好在周昌仁的队伍中有 10 多个老兵。在合龙打一仗，我们第三大队原有 120 人左右，打败了回去仅有 40 余人，第一（周昌仁的）与第二（兰夏桥的）大队牺牲不多。

六月初，3 个大队在瑞金城外水心岭下又分为 3 个队，周昌仁的带回九堡，兰夏桥的带回安治，我们则回武阳，进行宣传工作，打土豪、分田地、焚烧契约。当时武阳已全区暴动，组织了农协会，我们回来时地主陈唐高的弟弟陈唐放讲"'土匪'，你们回来了！"。杨斗文当时要我们把他抓起来枪毙了。

周昌仁回九堡，由于顶不住袁国标（？）靖卫团的军队，又来到了武阳，杨斗文又马上写信到安治，兰夏桥的队伍于第二天也开到了武阳。壬田地主组织而成的邱××的"暴动队"也开到了武阳，周昌仁要开火打他们，杨斗文讲不要打，用法缴他们的枪，结果将邱××诱来三大队开会，杀死了邱，缴了他们的枪，他的部下愿意则留，不愿则发8块钱回家生产。队伍又进行重新整编，又分成了3个大队，每队六七十个人，枪也根据好坏搭配，在晚上即开往九堡。黎明时进入九堡，打败了袁国标（？）的靖卫团，缴了10多支枪，接着追到万田，由于道路生疏而罢。在九堡抓住了当地大劣绅刘雅堂，刘愿出2000花边买命，杨斗文不要他的钱，将刘枪毙了事。

西江反动派又进攻梅坑暴动，我们又开往西江，在石汀与五区联防（兴国、宁都、于都、会昌、瑞金）欧阳江打，缴到了四五支枪，又回瑞金驻扎，国民党胡子炎（？）的靖卫团又想开来瑞金，我们得到了消息，夜晚于古城包围了他，打垮了胡子炎。六月时朱总司令的兵开到长汀，我们队伍也开到长汀，正式编队，编成了二十四纵队，杨子光为司令员，杨斗文为参谋长，在长汀又枪毙了周昌仁，因周（为北方人）打土豪时进行了贪污，并将土豪的老婆据为己妻。这是一个政治影响问题，首先连、排长开会，以后开一、二、三大队全体会议，将周扣留，宣布其罪恶，再枪毙。

割禾时，在合龙驻有赖世宗的部队，杨斗文在瑞金告诉我们要作战斗准备。队伍开到壬田，与当地暴动队配合共有1000余人，分三路进攻，一大队在左翼，二大队在右翼，我们三大队打正面，一冲就五六里，我们打了大胜仗，打死了赖世宗，缴到了几百支枪，队伍又发展到六七百人，编成一、二、三支队，第一支队队长在周昌仁【被】枪毙后为陈之山领导。1930年五月底六月初成立了县苏维埃政府，县主席为邓家宝。

　　七月又去打会昌，由于涨大水未能攻入城，当晚又退回瑞金等了两三天，又开向汀州去打王日波的两个团，在长汀三天打了四仗，王被我们打垮，打死了一个营长，缴到了几十支枪，七月底队伍回瑞金，开始训练。杨斗文在部队中抽调了十多名干部上来，当时时红时白，队伍经常流动作战，我与陈贻材在八月回武阳领导暴动队，谢坊暴动队的领导为刘德曾。十月时钟运标的部队又进攻瑞金城，一直到 1931 年二月红军进入瑞金，政权才巩固。

　　武阳最早暴动的是松山乡（陈姓）、武阳乡（邹姓）、螺石乡（杨姓）。

　　1930 年五月武阳成立了农协会，农协会为政权组织的基础，农协会设有主席、支书、会计、保管等，开始时有地主、富农等混入其中。成立了农协会便进行打土豪、分田地，全县一共分了两次——1930 年五月与 1931 年六月，当时武阳松山乡每人分六担半地，地方根据地的多少而不同，但最少也有六担半地，开始分田时以自然村为界，没有划阶级，地主、富农一样分地。

　　1931 年成立村政府，由农协会改组而成，〈并〉还有贫农团，六月进行第二次分青苗，松山乡与第一次相同——每人【分】六担半，当时我任支部书记，进行划阶级，有的一家人有几种成分。

　　地主：全部依靠收租为生。

　　高利贷：用放债来剥削别人。

　　劣绅：即讼师，用笔来写死别人。

　　富农：根据土地等来记标，自己参加劳动还剥削别人。

　　中农：够吃够用。

　　富裕中农：比富农差一些的。

　　第二次分田时地主、富农分下田。

　　1932 年冬到 1934 年又进行查田、查阶级。

　　武阳区政府于 1930 年七八月间即成立。

　　区主席：杨世仪（1930—1931 年）、陈名之、刘学春、谢任芳、周芳喜……

1933 年武阳区又划分为武阳、下洲两个区。

武阳区区长：赖美玉。

下洲区区长：谢任芳。

党委书记：杨世仪（区长兼书记）、谢海贤（1933 年分区后谢调至县工作）、杨家宗、杨家珠。

区工农兵代表大会每年要开一次，第一次 1930 年，第二次 1931 年（以后的情况不清）。

松山乡主席：1930 年，陈元桂；1931 年，陈始勋；1932 年，邹景春（解放〈区〉后被镇压）。

1932 年松山、武阳二乡合并为武阳乡，同年又分开成为两个乡，1932 年后松山乡乡长有陈唐祥、陈唐甫、陈泽淇、△国名、陈家辉等。

乡中设主席、文书，开始时有会计，以后取消，设一通讯员。

贫农团设有主任，最初为陈始芳，下设没收委员、土地委员、裁判委员。

1933 年以前区干部每天供给 12 两米、5 分钱菜金，1933 年以后自己带米（50 担谷），菜金仍有供给，乡干部以前也为供给的（主席、文书），以后自己带。

当时土地税都要缴纳，仅红军本人可免些。

当时有耕田队，帮助红军家属。

当时有生产（犁牛）合作社（包括熬盐、熬樟脑）、消费（供销）合作社、粮食合作社。

1932 年冬到 1933 年我任区军事部长。军事部的工作：扩大红军，搞赤卫军、模范营，抓反革命分子，保卫治安。

1933 年少先队加入红军编成少共国际师。在赤卫军中挑勇敢坚强的编入模范营，准备开往前方。

1934 年三月我被调入瑞金中央粮秣厂当保管员。同年九月粮秣厂解散，我回武阳，参加游击队，当时全县的游击队为独立营，瑞金又分为河东、河西两个游击大队，武阳区游击队属河东，队长刘国深（琛、兴），政委由区委书记陈家珠兼任，瑞金独立营营长也为刘国深，政委赖美玉。在未进山以前，先杀了大部分地主、富农（各乡区集中进行），并进行坚壁清野工作，将粮食等物资运进山去，不能带的则砸掉。为了“迎接”国民党的军队，预先埋好了大地雷，路上钉满了竹钉。十月初十国民党十个师（第十师？）从汀州、宁都、会昌三路进攻瑞金，汀州一路先进入瑞金，但吃了很大的亏，为我们预先埋下的地雷炸死不少，约隔了一个星期左右到武阳，当时武阳男女老少 1000 余人上了山——白竹寨——游击队仅有十几支坏枪，就这样开始了游击战争。

1934 年十月进入白竹寨后，在白竹寨成立了瑞会县，县主席赖美玉，书记谢海贤（以后由赖美玉兼）。敌人进行搜山、“清剿”，【我们】在天汀洞、竹子㘭给了敌人严〔沉〕重的打击，敌人虽然人多，但最后还是失败。当时我们不是硬打，而是采用灵活的战术，诱敌深入，引入包围圈而消灭之。敌人失败后退回新中，我们也进入大山〈中去〉，敌人又来进攻，我们又打败他们，当时有的话讲“粟〔上〕杭县、白竹寨当得金銮殿”（意即无人敢来）。十一月毛泽覃、何叔衡来到白竹寨，他们带了几十个人进大山〈时〉，在大东坑为敌人发现【而】全部牺牲①，我们则向猪长坑方向去。十二月国民党闽、赣两省“清剿”队伍来围，整个独立营分成 3 个大队，一个大队去陶朱、古城，一个大队向会昌方面开，我们大队未走，仍留于白竹寨（大队长刘国深，政委李景材），仅二三十个人，人少的原因为分散力量与要革命坚定者。刘国深的脚于当时生病，在十一——十二月中，闽西政府又来了一批人，杀死了一些革命坚定的同志，刘国深知道后大发脾气，要将闽西的人杀死，结果他们逃跑了而未遂。

在穿过敌人封锁线时，刘国深与一部分人过去了，但有一部分没有穿过，未穿过的仍在大山中组织起来，后来与大塘面张桂贤的

---

① 原文如此。

游击队会合，仅〈张〉有一支打土硝的枪，其余都为梭镖。游击队间的联系割断了，经常三四天没有饭吃，为敌人包围，天气又冷，有冻死的。十二月张桂贤为〔被〕敌人打死，我们又遇上了刘国深，不久又冲散，冲散后又会合。十二月中旬我们割断了小埠脑的电话线（约有五里路长），进攻下埠脑办事处，挖墙打进去，杀死了个人，得到了一支枪，敌人又大举"清剿"，我们又被打垮打散。

1935年元〔正〕月过春节时，我们不仅没有饭吃，而且头发都很长，刘国深伪造国民党的印信假装送公事的去到石水湾联保办事处，杀掉了刘××，敌人发觉后又大举"清剿"，我们人虽少，但搞得敌人无法应对。二月山中的敌人劫走了一部分，刘国深、刘明生与另一于都人下山去搞粮食，为当地反动恶霸地主发觉，由刘启照带领当地国民党包围了屋子，三人冲出打死了他们六个人，当时是尽量保持生命，隐蔽目标，三三两两分散，地下党到处都有，武阳地下党书记为谢和贤。这样一直搞到1935年八、九月间，仅有十余人在山上。新中乡为当时交通所必经之地，但有敌人的报信者——刘火源夫妇。刘国深带领游击队包围了他【们】的家，要他们做饭给我们吃，搞得他们自愿不再去为敌人效劳，把这里的交通线打通了。十月我们进入大面前（山名）一幢独立的房子中，又为〔被〕武阳与谢坊各一个连的国民党军队包围，在平时我们经常开玩笑讲敌人来了，这次是刘国深的妻子早上开门时发觉的，随即告诉了刘国深，刘国深即去了解情况，见敌人已在面前，刘一连两枪打死了两人，我们都起来进行夺围，刘国深之妻中枪为敌人抬到武阳后才牺牲。

突围后，我们在长坑子一带，敌人又来"清剿"，我们采取了灵活机动的办法，巧妙地隐蔽自己，不与他们打。

1936年三月，松山乡一地主子弟陈世芳当伪保长，对过去土地革命时参加工作的同志非常残酷，要他们"自新"，挂黄徽章，并且敲诈勒索，讲欠了他多少钱，不给的则关或杀。有人告诉了刘国深这种情况，我们决定消灭这坏蛋，先探知了消息，在天汀洞埋伏，打死了陈世芳，我们也牺牲了一个队员。

当时闽赣边界有土匪，专抢商人、百姓的东西，我们一方面打国民党，另一方面也打土匪，土匪认为还有红军在这里，不敢再来，商人也要求我们保护，不泄露我们的秘密，并愿供给我们的伙食，故在1936年五月，我们的情况又有所好转，国民党联保办事处的谢仁宣连壮丁也不敢抓。1936年算是太平年，吃穿都有，住在山上寨子中，尽力扩大力量，武阳形势好转。1936年冬下各处都平静。

十一月钟民领导的游击队（一大队）在麻子圳打下了两架敌人的军用汽车，当时我们之间正在寻找联系，结果他们找到了我们，同月桃阳（二大队）胡荣佳的游击队打下了兰田联保办事处，我们武阳（三大队）又打下了石水联保办事处。十二月，一、二、三大队会合于桃阳猪子洞，钟民的队伍有二十几个人，每人有两支枪，胡荣佳有卅多个人，也有卅余支枪，我们仅有几支，在装备方面钟民的较好，会合后进行整编，安置了家属，进行练兵，还每人发了几块钱零用，做了些衣服，搞了几个月，队伍基本情况好转。1937年三月三个大队均转到武阳白竹寨方面，三个大队组织成一个支队，由钟民负全部责任。当时敌人无法进山，因【我们】势力强大，有七八十支枪，因此钟民讲以后白天也可以打仗了，并且首先要打武阳，因武阳的豪绅地主非常恶劣。首先开了几天会专门研究打武阳的问题，要等三大队下决心，一定要打垮区政府，另一方面通过地下党刺探情报，搞清楚敌情后，在四月八日下午队伍潜入武阳，挑了一部分人成立一大队，其余的编入二、三大队，一大队埋伏在区公所对面的民房中，二大队在路旁的碉堡处，三大队在老店市。九日早晨9点开始打，国民党哨兵与我们尖兵同时响枪，我们全部冲入区公所，将24支枪全部缴获过来，区长左××与另一狗腿逃跑，杀死了他们七八个人，得到了许多军用品，在老店的队伍也响了枪并打死了刘启照（刘国深的儿子仅八岁被其淹死在塘中），敌人失败后在瑞金讨伐武阳〈到了几千红军），我们在老店还开了一个群众大会，杀死了反动狗腿20人左右，取得了大胜。

七月初，在福建古城青山埠附近驻了一排国民党军队，联保还有十多支枪，游击队改扮了国民党装束，并通过国民党的内线了解了情况，白天利用调防为由，几个人伪装送公事去，在青山埠的一个桥上进行调防，哨兵拿进公事去，排长即出来，我们乘其不备用枪顶住，进入碉堡，缴获了所有的枪支，又去联保办事处缴获了十多支枪，烧掉了公文，【对】国民党的士兵每人发给四块钱，要他们回家进行生产，不要中国人打中国人。

国民党又来大举"进剿"，利用江西、福建二省兵力，当时在江西的为宁都黄专员、福建为陈专员。我们三个大队分散，当时得知消息，陈专员爱人的车要经过罗汉岩，钟民带了一个大队去袭击，结果将陈专员爱人的手割下，取下了金镯，并替她包装好，要她回家警告陈专员，当时一共袭住两架〔辆〕车，我们将一架〔辆〕搞坏，另一架〔辆〕放回。结果未来"清剿"。国共合作时国民党要八路军赶快派代表来找我们，要我们去前方抗日，不要在后方"捣乱"，项英派人于八月才找到我们，但国民党并不甘心，发动流氓等进行抢劫、骗孩子活动，企图将罪恶加在我们头上，因此谈了很久才谈妥，在瑞金溪子下当时设了一红军办事处，通过项英派代表和我们谈后，我们才下山，一、三大队驻武阳，二大队驻陶朱。衣、食由国民党供给，伪县长谢××还来点了名，要我们破案，我们喊："毛主席万岁！""中国共产党万岁！""打倒贪官污吏！""打倒卖国贼！"谢××吓得不敢讲话，此后二大队仍归驻陶朱，一、三大队驻武阳桃树排，钟民为了要解决破案的任务，得到了线索，一、三大队开到谢坊将联保办事处郭昌潭扣留，破了抢劫案，接着骗小孩案也于〔在〕谢坊破获，群众都拥护我们，我们威信提高。黄专员要谢县长通知我们将人犯送到县中，我们将几个首要分子杀死，送去了一些，国民党不甘心，要排长以上的干部去开会，刘国深讲不去，因恐国民党搞鬼，钟民讲他们不敢，结果刘国深未去，黄从宁都派了一个团到瑞金包围了红军办事处，又派一部分去陶朱，一部分去武阳，陶朱方面双方开火，武阳于事先得到消息，刘国深命令全队只拿武器迅速上山，国民党还想用诡计，为刘识破，讲你们还是回去，否则不客气，敌人冲上山，被我们打退，结果钟民与项英派来的代表均为国民党扣留，我们的队伍由刘国深带去福建龙岩，接受张鼎丞的领导。

1938年队伍上前方抗日，二月经过瑞金成立汀瑞县委，在岭背山，刘国深为县委书记，组织部长严炳仁，宣传部长曾玉成，严、曾与一部分工作人员秘密留于地方，其余的均开上前方，八月时刘国深才秘密地从安徽带了几个战士回来，当时仅留下了一支步枪。

（以上为三年游击战争）

1939年专搞地下工作，我们没有行动，队伍也未扩大，白天生产，晚上谈谈坚持革命，预料国民党必然会来"清剿"。果然不久欧阳江又来，七、八月间谢和贤被抓去，敌人审问刘国深的下落，谢回答不认识，国民党无法，后来谢又指自己妻子的奸夫伪保长知道，伪保长被杀，国民党又用烧红的铁丝将谢的生殖器与舌串连起来，但谢还是高呼口号，英雄就义。

当时我们并未有所行动，搞到五六支枪，十月福建武平县发生土匪抢商人、民众的事，我们当时在岭背山驻，有人来报信，我们即去镇压，打垮了土匪五六十人，夺回了东西，交还群众，还帮助群众，群众在过年时都送东西给我们。

1940年国民党又大举"清剿"，采取三光政策，地下党坚持。八月四日我在谢坊被抓，当时国民党声言要抓三球——陈世球、陈唐球、杨衍球——每"球"赏洋1000元，被抓后问我刘国深何在，我讲不知，讲我是"土匪"，我否认，要枪毙我。八月六日又抓到陈唐球，下午陈唐生送公事来要搞死我们，反动军官杨子先打电话给瑞金欧阳江，讲抓到了两"球"。欧阳江要他们在明天将我们两人解往瑞金，晚上将我们双手捆起，有两个便衣看守我们，当时我们要求早死，不要等到明天，深夜时两个看守都已熟睡，我才挣脱了绳子，又解开了陈唐球的绳子，打死了两个卫兵，夺了一支驳壳枪逃出。

九月时，天气已很寒冷，野外待不住，又无吃穿，刘国深与曾玉成研究队伍一定要行动，这样又开始了游击战。十月中【旬】打下了合龙市，敌人更加疯狂，在三光政策指导下又烧了24个村庄，搞得我们找不到粮食，刘国深下令每升炒米每人至少吃五天（当时每人只有三升炒米）。过了半个月，敌人仍包围着我们，仍然无法搞到粮食，只有偶然在小山中购买得一些，并时以野菌、野菜等充饥。

1941年五月，刘国深又下令去攻打石水联保办事处，缴到了四支枪，杀死了叛徒刘凤△（原为武阳少共书记，后在反动政府当军事干事）。敌人又大举"清剿"，我们已从陶朱区委书记刘辉山那里得知敌人分三路前来的消息，原计划乘敌人来前转移，但于途中与敌人相遇，我们仅15个人11支枪，分成三班人，原想等敌人经过半数后才消灭他们，但为国民党警犬发觉，我们用手挡〔榴〕弹打，坚持了一个多钟点，曾玉成牺牲，最后冲出包围到了壬田，队伍在罗汉岩国民党又来"剿"。十月时又转到大柏，后再回罗汉岩，国民党乡公所有6支枪，想来围我们十多个人，结果反而被我们所消灭，夺了枪，【我们】势力渐大增。国民党又从宁都调来两个连包围我们住地，刘国深下令坚决冲出，我们进入了高山——莲花山（原宁都管辖）。

1942年敌人利用阴谋诡计，利用叛徒黄耀良（原为赣南特委负责人）混入汀瑞县委，在叛徒黄耀良的指使下，石水支部赖枝宝首先叛变，利用政治欺骗手段，讲汀瑞县委马上要改变为汀瑞特委，要刘国深去学习，回来当特委书记，刘国深、严炳仁被骗下山去，结果被捉，有人讲刘国深在半途即被杀害，也有的讲被关在某处牢狱〈中〉后才处死的。

刘国深被骗走后，又将我们十几个人分散，在六月将我们一网打尽，解到瑞金坐牢，七月在体育场（今瑞金大学所在地）开公审大会，我们每个人的脚上都带上了脚铐，有些群众为反动派所迷惑，骂我们是"土匪"，我们当时很痛心。

谢和贤在台上讲革命的道理，敌人恐慌，抽打他的耳光，我们大家高喊口号"共产党万岁！"搞得公审会没有结束就将我们解回特务处，不打也不问，敌人时而跟我们讲"八路军过俄国去了""要枪毙你们"。但并没有判我们的"罪"，有时在晚上抓几个人出去杀掉，过了一段时间将我们五六个人提出去做工，每个人后面【有】一持枪特务看守，我们彼此心中有数，表现得很"老实"，用心麻痹敌人，果然不久又放出一部分来做工（一共18个人），在1943年的某一天乘敌人内部空虚时商量好在晚上逃跑，逃出了12个人。

逃出后，又进岭背山，八月重新组织汀瑞县委，刘国勋（刘老三，为刘国深之弟）任书记兼政委，组织部长陈唐球，宣传部长谢罗贤，当时万分艰苦，没有粮食，也没有刀、枪，向过去的一些干部家中搞来了一些米，没有油盐，只将半升米与野菜煮粥吃，每人一碗，我们日夜盼望着毛主席来，这样度过了1943年。

1944年五月，刘国勋无法，要大家下山去家中探亲带些必要的物资回来，当时大家已饿得无法行走，最后想尽了办法借到一些糯米与油，做成饼给回家的吃，留在山上的则下令一点都不准吃，并限定三天内回来，当时回家大家搞了些东西来。

1945年日本投降时，搞到了一些枪，当时汀瑞县委副游击队长为周道龙。八月时忽然严炳仁回来，刘国勋识破了他的叛变行为，要杀他，严〔连〕夜逃走。

国民党又集中江西、福建二省兵力来"剿"，继续实行三光政策，十二月刘国勋被敌人打死。由于敌人包围得严，我们无法转移，国民党进行搜山，又抓去了我们的家属，叛徒严炳仁的带路使我们困难重重，当时队长为陈唐球，政治上不够坚定，要大家下山，于1946年才下山，下山后仍保留了十几支枪（解放后才复出），下山后白天家中生产，晚上仍在山中歇，这样一直到解放。

附：松山乡地下党支部书记：1934—1938年，陈唐球；1938—
1940年，陈世仪。二人均为国民党所杀害。

（访问者：汪煜荪、刘美英）

2. 访问朱岱秀子同志

朱岱秀子，现年56岁，24岁参加革命，苏区时一直任下洲区
妇女部长，丈夫也当红军。

国民党来了，烧了我在沙下洲的房子，我把孩子交给爸爸带，
自己与黄县长等一道到白竹寨打游击。打了一年多游击，后归来，
国民党就捉我去了，骂我"土匪婆"，说我杀了一百多人还不过瘾。
区公所的人打我、打雷公、踏杠子，在武阳坐了廿多天牢，解到瑞
金，没打，只坐了廿多天牢，又到宁都过堂，坐了一个多月牢，又
解到九江，在那里他们给好的我吃，还给书读，坐了六个月牢后，
他们给我7块钱路费，我就回家了。

解放后我很高兴，政府补助老同志，我得了40元，但我不用，
投了资，转了公社，我将家具也给公社用。现在我什么都不愁，只
愁命不长，我想多活几年，看看这个世界，现在看到了电灯、电
话、拖拉机，将来还要看很多东西。

3. 访问邹日珠、邹日煌记录整理

邹日珠，62岁，苏区任武阳区合作社主任，现在国兴二大队、
小埠脑。邹日煌，58岁，苏区小埠乡①支书，现在国兴二大队、小

---

① 原文如此。

埠脑，曾任伪副保长。

1930年二月暴动，领导人刘国培、杨世宣、邹刘备，他们曾到小布宣传，四月成立农民协会。

1930年五月成立区、乡、县苏。

小布乡设下排坑、小埠脑、马池塘、堆下四村。

主席杨衍高。从1930年六月武阳乡分为武阳、小布二乡（以河为界），直到北上。

十一月欧阳江来，十二月又恢复政权。

1930年五月二十日分青苗（原来农民协会分没有分【的】田），地富分下田，分田是在设政府以来，每人六担。

1931年又划过阶级，以后没有再重新分过田。

供销合作社：县、区乡都有，一元一股，区共一万多股。盐照股配给，不入股买不到合作社的东西。每年给有半斤盐的红利。

各乡熬硝盐，熬出交到区合作社，按户配给，熬盐的本钱是区分社的。

各乡、区有粮食合作社，管粮食调配，总领导是粮食部。

土地税：按亩计算。

米价2个毫子1斗米。

小布乡支书胡会敬。

（访问人：毛昌明）

4. 访问谢仁椿同志（武阳被服厂厂长）记录整理

谢仁椿，苏区党员，苏区下洲区裁判工农检察部长。

约在1928、1929年间，杨世沂在安徽省当教师，领到公事。1929年谢在储、杨斗文、邹刘备、刘国培、杨世桃、陈贻才、郑手〔守〕中、谢汉贤、谢和贤等人组织暴动。三月十六日组织武装，由杨世沂、杨斗文领导，共有十多支枪，没收地主的布，四月开始打土豪，在上坝、新中、黄田一带活动，以后各乡成立乡农民协会，不久建立武阳区苏维埃政府，主席刘学春，区委书记谢在储（1930 年五月），冬天国民党来，我们退到白竹寨，1931 年恢复政权，区主席谢汉贤、杨斗文组织 4 纵队，有三四十支枪。

1931 年团匪欧阳江、富裕大土豪刘立榜、刘立名，军阀陈济棠的军阀〔队〕【有】几万人，于三月初七打了三天，未下。

1930 年正月农民协会，由谢汉贤、谢在储组织，主席陈元湾。

下洲乡辖凌田、中赖、陈埠、来富、凌江等地，不设村政府。

1932 年以前武阳区辖竹杨、螺石、下洲、罗田、武阳、松山、石水、新中、黄田等乡。

区主席谢仁方、刘学春、谢汉贤、邹日桃、邹方细、陈名志。

区委书记杨世沂、谢在储、谢汉贤（县长）。

1932 年以后【的区划如下】。

武阳区辖肖埠、松山、武阳、安富、石水、新中、丰田等乡。

下洲区辖凌田、竹杨、螺石、下洲、黄田、中赖、龙岗等乡。

下洲区主席邹日桃（叛徒）（到北上）。武阳区主席赖淦保（北上）。

武阳区委书记朱正凤、陈家珠（到北上）。

工农检察部工作【如下】。

设有控告局，控告局在各乡设有意见箱。另设秘密小组 3 ~ 5 人。主要处理贪污浪费、消极怠工、收集群众意见。意见箱 5 天开 1 次，检举干部不正当行为。

检察部、裁判部、特派员 3 部门工作要结合进行。

捕人、判刑事先要经检察部调查。

对区主席团起监察作用，主席团在对扩军、生产、红军家属等工作方面，检查其是否执行，不执行、执行得不好要写材料上报，检查到红军家属有困难要监督区济会去执行。

从中央到各级地方干部工作态度、工作上的问题都可以加以监督检查。

土地部管理划阶级，如下中农划地主、贫农划富农、地主划中农，工农检察部要加以检查，道路桥梁要检查。

对红军家属的食盐，看合作社是否在价格上优待。

裁判部的工作检查，应判劳改的而判死刑、应判死刑不判等偏差，都要加以检查。

区设主席团：主席、各部部长，区委书记、部长、特派员、少共书记部长、儿童书记组成。

1933年十月革命节，从仙游行到叶【坪】沙洲坝中央所在地，在城外竹高巷开大会，毛泽东、朱德、罗炳辉、项英、彭德怀等同志登台演说。

每天"五一"、"八一"全区群众武装开纪念大会。

1932年闰五月毛主席到武阳进行查田运动，平青苗。

成立农民协会时，没有划阶级，没收过几家大地主，得到几千光洋，小土豪不没收。以原耕为主（地主也同，因此贫农得地多写差地）。第二次分田以乡为单位。

1933年米价50多毫子，一斗米（市斤18斤）。

乡改设村主席，一个乡一个列宁小学。

50个人一个代表，耕田队专领导生产，帮助区乡干部家属、红军家属生产调配劳动力，帮助砍柴等。

区干部自带过3个月的米，称为节俭运动。

乡里有生产合作社：3元一股，熬盐（硝盐一元3两），普通人一月3两，红军家属6两只半价。另还熬樟脑油。

区分社（供销）、乡分社，要入股，设有犁牛，信用合作社。

布价达3~5元多一尺，最差的布也一元多，盐一元3钱〔两〕。

一般政府的中心工作，是春耕、收割等生产工作、扩军。

1934年10月红军北上，敌人采取堡垒政策，步步为营，我们把风车、磬放到深塘里去，破坏道路桥梁，集中地富，瑞金的开到会昌，会昌的开到瑞金，杀了一大批，多杀年轻的，老的送到白区，十月三十日退到山上，组成游击队。

司令员赖淦保，政治部主任陈家珠，设一、二、三大队。

一大队队长（区军部长）杨荣凯，二大队队长朱千泮，共300多人，30多支枪。

到新塘、左田、朱坑，在朱坑挖国民党的炮楼，又到新中石水捉国民党掉队士兵，抓到八十九师通信兵1人、士兵1人、伙夫1人，当时敌人只数百人，只距我们半里多路，我们3个人架他1个。到新中，杀，缴到一号卜〔驳〕壳一支、步枪一支，又到大冈面。十二月组织瑞金县，书记钟德胜、司令员张开金。当时有福建军区，我到过福建兆得民处领子弹。

共抓敌人30多个，枪20多支，挖炮楼3次。

有一次在红门桥与敌人作战，打死敌人六七个，得枪10多条，子弹千余发（1935年三月十六日），同时敌人攻白竹寨，十六日〈无〉敌人四面包围，17日我们隐藏起来，钟德胜带一队，赖庆玉带一队，张开金带一队，在红门梯庙里集中，只剩下30余人，有的当了叛徒，有的逃走，有的被抓去，这时我们准备冲过封锁线，4天没吃饭，遇到敌人，我被俘受刑后保出。

以后刘国兴组织汀瑞县委，我参加地下工作，曾做过军服、子弹袋、帽子30多套，还做交通站、探敌情、报信，武阳区地下区委书记谢和贤，区有10多个支部，我支部谢煌贤，我们支部书记由区委组织部长兼（杨衍球），直到国兴牺牲了，陈唐球下山了，我们的工作也停止了。

土地税每担田收2～4斤，按田亩计，不累进。

（访问人：毛昌明）

5. 访问陈贻勋同志记录

　　陈贻勋，山乡石阔村人，苏区武阳区松山乡主席，区粮食部委员。

　　杨斗文、陈××到福建毛主席、朱总司令处领公事，做秘密工作，竖红旗，组织农民协会起来暴动，集中各姓的枪，打土豪，平田地。杨斗文的暴动队和靖卫团时常打仗，暴动队枪很少，多为梭镖、鸟铳，当时时红时白，夜晚放哨，直到天光，天光后由儿童团检查，团匪欧阳江攻陷县城后，到武阳杀了很多人，我村被杀十多个，团匪欧阳江在武阳扎了蛮久，杀人、烧屋，人们逃到山上去，武阳共产党员郑守中领导打游击。

　　杨斗文是二十四纵队参谋长，陈茂金为司令，杨斗文下的大队长为陈贻才。

　　有二次分田，第二次分六担，第一次分七担半，以乡为单位按人口分田。

　　我任乡主席，以前的乡主席为陈远模。我任乡主席以后，松山乡、武阳乡合并成武阳乡，改设松山村，有村主席。后又分为松山乡、武阳乡，武阳乡主席为邹景宣，松山村主席为陈唐祥。分乡后，陈唐祥为松山乡主席。武阳区后分为下洲区、武阳区，武阳区主席为赖美玉，区委书记陈家珠。

　　红军北上后，武阳区由区主席、区委书记赖美玉、陈家珠领导打游击，游击队没有什么枪，拿梭镖打了年把后[①]，〈后〉我回家作田。

（访问人：黄长椿）

---

　　①　年把后，方言，意为"一年左右"。

6. 访问邹方富同志记录

邹方富，苏区武阳乡支部书记，60岁。邹光传，49岁，【苏区】独立营排长，参加座谈。邹新深，40岁，【苏区】儿童团员，看护生，现任生产队长，参加座谈。

民国十九年（1930）三月暴动，我参加了当时杨世沂、杨斗文、邹新海、邹斗皮、陈贻材、邹日焕、邹常春、邹步新等在武阳老店武竹礤下秘密开会，组织暴动，成立暴动队，共100多人，二三十条枪，其余为梭镖，由杨斗文任正队长，邹新海为副队长。兰夏桥等由安治往石水，进攻县城，杨斗文由武阳进攻县城，后来成立四纵队，杨斗文为参谋长，斗文不喜欢人家喊他参谋长，要喊他斗文同志。杨斗文打赣州时我和一部分人留在家里，欧阳江靖卫团扎在安富，我们去打安富。在进攻安富时我带花下来。民国十九年十月欧阳江匪部占领武阳围。1931年正月武阳时红时白，二月间杨金山的队伍来，恢复了政权，我负伤后躲在白竹寨养伤，这时才回来，回来后担任村代表。

以后我在乡消费合作社任出纳（管铜钱进出），消费合作社供应的东西不多，有油、盐、洋油等，我后来又在下洲区任财政部委员，当时部长为丘奕祥，委员有三四人。财政部的工作有：收存打土豪没收的钱，收捐（屠宰税，杀一只〔头〕猪要收五角钱，一天可收四五元），收累进税（土地税），商业不收税。

我离开合作社后担任武阳乡支部书记，当时支部有党员二三十人，入党要三个人介绍，月月缴党费，开会时间不一定，有时两三天一次，开会时在晚上秘密开。

第一次分田是在民国二十年（1931）四五月，平青苗，地主分下田。第二次地主不分田，第一次每人六担，第二次每人四担半

（留了红军公田），都是以乡为单位。

红军准备北上抗日时，在八月成立瑞金县独立营，我参加独立营，担任营部保管员，独立营【营】长为朱国清，朱国清在四堡打土围时阵亡，继任营长的是一个寻乌人，第二年二三月过河东，被白军八十九师打散，散归到游击队。

武阳围在 1933 年、1934 年扩大红军运动中模范少队、模范营都走了，青年男子都去当兵，田地都荒了，现在武阳围共有 374 个，军烈属有 130 多户，三等荣军 30 多个，二等荣军六七人。

（访问人：黄长椿）

7. 访问谢仁昆同志（凌田村）

谢仁昆同志苏区时任武阳区文书，后任下洲区文书，现年老在家做小生意。

1933 年以前的武阳区：

区主席：邱世桂（瑞金县药材公司经理）；

军队部长：杨世柳（死）；工农检察部长：邹方禧（烈士）；

财政部长：邱奕相（死）；教育部长：谢仁萱（叛徒）；

粮食部长：陈仁义（死）；内务部长：钟得庭（死）；

土地部长：邱昱宣（死）；裁判部长：钟世浚（死）；

劳动部长：□□□；国民经济部长：□□□；

区委书记：谢涵贤（死）；组织部长：陈书诰（叛徒）；

宣传部长：□□□；妇女部长：谢发姑子（现任武阳乡长）；

团区书记：朱正怡（叛徒）；组织部长：□□□；

宣传部长：赖枝宝（叛徒）；工会主席：邹昌俊。

这时武阳区管 11【个】乡：凌田、龙江、龙角、下洲、中赖、黄田、武阳、新中、松山、螺石、白竹等。

凌田乡主席：谢仁发（死）、谢有贤（死）、谢家焕（死）、王本立（死）、曾振连（烈士）、邱誏燕（死）、陈书诰（叛徒）。

龙角乡主席：赖枝富、刘之彬、钟德柳。

1933 年以后分为武阳、下洲两区。

下洲区：

区主席：邹日桃（死）；

军队部长：谢仁祝（死）；土地部长：谢仁芳；

劳动部长：邱誏燕（死）；教育部长：谢仁泮（死）；

财政部长：雷长梯（螺石国营商店）；

裁判部长：钟世浚（死）；粮食部长：赖辉琼；

工农检察部长：谢祥贤（烈士）；内务部长：□□□；

国民经济部长：□□□；

区委书记：谢涵贤（死）；

组织部长：谢访贤（烈）；宣传部长：谢德田（死）；

妇女部长：朱佾秀子（凌江大队养猪场）；

工会主任：谢湖贤（烈士）。

下洲区有凌田、龙江、龙角、中赖、黄田、下洲等六个乡。

武阳区：

区委书记：陈书诰（叛徒）。

武阳有新中、松山、螺石、武阳、白竹寨等五个乡。

8. 访问武阳区安富大队周运堂记录整理

周运堂，现年 61 岁，苏区时党员，曾任石水乡上坑村村代表、乡裁判委员。1932 年三、四月间任武阳区工委书记，同年深入县苏维埃任内务部部长，1934 年红军北上时上山，几个月后即回家。

武阳开始暴动时参加者有：杨斗文、谢在储、刘国培、杨世沂、邹新海、陈贻才①、陈世球、邹刘备等人。他们之中很多为有钱的人、知识分子，如刘国培为万金之家，但也有贫穷的。

暴动开始时抢过下洲坝河上的船，到过石水烧借契。

石水乡暴动队部长为陈贻才，有些有钱的人也加入暴动队，暴动队成立后杀死过土豪地主陈唐方。以后成立了乡农协会（石水乡），当时还设有村政府，乡主席为朱吉和。以后国民党九堡钟运标、会昌欧阳江来，大家都上山避，否则抓住即要被杀。

1931年二月卅五军到瑞金，军长邓毅刚，政委聂昭良，打败了国民党，大家都起来恢复政权，到处建立农民协会，八月建立乡苏维埃政府，乡主席杨荣葵（杨气故②），为有钱的人，后来任国民党官员。党支书为朱××（白小子）。

石水乡分四个村：山坝、小洲、石水、风雨亭下。

乡主席：杨荣葵（叛）、朱吉和、周运堂。

武阳区区主席：杨世沂、陈希山（陈名之）、谢涵贤、邹方禧、邱世桂、邹日桃、谢任芳、刘学春、赖美玉。

区委书记：邹刘备、杨世沂、谢涵贤、谢和贤、杨家宗（地主）、陈家珠、赖美玉、朱××。

1933年武阳区分为武阳、下洲二区。

内务部工作：户口，修建桥梁、道路，婚姻……

一共分了三次田。

第一次分青苗为1930年五、六月间，初步划了一下阶级。地富分下田。

第二次分青苗为1931年，情况与第一次同。

第三次为复查 1933年—1934年。

土地税以田亩计算，约一担地多两三斤。

（访问者：汪煜荪、毛昌明）

---

① 疑与前文"陈贻材"为同一人。后同。

② 原文如此。人的小名。

9. 访问武阳乡安富大队（国兴三大队）周帮泮记录整理

周帮泮，现年 61 岁，苏区时任（岩胡乡）乡政府文书。

暴动时，岩胡乡有人口 400 户左右，其中贫雇农占了 380 多户，土地掌握在大地主杨荣佳、杨荣福等人手中，每年一亩地如无灾害可收 6 ~ 7 担谷，但须交租 2 担半~ 3 担。因此劳动力强的只能维持几个月的生活，劳动力弱的交租，还旧债后即无剩余，灾年租、债也分文不能少，借债从正月借到六月，借一担须还一担半，利息重的要还两担，有的还要抵押品。到期无力付租、债者，不仅田被收回，而且迫得出卖妻子儿女。

暴动初期参加者有陈克球、刘国培、邹刘备、陈贻才、杨世沂、杨斗文等。

后来为石水乡，1932 年分为石水、岩胡二乡。

岩胡乡管三个村：梅坑、岩胡、嵊头。

岩胡乡主席：刘香名。

岩胡乡支书：刘万干、曾纪长、周帮泮、刘香仁。

10. 访问杨世桃同志记录

苏区时螺石乡支部书记，现在武阳螺石墟国营商店。

革命前，螺石田较多，作田的人多，挑担和做生意的少，全区以武阳围地主多，螺石乡地主较少，地主占 1% ~ 2%，富农 5% ~ 6%，中农约 20%，贫农最多约占 70%，做长工的〈约〉 1% ~ 2%，农民的生活非常苦，往往卖田、卖屋、卖子、嫁老婆，高利贷的剥削很重，借地主一担谷，秋收后要还一担半（三箩）。

我做小学教员每年得 400 个银毫，长工每年工钱是 200 多到 300 多个毫子，泥水木匠三四个毫子一工〔天〕，裁缝两个毫子一工〔天〕，篾匠和裁缝同样工钱。

武阳首创革命的是杨世沂，他出身小资产阶级（富农），家里人丁单薄，受土豪劣绅压迫，1925 年他在汀州中西学校毕业后，经同学徐某的介绍到宁化小学担任教员，他在宁化教书时，受到党的教育，1926 年在党的指示下辞去教员之职，回瑞金领导革命。杨斗文在旧军队中做过连长，杨世沂回来后与杨斗文共谋革命，1928 年介绍杨斗文入党，成立秘密党小组。1929 年发展了下洲的谢步升，现在国兴乡的陈贻材等入党。1929 年三月打土豪，四月搞到三四条枪，五月杨斗文、杨世沂在螺石排子脑暴动，五月初一枪毙石水一个打〔大〕土豪，烧田契、借据，没收东西分给穷人。五月成立农民协会，杨世沂为主席，杨斗文任暴动队大队长，杨世沂兼政委，我在暴动后参加革命。农民协会成立后，我任土地委员。八月成立武阳区政府，杨世沂任区主席。

1929 年十二月欧阳江侵入螺石乡，乡政府迁往白竹寨办公，1930 年二月欧阳江打下洲坝，遭到坚强抵抗，打不下，三月三十五军（军长邓毅刚，政治主任聂昭良）来，恢复全县政权。

1929 年六月杨世沂介绍我入党，七月成立支部，我任支部书记，支部共有 5 个党员，其中一个为宣传委员，一个为组织委员，这时区委书记为杨世沂。

1929 年农民协会成立后即分田（分青苗），以乡为单位，打乱来分，按人口平分，当时没有丈量，没有划阶级，土豪没收家产、罚钱，地主富农分田，每人分七担（螺石乡）。

瑞金警卫营于 1930 年七月成立，归县领导，有人、枪二百多，营长为谢某（作战牺牲），政委刘某，谢营长死后，营长为寻乌人，姓名已忘。

三十五军【军】长为邓毅刚，政治主任聂昭良，邓毅刚在1931 年打九堡土围时牺牲。

列宁小学是公立的，每乡设一所列宁小学，如螺石乡列宁小学，列宁小学不收学杂费、办公费和教师伙食，都由政府拨款，教师无工资，每月除吃饭外，可分伙食尾子块把钱，列宁小学由区教育部领导。

列宁小学的课仅有国语、算术、体育等，教材是印发的课本，学校中一个教师，二三十个学生，小学在当时着重宣传工作，有画板、墙板和标语，每个儿童都要进行宣传，到每家每户宣传敌人对苏区的危害，防止敌人破坏，宣传扩大红军，反"围剿"，学生除口头和文字宣传外，还演戏宣传，文娱体育活动有唱歌、演戏、跳高、跳远……此外儿童还要参加田间劳动，由老师带领帮助红军家属耕田。

1934 年三十二〔五〕军撤离瑞金后，下洲区成立了游击队，领导人是下洲区委书记谢涵贤，下洲区游击队属河东游击队，以白竹寨为根据地，下洲区游击队为一个大队，有二百多人〈枪〉，经常出入于猪坑、螺石境内游击，袭击敌人。我乡的群众，经常给游击队送信，通消息，供给粮食和帮买食物等，下洲区游击队坚持到1935 年，后由于敌人"清剿"，分散活动，到后来剩下刘国兴（原名国深）、陈唐球等人坚持打斗争，我打游击到 1935 年二月，【后】脱离游击队回到家里。

刘国兴、陈唐球、陈世恭、杨衍球、刘国煾在汀瑞游击队领导对敌斗争，我乡杨衍球任汀瑞县委组织部长，领导游击队经常在我乡猪坑出入，特别是在东坑的胡屋隐蔽，东坑人民帮助游击队，为游击队通消息，不幸于 1944 年六月间东坑遭敌人摧残，全部的家具、物件全被洗劫，家主胡长煜被枪杀死。

（访问人：黄长椿、刘美英）

11. 访问斗文大队（武阳乡）赖春山、邹光太记录整理

赖春山，现年 68 岁，苏区时任螺石乡乡主席。邹光太，苏区时任螺石乡朱坑村村代表。

1930 年五月开始暴动，组织领导为杨斗文、杨在沂、刘国培等人，螺石乡成立了农民协会，分田地，抗租抗债，猪坑村在暴动时并无地主、富农，仅有中农一户，种的田大多为公祠的，租额根据田的好坏为一二成不等。当时由螺石乡派人来此进行分田，一共分了两次，每人 9 担地。

螺石乡政府成立于 1931 年，在排子脑。

螺石乡主席：郑登珠、郑秀安、赖春山等。

1934 年十月进入白竹寨，领导人为翁家登。

解放后进行土改，现本村有 18 户，共 80 人左右，但全劳动力仅 28 人，田产有 700 担。

（访问者：毛昌明、任煜荪）

12. 访问赖宏先同志记录

赖宏先，武阳乡中赖村人，苏区中赖乡支部书记，现年 59 岁。

中赖乡与武阳乡在同一年暴动，武阳暴动后，赖金山到杨斗文领公事，领来一面红旗和信，旗上有中赖乡工农红军的字。1930 年三、四月赖金山、赖伦梯、赖枝槐、赖宏先、赖士椿、廖△茂、杨衍桥等组织暴动，竖红旗，成立农民协会，提出打土豪、分田地的口号，当时把土豪赖伦方、赖伦城、赖宏礼等抓起来，罚款、没

收家产，富农的家产没收一半，领导打土豪是农协会主席赖金山，贫农团主任是杨衍清，打土豪后，五月平青苗。

1931年三、四月成立政府，赖士椿任中赖乡主席，谢仁方为副主席，我任乡支部书记，同时，下洲区政府在下洲坝祠堂成立，区主席为邹日桃，下洲区区委书记为谢涵贤。

1930年九月谢坊团匪欧阳江部侵入中赖，我们上山用枪炮、鸟铳、梭镖与团匪打仗，同年我们下洲坝赤卫军和红军几千人打谢坊、会昌。

1930年五月平青苗以乡为单位，每人分七担半，地主不分田，富农分一半。1931年第二次平田也是以乡为单位，每人分七担半，田分甲、乙、丙三等，好坏搭配，划分阶级，地主不分田，富农分一半，留有红军公田。

我在1930年暴动后入党，介绍人为廖方茂、赖士椿，我入党时党员【有】十二三人，我做乡党支部书记时，中赖乡有二十五六个党员。

乡党支部工作是监督地主、富农、坏分子，防止他们逃避破坏，调查地主、富农田地，支部四天开一次会。

我原为缝工，我任支部书记两年后任乡工会主任，发展雇农、缝衣、理发等业的工人入会，入会工人每月缴月费，〈数月〉为每月收入抽1%，乡工会主任有1人，代表若干，各行业1个代表，如木工代表1人、泥工代表1人、做衫代表1人、雇农代表1人。

红军北上后中赖乡组织游击队，领导人为赖士椿、杨衍桥、谢仁方等，游击队员有100多人，游击队打到1935年上半年打散了，我就回家。

（访问人：黄长椿）

13. 访问兴国二大队邹方寿同志记录整理

1930 年在九堡当学徒。1931 年回武阳参加少先队。十月参加总政治部红军被服厂工作（瑞金）。1931 年三月打下福建漳州时，参加漳州参观团，将缴获敌人的武器运回瑞金。1932 年红五月扩军时参加红军——瑞金补充团，十余天后即调到国家政治保卫局担任士兵。1932 年八月西江县成立时，调至西江县保卫局工作。1934 年去瑞金国家政治保卫局受训，后回西江县任侦察科科员。1934 年十一月于东角山、西角山躲敌人。1935 年三月为国民党俘获回家种田。

中央国家政治保卫局工作等于现今之公安局，做宣传工作、政治工作、维持治安，局长为邓发，下设总务部、侦察部、红军工作部、白区工作部、执行部等等。

总务部：管理一切事务。

侦察部：侦察材料，经过批准后可逮捕人犯。

红军工作部：做红军中的政治工作。

白区工作部：做白区地下工作。

执行部：审讯罪犯。

西江县成立于 1932 年八月，地点在瑞金、会昌、雩都三县交界处，县长为邱世桂，以后为刘国珠……1934 年 10 月红军北上抗日时上东西角山即结束。

西江县分为乐口区、樟埠区、赤鹅区（原名白鹅区）、黄龙区、梅坑区、城东区。

西江县保卫局局长开始时为陈自兴，最后为钟大僖，下设侦察科、执行科、总务科。

14. 访问杨荣海同志记录

杨荣海,武阳螺石下人,43岁,苏区少共区委书记。

1930年武阳区在杨世沂、杨斗文领导【下】暴动,建立农会,1931年成立苏维埃政府,1931年我参加儿童团,做儿童团长。

儿童团的工作是白天放哨、检查、查路条,宣传不要赌钱,宣传扩大红军等等,螺石下村儿童团有五六十人。

1932年四月我任儿童【团】书记兼少共区委,这时武阳区少共区委书记为朱正怡(叛变,1950年被镇压),后为杨某,少共区委会有书记1人、少队长1人、宣传部长1人、组织部长1人、训练员1人、儿童书记1人,当时少队长为王金山,少队长专管军事和少先队工作,朱步高为宣传部长,朱乾辉为组织部长,训练员管军事训练,儿童书记管儿童团工作。

少共区委受少共县委会领导,并受中央区委会领导,1934年六月我调瑞金县少共儿童局工作,少共县委书记为朱位沐(已死),县少队长有正、副两人,宣传部长两人(正、副),时胡某任部长,组织部部长1人,为刘凤琴(已故),训练员不设,另设参谋长1人(刘某),儿童局设正副书记,我为正书记,刘天山副书记,儿童局组织儿童团做宣传工作,如购买公债、扩军、组织宣传队、欢迎红军……在收割时发动儿童团到田里劳动、捡豆子、捡谷子。

少共区委过组织生活,开会时党派人参加,乡组织生活1月约3次,区1月5次,团员不发团证,每月缴团费1次,每次缴5分铜圆1枚。

乡有团支部,支部有书记1人,组织干事、宣传干事各1人,乡发展团员要经支部研究,送少共区委批准,加入青年团最初要3个人介绍,到1934年有1个人介绍即可。

1934 年八月我调武阳区任少共区委书记。

红军北上后我担任武阳、下洲、踏迳、新迳、桃阳五区少共书记，【当】时五区游击队集中在一起，约经 1 月，由于敌人"清剿"五区，游击队分散活动，我随武阳游击队活动，武阳区游击队司令为刘国兴，到 1935 年六月我得病，被打散回家。

（访问人：刘美英、黄长椿）

15. 赖华山口述整理

赖华山，46 岁，下洲大队。

1930 年冬谢坊暴动，在谢坊和钟光富、刘德宜、刘家千、王书坤、刘之财、刘昌福、吴耀辉，先打谢坊，再打会昌，又打谢坊，宣传政策，贫苦工农团结他们，先建立革命委员会，各乡成立贫农团，暴动初我任〔在〕谢坊警卫连当三班班长，警卫连长钟光富，是由我 7 人成立，后来扩大为一连，当时谢坊区主席是刘德庆。

1931 年在家当模范连长（由谢坊回来），宣传扩大红军工作，扩大了红军，组织训练，后来编入补充团，编入保卫队，后又调瑞金保卫局（1931 年六月），钟天禧为局长，1933 年二月钟调中央，由刘高寿、刘家标先后继任局长。

保卫局多为审问犯人，如政治犯，晚上检查、检举坏人坏事，我在保卫团任特派员，1934 年十月我随刘家标到兴国胜利县工作，我任警卫员，建立清野工作网。

红军北上抗日后，在兴国胜利县东村被国民党捕去，坐了班房后，改名才被放回来。

16. 陈堂祥老同志访问记录

陈堂祥，现年 61 岁，苏区松山乡支部书记、主席。

暴动前陈谋敬曾经在几个人的秘密会上说："不久有好日子过了，欠债不要还，加入共产党，有田分，要秘密杀土豪，要成立政府，插红旗。"又说："有可靠的要加入共产党。"（这是在陈谋敬、陈谋瓒、陈唐瓒等三人会议上说的）要先插红旗、打土豪，领导贫雇农发展组织。会后我发展了三个人——陈远生、刘启秀、刘启方，他们发展的党员比我发展的多。到 1930 年四月先集中武阳区的土炮和枪支，当时的枪是从六十八团〈中〉抢来的，国民党六十八团路过松山地方，我们偷偷地把宪兵打死了，夺到了枪支，土炮是自己做的。在 1930 年四月就用枪和土炮在松山首先暴动。领导人是杨斗文、陈贻材、杨世沂，这是武阳区的。在松山乡领导人是陈谋敬、陈唐瓒。暴动前，我也和他们一起到瑞金的一家剃头店（理发店）的刘××那里领公事（一片红旗），领到后就暴动。初起来暴动是莲花滩—黄田—瑞金。莲花滩暴动的起先是曹姓，二十四纵队在那里路过，有一个没有跟上队伍的士兵杀了一个安福人，即刻我们追赶去，要查办杀人犯。莲花滩杨斗文、杨世沂、邹刘备、陈贻材、陈堂球、陈世球起来领【导】暴动，打到云集与地主武装打，后到黄柏区集中，转古沙。

暴动后即刻打土豪，打了黄田的两家，因为他们土地多，放债多，故要先打，没收了土豪的家产，分了他的东西给本村的穷人，这样一个村的穷人便跟着来，暴动队就越来越多人。捉到土豪，又要罚款。

共分了三次田，1930 年五月分青苗，每人分六担多；第二次分是在 1930 年六月份；第三次分田是在 1931 年。第一次分田是地主、富农、贫雇农一样分，第二次地主、富农分下田，第三次分田是分瞒了产的田。

松山乡有六〈七〉个村：松山、下山坝、上山坝、河下园、石块村、安前村。

乡主席：陈远谋—陈贻勋—罗经仁—陈堂祥—陈堂埔—陈自湖、顾国明、陈泽洪、陈家奎、邹景春。

支部书记：陈世邱、陈贻材、陈远傅。

我任乡主席后，1931 年八、九月间我任武阳区联工联合会主任，下有农业、手工业、船业主任，工作内容是组织工人、领导工人，成分好的加入党，职工联合会工作与区委结合进行工作，扩大红军，在工作上区分为三〔四〕乡，武阳乡、松山乡、安福乡、石水乡，我做松山乡工作。

1931 年我到县土地部当组长，带了十多人去各区查田、查阶级，未去前在县训练了一个月，到太富区，下区后又分到各乡，我到白石乡、××乡，进行工作是先召开贫农团会议（共召开过三次，后查出一个地主、两家富农），开会听取贫农团报告有多少地主、放了多少债。

（访问人：汪煜荪、刘美英）

17. 绵江垦殖场石水大队朱乾海口述（苍下）

朱乾海，60 岁，区国民经济部副部长。

1930 年四月，古城兰夏桥在桃阳暴动，到石水抗租抗债，本地暴动队领导人陈贻材和陈贻仁之子（别号"砲钉眼"），五月在石水湾烧田契、借据（五月初一），杀松山劣绅陈唐煌，当时杨斗文暴动队还在螺石暴动，七月二路联合起来。

八月暴动队到黄必、东固去，本地成立乡政府，主席周光和，当时常红白，十月、十一月杨世鸥、刘立榜组织民团攻我们。

1932年以前石水乡辖，1932年划分为石水、兴中、山坝三乡。

石水乡主席：周帮池（到北上），支书陈自钧、陈家珠。

政。1932年十二月时区主席：赖沧保（到北上）。

国民经济部长：周回才、陈有彬。

党。区书：朱正凤（到北上）。

1932年三月以前的武阳区：兴中、石水、山坝、安富、松山、国兴、武阳、竹杨、螺石、凌田、下洲、龙江、中赖等乡。

1932年九月，武阳分下洲、武阳两区。

武阳辖：兴中、石水、山坝、安富、松山、国兴。

1932年石水乡划了第一、二、三、四村，村不设政府，设代表。

少。红军学校设在排子脑。

其他。1932年毛主席来武阳，在石水乡住了一夜（现在石水小学）。

土。1930年五月分青苗，地主不分田，富农分下田，以原耕为主，以乡为单位，田分青苗，田看不清，收割后分过一个七担半，白后又分过一次。山的收获按屋（小村）分。

地富财物都没收，东西均分给群众，金银、手镯、光洋交银行。

苍下有一家破产地主杨衍均，约有五六十担田，他掌管公田，每年收学租四五十担。全村共140多人，富贫中农占地200担（富农2户，每户约田70~80担。地主田约占20%，公堂田100多担）

贫农多不够吃，以打柴卖【为】辅助，常借债，1担谷还2担，1元每月利1~2角，2角者最多，1担田交租50斤，1担田全年只收100斤左右。

当长工24毫子一月（每元11~12毫），一般等于2元，照月算，没做事不给钱。

财。土地社：按亩计，1担2斤（最初1~1斤半）。

合作社：主要销【售】油盐，盐每10两1元，布没有卖。

当时不用银洋，银洋要交银行，流通在市场只有苏维埃票子。

干部回家带米吃 6 个月，以前菜金只买得到辣子 ①、豆豉、盐吃。

（访问人：毛昌明、陈承煜）

18. 绵江垦殖场石水大队朱振演口述

朱振演，60 岁，区合作社主任。

军一。1930 年四月初一，石水湾扣留陈唐高，暴动就起来了，兰夏桥的司令员，杨斗文的参谋。陈唐高之弟狗腿子来暴动队瞎吹乱说，兰夏桥押起这狗腿，五月初杀这个狗腿，并罚了陈唐高的款，当时队伍扎在窑坑，烧石水湾田契。五月初，杨斗文得知杨世清系假暴动，实属地主武装，杨斗文领着队伍去打杨世清，抓住杨杀了。1930 年九月，瑞金县城胡子炎等反动军队来，成立了靖卫团，石水团长朱正萃，副团长赖伦绅，1931 年正月初七夜三十五军路经石水，初九攻入瑞金城。

1930 年四月二十二日成立农民协会，主席朱振安（绰号"老炳子"）。

政。九月成立乡政府，主席朱连辉，设村政府，1932 年划村。

石水乡辖：山坝、石水、新中、丰田、陶屋、山竹坊、河背〈有二个村〉。

1933 年分乡：下△、山坝、新中、石水、丰田、岸湖、松山、小布、马齐等乡。

石水乡主席：朱吉和、周运堂、周帮池

山坝乡：朱吉通

---

① 辣子，方言，意即"辣椒"。

武阳区主席：赖伦保

党。石水乡支书：赖伦保

山坝乡支书：陈学通

区委书记：朱正林、朱正怡、陈家珠、朱正凤

群。革命互济会，互相帮助，月费一铜板一月，另还有捐献。

财。合作社：只有供销社，1933 年前武阳有总社，1933 年后，武阳下洲都设总社，各乡有分社，一元一股，一人不能超过十股，年年有红利，一次可分到几块钱，还有猪肉。

区社有熬盐厂，乡村不设。

盐一元只八钱，硝盐一元一斤左右，布一尺二角多，后几年没有布买。

小商贩可去白区买盐、布，合作社对外贸易靠小商通融，小商贩来货只能卖给合作社，对外贸易局不能直接卖给老百姓，小商贩卖给合作社的盐价一元银洋一斤半。

于都江口设有对外贸易局，合作社的货源多由此来。

干部在家带过三个月米吃，平时有饭吃，一二两米一餐，一天一斤半，节约出的米去卖米发菜，油盐是发的。

（访问人：毛昌明、陈承煜）

19 石水大队（绵江垦殖场辖）小舟坊邱奕泉同志口述

1930 年四月暴动，暴动队队长邱士宣、政委邱士桂（小舟坊一带的暴动队），120 多人参加，在窑坑成立农民协会，主席朱吉和。

1931 年六月成立石水乡政府，主席朱吉和。

支书：先是陈炳东，以后是赖美玉。

1932 年五月我参加红军，经历第三、四、五次"围剿"，及以后打游击。

1932年二月我弟弟在红军学校当指导员，邀我参加红军，初时入红军学校政治团第八连学习。九月毕业，分配到工人师，后改中央警卫师，在一营一连当指导员，十月部队开往福建武平打土围。当时连长是廖香云（井冈山下来），部队驻在太平坑。当时武平大土豪兰启明等，地方武装有500多支枪。

一天晚上，我们去摸营，我们八连为前卫，敌人一个连担任警戒，我们上去抓到60多【名】俘虏。当时我连战士彭九信，坚决勇敢杀敌，先夺得敌人一支枪，用敌人枪打死四个敌人，又同敌人拼刺刀，彭几处负伤，坚持杀敌，缴到11支枪，自己虽负了伤还爬回找到队伍，彭九信得到师长彭雄、政委彭真的嘉奖。当晚我连有10多个人负伤，敌人逃到山上，师部派二连同我连搜山，地形很峻险，山下是一条河，只一条路直通山上，当时找到本地人刘为俊带路抄小路上山，包围敌人，到天亮，敌人逃走了，我俘敌40人，得60多支枪、子弹10余担，另得大土豪40多条牛，30多头猪。队伍立即攻打大土围，大土围地主武装有几百人，广东陈济棠派了一团人来，只两个营进了大土围。中央命令用强攻战术，我们用棺材盛火药炸土围，还是没攻下。当时敌人常派飞机来炸，约一个月后，一天夜【里】，我们派人把红旗插进土围上，敌机以为土围被红军已攻进，大炸一阵，然后，我们用竹梯爬墙攻，我连一排，在排长潘古球带领下，攻入围，排长潘古球身负重伤，还缴到敌人7支枪，杀20多个敌人，但土围还是未【攻】下，这个排退出。到年三十夜，部队发动每人砍2担柴烧围子，着火以后吹冲锋号，一团人冲进去，解决战斗，缴到敌人820多支枪，俘敌千余【人】。部队又转到武坪（五坪，音），组织地方政府，开展群众工作。正月十几，广东军阀陈济棠部又来攻，我们又集中到武坪一带，敌人退入武坪。中央派中央总动员武装部杨岳斌（以后成为叛徒），正月十五日到武坪。当时敌人有一个旅在武坪，我们是一个师，我们几百人装扮成老百姓进城卖瓜，把短枪放在瓜内（福建冬天有瓜），进去几百人，了解敌人地形装备。十七日夜，部队开到武坪处，敌人一个连在茶亭担任警戒，敌人有一个班站岗，半夜我连上去一个班带卜〔驳〕壳、炸弹。二梯队一个班在，后全用马刀，后调马刀班上去，把敌人一个班全砍了，当时茶亭敌人都未发觉，全连冲上去，敌全连人被俘。我连立即用他们的装备【来】装备自己，装扮成敌人进城，后面部队跟上，内应外合全歼敌人三个团，只旅部逃出了几百人，我们立即追上，遇上〈干〉敌旅长陈土元正想自杀，我与连长廖香云赶上活捉敌旅长（以上是第三次反"围剿"）。

二月转到迁上（音），反"围剿"，我师编入一军团，我在一军团第一师第一团任政治处主任，团长刘斌生（音，红军学校连长），政委康江甫（音），第一师师长华展云（音）、政委李井泉（现为四川省委书记）。当时一、三、五、七、九五个军团集中反"围剿"。一军团一、二师打迁上土围，三师迁制其他敌人，断援，打了半个多月，消灭敌人两个旅（不全），击毙1000多【人】，俘6000多【人】，缴7000余支枪。

这次战役后，我因文化低、知识少，政治委员要我回中央学习，我在红军学校上干【部】政治班，学习两个月，又回原部。

当时蒋光鼐、蔡廷锴组织人民政府（十九路军），与我们进行和谈，我们集中10万多人，敌人3万多人在连城，当时和谈破裂，中央来会合，要敌全部放〔缴〕械才不打，不缴就打。当时敌人不肯。那土围工事很坚固，部队强攻了三天三夜，损失较重，冲上去又退回，在此情况下朱总司令来岗枝亲自指挥，朱德同志在动员时说："同志们，敌人受过很多训练，你们虽然也经过训练，但是战斗经验还差，我们要善于利用地形打，不能冲上冲下（当时猛攻干部在前领先，牺牲百余【名】排以上干部）。我们今天一定要冲开，大家把衣服全下①（四月），每人一把马刀、一支卜〔驳〕壳、两个炸弹。"我军一个团在朱总亲自指挥下攻入城内，巷战，用马刀、刺刀拼杀，我团团长刘斌生，马刀使得很好，团长二肩负伤还带领

① 原文如此。

部队冲入城内拼杀，从 7 点钟开始到 12 点解决战斗，次日八时集合，共有俘虏 2 万余，俘毙敌共 3 万余（十九路军共 8 万多人）。

战斗结束朱总回中央即来电，要部队休息。一个多月后，部队转移到广昌鸡公山攻堡垒（当时敌人用"乌龟"政策），何应钦部①，两个多月后转到兴国（于都、兴国交界）、小乌江，敌人王、龚二师来围攻我们，当时地形是两边是山，中间是河，敌驻在一个 3000 多人的大村山，我们入岭，在乌江大水岭与敌人遭遇，我们立即占领最高山头，敌人来围，当场消灭敌两个团，敌人退过乌江桥，我军追，敌人淹死万多人，俘敌一万多，缴万多支枪。休息半个月后，在兴国黄陂反"围攻"，敌人三个师，鲁涤平、谭道源两个师逃跑，和陈时骥师打上，追到吉安富田消灭敌人一师，活擒敌师长陈时骥（以上是第四次反"围剿"）。

据首长在团以上干部会议报告说：

第三次反"围剿"俘敌 3 万多，缴 4 万余支枪（敌人共 100 万）。

第四次反"围剿"，俘敌 6 万多，缴 7 万余支枪（敌人共 300 多万）。

部队已转到福建（一、七军团），1933 年二月到朋口、温坊，敌人李延年，百万军队来攻，当时连城一带有 300 万敌军，七军团在连城，三、五军团在江西防线。

敌人 300 万在陈岭、王家坪，各军团在朋口开会，朱总来参加了会议，我们转了一年多，主要打防御战，1934 年七月朱总来，说："死也要死在这里，活也要活在这里。〈问〉大家有决心没有？"大家都说有决心。当即 5 个军团包围百万敌人，九月了解好地形，朱总下令，今晚一军团正面进攻，九、五军团为左翼，三军团为右翼，七军团迁制敌，打回游。战斗一开始，敌人慌了，退回上杭走，当时七、五军团三个师把后路（三、五军团装备很充足），可是当敌人退到这三个师身边过，三个师都没有打，一军团长林彪

---

① 原文如此。

问他们为什么不打,当时枪决了三个师长,政委押往中央。一、三军团毙敌万余,俘敌4万多,缴获各类枪5万多支。

我们在建宁休息一个余月,到南阳(音)水口打,三军团到广昌,这次战斗我受伤到瑞金医院。

出院时,部队在西江,我到总政治部报到,当时部队在板石、白鹅、章〔樟〕布〔埠〕(音)编野战军(方面军),总政周恩来说我不能北上,说中央苏区八个县少八个干部,要我到独立营去,他说:"我们三五年就回来。"

1934年十一月我带第二个通讯员到独立营,因伤未痊愈,当政治协理员兼支部书记。营长廖香林,政委刘志英,一连连长王××,二连连长李存留,三连连长刘俊清,共300多人,一、二连全有枪,三连只【有】50余支枪。当时原中央办事处主任陈毅指挥,到铜钵山一带打游击。中央办事处设在半迳,独立营在叶坪附近坪山岗,开往汀州,断敌攻主力,又开到牛岭,因敌人过强,退到九堡,又退到铜钵山。1935年二月,万田敌一个团,河兴敌一个师来攻,万田敌先到,李存留在山头一枪撩〔撂〕倒敌营长,敌人慌乱退去,获马一匹、枪五支,俘三个敌人。后又来队伍,又转移到宁都黄石坝打匪黄镇中的军队,我们首先埋伏好,敌军3000人,群众1000多人,当时敌人一个队长中枪,又抓住一个队长,缴获30多支枪,20多个俘虏。我们在宁都等了一个月,怕宁都敌人来,结果敌人未来,我们就转到清吉的黄都湾打了一仗,从瑞金来了敌军一个旅,打了一天一晚,敌人兵力很多,当时连长李存留牺牲,另牺牲战士数十人,敌人驻【扎】在此,我们退到九堡,从河州坝又来敌人,我们首先埋伏好,打死敌人10多个,敌逃。

第三天,敌人又来。天气很冷,敌人包围我们,我们突围到铜钵山,一个月后敌人从四面包围过来,我们穿过封锁线,到福建汀州河山乡(宁化、归化交界地)联合福建军区两个团,我营与二十团一起作战,在河山一个月以后,原独立营编成两个队,第一队钟民队长兼政委,第二队队长【是】我,为政委方正明(在去福建路上一路，干部牺牲不少），我们回陈斜，被围七天七夜，我们七天七夜没吃东西，天气又冷，下雪，我们又转河山乡，钟民回到瑞金河西，我队留在福建，我在宁化被俘。我领一个排，遇到福建军区司令员厥〔阙〕××，特派员王××，他们同我带两个通讯员，一个司号员回去，接两个排，遭遇敌人，敌人一个团，我与两【个】通讯员，一【个】司号员在石壁纸槽隐蔽，而厥〔阙〕、王投敌，并引来敌人俘住我们四人，押到清山埠敌团部，入班房，他们磨马刀，我们四人都很坚决，为革命牺牲不怕什么，后因敌三十六师找我们，押我〈4〉【们四人】到汀州城，出发前通讯员踢了敌人，敌人用刑，敌人在我头上打了一枪，匪团长说是师里要我才没杀，在汀州坐了一年牢。去的第二天军法官审问，我当时认为承认也是死，不承认也是死，我说我只当过副班长，敌人又打（二叛徒不知我职务），以后又问了一次，连用了三次刑，通讯员、司号员也都很坚决，以后把我调开了。三十六师撤走时，集中牢里60多人杀，瞿秋白同志就是这次首先被告的。我被解到汀州班房，敌人曾下过毒茶（毒死一人有五块钱），我因病重，把我扔在坝上，同乡人（山坝）陈有遗贩花生路过，我见到认识他，喊了他一句（他是我大伯的女婿），他从福建回来时告诉我家里人，把我抬回家，回来后欧阳江肃反时，反动人物邱土兰、邱浴春因在我村犯强奸案，我多了两句嘴，说我是土匪头，抓我当壮丁，花了300元从会昌赎回，因家中人大多不知道我的职务，因此，以后国民党没来找过我什么麻烦。

（访问人：毛昌明、陈承煜）

20. 石水大队（绵江垦殖场辖）陈学宝口述

陈学宝，30岁，游击队员。

1943 年我哥哥陈学斌要我参加游击队（八月），当时领导人【是】刘国勋、邹道隆、陈唐球，共 80 多人，分成两个组，一组是不能参加战斗的妇女、小孩 20 多人，只 60 多人参加战斗队，前队由刘国勋老婆负责。我参加时在福建边界一带活动，以后多在九堡一带打，1945 年冬刘国勋被敌诱杀，我们由陈唐球领导打到次年二、三月散了，主要因敌人封锁过严，把近山之房屋烧了，家里财产没收，并挖掉家里的山芋、红薯，那时群众又不大敢支援我们，不敢随我们去打土豪，没法下山来，向国民党缴了一部分枪，当时他们说就只要不干，不加害我们，陈唐球还埋下十多支枪，解放后，交到县里张政委去了。

我们曾在北田打过匪军官学校。

游击队队员主要有：刘国勋夫妇、陈唐球一家八口、邹道隆夫妇、陈世球夫妇、陈学连夫妇及其母（陈学连后叛变）、陈学南、陈学彬、刘宗维夫妇、刘国浪、陈世生、陈世绵、陈远发、陈承谋、陈学赣夫妇、刘秀兰、陈学忠、陈家沣、陈家新、张云标、陈少贵（此遂〔系〕抗日时组织与土匪组织救命团，我们俘虏过来而参加的，约一年多），黄刚标、黄刚珠、黄刚林、刘师生、栋〔崇〕背 2 人、福建刘带发子、赖九仔，其他还有 20 多人。

（访问人：毛昌明、陈承煜）

21. 绵江垦殖场石水大队陶屋朱吉通口述

朱吉通，60 岁，乡主席。

1930 年四月，在经塘塘下田陈贻才领导，20 多人参加，参加者去报名有两块光洋，四月到窑坑，成立农民协会，焚烧文契，六月在石水湾正式成立农民协会。暴动队开到谢坊打土豪，杀大土豪刘家高，这时已组织赤卫军，有 4 条枪，转往打牛角湾，联合斗文暴动队打会昌，九月打入会昌，开牢狱放犯人，当天退出会昌。

政。二、三月成立乡政府，主席周帮初（运堂）、朱吉和，后设村政府。

党。支书：朱连辉、朱正扬、朱正汉。

政。石水乡辖石水、新中、山坝，1932年分成三乡。

山坝乡辖：山坝、塘背、陶屋。

山坝乡：朱吉通（到北上）。

党。支书：朱正扬、朱正汉。

土。分田：1930年五月第一次分田，分青苗，以原耕为主，以屋（小村为单位），每人六担（塘背、山坝），陶屋分七担，地主、富农分下田。

分田前地主、富农占三分之二（约70%左右），包括公堂之田，公堂属于地主，贫农占20%，中农占10%。

1932年重新分过，以乡为单位，每人七担，田分甲、乙、丙三等，相互搭配，地主分丙田。

财。土地亩税，按亩收税，别无他税，红军家属全免，再无他人免税。

乡有供销分社，多为卖油盐、熬盐、樟脑，由供销社管。

（访问人：毛昌明、陈承煜）

22. 访问武阳乡螺石村叛徒杨世桓记录

1930年四月，杨斗文等在螺石排子脑开始暴动，杨斗文、杨士毅、杨士煜、杨衍绿、邱平山、陈贻才、邹刘备等首先组织起来，主要领导人是斗文和士毅，这些人常在一起开会，常有联系，可能有地下党组织。他们暴动后，领导了上百人，数条枪，到贡田去打土豪。在贡田只一天，就到瑞金去了，此后武阳农民起来分田地，每人分七担。组织了农民协会，螺石乡主席是杨家宗，后来赖春山任主席。

在武阳、下洲分区时，我在下洲区做军事部文书，一直做到红军北上，起初军事部长是杨世柳，后是谢仁柱，之后是袁礼立。在任军事部队文书以前，我做过赤卫军连长。

下洲区干部【如下】。

区主席：邹日捶；党委书记：谢涵贤；

军事部长：杨世柳、谢仁礼、袁礼立；土地部长：谢仁芳；

劳动部长：邱浪燕；教育部长：谢仁泮；

财政部长：陈谋龙；裁判部长：钟世汉；

内务部长：谢枝春；粮食部长：赖辉琼；

工农检察部长：谢泽贤、赵世宣；国民经济部长：×××；

工会主任：邱长俊。

下洲区有凌田、龙江、龙角、中赖、贡田、竹杨、下洲等7个乡。

当时武阳区有新中、松山、小布、螺石、武阳、石水等6个乡。

（访问人：杨兴华）

23. 赖远波同志口述

赖远波，54岁，下洲大队泥湖村人，陈埠乡主席、乡支书。

1930年暴动后，我任赤卫军连长、泥湖乡支部书记，1931年任陈埠乡支部书记兼乡主席，1933年调下洲区任宣传部干事。

凌田乡有1个行政村，4个赤卫军大队，4个村是凌田、下洲坝、上茅山、泥湖，泥湖为第四村，我任泥湖村主席。1933年下洲区辖凌田、茅山、龙角、白竹、黄田、中赖、龙江、陈埠、下洲、竹杨10个乡。

下洲区委书记为谢涵贤，宣传部长刘××。

区委会有宣传部、组织部、妇女部，宣传部【有】1个部长、

1 个干事，组织部【有】1 个部长、1 个干事，妇女部 1 个人，青年干部 1 个人（区委会 7 人至 9 人）。

我 1931 年入党，介绍人为谢涵贤，贫农入党介绍人 1 人即可，中农要 2 人介绍，我任泥湖分支部书记时，泥湖党员有十七八人，在陈埠乡【任】副支部书记时，党员有几十人。

红军北上抗日后参加下洲区游击队，游击队司令为陈石榴（已死），游击队有 1 连人（100 多人），下有 3 个排，1935 年三月游击队被打散。

（黄长椿记录）

24. 绵江垦殖场石水大队上湖吴星晃口述

吴星晃，64 岁，区组织部副部长。

军。暴动时陈贻才领导，我村约二三十人。

政。石水乡主席朱吉和（最初），杨荣煌、朱帮池。

武阳区主席：赖沦保。

党。石水乡支书最初是吴星晃。

武阳区委书记：陈家珠、朱正凤。

武阳区〈委书记：〉组织部长邹儒芳，副部长是吴星晃。

区委组织部副部长主要工作是统计表册（青年、老年、党员）。

土。本村田共五六百担，内有耶稣堂田二百担，本村中贫农八九十担，其他都是公堂、地主田，公堂田占多，多是陈、刘、朱三姓的。

田租多为四成，二成租田也有，每担田只收五六十斤，交租达 330 斤。

高利贷借一元，利一年一般是二角。

典田：要有三担田以上的田契可典一担田，典 60 毫左右，利一年一担谷（一担谷约值 20 多毫），如果一年不交利，则原典契之田地主所有。

（访问人：毛昌明、陈承煜）

25. 绵江垦殖场石水大队山坝朱正汉口述

朱正汉，61 岁，区军事部副部长，伪保长，算叛徒。

政。山坝乡主席朱吉通（到北上）。

武阳区主席赖美玉（沦保）。

武阳区军事部长朱乾沣，副部长朱正汉。

党。山坝乡文书：朱××、朱正汉、陈有赞。

武阳区书：朱正凤。

政。军队主要工作为扩大红军。

每天要到各家去宣传动员，要说服参加者的父母子妻，要他本人自愿且家属送他去参军，并说明红军家属有优待。

家属参加红军者很多，九军团差不多都是武阳一带人。

北上前（约早一个多月），区里成立 1 个游击队，我任部长，开到福建去接正式红军的防，3 个班约 80 多人，副队长宋金辉，我们开到古城，当时九军团还没走，主要任务是去抵挡敌军，追北上红军，牵制敌军，工作多为挖桥、砍树阻路，因人少不济事，次年三月退回来，回来后在家做地下工作，组织了地下支部，支书朱永珍（后叛变被游击队①）。

（访问人：毛昌明、陈承煜）

---

① 原文如此，疑其后漏字"击毙"。

26. 武阳乡黄田大队袁礼炳、袁明伦口述

袁礼炳，60岁，乡主席。袁明伦，58岁，乡主席、乡支书。

袁明伦：很早我就与螺石杨斗文相识，1929年十二月斗文找我去开会，在螺石开秘密会，这次会共有杨斗文、郑科标、刘国培等13人参加，斗文要我们保守秘密，就是对父母、老婆都不能说，斗文说，有钱人的田要分给贫苦之人，债不用还了，地主有两个老婆【要】分一个给我们，穷人要团结起来对付有钱人。当时由斗文介绍我入党，说是以后还要交月费，当时不用交。1930年二月，在螺石又开一次会。三月袁科标告诉我明天开会，在会【上】说明天要出发，次日队伍组织好开到黄田打土豪袁文泉、袁文林、袁礼庚，十多天后在排子脑成立农民协会，主席杨世沂，当时发动各地暴动，要他们到排子脑来领公事。黄田由我和袁礼贻到领公事，回来发动群众，组织暴动，成立农民协会，主席【是】礼贻。

十月袁文林之子袁兴仁、袁文泉、袁礼油、袁文仕等联合会昌、谢坊维持会的靖卫团来黄田，抢光财产、烧房子，我们转到白竹山，次年四月恢复政权，由杨金山带来队伍打下，成立乡政府，主席袁礼贻。

政。黄田乡主席：袁礼贻、袁明伦、袁明烈、礼峰、袁礼发、袁明礼、袁礼炳（到北上）。

党。黄田乡文书：袁明伦、叶××（外地人）、袁礼峰。

群。贫农团主任：袁文思、袁文田。

团支书：袁文开。

政。黄田先属武阳，再属踏迳，又改属武阳，划区又属下洲。

（访问人：汪煜荪、陈承煜、毛昌明）

27. 郑秀安同志口述

郑秀安，61岁，下洲大队坳下村，苏区螺石乡主席。

民国十九年（1930）四月廿八日在螺石排子脑暴动，在暴动以前，杨世沂从福建宁化领来公事，杨世沂、杨斗文、刘国培、郑守中、陈贻勋、刘学椿等参加暴动，打土豪、分田地，分田后才划阶级。

第一次分田每人分7担，土豪没收家产，不分田，地主、富农分田。第二次平田，田分甲、乙、丙三等，分配均匀，划了阶级，以乡为单位，每人9担，地主、富农分丙田，另有红军公田。

我分田后在乡合作社（消费合作社）工作，做采买，买了货交给主任，每月计算货底钱款，年终结账，有盈余分红，分猪肉，分盐，富农、地主不能参加合作社，股金五角一股，乡消费合作社到县总社办货，有布匹、盐、油和少数洋货出售。合作社有熬盐合作社，没有信用合作社。

1934年我任螺石乡乡主席，后任游击队班长。

（记录人：黄长椿）

28. 赖远森口述

赖远森，47岁，下洲大队，陈埠村人，苏区土地部工作，少共书记。

1930年五月我村（陈埠）暴动，成立农民协会。六月成立赤卫队，我参加了赤卫队任副队长。八、九月各赤卫队打姜山坑（当时有三个赤卫大队）团匪谢泳贤之子。以后成立村政府，村主席为刘崇香。这年冬天，靖卫团打来了，白了一个多月，三十五军来了，又转为红。我参加少先队，任排长（暴动后成立赤卫队，后来分赤卫队和少先队），后在乡少共做宣传员时，下洲乡少共支部书记为赖伦桢。同年又调到区土地部工作，由土地部派在下洲乡收土地累进税，地富税重，贫雇农税较轻，军烈属及鳏寡孤独贫困的减免，我乡每人七担田，每人完税一元一角多钱，地富加一倍（二元二角多），苏区时只有土地累进税，无其他税收，1932～1933年土地累进税缴谷，每人20斤谷子。

武阳区主席最初为谢仁方，我在土地部工作时，土地部长为邹方照，土地部共有9个工作人员，193×年武阳区土地部长为邱贤宣。

1932年参加模范少队任排长，到区上乡入营部，整连整营参加红军，我编入瑞金模范第三师（在县里）受训，我在营部任管理员，后改任第三营文书，代理连指导员、少共书记。

少共书记团、营才有，连有少共支部，全营（三连）有47个团员。

模范第三师编入第九军团，1934年我因病入医院，后在牛岭被铲共团捉住，打地雷公，分到会昌、瑞金坐班房，出来后回家按手印"自新"。

（记录人：黄长椿）

29. 访问谢仁方同志记录

谢仁方，住下洲坝清江崇村，年60多【岁】，苏区区主席、区土地部长。

杨斗文到会昌领公事，领到一门迫击炮，谢坊反动派在途中搁

阻被杨斗文打退，杨斗文打到瑞金县。我们（下洲）这里是 1930
年五月初二暴动，暴动前秘密开会，由杨世沂、谢涵贤、谢在储
领导开会，参加开会的有谢仁方、谢仁元、谢仁泮、谢仁良、谢
良贤、谢在标等十多人，开会后派谢仁清、谢仁寿到瑞金县杨斗
文处领公事，谢仁清走到半路，鸦片烟瘾发了，走不动没有去。
谢仁寿到县里领了公事回来，成立农民协会，竖红旗，每人做红
袖套，并成立暴动队，一队一面红旗。暴动队长为谢仁珠，暴动
队下有排长、班长，又组织了宣传队，会写字的提石灰桶写标语，
宣传打土豪、分田地、烧契纸。暴动后打了谢仁炳、谢辉贤等土
豪，把有钱的人抓起来打地雷公，分掉地主的财产、烧契纸（在
祠堂下）。

　　1930 年冬下，团匪欧阳江从瑞金打来，下洲乡白了，我们逃
到白竹寨，在白竹寨过年。次年正月初二三，我们打回来了，下
洲又竖了红旗。正月初八团匪攻下洲坝，我们漏夜派人送信给杨
金山求援。在杨金山部还没有赶到下洲坝前，下洲坝在谢在储、
杨世沂、谢涵贤的领导下，和红军李金标部几十人（有几十条枪）
和赤卫军几百人守住了下洲坝，打败了团匪的进攻，缴获了团匪
的旗子一面，枪数支。

　　1931 年初成立了下洲村政府，谢在翠为正主席，我为副主席，
随即又成立了乡政府，乡主席为谢在炳。1931 年夏我调武阳区政
府任区主席，时区委书记为福建人 ××，区组织部长为周运堂，
宣传部长为丘[①]世南。1931 年十二月我调新迳区任军事部长，时新
迳区主席为曾同峰（拔英乡南田村人），新迳区委书记谢访贤（后
为欧阳江所杀）。1932 年五月回下洲。七月任武阳区政府土地部长，
时邱世桂为区主席，杨世柳为军事部长，邹方照为工农检察部长，
谢涵贤为区委书记，谢发姑子为区妇女指导员。1933 年武阳区划
为武阳、下洲二区，我任下洲区土地部长，工作了一月，因中赖

---

① 原文如此。

乡各项工作前〔落〕后，我调任中赖乡主席，直到红军北上。区土地部的工作为管土地阶级、查田、生产、水利等。

1930年五月分青苗，分青苗前一屋成立一组，有一个代表，调查每家有多少人，有多少田，作公堂的田多少，作地主的田多少。以乡为单位分田，地主不分田，富农分下田，要地主去开荒。分田时划了阶级，没有丈田，下洲乡每人分七担田。第二次分田也是以乡为单位，地主不分田，富农分坏田，打乱来了，每人分七担（甲、乙、丙三等田好坏搭匀），平的田插竹竿、造契，由政府盖印，以村留红军公田（好田）。

革命后，苏维埃政府重视农田水利工作。瑞金县每年冬天召集各区土地部长开会，布置各区、乡发动群众开水圳、山塘，发动妇女学犁耙等，整年正〔整〕月到县汇报修水利的数字，妇女学会犁耙的数字和生产情况，县土地部到各区、乡巡视，看禾苗长得怎样，生产搞得怎样，增产的情况。革命后的禾长得很好，农村中没有人赌钱和吸鸦片。

查田运动，1933年我当区土地部长，到叶坪开会，毛主席作查田的报告，说够不上地富的要降下来，够得上的躲在门角里的要牵出来。我回到区政府调各乡、贫农团主任到区里开会，区委书记作报告，贫农团主任开完会后回各乡各村开贫农团代表会，调查某人几多 ① 田、几多债，收到了几年利，没有收到的还有多少，调查好了以后，乡村造册填表，报区土地部，由区委书记、区主席、工农检察部长、土地部长开会，大家研究，看有无剥削、土地剥削多少、金钱剥削多少来划阶级决定地、富、中农〈……〉等阶级。

扩大红军，是先召开党、团员大会，在党内、团内动员，再由乡开代表大会，组织宣传队，宣传动员，并募捐解决参军者的困难，帮助参加红军战士的家属还债、耕田，任过宣传动员后召开群众大会，在会上集体报名参加红军。

---

① 几多，方言，意即"多少"。

红军北上后，瑞金的游击队有河东、河西游击队，下洲区游击队属河东游击队，游击司令初为朱德柳，后为吴德福，政治委员为杨群波。游击队下分三个排，第一排长陈名机（死），第二排长谢仁方，第三排长杨家瑶（已死），有 100 多人，一排只十多个男子，其余为妇女。排长、班长有枪，其余的人都是拿刀子、棍子，游击队坚持到第二年四五月才散。

（访问人：黄长椿）

30. 陈有彬老同志访问记录

武阳国兴二大队。

暴动前做了发展党组织工作，大家自愿去参加，秘密举行宣誓。当时有刘国培、陈贻才、杨斗文、陈世沂、陈世球。

初暴动时，我担任松山俱乐部主任，工作是演戏，宣传党的方针、政策。后到区革命军事部任组长。

民国十九年（1930）六七月杨斗文、刘国培、陈贻才等在武阳首先暴动，暴动枪支一部分是本家族的枪，一部分是当时南北兵的枪。

暴动后就烧田契，乡干部【捉】到土豪要罚款。

组织农民协会。主席：陈谋金。1931 年六月分青苗，当时歌谣："万户欠我钱，千户不干连〔等闲〕，〈万户欠我钱，〉穷人跟我来〔走〕，月月〈有〉八块钱。"第二次分田富农分下田，地主没有田分，第二次分田是在 1933 年，每人分六担田。

松山乡没有分村，乡主席不能当长久了，只准作半年，便要选，目的是防止贪污。区主席只准当一年。

1933 年分划区来，我到武阳区国民经济部工作，〈作〉征收累进税交到财政部，累进税（就是纳粮税），分上、中、下三等级田，上【等】田 1 亩纳税 100 斤左右，中等田缴 40 斤，下等【田】30 斤。

当时只有土地税，没有其他税收。国民经济部还作收集银圆和收集皮蛋送上前方工作。

（访问人：汪煜荪、刘美英）

31. 访问武阳乡下洲村叛徒谢仁元记录

我今年50岁，在苏区时期当过下洲村的少先队长、村代表、乡主席、区裁判长、中央初级军事裁判所所长、赣南临时最高法院检察员、登贤县裁判部长。红军北上后参加打游击，不久就回来了，以后当过国民党的保长。

1930年五月二日（旧历），下洲开始暴动，一开始我就参加了。暴动是螺石杨士毅、龙江谢在储领导的，【有】二三十人。在会昌领到公事。杨士毅拉杨斗文，斗文和谢在储是两亲家，把谢拉来。

为什么暴动最先在下洲开始？这是因为下洲最贫苦，为此革命积极性高。下洲坝下雨涨水，天晴遭旱。苏区前下洲有一个地主，他有两百多担田。村上有5家富农。地、富放谷债，一担要还两担、三箩；放钱债，年利加五，至少加三，月利加二，即一元本每年利息二元四角。出租田纳四五成租，高到六成。农民借钱，要用东西抵押，价值10元的抵押品往往只能借到二三元债，还债期限短，不还，就把抵押品没收。地主贷款农民买牛，牛养大后，农民除还债贷款数外，赚的钱对分。地主雇长工，成年人每年只数担谷，未成年人除吃饭外，只赚点衣服穿。地主、富农有说话权，农民没有说话权。这就是下洲农民最先起来暴动的原因。开始暴动时一条枪也没有。组织农民协会，提出"打土豪、分田地、插红旗、没收地主家产"等口号。富农自捐，不没收。

以后，敌靖卫军来打，十月失去政权。冬下李金彪（会昌人，红军）带来二三十人，八九条枪，驻在下洲祠堂。当时杨士毅等常在我家开会，可能有秘密党组织。

1931 年正月二十七日，敌欧阳江（五区联防）、欧阳新（会昌维村会）、郭静山（谢坊维村会）、严维信（石城维村会）带一两千条枪、一两万人打下洲。他们包围了下洲。第一天未打下，第二天又打。到第三天敌人来得更多。敌人说，要铲平下洲地皮，杀光下洲男女。当时下洲只有 100 多人，在杨士毅等领导下，坚守阵地。下洲人民进行了许多牢固阵地的工作：早在开始暴动时就筑了围墙，六七尺高，宽二三尺；墙外地下埋竹钉（竹钉都经过油煎，坚硬），竹钉外有圳，圳里放水，圳外还有竹钉。围墙有三重门，每重门有一队人死守。另外组织冲锋队，敌人在哪里攻得凶，冲锋队到哪里对付。下洲人民没有枪，只有梭镖和鸟铳。敌人害怕鸟铳，他们进攻时都拿一把禾草遮身，另外拿一罐锥，企图挖墙。敌人冲了好几次，为时三天，但还是攻不进去。结果，敌人死了十多人；敌人首领之一刘立昱也被打死，刘是迷信头子，说枪打他不入，他被打死后，敌人就慌〈敌〉了，然后不敢再来进攻下洲。下洲人民经过三天的战斗，牺牲两人，伤一人，最后取得胜利，到处插红旗。这次战斗，震动了瑞金各地。

（访问人：杨兴华）

（二）武阳乡人民革命斗争史料

一、党领导武阳人民为建立苏维埃政权的斗争（1929—1931 年初）

（一）革命前的社会经济状况

武阳区各乡的土地占有的特点是：全区大量的土地是地主所有，以地租形式直接剥削农民。如石水乡上湖村总共五六百担，地主占地 300 多担，多掌握在陈、刘、朱三姓手中，贫农占地仅八九十担（吴星晃口述）。除了地主直接占有的田多外，公堂祠宇的也多，如石水乡上湖村耶稣堂田二百担（全村共有五六百担）（上湖吴星晃口述）；仓下公堂田有一百余担（朱乾海口述），公堂田实际上也是地主的田，地主收公堂的田租，如石水乡仓下村地主杨衍均掌握公堂，年收学租四五十担（朱乾海口述）。

地主占有土地多，而地主阶级在农村中的比例少，在岩湖乡全乡人口 400 多户中只有 20 户。贫雇农则有 380 多户。土地大多集中在大地主杨荣佳、杨荣福手中（周帮泮口述）。

占农村人口绝大多数的贫雇农，受着地主阶级残酷的地租剥削和高利贷剥削，如凌田四家地主亩收地租多为四—六成（谢仁坤等口述）。残酷的地租剥削使得农民的生活贫苦，劳动力强的每年还缺几个月的粮食，劳动力弱的交租、还债后无所剩余，灾年租债分文不能少，到期无力付租还债，不仅田被收回，且逼得出卖子、妻（周帮泮口述）。在凌田最恶毒的高利贷者称为"圩子利"，一个月分为六圩，五天一圩，一圩利二毫，高的达二角（谢仁坤等口述）。

中赖圩子利利率高达 20%～50%（赖枝槐口述）。牛租更是苛刻，黄牛每年三四百斤，水牛五六百斤。而雇农工资只几担谷子，最强的劳动力也只十担左右。人不如牛。一般高利贷月利率 20%（赖枝槐口述），且借贷不易。石水上湖村要有三担田以上的田契，才可典出一担田，只能典得六十毫左右，利一年一担谷，如果一年不交利则原典之田归地主所有（吴星晃口述）。下洲村农民借贷要用东西做抵押，以值十元之物作押，只能借到两三元，借期短，到期不还抵押品没收。农民问地主贷款买牛，牛养大后，农民除还清贷款外，与借主平分（谢仁元口述）。高利贷款不如期还利则利上滚利，农民俗语"禾刀挂上壁，搞碗碗边没饭吃"（朱正保口述）。朱正保说："我九岁就死了父亲，家境很苦。十岁时，我曾得〔饿〕死过去，邻居用米汤救活。共屋的人把【给】狗吃的饭，每天剩下一顿给我吃。母亲给人家织麻线，我很小就帮人做苦工，扶犁，打得要死。中赖竹头下邹××借了杨荣宏十余块钱，无力偿还，被逼吊死。"（赖枝槐口述）地主杨衍庆催逼佃户杨世全出卖妻、儿以还田租，农民在地租高利残酷剥【削】下，不够吃，以打柴卖，搞点番薯、芋子糊口（赖枝槐口述）。

农民除残酷的地租、高利贷等经济压迫外，在政治上也没有地位。地主和富农有说话权，农民没权说话。农村是地主当权，每乡一个地保，管诉讼等事，专门欺压穷人，地保解决不了，就得请封建头子吃东西。"有吃的就跟你搞，没吃的就打破碗"，"强扶强，强压弱，水流底下落"。贫穷者，简直无法过日子，抓兵、派款都是小姓弱房吃亏。贫雇户一文一兵不能少，地主和当权人却不会被派被抓，而贫雇农不管单丁独子也要抓，弄得父母没生活依靠，只好要饭，"宁愿做大姓强房的狗，也不愿做小姓弱房的人"。

政治、经济上的残酷压迫，人民生活不下去了，在党的领导下，杨世沂、杨斗文等人一点起革命的火把，千千万万的农民大军跟随着党走上革命的道路。

（二）各地革命暴动和初期革命政权的建立

1. 革命的起源和暴动的核心 [①]

1929 年 8 月闽西鄢寰接受党的任务，来到瑞金开始革命活动，来到武阳大塘面，给武阳带来了革命的种子（陈世球口述）。武阳地区首创革命的是杨世沂。1926 年他在汀州中西学校毕业后在宁化小学当教员，受到党的教育与革命的熏陶。1929 年【在】党的指示下，回瑞金领导革命（杨世桃口述）。

武阳另一革命领袖杨斗文，知识分子出身，在瑞金念书时受到马列主义思想的影响，曾参加过北伐，在北伐军中任过连长。在鄢寰和杨世沂的影响下，1929 年由杨世沂介绍加入了中国共产党（杨世沂口述）。主席杨世沂兼区委书记（综合口述）。

（三）暴动队的南征北战

1930 年 5 月朱总司令的队伍从瑞金经岸湖到会昌去，路过武阳。杨斗文暴动队当时驻在莲花滩，有 20 多支枪，随朱总到会昌，朱总给了 10 支枪、1 门迫击炮。兰夏桥队伍也由安治援会昌。只一两天杨斗文队伍返回武阳，路经谢坊，缴到郭士何的两支长枪、两支驳壳枪，并抓起了土豪郭士何。那时谢坊尚未暴动，地方土豪利用封建地域观念，煽动群众要夺回郭士何，暴动队架起了迫击炮，才告罢。

5 月间，九堡周昌仁、安治兰夏桥的暴动队都来到了武阳，编为 3 个大队，〈约〉200 人左右，180 多支枪。一枪未响，队伍浩浩荡荡开入瑞金县城，缴了匪阳衍鸥的六支步枪、两支驳壳枪，罚了大土豪杨某的款。在瑞金只驻一两天，队伍开向壬田，路经鲍坊时，国民党靖卫团匪钟子先见到暴动队势力很大，带了国民党的旗帜来迎接，缴了他们 20 多【支】枪，当场杀了团匪钟子先，烧掉大菩萨，进行政治宣传，讲革命道理。队伍又转向合龙打土豪。次日国民党从长汀来了两个营，由于敌人较多，暴动队又缺乏战斗经

[①]　原文如此。

验。第三大队（杨斗文部）牺牲很大，仅有 40 余人，失败后三个大队都撤回瑞金。6 月初，三个大队在瑞金城郊水 × 岭又分为〈三个大队分〉三路：周昌仁回九堡，兰夏桥回安治，杨斗文则回武阳。

周昌仁回九堡后，由于顶不住袁国标靖卫团的军队，又来到了武阳。杨斗文送信到安治，兰夏桥的队伍于第二天也开到了武阳。壬田地主组织的邱 ×× 的"暴动队"，也开到武阳。周昌仁要打，杨斗文献计，没有动武，将邱某诱来。三个大队开会杀死了邱某，夺下了他们的枪，他的部下愿留则留，不愿留则每人发八块钱回家生产。之后，队伍重新整编，又分成三个大队，每队六七十人，枪根据好与坏进行搭配。一天晚上队伍开往九堡，黎明时，进入九堡，打败了袁国标的靖卫团，缴了十多支枪，接着追到万〔壬〕田。由于道路生疏作罢，返回九堡，逮捕了当地大劣绅刘雅堂。刘愿出三千银洋赎命。杨斗文不要他的钱，将刘枪毙了。

当即，西江反动派又进攻梅坑暴动队伍。杨斗文等的队伍开往〈打〉西江，在石门与五区联防（兴国、宁都、于都、会昌、瑞金）欧阳江打，缴到四五支枪。又回瑞金驻扎，〈又〉探知古城国民党胡子炎企图进攻瑞金，队伍连夜开往古城，打垮了胡子炎。这时朱总司令红四军到长汀，杨斗文等的队伍也开到长汀。在朱总司令指示下，正式编为二十四纵队，司令员杨子光、参谋长杨斗文，周昌仁因贪污腐化被处决。

在收割早稻的时候，国民党赖世宗部到合龙，二十四纵队开到壬田，联合当地暴动队共千余人分三路进攻合龙。一大队左翼，二大队右翼，三大队从正面攻入，大获全胜，全歼匪赖世宗部，活捉匪首赖世宗，【将其】斩首示众。共缴获长短枪数百支。队伍发展到六七百人，枪近千支。编为一、二、三支队，原周昌仁队由陈云山领导。

7 月 24【日】纵队又攻会昌，因洪水未能攻入〈会昌〉。当夜退回瑞金。两三天后又开往长汀，打匪王日清的两个团。经过四次战斗，打垮王部，毙一营长，缴获数十支枪。于 7 月底队伍回瑞金，开始训练，集中各地暴动武装，经过短期训练，8 月开往黄陂、东固，攻打中心城市吉安、赣州（陈世球等口述）。

（四）保卫革命政权的斗争

1930 年 4—7 月各地暴动成功，相继建立了红色政权。6 月瑞金县苏维埃政权也正式成立。8 月 13 日九堡逃亡土豪团匪钟运标联合会昌团匪欧阳江，由西江趁红军杨子光部他往攻陷九堡。革命武装在县苏领导下三次攻九堡未克。9 月 13【日】团匪钟运标、欧阳江攻陷县城（全县年表）。

1930 年 10 月团匪欧阳江归入武阳围。武阳区苏维埃政府撤到白竹寨（谢仁椿、郑秀宣口述）。团匪欧阳江组织岸湖土豪刘立榜、刘立昆成立了岸湖靖卫团。自古城进攻安治被邓希平部击溃的团匪胡子炎也来到了石水，组织石水土豪朱正苹、赖沧绅成立了石水靖卫团，朱、赖任正、副团长（朱振演、翁明玉口述），并联合会昌、谢坊维特会进攻武阳各乡村苏维埃政权，到处烧杀抢掠〈一空〉。各乡村苏维埃政府和群众撤到白竹寨。

团匪欧阳江到武阳后，在武阳围、螺石、松山、竹杨等地烧杀抢掠，松山石阔村被杀 10 余人，中赖被烧房子 15 间。

黄团土豪袁文标之子袁兴仁、袁文泉、袁礼油、袁文仕联合会昌、谢坊维持会靖卫团进入黄团劫掠〈一空〉，又开入栗坑劫掠。

岸湖团匪刘立榜攻入白竹寨劫掠（袁礼炳、赖枝槐、洪先炳、翁明玉、陈贻勋等口述）。

区乡苏维埃政府撤到白竹大山以后，领导人民进行反击，武阳由郑守忠领导群众进行自卫战争（陈贻勋口述）。白竹深岭的冈下、九寨驻有李金标、胡连山的两支队伍近二百人。1930 年阴历【大】年三十夜，攻打扎在黄田的团匪未克（洪先炳口述）。李金标带领数十人有几十条枪，开入当时仅红的下洲（谢仁方口述）。1931 年正月二十七日，五区联防（兴国、宁都、于都、瑞金、会昌）团匪欧阳江、会昌维持会团匪欧阳新、谢坊维持会团匪郭静山、石城维持会团匪严维信、岸湖团匪刘立榜、刘立昆等带领近 2000 支枪，一两万人进攻下洲，敌人扬言要述^①。这时陈谋敬也加入了党（陈世球口述）。成立秘密党小组，密谋革命，发展组织，宣传革命道理。1929 年发展了下洲的谢步升、陈贻才等人入党。1929 年 12 月，杨世沂、杨斗文利用同学和亲友关系召开了秘密会议，参加者杨斗文、杨世沂、陈贻才、陈谋敬、刘国培、郑科标、袁明伦、邹刘备、谢在储、郑守忠、谢涵贤、谢和贤等十三人（综合、袁明伦口述）。杨斗文说："不久你们的烂衫、烂裤换掉，有钱人的田、钱财要分给穷人，债不用还了。"他要求我们保守秘密，就是对父母子妻都不能说，斗文又要求我们穷人团结起来对付有钱人。当即由杨世沂、杨斗文介绍袁明伦等人入党。杨斗文等〈并〉经常展开革命宣传，找一些贫雇农出身的青年进行阶级教育，问他们怕不怕有钱人，有没有办法对付他们和打倒他们。他说只有打倒有钱的人，我们才有办法。12 月，杨斗文探得消息后对一些骨干分子说："明年正月初，国民党六十八团、七十一团要路经武阳。"杨世沂鼓动陈世球等四五人在风雨亭夺得六十八团掉队士兵两支枪，2 月初又夺到两支枪，松山也由陈谋敬领导群众夺得了三四支枪，各地夺得枪支约有几十支。

　　1930 年 3 月 16【日】夜，在杨世沂、杨斗文带领下，在陈埠抢了瑞金县城某大商号的〈船〉三条货船。

　　3 月杨世沂、杨斗文等又对基本群众讲革命道理，"打土豪分田地"，说是没有钱的人也能有老婆（穷人娶不起老婆，娶老婆至少得三四百块银洋），没有房子的有房子，打土豪是将土豪抓起来罚款，分田是将地主、富农的田分给大家，欠债不要还【而】是将借契烧掉。3 月中旬又在底下坝开会，组织群众，要大家服从领导。3 月 20 日后，在阳岗脑，20 多人带了枪去开会，分为两股力量，一股做秘密工作，一股打土豪。在会上，杨世沂、杨斗文、郑科标

———————————

① 此处原文缺损两段。

等人讲怎样发动群众，要我们依靠贫雇农。在会上又发展了一批党员，并向党【旗】宣誓，不背叛革命，要坚持革命斗争，即使牺牲个人，也不能连累别人。

通过这一段时间的酝酿组织、锻炼队伍，组成了暴动队（陈世球、杨世桃口述）。

革命酝酿成熟，暴动队伍首先在武阳暴动。1930年3月，杨世沂、杨斗文、邹新海、邹刘备、陈贻才、邹日焕、邹日祥、邹常春、邹步新等在武阳老店竹碛下开秘密会，组织暴动队百余人，有枪二三十支，杨斗文任队长，杨世沂任政委（邹方富口述）。首先开到黄田，打土豪袁文泉、袁文林、袁礼庚（袁明伦、陈堂祥口述）。四月初，一到排子脑正式宣布暴动，成立农民协会，主席杨世沂。红旗竖在武阳店前街。

螺石在成立农民协会后，即以村为单位进行分田，推出五至七人为【分田】委员。所有的田分甲、乙、丙三等，打混按人口均分。当时并未丈量土地，也未划阶级，每人七担田，没收土豪家产，地富分下田。7月成立黄田乡党支部，杨世桃任支部书记（杨世桃、杨世浪口述）。

1930年5月，武阳成立农民协会，农民协会为政权组织的基础，设有主席、支书、会计、保管等。开始有地主分子混入，分田打土豪以自然村为单位。各村分田数不一样，一般都在六担半以上，没有划阶级，地富一样分田（陈世球口述）。

这时曾在各地进行了发动工作的陈谋敬回松山，谢涵贤、谢和贤回下洲发动，袁明伦回黄田发动，陈贻才回石水发动，刘国培回牙拔塘发动……（综合口述）以武阳为核心的革命浪潮在各地掀起，各乡村都去到杨斗文大队领红旗、红袖套、公文，一起回乡发起暴动，成立农民协会，打土豪，分田地，烧文契。

2. 各地暴动情况

石水 由陈贻才领导，组织暴动队，陈贻才为队长。1930年3月底在经塘下20多人开秘密会议，并号召群众参加，宣布暴动队成立，另有新中徐金元、邱元炳暴动队，小舟坊邱显宣、邱世贵暴动队数十人参加（陈学彬、邱奕口述）。队伍开到石水湾打土豪陈唐高，当场处死了使用吼〔恐〕吓手段企图阻止暴动的陈唐高之弟陈唐访。陈唐高被罚款千余元，4月22日在窑前坑正式成立农民协会，主席朱吉和（周运堂口述）。

暴动队开到谢坊打土豪，杀打〔掉〕土豪刘家高。这时编为赤卫军，有四支步枪，转往打角湾。7月联合杨斗文队伍，8月开到东固、黄陂〈以〉打会昌去了（朱乾海、朱振演口述）。

5月成立乡苏维埃，主席杨荣奎、朱吉和，支书朱建辉（朱吉通口述）。

成立农民协会初，主要为发动群众。初时打土豪，主要是罚款，5月进行分田，以自然村为单位，塘背、山坝每人分六担，陶屋每人分七担，田以原耕为主，地主、富农分坏田。分青苗因不易看清，收割时又分过了一次。地主、富农的财产都没收，除银洋、金银手镯上交外，其他衣物、农具等都均分给贫雇农。山上物产，以自然村为单位均分（朱乾海口述）。

松山　在暴动前，有陈谋敬领导暴动酝酿工作。首先介绍了陈谋贤、陈唐赞、陈唐祥、陈世球等人入党。陈谋敬在一次几个人的秘密会上说：“不久又〔有〕好日子过了，欠债不要还，加入共产党有田分，要秘密杀土豪，成立政府，竖红旗。”会议又发展了陈远生、刘启秀等一批党员（陈唐祥、陈世球口述）。

暴动前夕首先集中从六十八团夺来的枪支和自己造的土炮，于1930年4月与武阳同时暴动，领导人陈谋金〔敬〕、陈唐赞。成立农民协会，主席陈谋金〔敬〕。发动群众展开打土豪、罚土豪的款。5月分青苗，每人分六担多，这次分田全是一样分。除土豪外，没有明显划出阶级（陈唐贤、陈有彬口述）。

不久成立了乡政府，乡主席陈远谋，党支书陈世球（陈唐祥口述）。

黄田　在暴动前，杨斗文暴动队曾到这里打土豪袁文泉等，对这里影响很大。1930年4月，由袁明伦、袁礼贻到排子脑领来公事，回来后发动群众成立农民协会，主席袁礼贻，党支书袁明伦，展开打土豪。黄田在1930年以前没有成立乡政府。

5月分青苗，地富分下田（袁明伦口述）。

白竹寨　暴动前，由于各地暴动声势【传】到白竹，土豪翁登傅、翁科技组织人【马】防止暴动，派人在山头放哨。1930年4月暴动，成立暴动队，队长曾荣山、政委曾荣才，约20余人，五六条枪，派出翁登淮到石水领公事，回来成立农民协会，主席刘本福。

栗坑在5月由张声塘到武阳领公事，回来组织农民协会。

6月成立白竹乡苏维埃政府，主席张声塘，支书翁科光。

成立农民协会后，就开始了打土豪、烧文契。开始时有钱人都混入农民协会，不少以后划分为地主。白竹每人分七担田，栗坑每人分八担半田（肖明玉、洪先炳口述）。

中赖　暴动前，杨世沂、杨斗文在中赖发展党员赖方茂、赖士椿、赖宏先等，开始酝酿暴动。1930年4月，中赖有赖金山到武阳领公事，领到红旗与信，旗上有"中赖乡工农红军"字样。回来后即有赖金山、赖伦梯、赖枝槐、赖宏先、赖士椿、赖衍桥、廖长茂等人组成暴动队，旋即成立农民协会，主席赖金山。〈展开〉打土豪赖沦方、赖沦成、赖宏先，没收土豪家产，富农没收一部分。5月开始分田，以村为单位，每人分七担半，地主、富农分下田（赖宏先口述）。

下洲　1930年五月初二，由杨世沂、谢涵贤、谢在储召集秘密会议。参加开会的有谢仁方、谢仁元、谢仁泮、谢仁良、谢良贤、谢在标等十多人。会后派谢仁寿到县城杨斗文处领红旗、公事，回来即成立农民协会，竖起红旗，并成立暴动队，队长谢仁珠。暴动队下有排长、班长。另外又组织了宣传队，写标语，宣传打土豪、分田地、烧文契。1930年5月分青苗。每个自然村组成一组，有一个代表调查每家有多少人、多少田，耕作公堂的田多少。每人分七担田，地主、富农分下田（谢仁方口述）。

龙江 1930年5月由谢仁信在牛皮江、高少牌组织二百余人的暴动队，队长谢仁伟。下芳山也有一大队，成立农民协会，打土豪、分田地。在打土豪过程中，缴到20多支枪。五月分田，每人七担半。不久成立下洲乡政府，谢仁芳任主席，谢涵贤任党支书（谢仁伟口述）。

凌田 1930年5月，凌田在谢家齐领导下，一百多贫苦农民组成暴动队，队长谢家齐。即成立农民协会，到处竖红旗。但开始时政权被地主所篡夺，地主谢振泉为农民协会主席，反动分子钟洪有为经济委员，地主谢振有为文书。1930年6月杨世沂来凌田发展党团组织。不久成立村政府，政权被夺回，地主谢振有等外逃。开始分田，按土地好坏，分甲、乙、丙三等，地富分坏田（谢仁坤等口述）。

暴动后不久，凌田组织了赤卫军、少先队，主要任务是放哨、检查过路人。赖远波任赤卫军连长（朱正保、赖远波口述）。

此处还有陈埠于1930年5月成立农民协会，6月组织赤卫军，赖远森任副队长。8、9月间，三个赤卫大队联合打姜山坑团匪谢诵贤之子，不久成立政府，主席刘崇香（赖远森口述）。

从1930年四月到五、六月，整个武阳地区在党的领导下，以杨世沂、杨斗文暴动队为领导核心，各地暴动成功。人民建立了自己的政权，打土豪分田地，红旗插遍了武阳地区的各个角落。

1930年5—7月，各乡先后建立了政权——苏维埃政权和党支部，村也设政府。7、8月间，成立了武阳区（原称新中区）苏维埃政府，去铲平下洲地皮，杀光下洲男女。第一天未打下，第二天又打，第三天来的人更多。当时下洲只有百余人（李金标部数十人加上当地群众组织的赤卫军），在杨世沂、谢在储、谢涵贤等的领导下，坚守阵地。下洲人民进行了许多固守阵地的工作：早在开始暴动时就筑起了六七尺高、宽两三尺的围墙；墙外地下埋竹钉（竹钉都经过油煎，很坚硬），竹钉外有圳，圳里放水，圳外还有竹钉。

围墙有三重门，每重门有一队人死守。另外组织冲锋队，敌人在哪里攻得凶，冲锋队就到哪里对付。下洲人民没有枪，就用梭镖和鸟铳。敌人害怕鸟铳，他们进攻时都拿一把禾草遮身，××拿一罐锥，企图挖墙。敌人冲了好几次，为时三天三夜，还是攻不下去。结果敌人首领之一——刘立昙也被打死。刘是迷信头子，说枪打他不入，他被打死后，敌人就慌乱了，此后不敢进攻下洲。共缴获团匪旗子两面，枪数支。下洲人民经过三昼夜的战斗，牺牲两人，伤一人。最后取得胜利，到处插红旗。这次战斗震撼了瑞金各地。敌人并未撤走，早在敌人进攻时，漏夜派人送信给杨金山求援（谢仁方、谢仁元口述）。

1931年正月，红军三十五军军长邓毅刚、政委聂昭良率部路经武阳一带。14日攻下瑞金县城，沿途击溃各路团匪。杨金山部联合胡连山队伍，组成一个团，于1931年1月12日攻下螺石，得到下洲求援信后，转援下洲，击溃各路团匪，解下洲之围。2月攻下武阳围，3月攻下黄田。各地于1931年正月到4月先后收复，区乡政府先后恢复。

二、在苏维埃政权巩固时期党领导的社会改良运动和各项事业的建设（1931年初—1934年10月）

（一）苏维埃政权的重建和巩固、各期扩军运动

1930年正月初，红军三十五军邓毅刚部到武阳的石水等地，并经石水进攻瑞金城（宋正滨口述）。下洲坝的人民武装在正月初二、三由白竹寨打回下洲坝，正月十二日杨金山会合李金标、胡连山的游击队组织了一团人攻克了螺石（洪先炳、洪先福口述）。二月杨金山的队伍来到武阳，恢复了革命政权（邹方富口述）。二月红军十二军罗炳辉部自宁都进攻瑞金打败自卫团，收复县城。三月瑞金警卫营在赵福率领下攻下了黄田（洪先炳、洪先福口述）。武阳各乡飘扬红旗，纷纷建立苏维埃政权。武阳各地区和全县一样，革命政权日趋稳定与巩固，〈各地〉苏维埃组织相继恢复

和建立。

1931年初成立下洲苏维埃政府，谢在翠为村主席，谢仁芳为副主席，不久又成立了下洲乡政府，乡主席谢仁芳【与】× 在炳（谢仁芳口述）。1931年三、四月成立中赖乡苏维埃政府，乡主席赖士椿、谢仁芳，乡支部书记赖宏先（赖宏先口述）。松山乡于1931年初恢复苏维埃政府，乡主席陈贻勋（陈世球口述）。石水乡于1931年二、三月间成立乡政府，主席初为杨荣恢，后为朱吉和、周邦初（即周运堂）。乡支部书记为朱吉和，同年螺石乡政府成立于螺石排子脑，乡主席为郑登珠（赖春山、邹光达口述）。1931年4月黄田恢复政权，建立黄田乡政府，乡主席为袁礼贻，以后为袁明伦、袁明烈、袁礼峰、袁礼农和袁礼炳等。黄田乡党支部书记为袁明伦、袁礼峰，团支部书记为袁文开。1931年陈埠乡恢复政权，陈远波任乡党委书记兼任主席。

1931年春重新建立区苏维埃政府，区政府设主席一人，下设军事工农检察、土地、内务、财政、粮食、劳动、裁判、教育等九个部（1931年后又增设国民经济部），另外还设有总务处和特派员一人，下设组织部、宣传部、妇女部。组织部、宣传【部各】设部长一人、干事一人。妇女部有部长一人，青年干事一人，区委会由七至九人组成。

武阳区在1931年临时中央政府成立前称为新中区，管辖石水、武阳、松山、螺石、凌田、下洲、黄田、中赖八个乡。1931年临时中央政府成立后才将新中区改名为武阳区，仍管辖八个乡。

武阳区区主席：杨世沂（1931年）、陈名之（1931年）、刘学春（1931年）、谢仁芳（1931年）、邹方禧（1932年）、邱世桂（1933年）

军事部长：杨世柳（死）、谢仁伦、陈世球

财政部长：邱奕湘（死）、谢柳贤

粮食部长：陈仁义（死）

土地部长：邱显宣（死）

工农检察部长：邹方熙（烈士）

教育部长：谢仁萱（叛）、邹达元

内务部长：钟德庭（死）

裁判部长：钟世浚（死），郑守中

劳动部长：谢和贤

内务处（负责）：陈书诰（叛）

区委书记：杨世沂（1930—1931年）、谢涵贤（1931年）、周运堂（1931.2—1931.8）、郑守中、陈家珠（1933年）

组织部长：陈书诰（叛）

宣传部长：陈学武

妇女部长：谢发姑子

团区委书记：朱正怡（叛）

组织部长：朱步高

宣传部长：赖枝宝（叛）、朱乾辉

儿童书记：杨荣海

少队长：王金山

1933年武阳区划为武阳、下洲两个区。其中，武阳区管辖新中、××、石水、武阳、岸湖、三坝、松山、小埠八个乡。下洲区管辖凌田、龙江、黄田、下洲、中赖、竹杨、龙角、陈埠、螺石、茅山等十个乡。

分区后武阳区主席：赖美玉

军事部【部】长：杨荣凯、朱乾泮

财政部部长：赖远标

粮食部部长：李步升

土地部部长：赖世年

工农检察部部长：谢仁椿

教育部部长：谢仁萱（叛）

内务部部长：陈远炳

裁判部部长：谢仁凯

劳动部部长：陈才洪

国民经济部部长：周国才、陈有彬

内务处（文书）：陈远兴

特派员：陈名正

中央武阳区区委书记：陈家珠

组织部长：邹传芳、朱德州（叛）

宣传部长：朱正峰

妇女部长：杨凤英

下洲区区主席：邹日桃（叛）

军事部长：杨世柳、谢仁祝、袁礼立

土地部长：谢仁芳

劳动部长：谢浪燕

财政部长：陈谋庆

内务部长：谢枝春

工农检察部长：谢洋贤、赵世宣、谢仁椿

教育部长：谢仁泮

裁判部长：钟世汉

粮食部长：赖辉琼

下洲区委会：

区委书记：陈书诰、谢涵贤

组织部长：谢访贤

宣传部长：谢德田

妇女部长：朱佲秀子

少共下洲区委：

区委书记：郑××

组织部长：翁明玉

此外，乡还设有党支部，支部有书记一人，组织委员、宣传委员各一人。

少共区委书记一人，少队长一人，宣传部长一人，组织部长一人，训练员一人，儿童书记一人。少队长管军事和少共队工作，训练员管军事训练工作。儿童书记管儿童团工作。

少共区委属县委领导，并受中共区委领导，少共区委过组织生活，乡每月约三次，区每月约五次，开会时党派人员参加。

少共县委有文书一人，少队长两人（正、副），宣传部长两人（正、副），组织部长一人，不设训练员，而设有参谋长一人，儿童局设正副书记各一人。

乡有少共支部，支部有书记一人，组织委员、宣传委员各一人，乡发展团员要经支部研究，送少共区委批准，加入青年团最初要三个人介绍，到1934年有一人介绍即可。

团员不发团证，每月缴团费一次，一次缴五分铜圆一枚。（杨荣海口述）

区设主席团，由区主席、区各部部长、区委书记、区委部长、特派员、少共书记、部长、儿童书记等组成。

区乡有工会组织、武阳区职工联合会，1931年主任为陈唐祥，工会下有雇农、手工业、船业三个主任。主要工作为组织工人领导工人，介绍成分好的职工入党，并与区委的中心工作密切结合进行，如扩大红军等。（陈唐祥口述）

乡工会有主席一人，各业代表若干人，如雇农代表、泥工代表、缝工代表……工会工作为发展雇农和手工业工人入会，组织、领导工人进行生产和参加各项运动。入会工人要缴纳工会会费，每月缴纳会费三个铜板。

贫农团纷纷成立，贫农团没有主任，下设没收委员会、土地委员、裁判委员、经济委员等。（陈世球口述）

赤卫军、少先队、儿童团随着政权的恢复，遍地建立并日益健全。25岁到45岁的人参加赤卫军，25岁以下15岁以上的参加少先队，15岁以下到8岁以上的参加儿童团。儿童团白天放哨、检查、下操，并做宣传工作，宣传购买公债、扩军……以及帮助红军家属生产劳动，每村儿童团人数不等，如螺石下村有五六十人。

少先队和赤卫军是地方武装组织，后来少先队中身体和政治条件〈不〉好的编入模范营。

区乡还建立革命互济会和反帝大同盟，除地主、富农外都可参加。革命互济会每月缴会费二个铜板，并发动募捐，互济会的钱是用于有困难的红军家属和革命军人。

1931年11月7日第一次苏维埃全国代表大会在叶坪开幕，成立了中华苏维埃共和国临时中央政府，颁布劳动法、土地法，革命政权更为巩固。

为了保卫革命胜利果实，进行反"围剿"斗争，武阳人民响应了党和政府扩大红军的号召，踊跃参加红军。扩红的工作是首先召集党员开会，在党内、团内动员，再由乡开代表大会，宣传队伍进行宣传动员并募捐帮助参军的战【士】还债，解决参军后红军的家属【后顾之忧】。经过宣传动员后召开群众大会，在会上群众自动报名参加红军。在1933年的扩大红军和1934年红五月"扩大一百万铁的红军"【号召】下，武阳下洲区的模范少队，模范营整营整连在参加红军，大都编入第九军团。青年男子除地方干部外，大多去参军了。武阳围的军烈属有130多户，三等荣军有30多个，二等荣军六七人。

（二）第二次分田运动和查田运动

1931年春红军和红军十二军来瑞金，恢复全县政权后，武阳在恢复政权的基础上进行了第二次分田，一般都是以乡为单位，按人口平均分配。分田前将土地分为甲、乙、丙三等，好田坏田搭匀，并划了阶级。

地主：依靠收租、剥削为生。

高利贷者：用放债来剥削别人【为】生。

劣绅：勾结官府、包揽词讼。

富农：自己参加劳动，有雇工剥削和田租剥削。

富裕中农：比富农差一些，自己劳动，除吃用外，还有些剩余。

贫农：耕种自己的田或租地主的田，劳动收入不够吃穿。

　　雇农：即长工，自己没田，给地主耕田。

　　地主阶级不分田，富农分坏田（一般富农分一半）（中赖赖宏先述）。各乡人口和田的多少不同，每人分得的田亩数也各不一【样】，一般是每人得六七担，如：

　　中赖乡每人分得七担半（赖宏先、赖枝槐口述）。

　　松山乡每人分得六担（陈有彬、陈贻勋口述）。

　　小埠乡每人分得六担（邹日珠、邹日煌口述）。

　　螺石乡每人分得九担（赖春山、邹老太口述）。

　　螺石乡每人分得七担①（杨世桃、杨世恒口述）。

　　石水乡每人分得七担（朱吉通口述）。

　　竹杨乡每人分得七担（杨世烺口述）。

　　凌田乡每人分得七担半（谢仁崑、谢行柳口述）。

　　下洲乡每人分得七担（谢仁芳口述）。

　　栗坑（以村为单位）八担半（洪先炳、洪先福口述）。

　　此外，还有红军公田，这是留的好田。红军公田是劳役队（地主犯人）耕种，耕田队也要负责，收【益】归招待所，主要用途是供给红军，还有招待担架队、运输队、掩埋队、破坏队和救济国民党的伤兵，并以备分给未分田的因残废退伍的红军。红军公田是留在乡村，每村约留 40～50 担田为红军公田。

　　由于划分了阶级，第二次分田时的好田、坏田搭配比第一次分田时分得更均匀、彻底。

　　山是以【村】分，山上的收益为全村均分。

　　分田时在田里插竹片，写明为谁所有，并造契呈报政府，由政府盖印，后收土地证分给大家。

　　查田运动：1933 年临时中央政府召开了八县贫农代表大会，毛主席在会上作了查田运动的报告，毛主席说："够不上地主富农的要降下来，躲在门角里的（够得上的）要牵出来。"（谢仁芳口

───────────

①　此处两次出现螺石乡，原文如此。

述）会后，区土地部长回到区政府后，召开各乡贫农团主席到区里开会，由区委书记作查田运动的报告。贫农主任开完会后，回到各乡、各村召集贫雇农代表开会（谢仁芳口述）。调查每家有多少田、多少债、雇了多少长工短工，调查核实以后，工作组到各村根据各家田亩劳动多少，剥削多少，经贫农团开会通过，填表造册呈报区土地部，由区委书记、区主席、工农检察部长、土地部长开会研究，看有无剥削、土地剥削多少、高利贷剥削多少，划分地主富农、中农等阶级。（谢仁芳口述）

查田、查阶级查出是地主的家产就没收，富农家产就没收一部分。（杨世烺口述）

（三）经济建设

1931 年春政权恢复后，随即开始了各方面的经济建设工作。当时政权稳定，为了巩固根据地与支援前线，改善人民生【活】，各级苏维埃政府都很重视生产事业。瑞金县每年冬季都要召集各区土地部长开会，布置各区、乡发动群众开山圳、山塘，发动妇女学习犁耙等。并规定翌年正月各区都要向县汇报兴修水利与妇女学会犁耙的数字。县土地部也经常派人到各区、乡进行巡视，用以了解各地的生产情况（谢仁芳口述）。平时政府的中心工作一般是春耕、收割等生产工作（谢仁椿口述）。故当时生产发展很快，收成比国民【政府】统治时期提高了一倍多，米价每【斤】仅 2 毫〈米〉（1 毫 =12 枚铜板）比以前降低了十倍（谢仁坤、朱正保、谢新柳口述）。

当时已有耕田队的组织，耕田队设队长一人，主要工作是领导生产、调配劳动力，帮助干部和红军家属进行生产。（谢仁椿口述）

政府对于生产搞得好的地区经常给予奖励。1933 年 4 月由于武阳区在帮助红军家属生产、犁田、割草、种菜、车水等方面搞得好，男子踊跃参军，妇女生产积极、广泛，能从事一切田间工作，并且这一年收成比往年要好得多，因此被评为扩军与生产模范区，石水乡被评为生产模范乡。毛主席来到竹头下屋背树林里参加全区群众大会。这次群众大会是武阳区空前的一次大会。参加开会的群众有一万多人，许多妇女都背了孩子来开会。毛主席在大会上讲了话，首先讲纪念李卜克内西、卢森堡同志的事，说要继承他们的革命精神，其次是【讲】武阳人民的革命积极性，再讲扩大红军和红军的问题，搞好生产的问题，勉励大家努力生产，做到农村军事化，有事便是兵，无事便是农，最后讲妇女生产问题。毛主席表扬了武阳区的妇女积极送郎参军，做草鞋，组织洗衣队，慰劳红军，努力学习与从事生产事业。毛主席讲话后还亲自颁奖，奖给武阳区一面锦旗，石水乡一面锦旗（绸做的横帘）。这次大会各县区各派了代表来参加，大会开得好，毛主席很喜欢。（周运堂、谢仁椿、赖枝槐等口述）

当时县、区、乡均设有合作社，县为合作总社，区称分社，乡为支社，合作【社】有三种形式，即生【产】（犁、牛）合作社（包括熬盐、熬樟脑）、消费合作社与粮食合作社（杨世球口述）。1932年以前武阳区设有一分社，1933年武阳划分为武阳、下洲两个区时在武阳、下洲各设有一个分社。

粮食合作社属粮食部管辖，主要负责粮食调配工作（邹日珠、邹日煌口述）。

消费（供销）合作社有盐、油、布与少数洋货出卖（郑秀安口述）。社员入股每一元钱一股（朱正滨、邹日珠、邹日煌口述），地主、富农不能参加（郑秀安口述）。非社员不能到合作社购买东西，当时武阳区合作分社有奖金一万多股（邹日珠、邹日煌口述），合作社年终结账，有盈余分红，按股给予现金、猪肉、盐等。

生产合作社主要熬盐、熬樟脑。

除上述三种合作社外，尚有红军合作社，专门优待红军家属。

苏区税收很轻，除土地税、屠宰税外别无他税。土地税按亩税，按田亩计算（陈有彬、朱吉通、朱轮海等口述），一般为每担地收5~7斤〈左右〉。

屠宰税：每杀一猪收5角钱，当时下洲区一天能收屠宰税四五元。

商业不收税（邹方富口述）。

1931 年开始发行抗债公债。1933 年改为经济建设公债。1934年又改成为谷票、米票，主要原因是方便红军随地领取（谢仁坤、朱正保、谢新柳口述）。

由于当时处在四周白色包围中，盐、布供应比较困难，做衫也贵，盐一元只能买八钱，硝盐一元一斤左右（朱正滨口述）。布需一元多钱一尺，好的达到三到五元一尺，而且很难买到（谢仁椿口述）。当时解决的办法是：一方面利用生产合作熬硝盐等，另一方面是利【用】小商贩去白区购买盐、布等物，运入苏区，从白【区】运入的货物必须卖给对外贸易局和合作社，不能直接卖给老百姓。当时小商贩卖给合作社的盐约一元钱一斤半左右，故利润还是很大的（朱正滨口述）。对外贸易中政府也有人参加〈进行〉。

苏区时干部大部分没有工薪，仅供给伙食，乡以下的干部则须自备，区干部每天供给十二两米、五分钱菜金。1933 年后无论区、乡干部均须自己带米。这在当时称为节约运动，是由武阳干【部】最先提出来的，以后全县都实行。

（四）文化建设

苏维埃政权重视文化建设，一村有一个俱乐部，有一所列宁小学，若干个扫盲组。此外，武阳区的竹头下还有一所红军学校。

文化活动多半是结合当前的中心工作，也有宣传反封建迷信的如"木菩萨怕火，纸菩萨怕水又怕火，泥菩萨怕水，有饭不会吃，有衣不会穿，菩萨菩萨，你有什么用"。当时扫盲运动开展得很好，到处有墙报，每家的家具上都号上了字，学习好的就奖给帽子、手巾等。（谢仁坤、朱正保、谢新柳口述）

列宁小学是公立的，每村都有一所，不收学杂费，办公费和教师的伙食费都由政府拨款，教师无工资，每月除吃饭外，可以分伙食尾子块把钱。列宁小学由区教育部领导，课程设有国语、算术、体育等，教材是印发的课本，学校中有一个教师，二三十个学生（碛石列宁小学）。小学在当时重视宣传工作，有画报、墙报和标语。每个儿童都要深入到每家每户宣传，宣传敌人对苏区的危害，防止敌人破坏，宣传扩大红军、反"围剿"等，学生除口头和文字宣传队，还演戏宣传。文娱体育活动有唱歌、演戏或跳高、跳远等。此外，儿童还要参加田间劳动，由教师带领帮助红军家属耕田。（杨世桃口述）

当时俱乐部的活动也非常活跃，下洲区的俱乐部设在凌田。有宣传队，分儿童与青年〈的〉两部分。青年宣传队用标语、绘画等来进行宣传。下洲还设有一个文工团，分创作、研究等组，组员经常进行学习，学会了正规化的戏剧。在扩军时，俱乐部白天宣传，晚上演剧，抽空帮助红军家属耕田，年幼的也帮助捡狗粪、浇菜等，并且自己以身作则，带头参军，妇女做军鞋，再加上俱乐部的宣传、表演。当时就搞得十分热烈，宣传采取多表扬、少批评的方式，经常表演参军的好典型，如"送郎参军"等。整个俱乐部的工作，完全接受党的领导。俱乐部的活动也专门配合当前的中心工作，因此得到群众的好评与支持。在粉碎敌人第五次"围剿"时，一些归来的荣军又教会了俱乐部成员跳马刀舞。马刀舞在全国工农兵第二次代表大会上演出时获得了第一奖，得到了衣服、乐器、奖旗、奖状等很多奖品。

1934年红军北上抗日时，俱乐部成员仍继续坚持组织了游击队，一方面演剧、宣传，一方面与敌人作战，曾经用学会的马刀舞冲破过敌人红岗、大岭面的碉堡，将粮食接济游击队，在群众中宣传坚持斗争，并且对白军进行宣传。由于宣传的结果，1934年有二十多名白军投入到游击队了。后来，虽然因为年幼被留在家中，但仍经常在脑中熟记着苏区革命时的歌谣、节目等。在深山砍柴时，还经常高唱红军歌。

当时俱乐部的主任是谢有贤（谢柳贤等口述）。

Humanité

三、红军北上后地下党组织领导的游击战争（1934.10—1946）

（一）三年游击战争（1934.10—1938.2）

1934年10月10日，国民党好几个师从汀州、宁都、会昌三路进攻瑞金，其时主力红军已开始北上抗日。瑞金人民在共产党领导下，组织游击队，同敌进行英雄〔勇〕地斗争。

从中央到县、区各设一游击司令部，中央游击司令部负责领导中央办事处所辖地区的游击战争，司令员为项英。县、区游击司令部领导各县、区的游击战争。当时分为河东、河西两大游击区。兆征、太雷、瑞【东】三县属河东。西江、瑞金、瑞西属河西。河东、河西各有一特委领导，河西特委书记为赖昌祚。当时瑞金游击司令部司令员为刘连标，副司令员邱世桂，政委杨在珠。

中央游击司令部设一独立师。整个苏区又划分为江西、赣南、闽赣、粤赣四个军区。河西游击区直属中央领导，河东游击区属福建军区。各区县游击司令部设一独立营，瑞金独立营营长为杨四华，副营长为曾仁山，政委刘士英。每个独立营以下设三个连，一个机枪排，〈和〉一个通讯班。区游击司令部设一游击队，属区领导，此外各乡也都有一游击队，归区领导。

当时瑞金县仅管辖九堡、下宋两个区。武阳、下洲两区归瑞金〔西〕县管辖。

武阳区游击队司令部司令员为赖××，政委为朱正国，政治部主任陈家珠，全区共千余人上山打游击。区游击队队长为刘国兴，全队共300余人，分成一、二、三〈个〉排。下洲区游击队也属河东区司令部领导，游击司令为朱德柳，政委为薛波。游击队队长为邓登珠，下分为三个排，第一排【排】长为陈右机，二排排长为谢仁芳，第三排排长为陈登瑶，共100多人，每排仅十多个男子，其余均为妇女，排长、班长有枪，其余的人多拿刀、茅、棍子。1934年午底，县游击司令部因敌人围攻与领导的薄弱而散了，各乡、区的游击司令坚持到 1935 年四、五月间，也大都被打散了。只剩下三个较大的队：一是壬田、大柏等地的，二是安治胡荣佳所领导的，三是武阳刘国兴领导的游击队。在壬田、大柏方面的游击队从叶坪附近坪岗开往汀州断敌后方，后又退到牛岭、九堡、铜钵山，在铜钵山被万田、沙兴、宁都、黄石坎等敌军包围，突出包围后到达汀州河山乡（宁化、归化交界处），一【个】月后改编为两个队，第一队队长钟民兼政委，第二队队长邱奕泉，政委方正明。在陈斜被敌围后，邱奕泉留在福建，钟民回到瑞金。河西于 1935 年五、六月间与胡荣佳、刘国兴会合于白竹寨，整编为三个大队。第一大队队长为钟民，去陶朱、古城【方面】；二大队队长为胡荣佳，去会昌方面；三大队队长为刘国兴，政委为李景深，仍留白竹寨。这时河西游击队合并到河东来了，各县独立营也取消了。

　　1934 年 10 月，独立营进入白竹寨后，在那里成立了瑞金县，县主席赖美玉，书记谢海贤（以后赖美玉兼）。敌人进行"清剿"，游击队在天门洞竹子圳给了敌人严重地打击。当时游击队不是硬打，而是采取灵活的战术，诱敌深入，引入包围消灭之。敌人失败后，退回新中，游击队也退入大山中去。以后敌人又来进攻，也被游击队打败。当时有句民谣："黄田府，栗坑县，白竹寨当得金鸾田〔殿〕（意即敌人不敢来这里）。" 11 月毛泽覃、何叔衡带了 20 多人到白竹寨来，在大东坑被敌人发现【后】牺牲（杨荣煌说：毛、何当时是白竹寨去准备组织汀瑞县委，休息时遇敌人牺牲的）。游击队则向猪长坑方面去。

　　1934 年 12 月游击队与敌人打了很多仗，打了武阳小埠脑联保办事处。

　　1935 年过春节时，游击队不仅没有饭吃，头发都长得很长，刘国兴假造了国民党的印信，装扮成送公事的去打石水湾联保办事处，杀掉了刘××。2 月山中的敌兵劫走了一部分，刘国兴与刘明生等下山搞粮食，组织地下支部，支援游击队。武阳地下书记为谢和贤（谢在 1939 年 7、8 月间被捕，英勇牺牲）。一次刘国兴下山搞粮食为反动地主发现，刘启照率当地民团包围了房子，刘等冲出并打死了他们六人。10月游击队进入大塘面一房子中，为武阳、谢坊各一连的国民党军队所包围。刘国兴的妻子早上开门时发觉，随即告诉刘国兴。刘见敌人正在面前，一连两枪打死了两人。游击队都突围到长子坑一带去了，只有刘国兴的妻子不幸牺牲。

1936年3月松山乡地主子弟陈世芳当伪保长，对革命同志进行残酷地迫害，刘国兴知道后，就去消灭了这个坏蛋。

游击队除打击与牵制国民党匪军、打击豪绅地主外，还清剿地方土匪，保护百姓安全。当时闽赣边界土匪不敢再抢劫商贩行人了，所以游击队能得到群众的拥护和支持。1936年算是太平年，吃穿都有，住在山上寮子中，尽力扩大力量。11月钟民领导的游击队在麻子坳打下了两辆敌人的军用汽车。同月，桃阳胡荣佳的游击队打下了芝田联保办事处。12月三队会合于桃阳的猪子岽，钟民的队伍有20多人，每人有2支枪。胡荣佳有30多人，有30多支枪，刘国兴队的装备差些。于是进行整编练兵，每人还发了几块钱零用，做了衣服，安置了家属，情况有了好转。

1937年3月三个大队都转到白竹寨方面，三【个】大队组成一个支队，由钟民领导。当时力量强大，有七八十支枪，敌人无法进山，因此钟民讲以后白天也可以打仗了。于是通过地下党探听情报，决定首先打福建古城青山埠的伪军。这时伪军一排驻青山埠楼中，每月调防一次，游击队了解这些情况后，于5月间假装调防的部队，进入炮楼，缴获了20余支枪，又到联保办事处缴了10多支枪，烧掉它的案卷，国民党的兵士每人发给4块钱，让他回家生产。7月4日因武阳的豪绅地主非常恶劣，游击队就去打武阳区公所。4日下午队伍潜入武阳，一大队埋伏在区公所对面的民房中，二大队埋伏在路旁的碉堡处，三大队在老店市。第二天早上四时开始打，游击队全部冲入区公所，缴获了24支枪，杀了七八个敌人，得了一部分军用品。伪区长左××与一狗腿子逃跑了，伪区长的妻子二人当场被枪毙。在老店的队伍也响了枪，打死了刘熙照（他曾淹死刘国兴八岁的儿子）。敌人失败后，在瑞金谣传武阳到了几千红军。游击队还在老店开了一个群众大会，杀了20个左右的狗腿子。8月游击队得知长汀伪专员的汽车要经过三箭脑，钟民带了一大队去袭击，结果将乘坐在车中的伪专员的妻子的手割下，取下了金镯，并替她包扎好，要她回去警告伪专员。9月奉令进行国共合作抗日，改编为新四军，项英找到了游击队，但国民党故意阻挠，因此谈了很久才谈妥，在瑞金溪子下设立新四军办事处，游击队奉项英之命下了山，一、三大队驻武阳，二大队驻陶朱，衣食由国民党供给，伪县长谢××来点名时，游击队高喊"毛主席万岁""中国共产党万岁""打倒贪官污吏""打倒卖国贼"。谢××吓得不敢讲话，伪宁都专员黄镇中从宁都派了一团匪军来瑞金，一部分匪军到武阳，一部分到陶朱，企图保卫游击队缴械。陶朱方面，双方开火，武阳方面，早知消息，匪军未到达螺石下时，驻在该村的兰田支队全部人上了山，后由刘国兴领导去福建龙岩，接受张鼎丞的领导。黄镇中的阴谋未遂，乃以一团匪军包围溪子下新四军办事处，将钟民、胡荣佳、刘国兴等三十余人一并捕去，经党的营救和人民舆论的呼吁，钟民等才得释放。（据陈世球口述，刘国兴不在被捕之三十余人之中，而《刘国兴烈士传》则云与钟民、胡荣佳等同时被捕）

（二）在抗日战争期间的游击活动（1938—1946年）

1938年大部分游击队上前方抗日，2月经过瑞金，在岭背山成立汀瑞县委，刘国兴任县委书记，严炳仁任组织部长，曾玉成任宣传部长。严、曾与一部分工作人员秘密留于地方，其余均上前方。8月刘国兴随新四军到了安徽省，组织决定派他回瑞金继续领导游击活动，9月刘国兴回到武阳。

1939年冬，专搞地下工作，白天生产，晚上大家一块谈谈坚持革命工作，有时也帮助百姓打土匪，如10月就去福建武平县打土匪，打垮了五六十人，夺回的东西还给了群众。此外还到安子前捕杀了反革命邓天源、刘立源等。

1940 年，国民党大举"清剿"，采取三光政策，8 月 4 日陈世球被捕，8 月 6 日陈唐球被捕。正当敌人要残害的前夕，他们二人趁着看守睡了，挣脱了绳子，杀死了两个卫兵，夺取了一支驳壳枪逃出来了。

9 月，天气寒冷，野外待不住，又没吃穿，刘国兴与曾玉成研究开展了游击战争。10 月打下了合龙市，敌人更加疯狂起来，在三光政策指导下，烧了 24 个村庄，断绝了游击队的供给来源，生活苦到极点。当时每人只有三升炒米，规定一升炒米至少要吃五天。

1941 年 5 月，刘国兴下令攻打石水联保办事处，缴获了步枪 7 支、马刀 1 把、手榴弹 7 颗、电话机 1 架，活捉土豪陈如香，杀死伪干事刘风琴（叛徒）。同月国民党大举"清剿"，当时游击队共 30 余人，20 多支枪，20 多枚手榴弹，驻在岭背山。敌人便分三路来"清剿"：福建长汀的保安师经栗坑来"围剿"，江西的保安团由欧阳江带领从陶朱与箬牌（译音）两路来"剿"。其时陶朱地下书记刘辉山同志，表面做敌人的伪保长，他知道消息后，亲自进山报告游击队，根据情况，游击队决定晚上两点半吃饭，三点转移，但是停了，延到天亮时才出发，其时天又下雨，曾玉成召集大家商量，说："天下雨，敌人可能随着我们的脚印追，怎么办呢？"大家都说："打！"曾又说："好！我们生就做一块，死就死在一堆，我们到高山上去准备对付敌人的进攻。"于是游击队埋伏在两个山坡上，待敌人从两山之间的沟里进来了就打。29 日上午九时左右，江西保安团两连人带了警犬冲上来。当敌接近哨兵时，哨兵咳嗽了一声，警犬发觉了，两家就打起来了，敌人尽是新兵，游击队从两边冲下，敌人就退了。当场打死三个敌人，缴获三支步枪（据说敌人来时 85 人，去时只有 20 多人）。战斗近一个小时结束，曾玉成牺牲。之后，全队转到武阳住了两天，又转到壬田罗汉岩。敌人欧阳江又追来包围，游击队冲出了包围圈。10 月就转到大柏，后再回到罗汉岩，打垮了国民党乡公所的包围，缴得了 7 支枪，势力又增。后来国民党又从宁都调来两连包围，【游击队】冲出包围后进入莲花山（属于宁都管辖），此后在石城、宁都边界建立革命根据地（《刘国兴烈士传》）。有一天傍晚，游击队全体共 18 人，每人都带了枪与手榴弹（吴耀辉同志说他 1 支枪、20 发子弹、2 枚手榴弹，吃饭睡觉都带在身上）。到山下小房子里去搞饭吃。刘国兴在点名时说："如果发现敌人，我们就往高山上跑。"反革命分子听到了就去报告了国民党，敌人就派一连人守在高山上，一部分人包围小房子，哨兵发现了敌人，马上就报告，饭也没来得及吃，大家就退到了山上，正碰上守在山上的敌人，两下打起来，直到天黑了，看不见才结束，敌人死了五六人，游击队伤了一人，丢了一部分衣服。吴耀辉同时说："当时我正打摆子，七天七夜没有吃东西，但是打起仗来病也没有了。"可见游击队的艰苦与英勇。（吴耀辉口述）

1942 年，地下党支部报告说，石城区迳口乡伪乡公所要解款到县里去，游击队布置好要缴这笔款，首先在路口的茶亭边埋伏好，过往的人都带到山背后去，并向他们宣传不要怕。走在前面的乡丁发现了我们的哨兵，就打起来了。后面押款的乡丁逃回，结果打死了四个乡丁，缴了四支枪。得胜后，游击队都戴起了红军的帽子，排起队来示威，群众看到了红军很高兴【地】说："乡丁打得好，一个也不要留。"并送饭给游击队员吃，后来他们又转到福建与江西交界的火星洞来了。同年七月，地方叛变分子朱德州（苏区儿童书记，在泰和"坐感化"，后任敌特务队）、朱正林（苏区书记，被朱德州煽动投敌并任伪保长）、赖枝宝（苏区组织委员，投敌后在伪警卫队）与王晓亮（原赣南特委负责人）等合谋破坏游击队，利用政治欺骗手段，说汀瑞县委马上要改编为汀瑞特委，要国兴去赣南学习，回来好当特委书记，国兴去后不久【他们】又将严炳仁骗去，结果国兴在半路上被杀害（又说关在某处牢中处死的）。严炳仁则投敌。骗走刘国兴后，他们又派了六七个便衣特务，混上山来与游击队一道生活，最初表现得很积极，一个月以后，他们掌握了游击队全部情况，就将游击队分成几处，欺骗说："到某处去搬无线电。"于是把游击队全部缴械下山，关在瑞金牢狱中。在牢狱中，游击队仍坚持斗争。七日在体育场（瑞金大学所在地）开公审大会，游击队员都戴上脚镣来到会场上，谢和贤在台上讲革命道理，敌人恐慌，猛打他的耳光，游击队员却高喊口号："共产党万岁！"搞得会场没法公审，〈结果而散，〉以后不打也不问，只对他们说"八路军过俄国去了""要枪杀你们"，有时又捉几个人出去杀掉。吴耀辉说："在监狱里，我都打过看守主任，有一次他们不给热水给我洗脚，我将壶子都摔掉，看守主任打我，我就和他打起来了。同时还与他们辩论说我们共产党在前方抗日，你们不能这样待我们……"之后国民党捉他们去修碉堡。第二年（1943 年）农历八月初八日晚，他们做工回来吃晚饭时，听到城内军队里开到宁都那边去了，他们就商量好，趁到河里洗澡的机会，又跑回了岭背山。八月重新组织汀瑞县委，刘国兴的弟弟刘国勋任县委书记兼游击队政委，陈唐球为组织部长（刘忠槐说当过游击队长）。谢罗贤为宣传部长，共 30 多人，分 3 班，班长陈学连、陈士生、刘忠槐，当时万分艰苦，没有粮食也没有刀枪，问过去的一些干部家中搞来了一些米，没有油盐，只将半升米与野菜煮粥吃，每人一碗，游击队员们都日夜盼着毛主席来。他们就这样艰苦地度过了 1934〔1943〕年。此外，由于国民党的迫害，一些地方干部经常上山加入游击队，有时又回地方，所以人数有时增加到七八十人，但主要战斗部队只有 30 余人，部队以岭背（福建与江西交界的地方）为基地，为了转移敌人的视线，往往在九堡一带活动。

1944 年 5 月，游击队非常艰苦，刘国勋要大家下山回家探视时带些物资回山。当时大家已饿得无法行走，最后想尽办法借到了一些糯米与油，做成饼给回家的【人】吃，并限定三天内回山，结果大家搞了些东西回来。这一年还打过两次土豪，一次在紫背（黄安管辖）抓住土豪梁在躬〔恭〕得到很多财产，够 50 人吃了近半年，1945 年在田坞抓到了赖沦崴并杀了。

1945 年日本投降时，搞到了一些枪，当时汀瑞县委副游击队长是周德龙。八月严炳仁忽然回来，刘国勋识破了他的叛变行为，要杀他，严逃走了。国民党又集中了两省匪军来"剿"，并继续实行三光政策，10 月 14 日，刘国勋下山去买菜，因为严炳仁知道刘经常出入山的道路，就带了国民党的兵，日夜守在路边，当刘下山时就将刘国勋杀害了。

1946 年 2 月间，国民党"清剿"得厉害，叛徒陈书诰写信给陈唐球要他下山。结果陈唐球把游击队由福建陂坑带到瑞金新中山上。酒后把 20 余支坏枪交给国民党，10 余支好枪埋藏起来，大家就下山了。藏的枪主要是防后路，一旦国民党来迫害，他们就上山，解放后这些枪交给了人民自己的政府。

附注：此村以陈世球同志口述为主。武阳区补充了刘忠槐的，武 48[①]；吴耀辉口述的，武 33[②]；陈学武、陈学宝同志口述的，武 21[③]。

---

① 原文如此。
② 原文如此。
③ 原文如此。

五、

瑞金县谢坊乡
民间史料综合与
人民革命斗争史料

（一）谢坊乡老同志座谈会记录整理

1. 访问武阳区区长刘德仁同志记录整理

解放前，瑞金封建势力浓〔雄〕厚，全县钟、刘、杨三姓人最多，占全县人口 50%～60%。大姓欺小姓，强房欺弱房，三人欺二，二人欺一。全县最大的恶霸：刘建章，伪国大代表，洋溪人，逃了；刘维甫，鲍坊乡人，伪县党部书记，逃了；杨传仁，城关镇人，县参议长，逃了；杨会机，律阳人，商会主任，过去曾是流氓，很有权力，杀了钟干机，伪三分校教官，溪子下人，逃了；钟同礼，九堡人，伪赣南军区司令员；钟步云，九堡人，国民党县委秘书；刘耀南，九堡人，有权，已枪毙。

踏迳区解放前的政治、经济状况。

政治：刘、邹、祁三姓人最多，大姓欺小姓，强房欺弱房，经常械斗。

经济剥削："铜钱加三，谷加五"（100 元，每月 3 元利；100 斤谷，春借秋还，50 斤利），这是普遍现象。有的放谷债加七加八，甚至加九加十。有一种圩子利，很重，一元每月利三分。所谓圩子，即把一个月分为六圩，每圩五天，每圩五分钱，一月共三角，少数人剥削多数人，贫苦人多。贫苦人"禾刀挂上壁，没有米吃"。

没地没田的人只好去做长工。做长工，一月只有几块子钱，或一担谷，最强的劳动力每月只有三【担】谷。一年十二月，一天不做，就得扣钱。短工的情况也很坏，多半是富农请短工，每天一角钱、一角半，最多两角。

缺少耕牛者，向地富租牛。黄牛每年租谷 300～400 斤，水牛 500～600 斤，生了小牛，双方各半。

农民向地主租田、纳田五成，甚至六七成租谷，最差的田也要纳二三成。本是差田，佃夫作好了，地主就去敲诈更高的租谷；如果农民把田作差了，地主就会夺田。地主对农民真是十分无情，十分刻薄。每年冬成之后，佃夫要请田东吃好肉、好酒、好鸡，如不请，地主又会夺田。最穷的农民也得请地主吃。

贫苦农民没棉袄穿，有的全家四五口，只有一床烂棉被，夜晚只好盖蓑衣。

地主贷钱给农民，怕农民还不起，要用田、屋押，到期不还，就没〈权〉收抵押品。十一——十二月是取债期，到时地主一定要收清，否则，农民准备过年的鸡也会被地主拿去。

农民过不下去，就卖儿卖女度日。

贫雇农讨不起老婆，因讨个老婆要 300～400 个光洋，只好带童养媳。地主却很多，有两三个老婆。贫雇农有漂亮的女儿，地主就千方百计要去做丫头，改而做小老婆。地主的儿子即使是残废，也要讨贫雇农的漂亮女儿，一切都不合理。

解放前 80% 以上的人是文盲。念一年书，要一担谷，一斗米，一斤油，一斤□，一担炭。农民连吃饱穿暖也办不到，哪能拿这么多东西去念书。

政治压迫：农村是地主当权。土地革命前，每乡一个地保。管理讼事等，专欺压穷人。地保解决不了，就得请封建头子吃东道。"有吃跟你转，冒①吃打破烂""强扶强，弱榨弱，水灌底下落"。又穷又贫者，简直无法过日子。抓兵、派款，都是小姓弱房吃香〔亏〕。贫雇农一文一兵不能【免】，地主、当权人都不会被抓被派。对贫雇农，不管单丁独子也要抓，往往一抓，剥得父母没生活

———————————
① 冒，方言，意即"无"。

依靠，只好讨饭吃。曾经流传下面两句话："宁愿做大姓强房的狗，也不敢做小姓弱房的人。"农民真是被压迫得上天无梯，下地无门。

（访问人：陈如玉、杨兴华）

2. 访问武阳区区长刘德仁同志记录

1927年，八一起义军路过瑞金。1929年毛主席、朱总司令率红军在麻子坳一战取胜。踏迳区1929年就开始暴动，刘振庸领导。他到杨斗文那里接头，接上头就组织农民协会，打土豪、分田地。不久，会昌敌欧阳江来，一红一白。

1931年八月十五日，红第三军团（彭德怀军团）来到谢坊打靖卫团，未克，改为攻会昌，再回头攻谢坊。政权重新建立起来，踏迳暴动队改为警卫连，农民协会改为村政府，区建立革命委员会。

11月7日，在叶坪召开第一次全国工农兵代表大会，建立临时中央政府。各级选好代表，为迎接大会，号召扩大红军，警卫连编为正式军队。这时，地方主要是进行军事建设，没有武装，就不能取得革命的胜利。到1932年又扩军。以后常扩军。

扩军工作：政府的重要政治任务之一，就是做拥军优属工作。红军家属有什么困难，就解决什么困难，给他们帮工、担水，要多少劳动力就给多少劳动力。组织耕田队，分班负责，包干。以生产为中心，同时不断扩军。发红军家属证，买盐有优先权，好吃好穿都给红军家属。扩军办法，是由党内到党外，由干部到群众，由模范营到模范少队到赤卫军到少先队。各区自提任务，党、团做好思想动员。党、团员带头报名。报名后戴上光荣花，乡里开茶话会，俱乐部演戏欢送。由于工作做得好，参军的人越来越多。红军父母上台表示态度，启发别人。到1933年底、1934年初，参军的人更多，整连整排参军，热闹异常，青壮年全部参军出去了。生产主要由妇女负担。我报名四五次，写决心书三次。粤赣省主席说："你再扩军一连,让你去当营长。"我回来又扩军一连,但还是没让我去参军,并受了批评,说我光要前方,不要后方。机关干部、学校师生都轰轰烈烈要求参军。

赤色戒严:白天儿童团负责放哨,夜晚少先队、赤卫军负责。管制地主、反革命分子和富农,要他们老老实实生产。他们出门五里路,就要请假。手上写明月日,盖上印,只能出去一天。相熟的人,到别地也都要介绍信。毛主席在叶坪乡,儿童团也检查他的介绍信,毛主席没带信,儿童团把毛主席带到了乡政府,毛主席奖励了儿童。

经济建设:发行了两次公债,即战争公债和经济建设公债。战争公债是为了抗日。经济建设公债各级各团体都超额完成。有纸币,也有光洋和铜板。苏区自制光洋,到白区买货,国民党识【别】不到。苏区的纸币,不能到白区买货。在红区,纸币一元当光洋一元。干部没有工薪,也没衣服领,县主席、区主席都穿作田衣,穿草鞋。1933年冬、1934年春,干部自带伙食,自报带多少月,我带了三个月,调到会昌时我带了一个月。尽量节约粮食。大家艰苦摸索。这几年,年年丰收,没旱灾、水灾,老表说毛主席有福。支援前线,要多少谷都能满足。豆子长几尺长的苗,都没有虫灾。于是群众更加热爱党、热爱毛主席,反过来更加仇恨反动派。

区政府各部门的工作任务:军事部管扩军和赤色戒严。土地部管土地,并划分阶级。内务部管拥军优属、桥梁道路等。工农检察部管政府部门贪污、违法乱纪、政府〔策〕执行情况,等于现在的检察院。裁判部、特派员管反革命、坏分子案件,监视敌人的活动。劳动部管劳动问题;手工业工人由工会和劳动部配合,调配劳动力。粮食部管粮食调配,收土地税,各地设民仓,没有公仓。教育部管文化教育事业,大家学阿拉伯【数】字,高兴得很,以认识洋码子〔字〕而得意;各村办列宁小学,到处办识字班,男女老少都愿学习。财政部下设有没收分配主任、会计,向地主去捐〔筹〕款,向富农罚款;财政部和经营部配合,处理经济犯。国民经济部专门管理经济建设事业，和财政部、土地部配合进行工作。

贫农团是乡政府的核心。党支书为领导，贫农团主任为石脚[①]。从贫农团中发展党员。调查土地、造清册、划阶级等，贫农团都管。剥削占总收入 15% 以上者可划为富农，有劳动力而不劳动，全靠剥削维持生活者则划为地主。

1932 年较大量地建党（指踏迳区），以前只秘密建党。

（访问人：陈如玉、杨兴华）

3. 访问刘德仁同志

刘德仁，苏区时踏迳区主席，现武阳区区长。

1931 年成立新迳、踏迳两个区。踏迳即谢坊区。新迳即现在拔英大队。

踏迳区【情况如下】：

1931 年八月罗炳辉到瑞金，踏迳建立革命委员会，领导群众斗争。第三军团第九连同志在那里领导打土豪、分田地，帮助建立政权。张正祥同志是革命委员会的主任。1931 年底、1932 年初，选代表，建立各级政权，将乡农协改为乡政府，革命委员会改为区政府。区主席刘德相，没有区委书记，也没有各部部长。刘德相革命不坚决，只会讲一套，以后叛变。1932 年初，改选建立代表制度，我当乡代表、区代表，选刘德炘当区主席、工农检察部长。刘德仁，财政部长；钟万盛，土地部长；刘振芳，裁判部长；谢声柳，劳动部长；欧阳召勋（已叛变）；军事部长，刘之材（烈士）；内务部长，谢振礼（烈士）；国民经济部长，欧阳△△；教育部长，

---

① 石脚，方言，即"基础"的意思。

刘之芹；粮食部长，刘惟麟。当时区委书记陈步升（叛徒），组织部长□□□，宣传部长□□□，妇女部长□□□。团委书记，谢振富（烈士）。工会主任，刘长珠（死）。反帝大同盟主任，欧阳本鸿（死）。

1932年冬，刘德炘上调县当工农检察部副部长，由钟宗发任区主席，其他各部部长未变。

1933年踏迳区召开第二次工农兵代表大会，刘德仁当选为主席。这时教育部长是孙晋何，财政部长是刘家满，军事部长是钟万盛，其他各部同前。

区委书记也未变，还是陈步升。

1934年初，新迳、踏迳都划归会昌管。我上调会昌县任工农检察部长。当时朱开铨当县主席。

1934年八月敌强我弱，敌人打来我会昌，政权解散。新迳、踏迳直接归粤赣省管，粤赣省会设会昌，刘晓同志任省委书记，省主席钟世斌（兴国人），副主席邓学林、王学善，我又调回踏迳区任区主席，当时区委书记朱开铨，当了一个月后由刘庆辉继任书记。钟万盛调上省监委。当时财政部长刘德庆（烈士），军事部长刘之发（死）。

1932年以前到处是农民协会。从1932年起踏迳区有六个乡：谢坊乡、△村乡、水南乡、湾塘乡、瓦子乡、半岭乡。乡长□□□。

1933年划为10个乡：黄下乡、谢坊乡、下岗乡、水南乡、瓦子乡、旋龙乡【等】。乡长：□□□。

（访问人：陈如玉、杨兴华）

4. 访问武阳区区长刘德仁同志记录

1934年十月四日，敌人到瑞金。十月十四日党中央派代表古柏同志，福建省委出派了几个同志来到踏迳区，当天夜晚就讨论占山打游击问题。十月十五日，区游击队成立了，有一百多名队员，队长郭隆福，政委是我（刘德仁），下设三个排，每排三个班。以绵江为界，分为河东、河西两个游击区，河东为踏迳区，河西为谢坊区。我亲自在谢坊区，任区主席，政委开初是钟万盛，约两个月，犯【了】错误，又由我任政委。政委有决定权、判决权。十月十六日，敌人进攻会昌。谢坊区游击队从乐村转龙头，遇到福建军区一排人。有 18 支枪，都归谢坊区政委领导。原来谢坊区游击队有 6 支枪。毛泽覃同志把两方面的枪编在一起。在龙头打了约 6 个月。天天打，有时一天打三仗。敌人一团一连来，我们都是坚决抵抗。大家准备牺牲，不怕死。

到 1935 年三月间，一天总是打仗。我们的口号是："一枪打一个，一步一前进。"一次，捉到一个大土豪——萧宗先的儿子，带到后方，游击队继续前进。这次还捉到五个敌人，共打死八人。有一次审问萧宗先的儿子，我不在场，打了他的地雷公，他不承认有很多光洋。后来，我向他上政治课，说明共产党消灭地主财产，不消灭地主肉体，地主好好改造，可以宽大处理。那个土豪听了说："你讲的话感动了我，我老老实实交代。"他招认有很多光洋，带我们到他家里"抢"了 3000 多元。"抢"到后，立即请示西江县委（当时谢坊属西江，踏迳属福建）【如何】处理这笔钱。中央办事处派了一批武装来，将钱与土豪介〔解〕走了。中央办事处奖了我们 2 头牛、500 多担豆干、1 个号兵。我还得了手巾、日记等奖品。中央办事处说我们是特殊的游击队。我们拆敌人的炮台〈上〉30 次之多。我们夜晚不睡，进行游击活动。如果白天也遇到打仗，就日夜没休息。我们的火药来源有三：中央拨一部分，敌人"送"一部分，群众供给一部分。打游击十分艰苦，有时白天没饭吃。干部、队员都坚决向党宣誓：有一口气，有一点血，就要跟敌人打。虽然力量弱小，但坚决不退。敌人强迫群众带路。夜晚我们访问带【路】者，带路人告诉我们说，敌人对游击队感到没有办法。河西游击队在 1935 年三月间转移到河东，河西区政府也就背在游击队的背上。

到河东后，更加困难。路途不熟，人眼生疏，找粮食更没有办法，军多粮少。三个多月在山上没有房子住，雨天晴天，都是如此。没洗澡，没洗脸，没睡觉，坐就是睡，野草当饭，竹笋当饱。然而游击队员仍是坚持战斗，没有一个投降敌人。大家继续向党向毛主席宣誓。脚上打的绑腿，三个月没洗没换，脚都开烂了。有人寸步难行，没医师，又没药。我们不能走路了，把弹药都统一交给刘国兴同志。刘国兴同志把能走路的游击队员带到福建去了。我们不能走的七八人，继续躲在山上，曾七天没饭吃。后来我两兄弟和谢仁昆三人，又爬到河西。谢仁昆到他岳母家去，我兄弟二人又遇到谢声柳同志（他也是打游击的），三个人在石岩中住了两个月，天天找点草药铺脚，用冷水洗一洗。脚好了一些后，我们三人又到福建找游击队。未找到，便以棍担为生，到1942年才回家，在家里种田，敌人也便追完了。

谈起了这段历史，真会掉泪。真没想到生命会延长到今天，当时我三兄弟，两个打游击，一个当红军。我离开母亲时，母亲哭得要命。我劝她不要哭，说毛主席一定会回来。毛主席果然回来了。我回到家时，无寸土，无片瓦，老婆也【改】嫁了。母亲在外婆家。三兄弟都在家。国民党又要捉壮丁。解放时，父母高兴得要命，要我们继续革命。1950年母【亲】死前，还叫我们兄弟不要吵口①，要好好工作。现在我们家什么都好，饱食暖衣，无忧无虑，只是身体不太好。

（访问人：陈如玉、杨兴华）

---

① 吵口，方言，意即"吵架"。

5. 访问瑞金县加工厂刘庆辉同志

刘庆辉，谢坊人，56 岁，乡主席，区裁判部控告局长、县裁判部控告局长、区委书记、游击队指导员。

谢坊在封建统治时期，剥削很重，姓界与姓内房界之间进行械【斗】，搞得下层群众生活很苦，可是有钱人特别有钱。

革命前几年经常发生水灾、旱灾，乙卯年涨过一次今古稀有的大水。每年都有较小的水灾。旱灾也很厉害，有钱有权势的富人霸占了【水】塘，而一般群众没有水，看着稻子干死。

那时物价很不稳定，青黄不接时一担谷达一元多，割禾时八角，平时要一元钱一担。

1928 年贺龙、叶挺军队经【过】瑞金时，刘振斌到瑞金领过公事，回来没有人知道。刘振斌当过军官，过去常吃喝嫖赌，大革命时当过瑞金国民党政府县长，只十多天，不愿干去当北伐军的士兵。据说这人很滑，但他却团结穷人，常打抱不平，组织穷人向有钱【人】进攻，"敲诈"他们，把穷人和有技术的人凑拢，企图暴动未成，在西江被国民党杀掉。

1929 年春天，毛主席、朱总司令往福建，杨斗文来武阳组织群众暴动，谢坊由刘德庆、刘振塘到杨参谋（斗文）处领来公事，回来组织群众数百人进行暴动。谢坊区成立革命委员会，各乡成立农民协会，区革委会由刘德庆、刘振塘（现在是烈士，被李天富【所】杀），任正、副主席，革委会干部脱产有伙食，乡农协会不脱离生产。

1929 年毛主席、朱总司令打麻子坳时，我们这里有不少人去参加红军。麻子坳战役后，红军转福建又打会昌，在会昌两天。会昌一破，分了会昌三家大店的东西给贫苦群众（店是地方大劣绅的），还向大户人家派款，开牢放了全部犯人，烧衙，发动群众拆去城墙，我们这里有不少人参加红军队伍。

区革委会与乡农协在暴动后，即打大土豪，但不到几个月（约在十一月）被国民党摧残了，大部分人组织上山。

白军是国民党自卫团长郭昌辉。

1930年冬又红了，革命委员会由刘振塘、刘子榜、曾拔英领导。

1931年正式成立政府，先成立村政府，以后成立乡区政府。

1931年彭德怀三军团打下了谢坊，只一姓的白村（那仗大部分都红了），只一姓由土豪组织一姓筑起土围，以后三军团又去打会昌。

水南乡：设水南、柳木坑、牛牯岭、石下（包括石下、壁下两小村）为第一、二、三、四等四个行政村。

乡主席：刘长福、刘庆辉（1931年六七月至年底）、钟光波、范立阳、夏宝元、黄国熠。

乡党支书：刘振坪、刘振田。

乡政府设主席、文书，初时没有副主席，没有委员，以后设了委员。

谢坊区：设水南、谢坊、黄下、岗桥、乐村、弯塘、半岭、瓦子等8个乡，半岭原属会昌，1933年谢坊区归会昌。

区设工农检察部（下设控告局，在各乡有市场的地方设有意见箱，处理群众控告与来信工作，经常到各地调查，控告如是群众则先交到乡政府，由乡处理）、国民经济部、财政部、文化部、军事部、粮食部、裁判部和特派员。

区有主席团：政府主席、各部部长、区委书记、〈各部部长〉特派员、少共书记、区少先队长组成。

区工农兵代表大会一年选一次，共四次。

区主席：刘德炘、钟家芬、张××、刘德仁（到北上）。

中共区委设组织、宣传、妇女部。区里工作先由区委书记召集

有关部长、人员研究以后，在区主席团通过。党组织1933年才召
〔公〕开，公开后大量发展组织，1933年"五一""八一"运动在
大会上公开发展党员，每个党员都分配了一定的发展任务。书记：
陈毕兴、杨衍新、×××、刘庆辉。

少共区委：分组织、宣传部（但很少，设专职部长）、区书，
谢坊因区小常不设部长。

区乡还有妇女代表、妇女指导员、赤卫军连长、耕田队、代表
几人。

区有少先队长、儿童书记、反帝拥苏大同盟（会费一分）、革
命互济会（救济有困难的人，会费二分），两个组织区里一人（专
职、脱离），管理二会部务。

村有村列宁小学，区有总的列宁小学。

红军后方医院设在斧头坝。

合作社：供销、犁牛合作社、信用合作社、熬盐厂四种。

供销：区设合作社，乡设分社，每股一元，一人不得超过15
股，算一次限时分一次红，经常分得盐和洋火。

犁牛合作社：各村都设，由几家组成一个，大家根据实际情
况出社金，一般要在共买一条耕牛的钱以上，牛发生问题，由此钱
买牛，社金有利息，很轻，买牛的要分期付回钱给社，还付低轻利
息。

信用合作社，为便利有困难的农民在生产需要上的借贷，每股
一元有低息，由借款者付低息。

熬盐厂：由群众组织，为了不受奸商剥削，参加者有优先权。

对熬盐、信用、犁牛，红军家属有优先权，在供销社价格上
享有优待。

那时进出口很少，政府有时给钱把商人去白区买东西，但回来
得少，有些是在那边被抓，也有叛变，少数回来。

乡主席补助伙食两元，文书一元，办公费两元。

区干部分过伙食尾子二角。

1929 年分青苗、划阶级不明确，只大土豪（土地多、放债多）被划出，阶级经常变更，以村为单位，打乱分，大土豪没分田，富农分下田，每人六担（踏迳）。

1931 年重【新】分田，"以原耕为主，抽肥补瘦"，以行政村为单位，山上以屋为单位。

剥削超过 30% 者为富农，但要自己参加劳动。

剥削比自己劳动收入大者为地主。

富裕中农剥削很小。

地主财产全部没收，富农家有人外逃，外逃一人没收一人。

各村另留红军公田用于公共事业，遇有荣军来由上级拨给，另补助军烈属，得由上级批，粮食由上面掌握。

查田运动从 1932 年冬天开始查到北上前都在搞，1932 年冬因划阶级有问题，没有什么地富，毛主席到武阳划阶级，在武阳开大会。

土地税：

累进税，收入多者多交。军烈属本人、父母、子妻全免，后方干部本人、父母、子妻（脱产干部）免一半，孤寡全免，工人脱产半免，税很轻，百担只三四斤，没有欠税现象，除土地税外别无他税。

1934 年十月区组织游击队，成员：干部、老小的少先队、赤卫军，妇女比例很大。

谢坊区分：

河东大队，大队长谢声科，指导员刘庆辉，100 多人。

河西大队，大队长刘德仁，指导员钟万盛，100 多人。

两个队共有破枪十余支，平分。

河东队由福建军区领导，河西队由中央办事处领导。

河东队一出动损失一半（多散了）。初驻【在】桂清，与新岗区游击队几十人、板坑区几十人联合，并成立中心区委，先宣传区书是刘庆辉，后由省里留下的干部杜子昌担任，我因地形较熟，具体领导队的斗争。

主要战斗有：

①打半山，我们原驻半山，出去回来被国民党占，我们取得福建军区支援 2 挺机枪，毙敌 4～5 人。

②赤沙，打死"铲共团"20 多人。

红军北上，游击队常活动在谢坊一带山上，群众多跑，下去找粮食以解决伙食，多分散十多人活动，搞得敌人摸不到底，牵制住不少敌人。

1935 年二月我被打散，当时游击队力量很薄弱，国民党军很集中，后来只能日夜在山上，离军区很远，接不上头，当时政治工作也不够【好】，成员政治觉悟不够高，不够团结，区里熬盐厂里被开除的肖信昌、赵子洪混进游击队，他们诬告 18【名】同志，先杀二人谢基波、刘子非，说他们参加"铲共团"，但在杀前，他二人高呼"毛主席万岁""中国共产党万岁"，叫冤，使一部分同志动摇开小差，很多人逃掉。

有一次敌人打来，我与刘家满、谢声科、刘长桥等七八人进河西，后过去打散，我回家去了，以后"自首登记"。这次敌人打来是因为队中曾带文（女）、刘有娣（女）跑回家，国民党区公所来查问，她【们】二人说出情况而派来的。

（访问人：毛昌明）

6. 访问郭世煌同志

郭世煌，谢坊乡谢坊村人，苏区时在瑞金县合作总社工作，现年 52 岁。

谢坊乡作田的多，做生意的很少，有些做小生意和工人，其中挑担的多一些，从谢坊挑豆子到福建武平去卖，再从武平挑盐到谢坊来卖，往返七八天，赚几块钱，裁缝工钱每天二角，由东家供饭，工作从天光^①做到天黑，篾匠工资和裁缝相同，铁匠、木匠、泥水三角一工，比裁缝高一些。我在革命前家里无困难，做小生意、卖鱼，做裁缝，家里卖酒，勉强度日。

我村有百把户（现名红星大队），有几家地主，十多家富农，中农较多，贫农更多，有三、几^②个当长工的，地富占全村人口15%，中农15%，贫雇农70%。土地：地主富农占田50~60%，中农占20%，贫雇农15%。

长工一年工钱12担谷，一月一担谷，顶好的长工工钱一月一担半（三箩）。

1928年，谢坊暴动，我在武阳做工。1930年参加谢坊乡手工业工会，我担任工会主席时乡主席为郭隆油。谢坊区主席为刘德仁，后调区委书记钟万盛为军事部长。

1931年，由区工会调送我到中央国民经济部训练班学习（在沙洲坝），结业后又分到贸易局工作。有的到粮食调剂局、合作社等部门，我初分到赤水县粮食调剂局，后因该局未成立，改派到瑞金县合作总社工作，合作总社有主任，主任下有会计2人，出纳2人，保管2人，业务员5~6人，采办员7~8人，共20多人。区有合作分社（分社有主任、会计、保管等）。乡合作社只有2人，总社只管批发，不零售，区、乡合作社零售，合作社有消费合作社、熬盐合作社（熬盐厂），区、乡合作社由总社领导，另有红军合作社，不归县总社领导。合作社由中央拨款，作【为】兴办合作社的资金。社员入社股金每股一元，总社开办时（1931年冬）主任曾文高，我为副主席（半年），及钟德钦（正）、周××（副）。

红军北上后，我回谢坊，游击队已上山。白军八十九师从长汀、瑞金来到谢坊，把我捉去。白军八十九师开往会昌，我被押

---

① 天光，方言，意即"天亮"。
② 原文如此。

在谢坊该师连部，乘解大便时逃出。白军八十九师在谢坊苏区扎了十多天才开走。

（访问人：黄长椿、曾中华）

7. 访问钟万盛同志

钟万盛，现年55岁，现在武阳粮站当管理员。

1930年农历三月，朱总司令、毛主席由广东来会昌，号召农民起来打土豪、分田地。当时的标语是"万户欠我钱，千户不等闲，穷人跟我走，月月八块钱"。

当时我父卖油被人杀了，打了几场官司，我就到会昌，报名参加了红军，在兰夏桥部下。朱总司令派兰夏桥到瑞金来组织暴动，兰夏桥带了二十多条枪，由会昌到谢坊，休息了一夜，并缴了地主郭士河一支短枪、一支长枪，第二天到武阳河背驻。这里一位姓邹的名流出来领导暴动。当天下午他领我们到松山下、安福去缴了二十多条枪，以后到石水休息了一夜，又缴了十多条枪。这时共有六七十条枪了，于是就到安子前去了。

邓家宝在安子前成立队伍去打瑞金。1930年四月攻下瑞金城，成立革命委员会，大约一【个】月以后改为县苏维埃政府，邓家宝任县苏主席。其时会昌敌人欧阳江组织维持会打谢坊，西江敌【人】胡××、许××成立五区联防打瑞金。以后就一红一白。

四月间，杨斗文到会昌领公事，还领了枪，起来暴动，捉土豪郭应沂。姓郭的人多，他们要夺回郭应沂去，但斗文等【架】起迫击炮，他们就不敢来了。斗文罚了姓郭的款后打到瑞金了。

杨斗文在瑞金当了参谋长，杨金山当了团长。七、八月间队伍开去打吉安，只留下了杨金山。五区联防打瑞金，维持会打武阳、谢坊，其时武阳红、谢坊白。敌钟运标与万安的袁国标也来打，瑞金失掉了政权。武阳、谢坊组织游击队，共 100 余人，80 多条枪，队长是胡润涵，在安子前、大塘面、白竹寨一带。有一次我们从白竹寨打安福时牺牲【了】一个排长。

1931 年郑毅光有几千人经过琼英、西江打到瑞金，我们在大塘面会合，开到瑞金，瑞金又恢复政权。八月我们就到兴国高兴圩打了三天三夜，之后三军团回瑞金，其他打赣州。1931 年十一月成立踏迳区的革命委员会，主任是张俊祥，还有财政委员、军事委员、文书。1932 年二月选举成立区苏维埃，我当选财政部长。

财政工作：向地主罚款，收土地累进税，发行公债，有五角、一元、五元的，平常通用是毫子。公债分经济建设公债，到 1933 年正月转到军事部。

军事部工作：组织赤卫军、少先队、模范营、模范少队，还有担架队等，还要扩大红军，发动整队的参军，但也有部分逃跑了。

1933—1934 年四月，我到粤赣省监察委员会，任宣传员，后来因主任、组织委员没来，我代理主任。1934 年十月敌人进攻瑞金，省委派我来探敌情，我到踏迳区，曾【见】到区长刘德仁，我将情况向省【委】汇报。这时省委走了，我就留在踏迳区，毛泽覃召集开会，要我当区书记，其时共 100 多人，福建全区有 20 多人（后调回福建），队长是邹家源，政委是刘维新。当时派刘维新去探情，他就去投敌了。

1935 年二月河西就并河东，之后我就回家了。

（访问人：杨兴华、陈为玉）

8. 访问王书安记录

王书安，谢坊人，苏区时谢坊乡文书、踏迳区裁判部长。现为胡田墈农场场长，党员。

1929 年与兰夏桥接头，1930 年插红旗，到兰夏桥处接头为〈广军〉刘旺山（刘之辉），回来后组织农民协会，刘旺山任农民协会主席。农协会中地主富豪很多，领导暴动动机不纯，·刘旺山不是真心革命，为群众推翻，家产被没收。另有一【说】刘之辉是真革命者。

1930 年正式成立政府，但区政府有土豪、富农混入，区政府 17 人中只有 4 人阶级成分是好的，以后政府更纯洁。谢坊乡苏主席为郭隆油（烈士），文书姓刘，踏迳区苏主席曾连元（1930）、王时远（1931）、钟宗法（1932—1933）、邹礼辉（1933）。区土地部长欧晋学（1932），区军事部长为钟万盛，区工农检察部长刘德仁（现武阳区长），我在 1933 年调任区裁判部长。

踏迳区有谢坊、黄下、乐村、半岭、瓦子、水南六乡。

新迳区有赤沙、拔英、桂清、黄田等乡。

1932 年成立踏迳区委，区委书记为陈步升，陈因阶级划为富农被撤职，继任为刘清辉。1932 年有党的活动。

1930 年我任乡文书，1933 年调任区裁判部长，1934 年调会昌县粮食部工作，时县主席为朱开铨。六月粤赣省主席钟世斌（正）、王学善（副），命令撤销会昌县，停止办公，选一部分干部到边区工作，成立会西工作委员会并作为粤赣省的派出机关。委员会主任为朱开铨，我跟朱开铨一起去，委员会设在会昌县高牌区，不久我又调寻【乌】安【远】县水东区工作。1934 年十月十六日会昌被国民党白〔霸〕占。

（访问人：黄长椿、曾中华）

9. 刘维昌同志口述

刘维昌，76 岁，谢坊乡河背岗人，苏区时任贫农团主任、会昌县控告局局长。

三军团来，成立农民协会。刘维村为会长，乡政府主席为刘德庆（初名乐村乡，后分乐村、下岗二乡），我为贫农团主任，划土豪、富农要经过贫农团。贫农团十人，一班有班长，共有班长五六人。打土豪没收其财产，分给穷人，设下岗乡后仍任贫农团主任一年另〔零〕，调区政府工农检察部工作时，刘德炘为区主席，工农检察部长为刘德仁。1933 年调会昌控告局任局长。三四个月后又调粤赣省中共监委会工作，直到红军北上。

1930 年八月暴动成立警卫连（连长钟先湖）和农民协会，先是刘德相（鬼伙子）到武阳杨斗文处领公事，领到一面红旗和一支单响枪，回来后暴动、打土豪，抓土豪塘里的鱼。本村打了刘德义土豪，罚他的款，没收财产，得到好多光洋、首饰。成立政府后，才成立赤卫军。

1931 年十月分田，田分上、中、下三等，打乱分匀，以乡为单位，每人分 8 担，地主不分田，富农分下田，分田没有丈量，分田后，插竹牌、造契，发土地证。

土地税，一等田较重，二等田其次，三等田最轻，一担田只完①几斤谷。

红军北上后，我参加游击队打游击，我在河东打游击时被"铲共"义勇队捉去，解到联保办事处打地雷公，大拇指被打断，踩杠子，用竹枝鞭背等毒刑，许多游击队员被折磨得死过去。

（记录：黄长椿）

---

① 完，方言，"完税""交税"之意。

10. 刘德修口述

刘德修，42岁，苏区时乡团支书，谢坊乡新建作业区河背岗人。

踏迳区少共区委书记为谢继波、刘家林、刘正初，少共区委有组织部、宣传部、儿童书记。

乡团支部有支部书记一人，有宣传委员、组织委员、儿童书记、少共队长，有少先队一队（100多人，包括妇女）——下岗乡。少先〔共〕队长等于连长，下有排长、班长。1932年下岗乡有团员30多人，团的工作是要团员在各方面起带头作用。

扩军运动，干部带头报名参军，我（少共支书）报名参军，团员都报名参军，大家到区军事部报名。全区有40多人参军（1933年），十天有一次突击，以扩军为中心，一个月扩几次，由省派突击队来宣传动员参军。

（记录：黄长椿）

11. 刘维林同志口述

刘维林，67岁，苏区时踏迳区粮食部长，新建作业区河背岗人。刘维修、刘维堂参加座谈。

1927年九月，贺龙、叶挺经谢坊打到会昌，打开会昌，漏夜转回瑞金，谢坊有很多人参加贺、叶军队。

1928年冬红四军由会昌经谢坊到瑞金，在会昌和乐村打了土豪。

1929年杨斗文到会昌领公事。

1930年十月刘振塘、刘德庆到杨屋前杨斗文处领公事，成立农民协会，进行暴动，打了郭隆元、郭隆仪等土豪，农协的主席是刘振塮，文书是刘德庆。到九、十月间，会昌维持会打来，谢坊白了。第二年（1933年）第三军于八月十六日来，谢坊又红了，成立革命委员会。刘德相为主任，后革委会改为区苏维埃政府，刘德炘为区主席，后刘德仁为主席，区委书记为刘振炳、陈步升、杨衍新。这时区未分部，有一警卫连，连长为刘维才（死）。

刘德仁任区主席时，刘维昆任工农检察部长，我任粮食部长，刘家满为财政部长，宋廷英为劳动部长（1932年），欧立相为军事部长，孙和民为土地部长，刘德堂为区工会主任。1931年冬成立下岗乡政府，乡主席为刘德庆。

粮食部管粮食，当时【有】十多个乡，管十【多】个乡的谷子。

1931年成立踏迳区，1934年红军北上抗日后，踏迳区分为踏迳（河东）、谢坊（河西）两区。

红军北上后，成立游击队，刘德仁司令兼政委，在龙头和国民党"围剿"的军队打了一仗，我们又打了施宁岗的联保办事处，没有打下。1935年三月在河东被敌人围困，我被俘，解到九江坐牢，到十二月才回来。

弯塘江之战在1934年十月十日，会昌独立营打死敌人一个团长，俘敌和枪几百。

（访问人：黄长椿）

12. 刘维堂口述

刘维堂，新建作业区河背岗人，56岁，生产队长，苏区时工会主任。

1932年正月实行分田（只分了一次），以乡为单位，田分上、中、下三等，打乱来，好坏搭配，每人8担。分田前划了阶级，地主不分田，富农分下田，分田前先留下好田，作【为】红军公田。

踏迳区有黄下、谢坊、水南、弯塘、乐村、石角、下岗、瓦子、半岭等乡。

区工会有主任一人，青工主任、船业主任各一人，有劳动部，部长一人，乡工会（雇农、手工业工人）有主任一人，雇农代表一人，各业都有一个代表，会费每月缴铜圆二枚。工会工作：宣传动员参军，工人要带头做先锋宣传，做布草鞋慰劳红军、工人，宣传老板不能剥削学徒，调查先进工人，介绍失业工人就业，雇农年老不能工作则可解决养老费。

革命后工人生活提高了，解决了失业问题，家中分得有土地，过去欠的债不要还，老板对工人和学徒的剥削减轻了，革命前学徒要做了三年后才能有工资，学徒每日赚1角钱，老板得8分，学徒只能得2分。革命前我做学徒时，4分钱一工，我得1分钱师傅得3分，竹匠到后来是2角一工，木匠泥水是3角一工，革命后工资和以前一样。但米、油很便宜，革命前茶油1元五斤，革命后1元七八斤。谷子革命前30多个毫子一担，革命后1元一担，还没有【人】要，革命后几年雨水好，禾长得好。

只有累进税（土地税），富农税重，中农、贫农税轻。

合作社只有消费合作社和熬盐厂，股金一元一股。

查田运动：区（土地部）派人到各乡领导查田，到乡后先开支部会研究后贫农团开会，由贫农团调查，剥削多少，劳动多少，土地多少，调查后造表送区土地部批准所划的阶级，下岗乡查出地主富农六七人（内地主三人），由地富下降的只有个把[1]。

扩军运动：干部带头报名参军，乡主席、支书都报名少先队、模范营，整连整连参加红军，河背岗青壮年全部参军，编入补充团。年老的参加担架队、运输队。河背岗当时有200多户，有40~50人到现在还没有归来，回来的只有几个，邹桂姑家有2人

---

[1] 个把，方言，意即"一个"。

参加红军没有回来。

红军北上后，踏迳、谢坊区成立游击队，有 200 多人，曾经三四天没有吃饭，吃生米，喝冷水，我吃完了三升米，还饿了两餐。

（访问人：黄长椿）

13. 刘维贤同志口述

刘维贤，51 岁，苏区时乡支书，谢坊乡河背岗人。

军。1930 年五月刘振埔、刘德庆到杨斗文处领公事，组织农民协会，成立警卫连。七月杨斗文由武阳来打会昌，因会昌涨水没有打开。

1930 年八月会昌维持会的靖卫团分二路来进攻，一路走瓦子、水南，一路走乐村弯塘江来进行包围。警卫连只有四五条枪，靖卫团一路就有 80 来条枪。我们退上山折向弯塘江。靖卫团到水南、河背岗等地烧屋，我们时常与靖卫团打。

土。1930 年暴动后分了田，共分了 2 次，第一次分田未丈量，田分上、中、下三等搭配，每人分 8 担半，以乡为单位。

三军团八月半（1931 年）经过谢坊打会昌，用国民党飞机投下未炸的炸弹，用棺材装了，棺材内装了硝磺，挖地道把棺材埋在城下，引火爆炸，炸开城墙，攻下了会昌，捉了很多土豪。

欧阳江为半岭人，一只眼，为会昌靖卫团长，后为保安团长，解放时逃走了。

（记录：黄长根）

14. 乐村龙头池达宣口述

池达宣，区劳动部长。

1930 年四、五月暴动，首先是龙角邱世桂在杨斗文处领公事，组成暴动队，〈约〉四五十人，然后龙头刘太考到邱世桂处领公事，组成暴动队，四五十人，成立农民协会（龙头、龙角），主席邱世桂，以后到牛角湾打大土豪，牺牲不少。以后就一红一白，到 1931年八、九月，三军团来【后】建立【了】政权。

农民协会分田，不够明显，以原耕为主，多减少补，每人十担。土豪分下田，后划阶级，土豪财产全部没有〔收〕，并向有钱人派款。

三军团来那年冬，又分一次田，田分上、中、下三等，抽肥补瘦，划阶级，地富分下田。

土地税很轻，每担田只有几个〔角〕。

我 1931 年到区劳动部介绍所任所长，以后任劳动部长。1933年当瓦工会计主任。

劳动部工作：劳动介绍所，介绍工人做工，农民要请工匠经过劳动介绍所介绍。劳动管理工人，以劳动法为准绳，发展工人。

工会工作：检查工人数目，扩大工人师，实行 8 小时工作制，号召工人打倒老板，增加工资。

区辖迳桥（原称石角）、旋龙、湾塘、乐村、下岗、黄下、谢坊、水南、瓦子、半岭十乡。

区主席刘德炘，副主席郭隆秀。

区主席刘德仁、邹礼辉、刘德仁。

区委书记：杨衍新、刘长杨、刘庆辉（到北上）。

军事部长：钟万盛。裁判部长：谢声柳、谢声科。

工农检察部长：刘德仁。财政部长：刘振沣、刘家满。

国民经济部长：金耀明。土地部长：刘德发、孙学明。

内务部长：杨世贤、钟凤英。劳动部长：池达宣。

区委宣传部长：孙晋和。青工部长：刘家林。妇女部长：钟凤英。

少共书记：谢纪波。特派员：钟盛杨。

工会主任：刘立斌、刘德塘、池达宣。

北上时，区组织游击队，达五六十人，我在河西队，当时区主席刘德仁，裁判部长谢声科，特派员邹盛杨，区委书记郭昌钱。不久河西游击队转河东时只有10多人，5支枪。在转来河东前，粤赣省军区调来十几支枪，内一支机关枪，军区来的人杀积极分子，杀了不少。毛泽覃同志也与我们一起过，以后他转到河东去了。

1934年十月，由新迳、踏迳、会昌等地扩大的新编二十四师会合各地游击队在湾塘岗埋伏好，国民党八十九师由会昌到瑞金，路经此地，打死他们很多人，后因弹缺，敌人增援太多，我军退往西江、铜钵山，1935年过河东去了一部分。

（访问人：毛昌明）

15. 谢坊乡乡长郭士杨同志口述

郭士杨，乐村人，47岁，乡团支书。

1930年三、四月武阳杨斗文暴动后，谢坊地区水南首先暴动。刘振埔、郭昌贤、郭昌信到杨斗文处领公事，于1930年五月竖红旗，成立暴动队，约几十人。乐村有郭昌钱、石钵兜、郭昌标，坝尾有鬼猴子①等人成立农民协会。

---

① 鬼猴子，小名。

乐村是 1930 年五月成立农民协会，打土豪，派土豪的款，没有来得及分田。八月会昌靖卫团欧阳新，五甲联防团匪打来，烧缴乐村农民协会，并打死一妇女。农民协会被迫解散。水南刘振墉到杨斗文处去了，郭昌钱上山躲避。

1931 年八月红军三军团彭德怀打会昌，解放了谢坊一带，七月就成立了下岗乡政府（设在河背岗，管辖下岗、乐村），后设村政府，只有村代表，乡苏维埃主席郭昌钱。那时党组织很秘密，还没设支书。

八月成立踏迳区政府，主席刘德炘。以后有郭隆秀，区委书记陈步升。少共书记刘廷周、钟同泮。

十月下岗乡分为乐村、下岗两个乡。乐村乡主席郭应有，支书郭昌钱。

踏迳区辖黄下、谢坊、水南、瓦子、下岗、乐村、湾塘、石角（迳桥）、半岭（现属会昌辖）、旋龙。原八乡，后十乡，因下岗划为下岗、乐村两乡，瓦子划为瓦子、旋龙两乡。

踏迳区 1932 年十二月以前属瑞金，十二月以后划归〈为〉会昌管辖。

1931 年，乐村乡建团，乡党支书郭昌钱说是要建立团。1932 年二月，我任团支书。

团内主要工作就是扩大红军，动员青年参加红军。每月缴团费 2～4 个铜板。

1931 年九月彭德怀三军团到这里，搞分田，打乱分，一家按人口集中分一块，这样造成得好田的都是好田，得差田的都是差田，得远田的都是远田，得近田的都是近田。因此，1931 年十二月重新分过，以原耕为主，抽肥补瘦，分田以自然村为单位，分上、中、下三等，划阶级，地主分下田，富农一样分，每人达十三担，山也分，以家为单位划成一块一块。

1932 年八月我参加红五军团十三师三十九团一营机枪连工作，初时作为新兵在瑞金，编在新兵团当排长，编入五军团，后任班

长，开到福建打建宁、泰宁、新田，后打南丰东望壁，又打福建
阳口、南丰、沙心，打黎川，败到白水寨。1934 年八月我调到兵
工厂（在岗面），管劳役队（地主被罚劳役的），当队长。不久到
兴国，回到五军团做运输队，北上到湖南被俘回家。

1936 年团匪欧阳江清乡，我被抓到瑞金，因在本地工作时间
不长，土豪没有受到我的"恶"，家里人去保我出来。

（访问人：毛昌明）

16. 谢坊乡乐村作业区郭隆沂（叛）口述

郭隆沂，乐村人，44 岁，红军指导员。

1931 年五月，水南、乐村、坝尾暴动，水南要早 20 多天。
领导人：水南刘振埔，乐村郭昌钱，坝尾鬼猴子。
暴动前杨斗文到过水南去打会昌，杨斗文在下坝抓郭士何。
初时，下岗乡分冈岗坝、河背岗、乐村、龙头四村，设村代
表（最初，龙头不属乐村）。1932 年二月分乡，龙头、乐村共称乐
村乡，河背岗、冈岗坝共称下岗乡。
乐村乡主席：郭应有、刘运清、郭应柳、郭士增、郭应才
（到北上）。
乐村乡支书：郭昌钱（到北上）。
区主席：刘德炘、钟家高、钟万盛、刘德仁。
书记：陈步升。
1932 年十一月我参加红军，在瑞金补充师教导第二团，1933
年四月编到三军团五师十五团三营七连任文书，党内任支书，编
时部队驻在宁都乐口，以后到吉安新安，又回广昌高虎脑，又到
福建。
1934 年四月五师在广昌，一直担任防御部队，节节退，退到

石城小学，以后部队到兴国集中，那时我负伤下来。

（访问人：毛昌明）

17. 谢坊乡乐村作业区龙头刘泽奎同志口述

刘泽奎，区文书。

1930 年四月首先有龙角暴动，邱世桂领导，暴动队〈约〉四五十人，龙头由刘太宏到邱世桂处领公事接头。以后二地共设一农民协会，初时设有龙头，邱世桂为主席。

成立农民协会即开始打土豪、分田地、烧文契，每人分八担，地富分下田。十月村乡政府主席刘太宏，支书刘太香。1932 年龙头并入乐村乡，主席郭应有，支书郭昌钱。并入乐村时又分过一次田，地主不分田或分没人种的田。

区设 10 个乡：谢坊、水南、瓦子、乐村、湾塘、半岭、迳桥（石角）、旋龙、下岗、黄下。

踏迳区主席：刘德仁、刘德庆、刘振春。

踏迳区区书记：郭隆秀、陈步升。

北上时，谢坊分河西、河东两个游击队，河西队长刘德仁，主要在龙角一带活动，到过西江、小妹一带。

1934 年十月十六日匪军入谢坊，1935 年三月入龙头。

区有消费合作社，一元一股。

（访问人：毛昌明）

18. 谢坊乡乐村作业区郭应柳口述

郭应柳，乡主席，乐村人。

乐村暴动时，领导人是郭昌钱、郭应有，有郭昌发、欧宗思等人参加，农民协会主席郭应有，暴动初时只有十多人。

杨斗文第二次打会昌，谢坊有几百人参加，谢坊地区领导人是刘振埔、江志辉等，打会昌共有千多人。

（访问人：毛昌明）

19. 谢坊乡乐村作业区刘维波口述

刘维波，区裁判部看守所工作，坝尾人。

坝尾于 1930 年五月暴动，由刘德相（鬼猴子）、刘德仁领导，共几十人参加。成立农民协会，打土豪，分田，每人三担多田，地主不分田或给最坏之田。

1935 年春，河西游击队打过一次谢坊办事处，没打进。

我们负伤 2 人，我是一个，以后就回家了。

（访问人：毛昌明）

20. 旋龙邹方奇口述

邹方奇，湾塘岗人，乡主席。

1934 年十月十六日湾塘岗战役，会昌独立团两个连参加。当时一点钟左右，俘获 30 多人，打死团匪团长一名。因敌人增援大〔太〕多，一部退回西江，一部分退回白竹寨，这两连人同退回白竹，又退到咀兰埠。我因病回家。

万塘岗乡主席：宋家奎、邹方奇（北上）。

支书：肖演波。

21. 旋龙由汴口刘振桂口述

刘振桂，45 岁，区少共部长。

1931 年八、九月间，三军团打下会昌。汴口与湾塘岗共一个农民协会，由刘维周到湾塘岗接头，成立暴动队，农民协会主席刘维周。以后成立湾塘岗乡苏政府，刘维周任主席，以后刘易扬。

我 1933 年任踏迳区少队部长。当时少共书记是水南的刘家标，区主席刘德仁，书记钟万盛。

主要是做宣传工作，动员青年参加红军，推荐优秀青年入团。

北上时组织游击队，队长郭 ××，福建军区曾来了一班人。

1934 年十月十六日，游击队到龙头。

（访问人：毛昌明）

22. 谢坊乡乐村龙头刘家标口述

刘家标，谢坊乡警卫连。

1930 年四月，刘太考派刘安永、刘清秀去龙角邱世桂处领公事。龙头由刘太宏领导，龙头、龙角、高圳背三村共一个农民协会，主席邱世桂，打土豪，烧文契，分田，以自然村为单位，以原耕为主，每人八担田，地主分下田。

三军团打来后，又分过一次田。

1930 年四月暴动队到牛角湾打大土豪肖忠贤，但顶肖不住。肖打来龙头，刘太宏、邱世桂等找杨斗文来，打跑肖忠贤。杨斗文走，肖忠贤又来，结果一来一去，到 1931 年九月彭德怀部来此开始建立乡政府并分田。这次分田是抽肥补瘦。三军团打来后，乡政府是下岗乡，划分时划归乐村管。

1934年十月，独立师原在会昌筠门岭，后打到信丰、安远一带，在安远大部分垮了。

1934年十月打湾塘岗，有毛泽覃一部分军队参加，有十六团（独立师一部），敌人是八十九师，我们打死敌人百多名，俘几十名，后因敌人增援太多，红军只得撤退。

（访问人：毛昌明）

23. 旋龙乡欧绍杰口述

欧绍杰，区劳动部长。

湾塘乡主席：黄国兴、刘奕增、刘志辉、钟光珠、欧本俊。
湾塘乡支书：欧本燏。
踏迳区主席：刘德炘、钟宗发。
踏迳区委书记：陈步升。
内务部长：刘子发。
工农检察部长：刘德仁。
军事部长：刘了才。
劳动部长：欧绍燊。
文化部长：孙晋和。
财政部长：钟万盛。
裁判部长：谢声柳。
土地部长：杨衍清。
区委组织部长：刘子兰。
少共书记：刘家林。
儿童书记：谢基波。

瑞金县劳动部长：杨衍奎。

1931 年十月湾塘岗成立农民协会，分田共 2 个月，每人 10 担，地主不分田或分一部分坏田。

区劳动部长管理工人，介绍职业，县劳动部检查各区建立劳动部情况。

（访问人：毛昌明）

24. 旋龙作业区宋长德口述

宋长德，会昌县土地部、粤赣省土地部工作。

1931 年九月瓦子暴动，农协主席邹道标，到旋龙找宋兆运、宋兆廷、宋长德三人到瓦子开会，十一月设瓦子乡政府（瓦子、旋龙），主席邹方寅、邹道标、郭隆泉、邹四良。

1932 年瓦子乡分为瓦子、旋龙两个乡。

旋龙乡主席：欧阳辉、宋长有、宋长初。

旋龙乡支书：钟世潘、钟世方。

1931 年冬—1932 年春分田，每人六担，地主一般无田，开荒或种最坏之田。会昌县主席孙晋和，土地部副部长罗世英。

（访问人：毛昌明）

25. 旋龙作业区宋长阳口述

宋长阳，瓦子人，赤卫军连长。

1931 年三军团路经瓦子到会昌，杨斗文队伍驻在瓦子。1932年二月成立农民协会，陈世远任主席那时踏迳成立模范营，共百多人，谢坊为第一连，水南为第二连，瓦子为第三连。

1932年三月建立瓦子乡苏维埃政府，主席邹道标、邹阳高。

模范营属军事部领导。那时区军事部长是钟万盛，曾到瑞金训练。我任过排长、连长，1931年曾到过建宁水湾运伤兵，1933年十月转到门州训练，被编到三军团教导团，1934年四月打太禾、邓坑头。以后在门岭，我有病请假回家。

分田只一次，每人六担，地主得下田，并没收其家属〔产〕，划阶级，有公田。

土地税：交票子，交的谷子存在本地，加上红军公田的粮，存在仓里。军队要用，随时提取，派地方运输队给运去。

（访问人：毛昌明）

26. 访问谢坊乡拔英大队郭昌德记录整理

郭昌德，现年55岁，苏区时任兰田乡（今拔英乡）代表、乡主席（1932年七月）。1933年四月于新迳区国有财产科任干事。七月任区粮食部副部长，红军北上抗日时，加入新迳区游击队。1935年游击队于福建边界被打散后回家，被白沙田（今赤沙）联保办事处抓去，一个多月后逃回，以后又避于山上，被国民党匪军抓去当挑夫，两个多月后，又溜回。现为党员。

1929年十二月二十八日朱总司令经过乌鸦泊，于兰田乡驻了一晚，在绿草湖与国民党打了一仗，国民党退走。杨斗文在朱总司令那里领到公事，即开始暴动。兰田乡的暴动是由下洲坝谢在储、杨斗文等人的暴动而引起的。下洲坝暴动发生在1930年四月。五月曾拔英、曾荣材、曾荣生、曾宣游等人去下洲坝杨斗文处领公事。公事领回后即成立暴动队，这里即开始了暴动，队长曾同错，共有几十人，武器是鸟枪、梭镖，并成立了农协会，曾拔英为农协会主席。随即进行了打土豪、分田地。当时兰田乡的大土豪有曾从作、曾从连、曾家珠。

1930 年五月分青苗，没有划阶级，土豪不分田，每人分六担半。

1930 年十月会昌靖卫团欧阳江来，大肆烧杀抢掠。兰田乡被烧了四次，被焚掉房屋三百余间。曾永佳一家三代均为之所杀，全乡财产抢劫一空。1931 年三月曾荣材、曾荣生又起来恢复政权，但为国民党打败。四月新迳祠堂又被烧。六月曾荣材、曾荣生又起来恢复政权，又失败并退入白竹寨大山中。一直到九月时三军团来到新迳，政权才又恢复。

政权恢复后，正式成立乡政府，乡主席为曾荣生，还有贫农团，主任为曾祖熷。

1932 年一月又进行第二次分田，每人仍为六担半，地主、富农分下田，并发了土地证。以后曾复查过一次，将富农的好田抽出换给坏田。分田以乡为单位。

1934 年十月国民党又来，新迳区组织了游击队，队长为陈连通，政委陈龙标，共有四十多人。一些年轻的妇女也参加游击队，当时仅有三百条枪。新迳区的游击队与踏迳区、板坑区的游击队有联系，游击队上山后在江西与福建交界处的鸿汀①一带活动，专打敌人的土围子。当时曾打下了朱地、□□□的土围子，1935 年春游击队在粤赣交界处为国民党打散。

新迳区成立于 1931 年，区政府设在富竹乡（今之大富）。

区主席：朱宗其、张英令、陈龙标、陈洪昌……

区委书记：陈洪昌……

现今的谢坊乡当时分为新迳、踏迳、板坑三个区。

原新迳区管辖十二个乡：兰田（今拔英）、红山、赤沙、富竹（大富）、蛇窝、鸿汀、石穷、塘圳（桂清）、高岭、垱坑、白竹寨、大塘面。1934 年年初，新迳、踏迳划归会昌管时，白竹寨、大塘

---

① 原文如此，后面出现该地名，照原文录入。

面二乡归武阳，新迳仍管辖十个乡。

土地税每亩五十斤左右。

区、乡设有供销合作社，卖油、盐、布等。

（访问者：汪煜荪）

27. 访问拔英大队半崇范名祥、范家炳、范宜煌记录整理

范名祥，60 岁，苏区时任新迳区反帝拥苏大同盟主任，后调任会昌县主任，不久调入粤赣省受训，领导工会工作，北上抗日时参加会昌县游击队。现为党员。范家炳，62 岁，曾任大富乡半崇村村代表、乡主席。范宜煌，59 岁，曾任乡文书，以后参加红军。

政经。革命前兰田乡一百几十户人家中，地主占三家，富农占四家，贫雇农各〔共〕有一百十余家。当时地租很重，根据田的好坏分别支付 100～200 斤不等，一般的田亩收【成】仅 200 余斤。因此贫苦农民经常收割后未几①即无粮食，只得借债度日，在青黄不接时借到，收割后还，最少的利息是加三，一亩为加五，最多的为加十。

军（1）。1927 年南昌起义的队伍在大屋竹经过，进行了宣传，贴了许多标语，"穷人不打穷人！""打土豪、杀劣绅"……已在群众中播下了革命的种子。1929 年朱总司令的队伍又经过此【地】，群众也受到了一定的影响。

这里正式开始暴动是在 1930 年五月，由曾拔英去下洲坝接公事（杨斗文处）。回来后即组织了农协会，主席为曾拔英，进行打土豪、分田地。

———————————

① 未几，意即"没多久"。

土。第一次为分青苗，以自然村为单位，每人4担半（兰田乡半崇村）。土豪是自己不劳动，依靠收租为生的，或以放债度日的，当时给予坏田。

军（2）。1930年七、八月间开始了一红一白时期，宰牛、杀人、抢东西后即走，从会昌来的，以后经常到兰田乡来烧房子、抢东西、杀人。一直到1931年九月三军团从瑞金开来打新迳、会昌，才又恢复政权。

政。1931年九月建立了乡政府，成立了贫农团，乡主席为曾荣材，贫农团主任为曾荣生，同年又成立了新迳区区政府。

土。1931年冬又进行了第二次分田，每人4担半，并发了土地证。

政。新迳区区主席：陈龙标、朱宗其、陈洪昌、曾同洪、张英令（叛）、刘××……（未以年代排列）

新迳区管辖石穹、鸿汀、夹山、大富、兰田、高岭、白竹寨、赤沙、塘圳、蛇窝、大塘面、垃坑十二个乡。1934年年初，新迳、踏迳二区均划为会昌县管辖，白竹寨、大塘面二乡遂划出新迳区。

1934年八月新迳区归粤赣省管辖，省会在文屋坝，省委书记刘连，省主席赵秀华。粤赣省管辖西江、门岭、会昌三县。

1934年冬敌人从瑞金攻打会昌。会昌县组织了游击队，连群众一共六七十人，队长为陈昌林，政委翁名超，有十把〈条〉枪。在国民党打下踏迳时才进入白石山，不久敌人攻占会昌，游击队经常在晚上派人分几路去会昌城墙上写、贴标语。有时于路上抓一些土豪、财产〔主〕来罚款，以解决游击队的经费。当时白石山离会昌仅十余里路。国民党派大队来围，我们移住〔往〕松岗山一带活动，并经常向群众宣传。由于游击队人数少，武器大都为梭镖等，仅有十几条枪，但〔且〕又缺少子弹，于1936年四月为国民党匪部在桐子圳打散。

群。反帝拥苏大同盟主要是向群众进行宣传"反帝拥苏保卫中国"，会员每月纳会费一分铜币，乡反帝大同盟设组长一人，区设主任一人，干事一人，县设主任一人，下设委员三人（统计、保管、宣传）与文书一人。

（访问人：汪煜荪）

28. 访问烈士曾拔英家属记录整理

曾拔英烈士如健在，今年为63岁，原于瑞金念书，与杨斗文等人为同学，以后在瑞金创办了拔英小学。当时学校中有教员三人，不久拔英同志去南昌，回来不久即暴动，后来于瑞金为李天富所杀。

曾拔英同志于参加革命时改名为曾不平。

（访问人：汪煜荪）

29. 访问拔英大队曾承富、曾先沂、曾先燕

曾承富，现年49岁，苏区时任新迳区、板坑区、会昌县军事部副部长等职，现为党员，任谢坊乡乡长。曾先沂，现年55岁，苏区时任特务连经济委员。曾先燕，现年54岁，苏区时任乡主席。

军（1）。1930年五月武阳排子脑杨斗文、谢在储暴动，这里由曾拔英去领公事，曾与杨为同学关系。六月兰田乡即竖立红旗，成立了农协会，主席为曾拔英，还有暴动队，队长为曾荣生。开始打土豪，分田地，一亩有几百担地，后一百担左右租的即为土豪，当时农协会没收土豪的财产，分给贫雇农。

土。1930年六月分田，每人11担左右。分田以乡为单位，土豪分给坏田。

军（2）。1930年七月会昌国民党靖卫团来，七月十一日烧了

曾承富、曾先燕两家的房子，并进行抢劫，以后开向小富竹，八月十六日又烧了大富市场。十月二十二日又来兰田烧了300余间房子，烧后去白沙下会昌，以后经常来。当时暴动队已上白竹寨，进入山从〔崇〕、陈坑。1931年二月暴动队回白竹寨，于白竹寨上插上了红旗，将暴动队改为九大队，队长为曾荣材，五月下兰田，又于兰田插上了红旗，并将九大队改为特务连，连长为刘立连，政委曾荣材，接着成立了农协会代表会。九月十日三军团打下新迳时，才由代表会产生了乡政府，主席为江吉星。未久，新迳区成立，江吉星调任新迳区主席。兰田乡主席遂由曾先燕担任。

土。当时分田仍按照〈以〉前次农协会时的分田标准，并划了阶级，地、富分下田。

军（3）。新迳区成立后，原特务连转入新迳区游击队，不久又并入瑞金县游击队。

军（4）。1934年九月十九日瑞金被国民党打开，十月初国民党八十九师才到兰田。

政。新迳区原管辖兰田、夹山、赤沙、蛇窝、鸿汀、石穹、塘圳、垱坑、朱地、富竹、高岭、白竹寨、大塘面等乡，后来朱地并入蛇窝乡。

1934年年初，新迳、踏迳划归会昌时，白竹、大塘面归下洲区管辖。

1933年成立粤赣省，省会在文屋坝，管辖西江、会昌、江岭三县。省主席为黄浮宣，动员武装部部长为赵秀华。

新迳区区主席：江吉星、陈洪昌、刘宗璟、朱宗其、曾桐枫。

新迳区工委书记：陈洪昌、洪先发、刘步权、刘立高……

经。苏区仅有土地税，别无他税。每担田纳税六斤左右。区、乡设有供销合作社，对红军家属有优待，特别是买盐有优先权。

当时米价便宜，三角钱一斗还没有人要，盐、布则很贵，在会昌三元光洋只能买得〔到〕十四两盐，这里有时一元钱只能得八钱盐。

文。村村都有列宁小学。

（访问人：汪煜荪）

30. 访问永新大队刘德右记录整理

刘德右，42岁，赤沙乡少共书记。

1931年三军团来建立政权，乡主席刘德荣，支书刘维革，贫农团主任刘维禄。

四月分田每人八担。

每乡有一【名】少共书记。有的乡有两个（正、副），赤沙乡少共支部有团员十余人，团员月交团费五分。

（访问人：汪煜荪）

31. 访问赤沙大队刘德线记录整理

刘德线，44岁，水南乡乡代表，贫农团主任。

1931年秋三军团（彭德怀领导的）建立了政权，主席刘正炳，进行分田，每人八担，以后复查过一次。

（访问人：汪煜荪）

32. 访问新迳大队曾从禄、曾先清记录整理

曾从禄，58岁，苏区时任兰田乡乡代表。1931年任红山乡乡主席，以后又任新迳区财政部部长。1934年调到于都粤赣省委政治

部受训。三个多月后，被国民党俘获于永丰乱石，坐牢数月，归家耕田。曾先清，63岁，新迳区委组织干事。

政经。洪山乡大土豪为曾承宝、曾从宝、曾承栋。土地大部分掌握在他们之手，地租根据田的好坏，亩收30～200斤〈左右不等〉。当时最好的田一亩能收300余斤，差的只有80斤，故缴付地租后，即无法生活，只得依赖借债度日，利息春借秋回，最少的是加三，一般为加五，多的则加六、加七。

军（1）。暴动开始于1930年五月，是曾拔英领导的。拔英为新迳人，在瑞金住，当时回来领导暴动，打土豪分田地，抗租抗债。组织了农协会，主席为曾拔英。

土。分田每人六七担左右。

军（2）。八月国民党来，一红一白，1931年三军团来时政权才恢复。

政。1931年成立洪山乡，主席曾从禄。以前洪〔红〕山归兰田乡。

（访问人：汪煜荪）

33. 访问拔英大队曾同枫、曾光半、曾承堤记录整理

曾同枫，55岁，苏区时任新迳区区主席等职，现为党员，在养猪场工作。曾光半，52岁，苏区时任新迳区军事部长。曾承堤，44岁，苏区时任儿童书记。

军（1）。1930年四月武阳杨斗文暴动，这里由曾拔英去领公事，五月即成立了农民协会，主席为曾拔英，进行打土豪，分田地。

土。分田以村为单位，每人八担，土豪分下田。

军（2）。1930年七、八月间国民党靖卫团从会昌来，进行烧

杀抢劫，以后即开始了一红一白时期，兰田乡被烧 300 余间房子。1931 年四月三军团来时，政权才又稳定，组织了乡政府，主席为江吉星，后为曾先燕，支书曾祖新。

土。1931 年冬 1932 年春，又进行分田，划了阶级，每人八担半，地、富分下田。

政。1931 年九月成立新迳区。

区主席：（1）江吉星；（2）刘家璟；（3）陈洪昌；（4）朱宗其；（5）邱世同；（6）曾荣生；（7）曾同枫。

区委书记：（1）陈洪昌；（2）刘步权；（3）洪先发；（4）刘立梅；（5）陈洪昌。

军（3）。1934 年十月国民党八十九师匪部从谢坊来此。在这以前粤赣省会昌县保卫局曾派了 40 余人来武装保卫区苏维埃，但不久即撤走。当时组织了新迳区游击队，与踏迳区的游击队有联系。游击队长为陈连通，指导员胡荣发，开始时有六七十人，后上了山动员妇女回家，故仅存下三四十人，不久即为国民党打散。

政。新迳区原管辖大富、兰田、白竹、赤沙、红山、塘圳、圫坑、大塘、高岭、鸿汀、蛇窝、石穹 12 个乡。以后新迳划给会昌管辖时，白竹、大塘属瑞金管辖。

粤赣省于 1932 年成立，主席黄浮宣，书记刘连。

经。当时土地税为每担五六斤，此外尚有屠宰税，其他税收则无。

区、乡有供销合作社，每元一股，按股配给盐，非社员则不能去合作社买盐。供销合作社对红军家属有优待，特别是有买盐的优先权，除供销社外尚有犁牛合作社、信贷合作社。

政。区设儿童书记一人，下有一委员，每乡也均有儿童书记一人，此外尚有儿童团大队长、小队长，儿童团属少共领导，少先队也属少共领导。

（访问人：汪煜荪）

34. 谢坊大嵊钟大性口述

钟大性，乡主席。

1931年五月杨斗文到会昌，大嵊郭隆有到斗文处领公事，有几十人。不久设苏维埃政府（后设过农民协会），设黄下乡政府，转黄下、大嵊二村，设村政府。每村有2~3个代表，有一个代表主任与乡主席郭隆有。这时会昌团匪欧阳新打来，斗文队伍也来，一红一白。十一月分田，土豪一般不分田，分田也是将没有人种的坏田给他，富农分下田。

村设村小，黄下乡有两个小学。

红军北上时，区组织游击队，队长刘维仕、刘德发，政委刘德仁、黄下小队长廖景昌，主要在龙头、龙角、风岭前、上安子一带活动。十二月过河东，〈约〉300多人（包括妇女、小孩），只有十多支枪。过河东并未见到河东游击队，到三月只余十多人，刘德仁指挥，转到白竹寨。刘区长对我们说【回】得就回，回不得就到外面去躲，以后刘也因烂脚离开游击队躲到外面去了。

（访问人：毛昌明）

35. 谢坊粮食仓刘德胜同志口述

刘德胜，55岁。

初时我参加杨斗文暴动队，水南指挥部刘振荣任指挥员，刘德庆任文书，刘德梯任排长，刘德增任排长，刘德炘也参加，一起共百余人，只有一支枪，其他都是鸟枪和梭镖，1928（？）年五月初四（？）暴动。

初四日下午打土豪欧绍坤，他逃亡了，没收了他的家产。土豪郭应沂自己送猪 100 多斤，送光洋给暴动队作菜金，因此没有抓郭应沂，也不收他的家财。后来没打土豪，向土豪筹款。没有成立农民协会。

当时打土豪约两个月。以后与杨斗文研究土豪〈的〉对象后，又打土豪刘德炘、郭士何、郭隆源、刘庆佩等。土豪刘德炘逃往会昌县城，攀寄国民党维持会匪首欧阳新来打谢坊，到处烧杀掠劫。游击队退到武阳和下洲坝一带。

1931 年（？）十月间新迳区主席程龙生。

财政部长范天运。裁判部长曾洪昌。

革命互济会刘宗㽙。国民经济部长刘宗。

军事部长曾荣生、刘立高。

总务处长张志祥。教育部长曾华清。

区妇女指导员钟发娣。土地部长张二妹。

劳动和青工部【长】都由刘德胜兼。

区委书记谢仁良。组织部长翁名超。宣传部长陈学浪。

妇女部长刘美英、刘凤英、曾玉英、林桂英。

少共区委书记朱正林。组织部长杨世福。

区主席程龙生、张二妹、邱世通、曾同风、刘宗论。

区书谢仁良、沈振兴、伍方㽙。

1931 年四月（？）开始分田，以原耕为主，以自然村为单位，大富乡第四村每人八担田，土豪不分田，富农分坏田，到冬天十二月底正式分好田。

1933 年开始查田、查阶级，九月结束。这时有红军公田，多是解决红军家属的困难，红军公田由耕田队包，公田不交土地税。

1932 年间区设文化部，部长谢文山。各村组织识字班、俱乐部，各村有村小，文化部与各村小俱乐部、识字班【归】原区委宣传部领导。

当时中心工作是扩大红军，做好优军工作。

各项运动、工作首先经区委会研究，交区苏主席团讨论通过。区苏主席团组织人员：区委派人参加，另有区主席、军事部长、裁判部长、财政部长、工会各1人，妇女指导员、工农检察部长、特派员、革命互济会各1人，除区委会共9人组成。

1933年五月带头参军（当时任区委组织部长），率领模范营一个连加入红军，八月底中央总动员部令我回地方工作。

大富乡苏由村代表选出，村选出代表。

大富乡苏主席刘维金兼支书，贫农团主任严××。

1930年十月（？）成立各乡与区政权。

最高任职：区委组织部长、县组织干事、二十二师师部副特派员、红军连指导员等职，现任谢坊粮站业务员、党员。

（访问人：杨荣煌；整理：毛昌明）

36. 邓光标同志口述

邓光标，瑞金车站粮库干部，谢坊黄下人。

朱总司令由古城经〔到〕瑞金，那时杨斗文、刘国培到朱处领的公事。杨斗文、刘国培很有钱，拿出钱来组织农民暴动。

1930年五月杨斗文来谢坊，常与土豪团匪郭昌良打。坝尾由刘国培领导打土豪两三个月。朱总【司令】到会昌经谢坊时，杨斗文暴动队驻在庄下，李金标驻在姜屋（当时就李金标刀枪不入，很是勇敢），他们与郭昌良的靖卫团来回打了很多次。杨斗文在安子峡缴到郭昌良部三支枪，靖卫团退往会昌。那时李金标驻到湾塘岗庙下，〈约〉30多人，在松山背有没走的土豪，李金标组织群众抓到没走的〈约〉五六个人。这些土豪被解到庄下交给杨斗文处理。

李金标的队伍是会昌暴动队，当时称为第三大队。这次李缴到土豪不少钱款。〈约〉八九天后，会昌维持会团匪又来打，队伍拉上安子峡高山上，居高临下，靖卫团打不上，退走。

1931年八月三军团到谢坊。谢坊团匪郭昌良、郭昌才死守谢坊，三军团使用政治宣传，要匪士兵及群众放下武器，不要打了，"穷人跟我走，月月八块钱"。三军团与他们相持不下，就打迫击炮，没打中，攻了三天三夜不克。谢坊方面说你们如果打得下会昌，我们甘愿交枪跟你们走。于是三军团在李金标引路下，攻会昌，李金标驻在会昌同善社，三军团驻在吊桥附近。进攻时，李金标奋身向前，一个人用斧头劈门，但队伍冲不上来，一天一夜后队伍弯到门岭下，围攻了半个月，城内没水吃，用洋油桶到护城河里打水吃，红军或打死其人，或打破其油桶。后三军团用棺材炮炸。先用锣鼓打，使敌人听不到挖的声音，挖了一个墙洞太大了，以后挖过约一丈多深。后来李金标又弯到上门岭挖。当时城里没水吃，吃塘里的脏水，牛也饿死了。洞挖好后，把空棺材盛炸药，用竹管装引线，放里〔进〕洞内，一天天亮边，引着，城墙被炸开。三军团和李金标三大队冲进去与靖卫团拼大刀，双方都损失不少人，俘敌七八百人。当时到各店搜匪军，谢坊这带的同志认得他们的都抓起来了。李金标部与三军团驻在会昌，因李是会昌人，地形很熟，与三军团开路，没有上谢坊来。杨斗文部把〔让〕在会昌抓住的团匪、谢坊一带的人围谢坊，杨斗文打下谢坊，就组织农民协会，进行分田，黄下没分。

三军团打会昌。会昌维持会逃向广东，三军团一走，会昌维持会又回来。杨斗文、兰夏桥的暴动队又打过会昌，兰夏桥经谢坊、武阳回去。这次分田是第二次，每人八担，以自然村为单位。1931年八、九月黄下建立乡苏，主席郭隆有。我是少先队长，当时还设有党支书，有贫农团、耕田队，耕田队长钟太彬。也组织赤卫军，连长刘德增。少先队放哨，检查行人，防止逃亡户扰乱。

三军团打会昌前，黄下属中赖管。

分田，每人八担，当时要划清土豪、地主阶级，分清敌我界

限，要算粮，某人土地多少、收入多少、放债多少，分土豪、富
农、贫雇、中农。走的土豪不分田，土豪、富农分坏田，分山边没
人种的田，把地富搬到山边田附近去住。地富还要帮助红军家属耕
田、打柴，还要作公田。

分了土地后，我调到区少队部任队长。

当时区主席：刘德仁。

区委书记：陈步升。

土地部长：钟万盛（当过财政、军事部长）。

裁判部长：谢声柳。

少共书记：谢基波。

红军北上前时，踏迳、新迳已属会昌管。当时组织会昌、寻
乌挺进游击队，到敌后去侦察，抓有钱的人搞盐。当时大队长李贵
山，第一排长邓光标，第二排长欧兴扬，第三排长张振宏，主要在
罗塘、下坝、门岭、吉潭一带活动（湾塘岗一段有中央少共书记谢
振富参加，在崇背碰到他，他队伍有机枪，以后不知他上哪了）。
不久广东军阀陈济棠部打门岭，他们筑炮楼、筑工事。我们在吉潭
打了一个月，以后转到门岭与红十六团（红军北上时留下的）的一
个营联合组成挺进游击队（当时粤赣军区、会昌保卫大队也在那方
面）。丢了门岭以后，我们退往山海、青海（？）一带。不久会昌
也丢了，我们的便衣侦察到敌人八十九师由会昌开向瑞金，当时我
们驻在高怀、玉水，闻信后，挺进游击队与红十六团一个营，另
有各地游击队、赤卫军、会昌各区游击队集中在湾塘岗部阿鸡岽
埋伏，在新桥下埋伏了一部分，共〈约〉3000余人（当时十六团
有机枪，共四个连，一、二、三连【是】机枪连，挺进游击队只有
步枪，各游击队不全有枪）。十月十六日，我们等敌人进来了一两
千人，十六团用机枪打，后面敌人退走。后面敌人找逃亡【户】带
路，从文屋、坝村撤退。前面的敌人在我方机枪打响后大乱，人多
弃枪逃跑，缴到四五百支步枪，三支机枪，匆匆打扫战场后，因敌
增援，我分两路退，一部分退往西江，一部分退向朱兰埠。挺进游

击队退到朱兰埠又退到高怀、玉水,与十六团分开。我们到高怀、玉水、青石、板石游击半年多。那时广东军阀用逃亡户带路来打,十六团在马洲打了一仗,挺进游击队被迫退到吴屋埠、钟村、罗田一带活动,以后又分成两队,一队到青石、板石。第一排在 1935 年四月到白鹅,白鹅有一土围,为白鹅区游击队驻守。我们一到就问他们区长翁××,翁区长说:"不怕,敌人不常来。"那天吃饭后,大家休息了,区副排长晚上同翁区长研究情况。他说:"在这天把①没问题。"深夜他带一班人说是出去巡查。结果他去投敌,把敌人引来,我们起来抗敌,死三人,其他全部被俘。坐了三天牢,提去审问,枪毙了四五个人,其余 18 人介绍回乡。回家一年后,要"自新",带黄徽章,要我找三姓人担保,我找不到,我就跑到猪坑去锯板或做水泥工。1942 年刘宗怀到我处来,了解我的情况,他知道我没投敌后,要我上山游击,也是由刘国勋派到这一带来发展游击队的,我到保长家(保长表面是保长,实际并未投敌)借了两支枪(螺石的保长)去打土豪,搞到钱买了 20 多【支】枪,发展到 20 多人。1943 年五月去螺石抓土豪郑科鸿等伪乡政府的人,抓到伪县长廖某之弟,得到一支驳壳,交给刘国勋去了。为了避免目标,我们要螺石谢仁椿做伪乡兵一样的衣服,谢仁椿在夜里躲躲做【了】20 多套。一天,刘宗怀派我和刘宗初、水鹅大鹅去接衣服,我们在田里帮水鹅大鹅的父亲割禾,被特务邱某的女人看见去报信,说东坑有刘国兴的"土匪"。我们刚接到衣服,一出门宗初被打一枪,伪保安队抓住我们三人,到瑞金坐监狱。看守的主任左某(现住瑞金城杂米街,后罚他劳改)对人很恶,谁都不给吃,吃半谷半米的饭,他害人,说是钟天扬、钟天坤是"老土匪",结果拉去枪毙。二钟高呼:"毛主席万岁!""共产党万岁!"我一直到解放那年四月与郭隆礼越狱出来。

(访问人:毛昌明)

---

① 天把,方言,意即"一天"。

37. 访问刘奕辉老同志记录整理

刘奕辉，苏区乡干部，警卫连战士，现在是大嵊队小队长、党员。

暴动前，我家有五担田，租地主家的田二十五担，共种了三十担田，租田交租谷 50 斤，除交的租来，一担田只能得到 30 斤。暴动前我村的剥削是以高利贷最重，借地主一担谷，一年发还二担；借盐是称圩子利，把一个月分成六个圩，一个圩是五天，一圩利息是两个毫子的利，要是借了一块钱，一个月后本利共要还三块钱，要碰到 ① 还不起，没有按期还，则要利上生利，一个毫子的利息又要滚二分钱利息。穷人还不起债，自家的亲生儿子都要作抵债卖给地主，这是一种情况。另外是债主把欠债的人住的房子写封条封起来，抵债没收。这样一搞，一家大小就被赶出去，赶出后男人有劳动能力的就到地主家去作长工，以工资来还清债，女人就替地主家作杂事或佣人，孩子、老人有被赶出讨饭吃的。除此外还有大姓欺压小姓，大房欺弱房的事实，小姓、弱房有时候被欺压得没有办法，只得搬家，到别个〔的〕地方去住。

1929 年谢坊开始暴动，红军第三军团和第五军团经过谢坊，同时武阳先暴动，对我们都有影响。我乡于 1929 年六月由刘景荣、李正标（会昌人）等到武阳杨斗文那里领公事（是红旗和红色衫袖套）。领到后在西南圩上（现在的合作分社）开会，到会者有几十人，分成 5 个班，12 人一班，有正、副班长。我是第三班，班长刘益洪（其他班长不记得了），开会是讨论先打乐村大土豪郭仁义老爷，仁义老爷的子孙要先罚款。正在开会时，本地反动

---

① 碰到，方言口语，意即"遇到"。

武装郭昌会、郭发桂、刘子介组成民团队来包围我们，郭发桂是靖卫团队长，郭昌会是民团团长，刘子介是队长。当时我们只有一条枪，其余都是梭镖，包围后双方开了火，一支独枪都打了86发，连枪头都打破了。由于敌人多，这支枪被缴了，牺牲了一个人，敌人把他的头砍下押到会昌，对众宣传说："要有人杀到了红军一个头，奖100光洋（银圆），砍到了一个耳朵，奖50块光洋。"

1929年八月恢复政权，地方武装队第三队（下洲队）邱世桂打来了。同时国民党警卫团长郭昌会、刘子介、郭发桂又回到谢坊来了，双方就在谢坊开了火（就在今红星社地方），打了两天两夜。我方牺牲了一个营长和一个排长，结果我们包围敌人，闭〔围〕住他们，转而进攻会昌，会昌被我们攻下了，敌人自动投降，谢坊就又红了。

1931年打土豪，分田地，只分一次，每人分七担半（田多的地方有分八担的），以自然村为单位分，分田前划阶级，地主、富农分下田，未复查过，逃跑了的地主、富农划为反动地主、富农。

1929年成立过农民协会，主任张振祥、邓江兴。农协会于1931年改为乡政府。

当时的耕田队首先要优待军属，替军属家耕田，红军家属没有柴、水，要首先优待办好。干部没有工薪，要耕田队帮工，帮工不仅限于本乡，而且要到别个乡去。

1931年成立了列宁小学。当时男女都很活跃，唱歌、跳舞，比现在都更热闹。男女都读书写字。

1924年十月六日，国民党八十九师来了。我于1934年七月在雩都当游击队排长，此时也就开始成立游击队，分为河西和河东游击队，我们是河西游击队，大队长是李发庆，政委×××，一个大队分三个连，一个连分三个排，我是第二排的排长，在牛岭、马岭一带活动，主要打广东军阀队伍，破坏他们的交通，攻打国民党办事处，曾经在小龙口打国民党的碉堡。以后敌人就来包围我们，一批人被捉，押到会昌，坐了七天牢，说要押我们到瑞金。以后我借故小便偷【跑】出来的，逃回家"自新"，挂黄徽章，不准走远，只许在五里以内地方走来走去，否则就要杀头。这样一直在家。

（访问人：刘美英）

38. 王书莲老同志口述

王书莲，50岁，苏区时在国家政治保卫局工作，现在大嵊大队。

暴动时一个区——踏迳区，1934年分为新迳和踏迳两个区，新迳区属于会昌营〔县〕，踏迳区有六个乡，后来有八九个乡，分谢坊、黄下、西南、下江、乐村、旋龙乡，后增加杨钵乡、××乡。

武阳区暴动后，我们谢坊与杨斗文接头，领公事（红旗、红手〔袖〕套）。暴动前民国十九年（1930）正月起就有党的活动，刘德珍、刘景云、杨家汉、杨世远、刘子福、刘德仁等三十多人去领公事，并且他们事先也参加了活动。

1931年开始分田地，划了阶级，未丈量土地，依照大家自报的数量而定。每人分八担田，地主、富农分下田，还留了红军公田，公田全是好田，公田的用法是红军回家后耕种和救济用。

1931年九月、十月间，会昌欧阳江民团军队由〔与〕刘德奎（谢坊人）、郭昌会、郭茂桂（民团队长）、刘德义、钟光伟等地方武装联合〈欧阳江民团来〉进攻谢坊，在谢坊设民团。由于我们枪少、人少，寡不敌众而失败了。而且敌人还烧了我们的房子，我们逃往山上。等到敌人走后我们又下山，一来一去，一天都得打几仗。

1932年从会昌来的红军第三军团打退了欧阳江军队后，谢坊又重新红了。当时打谢坊时攻了一天一夜，打伤了七八十人，牺牲了几十人，未攻下。后红军便转而攻打会昌，会昌打胜了，占领了，然后进攻谢坊，并在会昌活捉了国民党军官郭青山，把他抓来，向谢坊国民党军宣传不要打。结果谢坊敌人自愿投降，占领了谢坊，谢坊乡又红了。

1931 年红军转来了后，又恢复了农民协会。1930 年八月成立的贫农团，现在公开了，贫农团主任张春祥、刘维香、王世昆（译音），进行第二次分田地，分法与第一次相同。

当时有消费合作社熬盐、熬硝，熬好后统一由合作社卖。合作社资金是大家自愿出钱凑作股份，大、小股，十个毫子作一股（合一小块光洋，大洋时十六个毫子），家庭经济好的多出股，出不起的少出些。当时每年发行一次建设公债，自愿报买多少。当时苏区市场上有钞票、光洋、铜圆、毫子，同时并用。

农民平时编成连、排，排下有大队、小队，一个连下有三个大队，下有小队，平时有模范营，少先队要进行操练，战时敌人来了，则以这种连、排、队组织去打游击。

苏区时每乡有列宁小学，列宁小学公费。平时文娱生活搞得很热烈，唱歌每个屋子都可听到。每乡有俱乐部，经常演戏，配合党的方针政策进行宣传。

1933 年我参加国家政治保卫局（会昌），该局相当于现在的公安局，下设保卫队、保卫科，我在保卫队工作，经常下去调查，搜集反革命分子材料和审问犯人。

1934 年游击战争，在滑白圩打郭发桂（滑白圩属于会昌），共三方面军队——模范营、红军学校、游击队联合起来进攻，打了三天。模范营有 160 余条枪，刘德曾连长，陈诚山模范营长。三方面军队包围敌人，结果打败了敌人，缴到了一支枪、许多军用品，牵回了六十余头被劫走的牛及无数只鸡。

会昌失去政权后，又到过高排水打游击，到第二年（1935 年）一月被国民党捉住，后就回家了。

（访问人：刘美英）

（二）谢坊乡人民革命斗争史料

一、党领导谢坊人民为建立和保卫革命政权而斗争（1927—1931年8月）

（一）革命前的社会经济状况

谢坊地区土地占有情况与武阳地区比起来，不同点是公堂庙宇田少，而全区大量土地均掌握在地主、富农手中，以地租形式直接剥削农民，如：原红山乡土地大部分掌握在大土豪曾承宝、曾从宝、曾承栋手中（曾从禄、曾先清口述）；在黄下乡，"土地多在地主刘远、刘德葵、刘远清、郭龙源、郭士河手中，他们每人占地都在500—600担以上"（刘奕檀口述）；在原谢坊乡，地主、富农土地占50—60%，贫雇农占地15%（郭世煌口述）。

地主、富农占有土地多，而地主、富农阶级在农村中的人口比例少，在谢坊乡"全村〈约〉100户左右，地主只占几家，富农十几家，地富占全村人口15%，贫雇农占70%"（郭世煌口述）。"在兰田一百几十户人口中地主只三家，富农四家，贫雇农110余家"（范名祥、范家炳、范宣煌口述）。在红星全村100户左右中，只几家地主，10多家富农，贫农更多（郭世煌口述）。

占农村人口绝大多数的贫雇农，受地主阶级残酷的地租和高利贷剥削，如"在原踏迳区谢坊乡农民问地主租田，纳四五成甚至六七成租，最差的田也要纳二三成，本是差田，佃户作好了，地主就要敲诈更高的租谷，好田作差了，地主就要夺田"（刘德仁口述）。在原新迳区兰田乡，每亩租谷100～200斤（而一般田亩收200余斤）（范名祥口述）。在新迳区洪山乡地租亩收 30 ~ 200 斤，这里好田亩收 300 余斤，坏田 80 斤（曾从禄、曾先清口述）。在原踏迳区谢坊，地租亩收 20 ~ 60 斤，最好田亩产 120 斤，差田 30 ~ 40 斤（刘奕檀口述），也有"一担田交租谷 50 斤，除了租谷一担田只能得 30 斤"（刘奕群口述）。而五成地租是最普遍的现象。所以农民每年交过租后剩余不多，劳动力强的每年还缺几个月的粮食，劳动力弱的交租还债后无所剩余，只得向地主去借贷，"借钱利息最少加三，一般加五、加六，最多是加十"（曾从禄、曾先清、刘奕檀、刘德仁口述）。借谷是一担年利一担，最少要半担（刘奕群、刘德仁口述）。在踏迳区高利贷有种圩子利，把一个月分成六圩，每圩五天，一圩五分钱（在大嵊一圩二个毫子）的利息，借一块钱，一个月后本利要还三块钱（刘奕群口述）。在原踏迳区牛租更是苛刻，黄牛每年租谷 300 ~ 400 斤，水牛 500 ~ 600 斤，生了小牛双方各半（刘德仁口述）。而雇工、长工每年工资 12 担谷，每月 1 担谷，最强的劳动力每月谷 3 箩，一天不做完就得扣钱；短工每天一角米，最多两角米，人不如牛（刘德仁、郭世煌口述）。做长工、做短工工资都低，做其他杂工也是同样。在谢坊红星，"挑夫七八天中赚几块钱，缝工、篾工每天二角钱，工作是 12 个小时，木【匠】、铁匠、泥水【匠】三角钱一工"（郭世煌口述）。在新迳区河背岗，"学徒要做了三年后才能有工资，学徒每日赚一角钱，老板得八分钱，学徒只能得二分钱。我做学徒时四分【钱】一工，我得一分钱，师傅得三分钱"（刘奕檀口述）。借贷利息高且借到不容易，"地主贷钱给农民，怕农民还不起，要田、屋抵押，到期未还，就没收抵押品"（刘德仁口述）。借款如未按期还则息生利，毫子利息滚二分钱（刘奕辉口述）。"十一月至十二月是取债期，到时地主一定要收清，否则农民准备过年的鸡也会被地主拿去"（刘德仁口述），甚至〈有〉还不起债时贫苦农的住屋也被地主封条封起来，弄得一家大小被赶出，无家可归只得替地主做长工，女人做佣人以资抵债，老人、小孩就只得挨户讨饭吃（刘奕辉口述）。

农民除了受残酷地租、高利贷等剥削外，在政治上没有地位，地主、富农有说话权，农民没有说话权。"旱灾很厉害时，有钱有权势的富人霸占了池塘，而农民没有水看着稻子干死"（刘奕辉口述）。农村是地主当权，"每乡一个地保，管理诉讼等事，专欺压穷人。地保解决不了就得请封建头子吃东道。有吃就你转，没有吃就打破碗。""强扶强，强榨弱，水流底下落。"又穷又贫者简直无法过日子，抓兵派款都是小姓弱房吃亏。贫雇农一文一兵不能少，地主、富农当权人却不会被抓被派，对贫雇农不管单丁独子也要抓要派，往往一抓父母没有生活依靠，只好去讨饭。曾经流传两句俗语："宁愿做大姓强房的狗，也不愿做小姓弱房的人。"（刘德仁口述）

政治经济上的残酷压迫，人民生活不下去了，在党的领导下，刘振庸、曾拔英等领导一点起革命的火焰，就千千万万农民大军就跟着党走上革命的道路。

（二）各地革命暴动和初期革命政权的建立与第一次分田

（1）革命起源

1927年9月，八一起义朱德、贺龙、叶挺军队经谢坊打会昌，9月在万岗塘阿鹅紫与国民党钱大钧打了一仗，贺叶军队退往瑞金，钱大钧退往云都。经过新迳附近的大富竹时，他们在这里进行了宣传，贴了许多标语："穷人不打穷人！""打土豪、杀劣绅！""万户欠我钱，千户不干连，穷人跟我走，月月八块钱，愿来的跟我去，不来的在家就耕田。"……播下了革命的种子（范名祥等口述）。谢坊一带很多人参加了贺、叶的队伍。谢坊人刘振斌曾与贺、叶军队接过头，曾从那里领过公事，因当时暴动条件没有成熟，没有起事。刘振斌在军阀军队担当过军官，大革命时受到革命浪潮的影响，曾出任过十几天的国民党瑞金县县长，以后又参加北伐军。大革命失败后，国民党对共产党人进行大屠杀，刘振斌在党的影响下，认清了国民党，回家进行革命活动，团结穷人，"敲诈"有钱人，把贫苦农民和有技术的人（工人）联合起来，试图暴动，没有成功，在西江被国民党捕杀。以后国民党在他家中查出毛主席、朱总的相片和领来的文件（刘庆辉、刘维林口述）。

1928 年冬，朱总司令率红四军攻打会昌，在会昌和乐村打了土豪（刘维林口述）。并经过乌鸦泊，部【队在】兰田驻了一夜，在绿草湖与国民党打了一仗（郭昌注口述）。谢坊很多人参加了红四军。1929 年 2 月（阴历年夕），朱总司令、毛主席的红四军在麻子坳取得大捷，谢坊有人去参加红军（刘庆辉口述）。

这些，都给谢坊地区人民很大影响，在思想上暴动的酝酿与准备已趋成熟。

（2）在武阳暴动影响下谢坊边缘地方的革命暴动

1930 年 4 月杨世沂、杨斗文在武阳暴动成功，在其直接影响下，谢坊边缘地区有【如下斗争】。

龙头 1930 年 4 月，龙角在邱世柱领导下暴动。龙头（后属乐村乡辖）刘太宏起来组织暴动，派刘安永、刘清秀到龙角邱世柱处接头，领来暴动公事，组织暴动队约四五十人，以后与龙角暴动队合并，共一百多人。由龙角、龙头、高圳背三个村成立农民协会，主席邱世柱，展开打土豪、烧文契、分田地。分田以自然村为单位，原耕为主，每人分八担，土豪不分田或给山峡里最差的田，富农分坏田。但分的田划分不明显，阶级划分不明显，没收土豪财产，并向有钱人派款（直到 1931 年三军团来，划归下岗乡辖）。不久到牛角湾打大上豪肖忠贤，但被敌人打退。肖忠贤打到龙头，刘太广、刘世柱联合杨斗文的暴动队把他打跑。以后一来一去打（刘家标、刘泽奎、池达觉等口述）。

新迳、兰田 暴动前曾拔英就进行了准备工作。曾拔英同志是新迳地区革命的领导者，他生于 1895 年，青年时代在瑞金读书，和武阳杨斗文、刘国培、谢在储等同志在瑞金同学，毕业后在瑞金举办过拔英小学。他对旧社会很不满，后来改名为曾不平。大革命时期，受到马列主义思想的影响，1927 年八一起义前后曾到过南昌，在党的影响下，回乡后进行革命暴动的酝酿准备。曾拔英首先把他自己的家产交给了贫苦农民，烧掉家里的文契，曾遭到家庭的激烈反对。1930年4月武阳杨世沂、杨斗文等人暴动成功，5月在曾拔英的领导下，曾茶材、曾荣生、曾宣游等人去武阳杨斗文处领公事，回来后组成了暴动队，队长曾荣生、曾同锴，共几十人，并成立了农民协会，主席曾拔英，随即进行了打土豪、分田地。打了土豪曾从作、曾从莲、曾承标，先抗租抗债、派土豪的款，不久分田，后收土豪家产，再后划阶级，土豪不分田或给些坏田。田平均每人六担半左右（曾承富、范名祥、郭昌注等口述）。

（3）谢坊地区的革命暴动

1930年5月朱总司令的队伍经武阳、谢坊攻打会昌，当时有武阳杨斗文的暴动队、安子〔治〕前兰夏桥的暴动队、会昌李金标的暴动队参加打会昌。杨斗文暴动队五月初七到谢坊，驻在水南樟下，李金标暴动队驻在大嵊姜屋，刘国培领了杨斗文暴动队的一部分驻在坝尾。他们组织各地暴动，打土豪，不久去攻打会昌。在朱总、杨斗文、李金标、刘国培等的直接影响下，谢坊各地举起了革命的火炬（综合口述）。

水南　谢坊地区首先暴动的地区是水南，以后成为谢坊附近地区革命的核心。水南在杨斗文五月初七进谢坊后，初八由刘振墉领导，刘德庆、刘维昷、刘德棣、刘振沣、刘振机、刘之棠、刘振铨等20多人组成暴动队，在杨斗文处领来一面红旗、两支枪，竖红旗，成立农民协会，主席刘振墉。刘振墉同志是谢坊地区革命的领导者，他见广大贫苦农民生活无法过下去，在杨斗文暴动的影响下，领导水南人民首举红旗。他首先把自己家中的几百元银洋给暴动队做伙食费基金，把家里整理的田契、借据拿出烧掉，把粮食拿出分给群众。振墉同志【的】父亲早死，自己当家，他把家产分给群众，他妈妈气得要死，说他是傻子。虽然妈妈不肯、打闹，他还是坚决跟贫苦农民走，他说："田应该是贫苦农民的。"刘振墉经常和群众联系，打土豪的财产自己不要，分给贫苦群众，吃穿和大家一样，群众都很拥护他，纷纷参加他的队伍，他经常向群众讲打土豪的道理，教导群众把生产搞好。

为了保卫革命政权，暴动队改为警卫连，刘振墉为连长，进行打土豪。没收土豪的家产，杀土豪的猪，捞土豪塘里的鱼和【挑】谷仓里的粮食吃，派土豪郭隆宾、郭隆之、刘德香等的款。乐村土豪郭隆宾不肯出（这时乐村尚未暴动），暴动队就封了他的谷仓（邹桂姑、刘奕辉、刘振机等口述）。

坝尾 1930 年 5 月杨斗文暴动队来谢坊，刘国培驻在坝尾，组织当地农民暴动。坝尾由刘子代、刘德增等领导组成暴动队，到杨斗文处领来红旗一面，单响枪一支，回来后成立农民协会。展开打土豪刘德义，没收他的财产，不久分田，每人分六担，地主不分地或给最坏的田（刘维昆、刘维波口述）。

乐村 在水南暴动后，郭昌钱等到杨斗文处领公事。郭昌钱、郭应有、郭昌发、郭昌标、石钵晃（郭昌堤）、欧宗思等数十人组成暴动队，成立农民协会，主席郭应有。展开打土豪郭隆宾等，派土豪的款，不久开始分田，每人 11 担半（郭士标、郭隆沂等口述）。

黄下、大嵊 1930 年 5 月李金标暴动队驻在大嵊姜屋，直接影响到黄下、大嵊一带的暴动。郭隆油、郭应振、郭隆发、郭隆珠、郭隆林、郭士铭等【到】杨斗文处领公事起来暴动，成立了农民协会（黄下、大嵊共一个农民协会），主席郭隆油，副主席钟大彬。即展开打土豪郭隆源、郭士何、刘远德、刘德葵等，不久成立上、下坝乡苏维埃政府，主席郭隆德开始分田，以乡为单位，每人六担（刘奕檀、钟士枝等口述）。

这时，各地革命风暴掀起，谢坊以水南为核心的主要地区的人民都成立了农民协会，打土豪，分田地。

不久成立了踏迳区革命委员会，刘振墉、刘德庆兼土地科长，任正、副主席。

（三）保卫革命政权的斗争（1930.7—1931.8）

谢坊各地革命政权建立不久，1930 年 8 月间，谢坊土豪团匪、靖卫团团长郭昌良、副团长刘德义，大队长郭发桂和坝尾土豪刘德葵、刘之介父子等勾结会昌维持会团匪欧阳新，强迫会昌老百姓共几千人进攻谢坊。匪前队伍分两路进攻，一路走凡子水南，一路走乐村湾塘岗，一路 80 余支枪，进行包围。当时警卫连只有四五条枪，队伍退上山，折向湾塘岗。10 月团匪大队人马归入谢坊各地，进行烧杀抢掠，烧兰田、新迳方面。毁乐村农民协会，并在水南烧杀抢掠，大部分群众走避，谢坊人马在刘振塘等领导下，经常与团匪打来打去（刘振机、刘维赞、郭士杨等口述）。

早在 7 月会昌团匪归入兰田，7 月 11【日】烧了曾承富、曾光燕两家的房子，到处抢掠，团匪以后开向小富竹，8 月 16 日又烧了大富竹市场。7—10 月兰田前后被烧了 4 次，烧毁房屋 200 余间，曾承佳一家三代均为之所杀，全乡财产抢劫一空，暴动队在曾荣材带领下退入白竹寨。

1931 年正月，红军三十五军于十四日攻下瑞金城，沿途击溃各路团匪。杨金山部联合胡连山队伍于一月到三、四月先后收复武阳各地，恢复了革命政权。1931 年二月兰田暴动队也在白竹寨竖起了红旗，将暴动队改为第九大队，队长曾荣材。五月攻回兰田，在兰田又竖起了红旗，将第九大队改成特务连，刘立连为连长，曾荣材为政委。接着成立了农民协会代表会，革命政权遂告恢复（曾承富口述）。

谢坊地区也在 1931 年 2 月下洲解围后，李金标部开来几天后，在大嵊背紫子一带打了六次仗。李金标留下一部分队伍在大嵊背牵引〔制〕住敌人的力量，他自己就带领人马从黄田进牛牯岭，到樟下、水南，和水南人民联系给养，由后面包剿谢坊，想直捣敌人巢穴，但因敌我力量悬殊〈很大〉，未获成功。几天后又转攻大富圩，几月后，又开往桐岗坝，企图进攻谢坊未成（钟莲英、刘家焕口述）。谢坊地区还是控制在团匪手中。1931 年 8 月 16 日，红三军团打会昌，路经谢坊，谢坊团匪郭昌良、郭昌才死守谢坊，三军团进行政治宣传，要团匪士兵和被迫参加的群众放下武器，"穷人跟我走，月月八块钱"，三天三夜，谢坊不克。三军团先攻会昌，攻下会昌后，谢坊不攻而降。从 1931 年 8 月至 10 月，三军团帮助谢坊各地人民恢复革命政权，各乡成立了乡苏维埃政权，踏迳区成立了革命委员会，新迳地区也成立了新迳区苏维埃政权。从此，革命政权遂告稳定。

二、在苏维埃政权稳固时期党领导的社会改革运动和各项事业的建设（1931.8—1934.10）

（一）苏维埃政权的建立和扩军运动

1931 年 8 月 16 日红军第三军团（军团长彭德怀）由瑞金经谢坊等地攻会昌。三军团一到，下岗、水南、黄下、瓦子等地的反动统治纷纷垮台，唯有谢坊靖卫团团长郭昌棵、队长郭发桂、刘之介、冯士围顽抗，打了三天三夜没有打下谢坊，三军团用兵围困，大队转而进攻会昌（刘奕辉口述）。9 月三军团用国民党飞机投下未炸的炸弹，用棺材装了并在棺内放满硝磺，挖地道把棺材放在城墙脚下，【炸】开城墙把会昌攻下（刘作赞口述），在会昌活捉国民党军官郭青山，再回师进攻谢坊，郭发桂等逃走了（王书莲口述）。谢坊恢复了农民协会，后又成立了谢坊乡政府，乡主席为郭隆油，副主席为钟大彬，贫农团主席为刘修铨、王书坤（钟士拔口述）。

三军团进攻谢坊时，踏迳区各乡先后恢复政权，区暴动队改为警卫连。1931 年 11 月，踏迳区建立革命委员会，军事委员会的主任为张正祥，后为王思远。1931 年底至 1932 年初，选代表，建立各级政权，将乡农民协会改为乡政府，革命委员会改为区苏政府，区主席为刘德相。踏迳区辖黄下、谢坊、下岗、乐村、水南、瓦子、旋龙、石角、湾塘、半岭等十乡。

下岗乡：三军团来后，1931 年冬成立乡政府，乡主席为刘德庆、谢振礼、刘德清，贫农团主席为刘维灿（刘维灿口述）。

乐村乡：1931 年 10 月下岗乡分为下岗、乐村二乡，乐村乡苏维埃政府主席为郭应有，以后为刘运清、郭应柳、郭士炳、郭应才，乡支部书记为郭昌钱（郭士杨口述）。

湾塘乡：三军团打下会昌时，汴口与湾塘岗共一个农民协会，农民协会主席为刘维周，以后成立了湾塘乡苏政府，乡主席为刘维周，以后为刘易杨。

黄下乡：1931年8月25日，三军团来黄下组织乡政府，乡主席为郭名振，同年又与谢坊乡合并称谢坊乡。

水南乡：8月三军团来后成立乡苏政府，乡主席为刘长福、刘庆辉、钟光波、夏宝之、黄国炳、范立杨，支部书记刘振泮、刘振田（刘庆辉口述）。

瓦子乡：1931年11月成立乡苏政府，乡主席为邹方宾、邹道标、郭隆泉、邹日良（宋长德口述），陈希沅、邹方标、刘荣山（刘振秉口述）。

旋龙乡：1932年瓦子乡分瓦子、旋龙两乡，旋龙乡苏主席为宋长有、宋长初，支部书记为钟世潘、钟世方。

半岭乡：1931年冬成立半岭乡，乡主席为欧阳辉。1931年8月三军团从瑞金开来打到新迳会昌后，新迳各乡先后成立了苏维埃政权。

新迳乡：1931年9月建立乡苏政府，乡主席为曾荣材，贫农团主任为曾荣生。

兰田乡：1931年9月建立乡苏政府，乡主席为江世星，后为曾先燕，支部书记曾视新（曾祖机等口述）。

大富乡：乡政府主席刘维金兼支部书记。

赤沙乡：建立赤沙乡苏政府，乡主席为刘维荣，支部书记刘维莘，贫农团主任刘维禄（刘维右口述）。

红山乡：1931年三军团来后，从兰田乡划出红山乡，成立乡苏政府，乡主席为曾从禄（曾从禄口述）。

1932年7月踏迳区召开第一次工农兵代表大会，选举刘德炘为踏迳区苏维埃政府主席，郭清秀为副主席，刘德仁为工农检察部长，钟万盛为财政部长，刘振芳为土地部长，谢声柳为裁判部长，欧占燊（叛）为劳动部长，刘之材（烈士）为军事部长，谢振礼为内务部长，刘之芳为教育部长，刘维林为粮食部长，特派员刘之锴。当时中共区委书记为陈步升（以上刘德仁口述），宣传部长刘之兴（刘长杨口述），组织部长刘振田，妇女部长邹振姑。团少共区委书记为谢振富。工会主任刘长珠。互济会主任刘德发。反帝大同盟主任欧阳东鸿。

1932 年冬，钟宗清任踏迳区苏政府主席。1933 年初邹礼辉继任区主席（不久，自杀）。1933 年踏迳区召开第二次工农兵代表大会，选举刘德仁为踏迳区苏维埃政府主席。区苏政府各部长【如下】。

军事部长：钟万盛。

粮食部长：刘维林。

财政部长：刘家满。

教育部长：孙芳荷。

国民经济部长：金耀明。

土地部长：孙学明。

劳动部长：池达宣。

内务部长：杨世贤、钟凤英。

工农检察部长：刘维灿。

裁判部长：周金杨、谢声柯。

区委书记、特派员：陈步升、杨衍兴、刘长杨、刘庆辉。

区委宣传部长：邹日镐（刘长杨口述）、孙晋何（池达宣口述）。

组织部长：刘德宾。

妇女指导员：钟凤美、廖之蔺（池达宣口述）。

少共区委书记：刘家林、刘家标、谢继波、刘振初（刘德衍口述）。

工会主任：刘之斌、刘德堂（池达宣口述）。

新迳区成立于 1931 年 9 月，辖石寮、鸿门、红山、富竹（大富）、兰田、高岭、白竹寨、赤沙、塘坬、蛇窝、大塘面、邱坑十二乡。区苏维埃政府设在大富，区主席：江去星、刘家璟、陈洪昌、朱宗其、张英令（叛）、邱世同、曾同枫。

区委书记：陈洪昌、刘步权、洪先发、刘立梅、陈洪昌（曾同枫口述）。

1933年新迳、踏迳二区划归会昌县管辖，白竹寨、大塘面二乡，遂划出新迳区而归瑞金。

区苏维埃政府的组织有区主席，军事、土地、内务、工农检察、劳动、粮食、教育、财政、裁判九部，总务处另有特派员。1933年后增设国民经济部。区政府各部门的工作任务：军事部管扩军和赤色戒严，组织赤卫军、少先队、模范营、模范少先队，还有担架队等。土地部管土地并划分阶级。内务部管拥军优属、户口、桥梁道路等。工农检察部管政府部门贪污腐化、违法乱纪、政策执行情况等，等于现在的检察院。劳动部管劳动问题，手工业工人由工会和劳动部配合调配劳动力。粮食部管粮食调配、收土地税。教育部管文化教育事业。财政部下设有没收分配主任、会计，向地主罚款，富农捐〔筹〕款，财政部和国民经济部共配合、处理经济犯。国民经济部专管经济建设事业，和财政部、土地部配合进行工作。（刘钱仁口述）

中共区委会有区委书记一人，设宣传、组织、妇女三部，有宣传部长、组织部长、妇女指导员。区里工作先由区委书记召集有关人员研究以后，在区主席团通过。1932年党组织才公开，公开后大量发展党员。1933年"五一""八一"纪念大会上公开发展党员。（刘庆辉口述）

少共区委会有区委书记一人，有组织部长、宣传部长、儿童书记、少队长。

少共乡支部有支部书记一人，有宣传委员、组织委员、少先队长各一人，少先队长相当于连长，下有三排，排有排长，一排有三班，班有班长，乡有少先队，一队一百余人（男女都有）（刘德衍口述）。

少先队是年龄在16岁〈以上〉至24岁的青年男女所组成，24

岁〈以上〉至 45 岁参加赤卫军，8 岁至 15 岁参加儿童团。

少先队和赤卫军是地方武装组织，后来少先队和赤卫军中身体和政治条件好的编为模范少队和模范营。

儿童团白天负责放哨，夜晚由少先队、赤卫军负责，管制地主、富农、反革命分子，要他们老老实实生产。他们出门五里路，就要请假，手上写明月日，盖上印，只能出去一天。其他的人到别地也要介绍信（刘德仁口述）。

区、乡有工会，区工会有主任一人，青工主任一人，船业主任一人，劳动部长一人。

乡工会设主任一人，有雇农代表一人，各行业都有一个代表，工会会费每月缴二个铜圆。

工会工作为宣传动员扩军（参加工人师），宣传八小时工作制，老板不能剥削工人学徒，调查失业工人，调配劳动力和工人的福利问题。

各乡都建立了贫农团，有主任，贫农团是乡政府的核心，贫农团的工作是调查土地、造清册、划阶级等。乡党支部从贫农团中发展党员。

各乡还有农会和妇女会的组织，在区妇女指导员领导下进行扩军宣传，优待红军家属和做布草鞋慰劳红军等工作。

每乡设有一个拥红军委员会，拥红会有主任一人，在乡主席领导下调查和解决红军家属的困难，指示耕田队，帮助红军家属耕田（刘长杨口述）。

区、乡还建立了革命互济会和反帝大同盟，革命互济会每月缴会费二分，反帝大同盟每月缴一分（刘庆辉口述），反帝大同盟的工作为宣传反对帝国主义侵略压迫和拥护苏联等，互济会的工作是救济有困难的红军家属和革命同志。

1931 年 11 月 7 日，在叶坪召开第一次全国工农兵代表大会，成立临时中央政府，通过劳动法、土地法和各项经济政策。在大会召开前各级选派代表，为了迎接大会号召扩大红军警卫连，编为正式军队，没有武装，就不能取得革命的胜利、巩固革命的政权。1932 年又扩军，以后常扩军。

扩军工作：政府的重要政治任务之一，就是做好拥军优属工作，红军家属有什么困难就给予解决，给他们帮工，挑水砍柴，组织耕田队，分班负责包干。以生产为中心，不断扩军，红军家属发红军家属证，买盐有优先权，好吃好穿都给红军家属。

扩军是从党内到党外，由干部到群众，由模范营、模范少先队到赤卫军、少先队，党、团做好思想动员，党、团员干部带头报名，报名参军后带上光荣花，乡里开茶话会，俱乐部演戏欢送。由于工作做得好，参军的人越来越多，红军父母上台表示态度，启发别人。1933 年底、1934 年初参军的人更多，整连整排参军，踊跃异常。河背岗青壮年全部参军，编入补充团，年老的参加运输队、担架队，河背岗有 200 多个，参军的有四五十人。邹桂姑亲自动员爱人和夫家参加红军。

那时十天有一次突击的扩军，一个月扩几次，由省派突击队来宣传动员，青壮年全部参军光荣，生产主要由妇女负担。

（二）第二次分田和查田运动

1931 年八、九月间红军第三军团来到踏迳、新迳区后，恢复了区、乡各级政权，成立了贫农团。〈在〉1931 年冬至 1932 年春，各乡先后展开了第二次分田运动。一般分田是以乡或行政村为单位，田分上、中、下三等，以原耕为主，抽肥补瘦，按人口平均分配，分田前划分了阶级。

地主：不劳动，靠收租或剥削雇工为生者。

劣绅：勾结官府，包揽词讼，从中取利者。

富农：自己参加劳动，剥削占总收入 15% 以上者。

高利贷者：以放钱或谷剥削别人为生者。

富裕中农：剥削很小，自己劳动除吃着〔穿〕外有剩余。

中农：全靠自己劳动，劳动收入够自己吃用。

贫农：耕种自己的田或租地主的田，劳动收入不够吃穿。

雇农（长工）：自己没有田，给地主耕田。

地主不分田（有的给地主分下田），富农分下田，每乡每人分田，田亩数各乡（村）不一，分8担的较多数。

谢坊乡每人分得8担（钟士拔口述）。

黄下乡每人分得8担（刘奕檀口述）。

下岗乡每人分得8担（刘维灿口述）。

乐村乡每人分得11担半。

水南乡每人分得6担（刘家林、刘庆辉口述）。

兰田乡每人分得6.5担（郭昌清口述）。

赤沙乡每人分得8担。

新迳乡每人分得8.5担。

大富乡每人分得8担（第四行政村）（刘德铨口述）。

山川〈家〉划分成一块一块分给各家（郭士杨口述），分田后由政府发给土地证。

分田时，各村都留有红军公田，红军公田全是好田，劳役队耕种，耕田队负责，公田不交土地税，公田收入用于招待红军。担架队、运输队和补助红军烈属等，遇有荣军退伍回来，从红军公田分给他。

查田运动：1933年开始查田、查阶级，6月毛主席在瑞金召开了八县贫农团代表大会。在大会上毛主席作了查田运动的报告。会后各区、乡展开了查田运动。

区土地部负责查田、查阶级工作，首先召集贫农团到区开会布置查田工作，区派干部到各乡领导查田、查阶级，组织查田委员会，村里组织查田小组，到乡后先开支部会研究，再由贫农团开会，由贫农团进行调查：每家有多少田，有多少债，雇了多少长工、短工，有无剥削，剥削多少，劳动多少，原为什么阶级，应划什么阶级等。调查后造册送区土地部批准。下岗乡在查田运动中查出地主、富农占七人（内地主三人），由地富阶级下降为农民的仅〈为〉有个别（刘德维口述）。查田运动中，村中设〈在〉没收委员，把没收查出地主的财产分给贫苦农民。

（三）经济建设

1931 年秋政权恢复后，随即开始了各方面的经济建设工作，为了巩固根据地与支援前线，改善人民生活，党和各级苏维埃政府都重视发展生产事业。当时政权稳定，每家每户都分有土地，解除了数千年来束缚在贫苦农民身上的封建剥削与压迫，因此生产力得到了巨大的解放，群众的生产积极性大为提高，努力从事积肥等生产工作，加上封建的房界、姓界被打破，兴修山圳、山塘。二流子、赌棍也都参加生产进行改造以及干部星期六劳动制度，开垦荒地等等，使生产年年丰收。

群众都歌颂毛主席的功绩，大力支援前线（刘德维口述）。劳动人【民】的生活水平都普遍地得到提高，解决了失业问题，每家每户都分有土地，过去所欠的债务都不要偿还，老板对工人和学徒的剥削也减轻了：革命前，学徒要做三年后才能有工资，学徒每日赚一角钱，老板都要得八分，只有二分归学徒自己；革命后，老板的剥削不能超过十分之二。一般竹工每工工资为二角，木匠、泥水工的工资是三角一工，虽与革命前的工资数量相差无几，但实际上都提高了许多，因为当时物价便宜。例如，革命前茶油一元钱只能买到五斤，但革命后一元钱却能买得七八斤；革命前谷一担须三十多毫子，革命后一元一担还没有人要。（刘维堂口述）

当时已有耕田队的组织，耕田队设队长一人，主要工作是领导生产，调配劳动力，帮助红军与干部家属进行生产，有时还须支援外乡的生产工作（刘奕辉口述）。

苏维埃政权时期，各县、区、乡均设有合作社，当时有四种形式的合作社：供销（消费）合作社、犁牛合作社、信用合作社、生产（熬盐）合作社（刘庆辉口述）。

供销（消费）合作社：各县、区、乡都有，县为合作总社，区称分社，乡为支社，总社有主任一人，会计二人，出纳三人，保管二人，业务员五到六人，采办员七到八人，共二十余人。区分社设有主任、会计、保管等，乡支社则只有二人，区、乡合作社经营出售，县总社则只营批发（郭世煌口述）。当时合作社有油、盐、布与少数洋货出卖（郭昌注口述）。

合作社的资金由群众自愿入股，一元为一股，不足时由政府酌量补助一部分（刘庆辉、郭世煌口述），社员入股，按股配给食盐，一般配六钱盐，非社员则不能到合作社去买盐。供销合作社对红军家属在价格上有优待，特别是红军家属有买盐的优先权（曾承富、曾光沂、曾光燕等口述）。

供销合作社年终结账，如有盈余，按股分给社员红利，一般为给广盐、火柴等实物。（刘庆辉口述）

犁牛合作社：每乡一个，当时根据各地的情况不同分别组成犁牛合作社。有的地方由几家组成一个，大家根据实际情况出社金，缺牛而需要牛者可用社金去购牛，以后分期偿还，并加付轻微的利息，用来支付红利（刘庆辉口述）。有的地方犁牛合作社设有主任一人，用打土豪得来的钱买牛，分给没有牛的人家去使用，没有牛的农民可加入合作社，使用合作社的牛来犁田，担负养牛的义务，耕田队的牛也是由合作社买来，分给耕田队饲养、使用（刘振机口述）。

信用合作社：每乡一个，主要是帮助有困难的农民在生产需要上的借贷，社员入股每股一元，支借者须付低利，以作红利（刘振机口述）。

生产（熬盐）合作社：组织群众熬盐，熬出的盐由合作社收购，再出卖（刘振机、钟士拔、王书莲等口述）。

除上述四种形式的合作社外，有的地方还设立有专门优待红军家属的红军合作社（郭世煌口述）。

苏区税收很轻，除土地税、屠宰税外别无他税，土地税一般称为累进税。根据田的好坏分别征收，收入多的多交（曾同机、刘庆辉、曾小富等口述）。一般为每担田交五到七斤（综合口述）。红军本人与父、母、子、妻以及孤寡的土地税全免，脱产干部及其家属的土地税免一半，后来领导干部也要带头交税（刘庆辉口述）。

各地的土地税以及红军公田的收获均存在本地的仓库中，军队要用时，可随时提取，并派地方运输队去（宋长易口述）。

苏区通用的货币有纸币、光洋、铜板、毫子等，苏区发行的纸币、铜板只能在苏区境内流通，苏区制造的光洋质量很高，可在白区流通。红军纸币一块等于光洋一块（刘德仁、王书莲等口述）。

苏区时每年发行公债一次，1932年发行抗战公债，以后改发经济建设公债，有五角、一元、二元、五元、十元的几种，自愿购买，当时群众都大力支持抗日与苏区建设，各级各团体都能超额完成（刘德仁、钟万盛、钟士拔、王书莲等口述）。

由于当时处在四周白色包围中，盐、布供应比较困难，价格也贵，而且很难买到，在会昌县城3块光洋只能买14两盐，乡里则更贵。

有时一元只能买八钱（曾承富等口述）。当时解决的办法是：一方面利用生产合作社熬硝盐等，另一方面是组织利用小商贩去白区购买盐、布等物运入苏区，从白区运入的货物必须卖给对外贸易局和合作社，不能直接卖给老百姓，对外贸易局中【央】政府也有人参加的。

苏区干部没有工薪，县主席、区主席都是作田衣、穿草鞋，生活都很艰苦朴素，每天只有供给12两米、5分钱菜金作为伙食。1933年冬，无论县、区干部均须自带粮食（刘德仁口述）。乡中干部仅主席、支书、文书稍有部分伙食补助。（刘庆辉口述）

（四）文化建设

苏维埃政权重视文化建设，每乡、每村都有一所列宁小学，列宁小学是公立的，不收学杂费。各乡都有成人识字班与夜校，成年男女都参加读书、写字。

此外，每乡都有一个俱乐部，经常演戏，配合党的方针、政策进行宣传。故当时苏区文化生活搞得非常热闹，到处可听到歌声，看到跳舞。

列宁小学、识字班、俱乐部受区文化部与区委宣传部领导。

在斧头坝设有红军后方医院。

（以上综合钟士拔、王书莲、刘奕辉、刘德钰、曾承富、刘庆辉口述）

在水南乡，有 120 余名儿童进入列宁小学，他们之中绝大部分仍是贫苦农民的子弟，读的是关于工农联盟、苏维埃政府的书籍。除大办学校外，还尽量丰富人民的文体生活，乡里办了俱乐部，每逢节日和中心工作的开展，都有各种戏剧、山歌等宣传演出。（刘宁林口述）

三、湾塘岗之战与红军北上后党领导的游击战争（1934 年 10 月—1935 年春）

（一）湾塘岗之战（1934 年 10 月）

1934 年十月十六日敌军八十九师由瑞金、长汀开向会昌。当时会昌、寻乌有挺进游击队，队长为李贵山，下分三个排，第一排排长邓光标，第二排排长欧兴杨，第三排排长张振宏，驻在高怀、右水一带，预先侦察了敌情，遂与红军北上时留下的红十六团一个营（政委张太生），各地游击队、赤卫军、会昌各区游击队集中在湾塘岗阿鸡紫埋伏。在新桥下也埋伏了一部分，共〈约〉3000 余人。当时十六团有四个连，即第一、二、三连与一个机枪连，挺进游击队只有步枪，其他各地游击队不全有枪，准备与敌人进行战斗。10 月 16 日上午 11 时，当国民党八十九师一两千人进入游击队包围圈时，红十六团即用机枪打。敌人大乱，后面的敌军急忙从文屋坝撤退。进入游击队包围圈的敌人多弃枪逃跑。战斗历时一个小时，缴获步枪四五百支，机枪 3 挺，俘敌兵 100 人左右，还有马匹等军用物资，击毙匪团长 1 名，红十六团与游击队获得大胜。湾塘岗一战后，由于敌人增派大量援兵，十六团与游击队为了保存力量继续对敌斗争，遂分别向西江与朱兰埠撤退，在高坵、玉山、板石、吴屋埠、钟村、罗田一带活动。

湾塘岗一役，由项英在地势居高的老背崇指挥作战。

（以上邓光标等口述）

早在8月，踏迳区已组织了区游击队司令部与游击队，游击司令员为刘德发，政委刘德仁，游击队队长郭隆福，指导员刘镜明（叛）。为了保卫新迳游击队已在板坑区与国民党匪帮打了一仗。

1934年10月14日党中央派代表古柏同志，福建省委也派了几个同志来到踏迳区，当天夜晚即讨论上山打游击队的问题，决定以绵江河为界，分为河东、河西两个游击队，河东的为踏迳区，河西为谢坊区，10月15日区游击队正式成立。故当时谢坊地区主要的有三支游击队，即谢坊、踏迳、新迳三区的区游击队。

谢坊区区主席为刘德仁，政委开始时是钟万盛，以后根据需要调动由刘德仁担任，队长为郭隆福，有队员100余人，分为三个排，每排三个班。10月16日，上午中央派了毛泽覃同志从水南来到河西，同日敌人进攻会昌，谢坊区的游击队从乐村转到龙头。

（二）红军北上后地下党组织领导的游击战争（1934.10—1935年春）

1934年十月四日，敌人到瑞金，其时主力红军已开始北上抗日，瑞金人民在共产党领导下，组织游击队，同敌进行英勇地斗争。遇到福建军区一排人，有18条枪，毛泽覃同志把两方面的枪编在一起，都归谢坊区政委领导，原来谢坊区游击队有六支枪，这样编合后共有了24支枪（其余都为梭镖、刀、茅等）。在龙头、龙角、西江、长墩一带活动，天天与敌人打，有时一天打三仗，敌人整团、整连来，游击队都坚决抵抗，大家准备牺牲、不怕死。当时提出的口号为"一枪打一切、一步一前进"。游击队还经常出击敌人的联保办事处，曾经攻打〈过〉谢坊（施宁岗）的联保办事处，神出鬼没地俘获与歼灭小股敌人。一次，抓到大土豪萧宗光的儿子，并带到后方，进行审讯，打了他的地雷公，他还不承认家中有很多光洋。后来，政委刘德仁向他讲政治课，说明共产党消灭地主的财产，不消灭地主的人，地主好好改造，可以宽大处理。那个土豪听了说："你讲的话感动了我，我老老实实交代。"他招认了家中有很多光洋，把我们带到他家里挖了3000多元，挖到后，立即请示西江县委（当时谢坊属西江县）处理这件事。中央办事处派了一批武装来，解走了土豪，奖给了游击队2头牛、500多块豆干、1个号兵。刘德仁政委还得到手巾、日记本等奖品。中央办事处讲谢坊游击队是突击的游击队。游击队队员经常夜晚不能睡，进行游击活动，拆毁敌人炮台达30次之多，如果在白天也遇到打仗，就日夜没有休息。当时火药来源有三：中央拨一部分，敌人"送"一部分，群众供给一部分。打游击十分艰苦，有时几天没有饭吃，但干部、队员都坚决向党宣誓："有一口气，有一点血，就要跟敌人打，虽然力量弱小，但坚决不退。"敌人对游击队感到束手无策。

1935年3月，敌人大队进入龙角一带，进行"围剿"。由于敌我力量悬殊，游击队被迫退向河东。河西区政府也就背在游击队的背上到了河东。到河东后，更加困难，路途不熟，人眼生疏，找粮食更没有办法，军多粮少。三个多月在山上没有房子住，天雨天晴，都是如此，没洗澡，没洗脸，没睡觉，坐就是睡，野草当饭，竹笋当饱。环境虽然这样恶劣，但游击队员仍是坚持战斗，没有一个动摇的，大家继续自觉向毛主席宣誓。最重要的是，脚上打的绑腿三个月没洗没换，很多人的脚都开始烂了，寸步难行，当时又无医药，致使很多队员病状愈来愈厉害。敌人也都愈来愈疯狂地向游击队进攻，为了保存力量继续对敌作斗争，谢坊区游击队将弹药都统一交给了在河东会师的下洲区刘国兴游击队。刘国兴同志将能走路的队员带到福建去了。（刘德仁等口述）

〈踏迳区〉河东踏迳区的游击队队长为谢声科，政委刘庆辉，共有一百余队员，属福建军区领导。一出动在牛股〔牯〕岭即遇到大股敌人，被打散了一半，队伍进驻洪山、桂清，与新迳区游击队几十人、板坑区游击队几十人联合成为一支队，并成立中心区委，开始时区委书记为刘庆辉，后由省里留下的干部杜子晶担任，刘庆辉遂专门负责领导游击队的战斗。游击队经常在丰山、桂清、赤沙一带山上活动，在丰山取〔获〕得福建军区的两挺机关枪支援，击毙敌人四五人，在赤沙打死"铲共团"20多人。以后，队伍又分散成十多个人一队进行活动，搞得敌人手忙脚乱，牵制住了不少的敌人。1935年春，由于敌人集中兵力进攻以及游击队由于内部出现叛徒而被打散（刘清辉口述）。

〈新迳区〉1934年10月，国民党八十九师来到新迳，新迳区组织了游击队，司令员胡同信，队长为陈连通，政委兼指导员程龙标，共有40余人。一些年青的妇女也参加游击队。当时只有三条枪，主要武器都是梭镖、刀、茅。新迳区的游击队与踏迳、板坑二区的游击队有联系，经常在闽赣交界的鸿门一带山上活动，经常出击敌人的土围子，曾与踏迳区游击队联合打下了朱地、面了口①的土围子。1935年春，由于敌人集中大股力量进行"围剿"，在敌我力量相差悬殊的情况下被打散（郭昌注口述）。

---

① 原文如此。